SAP® Integration Suite

SAP PRESS

SAP PRESS ist eine gemeinschaftliche Initiative von SAP SE und der Rheinwerk Verlag GmbH. Unser Ziel ist es, Ihnen als Anwendern qualifiziertes SAP-Wissen zur Verfügung zu stellen. SAP PRESS vereint das Know-how der SAP und die verlegerische Kompetenz von Rheinwerk. Die Bücher bieten Ihnen Expertenwissen zu technischen wie auch zu betriebswirtschaftlichen SAP-Themen.

Damit Sie nach weiteren Titeln Ihres Interessengebiets nicht lange suchen müssen, haben wir eine kleine Auswahl zusammengestellt.

Martin Koch, Siegfried Zeilinger
Cloud Connector für SAP
380 Seiten, 2023, geb.
ISBN 978-3-8362-9707-3
www.sap-press.de/5761

Lars Pülm
SAP Cloud Integration: Das umfassende Handbuch
608 Seiten, 2021, geb.
ISBN 978-3-8362-8053-2
www.sap-press.de/5248

Sabine Maisel
IDoc-Entwicklung für SAP: SAP Business Suite und SAP S/4HANA
412 Seiten, 2024, geb.
ISBN 978-3-8362-9444-7
www.sap-press.de/5680

Holger Seubert
SAP Business Technology Platform: Einsatz, Services, Erfolgsfaktoren
371 Seiten, 2021, geb.
ISBN 978-3-8362-8594-0
www.sap-press.de/5384

Jan Arensmeyer, Enrico Hegenbart

SAP® Integration Suite

Das Praxishandbuch

Rheinwerk Publishing

Liebe Leserin, lieber Leser,

SAP-Landschaften sind komplex, und wir alle wissen, wie schnell sich Technologien und Anforderungen in der IT-Welt ändern. Genau da setzt SAP PRESS an: mit Büchern, die nicht nur Theorie vermitteln, sondern konkret im Alltag helfen.

In diesem Buch finden Sie direkt umsetzbare Ratschläge, praktische Beispiele und Lösungen für drängende Herausforderungen. Unsere Autor*innen sind Profis, die wissen, wo der Schuh drückt – und wie man Probleme effizient löst. Mit ihrer Erfahrung an Ihrer Seite können Sie Ihre SAP-Projekte gezielter angehen, fundiertere Entscheidungen treffen und die vielen Facetten von SAP besser meistern.

Ob Sie gerade erst beginnen oder schon lange im SAP-Umfeld tätig sind: Wir sind davon überzeugt, dass dieses Buch Ihnen hilfreiche Anleitungen und Tipps an die Hand gibt, um Ihre täglichen Aufgaben und Projekte erfolgreich zu meistern.

Wir freuen uns stets über Lob, aber auch über kritische Anmerkungen, die uns helfen, unsere Bücher zu verbessern. Zögern Sie also nicht, sich bei mir zu melden; Ihr Feedback ist jederzeit willkommen.

Wir wünschen Ihnen viele Aha-Momente und eine erfolgreiche Umsetzung mit diesem Buch!

Ihre Nicole Hohmann
Lektorat SAP PRESS

nicole.hohmann@rheinwerk-verlag.de
www.rheinwerk-verlag.de
Rheinwerk Verlag · Rheinwerkallee 4 · 53227 Bonn

Auf einen Blick

Wir hoffen, dass Sie Freude an diesem Buch haben und sich Ihre Erwartungen erfüllen. Ihre Anregungen und Kommentare sind uns jederzeit willkommen. Bitte bewerten Sie doch das Buch auf unserer Website unter **www.rheinwerk-verlag.de/feedback**.

An diesem Buch haben viele mitgewirkt, insbesondere:

Lektorat Nicole Hohmann
Korrektorat Monika Klarl, Köln
Herstellung Nadine Preyl
Typografie und Layout Vera Brauner
Einbandgestaltung Bastian Illerhaus
Coverbild iStock: 1363638957 © Olemedia, 1353281811 © pixelfit
Satz Typographie & Computer, Krefeld
Druck Beltz Grafische Betriebe, Bad Langensalza

FSC www.fsc.org MIX Papier | Fördert gute Waldnutzung FSC® C089473

Dieses Buch wurde gesetzt aus der TheAntiquaB (9,35/13,7 pt) in FrameMaker.
Gedruckt wurde es mit mineralölfreien Farben auf chlorfrei gebleichtem, FSC®-zertifiziertem Offsetpapier (90 g/m²).
Hergestellt in Deutschland.

Bibliografische Information der Deutschen Nationalbibliothek:
Die Deutsche Nationalbibliothek verzeichnet diese Publikation in der Deutschen Nationalbibliografie; detaillierte bibliografische Daten sind im Internet über *http://dnb.dnb.de* abrufbar.

ISBN 978-3-8362-9933-6

1. Auflage 2024

Informationen zu unserem Verlag und Kontaktmöglichkeiten finden Sie auf unserer Verlagswebsite **www.rheinwerk-verlag.de**. Dort können Sie sich auch umfassend über unser aktuelles Programm informieren und unsere Bücher und E-Books bestellen.

Inhalt

Einleitung

Herzlich Willkommen zu unserem Buch *SAP Integration Suite: Das Praxisbuch*. Das Thema Integration spielt in vielen Unternehmen eine wichtige Rolle. In den letzten Jahrzehnten sind IT-Landschaften in Unternehmen stetig gewachsen. Durch Zukäufe von Unternehmensteilen kommen ständig neue Technologien hinzu. Auch eine starke Wettbewerbsorientierung zwingt Unternehmen dazu, gemeinsam technische Lösungen zu schaffen, um Prozesse zu vereinfachen, zu beschleunigen und damit Kosten zu sparen. Hinzu kommt, dass in den letzten Jahren das Thema rund um Cloud-Anwendungen an Fahrt gewonnen hat. Es geht also nicht mehr nur darum, Daten innerhalb eines Unternehmens zu orchestrieren oder an bestimmte Partnersysteme zu senden, sondern auch Daten an Cloud-Anwendungen außerhalb der eigenen Infrastruktur zu senden oder zu empfangen. Um diesen Anforderungen gerecht zu werden, ist eine Integrationslösung unumgänglich. In diesem Buch wollen wir Ihnen eine mögliche Anwendung vorstellen, die Sie sowohl bei aktuellen als auch zukünftigen Anforderungen tatkräftig unterstützt und Ihnen eine Integration in- und außerhalb Ihres Unternehmensnetzwerks ermöglicht. Die Rede ist von der SAP Integration Suite. Wer bereits mehrere Systeme aus dem SAP-Ökosystem betreibt, kam in der Vergangenheit nicht an SAP Process Orchestration vorbei. SAP SE hat diese Integrationslösung bis spätestens 2030 abgekündigt und einige Funktionen geschaffen, um Integrationsobjekte in die SAP Integration Suite zu migrieren, die das logische Nachfolgeprodukt darstellt. Dies war unser Ausgangspunkt, ein Buch zu verfassen, das sowohl die SAP Integration Suite inhaltlich abdeckt als auch die Möglichkeiten beschreibt, die Sie als SAP-Kund*innen haben, um eine sichere Migration von SAP Process Orchestration zur SAP Integration Suite durchzuführen.

An wen richtet sich dieses Buch?

Dieses Buch richtet sich sowohl an alle, die sich neu an das Thema SAP Integration Suite heranwagen, als auch an Kolleg*innen, die bereits länger mit der SAP Integration Suite arbeiten. Das Buch enthält sowohl High-Level-Inhalte, die ein Grundverständnis schaffen sollen, als auch detaillierte Beschreibungen und Vorgehensweisen im System – ein Praxisbuch eben 😉. An einigen Stellen finden Sie unsere Tipps oder Hinweise, die Ihnen Zeit sparen und mögliche Probleme frühzeitig aufzeigen sollen.

Aufbau des Buchs

In den ersten Kapiteln bauen wir Grundlagen zum Thema Integration und zur SAP Integration Suite auf und gehen dann in den weiteren Kapiteln auf die spezifischen Funktionen ein. Wenn Sie neu in dem Thema sind, empfehlen wir Ihnen, sich zuerst mit Kapitel 1 bis Kapitel 4 zu beschäftigen. Danach können Sie in die Kapitel einsteigen, die Sie am meisten interessieren.

In **Kapitel 1**, »Einführung«, behandeln wir ausgewählte theoretische Aspekte der *Enterprise Application Integration* sowie die historische Entwicklung verschiedener Integrationslösungen der SAP SE.

Die SAP Integration Suite ist eine Cloud-Lösung, die Teil der SAP Business Technology Platform (SAP BTP) ist. In **Kapitel 2**, »SAP Business Technology Platform«, zeigen wir Ihnen, wie Sie anhand der SAP Integration Suite einzelne Services und Instanzen provisionieren und somit die Funktionen Ihrer SAP BTP konfigurieren können.

In **Kapitel 3**, »SAP Integration Suite auf einen Blick«, gehen wir auf die *SAP Integration Suite* ein. Hier stellen wir Ihnen die einzelnen Funktionen vor und machen Sie mit dem *Apache Camel Framework*, auf dem die SAP Integration Suite basiert, vertraut. Außerdem zeigen wir Ihnen die Oberfläche der SAP Integration Suite im Detail, damit Sie sicher durch die Cloud-Anwendung navigieren können.

Die SAP Integration Suite bietet bereits im Standard eine Reihe von Integrationsobjekten an, die Sie mit wenigen Schritten in Ihre Integrationsszenarien einbinden und nutzen können. Wo Sie diese finden und wie Sie sie am besten einsetzen, erfahren Sie in **Kapitel 4**, »Plug-and-Play-Integration«.

Eine der zentralen Funktionen der SAP Integration Suite ist die *Cloud Integration*. Hier können unterschiedliche Prozessschritte modelliert und ausgeführt werden. In **Kapitel 5**, »Cloud Integration«, zeigen wir Ihnen darüber hinaus, wie Sie einen kundeneigenen Adapter implementieren.

In **Kapitel 6**, »B2B- und B2G-Integration«, gehen wir darauf ein, wie Sie B2B- und B2G-Szenarien mit der SAP Integration Suite umsetzen können. Dabei zeigen wir Ihnen einerseits die Fähigkeit *Integration Advisor* und andererseits das *Trading Partner Management*.

In **Kapitel 7**, »Drittanbieterintegration«, demonstrieren wir unterschiedliche Fähigkeiten der Drittanbieterintegrationen. Hier finden Sie alles rund um das Thema *API Management*. Wir zeigen Ihnen die einzelnen Komponenten des API Managements und erstellen beispielhaft eine API. Anschließend stellen wir Ihnen die *Open Connectors* anhand von Beispielen vor. Wir beschreiben, wie Sie Instanzen erzeugen und z. B. in der Cloud Integration verwenden.

Eventbasierte Kommunikation entkoppelt Sender- und Empfängersysteme und wird zunehmend in Integrationsszenarien verwendet. In **Kapitel 8**, »Enterprise Messaging«, erfahren Sie mehr über die Funktionen von *SAP Event Mesh* und *SAP Integration Suite, Advanced Event Mesh*.

Die SAP Integration Suite ist in der Cloud verfügbar. In Integrationsszenarien sind die On-Premise-Systeme nicht immer sendende Systeme, sondern auch empfangene Systeme. Damit Sie von einer Cloud-Anwendung Daten an Ihre On-Premise-System senden können, müssen Sie Firewall-Ports freigeben und Routen erstellen. Um dies zu vermeiden und die Anforderungen an hohe Sicherheitsstandards zu erfüllen, bietet SAP den *Cloud Connector* an. In **Kapitel 9**, »Cloud Connector«, stellen wir Ihnen die Anwendung vor und wie Sie sie verwenden.

Die Integration über eine Cloud-Anwendung birgt verschiedene Risiken. SAP unterstützt daher auch hybride Architekturen, in denen Teile der Integration innerhalb Ihres Unternehmensnetzwerks erfolgen. Wir zeigen Ihnen, wie Sie dabei Synergien schaffen, indem Sie SAP Process Orchestration neben der SAP Integration Suite betreiben. Alternativ wurde im Oktober 2023 die sogenannte *Edge Integration Cell* für die SAP Integration Suite veröffentlicht. Diese ermöglicht es Ihnen, eine Laufzeitumgebung innerhalb Ihrer eigenen Infrastruktur zu betreiben, die Sie mit den Integrationsobjekten Ihrer SAP Integration Suite versorgen. In **Kapitel 10**, »Hybride Szenarien«, erfahren Sie mehr über hybride Szenarien und wie genau Sie eine Edge Integration Cell einrichten.

SAP Process Orchestration wird im Jahr 2030 eingestellt. Unternehmen, die heute noch SAP Process Integration oder SAP Process Orchestration einsetzen, müssen entscheiden, wie sie ihre Architektur zukünftig neu aufstellen. Für den Fall, dass Sie sich für die SAP Integration Suite entscheiden, beschreiben wir in **Kapitel 11**, »Migration von SAP Process Orchestration nach SAP Integration Suite«, Methoden und Werkzeuge, die Ihnen die Migration erleichtern. Hier erfahren Sie alles über das Migrationstool, welche Integrationsobjekte migriert werden können und vor allem wie Sie diese migrieren.

Den Abschluss des inhaltlichen Teils des Buchs bildet **Kapitel 12**, »Praxisbeispiele«. Hier finden Sie einige Praxisbeispiele, die Sie so oder in angepasster Form in Ihren Integrationen verwenden können.

Abschließend finden Sie in **Anhang A** das Glossar, in dem wir genutzte Begriffe erläutern und in **Anhang B** das Abkürzungsverzeichnis, in dem Sie alle verwendeten Abkürzungen finden.

Um Sie auf wichtige Informationen hinzuweisen und Ihnen so die Arbeit mit diesem Buch zu erleichtern, verwenden wir im Text Kästen mit den folgenden Symbolen:

[+] Mit diesem Symbol sind *Tipps* und *Hinweise* aus der Berufspraxis markiert, die praktische Empfehlungen geben, die Ihnen die Arbeit erleichtern können.

[!] Dieses Symbol weist Sie auf *Besonderheiten* hin, die Sie beachten sollten. Es *warnt* Sie außerdem vor häufig gemachten Fehlern oder Problemen, die auftreten können.

[»] In Kästen, die mit diesem Symbol gekennzeichnet sind, finden Sie Informationen zu *weiterführenden Themen* oder wichtigen Inhalten, die Sie sich merken sollten.

Materialien zum Buch

Damit Sie die Beispiele in diesem Buch nachvollziehen und sofort selbst ausprobieren können, finden Sie unter *www.sap-press.de/5831* im Bereich **Materialien** die Programmierbeispiele zum Download.

Danksagung

Ohne die Unterstützung mehrerer Personen hätten wir dieses Buch nicht fertigstellen können. Einige von ihnen haben uns in ihrer Freizeit unterstützt und wir möchten ihnen an dieser Stelle unseren Dank aussprechen.

Familie und Freunde

Die Arbeit an diesem Buch hat viel Zeit in Anspruch genommen, vor allem, wenn sie neben dem üblichen stressigen Beratungsgeschäft erfolgt. Das hat uns viel Freizeit gekostet und die Zeit, die wir mit unseren Lieben verbringen konnten, eingeschränkt. Trotzdem haben uns unsere Partnerinnen Verena und Chiara bei allen Fragen unterstützt und immer wieder motiviert, vielen Dank!

Auch unsere Freunde hatten immer ein offenes Ohr bei Herausforderungen oder haben uns von dem stressigen Alltag abgelenkt. Unser Dank geht an Roman Kisler, der trotz seiner eigenen Doktorarbeit für Fragen zur Verfügung stand.

(Ex-)Kolleg*innen und objective partner

Wir sind nicht allwissend, das wissen wir auch. Aus diesem Grund haben uns einige Kollegen für Fragen zur Verfügung gestanden und/oder haben uns unterstützt, wenn wir darum gebeten haben. Dazu gehört René Fischer, der uns mit seinem tiefen Fachwissen über Java, Maven und Apache Camel unterstützt hat.

Thorsten Gawantka und Eduardo Buitrago beantworteten unsere Fragen zum Kubernetes Cluster und halfen uns eine Edge Node auf unserem Kubernetes Cluster zu installieren.

Florian Fuchs half uns beim User Management und bei der Einrichtung der nötigen technischen Benutzer.

Benjamin Latusek, Joy Orowigho, Manuel Orthey, Moritz Rühl und Sani Wahyudi haben sich bereit erklärt, unser Buch Korrektur zu lesen.

Schließlich möchten wir uns bei den CEOs von objective partner, Michael Thron und Andreas Bader, bedanken, die uns die Möglichkeit gegeben haben, das Buch teilweise während unserer Arbeitszeit zu schreiben.

Lektorat

Auch wollen wir unserer Lektorin Nicole Hohmann danken, die uns zu jeder Zeit bei Fragen zu unserem Buch unterstützt hat.

SAP-Community

Zu guter Letzt möchten wir uns auch bei der SAP-Community für das Schreiben von Blogs, das Stellen und Beantworten von Fragen und die Teilnahme an der Entwicklung des SAP-Ökosystems bedanken. Nur so konnten wir unser Wissen aufbauen und erweitern.

Bei der Erstellung dieses Buchs haben wir festgestellt, wie schnelllebig das Thema SAP Integration Suite ist. Aus diesem Grund empfehlen wir Ihnen, immer auf dem Laufenden zu bleiben und wünschen Ihnen nun viel Spaß beim Lesen.

Kapitel 1
Einführung

In der Einleitung möchten wir für Sie eine Grundlage schaffen, um die nächsten Kapitel einordnen zu können. Dazu werden einige wichtige Begriffe aus der Wissenschaft, aus der Fachliteratur sowie aus der Praxis herangezogen und erläutert.

Systeme und Prozesse miteinander zu verknüpfen, ist eine immerwährende Anforderung. Integration unterliegt dabei wie jede Technologie einem stetigen Wandel. Bevor wir in die praktischen Kapitel einsteigen, beschreiben wir in diesem Kapitel zunächst ausgewählte Konzepte. Dazu gehen wir in Abschnitt 1.1 allgemein auf verschiedene Aspekte der Integration ein. In Abschnitt 1.2 führen wir das Konzept einer Integrationssoftware ein, um anschließend in Abschnitt 1.3 verschiedene Kommunikationsmuster zu erläutern. Zum Abschluss des Kapitels ordnen wir noch in Abschnitt 1.4 die SAP Integration Suite in die aktuellen Trends ein und beschreiben in Abschnitt 1.5 die Entwicklung verschiedener SAP-Integrationstechnologien.

1.1 Was ist Integration?

Integration im Unternehmenskontext

Integration ist nicht ausschließlich ein technisches Thema. Integration bezieht sich auf den Prozess oder das Ergebnis des Zusammenfügens verschiedener Elemente, Systeme oder Gruppen zu einer funktionalen Einheit. In verschiedenen Kontexten kann der Begriff Integration unterschiedliche Bedeutungen haben. Lassen wir einmal soziale und gesellschaftliche Aspekte außen vor, so ergeben sich selbst im Unternehmenskontext verschiedene Varianten der Integration. In einem betrieblichen Kontext bedeutet Integration z. B. die Verbindung von verschiedenen Abteilungen oder Geschäftseinheiten innerhalb eines Unternehmens, um die Zusammenarbeit und einen effizienten Informationsfluss zu gewährleisten. In einem größeren wirtschaftlichen Kontext kann Integration auch auf Prozesse zwischen verschiedenen Unternehmen oder Handelspartnern bezogen werden. In diesem Buch soll es aber vor allem um die technologische Integration gehen. Diese ist, wie so häufig in der Informationstechnologie, als Werkzeug zu sehen, um die zuvor genannten Varianten der Integration technologisch zu unterstützen und damit möglichst effizient und sicher zu gestalten. In der Informationstechnologie bezieht sich Integration darauf, verschiedene Softwareanwendungen, Systeme oder Plattformen so zu verbinden, dass sie effizient zusammenarbeiten können. Dies kann die Integration von Anwendungen in ein Unternehmensumfeld, die Integration von Softwarekomponenten oder die Verbindung verschiedener IT-Systeme umfassen. Bestimmt stehen Sie oder Ihr Unternehmen gerade selbst vor der Herausforderung, Daten in Ihrem ERP-System mit Ihrem CRM-System zu synchronisieren. Oder Sie planen, Bestellungen auf digitalem Weg an eine Vielzahl von Lieferanten zu senden. Welche Anwendungsfälle auch immer für Sie besonders relevant sind, dieses Buch soll Sie dabei unterstützen, die wichtigsten Aspekte von der Planung bis hin zum operativen Prozess zu berücksichtigen.

Schnittstellen

Beginnend mit der Planung ist es wichtig, dass zwischen den Beteiligten definierte Schnittstellen existieren. Diese sind entscheidend für die *Interoperabilität* und den *reibungslosen Austausch* von Informationen zwischen verschiedenen Systemen. Gut gestaltete Schnittstellen erleichtern die Integration und halten auch Veränderungen wie z. B. Systemupdates stand. Sie sollten also frühzeitig definieren, welche Daten die beteiligten Systeme austauschen und wie die übergreifenden Prozesse gestaltet werden sollen. Versuchen Sie dabei vorausschauend zuplanen. Es kommt häufig vor, dass sich die Inhalte einer Schnittstelle zukünftig ändern. Sie können dem entgegenwirken, indem Sie von vornherein antizipieren, welche Daten zukünftig hinzukommen könnten. Eine Hauptaufgabe bei der Integration ist es, die folgenden relevanten Fragen zu klären:

- Wer sind die Beteiligten?
- Welche Informationen werden benötigt?
- In welchem Format sollen diese Informationen zur Verfügung gestellt werden?
- Zu welchem Zeitpunkt sollen die Informationen ausgetauscht werden?

Beispiele für die Integration

Ein schönes Beispiel aus dem alltäglichen Leben finden wir an der Supermarktkasse. Beim Einscannen eines Artikels wird versucht, diesen im System anhand seiner Artikelnummer zu identifizieren. Dabei ist definiert, dass zum Zeitpunkt des Scannens genau eine Artikelnummer im Format eines Barcodes präsentiert wird. Der Scanner übersetzt den Barcode in eine Artikelnummer, und das Kassensystem ermittelt anhand dieser den Artikel und den Preis im System. Es erfolgen also sogar mehrere integrierte Prozessschritte. Anhand dieses kleinen Beispiels können wir auch direkt einige typische Fehler beschreiben, die in integrativen Prozessen regelmäßig vorkommen:

Fehler analysieren

- Der Scanner löst nicht aus, da das Etikett geknickt oder nur teilweise erfasst worden ist.
  Die Daten entsprechen nicht dem definierten Format und können daher nicht verarbeitet werden.
- Ein Artikel wird doppelt gescannt.
  Der Sender stellt die Daten in der falschen Reihenfolge zur Verfügung.
- Der Artikel wird im System nicht gefunden.
  Die Daten werden zwar im definierten Format gesendet, das empfangende System kann die Daten aber nicht verarbeiten.

Fehler vorbeugen

Wir haben zur Veranschaulichung die Fehlerfälle verallgemeinert. Dies soll verdeutlichen, dass Fehler, wie in jedem IT-System, auch bei der Integration zwangsläufig auftreten. Sie müssen also bei der Definition Ihrer Schnittstellen nicht nur den Positivfall berücksichtigen, sondern auch immer vorsehen, dass Fehler erkannt, analysiert und behoben werden müssen. Essenziell ist dafür ein zentrales Monitoring. Wenn Sie alle Meldungen an einer Stelle zusammenführen, wissen Sie sofort, wo Sie im Fehlerfall nachschauen müssen. Sie sollten vor allem immer darauf achten, dass Fehlermeldungen aussagekräftig sind. Meldungen wie z. B. »Die Kundenstammdaten wurden nicht erfolgreich übertragen.« machen Sie zwar auf das Problem aufmerksam, helfen aber wenig bei der Fehleranalyse. Folgende Informationen sind daher unerlässlich:

- Welche Datensätze sind betroffen? Geben Sie nach Möglichkeit Schlüsselwerte in der Meldung mit. Dies hilft im Nachgang vor allem auch bei der Fehlerbehebung. Häufig werden Fehler erst durch den Fachbereich erkannt und klassische Fragestellungen wie »Kunde XY fehlt im System, wo ist dieser steckengeblieben?« treten auf. Es hilft, wenn Sie in solchen Fällen die Nachrichten-Logs nach der konkreten ID dieses Datensatzes durchsuchen können.
- Welches ist die konkrete Fehlerursache? Geben Sie an, in welchem Schritt oder bei der Anwendung welcher Methode der Fehler aufgetreten ist, und ergänzen Sie, soweit möglich, die Fehlerursache.
- Geben Sie nach Möglichkeit Sender- und Empfängersystem an. Dies hilft, den Überblick zu wahren. Ein zentraler Nachrichtenmonitor wächst sehr schnell an; die beteiligten Systeme, Zeitstempel und die Kritikalität der Nachricht stellen hilfreiche Filter dar.

Alles in allem ist es wichtig, dass Sie planen, wie Ihre Integrationslandschaft aussehen soll. So sehr Sie aber auch versuchen, künftige Anforderungen zu antizipieren, genauso wichtig ist es, flexibel zu bleiben. Es wird früher oder später Anforderungen geben, die Sie nicht vorhersehen konnten.

1.2 Konzept der Enterprise Application Integration

Die *Enterprise Application Integration* (EAI) geht über die reine Bereitstellung von Schnittstellen hinaus. Das Prinzip besteht darin, unterschiedliche Aspekte der Unternehmensarchitektur zu verbinden und sicherzustellen, dass sie nahtlos zusammenarbeiten, um die Geschäftsziele zu unterstützen. Dies umfasst die Strukturierung von Prozessen, Daten, Anwendungen und Technologien, um aktuelle Anforderungen an *Geschäftsprozesse* abzubilden und schnell auf zukünftige Anforderungen eingehen zu können. Die Integration bezieht sich in diesem Kontext auf die Harmonisierung und Abstimmung dieser verschiedenen Elemente. Dabei werden alle Schnittstellen in einem zentralen System, einer sogenannten *Middleware*, zusammengeführt. Ohne eine solche Middleware entsteht schnell »Wildwuchs« (siehe Abbildung 1.1). Dabei laufen Sie Gefahr, dass die Schnittstellen unterschiedlich funktionieren, auf verschiedenen Technologien basieren und für einen langen Zeitraum nicht wartbar sind.

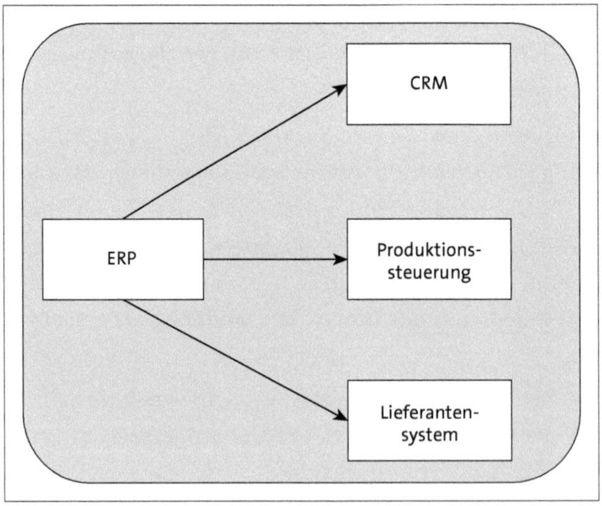

Abbildung 1.1 Direkte Kommunikation der Systeme

Standards definieren

Daher empfehlen wir Ihnen, Standards für Ihre Schnittstellen und den Datenaustausch zu definieren. Dies hilft Ihnen, eine robuste und gleichzeitig flexible Unternehmensarchitektur zu etablieren. Eine *EAI-Lösung* unterstützt diese strategische Ausrichtung und stellt dafür benötigte Funktionen bereit. Sie bietet Werkzeuge zur Verwaltung von Schnittstellen zwischen verschiedenen Systemen. Dies umfasst die Definition, Konfiguration und Überwachung von Daten- und Prozessschnittstellen. Darüber hinaus unterstützt eine EAI-Applikation bei der Integration von Daten aus verschiedenen Quellen und Formaten. Dies ermöglicht es Ihnen, zwischen verschiedensten Systemen und Technologien zu vermitteln und beinhaltet u. a. Funktionen wie *Datenmapping* oder *Transformation* und das Laden in *Datenbanken*. Verschiedene Systeme stellen unterschiedliche Anforderungen an die bereitgestellten Schnittstellen. Eine *Middleware* hilft bei der Übersetzung; sie bietet für jedes System den passenden Adapter, sodass es mit der Middleware kommunizieren kann. Anschließend übersetzt die Middleware von einem auf den anderen *Adapter*, um die Daten mit dem jeweiligen Empfängersystem auszutauschen. Viele Systeme unterstützen nur vereinzelte Protokolle und können daher nicht direkt miteinander interagieren. Eine Middleware schlägt die Brücke zwischen allen Beteiligten (siehe Abbildung 1.2).

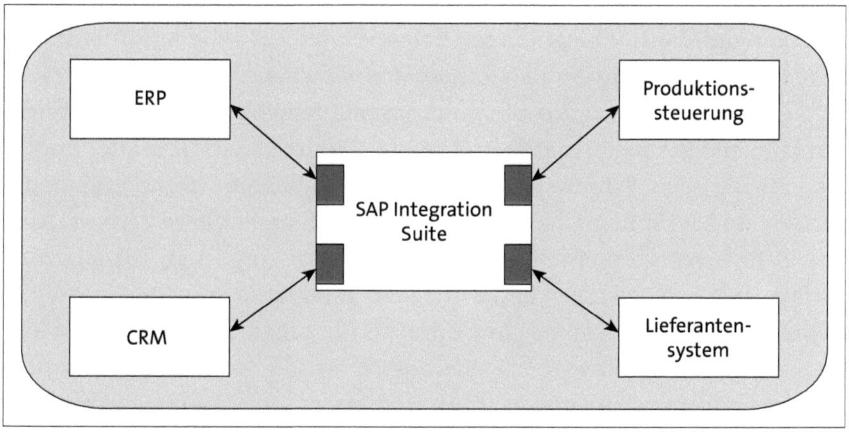

Abbildung 1.2 Kommunikation mit einer Middleware

Zentrales Monitoring

Des Weiteren wird ein *zentrales Monitoring* zur Überwachung von Integrationsprozessen in Echtzeit und zur Analyse von Leistungsindikatoren bereitgestellt. Dies ermöglicht es, Engpässe zu identifizieren, die Leistung zu optimieren und auf auftretende Probleme zu reagieren. Selbstverständlich bietet die Plattform auch Sicherheitsmechanismen, um sicherzustellen, dass der Datenaustausch und die Prozessausführung sicher sind, wie z. B. Authentifizierung, Autorisierung und Verschlüsselung. Zuletzt ist die Anwendung darauf ausgelegt, mit den wachsenden Anforderungen des Unternehmens Schritt zu halten. Sie ermöglicht die *Skalierung* von Integrationen und kann sich an sich ändernde Geschäftsanforderungen anpassen. Schnittstellensysteme stellen eine komplexe Komponente in der Unternehmensarchitektur dar. Häufig beginnt man mit kleinen Projekten, wie der Integration von zwei Systemen. Später werden weitere Schnittstellen hinzugefügt, der Umfang integrierter Prozesse wächst und weitere Systeme sollen angebunden werden.

Eine zentrale EAI-Software hilft Ihnen, den Überblick zu wahren und den unterschiedlichsten Anforderungen an die Schnittstellen gerecht zu werden.

1.3 Integrationsmuster

Integrationsmuster sind bewährte Lösungsansätze für typische Probleme, die bei der Integration von Systemen, Anwendungen und Daten auftreten können. Diese Muster bieten Ihnen einen Leitfaden oder eine »Blaupause« für die Gestaltung von Schnittstellen. Wie bereits beschrieben, hilft es, wenn Sie für Ihre Unternehmensschnittstellen Standards definieren. Etablierte Vorlagen und Muster helfen Ihnen dabei, schnell auf neue Anforderungen zu reagieren. Jedes Muster bietet Ihnen jeweils ganz eigene Vor- und Nachteile und ist für bestimmte Anwendungsfälle geeignet. Neue Anforderungen können Sie kategorisieren und sparen dadurch viel Zeit bei der Implementierung neuer Schnittstellen. Die Muster etablieren sich außerdem mit der Zeit, und Sie können diese weiter optimieren und weitere Verbesserungen in Ihre Vorlagen einbauen. Dies hilft Ihnen langfristig, robuste und performante Schnittstellen bereitzustellen. Integrationsmuster dienen vor allem aber auch als gemeinsame Sprache für ganze Teams von Entwickler*innen und Architekt*innen. Sie erleichtern die Kommunikation und sorgen dafür, dass die Entwicklungs- und Integrationsprozesse klar dokumentiert sind. Wenn in Ihrem Unternehmen alle auf die gleichen Vorlagen und Standards zurückgreifen, erspart es Ihnen Einarbeitungszeit, wenn Sie Schnittstellen Ihrer Kolleg*innen analysieren oder erweitern sollen. Im Folgenden möchten wir Ihnen daher einige gängige Schnittstellenmuster sowie ihre Vor- und Nachteile und typische Einsatzzwecke näherbringen.

Synchron vs. asynchron

Eines der wichtigsten Merkmale dabei ist, ob es sich um eine synchrone oder um eine asynchrone Kommunikation handeln soll. Dies bezieht sich auf die Art und Weise, wie Daten zwischen verschiedenen Komponenten oder Systemen übertragen werden. Bei der Definition Ihrer Schnittstellen sollten Sie sich die Fragen stellen, ob eine direkte Rückmeldung des Empfängers zwingend erforderlich ist und ob das Empfängersystem überhaupt in der Lage ist, eine Rückmeldung in einem angemessenen Zeitfenster zu liefern. Bei der Eingabe einer PIN am Bankautomaten möchten Sie z. B. direkt wissen, ob die Geheimzahl korrekt eingegeben wurde und andernfalls den Prozess abbrechen.

Synchrone Schnittstellen funktionieren in der Art, dass das Quellsystem auf eine direkte Rückmeldung wartet. Aus diesem Grund eignen sich solche Schnittstellen eher für kleinere Datenmengen. Je größer die Datenmenge, desto länger dauert die Verarbeitung im Zielsystem und desto länger wartet das Quellsystem auf eine Rückmeldung. Dies blockiert gegebenenfalls sogar den Prozess bzw. die Schnittstelle, sodass in der Zwischenzeit keine weiteren Daten gesendet werden können. Eine neue Anfrage kann erst gesendet werden, nachdem der aktuelle Aufruf beendet worden ist (siehe Abbildung 1.3).

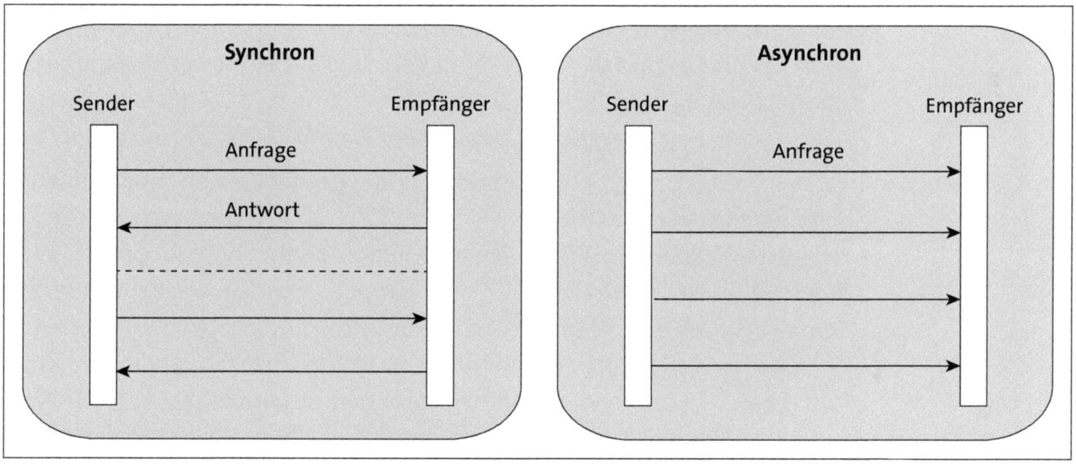

Abbildung 1.3 Synchrone und asynchrone Kommunikation

Auf der anderen Seite ermöglicht die Rückmeldung eine direkte Reaktion des Quellsystems. Dieses kann auf die Antwort des Zielsystems reagieren und im Falle eines Fehlers z. B. die Daten erneut senden oder die Kommunikation pausieren, bis der Fehler behoben ist. Je nachdem, welche Anforderungen Sie an die Schnittstelle haben, können Sie den Prozess mit einer synchronen Kommunikation sehr gezielt steuern. Eine *asynchrone Kommunikation* eignet sich hingegen eher für große Datenmengen. Das Quellsystem überträgt alle Daten und trennt anschließend die Verbindung zum Zielsystem. Es wird nicht abgewartet, ob die Daten verarbeitet werden können oder ob es im weiteren Verlauf gegebenenfalls zu Fehlern kommt. Dadurch sind Schnittstellen dieser Art schneller wieder bereit, weitere Daten zu senden. Alle folgenden Kategorien fallen in eines dieser beiden Muster.

Pull-Methode *Pull-Schnittstellen* (vom engl. »ziehen«) sind eine Art der Schnittstellenarchitektur, bei der die Initiative für den Datenaustausch von Empfänger oder Verbraucher ausgeht. Anders ausgedrückt: Der Empfänger zieht oder fordert Daten aktiv von der Quelle an, wenn er bereit ist, sie zu empfangen. Der Empfänger bestimmt also den Bedarf an neuen Daten bzw. den Zeitplan der Kommunikation. Diese Vorgehensweise eignet sich besonders für die Übertragung von Massendaten, indem der Empfänger in einem definierten Zeitrhythmus alle relevanten Daten auf einmal anfordert. Hierbei sind zwei Sonderfälle zu berücksichtigen, nämlich dass zum Zeitpunkt der Nachfrage entweder keine Daten vorliegen – der Empfänger fragt also unnötig an – oder dass zum Zeitpunkt der Nachfrage sehr viele Daten vorliegen. Beide Fälle können zulasten der Performance gehen, und sollten daher bei der Implementierung berücksichtigt werden. Ein typisches Beispiel für Pull-Schnittstellen sind *RESTful Web Services*, bei denen der Client mittels eines HTTP-Aufrufs aktiv Ressourcen von einem Server anfordert. Pull-Schnittstellen werden oftmals in Umgebungen verwendet, in denen die Datenübertragung nach Bedarf und nach einem definierten Zeitplan erfolgt. Dabei ist es weniger relevant, ob zeitnah neue Daten übertragen werden sollen.

Push-Methode Im Gegensatz dazu geht die Kommunikation bei der Verwendung von *Push-Schnittstellen* von der Quelle aus. Anders ausgedrückt: Die Daten werden aktiv von der Quelle zum Empfänger geschoben, unabhängig davon, ob dieser bereit ist, diese zu empfangen. Dabei hängt es von der Konfiguration des Sendersystems ab, ob in der Push-Kommunikation einzelne Datensätze oder Massendaten übertragen werden. Das IDoc-Format aus dem SAP-Kontext arbeitet in der Regel nach diesem Muster und wird häufig auch für Massendaten verwendet. Eine Kommunikation über Push-Nachrichten mit Einzeldatensätzen ist die Grundlage für Echtzeitanwendungen oder Systeme, die kontinuierlich Aktualisierungen erfordern. Ein Hauptvorteil dabei ist, dass unnötige Aufrufe vermieden werden, da die Übertragung nur stattfindet, wenn neue Daten vorliegen. Auf der Gegenseite führt dies gegebenenfalls zu einer Vielzahl an Aufrufen, da für jeden neuen Datensatz ein Push ausgelöst wird. Insgesamt bieten Push-Schnittstellen eine dynamische und reaktive Art der Datenübertragung, was in bestimmten Anwendungsfällen, insbesondere in Echtzeitszenarien, von Vorteil ist.

Ereignisbasierte Schnittstellen Eine spezielle Variante der Push-Schnittstellen stellt die *ereignisbasierte Kommunikation* dar. Dabei sendet das Quellsystem für definierte Statuswechsel eine Ereignisbenachrichtigung aus. Eine Besonderheit dabei ist, dass jedes Event einem Thema zugeordnet ist – einer Kategorisierung des Ereignisses. Zielsysteme können sich für die jeweils relevanten Themen registrieren, was zu einer äußerst flexiblen Architektur führt. Des Weiteren können Zielsysteme jederzeit weitere Themen anfordern, und es können ohne größeren Aufwand weitere Zielsysteme integriert werden, ohne dass die Architektur ergänzt werden muss. Weitere Details zu einer ereignisbasierten Architektur finden Sie in Kapitel 5, »Cloud Integration«.

Pipeline

Ein weiteres wiederkehrendes Muster in der Integration ist die *Pipeline*. Dieses Konzept kann u. a. auf Schnittstellen angewendet werden. Es bezieht sich darauf, verschiedene Schritte oder Prozesse in einer sequenziellen Reihenfolge zu durchlaufen – die namensgebende Pipeline. Jeder Schritt kann auf den vorangehenden Schritt aufbauen und auf deren Ergebnisse zugreifen. Die einzelnen Teilprozesse erfüllen jeweils eine spezielle Aufgabe:

- Transformation
- Mapping
- Daten anreichern
- Zwischenspeichern

Die Art, wie Schnittstellen in der SAP Integration Suite aufgebaut sind, erinnert stark an das Konzept der Pipelines. In der SAP Integration Suite spricht man von Integration Flows. Diese Integration Flows bestehen analog zu den Pipelines aus einzelnen Schritten (siehe Abbildung 1.4).

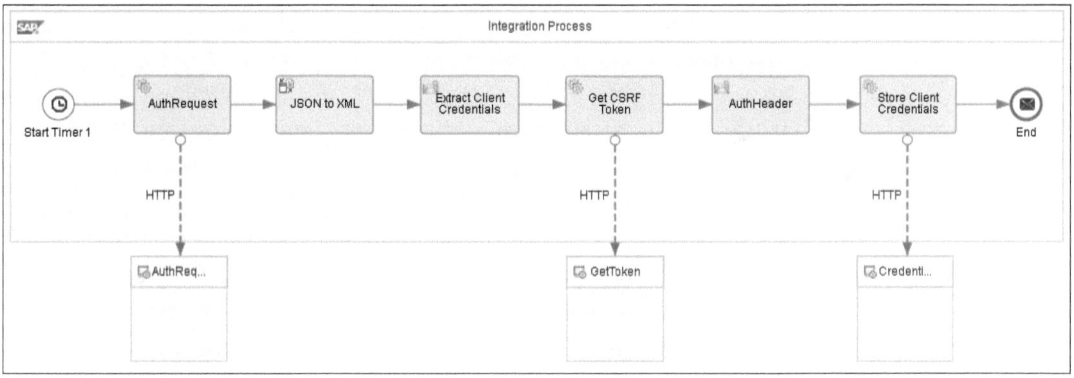

Abbildung 1.4 Ablauf eines Integration Flows

Wiederholbare Prozesskette

Ein Vorteil solcher Abfolgen ist, dass sie wiederholbar und konsistent sind. Das bedeutet, dass sie bei gleichbleibendem Input den Prozess wieder und wieder durchlaufen können und zum gleichen Ergebnis kommen. Dabei können Sie jeden einzelnen Schritt überwachen und analysieren, an welcher Stelle die Schnittstelle vom erwarteten Ergebnis abweicht. Weitere Informationen über die einzelnen Schritte eines Integration Flows finden Sie in Kapitel 5, »Cloud Integration«.

Auf Erfahrungen zurückgreifen

Darüber hinaus gibt es weitere Muster, an denen Sie sich orientieren können. Jedes davon eignet sich für ganz eigene Anforderungen. Wir möchten damit vor allem verdeutlichen, dass Sie bei der Planung von Schnittstellen nicht auf sich allein gestellt sind. Greifen Sie auf die Theorie und Erfahrungen anderer zurück, z. B. auch auf die Unterstützung von SAP-Entwickler*innen. In Kapitel 4, »Plug-and-Play-Integration«, zeigen wir Ihnen z. B. einige Möglichkeiten, wie Sie auf Vorlagen von SAP und anderen Expert*innen zurückzugreifen können. Zusammenfassend sollten Sie Ihre Schnittstellen anhand der folgenden Merkmale kategorisieren (Die Konzeption der Schnittstelle kann maßgeblich davon abhängen, welche Merkmale Ihnen wichtig sind und wie die Bewertung dieser ausfällt):

- synchrone oder asynchrone Kommunikation
- Richtung des Datenflusses
- von Sender oder Empfänger ausgehende Kommunikation
- Menge der Daten
- Häufigkeit der Kommunikation
- Aktualität der Daten
- technisches Protokoll der Datenübertragung

1.4 SAP Integration Suite im Rahmen aktueller Trends

Die IT-Branche entwickelt sich stetig weiter; neue Trends entstehen aus technologischen Entwicklungen, geänderten Anforderungen an Geschäftsprozesse oder auch ohne erkennbare Gründe. Unternehmen setzen vermehrt auf *Cloud-Services*, um ihre Infrastruktur zu skalieren, flexibler zu sein und Kosten zu reduzieren; Hybrid- und Multi-Cloud-Ansätze gewinnen an Bedeutung. Massive Trends der letzten Jahre beziehen sich außerdem auf große Datenmengen und/oder Auswertungen von Daten in Echtzeit. Konkreter sind dies Themen im Zusammenhang mit dem *Internet of Things* (IoT), *künstlicher Intelligenz* (KI) oder *maschinellem Lernen* (ML). Während KI bzw. ML auf die Bereitstellung von Trainingsdaten angewiesen sind, ist hier keine besondere Synergie mit der SAP Integration Suite hervorzuheben. Spannend ist in diesem Kontext der *Integration Advisor*, eine Funktion der SAP Integration Suite, die Ihnen, basierend auf trainierten Daten, Vorschläge für Ihr Mapping erstellt (weitere Informationen hierzu finden Sie in Abschnitt 6.1, »Integration Advisor«).

IoT und SAP Integration Suite

Im Gegensatz dazu ist das IoT ohne eine EAI-Software wie die SAP Integration Suite gar nicht denkbar. Die Vernetzung von Geräten und Sensoren ermöglicht die Erfassung und Analyse von Daten in Echtzeit. EAI fördert dabei die Interoperabilität zwischen verschiedenen Systemen. Im IoT-Umfeld bedeutet dies, dass Daten aus unterschiedlichen IoT-Geräten und Plattformen harmonisch zusammengeführt werden können. Damit können Sie verschiedene Messpunkte und Sensordaten erfassen, unabhängig von welcher Maschine oder welcher Technologie diese stammen. Sie können mithilfe der SAP Integration Suite die Daten und Formate konsolidieren und ermöglichen so eine einheitliche Auswertung dieser Daten. Zusätzlich bietet Ihnen die SAP Integration Suite mit SAP Event Mesh eine Plattform zur Verarbeitung von Ereignissen in Echtzeit (siehe Kapitel 8, »Enterprise Messaging«). Eine solche ereignisgesteuerte Architektur ermöglicht es Ihnen, direkt auf die Daten der Sensoren zu reagieren und gegebenenfalls sogar Prozesse zu automatisieren.

Prozessautomatisierung und SAP Integration Suite

Diese Prozessautomatisierung wird z. B. in Industrie 4.0 aufgegriffen. Dabei spielt EAI eine entscheidende Rolle, um die umfassende Vernetzung von Produktionsanlagen, Lieferketten und Geschäftsprozessen zu ermöglichen. Die SAP Integration Suite unterstützt die Übertragung von Daten in Echtzeit, um schnelle Entscheidungen zu ermöglichen und den automatisierten Betrieb zu optimieren. Neben der Integration stellt IoT ein Schlüsselelement von Industrie 4.0 dar. Die Daten von IoT-Geräten und Sensoren liefern die Grundlage, um Geschäftsprozesse zu automatisieren. Gängige Beispiele sind z. B. Predictive Maintenance (vorausschauende Wartung) oder eine übergreifende Integration der gesamten Liefer- und Produktionskette. Bei *Predictive Maintenance* wird durch die Analyse von Maschinendaten eine vorausschauende Wartung von Anlagen ermöglicht, um ungeplante Ausfallzeiten zu minimieren. Bei der Lieferkettenintegration binden Sie Ihre Lieferanten, Hersteller und Vertriebspartner in Ihre Systeme ein, um beispielsweise eine genauere Absprache zu ermöglichen und Ihre Prozesse mit den Partnern abzustimmen. Dazu bietet Ihnen die SAP Integration Suite eine B2B-Integration (siehe Abschnitt 6.2, »Trading Partner Management«). Diese ermöglicht es Ihnen, identische Daten mit mehreren Partnern auszutauschen.

Low-Code-Ansatz

Einen weiteren Trend stellt die Nutzung von Plattformen für die *Low-Code- und No-Code-Entwicklung* dar. Diese ermöglichen es Menschen ohne umfassende Programmierkenntnisse, Anwendungen zu erstellen und anzupassen. IT-Kräfte werden in zunehmendem Maße nachgefragt, und oft kann dieser Bedarf nicht gedeckt werden. Die SAP Integration Suite baut auf diesem Ansatz auf. Zum einen stellt sie eine fertige Plug-and-Play-Integration für eine Vielzahl von Systemen und Szenarien zur Verfügung; diese können Sie ohne tiefere Kenntnisse verwenden, um Ihre SAP-Systeme zu integrieren. Zum anderen können Sie damit auch eigene Schnittstellen mittels einer grafischen Oberfläche erstellen. Damit können Sie einen Großteil an Logiken abbilden, ohne dass Sie programmieren müssen.

1.5 Historische Entwicklung der SAP-Integrationsplattformen

Eine ERP-Software deckt in der Regel die wichtigsten Kernprozesse ab. Besonders das SAP-ERP-System ist für integrierte Prozesse entlang der gesamten Wertschöpfungskette bekannt. Der Bedarf einer Integrationsplattform ist daher aber früher oder später unumgänglich. Die Vorteile einer EAI-Software sind in Abschnitt 1.2, »Konzept der Enterprise Application Integration«, beschrieben. Daher stellt auch SAP seit vielen Jahren verschiedenste Lösungen in diesem Kontext zur Verfügung. Wir möchten hier die Entwicklung der verschiedenen Lösungen vorstellen (siehe Abbildung 1.5).

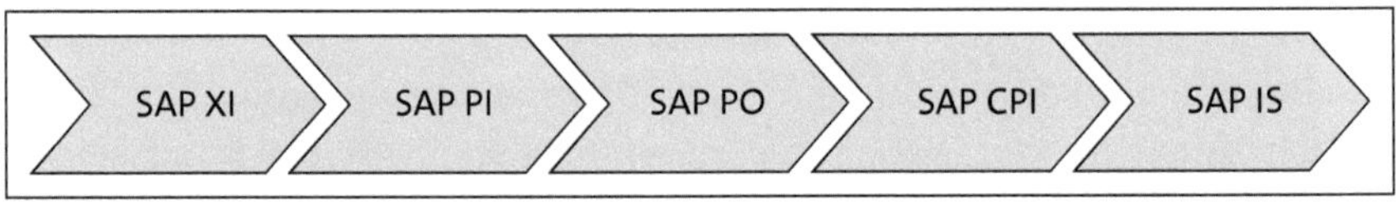

Abbildung 1.5 Entwicklung der SAP-Integrationsplattformen

SAP XI *SAP Exchange Infrastructure* (SAP XI) ist eine frühe EAI-Software, basierend auf SAP NetWeaver. Damit unterstützt diese sowohl ABAP als auch die Java-Laufzeitumgebung. SAP XI unterstützt den Datenaustausch, basierend auf verschiedensten Formaten und Webstandards, z. B.:

- Datei
- IDoc
- SOAP
- HTTP
- RFC

SAP PI und SAP PO Ab Version 3.0 wurde diese Software unter dem Namen *SAP Process Integration* (SAP PI) weitergeführt. Die größte Neuerung stellt eine grafische Darstellung der Integrationsprozesse dar. Diese grafische Oberfläche kann zur Darstellung, aber auch zu Modellierung der Integrationsschritte verwendet werden. Der Fokus beider Systeme besteht darin, Systeme zu verbinden und Daten auszutauschen. Die nachfolgende Version davon wird unter dem Namen *SAP Process Orchestration* (SAP PO) geführt. Ein wesentliches Merkmal von SAP PO ist das integrierte Business Process Management (BPM). Dies ermöglicht die Modellierung und Überwachung von Geschäftsprozessen in der SAP-Systemlandschaft. Damit geht die Funktionalität über die reine Integration von Daten hinaus.

SAP HCI und SAP Cloud Platform Integration

SAP HANA Cloud Integration (SAP HCI) stellte einen Neustart für SAP im Bereich der EAI-Software dar. Mit einer zunehmenden Ausrichtung des Unternehmens auf Cloud-Anwendungen war eine Schnittstellenlösung in der Cloud die logische Schlussfolgerung. SAP ist diesem Schritt mit einem Modul in der SAP Business Technology Platform (SAP BTP) – erst mit SAP HCI und wenig später nach einer Namensänderung als *SAP Cloud Platform Integration* – gefolgt. Die Standardisierung in der Cloud ist dabei der Hauptvorteil, wodurch SAP in SAP Cloud Platform Integration ein Portfolio an Vorlagen und standardisierten Schnittstellen anbieten kann. Diese Plug-and-Play-Integration wird von SAP selbst verwaltet, aktualisiert und erweitert. Vorlagen sowohl für Cloud- als auch für On-Premise-Szenarien stellen vor allem für Unternehmen eine Chance dar, die selbst wenig Know-how im Bereich der Integration haben oder aufbauen möchten. Neben diesen Templates sind die grafische Oberfläche zum Entwerfen eigener Schnittstellen und ein Monitoring die Hauptfunktionen von SAP Cloud Platform Integration.

Parallel bringt SAP weitere Funktionen, zunächst als Module der SAP BTP, auf den Markt, die im Kontext der Integration ebenfalls relevant sind. Darunter fallen beispielsweise das API Management, der Integration Advisor, Open Connectors zur Anbindung von Drittherstellern. Diese Funktionen führt SAP letztendlich in der SAP Integration Suite zusammen und bietet damit einen umfangreichen Werkzeugkasten für alle Herausforderungen rund um das Thema Integration. Dementsprechend hat SAP das Wartungsende für SAP PI/PO angekündigt und signalisiert damit, dass in Zukunft ausschließlich die SAP Integration Suite fortgeführt wird. Um den Anforderungen einer reinen On-Premise-Integration gerecht zu werden, hat man zuletzt noch den Service Edge Integration Cell als Funktionalität der SAP Integration Suite ergänzt. Damit lassen sich Integrationsszenarien aus der Cloud direkt im lokalen Netzwerk oder in den Netzwerken der Hyperscaler ausführen. Die SAP Integration Suite ist damit für alle Einsatzzwecke gerüstet und deckt sowohl die Cloud- als auch On-Premise-Integration ab.

Kapitel 2
SAP Business Technology Platform

In diesem Kapitel geht es zunächst um die SAP Business Technology Platform im Allgemeinen. Denn bevor Sie in die Tiefen der SAP Integration Suite einsteigen, wollen wir Sie zunächst abholen, die Applikation im Gesamtkontext einordnen und die SAP BTP erläutern.

Die SAP Business Technology Platform (SAP BTP) ist eine Cloud-Plattform von SAP, die Ihnen verschiedene Technologien und Dienste für die digitale Transformation zur Verfügung stellt. Die SAP BTP stellt Ihnen Werkzeuge bereit, um Geschäftsprozesse zu automatisieren, Anwendungen zu entwickeln und zu erweitern, Daten zu verwalten und zu analysieren sowie innovative Technologien wie *künstliche Intelligenz* (KI), *Machine Learning* (ML) und das *Internet der Dinge* (Internet of Things, IoT) zu nutzen. Als Plattform für die Integration gliedert sich auch die SAP Integration Suite mit ihren Services in die SAP BTP ein. Ihr Schwerpunkt liegt in der nahtlosen Vernetzung von Geschäftsprozessen, Anwendungen und Daten, sowohl innerhalb des Unternehmens als auch über Unternehmensgrenzen hinweg. Damit ist sie – je nach Anwendungsszenario – z. B. als Nachfolgelösung, aber auch als Ergänzung zu den bisherigen Integrationslösungen wie *SAP Process Integration/SAP Process Orchestration* (SAP PI/SAP PO) zu sehen. Die SAP BTP ist also die Grundlage dafür, dass Sie den vollen Funktionsumfang der SAP Integration Suite nutzen können. In Abschnitt 2.1 geben wir Ihnen einen Überblick über die verschiedenen Funktionen und einen Einblick in die Lizenzierung der verschiedenen Services. Anschließend gehen wir in Abschnitt 2.2 auf die verschiedenen Laufzeitumgebungstypen ein. Nach diesen Grundlagen beginnen wir in Abschnitt 2.3 mit der Grundkonfiguration eines SAP-BTP-Accounts. In Abschnitt 2.4 zeigen wir Ihnen grundlegende Verwaltungsaufgaben und gehen in Abschnitt 2.5 auf die Aktivierung einzelner Services und Funktionen ein. In Abschnitt 2.6 führen wir Sie abschließend in die Funktionalität von Destinationen als Basis für die SAP Integration Suite ein.

2.1 Funktionen und Lizenzierung

Funktionen Die Funktionen der SAP Business Technology Platform gliedern sich in verschiedene Teilaspekte der digitalen Transformation. Schwerpunkt dieses Buches liegt auf der *Integration*. Die SAP Integration Suite ist hierbei das Kernelement für Schnittstellen, APIs oder eventbasierte Architekturen; diese lassen sich aber auch über Microservices oder serverlose Funktionen aus dem Bereich der *Anwendungsentwicklung* realisieren.

Die Plattform ermöglicht die Entwicklung von Anwendungen, die auf die spezifischen Anforderungen Ihres Unternehmens zugeschnitten sind. Sie können damit beispielsweise Weboberflächen im SAP-Fiori-Design erstellen oder komplett eigenständige Services entwickeln. Dies ermöglicht es Ihnen, in einem sogenannten Microservice-Ansatz komplette Geschäftslogiken und -module in der Cloud zu betreiben. Je nach verwendeter Umgebung (siehe Abschnitt 2.2, »Laufzeitumgebungen«) können die verfügbaren Programmiersprachen abweichen; am häufigsten verwendet werden vermutlich Java, Node.js und SAPUI5. Ein weiterer Anreiz besteht darin, die Prozesse Ihres SAP-ERP-Systems in der SAP BTP zu erweitern.

SAP ist seit einigen Jahren darin bestrebt, die Kernsysteme frei von Entwicklungen und User-Exits zu halten. Unter der Aussage »Keep the Core clean« sollen diese Prozesserweiterungen side-by-side realisiert werden, um in kürzeren Releasezyklen die Wartungsaufwände zu reduzieren und Ausfälle zu vermeiden.

Ein weiterer Schwerpunkt der Plattform liegt auf *Datenmanagement und Datenanalyse*. Die SAP BTP bietet Tools und Dienste zur Verwaltung und Analyse von Daten. Sie können verschiedene Datenbanken in der Cloud betreiben, darunter auch die Datenbank SAP HANA mit ihren Werkzeugen zur Daten- und Trendanalyse. Die Plattform bietet Ihnen aber auch Business-Intelligence-Lösungen wie SAP Analytics Cloud, worin Sie Daten aus unterschiedlichen Quellen zusammenführen und auswerten können. Zuletzt befasst sich die SAP BTP noch mit modernen Trends wie KI, ML und IoT.

Von vordefinierten Services über wiederverwendbare Bausteine bis hin zum Werkzeugkasten für Eigenentwicklungen finden Sie in der SAP BTP innovative Themen wie z. B. den SAP AI Core oder das SAP AI Launchpad.

Lizenzmodelle SAP stellt verschiedene Lizenztypen und Abrechnungsoptionen zur Verfügung, um den unterschiedlichen Anforderungen und Nutzungsszenarien der Kunden gerecht zu werden. Im Folgenden finden Sie die gängigsten Lizenzmodelle der SAP BTP:

- Pay-As-You-Go-Modell
- abonnementbasierte Lizensierung
- Paketlösungen

Beim *Pay-As-You-Go-Modell* (PAYG-Modell) bezahlen Kunden nur für die tatsächlich genutzten Ressourcen oder Dienste, wie z. B. für die Anzahl der API-Aufrufe, die verbrauchte Rechenleistung oder den Speicherbedarf. Dies ermöglicht eine flexible Skalierung und eignet sich besonders, wenn Sie die tatsächliche Nutzung der Services noch nicht quantifizieren oder vorhersehen können. Alternativ können Sie sich für *Abonnements* entscheiden, bei denen Sie einen festen monatlichen oder jährlichen Betrag für den Zugriff auf bestimmte Dienste oder Komponenten der SAP BTP zahlen. Dieses Modell bietet eine vorhersehbare Kostenstruktur und kann für Unternehmen sinnvoll sein, die kontinuierlich Zugriff auf bestimmte Funktionen benötigen. Zuletzt bietet SAP auch vorgefertigte *Paketlösungen* an, die eine bestimmte Kombination von Diensten und Funktionen der SAP BTP zu einem festen Preis enthalten. Diese Pakete sind auf bestimmte Geschäftsanforderungen zugeschnitten und bieten Ihnen eine bequeme Möglichkeit, um vordefinierte Szenarien zu verfolgen.

Beachten Sie dabei, dass die genauen Lizenzmodelle und Kosten für die SAP BTP von verschiedenen Faktoren abhängen, wie z. B. von den ausgewählten Diensten, vom Umfang der Nutzung, von der Vertragslaufzeit und den individuellen Verhandlungen mit SAP. Beim Auftreten von Fragen bezüglich der Lizenzierung sollten Sie sich direkt an SAP oder an autorisierte SAP-Partner wenden, um detaillierte Informationen zu den Lizenzoptionen und Preisen der SAP BTP zu erhalten, die für Ihre spezifischen Anforderungen am besten geeignet sind.

Trial Account

Auch haben Sie die Möglichkeit, die Module und Funktionen der SAP BTP in einem kostenlosen *Trial Account* auszuprobieren. Dieser gibt Ihnen die Chance, die Plattform zu testen und Ihre Anwendungen zu evaluieren. Der Trial Account bietet Zugriff auf nahezu alle Funktionen der SAP BTP. Da es sich um einen kostenlosen Probezugriff handelt, gibt es Einschränkungen hinsichtlich der Nutzung dieses Zugangs; vor allem sind Trial Accounts nicht für die produktive Nutzung vorgesehen. Dies spiegelt sich in einer *begrenzten Nutzungsdauer* wider. Der kostenfreie Probezugang ist zeitlich limitiert und läuft nach einer gewissen Zeitspanne ab. Eine begrenzte Zahl an Reaktivierungen ist möglich; danach ist ein Wechsel auf eine kostenpflichtige Lizenz erforderlich, um weiterhin Zugriff auf die Plattform zu haben. Ergänzend haben Sie bei vielen Services in einem produktiven Account die Wahl verschiedener Leistungsstufen. Für die Trial Accounts sind hingegen die maximale Rechenleistung, Speicher und andere Ressourcen begrenzt. Zuletzt werden die Testzugänge nicht vom SAP-Support unterstützt.

[»]

Erstellen eines Trial Accounts

Trial Accounts können über *https://cockpit.hanatrial.ondemand.com* erstellt und verwaltet werden. Sie benötigen dafür einen SAP-Benutzer-Login.

2.2 Laufzeitumgebungen

Laufzeitumgebung nutzen

Eine *Laufzeitumgebung* (engl. Runtime) stellt Ihnen in der Anwendungsentwicklung einen technologischen Rahmen bereit, in dem Ihre Software ausgeführt wird. Aufgabe der Laufzeitumgebung ist es, für eine einheitliche Ausführung Ihrer Anwendung zu sorgen, unabhängig vom darunterliegenden Server, Betriebssystem usw. Dadurch können Sie sich auf die reine Entwicklung und Logik konzentrieren. Die SAP BTP selbst bietet Ihnen unterschiedliche Laufzeitumgebungen. Für Sie bedeutet dies, dass Sie Anwendungen in der Cloud ausführen können und nicht auf weitere Server oder Ähnliches angewiesen sind. Dadurch können Sie die SAP BTP als zentrale Komponente in Ihrer Unternehmensarchitektur etablieren. Im Folgenden finden Sie einige der unterschiedlichen Laufzeitumgebungen, die Teil der SAP BTP sind:

- Neo Environment
- Cloud Foundry Environment
- Kyma Environment
- ABAP Environment

Das *Neo Environment* war eine der ursprünglichen Laufzeitumgebungen der SAP Cloud Platform und wird allmählich durch die Cloud-Foundry-Umgebung ersetzt. Das Neo Environment bietet Entwicklungs- und Ausführungsumgebungen für Java-Anwendungen und unterstützt die Erstellung von Anwendungen mit SAPUI5, Java EE und anderen Technologien. Das *Cloud Foundry Environment* ist eine offene, cloudnative Plattform, die von der Cloud Foundry Foundation entwickelt wurde. In dieser Umgebung können Entwickler*innen Anwendungen in verschiedenen Programmiersprachen erstellen, darunter Java, Node.js, Python, Go und mehr. Die *Kyma Environment* der SAP BTP ermöglicht die Erstellung, Bereitstellung und Verwaltung von Anwendungen in Kubernetes-Clustern. Kubernetes ist eine beliebte Open-Source-Container-Orchestrierungsplattform, die die Automatisierung von Anwendungs-Deployments, die Skalierung und Verwaltung ermöglicht. Diese Umgebung ermöglicht u. a. die Erstellung von serverlosen Anwendungen, bei denen sich Entwickler*innen auf den Code konzentrieren können, während die zugrundeliegende Infrastruktur automatisch skaliert und verwaltet wird. Serverless-Umgebungen sind gut für kleine Microservices und Funktionen geeignet. Das *ABAP Environment* bietet eine Möglichkeit für Entwickler*innen, die mit der ABAP-Programmierung vertraut sind, moderne Anwendungen in der Cloud zu erstellen, ohne auf bewährte ABAP-Kenntnisse verzichten zu müssen. Vor allem die Wiederverwendung bekannter ABAP-Konzepte, wie z. B. das *ABAP RESTful Application Programming Model* und CDS-Views sind die Stärke dieser Laufzeitumgebung.

Jede Laufzeitumgebung in der SAP BTP bietet spezifische Funktionen und Möglichkeiten für die Entwicklung und Ausführung von Anwendungen. Je nach Anwendungsfall sollten Sie prüfen, welche Entwicklungsumgebung dafür am besten geeignet ist.

[«]

Laufzeitumgebung für die SAP Integration Suite

Die SAP Integration Suite bzw. die Komponente *Process Integration Runtime* lässt sich auf Cloud Foundry, Kyma oder Kubernetes ausführen. Bestehende Kunden besitzen gegebenenfalls noch eine Lizenz für die SAP Integration Suite als eigenständiger Account auf der Neo-Umgebung. Abgesehen von der ABAP Runtime können Sie für Ihre SAP Integration Suite also alle verfügbaren Laufzeitumgebungen nutzen.

2.3 Grundkonfiguration eines Tenants

Ein SAP-BTP-Account, auch Tenant genannt, ist in der Regel in mehreren Schichten oder Ebenen strukturiert. Dies erleichtert Ihnen die Organisation und Verwaltung von Diensten, Ressourcen und Benutzern. In Abbildung 2.1 sehen Sie die Account-Struktur der SAP BTP, bestehend aus den folgenden Elementen:

- Global Account
- Subaccounts
- Services
- Spaces
- Destinations
- Instanzen

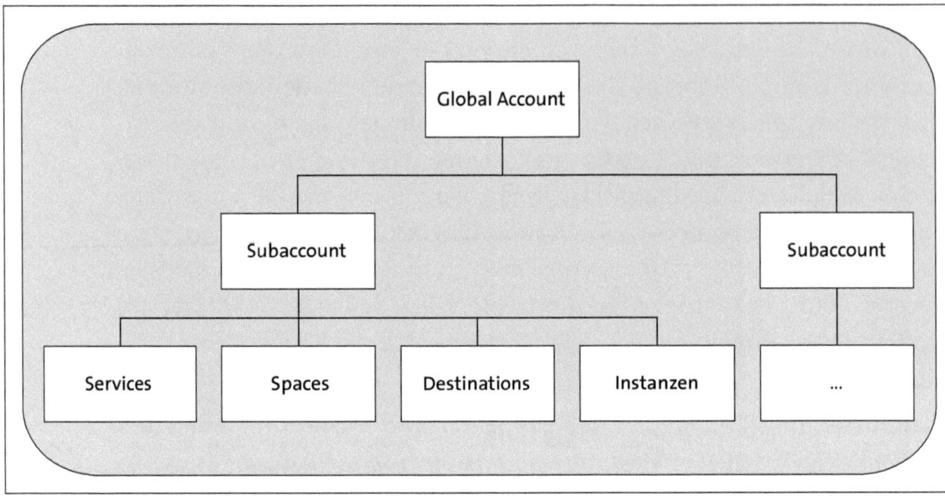

Abbildung 2.1 Account-Struktur der SAP BTP

Struktur eines SAP-BTP-Accounts

Auf der obersten Ebene, der *Account-Ebene*, befindet sich der Global Account oder Hauptmandant, der von der Organisation erstellt wird. Dieser Account fungiert als Dachkonto und dient der zentralen Verwaltung der gesamten Plattformnutzung. Innerhalb des Haupt-Accounts können *Subaccounts* erstellt werden. Subaccounts sind separate Bereiche oder Mandanten, die verwendet werden können, um Ressourcen zu organisieren und verschiedene Projekte oder Anwendungsumgebungen voneinander zu trennen. Jeder Subaccount verfügt über eigene Einstellungen, Dienste und Ressourcen. Diese verschiedenen *Dienste und Ressourcen* der Subaccounts können aktiviert und verwaltet werden. Beispiele für solche Dienste sind z. B. die SAP Integration Suite, die SAP Extension Suite, SAP Analytics Cloud, Datenbanken, Entwicklungsplattformen und vieles mehr. Jeder SAP-BTP-Account bietet Ihnen zudem eine umfassende Benutzerverwaltung. Sie können sowohl auf der Account-Ebene als auch auf Ebene der Subaccounts *Benutzerkonten* erstellen, die auf die Plattform zugreifen können. Im Rahmen die Berechtigungsverwaltung liefert Ihnen SAP eine Vielzahl von Berechtigungsrollen. Sie können aber auch eigene *Berechtigungen* erstellen, die festlegen, auf welche Ressourcen und Dienste die Benutzer zugreifen können. Dies ermöglicht eine differenzierte Kontrolle über die Plattformnutzung. Abschließend unterstützt die SAP BTP das Einrichten von *Spaces*. Diese Möglichkeit bietet Ihnen eine weitere Organisationsebene innerhalb von Subaccounts, um beispielsweise Entwicklungsressourcen oder Projekte voneinander abzugrenzen.

Die Ebenen eines SAP-BTP-Accounts ermöglichen die Abbildung von klassischen Unternehmensarchitekturen. So können z. B. die Entwicklungsumgebung sowie die Test- und Produktivumgebung als Subaccounts innerhalb eines Global Accounts abgebildet werden oder aber auch als Global Accounts getrennt werden.

Erstanmeldung

Wenn Sie sich im SAP-BTP-Portal anmelden, gelangen Sie zuerst zu einer Übersicht Ihrer globalen Accounts (siehe Abbildung 2.2). Von hier aus können Sie globale Benutzerberechtigungen vergeben, weitere Subaccounts anlegen und den verschiedenen Subaccounts Entitlements zuweisen.

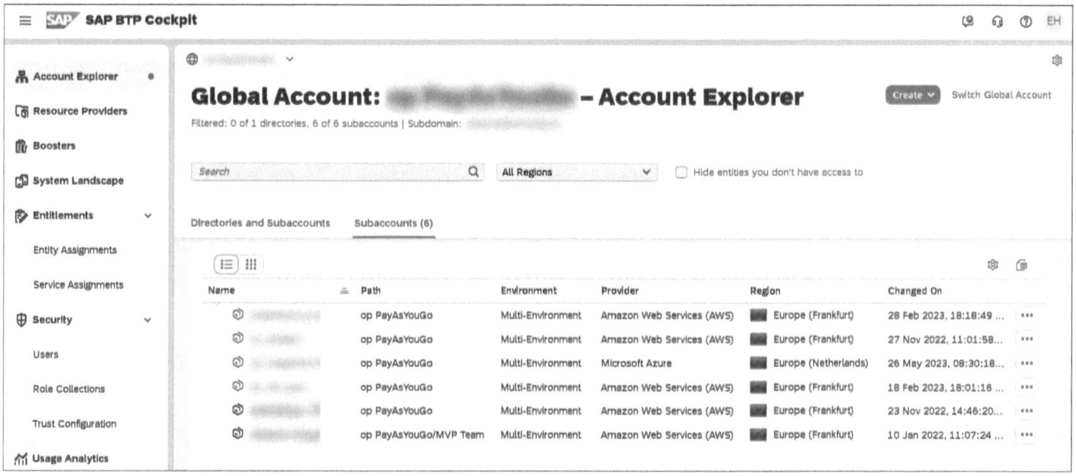

Abbildung 2.2 Übersicht des Global Accounts

> **Ein Cockpit für alle Zugänge der SAP BTP**
>
> Das zentrale Portal für alle SAP-BTP-Accounts für die EMEA-Region ist unter *https://emea.cockpit.btp.cloud.sap/cockpit* erreichbar.

Je nachdem, welche Lizenzen Sie abgeschlossenen haben, stehen Ihnen unterschiedliche Services und Funktionen der SAP BTP zur Verfügung. Über *Entitlements* können Sie dabei den einzelnen Subaccounts Kontingente dieser Services zuweisen. Ist in Ihrer Lizenz z. B. eine SAP-HANA-Datenbank enthalten, können Sie diese einem Subaccount zuweisen und haben dann von diesem Subaccount aus die Möglichkeit, in den Services eine Datenbank anzulegen und zu verwalten (siehe Abschnitt 2.5, »Services und Instanzen«).

> **SAP Integration Suite einrichten**
>
> Die ersten Schritte zur Konfiguration Ihrer SAP Integration Suite werden in Abschnitt 2.5, »Services und Instanzen«, erläutert.

2.4 Verwaltung des SAP-BTP-Accounts

Als Administrator*in eines Accounts können Sie je nach Berechtigungen Subaccounts anlegen bzw. löschen, andere Benutzer berechtigen und den einzelnen Subaccounts Services und Leistungen zuweisen.

Entitlements

Ein wichtiger Aspekt der Account-Verwaltung sind die bereits erwähnten Entitlements. Diese beziehen sich, wie im vorangehenden Abschnitt 2.3, »Grundkonfiguration eines Tenants«, angesprochen, auf Ihre Lizenzierung der SAP BTP und ermöglichen es Ihnen, Dienste, Ressourcen und Funktionen entweder als Ganzes oder in Kontingenten den einzelnen Subaccounts zuzuweisen. Abhängig vom gewählten Lizenzmodell oder der Region kann die Liste der verfügbaren Entitlements abweichen oder in anderen Maßeinheiten berechnet werden. Die SAP Integration Suite kann z. B. als gesamter Service lizenziert oder anhand der Anzahl der Schnittstellenaufrufe bemessen werden. Zählbare Kontingente werden dabei von SAP in der Regel als stufenweise Pakete lizenziert, z. B. »100 Aufrufe pro Paket«. Diese Kontingente weisen Sie explizit einem Subaccount oder in einzelnen Fällen auch im Rahmen eines geteilten Service mehreren Subaccounts zu.

Die Zuweisung der Entitlements erfolgt auf der Ebene des Subaccounts unter dem gleichnamigen Menüpunkt auf der linken Seite. Unter diesem Punkt können Sie die zugewiesenen Services einsehen und neue Services hinzufügen. Klicken Sie dafür auf die Schaltfläche **Configure Entitlements**. Die Liste kann in Abhängigkeit des gewählten Lizenzmodells oder der Region abweichen (siehe Abbildung 2.3).

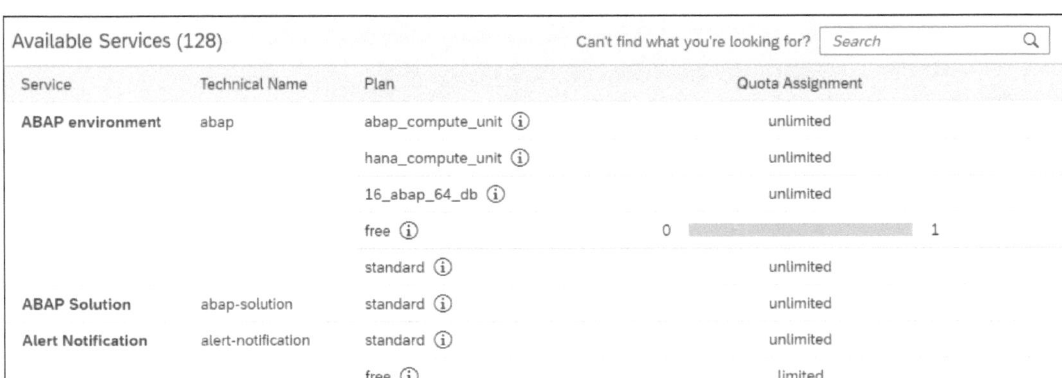
Available Services (128) — Can't find what you're looking for? Search

Service	Technical Name	Plan	Quota Assignment
ABAP environment	abap	abap_compute_unit	unlimited
		hana_compute_unit	unlimited
		16_abap_64_db	unlimited
		free	0 … 1
		standard	unlimited
ABAP Solution	abap-solution	standard	unlimited
Alert Notification	alert-notification	standard	unlimited
		free	limited

Abbildung 2.3 Übersicht der verfügbaren Services

Den jeweiligen Subaccounts ist automatisch eine Vielzahl an Services zugeordnet. Diese sind im Grundpaket der SAP BTP enthalten und werden in der Regel als **unlimited** angezeigt. Dies kann die Darstellung auf den ersten Blick etwas unübersichtlich erscheinen lassen. Die detaillierte Liste an Entitlements ermöglicht dadurch allerdings eine sehr flexible Ausprägung der Subaccounts.

[«]

Entitlements für die SAP Integration Suite

Um die SAP Integration Suite einzusetzen, benötigen Sie Entitlements für die SAP Integration Suite selbst, aber auch für die Komponente SAP Process Integration, und eine Laufzeitumgebung (Cloud Foundry, Kyma oder Kubernetes).

Berechtigungen

Die Berechtigungen in der SAP BTP dienen dazu, sicherzustellen, dass Benutzer nur auf für sie autorisierte Ressourcen zugreifen können, und dazu, die Plattform vor unbefugtem Zugriff zu schützen. Dabei werden, ähnlich wie in SAP ERP, einzelne Berechtigungsobjekte in *Berechtigungsrollen* zusammengefasst. Diese können Sie anschließend einem Benutzer oder einer Benutzergruppe zuweisen und diesen somit bestimmte Aktionen und Zugriffe in der SAP BTP ermöglichen. Die SAP BTP beinhaltet eine Reihe von *Standardrollen*, die einzelnen Berechtigungen können aber auch zu neuen Rollen zusammengefasst werden. Klassische Beispiele sind die Entwicklerrolle, die den Zugriff auf Entwicklungs- und Debugging-Tools ermöglicht, oder eine Administratorrolle, die erweiterte Konfigurationsberechtigungen gewährt. Nutzer*innen der Plattform haben also nur Zugriff auf das, was für ihre Arbeit relevant ist. Änderungen an den Berechtigungsrollen und -zuweisungen in der SAP BTP werden überwacht und protokolliert, um sicherzustellen, dass die Zugriffe den Richtlinien entsprechen, und um mögliche Sicherheitsverletzungen zu erkennen.

Identity Provider

Die Verwaltung von Benutzern erfolgt über den Identity Provider (Identitätsprovider) in der SAP BTP, der die Authentifizierung und Autorisierung von Benutzern in der Plattform übernimmt. Der Identity Provider ist dafür verantwortlich, die Identität von Benutzern zu überprüfen und sicherzustellen, dass der Zugriff auf die Plattform sowie auf die Dienste und Ressourcen nur durch autorisierte Benutzer erfolgt. Die SAP BTP beinhaltet einen eigenen Identity Provider, unterstützt aber auch externe Identity Provider zur Authentifizierung. Viele Unternehmen integrieren zur Authentifizierung z. B. ein Active Directory von Microsoft oder von anderen Anbietern, wenn dieses bereits zentral im Unternehmen für die Benutzer- und Mitarbeiterverwaltung eingesetzt wird. Alternativ ist auch eine Integration in ein zentrales SAP-ERP-System möglich, sodass der persönliche SAP-Benutzer für die Anmeldung sowohl im ERP-System als auch in der SAP BTP genutzt werden kann.

In den Bereich der Benutzerverwaltung fallen neben dem reinen Speichern und der Validierung von Benutzerinformationen noch weitere Aufgabenbereiche, auf die wir im Folgenden eingehen.

Single Sign-on Der Identity Provider ermöglicht die Anmeldung per *Single Sign-on* (SSO), was bedeutet, dass sich die Benutzer einmal anmelden und dann nahtlos auf verschiedene Dienste und Anwendungen zugreifen können, ohne sich jedes Mal erneut anmelden zu müssen. Dies erfolgt über die zuvor genannte Integration eines externen Identity Providers oder umgekehrt über die Verwendung des SAP-BTP-Identity-Providers in externen Kontexten.

Um eine Vertrauensbeziehung zwischen Identity Provider und SAP BTP herzustellen, wird häufig das Protokoll *SAML 2.0* in Kombination mit *X.509-Zertifikaten* oder der Standard Kerberos verwendet (siehe Abschnitt 9.3, »Principal Propagation«). Diese Verbindung ermöglicht dann eine SSO-Authentifizierung durch die Übertragung von Authentifizierungsdaten vom Identity Provider zum Dienstanbieter. Die folgende schematische Darstellung verdeutlicht den Authentifizierungsprozess (siehe Abbildung 2.4).

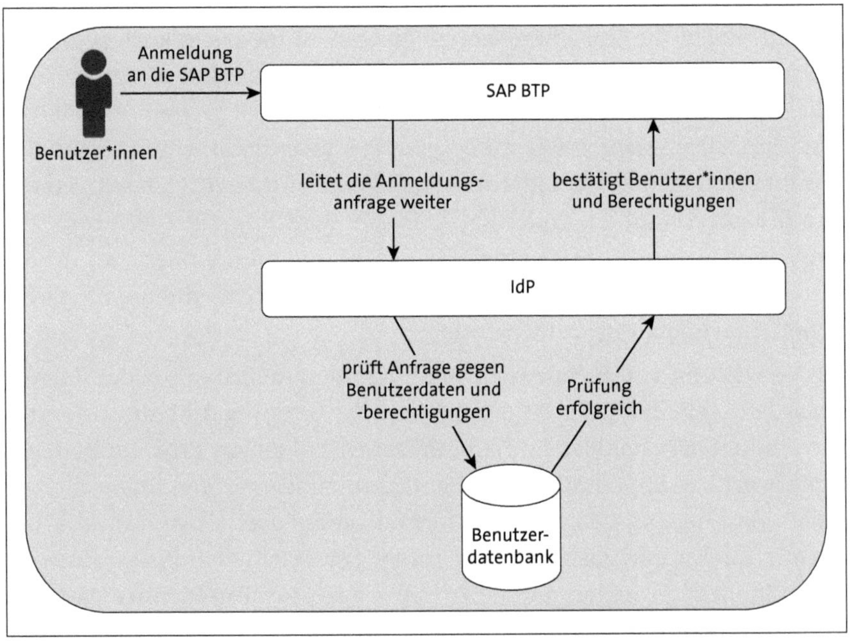

Abbildung 2.4 Beispiel einer Single-Sign-on-Anmeldung über SAML 2.0

Die folgenden Schritte werden bei der Authentifizierung über einen Identity Provider durchlaufen:

1. Der Benutzer meldet sich an System A (in diesem Beispiel an der SAP BTP) an.
2. Die Anmeldung wird an den Identity Provider weitergeleitet.
3. Der Identity Provider bestätigt System A die Authentifizierungsinformationen (und gegebenenfalls auch die Autorisierungsinformationen).
4. Durch die Vertrauensbeziehung akzeptiert System A die Anmeldung über den Identity Provider.

Bei der Kommunikation zwischen Identity Provider und SAP BTP können neben den reinen Anmeldeinformation noch ergänzende Informationen über den Benutzer ausgetauscht werden. Die SAP BTP nutzt diese sogenannte Attributzuordnung z. B. dazu, Berechtigungen entsprechend den gesendeten Attributen zuzuordnen.

Multi-Faktor-Authentifizierung

Der Identity Provider trägt zur Sicherheit bei, indem er sicherstellt, dass nur autorisierte Benutzer auf die Plattform zugreifen können. Er kann auch zusätzliche Sicherheitsmaßnahmen wie eine *Multi-Faktor-Authentifizierung* (MFA) implementieren. Bei diesem Prozess wird vom Benutzer neben Kennung und Passwort noch ein weiteres persönliches Merkmal abgefragt. Die Sicherheit wird weiterhin erhöht, wenn dieses Merkmal physisch dem Benutzer zugeordnet wird, indem man z. B. den Fingerabdruck als zweites Merkmal verwendet oder einen zeitlich begrenzten Code auf dem Mobiltelefon des Benutzers abfragt. Selbst wenn das Kennwort abgefangen oder auf andere Weise ermittelt wird, sollte es potenziellen Angreifern nahezu unmöglich sein, an das zweite Merkmal zu gelangen.

[«]

Einrichten von MFA

Unterstützung bei der Einrichtung einer Multi-Faktor-Authentifizierung in der SAP BTP finden Sie in SAP-Hinweis 2787491 unter *https://me.sap.com/notes/0002787491*.

Berechtigungen vergeben

Ein weiterer wichtiger Aspekt bei der Verwaltung Ihres SAP-BTP-Accounts ist die *Berechtigungsverwaltung*. Die Benutzer- und Berechtigungsverwaltung finden Sie im Seitenmenü der SAP BTP über den Pfad **Security • User** (siehe Abbildung 2.5). Hier sehen Sie eine Liste aller gepflegten Benutzerstammdaten im System und können manuell neue Benutzer anlegen. Wenn Sie auf einen Benutzer klicken, erhalten Sie noch einige Detailinformationen zum selektierten Benutzer. Beim Anlegen eines neuen Benutzers können Sie außerdem den gewünschten Identity Provider auswählen.

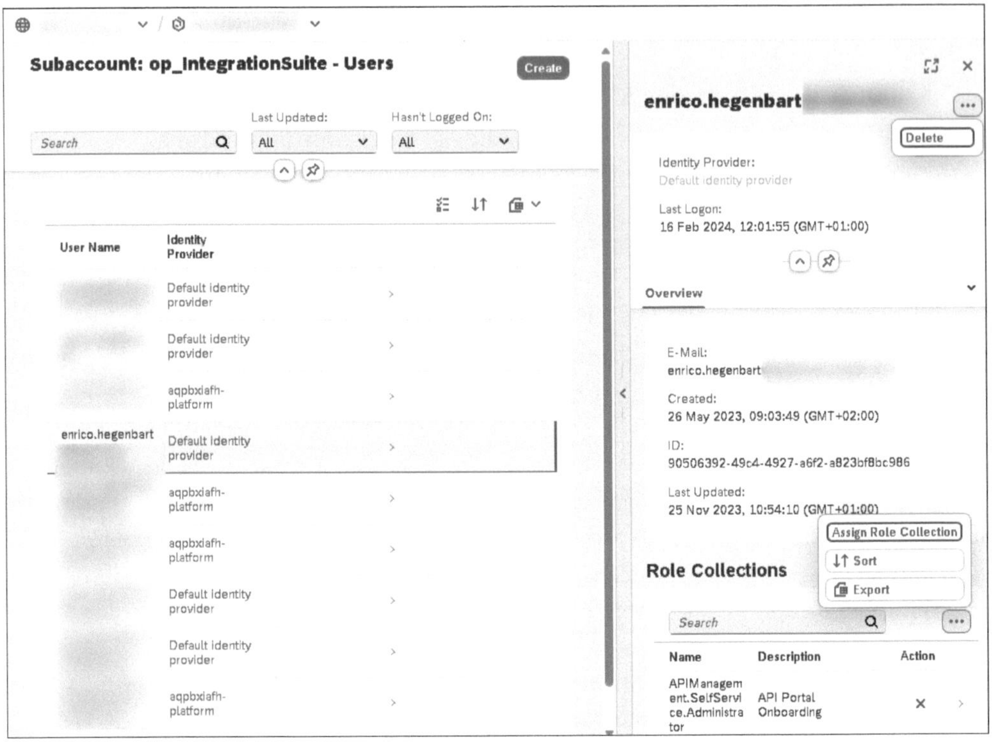

Abbildung 2.5 Übersicht und Detailansicht der Benutzerstammdaten

In der Detailansicht auf der rechten Bildseite können Sie über **Delete** einen Benutzer löschen oder über **Assign Role Collection** weitere Berechtigungen hinzufügen.

[!]

Berechtigungen für kürzlich aktivierte Services

Die SAP BTP beinhaltet generelle Standardberechtigungen für die jeweiligen Services und Funktionen. Diese werden jedoch zum Teil erst mit der Aktivierung eines Service generiert.

Bei der Erstanmeldung sehen Sie noch keine Berechtigungsrollen für die SAP Integration Suite. Denn diese werden erst verfügbar, wenn Sie den jeweiligen Service aktivieren (siehe Abschnitt 2.5, »Services und Instanzen«).

Sammelrollen pflegen

In demselben Menü können unter den Punkten **Role Collections** (dt. *Sammelrollen*) und **Roles** (dt. *Rollen*) eigene Anforderungen an die Berechtigungen umgesetzt werden. Sammelrollen fassen einzelne Berechtigungsrollen zusammen. Dies vereinfacht es Ihnen, die Berechtigungen zu pflegen und sie einzelnen Benutzern oder Benutzergruppen zuzuweisen (siehe Abbildung 2.6).

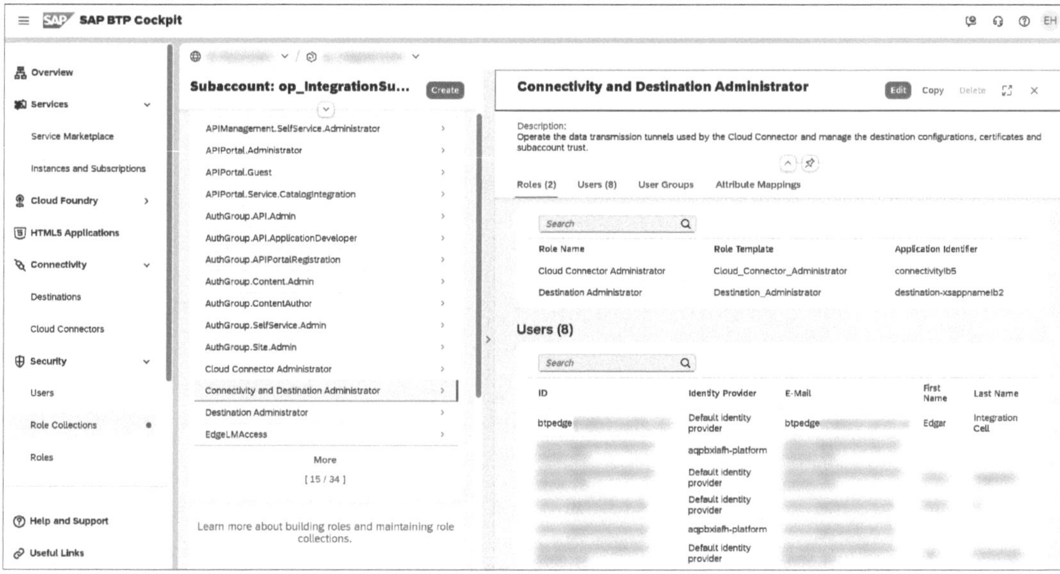

Abbildung 2.6 Übersicht einer Sammelrolle

Die Übersicht einer Sammelrolle zeigt Informationen zu den enthaltenen Rollen, zu den zugeordneten Benutzern und Benutzergruppen sowie die Attributzuordnung. Letztere ist für das SSO über SAML 2.0 relevant (siehe Abbildung 2.7). (Sammel-)Rollen können mit diesen Attributen verknüpft werden, wodurch die Berechtigungen in der SAP BTP über den Identity Provider gesteuert werden können.

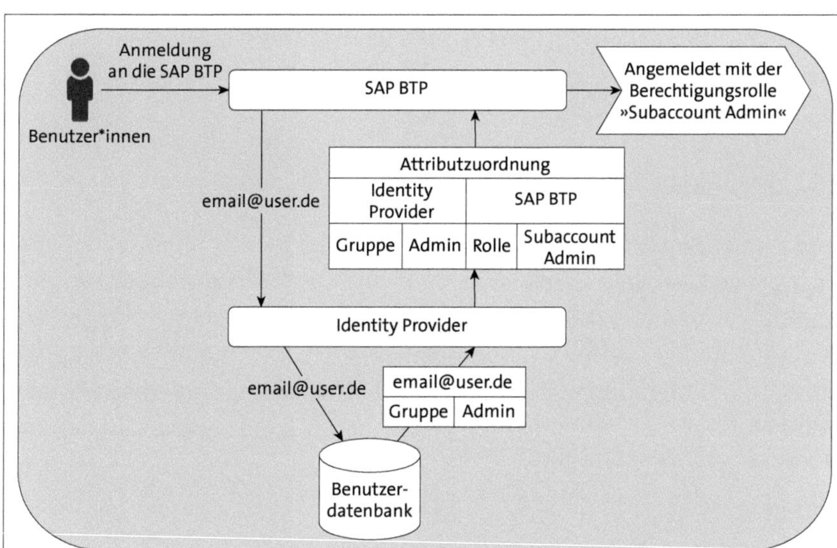

Abbildung 2.7 Berechtigungszuweisung über Attributzuordnung (SAML 2.0)

Berechtigungsrollen

Die *Berechtigungsrollen* in der SAP BTP beziehen sich auf die einzelnen Services und Anwendungen. Für die meisten Dienste gibt es Standardrollen in diesen drei Kategorien:

- **Admin**: Verwaltung des Dienstes
- **Developer**: Nutzung des Dienstes
- **View only**: nur Anzeige-/Leseberechtigung

Das Konzept ist an die Berechtigungen anderer SAP-Systeme angelehnt. In älteren Neo-Environment-Accounts war es sogar möglich, Berechtigungen auf der Ebene der Berechtigungsobjekte zu vergeben und diese wiederum mit den jeweiligen Anwendungen zu verknüpfen. Dieses Vorgehen ähnelt noch stärker den Berechtigungen, z. B. in SAP ERP, wurde jedoch in der Cloud-Foundry-Umgebung verschlankt.

In Bezug auf die Berechtigungen für Abonnements und Instanzen (siehe Abschnitt 2.5, »Services und Instanzen«) sind die Möglichkeiten der Berechtigungsverwaltung auf der SAP BTP weniger komplex. Da es sich hierbei um Berechtigungen ausschließlich auf funktionaler Ebene handelt, können und müssen Berechtigungen in diesem Kontext nicht auf spezifische Daten wie z. B. Organisationseinheiten eingeschränkt werden. Daher haben Sie hierzu maximal die Möglichkeit, die vorgegebenen Rollen in eigenen Sammelrollen zusammenfassen. Anpassungen der Rollen sind in der Regel nicht möglich.

Eigene Berechtigungsrollen sind eher relevant, wenn Sie eigene Anwendungen entwickeln und diese separat von den SAP-BTP-Services berechtigen möchten. Dies ist allerdings im Rahmen der SAP Integration Suite nicht erforderlich.

2.5 Services und Instanzen

Services auf der SAP BTP stellen modulare Funktionen, Komponenten oder sogar ganze Lösungen bereit, die Sie für Ihre Geschäftsanwendungen nutzen und kombinieren können. Die Themen und Schwerpunkte dieser Services sind breit gestreut und adressieren eine Vielzahl von Anwendungsfällen, von der Integration von Daten über die Entwicklung von Anwendungen bis hin zur Datenanalyse und mehr. SAP unterteilt die Services auf der SAP BTP in folgende Kategorien:

- KI-Dienste
- Datenbank- und Datenanalyse-Services
- Anwendungsentwicklung und Automatisierung

- Integration
- DevOps
- Sicherheit

KI-Dienste

Im Bereich der *künstlichen Intelligenz* bietet die SAP BTP fertige KI-Services, um mit wenig Aufwand Ihre Prozesse sofort zu verbessern. In dieser Kategorie finden Sie z. B. Funktionen zum Analysieren von Texten oder vordefinierte Modelle für Produktempfehlungen. Darüber hinaus bietet die SAP BTP Werkzeuge wie SAP AI Core oder das SAP AI Launchpad, um eigene KI-Modelle zu trainieren und zu verwenden. Diese Werkzeuge ermöglichen Ihnen die Entwicklung von eigenen intelligenten Anwendungen, die Muster erkennen, Vorhersagen treffen und automatisierte Entscheidungen fällen können.

Datenbanken und Datenanalyse

Für KI-Dienste, aber auch für generelle Anwendungen ist die Bereitstellung der benötigten Daten essenziell. Dazu stehen Ihnen Dienste zur Speicherung und Verwaltung von Daten in der Cloud zur Verfügung. Neben der SAP-eigenen *HANA-Datenbank* werden auch verschiedene andere Datenbankanbieter unterstützt, um relationale Datenbanken, NoSQL-Datenbanken und andere Speicherlösungen zu verwalten.

Darüber hinaus bietet die SAP BTP zahlreiche Möglichkeiten zur Analyse und Visualisierung dieser Daten. Diese unterstützen Sie dabei, Einblicke aus Ihren Daten zu gewinnen, Trends zu erkennen und fundierte Geschäftsentscheidungen zu treffen.

Anwendungsentwicklung

Für die Entwicklung von Anwendungen können die Entwicklungsumgebungen *SAP Business Application Studio* bzw. dessen Vorgänger SAP Web IDE genutzt werden. In Kombination mit Laufzeitumgebungen wie Kubernetes, Cloud Foundry und ABAP Environment, ermöglichen es Ihnen diese Entwicklungsumgebungen, Anwendungen in verschiedenen Programmiersprachen zu erstellen und auszuführen. Für schnelle Ergebnisse können Sie auf *SAP Build* und andere Low-Code-Werkzeuge zurückgreifen. Ein weiterer Schwerpunkt ist die Prozessautomatisierung. Mit SAP Build Process Automation (ebenfalls Teil des SAP-Build-Portfolios) oder dem SAP Task Center können Sie Workflows direkt in der SAP BTP abbilden und sogar automatisieren.

Integration

Die SAP BTP arbeitet in der Cloud und ist darauf angewiesen, an bestehende Prozesse und Datenquellen anzuknüpfen. Zu diesem Zweck gibt es die SAP Integration Suite, SAP Event Mesh, Konnektivitäts- und Verbindungsservices und viele weitere Dienste in diesem Kontext. Von der Echtzeitintegration mit anderen Cloud-Anwendungen bis hin zur Massendatenverarbeitung in On-Premise-Systemen lässt sich damit jede Art von Schnittstelle realisieren.

DevOps Das *DevOps-Arbeitsmodell* ist im Cloud-Kontext weit verbreitet. Die SAP BTP unterstützt dieses Modell durch entsprechende Workflow- und Monitoring-Werkzeuge und ermöglicht die Konfiguration von automatisierten Prozessen zur kontinuierlichen Integration (engl. Continuous Integration, CI) und zur kontinuierlichen Bereitstellung (engl. Continuous Delivery, CD).

Sicherheit Die *Sicherheitsservices* bieten Lösungen zur Authentifizierung, Autorisierung, Verschlüsselung und zum Schutz von Daten und Anwendungen. Darunter fällt die Benutzerverwaltung, aber auch Funktionen zum Erkennen von Schadsoftware oder die Absicherung von Schnittstellen und Endpunkten durch eine OAuth-2.0-Authentifizierung.

[»]

Übersicht der SAP-BTP-Services

Eine Übersicht der verschiedenen Services finden Sie im Servicekatalog des SAP Discovery Centers unter *https://discovery-center.cloud.sap/serviceCatalog*.

Die Services der SAP BTP unterliegen einem Lebenszyklus. Es werden permanent neue Services entwickelt, bestehende Services weiterentwickelt oder Services wieder abgekündigt. Kombiniert mit den Faktoren Region und Lizenzen ergibt sich daher für jeden SAP-BTP-Account eine unterschiedliche Auswahl an Diensten.

Service Marketplace Welche Services in Ihrem Subaccount zur Verfügung stehen, sehen Sie daher am besten im *Service Marketplace* (siehe Abbildung 2.8).

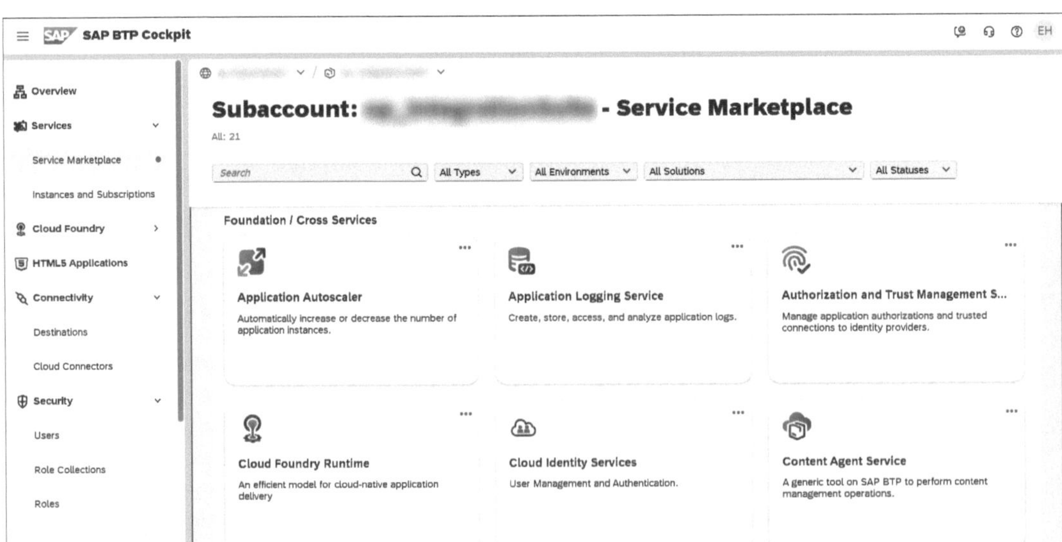

Abbildung 2.8 Service Marketplace

Die Dienste sind hier nach den bereits genannten Kategorien gegliedert. Zusätzlich befinden sich im oberen Bildbereich Filter- und Suchmöglichkeiten, um die gewünschten Services zu finden.

Wenn Sie auf einen der Services klicken, öffnet sich eine Detailansicht mit weiteren Informationen, Möglichkeiten zum Absprung in die Dokumentation und ergänzenden Links sowie mit den verfügbaren Abrechnungsmodalitäten. Außerdem sehen Sie, ob Sie bereits eine aktive Instanz dieses Service betreiben, bzw. können Sie diesen Service aktivieren (siehe Abbildung 2.9).

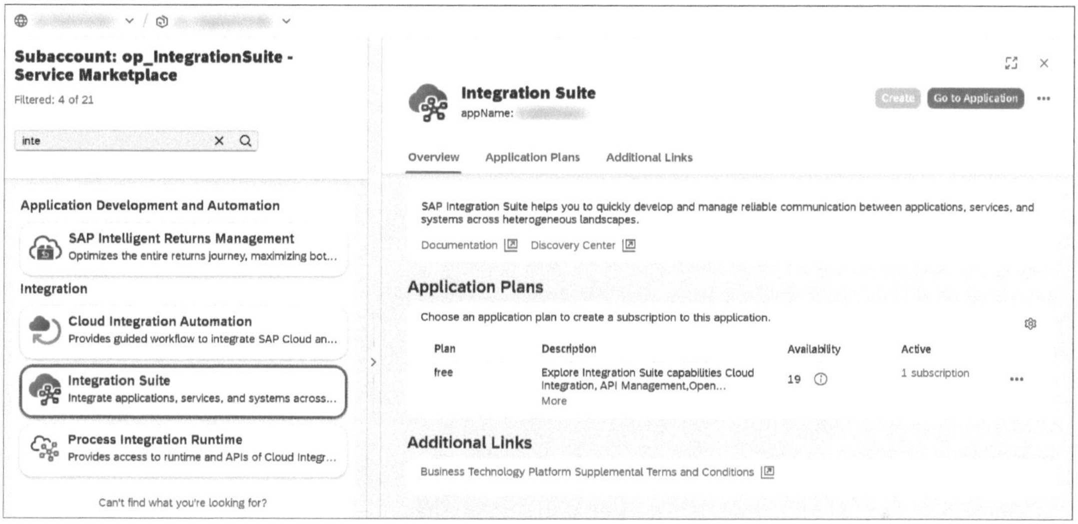

Abbildung 2.9 Details des Service SAP Integration Suite

Bei der Aktivierung eines Service werden je nach gewähltem Dienst unterschiedliche Informationen angefordert. Diese beinhalten in der Regel die Auswahl des Abrechnungsplans oder der Laufzeitumgebung, in der dieser Dienst laufen soll.

> **Laufzeitumgebungen aktivieren**
>
> Wie bereits erwähnt, sind auch die Laufzeitumgebungen selbst Dienste der SAP BTP. Benötigt Ihr Dienst eine solche Laufzeitumgebung, müssen Sie diese zuerst über den Service Marketplace aktivieren, bevor sie in Ihrem gewählten Service genutzt werden kann.

In einigen Fällen können darüber hinaus weitere optionale Parameter in Form einer JSON-Struktur angegeben werden. Haben Sie alle benötigten Informationen eingegeben, können Sie den Service erstellen. Dies startet im

Hintergrund einen automatischen Prozess, der Ihren Service bereitstellt und in Gang setzt (siehe Abbildung 2.10).

Abbildung 2.10 Erstellungsphase der Serviceinstanz

Ob der Service korrekt erstellt worden ist, können Sie dann wiederum unter dem Menüpunkt **Instances and Subscriptions** (Instanzen und Abonnements) sehen (siehe Abbildung 2.11).

Abbildung 2.11 Instanzen und Abonnements

Die Ansicht für diesen Menüpunkt enthält die drei Registerkarten **Subscriptions**, **Instances** und **Environments**. SAP trennt hier zwischen verschiedenen Varianten und bietet auf jeder Registerkarte eine eigene Tabelle zur Anzeige von Detailinformationen.

Abonnement

Ein *Abonnement* (sichtbar auf der ersten Registerkarte **Subscriptions**) bezieht sich auf die Zugangs- und Nutzungsrechte für bestimmte Services oder Funktionen, die eher als eigenständige Anwendungen zu sehen sind. Wenn Sie einen Service abonnieren, erhalten Sie im Wesentlichen die Berechtigung zur Nutzung dieser Anwendung innerhalb der von Ihrem Abonnementplan definierten Grenzen.

Instanz

Eine *Instanz* (sichtbar auf der Registerkarte **Instances**) ist eine individuelle, isolierte Bereitstellung eines bestimmten Dienstes innerhalb der SAP-BTP-Umgebung. Sie repräsentiert eine eigenständige Umgebung, die entsprechend Ihren konfigurierten Parametern erstellt und betrieben werden kann. Die Instanz existiert ausschließlich innerhalb Ihres SAP-BTP-Accounts.

Umgebung

Unter den *Umgebungen* (sichtbar auf der Registerkarte **Environments**) werden die bereits genannten Laufzeitumgebungen wie Cloud Foundry, Kubernetes und ABAP Environment aufgeführt.

Bei der Provisionierung neuer Services (z. B., wie vorab beschrieben, über den Service Marketplace) können hin und wieder Fehler auftreten. Sollte bei Ihnen die Erstellung eines Service oder einer Instanz fehlschlagen, erhalten Sie weitere Informationen, indem Sie auf den Status **Creation Failed** klicken (siehe Abbildung 2.12).

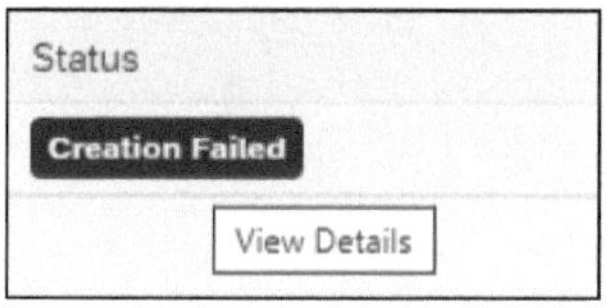

Abbildung 2.12 Fehlgeschlagene Instanzerstellung

Es öffnet sich ein Pop-up-Fenster mit weiteren Details und einer Fehlermeldung, die dabei helfen, das Problem zu identifizieren und den Service erneut zu erstellen. In unserem Beispiel wurde ein vorab benötigter Schritt vergessen, sodass der Service nicht erstellt werden konnte. Die Erläuterung des Fehlers sehen Sie in Abbildung 2.13.

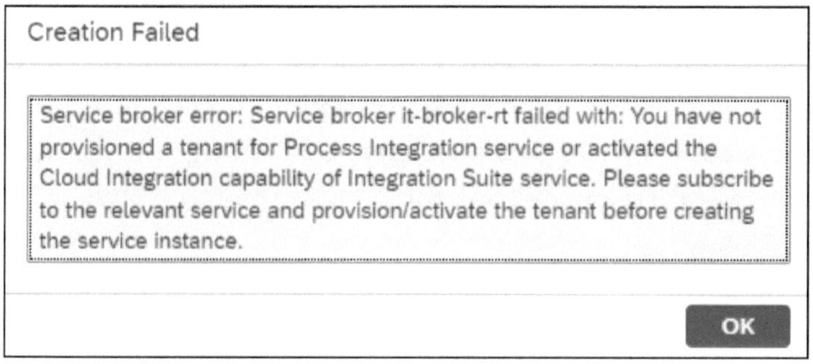

Abbildung 2.13 Fehlermeldung beim Erstellen der Instanz

Analog zum Service Marketplace können Sie in der Übersicht der Services und Instanzen die entsprechenden Servicedetails durch einen Klick auf die jeweilige Zeile aufrufen. Hervorzuheben ist hier die Registerkarte **Roles** (siehe Abbildung 2.14). Diese zeigt Ihnen, welche Berechtigungsrollen mit dem jeweiligen Dienst verknüpft sind und Ihnen zur Verfügung stehen.

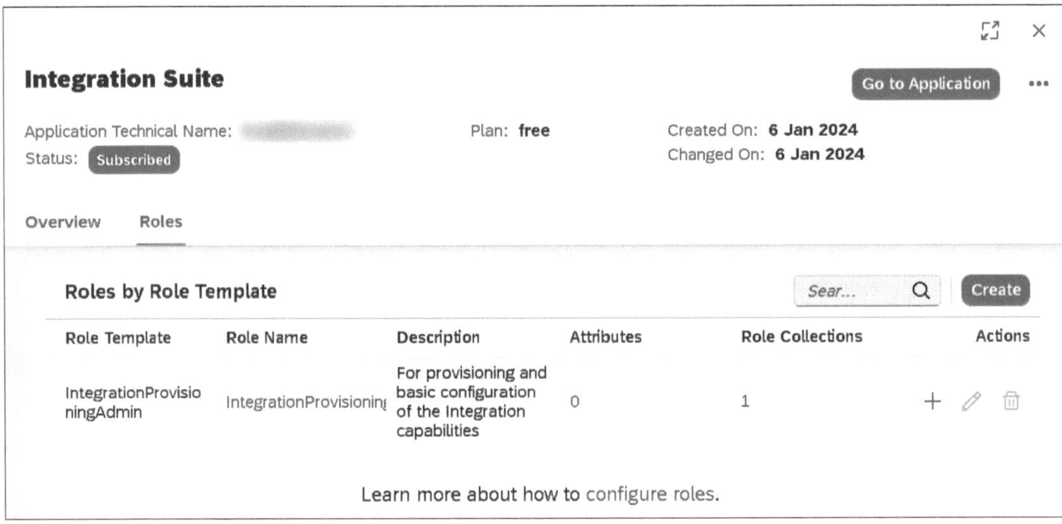

Abbildung 2.14 Berechtigungsrollen eines Abonnements

Von hier aus können Sie auch in die einzelnen Berechtigungsrollen abspringen, diese anpassen oder sogar eigene Berechtigungsrollen erstellen (siehe Abschnitt 2.4, »Verwaltung des SAP-BTP-Accounts«). In den meisten Diensten finden Sie hier außerdem einen direkten Absprung in die Anwendung sowie die Möglichkeit, den erstellten Service zu stoppen oder sogar zu löschen.

Grundkonfiguration der SAP Integration Suite

Im Folgenden möchten wir mit Ihnen beispielhaft die Aktivierung eines Service durchgehen und Sie dementsprechend bei der Aktivierung der SAP Integration Suite unterstützen. Navigieren Sie dazu in Ihrem Subaccount über den Pfad **Services • Services und Instanzen**. Sie benötigen insgesamt drei Dienste in Ihrer SAP BTP, um die SAP Integration Suite zu betreiben:

- **SAP Integration Suite abonnieren**
  Die SAP Integration Suite stellt die eigentliche Anwendung dar. Sobald Sie den Service gestartet haben, erhalten Sie Zugang zu den Funktionen und zur Oberfläche der SAP Integration Suite. Dort können Sie Ihre Schnittstellen entwerfen, die Kommunikation überwachen und auf die weiteren Funktionen der SAP Integration Suite zugreifen (siehe Abschnitt 3.3, »Vorteile und Nachteile der SAP Integration Suite«).
- **Process Integration Runtime**
  Dieser Dienst bildet eine Abstraktionsebene zur unterliegenden Laufzeitumgebung. Basierend auf der gewählten Laufzeitumgebung kümmert sich die Process Integration Runtime darum, dass die entworfenen Schnittstellen auf der gewählten Architektur ausgeführt werden können.

- **Laufzeitumgebung**
  Zur Auswahl stehen Cloud Foundry, Kyma und Kubernetes. Cloud Foundry dürfte in den meisten Fällen die Standardauswahl sein, während Kyma bzw. Kubernetes auf der beliebten Container-Umgebung basieren. Funktional unterscheiden sich diese nicht in Bezug auf die SAP Integration Suite.

Um zu entscheiden, welche Laufzeitumgebung für Sie am besten geeignet ist, sollten Sie sich also vor allem die Frage stellen, welche weiteren Anwendungen Sie auf der SAP BTP betreiben möchten oder vielleicht auch schon betreiben.

Damit alle Komponenten erfolgreich erstellt werden können, sollten Sie die folgende Reihenfolge beachten:

1. Erstellen Sie zunächst Ihr SAP-Integration-Suite-Abonnement. Die Aktivierung eines neuen Service starten Sie über die Schaltfläche **Create**. Im Eingabefeld **Services** können Sie die SAP Integration Suite entweder in der Auswahlliste suchen oder den Namen manuell eintippen (siehe Abbildung 2.15). Anschließend wählen Sie den **Plan** (Service Plan), der Ihrer Lizenz entspricht. Schließen Sie die Erstellung der SAP Integration Suite über die Schaltfläche **Create** ab.

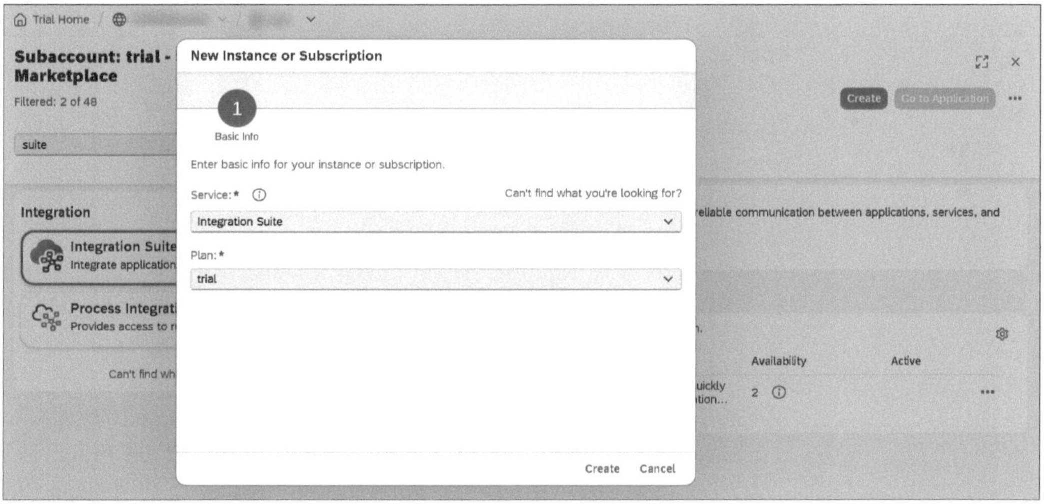

Abbildung 2.15 SAP Integration Suite erzeugen

2. Wiederholen Sie diesen Schritt mit einer Laufzeitumgebung, z. B. mit der Cloud Foundry Runtime oder der Process Integration Runtime. Bei Letzterer können Sie je nach Anwendungsfall den **Plan** (Service Plan) für Schnittstellen (**integration-flow**) oder (**api**) auswählen.

Für Schnittstellen wählen Sie den **Plan** (Service Plan) **integration-flow** (siehe Abbildung 2.16) Dies ist die Bezeichnung für Schnittstellendefinitionen in der SAP Integration Suite.

Abbildung 2.16 Process Integration Runtime erstellen

3. Fügen Sie nun Ihrem Benutzer die Berechtigungen für die SAP Integration Suite hinzu. Diese wurden in Ihrem Subaccount automatisch erzeugt, als Sie die SAP Integration Suite aktiviert haben. Navigieren Sie dazu über den Menüpfad **Security • Users**, und wählen Sie Ihren Benutzer aus der Liste aus. Navigieren Sie durch Klicken auf die entsprechende Zeile in die Detailansicht Ihres Benutzers, und betätigen Sie die Schaltfläche **Assign Role Collection**. Daraufhin öffnet sich ein Pop-up-Fenster, in dem Sie die benötigten Berechtigungsrollen auswählen können (siehe Abbildung 2.17). Diese kann je nach Anwendungsfall abweichen; die Standardrolle für Integration Flows ist die Rolle `Integration_Provisioner`. Bestätigen Sie Ihre Auswahl anschließend über den Button **Assign Role Collection**.

Berechtigungen erfordern neuen Login

Möglicherweise müssen Sie sich an dieser Stelle einmal ausloggen oder sogar Ihren Browser schließen oder die Cookies löschen. Die neuen Berechtigungen greifen erst nach einem erneuten Login.

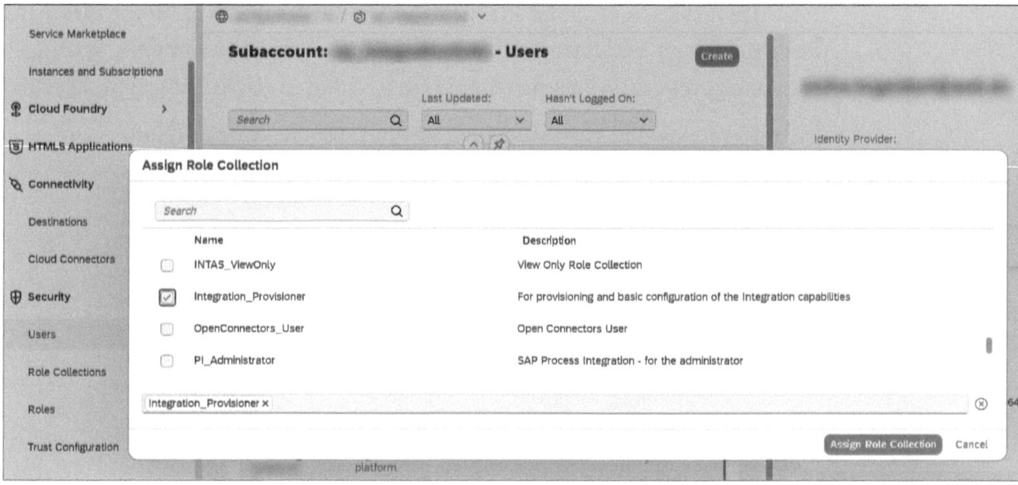

Abbildung 2.17 Basisberechtigungen für die SAP Integration Suite

4. Anschließend navigieren Sie zurück in die Instanzen und Abonnements und klicken auf den Link Ihrer SAP-Integration-Suite-Instanz. Dadurch öffnet sich auf einer separaten Registerkarte in Ihrem Browser die Startseite Ihrer SAP Integration Suite. Die Startseite mag Ihnen im ersten Moment leer vorkommen, da die verschiedenen Funktionen zu Beginn deaktiviert sind (siehe Abbildung 2.18). Klicken Sie auf **Add Capabilities**, um einzelne Funktionen zu aktivieren. Eine Beschreibung der Funktionen finden Sie in Abschnitt 3.2, »Architektur und Komponenten«.

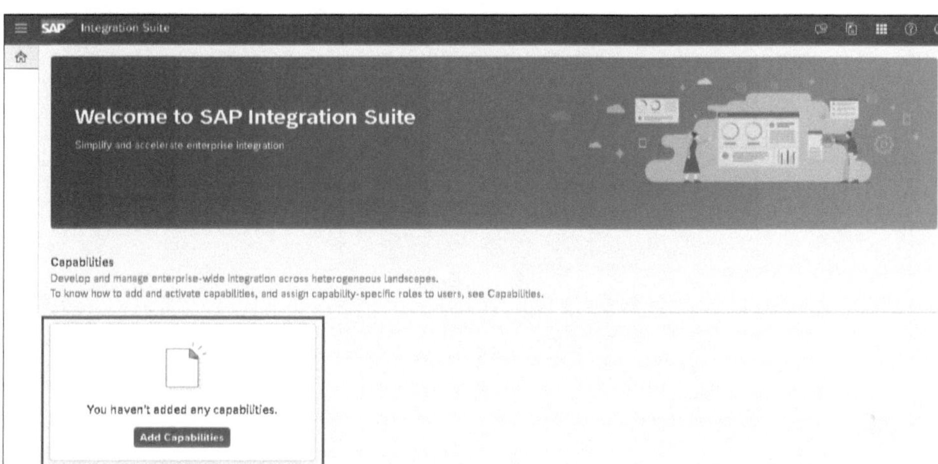

Abbildung 2.18 Erster Login in die SAP Integration Suite

Sie können zu einem späteren Zeitpunkt jederzeit weitere Funktionen aktivieren oder wieder deaktivieren. Für erste Schnittstellen sollten Sie mindestens die Funktionen **Build Integration Scenarios** und **Implement Interfaces and Mappings** aktivieren. Diese geben Ihnen die Möglichkeit, Schnittstellenvorlagen von SAP zu durchsuchen und eigene Schnittstellen zu entwerfen.

Neue Berechtigungen zuweisen

Durch das Aktivieren zusätzlicher Funktionen wurden in Ihrem SAP-BTP-Subaccount weitere Berechtigungsrollen erzeugt. Diese sollten Sie an dieser Stelle Ihrem Benutzer zuweisen.

2.6 Destinationen

Destinationen sind im Kontext der SAP BTP wiederverwendbare Systemverbindungen. Darüber können Sie Entwickler*innen und Anwendungen den Zugriff auf externe Systeme oder Ressourcen vereinfachen, indem relevante Parameter wie z. B. die URL, der Endpunkt oder Authentifizierungsdetails (wie Benutzername und Passwort oder API-Schlüssel) wiederverwendbar hinterlegt werden. Sie können in der SAP Integration Suite oder in anderen SAP-BTP-Services auf diese Destinationen referenzieren und kümmern sich nicht um den Verbindungsaufbau oder die Authentifizierung. Diese Schritte werden automatisch von der Destination übernommen.

Verwaltet werden die Destinationen auf der Ebene des Subaccounts. Um dorthin zu gelangen, navigieren Sie im linken Menü über den Pfad **Connectivity • Destinations**. Dort können Sie nun eine Destination anlegen, importieren oder bearbeiten (siehe Abbildung 2.19).

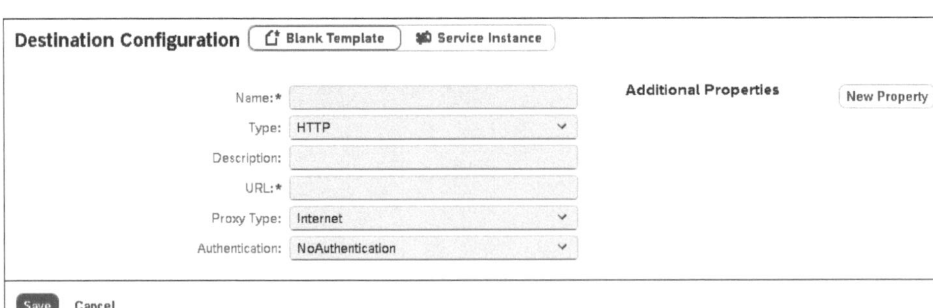

Abbildung 2.19 Destination anlegen

Parameter der Destination

Der Name und die Beschreibung der Verbindung sind vorrangige Parameter, die vor allem der Wiedererkennung dienen. Die Auswahl des Typs (Feld **Type**) ist vom Protokoll abhängig, über das Sie sich mit dem externen System verbinden möchten. Hier haben Sie die Auswahl zwischen den folgenden Protokollen:

- HTTP
- LDAP
- Mail
- RFC

Je nach gewähltem Verbindungstyp können die weiteren Parameter variieren. In jedem Fall müssen Sie aber eine URL und Authentifizierungsinformationen angeben. Auch diese hängen von der gewählten Authentifizierungsart ab. Ein wichtiger Parameter ist noch der **Proxy Type**. Hier können Sie zwischen den Optionen **Internet** und **OnPremise** wählen. Über den Typ **Internet**, versucht die Destination, eine Verbindung zu einem Endpunkt im (öffentlichen) Internet aufzurufen. Der Typ **OnPremise** stellt hingegen eine Verbindung über den Cloud Connector her (siehe Kapitel 9). Darüber können Sie eine gesicherte Verbindung zu Ihren lokalen Systemen herstellen.

Abschließend können Sie noch zusätzliche Parameter aus einer Auswahlliste hinzufügen. Diese sind jeweils für spezifische Anwendungsfälle relevant und im besten Fall in den jeweiligen SAP-Dokumentationen zu finden.

2.7 Zusammenfassung

In diesem Kapitel haben wir Ihnen die Grundlagen der SAP BTP nähergebracht. Wir haben Ihnen gezeigt, welche unterschiedlichen Lizenzierungen möglich sind und worauf Sie bei den verschiedenen Laufzeitumgebungen achten müssen. Wir sind auf den Unterschied zwischen Global Account und Subaccount eingegangen und haben geklärt, welche Einstellungen bei der Verwaltung eines SAP-BTP-Accounts zu beachten sind. Wir haben beispielhaft eine Aktivierung eines Service durchgeführt und eine Instanz erzeugt. Da die Destination für einige Einstellungen, nicht nur auf die SAP Integration Suite bezogen, eine wichtige Rolle spielt, sind wir im letzten Abschnitt auf die Anlage einer Destination eingegangen.

Kapitel 3
SAP Integration Suite auf einen Blick

In diesem Kapitel geht es um die SAP Integration Suite selbst. Alle Komponenten werden kurz zusammengefasst und die Architektur detailliert erläutert. Außerdem werden die Vor- und Nachteile der SAP Integration Suite genannt sowie die Oberfläche gezeigt.

Aufbau des Kapitels

Die SAP Integration Suite bietet Ihnen eine leistungsfähige Lösung, um Ihre Geschäftssysteme zu verbinden, die Effizienz zu steigern, die Flexibilität zu erhöhen und die *digitale Transformation* voranzutreiben. Sie spielt eine wichtige Rolle bei der Modernisierung von Unternehmensarchitekturen und hilft Unternehmen dabei, die Herausforderungen einer zunehmend vernetzten Geschäftswelt zu bewältigen. In Abschnitt 3.1 gehen wir zunächst allgemein auf die SAP Integration Suite ein. Daraufhin bringen wir Ihnen in Abschnitt 3.2 die Architektur der SAP Integration Suite näher, um anschließend die einzelnen Komponenten vorzustellen. Damit Sie besser einschätzen können, ob die SAP Integration Suite für den Einsatz in Ihrem Unternehmen geeignet ist, präsentieren wir Ihnen in Abschnitt 3.3 Vor- und Nachteile der Applikation. Die SAP Integration Suite basiert auf dem Apache Camel Framework. Was es mit dem Camel Framework auf sich hat und wie es die Entwicklung auf SAP Integration Suite beeinflusst, erfahren Sie in Abschnitt 3.4. Um Unternehmen dabei zu unterstützen eine gute Integrationsstrategie zu entwickeln, hat die SAP die Integration Solution die Advisory Methodology entwickelt. Dieses Konzept beschreiben wir in Abschnitt 3.5. Abschluss des Kapitels bildet Abschnitt 3.6, in dem wir die Oberfläche der SAP Integration Suite grob vorstellen.

3.1 Bedeutung der SAP Integration Suite

Die Einführung von SAP S/4HANA, der SAP BTP und damit auch der SAP Integration Suite stellen ein neues Kapitel für SAP dar. Unternehmen fokussieren sich auf die digitale Transformation, und auch die SAP-Systeme werden in Zuge dessen transformiert.

Digitale Transformation

Kernaspekte der *Digitalisierung* stellen vor allem Agilität und Flexibilität dar, um den stetig ändernden (Kunden-)Anforderungen entgegenzuwirken. Die SAP Integration Suite spielt dabei eine Schlüsselrolle. Nahtlose Geschäftsprozesse stellen Daten in Echtzeit bereit und bieten damit die Grundlage für eine datengestützte Entscheidungsfindung. Unternehmen können durch nahtlose Geschäftsprozesse gezielter agieren und frühzeitig auf Trends und Muster eingehen. Grundlage dafür ist es, alle Unternehmenssysteme zu vernetzen. Im Mittelpunkt dieser Vernetzung steht die SAP Integration Suite.

Innovation

Die Erkenntnisse aus der datengestützten Entscheidungsfindung stellen einen Wettbewerbsvorteil dar. Häufig lassen sich hieraus Maßnahmen zur Steigerung der Kundenzufriedenheit, der Effizienz oder zur Kosteneinsparung ableiten. Manche Unternehmen leiten aus den Erkenntnissen sogar neue Produkte oder Dienstleistungen ab, die erst durch integrierte Prozesse und abteilungsübergreifende Datenflüsse ermöglicht werden.

Cloud-Strategie

Solche innovativen Lösungen werden häufig als Lösungen in der Cloud angeboten. Cloud-Lösungen konzentrieren sich meist auf standardisierte Kernprozesse mit geringen Konfigurationsmöglichkeiten und setzen auf hoch skalierbare Infrastrukturen bzw. Anbieter, die auch *Hyperscaler* genannt werden. Durch die starke Standardisierung soll das Cloud-Modell die Implementierungszeit deutlich verkürzen. In Kombination mit dem hohen Innovationsgrad sind Cloud-Lösungen daher für viele Unternehmen besonders interessant. Es zeichnet sich ein Trend ab, vereinzelte Prozesse aus dem zentralen ERP-System herauszulösen und auf eine wachsende *Cloud-Architektur* zu setzen. Dies wiederum erhöht den Bedarf an einer zentralen Schnittstellenlösung.

Die SAP Integration Suite ermöglicht es Unternehmen, nahtlos cloudbasierte Anwendungen und Dienste zu integrieren, unabhängig davon, ob sie von SAP (SAP S/4HANA, SAP Ariba usw.) oder Drittanbietern (Salesforce, Slack usw.) stammen. Dies hilft Ihnen dabei, von den Vorteilen der Cloud zu profitieren, Innovationen voranzutreiben und Datenflüsse effizienter und effektiver zu gestalten.

3.2 Architektur und Komponenten

Hyperscaler

Die SAP Integration Suite ist auf verschiedenen Hyperscaler-Anbietern in der Cloud-Foundry-Umgebung in verschiedenen Ländern verfügbar. Sie kann auf Amazon Web Services, Microsoft Azure, Google Cloud Platform und Alibaba Cloud betrieben werden, wodurch sie eine globale Reichweite und hohe Verfügbarkeit bietet. Cloud Foundry ist eine Open-Source-Multi-Cloud-Applikationsplattform, die es erlaubt, einen vollständigen Applikationslebenszyklus abzubilden.

Dabei kann die SAP Integration Suite sowohl als SaaS-Lösung als auch als iPaaS-Lösung aufgefasst werden:

- **Software-as-a-Service (SaaS)**

  Die SAP Integration Suite ist eine *SaaS-Lösung*, was bedeutet, dass sie über das Internet bereitgestellt und genutzt wird. Kunden abonnieren den Service, anstatt die Software zu kaufen und auf ihren eigenen Servern zu installieren. Dies hat mehrere Vorteile, darunter geringere Vorabkosten, eine schnellere Implementierung, Skalierbarkeit, einfache Updates und globale Verfügbarkeit. Die Applikation ist somit sofort einsatzbereit und kann für die eigenen Zwecke genutzt werden.

- **Integration-Platform-as-a-Service (iPaaS)**

  iPaaS steht für *Integration-Platform-as-a-Service*. Es handelt sich dabei um eine Plattform, die den Datenaustausch und die Kommunikation zwischen verschiedenen Anwendungen erlaubt. iPaaS fungiert als Brücke, die separate Systeme verbindet und so eine verbesserte Zusammenarbeit und Datensynchronisation ermöglicht.

Abbildung 3.1 zeigt vereinfacht die aktuellen Komponenten der SAP Integration Suite und die Verbindungen zu externen und internen SAP- oder Nicht-SAP-Anwendungen, Partnern und Regierungen. Hier erkennt man deutlich, dass die SAP Integration Suite zentraler Bestandteil einer heterogenen IT-Landschaft sein kann. Im Folgenden gehen wir auf die folgenden einzelnen Komponenten noch einmal kurz genauer ein:

- Cloud Integration
- API Management
- Open Connectors
- Integration Advisor
- Migration Assessment
- Integration Assessment
- Trading Partner Management
- Event Mesh
- Edge Integration Cell

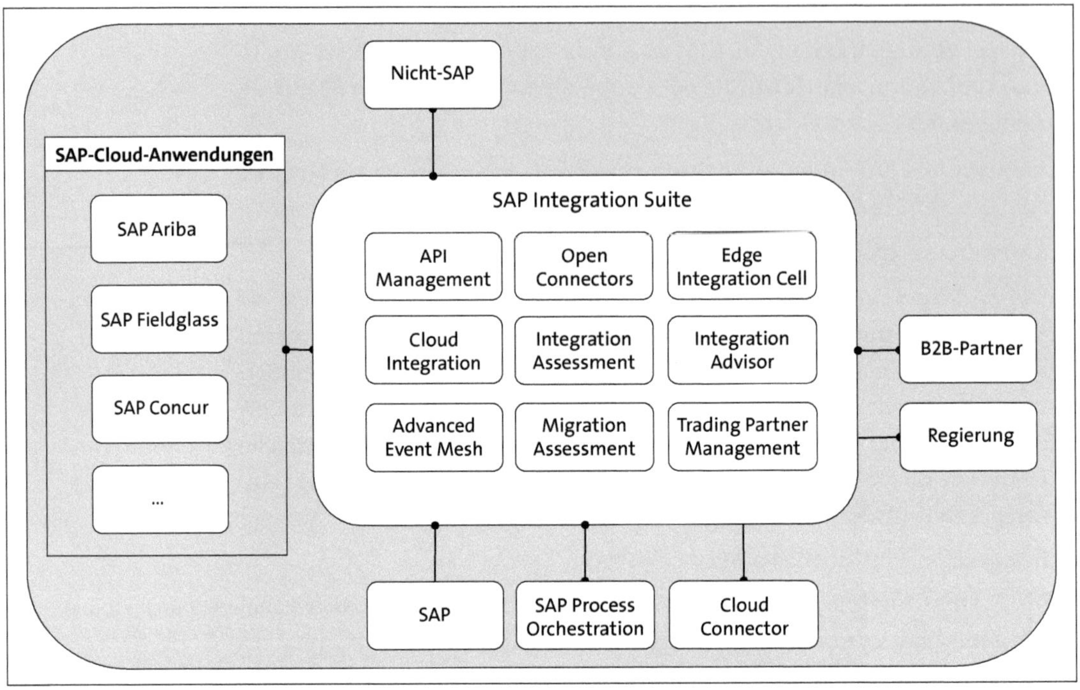

Abbildung 3.1 Komponenten der SAP Integration Suite

3.2.1 Cloud Integration

In der heutigen Zeit kommen Cloud-Anwendungen immer häufiger zum Einsatz, was dazu führt, dass IT-Landschaften immer heterogener werden. Es wird daher notwendig, sowohl die Kommunikation innerhalb des eigenen Unternehmensnetzwerks (*Ground2Ground*) als auch die Kommunikation aus dem Unternehmensnetzwerk in die Cloud (*Ground2Cloud*) sowie die Kommunikation innerhalb von Cloud-Applikationen (*Cloud2Cloud*) zu bewältigen. Eine Möglichkeit, um diese Anforderungen umzusetzen, ist die Verwendung der Komponente *Cloud Integration*. Sie dient dabei als wichtiger Bestandteil bei der Umsetzung von Application2Application- (A2A), Business2Business- (B2B) und Business2Government-Szenarien (B2G). Unter Ground verstehen wir in diesem Zusammenhang das Unternehmensnetzwerk. Als webbasiertes Tool bietet die SAP Integration Suite die Möglichkeit, dass ein Zugriff von Mitarbeiter*innen sowie von Applikationen von überall aus möglich ist. Darüber hinaus stellt sie ein flexibles Framework für komplexe Integrationen dar, das verschiedene Funktionen und Szenarien abdeckt. Dazu gehören komplexe datentechnische und strukturelle Transformationen (grafisch oder programmatisch), die Nachrichtenverteilung von Sender an Empfänger, Sicherheitsmaßnahmen, das Zwischenspeichern von Daten usw.

Adapter

Darüber hinaus bietet Cloud Integration eine Vielzahl von Adaptern sowohl für SAP- als auch für Nicht-SAP-Anwendungen, darunter z. B. SFTP, OData, EDI, Mail, SAP Ariba, Salesforce, X (ehemals Twitter) und vieles mehr. Für diejenigen, denen diese Auswahl nicht ausreicht, gibt es zudem die Möglichkeit, eigene Adapter zu entwickeln und nach Cloud Integration hochzuladen (siehe Abschnitt 5.3, »Kundenspezifische Adapter entwickeln«).

Das Monitoring der Cloud-Integrationen erfolgt über die Weboberfläche, über die bereits die Entwicklung stattgefunden hat. Diese bietet verschiedene Ebenen der Detailtiefe, die es den Nutzer*innen ermöglichen, Fehler zu identifizieren und zu beheben. Durch diese umfassenden Funktionen sowie Flexibilität spielt Cloud Integration eine entscheidende Rolle bei der Modernisierung und Optimierung der IT-Strukturen in Unternehmen.

In Kapitel 5, »Cloud Integration«, gehen wir detailliert auf das Thema Cloud Integration ein.

3.2.2 API Management

Digitale Transformation

Die Informationstechnologie entwickelt sich rasant in Unternehmen weiter. In einer vernetzten Welt besteht ein ständig steigender Bedarf, dass Applikationen nicht nur innerhalb, sondern auch über Unternehmensgrenzen hinweg miteinander kommunizieren. Unternehmen möchten daher Schnittstellen, bekannt als *Application Programming Interfaces* (APIs), bereitstellen, die standardisiert und sicher sind. Zudem sollen diese Schnittstellen kontinuierlich überwacht werden. Das *API Management* ist die ganzheitliche Komponente, die den gesamten Lebenszyklus einer API umfasst: von Design und Entwicklung über Verwaltung und Monitoring bis hin zum Einsatz der Schnittstelle. Eines der Hauptmerkmale des API Managements ist, dass die Komponente dem *Low-Code-Ansatz* folgt, was bedeutet, dass kaum Entwicklungsfähigkeiten benötigt werden. Dies senkt die Eintrittsbarrieren und ermöglicht eine breitere Nutzung und Implementierung von APIs. Um die Kommunikation zwischen den APIs zu schützen, müssen Sie sich an verschiedenen Regeln orientieren. Ein Beispiel sind die Zugriffsquoten, die die Anzahl der Zugriffe auf eine bestimmte API innerhalb eines bestimmten Zeitraums begrenzen können. Diese Sicherheitsmaßnahmen sind von entscheidender Bedeutung, um die Integrität der Daten und die Zuverlässigkeit der APIs zu gewährleisten. Auch können Sie Ihre Schnittstellen in einem Entwicklerportal, wie z. B. *API Business Hub Enterprise*, zur Verfügung stellen und monetarisieren. Dieser *API-Lebenszyklus* erleichtert das

Onboarding von Partnern und neuen Applikationen und gestaltet die Implementierung sicherer und effizierter. Vom Unternehmensstandpunkt aus betrachtet, ist das API Management die zentrale Anwendung zur Verwaltung von Schnittstellen. Es verzweigt sich in alle Bereiche der SAP Integration Suite und der SAP BTP. Insofern bildet das API Management ein wichtiges Rückgrat der digitalen Transformation. Mitte 2023 wurde eine weitere Komponente im API Management veröffentlicht: *Graph*. Damit können Sie Ihre Schnittstellen auf eine neue Ebene bringen. Graph ermöglicht es Ihnen, zusammenhängende Geschäftsdaten in Form eines semantisch verknüpften Datengraphen offenzulegen. Über eine API lassen sich diese Daten von Drittanwendungen oder Partnern aufrufen.

Ein detaillierter Überblick über das API Management und seine zahlreichen Facetten erhalten Sie in Abschnitt 7.1, »API Management«. Dort erhalten Sie tiefergehende Einblicke in die Methoden, Best Practices und Herausforderungen dieses zentralen Bereichs der modernen IT.

3.2.3 Open Connectors

Immer mehr Unternehmen setzen APIs von namhaften Anbietern ein, um ihre Geschäftsprozesse zu optimieren und neue Funktionen zu integrieren. Eine Herausforderung dabei ist, dass jede API ihre eigenen Spezifika hat, beispielsweise in Bezug auf die Authentifizierung, die Fehlerbehandlung oder die Paginierung. Die Recherche und Implementierung dieser unterschiedlichen Merkmale erfordern Zeit und Ressourcen, was in der Praxis zu erheblichen Kosten und Zeitverlust führen kann. Open Connectors bietet out of the box mehr als 200 Verbindungen zu Nicht-SAP-Cloud-Anwendungen an. Mit Open Connectors können Unternehmen diese heterogenen APIs leicht in ihre Systemlandschaft einbinden und somit Zeit und Geld sparen.

Harmonisierte Oberfläche

Die bereitgestellten Verbindungen basieren auf *RESTful APIs*, d. h. auf einer API, der das Representational State Transfer Protocol (REST-Protokoll) zugrunde liegt. SAP stellt harmonisierte URIs und API-Dokumentationen gemäß dem Open-API-Standard zur Verfügung. Diese Dokumentationen sind interaktiv und ermöglichen es Entwickler*innen, Testaufrufe durchzuführen. Die Authentifizierung, die Fehlerbehandlung, die Suche und die Paginierung sind standardisiert und normalisiert. Durch diese Harmonisierung und Normalisierung der APIs reduziert die SAP Integration Suite die Zeit für die Implementierung von Schnittstellen erheblich. Entwickler*innen können sich dadurch auf die wesentlichen Aspekte der Implementierung konzentrieren, anstatt sich mit der Anpassung an verschiedene Technologien auseinanderzusetzen.

Die in Open Connectors definierten Instanzen können wiederum vom API Management oder von Cloud Integration genutzt werden. Dies ermöglicht eine noch engere Integration und eine effizientere Nutzung der bereitgestellten APIs in den bestehenden Umgebungen und Prozessen.

Weitere Details zu Open Connectors, zu dessen Funktionsweise und zu den vielfältigen Nutzungsmöglichkeiten finden Sie in Abschnitt 7.2, »Open Connectors«. Dort gehen wir auch näher darauf ein, wie Open Connectors die Komplexität der API-Integration reduzieren und dadurch die Effizienz von Entwicklungsprojekten verbessern kann.

3.2.4 Integration Advisor

Objekte im Integration Advisor

In der heutigen Geschäftswelt kommunizieren Unternehmensapplikationen aus unterschiedlichen Branchen häufig mit anderen Partnerunternehmen oder Regierungen. Dabei werden verschiedene Industriestandards wie z. B. *Electronic Data Interchange* (EDI) genutzt. Die Implementierung dieser Schnittstellen stellt jedoch oft eine Herausforderung dar, da sie in der Regel aufwendig ist. Hier setzt die Komponente *Integration Advisor* an. Sie ermöglicht die Implementierung von Nachrichtenimplementierungsrichtlinien (*Message Implementation Guidelines*, MIGs). Eine MIG spiegelt die Anforderungen einer spezifischen Schnittstelle für einen bestimmten Anwendungsfall in einer Branche in einem bestimmten Land wider. Darüber hinaus können zwischen zwei MIGs Nachrichten-Mapping-Richtlinien (*Message Mapping Guidelines*, MAGs) implementiert werden. Eine MAG beschreibt die Umschlüsselung der Felder von einer MIG zur anderen. Die Erstellung der MIGs und MAGs wird durch den Knowledge Graph unterstützt. Dieser hilft bei der Identifizierung nutzungswürdiger Felder, basierend auf z. B. Branche und Land. Auch gibt der Knowledge Graph Empfehlungen, wie diese Felder gemappt werden sollten. Dieses Feature trägt erheblich zur Effizienzsteigerung bei der Implementierung von MIGs und MAGs bei.

Laufzeitartefakte

Nach Abschluss der Implementierung können die *Laufzeitartefakte* automatisch generiert werden. Diese können dann in die Cloud-Integration-Komponente oder in SAP Process Orchestration 7.5 importiert werden. Dieser nahtlose Übergang von der Entwicklung zur Laufzeit erhöht die Geschwindigkeit und Effizienz des gesamten Prozesses.

In Abschnitt 6.1, »Integration Advisor«, gehen wir ausführlicher auf den *Integration Advisor* und dessen Funktionen ein. Dort finden Sie detaillierte Informationen über die Nutzung des SAP Integration Advisor, dessen Vorteile und die Möglichkeiten, die dieses Tool für die Optimierung der Kommunikation zwischen Unternehmensapplikationen bietet. Es werden auch

Best Practices für die effektive Nutzung des Integration Advisor vorgestellt, um die Implementierung und Nutzung von MIGs und MAGs in Ihrer Organisation zu optimieren.

3.2.5 Migration Assessment

Dreiphasenmodell

Die Migration bestehender Systeme und Prozesse stellt immer eine Herausforderung dar, besonders wenn es sich um komplexe Systeme wie SAP Process Orchestration 7.5 handelt. Mit dem Tool *Migration Assessment* wird die Bewertung möglicher Migrationsmaßnahmen in drei Phasen durchgeführt. Zunächst werden die benötigten Daten aus SAP Process Orchestration 7.5 extrahiert. Anschließend wird die Bewertung der extrahierten Daten durchgeführt. Dies ist ein entscheidender Schritt, um den möglichen Aufwand für die Migration in der SAP Integration Suite abzuschätzen. Beachten Sie, dass nicht nur die Menge der zu migrierenden Daten, sondern auch ihre Komplexität und ihre spezifische Konfiguration Einfluss auf den benötigten Aufwand nimmt. Die Migrationsbewertung teilt die Integrationsszenarien in drei Kategorien ein:

- **Bereit zur Migration**
  Diese Integrationsszenarien entsprechen den in der SAP Integration Suite angebotenen Szenarien. Sie können manuell oder halbautomatisch in die SAP Integration Suite migriert werden. Dabei können zusätzliche Konfigurationen notwendig sein.
- **Anpassung erforderlich**
  Bei diesen Integrationsszenarien stimmen Teile mit den in der SAP Integration Suite angebotenen Szenarien überein. Sie können manuell oder halbautomatisch in die SAP Integration Suite überführt werden. Allerdings sind weitere Anpassungen erforderlich.
- **Auswertung erforderlich**
  Diese Kategorie umfasst Integrationsszenarien, die eine gründlichere Analyse erfordern. Beispielsweise können hier Szenarien betroffen sein, die eigens entwickelte Adapter nutzen.

In Kapitel 11, »Migration von SAP Process Orchestration nach SAP Integration Suite«, beschreiben wir das Migration Assessment detailliert und zeigen Ihnen beispielhaft, wie Sie eine Migration vornehmen.

3.2.6 Integration Assessment

In heterogenen und komplexen Landschaften ist es unerlässlich, Standards zu definieren und die richtigen Anwendungen und Technologien zu nutzen. Durch das *Integration Assessment* können Sie Ihre Integration unter der Berücksichtigung der Integration Solution Advisory Methodology von SAP strukturiert bewerten (siehe Abschnitt 3.5). Das Integration Assessment stellt dabei einen organisatorischen Steuerungsprozess dar, der Sie bereits beim Anforderungsprozess neuer Schnittstellen unterstützt. Mittels eines Fragebogens werden Sie dabei geleitet, die Anforderungen an die Schnittstelle mit definierten Best Practices abzugleichen. Das Integration Assessment unterbreitet Ihnen auf Basis der Antworten und der vorhandenen Integrationslösungen einen Vorschlag für die ideale Technologie zur Umsetzung der Schnittstelle.

Einstellungen im Integration Assessment

Sie können den Prozess des Integration Assessment komplett selbst konfigurieren oder auf voreingestellte Parameter von SAP zurückgreifen. Ihnen steht eine Auswahl an Fragebögen, Best Practices und Integrationsszenarien zur Verfügung, Sie können jedoch auch ganz eigene Werte definieren, die für Sie bei der Bewertung einer Schnittstelle relevant sind.

3.2.7 Trading Partner Management

Eine effiziente Interaktion mit verschiedenen Handelspartnern ist für viele Unternehmen unerlässlich. Hierbei bietet der Integration Advisor bereits umfassende Unterstützung bei der strukturellen Implementierung von Schnittstellen. Allerdings kann es vorkommen, dass trotz standardisierter Strukturen die spezifischen Anforderungen einzelner Partner eine zusätzliche Vor- oder Nachbearbeitung von Daten erfordern. An dieser Stelle kommt das *Trading Partner Management* ins Spiel. Das Trading Partner Management ermöglicht es, individuelle Regeln und Profile für unterschiedliche Partner zu definieren. Diese Einstellungen erlauben es, auf die speziellen Bedürfnisse und Anforderungen Ihrer Partner einzugehen und so eine effiziente und reibungslose Datenverarbeitung zu gewährleisten.

Vorteil des Trading Partner Managements

Im Rahmen der Laufzeit werden diese Regeln aus einem generischen *Integration Flow*, wie beispielsweise einem Integration Flow, der aus dem Integration Advisor generiert wurde, in die SAP-Cloud-Integration-Komponente eingelesen und genutzt. So wird eine Kopie eines leicht angepassten Integration Flows vermieden.

Die Steuerung und Einrichtung des Trading Partner Managements erfolgt dabei über die Weboberfläche der SAP Integration Suite. Hier können Sie neue Partnerprofile anlegen, anpassen und konfigurieren. Diese Pflegemöglichkeiten gibt es auch durch das Nutzen einer API.

Das Trading Partner Management bietet somit eine ergänzende Lösung in der SAP Integration Suite an, um die komplexen Anforderungen der

Partnerintegration zu implementieren. In Abschnitt 6.2, »Trading Partner Management«, wird das Trading Partner Management noch detaillierter vorgestellt und erläutert.

3.2.8 Event Mesh

Grundlagen

Event Mesh bietet Funktionen sowohl zum Veröffentlichen von Events von SAP- und Nicht-SAP-Quellen als auch zum Konsumieren solcher Events. Dadurch werden eine hohe Flexibilität und eine breite Kompatibilität mit verschiedensten Anwendungen und Systemen gewährleistet. Einer der zentralen Vorteile von Event Mesh ist die Entkopplung von Quell- und Zielsystem. Anstatt eine direkte Verbindung zwischen zwei Systemen zu benötigen, werden Informationen stattdessen über Event Mesh weitergeleitet. Dies reduziert die Komplexität der Systemlandschaft und ermöglicht eine schnellere und flexiblere Anpassung an veränderte Anforderungen. Das Nutzen von AMQP, MQTT, HTTP, REST und Webhooks ist möglich.

Ein weiterer Vorteil ist die Reduzierung des Aufwands bei der Einbindung neuer Anwendungen. Statt eine vollständige Integration in bestehende Systeme zu implementieren, muss lediglich der Weg zu oder von Event Mesh realisiert werden. Wenn eine neue Anwendung Informationen benötigt, kann sie sich einfach ein bestimmtes Thema in Event Mesh abonnieren. Eine Änderung oder Anpassung im Quellsystem ist dabei nicht erforderlich.

Event Mesh eröffnet somit neue Wege der Kommunikation und Integration und bietet dabei hohe Flexibilität und Effizienz. In Kapitel 8, »Enterprise Messaging«, werden Event Mesh und dessen Einrichtung noch detaillierter erläutert.

3.2.9 Edge Integration Cell

Die SAP Integration Suite ist eine Applikation in der Cloud. Die Entwicklungs- und Laufzeitumgebung befinden sich somit nicht in Ihrem Unternehmensnetzwerk. Aus Sicherheits- oder Datenschutzaspekten könnten Sie sich daher gegen die SAP Integration Suite entscheiden. Ende 2023 wurde die *Edge Integration Cell* veröffentlicht, um dem Aspekt der Laufzeitumgebung außerhalb des eigenen Unternehmens entgegenzuwirken. Sie haben mithilfe der Edge Integration Cell die Möglichkeit, eine Komponente in Ihrem Netzwerk zu installieren, die als Laufzeitumgebung für die SAP Integration Suite fungiert. Sie können somit Entwicklungen weiterhin in der SAP Integration Suite implementieren und entscheiden sich beim Deployment, in welcher Laufzeitumgebung Sie die Entwicklungen veröffentlichen möchten. Bei der Ground2Ground-Kommunikation sparen Sie sich daher den Umweg über die Cloud. In Abschnitt 10.2, »Edge Integration Cell«, erfahren Sie, wie Sie die Edge Integration Cell aktivieren, einrichten und nutzen.

3.3 Vorteile und Nachteile der SAP Integration Suite

Die SAP Integration Suite unterscheidet sich in vielerlei Hinsicht von den jeweiligen Vorgängersystemen. Schnelle Entwicklungszyklen sollen Unternehmen zum Experimentieren und Ausprobieren anregen. Gleichzeitig wächst der Funktionsumfang stetig, um sich von Konkurrenzprodukten abzuheben. Die Vielzahl an Funktionen steigert jedoch auch die Komplexität. Einige Vorteile der SAP Integration Suite haben wir Ihnen in der folgenden Liste zusammengestellt:

- **Umfassende Integration**
  Die SAP Integration Suite bietet umfassende Integrationsmöglichkeiten, einschließlich Cloud-zu-Cloud-, Cloud-zu-On-Premise- und On-Premise-zu-On-Premise-Integration. Dadurch können Unternehmen Anwendungen, Daten und Prozesse nahtlos miteinander verbinden, unabhängig davon, wo sie gehostet werden.
- **Geschwindigkeit**
  Die Plattform bietet eine Vielzahl an Integrationsvorlagen und Konnektoren. Diese können nach eigenen Anforderungen verwendet und erweitert werden, um den sich ändernden Herausforderungen gerecht zu werden. Dies bietet Flexibilität und Skalierbarkeit für zukünftiges Wachstum.
- **Aktualität**
  Mit dem API Management, der eventbasierten Integration und weiteren Funktionen (siehe Abschnitt 3.2, »Architektur und Komponenten«) greift die SAP Integration Suite vor allem auch moderne Standards außerhalb des SAP-Kontextes auf. Gleichzeitig werden neben den Modulen auch die Templates und Konnektoren regelmäßig von SAP aktualisiert, was den Entwicklungsaufwand für Unternehmen erheblich reduziert.
- **Sicherheit und Compliance**
  SAP hat strenge Sicherheitsmaßnahmen und Compliance-Standards implementiert, um die Sicherheit der Daten zu gewährleisten. Die SAP Integration Suite bietet Funktionen für die Identitätsverwaltung, für den sicheren Datenaustausch und für die Verschlüsselung.

Die SAP Integration Suite hat nicht nur Vorteile. Um Ihnen eine Einschätzung zu ermöglichen, haben wir einige Nachteile zusammengefasst:

- **Kosten**
Die SAP Integration Suite ist als Bestandteil der SAP BTP in verschiedenen Lizenzmodellen verfügbar. Die unterschiedlichen Modelle sind zum Teil auf spezifische Anwendungsfälle ausgelegt und vor allem für neue Nutzer und Unternehmen kann dies auf den ersten Blick unübersichtlich und abschreckend wirken.
- **Kompatibilität**
Bei bereits bestehenden Integrationen oder Legacy-Systemen könnten Kompatibilitätsprobleme auftreten. Nach der Abkündigung von SAP PI/PO suchen Unternehmen nach einer Nachfolgelösung. Die Möglichkeit einer Migration sollte dabei genau geplant werden (siehe Kapitel 11, »Migration von SAP Process Orchestration nach SAP Integration Suite«).
- **Releasezyklen**
Obwohl regelmäßige Updates grundsätzlich einen Vorteil bieten, können diese auch eine Hürde für den Betrieb der SAP Integration Suite darstellen. SaaS-Lösungen werden häufig automatisch aktualisiert. Angepasste APIs werden von SAP überarbeitet und die entsprechenden Templates angepasst. Um einen reibungslosen Ablauf zu gewährleisten, sollte jedes Unternehmen dennoch selbst die jeweils betroffenen Prozesse und Schnittstellen testen.
- **Cloud-Anwendung**
Die SAP Integration Suite ist eine Cloud-Anwendung. Auch die Laufzeitumgebung ist in der Cloud. Daten, die Sie an ein anderes Cloud-System oder an einen Partner schicken möchten, werden zwangsläufig über die Cloud geleitet. Es gibt allerdings Maßnahmen, die dem entgegenwirken sollen. Diese werden in Kapitel 10, »Hybride Szenarien«, beschrieben.

Es ist wichtig zu beachten, dass die Vor- und Nachteile der SAP Integration Suite von Ihren spezifischen Anforderungen und dem Kontext eines Unternehmens abhängen. Wir raten Ihnen, die Vor- und Nachteile individuell für Ihr Unternehmen zu bewerten. Es ist ratsam, eine sorgfältige Bewertung der Geschäftsanforderungen und eine umfassende Analyse der Integrationsplattformen durchzuführen, bevor eine Entscheidung getroffen wird.

3.4 Bedeutung des Apache Camel Frameworks in der SAP Integration Suite

Agnostizität

Im Unterschied zum Vorgängerprodukt SAP Process Orchestration basiert die SAP Integration Suite auf dem *Apache Camel Framework*, einer regelbasierten Routing- und Konvertierungsengine. Eine Besonderheit dieses

Frameworks ist seine Payload-Agnostizität. Das bedeutet, dass die Engine formatunabhängig arbeitet und eine Nachricht durch eine modellierte Route leiten kann, ohne dass eine Konvertierung der Nachricht notwendig ist, solange man keinen direkten Zugriff auf die Nachricht benötigt.

Expressions

Apache Camel implementiert das *Enterprise Integration Pattern* und verwendet eine einfache Ausdruckssprache (Simple Expression Language), damit Anwender*innen ohne Programmierkenntnisse schnell und effizient Abfragen erstellen können. Diese *Expressions* (Ausdrücke) können an verschiedenen Stellen in der Integration in der SAP Integration Suite eingefügt werden und beginnen immer mit der Expression `$`. Innerhalb der geschweiften Klammern können neben Variablen auch Funktionen stehen.

In Tabelle 3.1 sehen Sie die häufigsten Expressions und deren Beschreibung.

Expression	Beschreibung
`${id}`	Gibt die Nachrichten-ID zurück.
`${exchangeId}`	Gibt die Exchange-ID zurück (mehr dazu weiter unten).
`${in.body}`	Gibt den Nachrichteninhalt zurück.
`${header.name}`	Gibt den Inhalt der Variable `name` im Header-Bereich zurück.
`${property.name}`	Gibt den Inhalt der Variable `name` im Property-Bereich zurück.
`${random(100)}`	Gibt eine zufällige Zahl zwischen 0 und 100 aus.
`${messageHistory}`	Gibt die Verarbeitungshistorie zurück.
`${exception.message}`	Gibt die aktuelle Fehlermeldung zurück. Wenn die Rückmeldung null ist, gibt es keinen Fehler.
`${header.variable.substring(1,3)}`	Gibt einen Teil-String der Variable `variable` wieder.
`${header.variable.toUpperCase()}`	Schreibt den Inhalt der Variable `variable` in Großbuchstaben.
`${date:now:dd-MM-yyyy HH:mm}`	Gibt das aktuelle Datum und die Uhrzeit wieder.
`${camelContext}`	Gibt die Camel-Laufzeit zurück.

Tabelle 3.1 Beispiel für Expressions

Nachrichtenaufbau

Eine Nachricht in Apache Camel besteht aus *Kopfzeilen* und einem *Body*, der die Nutzdaten und optionalen Anhänge enthält. Jede Nachricht ist durch einen eindeutigen Identifikator des Typs `java.lang.String` gekennzeichnet. Die Kopfzeilen enthalten zusätzliche Informationen, die mit der Nachricht verknüpft sind, wie z. B. den Sender, Hinweise zur Codierung des Inhalts und Authentifizierungsinformationen.

Während der Nachrichtenverarbeitung benötigt Apache Camel einen dedizierten Container für die Nachricht, den sogenannten *Exchange*. Dieser enthält neben der Nachricht auch zusätzliche Daten. Der Exchange wird Schritt für Schritt in der Prozessierungskette weitergereicht, und jeder Schritt hat Zugriff auf alle Informationen, die der Exchange trägt. Es kann als ein globaler Speicher für die Route angesehen werden, solange die Nachricht verarbeitet wird. Abbildung 3.2 zeigt schematisch den Aufbau eines Exchange.

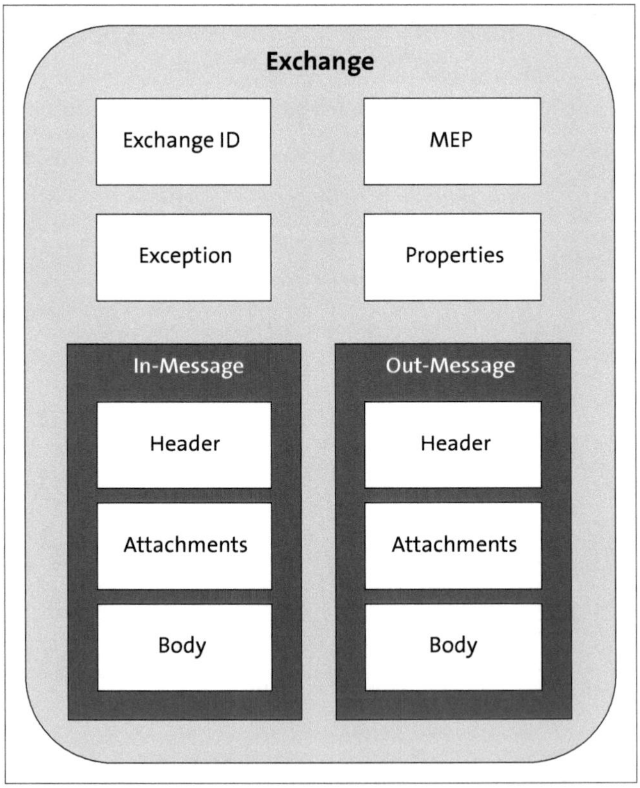

Abbildung 3.2 Exchange

Die Komponenten des Exchange lassen sich wie folgt definieren:

- *Exchange ID*: Eine eindeutige ID, die den Exchange identifiziert.
- *MEP* (Message Exchange Pattern): Ein Feld, das zwei mögliche Werte enthalten kann: »InOnly« und »InOut«. »InOnly« bedeutet, dass eine Route eine Einwegnachricht behandelt, bei der der Sender nicht auf eine Antwort vom Empfänger wartet (asynchrone Nachrichtenverarbeitung). »InOut« hingegen behandelt eine Anforderungsantwortnachricht, bei der der Sender eine Antwort von der Route erwartet, die als Ausgangsnachricht im Exchange gespeichert wird (synchrone Nachrichtenverarbeitung).
- *Ausnahme* (Exception): Wenn während der Nachrichtenverarbeitung ein Fehler auftritt, wird der Grund für den Fehler im Ausnahmefeld des Exchange gespeichert.
- *Eigenschaften* (Properties): Eine Art temporärer Speicher, in dem Prozessschritte Daten zusätzlich zum Header-Bereich in der Nachricht speichern können. Entwickler*innen können Eigenschaften an jedem Punkt während der Lebensdauer eines Exchange speichern und abrufen.
- *In-Message/Out-Message*: Bestehen jeweils aus den Teilen Header, Body und gegebenenfalls einem Anhang (Attachement).

Weitere Informationen zum Thema Apache Camel Framework finden Sie unter *https://camel.apache.org/manual/*.

Zusammenfassend kann gesagt werden, dass durch die Nutzung des Apache Camel Frameworks die Arbeit mit der SAP Integration Suite einfacherer und effizienter geworden ist.

3.5 SAP Integration Solution Advisory Methodology

Komplexe Unternehmensarchitekturen

Die Herausforderung vieler Architekt*innen und Technologieberater*innen besteht zurzeit darin, eine wachsende Anzahl und Artenvielfalt an Systemen zu integrieren. Unternehmen sind bestrebt, ERP-Silos aufzulösen und (Teil-)Prozesse in spezialisierte Softwarelösungen auszulagern, mit dem Ziel, agiler und innovativer zu werden. Dies steigert jedoch die Komplexität der Integrationsszenarien enorm, was zu erhöhten Kosten und Risiken führt. Im schlimmsten Fall wird die Komplexität sogar so groß, dass dies die Unternehmensentwicklung verlangsamt, anstatt diese zu beschleunigen.

Die *SAP Integration Solution Advisory Methodology* (ISA-M) richtet sich vor allem an Integrationsarchitekt*innen in den Unternehmen. Ziel ist es, eine

Integrationsstrategie für das jeweilige Unternehmen zu entwickeln, Leitlinien für die Integration zu entwerfen und letztendlich sogar konkrete Vorlagen für Schnittstellen und Bausteine bereitzustellen. Ein wichtiger Aspekt der Methode ist es, die organisatorischen Rahmenbedingungen zu schaffen und ein entsprechendes Rollenmodell einzuführen, das die entworfene Integrationsstrategie langfristig betreut und weiterentwickelt. Wie in Abbildung 3.3 dargestellt, ist dieser Prozess ein Kreislauf. Sowohl technologische als auch prozessbezogene Anforderungen entwickeln sich permanent weiter, sodass Sie in regelmäßigen Zyklen auf die neuen Rahmenbedingungen reagieren sollten. Die einzelnen Phasen beschreiben wir im weiteren Verlauf dieses Abschnitts.

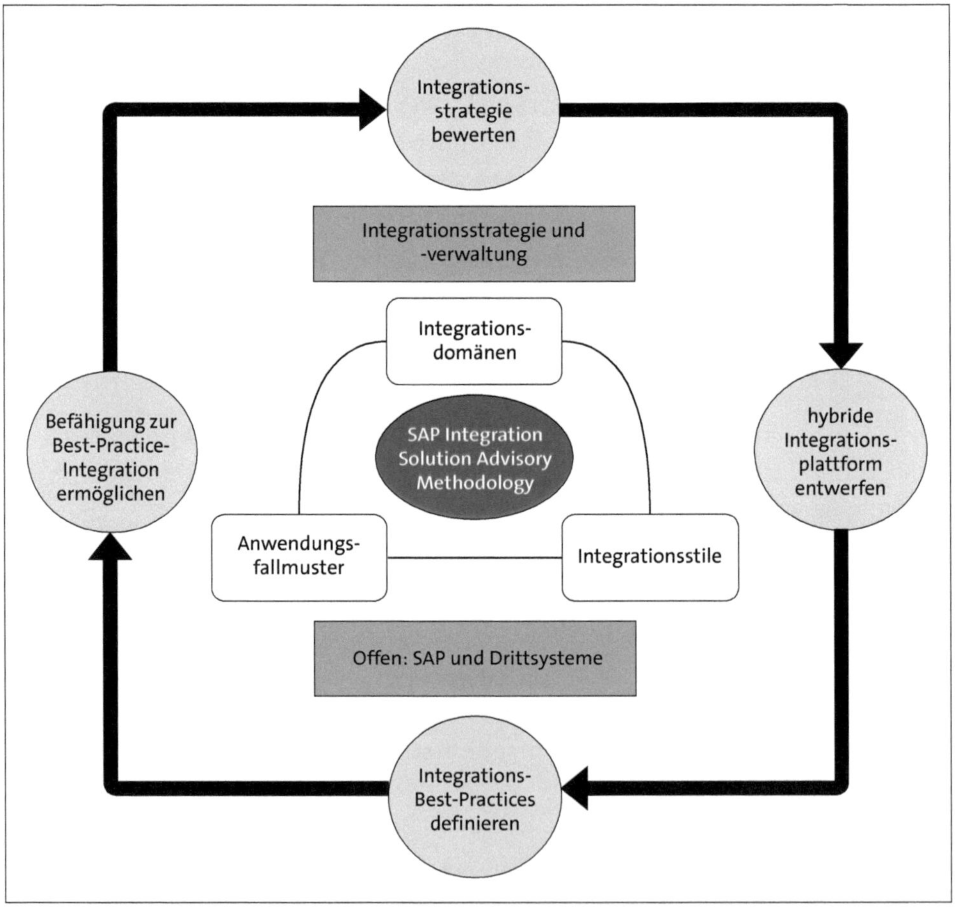

Abbildung 3.3 SAP Integration Solution Advisory Methodology (angelehnt an SAP)

Aktivitäten von ISA-M

Nach dem Modell in Abbildung 3.3 durchlaufen Sie vier Phasen. Im Rahmen dieses Ablaufs machen Sie eine Bestandsaufnahme aktueller Integrationsszenarien und Anforderungen, die gegebenenfalls in Kürze relevant werden. Dafür kategorisieren Sie Ihre System- und Schnittstellentypen; dies könnte z. B. eine Stammdatenintegration zwischen einem On-Premise- und einem Cloud-System sein. Jede Schnittstelle, die Sie aktuell oder in Zukunft im Einsatz haben, passt in eine Kombination dieser Typen. Anschließend definieren Sie für die relevanten Kategorien Use-Case-Vorlagen. Sie bestimmen Best Practices und Vorschläge für die verschiedenen Use Cases, die den Entwickler*innen die Auswahl von Technologien und Methoden erleichtern sollen. Diese Vorschläge und Richtlinien können sich z. B. auf die Auswahl konkreter Technologien beziehen oder z. B. eine *Namenskonvention* beschreiben. In der letzten Phase gilt es, diese Best Practices in Ihrem Unternehmen umzusetzen. Dazu zählt nicht nur die rein technische Umsetzung, sondern vielmehr die Organisation. Nur wenn Entwickler*innen die Leitlinien für Ihre Unternehmensintegration kennen und leben, wird Ihnen dies langfristig etwas nützen.

Technologieunabhängig

Die Methode eignet sich sowohl für SAP- als auch für Nicht-SAP-Architekturen und lässt sich auf jede Integrationstechnologie anwenden. Allerdings gibt es seit Version 4.0 eine Unterstützung mit dem *Integration Assessment* (siehe Abschnitt 3.2.6) als Modul der SAP Integration Suite, wodurch ein stärkerer Bezug zu den SAP-Technologien erzeugt wird.

[+]

ISA-M Methodology im Selbststudium

SAP bietet Ihnen unter *http://s-prs.de/v993301* kostenfreie Informationen zum Selbstlernstudium an.

3.6 Oberfläche

Hauptmenü der SAP Integration Suite erreichen

Bevor wir uns in die Tiefe der einzelnen Capabilities der SAP Integration Suite gehen, möchten wir Ihnen zunächst die Oberfläche der SAP Integration Suite vorstellen, da diese die Grundlage für weitere Funktionalitäten bildet. In die SAP Integration Suite gelangen Sie über das SAP BTP Cockpit (erreichbar über die URL *https://account.hana.ondemand.com/*). Loggen Sie sich mit Ihrem S-User über die Schaltfläche **Sign In** ein, und wählen Sie Ihr Hauptkonto aus. Als Nächstes wird Ihnen eine Liste aller Subaccounts angezeigt, aus denen Sie den Subaccount auswählen müssen, auf dem die SAP Integration Suite provisioniert wurde (den Zusammenhang zwischen Hauptkonto und Subaccount haben wir Ihnen in Abschnitt 2.3, »Grundkonfiguration eines Tenants«, erklärt. Navigieren Sie, wie in Abbildung 3.4 gezeigt, über den Menüpfad **Services • Instances and Subscriptions**, und wählen Sie dort die Applikation **Integration Suite** aus. Damit haben Sie das Hauptmenü der Integration Suite erreicht.

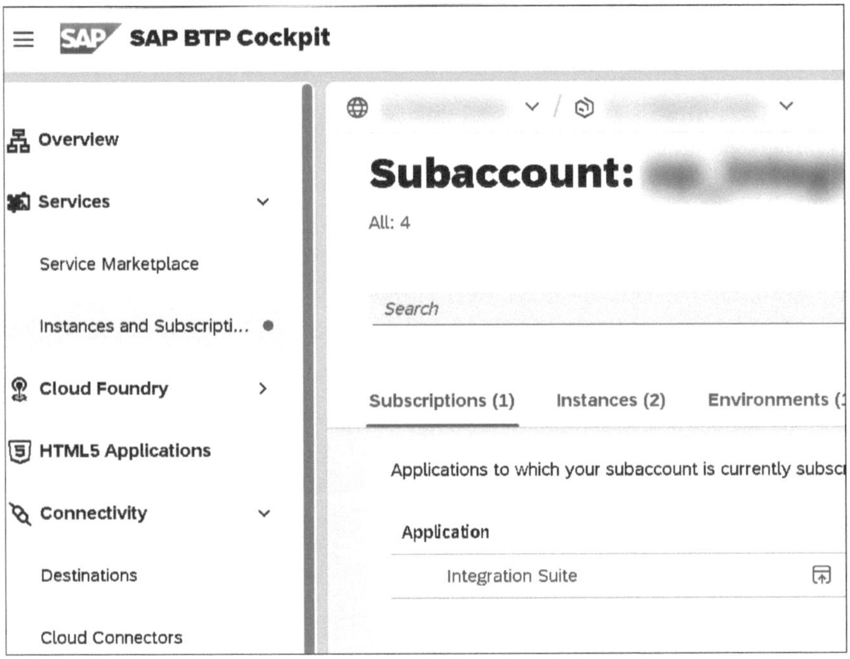

Abbildung 3.4 Navigation zur SAP Integration Suite

[»]

Beschreibung der SAP-Integration-Suite-Oberfläche

Die nachfolgende Beschreibung gilt für eine Vollausprägung Ihrer SAP Integration Suite. Sollten Sie einige Funktionen nicht aktiviert haben, stehen Ihnen unter Umständen nicht alle genannten Schaltflächen, Kacheln oder Menüpunkte zur Verfügung.

Menüoptionen im Überblick

Die Oberfläche der SAP Integration Suite lässt sich in drei Teile aufteilen, die wir in Abbildung 3.5 darstellen.

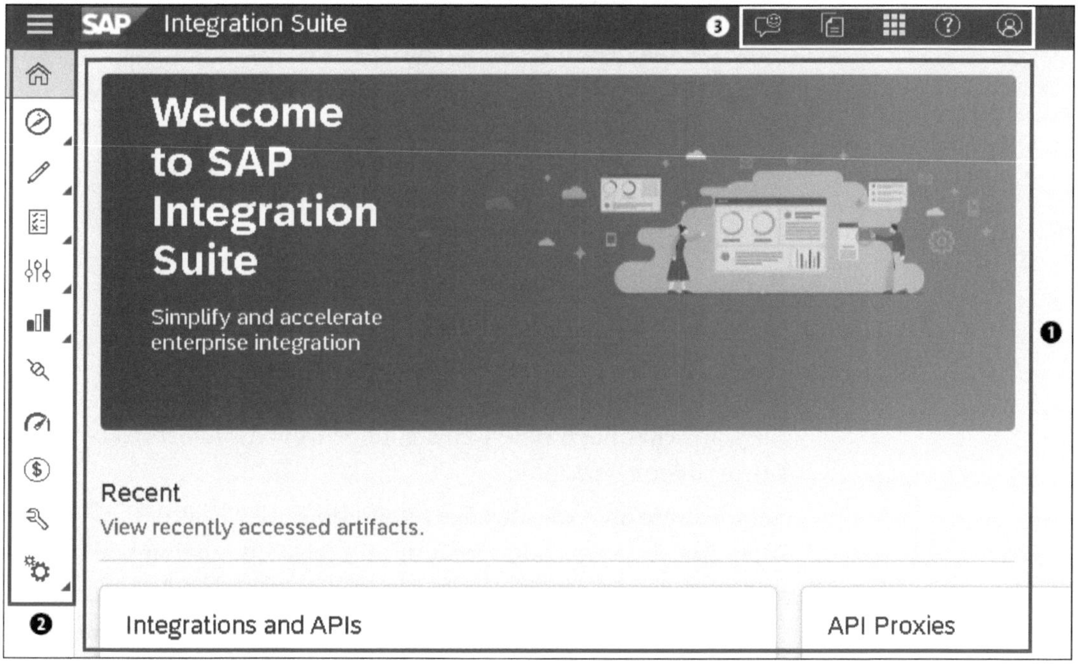

Abbildung 3.5 Hauptmenü der SAP Integration Suite

❶ *Hauptbereich*: Hier können Sie alle Konfigurationen und Implementierungen des jeweiligen Menüpunkts durchführen.

❷ *Hauptmenü*: Über dieses Menü erreichen Sie alle Konfigurationsmöglichkeiten in der SAP Integration Suite, auf die wir im Einzelnen zwischen Abschnitt 3.6.1 und Abschnitt 3.6.11 eingehen. Das Hauptmenü besteht aus den folgenden Einträgen:

- **Home** (Schaltfläche): Über diesen Menüpunkt gelangen Sie immer auf die Hauptseite der SAP Integration Suite und können in die einzelnen Funktionen abspringen.
- **Discover** (Schaltfläche): Die Discover-Ansicht erlaubt es Ihnen, vorgefertigte APIs und Integration Flows zu durchstöbern, zu kopieren und zu verwenden.
- **Design** (Schaltfläche): In der Designansicht legen Sie Integrationsartefakte, wie z. B. Integration Flows, APIs und B2B-Inhalte an.
- **Test-APIs** (Schaltfläche): In dieser Ansicht testen Sie die zuvor implementierten oder kopierten APIs in Ihrem Tenant.
- **Configure APIs** (Icon): In der API-Konfigurationsansicht legen Sie API Provider und APIs an.

- **Monitor** (Icon): In der Monitoring-Ansicht können Sie Ihre APIs, Integration Flows und B2B-Inhalte überwachen, legen Authentifizierungsdaten an, laden Zertifikate hoch und verwalten flüchtige Speicher wie Data Stores und Variablen.
- **Create Products for publishing** (Schaltfläche): In dieser Ansicht können Sie die definierten APIs zu Produkten zusammenfassen, um sie in API Business Hub Enterprise verfügbar zu machen.
- **Inspect resource consumption of Integration scenarios** (Schaltfläche): In dieser Ansicht überwachen Sie den Ressourcenverbrauch Ihrer SAP Integration Suite.
- **Generate revenue from APIs** (Schaltfläche): In der Monetarisierungsansicht finden Sie alle Einstellungen, um die API-Nutzung durch Dritte zu monetarisieren.
- **Administrate and operate Edge Integration Cell** (Schaltfläche): Diese Ansicht verwenden Sie, um Ihre Edge-Integration-Cell-Instanzen zu verwalten.
- **Settings** (Schaltfläche): Diese Einstellungsansicht bietet Ihnen Einstellungsmöglichkeiten zum API Management, zu B2B-Inhalten und zu Ihrer SAP Integration Suite. Auch aktivieren Sie hier die Nutzung einer Edge Integration Cell und können in das Edge Lifecycle Management abspringen.

❸ *Technisches Menü*: In diesem Menü erreichen Sie alle technischen Optionen und Links, die zusätzlich benötigt werden. Sie können hier Feedback zur SAP Integration Suite geben (Icon), sich Neuigkeiten zur SAP Integration Suite anzeigen lassen (Icon), in weitere Anwendungen des SAP-Integration Suite-Eco-Systems springen (Icon), Dokumentationen einsehen (Icon), in Guidelines abspringen sowie sich ausloggen (Icon).

3.6.1 Home

Startseite der SAP Integration Suite

Aus der Home-Ansicht gelangen Sie in alle Capabilities und Funktionen der SAP Integration Suite. Im oberen Teil werden Ihnen zunächst Kacheln angezeigt, die das Monitoring zusammenfassen und Ihnen die wichtigsten Aktivitäten auf der SAP Integration Suite präsentieren (siehe dazu Abbildung 3.6).

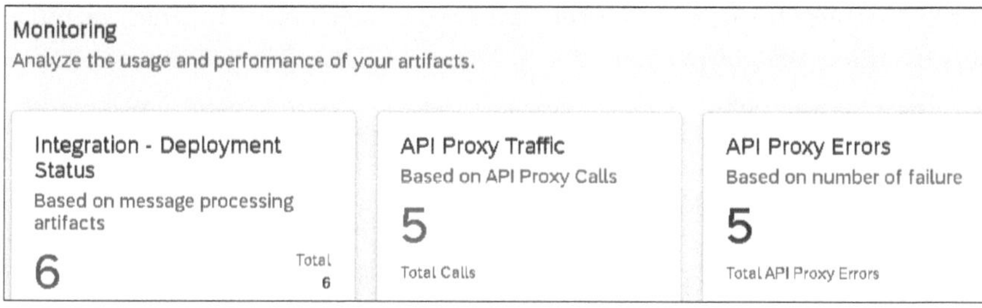

Abbildung 3.6 Home-Ansicht: Ansicht »Monitoring«

Sie können über diese Kacheln direkt in die jeweiligen Ansichten springen, um ein detaillierteres Bild zu erhalten.

Weiter unten befinden sich die Kacheln der Funktionen der SAP Integration Suite. Ab Kapitel 5, »Cloud Integration«, beschäftigen wir uns detailliert mit den einzelnen Funktionen der SAP Integration Suite. Über die Kacheln in Abbildung 3.7 können Sie in die verschiedenen *Capabilities* abspringen.

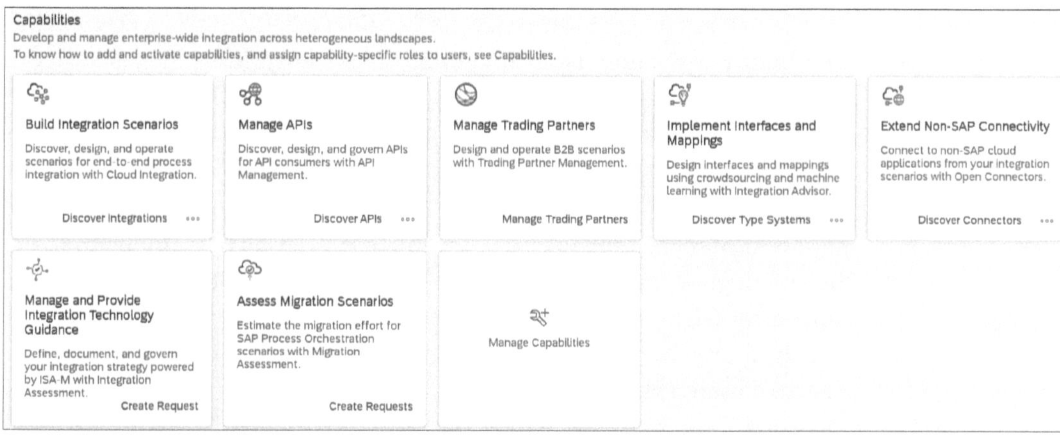

Abbildung 3.7 Capabilities der SAP Integration Suite

Über die Kachel **Manage Capabilities** können Sie einzelne Funktionen aktivieren oder deaktivieren. Während der Aktivierungs- und Deaktivierungsphase sehen Sie unter dieser Kachel auch den aktuellen Zustand der einzelnen Capabilities. Sollte es bei der Aktivierung zu Fehlern kommen, finden Sie diese hier. Abbildung 3.7 zeigt die Vollausprägung der SAP Integration Suite und kann daher bei Ihnen unter Umständen anders aussehen.

3.6.2 Discover

Vorlagen von SAP und Drittanbietern

Die Discover-Ansicht beherbergt vordefinierte Objekte für die Implementierung von Integration Flows, APIs oder B2B-Inhalten. Unter dem Menüpunkt **Discover Integrations** erreichen Sie die Suchmaske für Integrationsobjekte (siehe Abbildung 3.8).

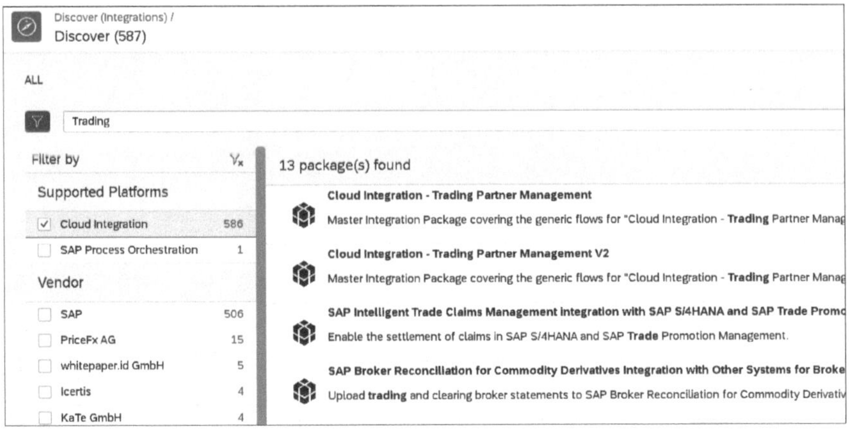

Abbildung 3.8 Discover-Bereich: Ansicht »Integrations«

Vorlagen: Schnittstellen

Sie können auf dieser Suchmaske auf der linken Seite nach diversen Kriterien filtern. Im oberen Bereich können Sie Suchbegriffe eingeben, um die gewünschten Integrationsobjekte zu finden. Für die Suche wird sowohl die Überschrift als auch die Beschreibung der Objekte herangezogen. Beachten Sie, dass bei mehreren Suchbegriffen jeder Suchbegriff für sich gesucht wird. Grenzen Sie daher die Suche so weit wie möglich ein. Begriffe wie Integration, Management oder Cloud können wir z. B. nicht empfehlen. Wenn Sie auf ein gewünschtes Integrationspaket klicken, gelangen Sie in die Detailansicht (siehe Abbildung 3.9). Hier können Sie die einzelnen Artefakte und die dazugehörigen *Metadaten* einsehen und finden die Dokumentationen zu diesem Paket.

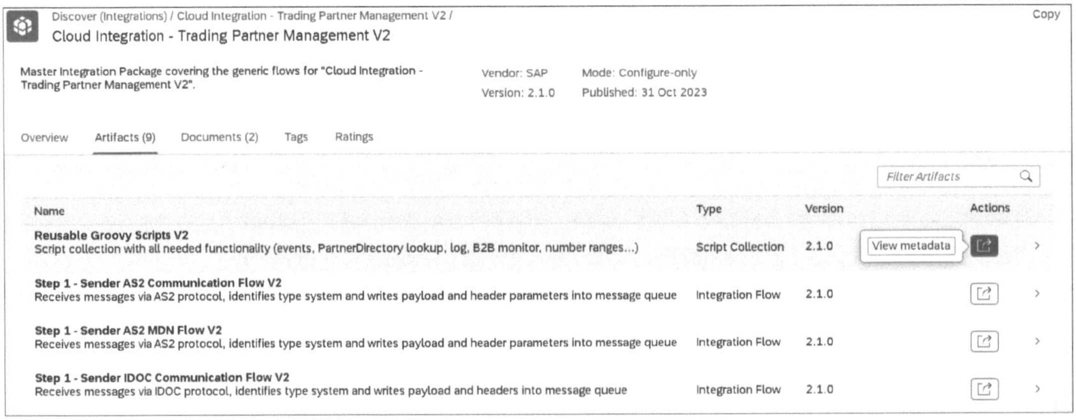

Abbildung 3.9 Details eines Integrationspakets

Vorlagen: APIs

Unter dem Menüpunkt **Discover APIs** finden Sie alle vordefinierten APIs, die Sie für Ihre Integrationen nutzen können. Analog zur Integrationssuche können Sie hier die gewünschte API nach diversen Kriterien und Suchbegriffen filtern, wie in Abbildung 3.10 dargestellt.

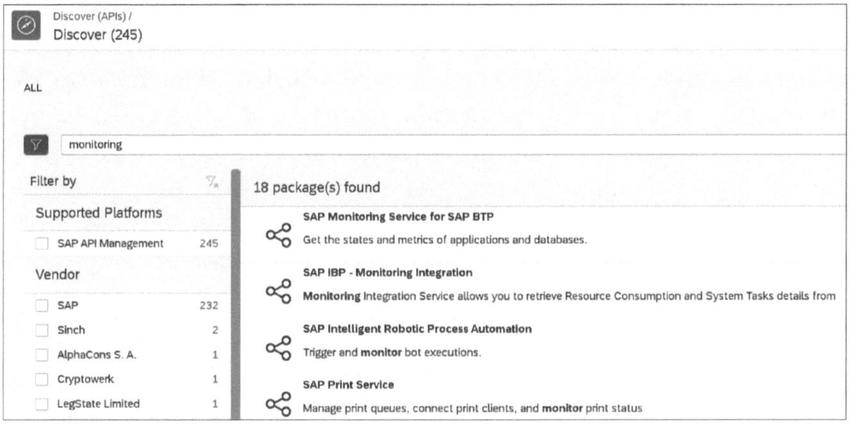

Abbildung 3.10 Discover-Bereich: Ansicht »APIs«

Um in die Detailansicht des Pakets zu gelangen, klicken Sie auf dieses. Auch hier können Sie die einzelnen Artefakte begutachten und Dokumentationen einsehen, wie beispielsweise in Abbildung 3.11 dargestellt.

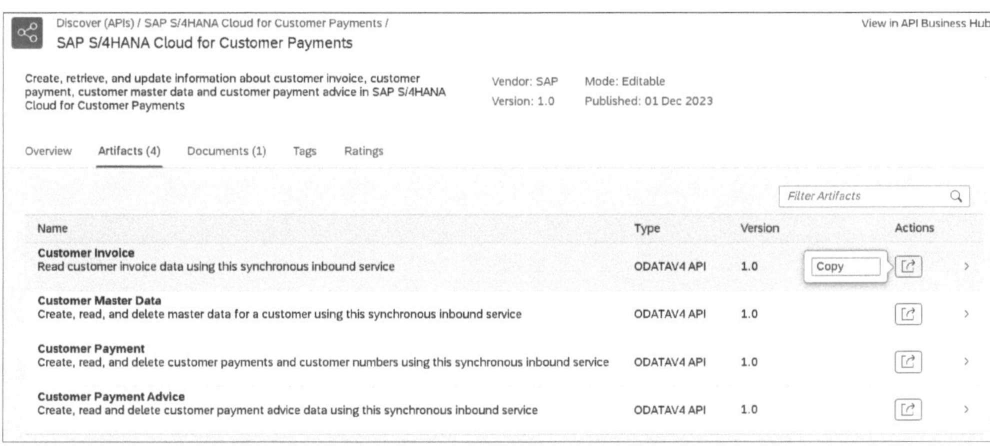

Abbildung 3.11 Details eines API-Pakets

Paketmodus

In diesem Zusammenhang möchten wir Ihnen den Paketmodus näherbringen. Vergleichen Sie Abbildung 3.9 mit Abbildung 3.11. Das Integrationspaket in Abbildung 3.9 hat den Modus **Configure-Only**. Das bedeutet, dass Sie das Paket nur konfigurieren und externalisierte Parameter pflegen können. Sobald Sie etwas an den Integrationsobjekten ändern, fällt das Integrationsobjekt aus der Wartung. Aus diesem Grund haben Sie in einem Paket, das sich im Modus **Configure-Only** befindet, nur die Möglichkeit, das gesamte Paket zu kopieren. Im Gegensatz dazu steht der Modus **Editable**, wie in Abbildung 3.11 zu sehen. Hier können Sie einzelne Integrationsobjekte aus dem Paket in Ihr Paket transferieren und diese an Ihre Bedürfnisse anpassen. Solange Sie ein gesamtes Paket kopieren, an einem Paket mit dem Modus **Editable** nichts ändern und SAP dieses Paket aktualisiert, können Sie Ihr kopiertes Paket aktualisieren. Bei einer Änderung durch SAP werden Sie mit dem Hinweis **Update Available** im jeweiligen Paket informiert (siehe Abbildung 3.12). Sie können das Paket dann im veralteten Paket über die Schaltfläche **Update Package** aktualisieren. Auf der Registerkarte **Documents** finden Sie im jeweiligen Paket die Änderungshistorie des Pakets.

Abbildung 3.12 Aktualisierungshinweis

Vorlagen: Typensysteme

In dem letzten Discover-Menüpunkt, den Sie unter **Type Systems** erreichen, können Sie vordefinierte *Typensysteme* betrachten. Was Typensysteme sind und wie diese genutzt werden, erfahren Sie in Abschnitt 6.1.1, »Objekte des Integration Advisor«. Abbildung 3.13 zeigt die Ansicht der Type Systems. Sie können über das Suchfeld in der Liste suchen und über die Schaltfläche ☆ das jeweilige Type System als Favorit markieren. Dadurch wird das markierte Type System immer ganz oben angezeigt, auch bei der Anlage eines neuer Message Implementation Guideline (MIG).

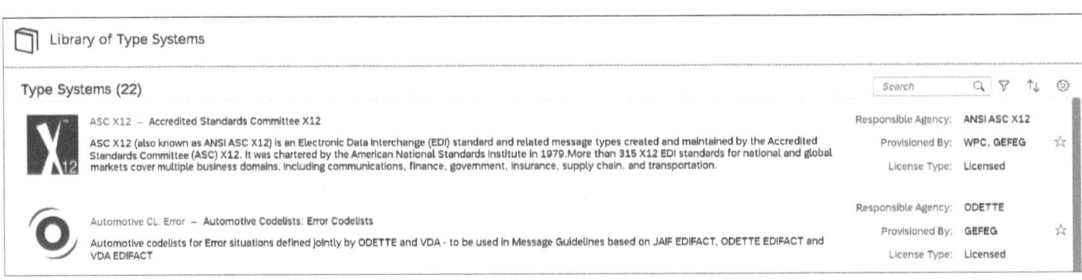

Abbildung 3.13 Type Systems in der Discover-Ansicht

Sobald Sie auf ein Type System klicken, gelangen Sie in die Detailansicht, die Sie beispielsweise zum Type System ASC X12 in Abbildung 3.14 sehen.

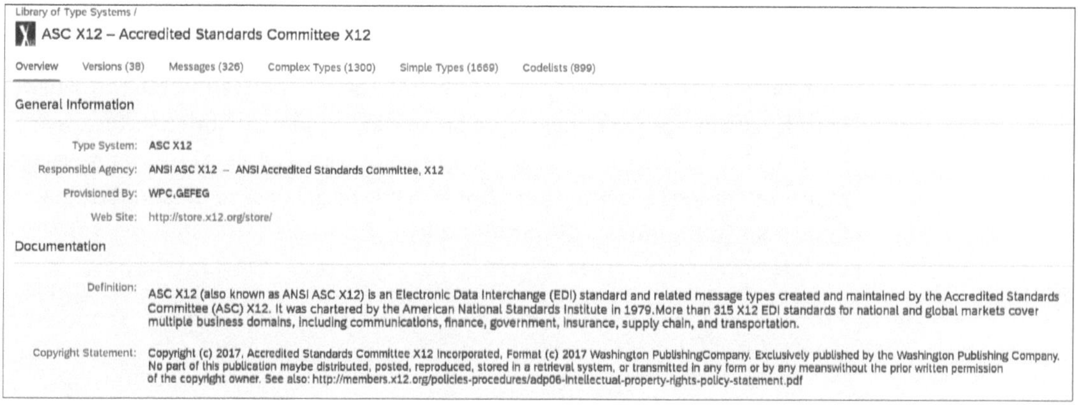

Abbildung 3.14 Überblick über das Type System ASC X12

Sie haben hier die Möglichkeit, die einzelnen Versionen sowie Nachrichten, Typen und Codelisten einzusehen. Auf der Registerkarte **Messages** (Nachrichten) können Sie die beinhalteten Nachrichten aufklappen und die Versionen begutachten (siehe Abbildung 3.15).

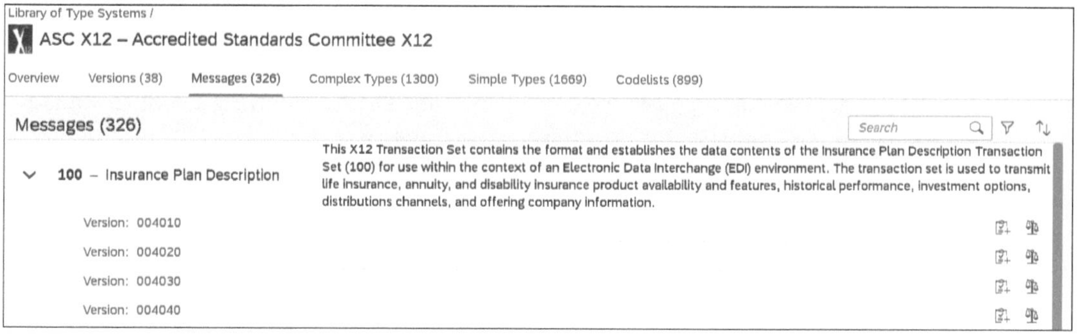

Abbildung 3.15 Nachrichten eines Type System

Über die Schaltfläche können Sie direkt aus der Nachrichtenversion ein MIG erstellen. Das Icon erlaubt es Ihnen, zwei Nachrichtenversionen miteinander zu vergleichen.

Die Registerkarte **Codelists** gibt Ihnen die Möglichkeit, Codelisten der Type Systems einzusehen und diese bei Wunsch als CSV-Datei herunterzuladen.

3.6.3 Design

Arbeitsbereich für eigene Integrationsinhalte

Die Designansicht erlaubt es Ihnen, Integrationsartefakte anzulegen, zu ändern und einzusehen. Über die Schaltflächen **Design • Integration and APIs** erreichen Sie die Pflege der Objekte in Cloud Integration. In Abbildung 3.16

finden Sie die Paketansicht von Cloud Integration. Sie können über die Schaltfläche **Create** neue Pakete hinzufügen und über die Schaltfläche **Import** Pakete aus anderen SAP-Integration-Suite-Tenants importieren. Mit einem Klick auf das Paket gelangen Sie in die Detailansicht des Pakets, worin Sie einzelne Artefakte wie z. B. Integration Flows, OData-APIs oder Message Mappings anlegen, ändern und löschen können. Mehr zu diesem Thema erfahren Sie in Kapitel 5, »Cloud Integration«.

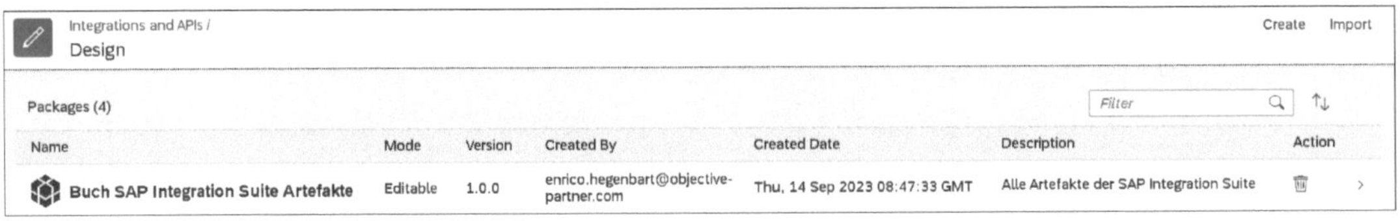

Abbildung 3.16 Designansicht »Integrations and APIs«

Die Schaltflächen **Design • Graph** bringen Sie zur Anlage eines Datengraphen auf Basis Ihrer Geschäftsdaten-APIs. In der Ansicht können Sie auf der Registerkarte **Business Data Graphs** neue Graphen über die Schaltfläche **Create** anlegen oder mit einem Klick auf den Datengraph ändern. Auf der Registerkarte **Model Extensions** können Sie Modellerweiterungen zu Ihrem Datengraph erstellen (siehe Abbildung 3.17). Diese Ansicht steht Ihnen nur zur Verfügung, wenn Sie während der Provisionierung des API Managements das Häkchen zu **Graph** gesetzt haben.

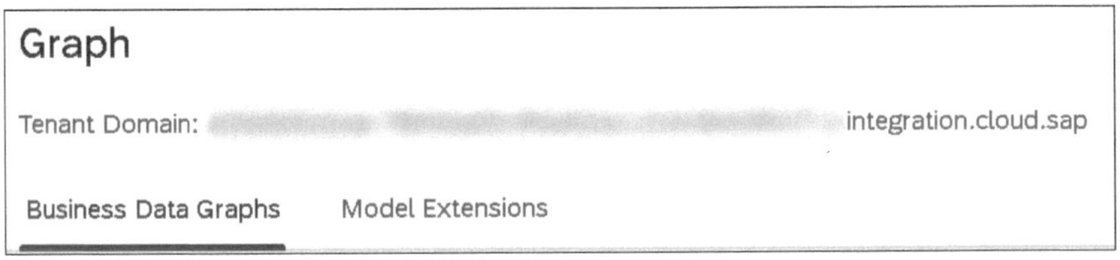

Abbildung 3.17 Graph

> **Graph aktivieren**
>
> Sollten Sie keine Möglichkeit haben, um Graph während der Provisionierung des API Managements anzuwählen, kann es daran liegen, dass der Tenant Ihrer Region Graph noch nicht unterstützt. In SAP-Hinweis 3338820 sind alle Tenant-Regionen aufgelistet und zu welchem Zeitpunkt Graph im API Management verfügbar sein wird.

Die Schaltflächen **Design • B2B Scenarios** führen Sie in die Pflege des Trading Partner Managements. Wie in Abbildung 3.18 zu sehen, können Sie hier die einzelnen Objekte und Artefakte pflegen, um ein B2B-Szenario vollständig abzubilden. In Abschnitt 6.2, »Trading Partner Management«, gehen wir detailliert auf die Funktionalität des Trading Partner Managements ein. Diese Ansicht steht Ihnen nur zur Verfügung, wenn Sie das Trading Partner Management ausgeprägt haben.

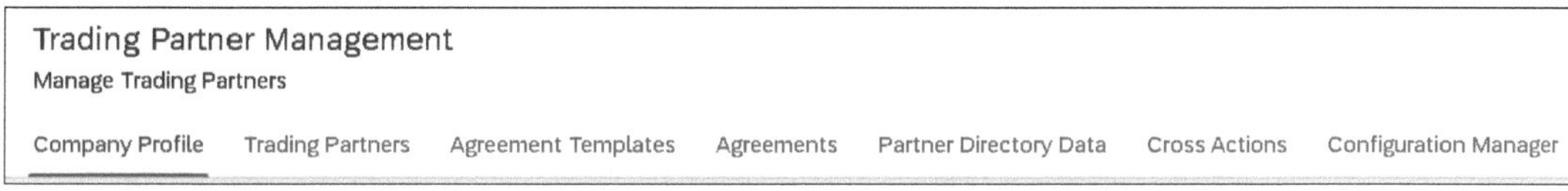

Abbildung 3.18 Designansicht »Trading Partner Management«

B2B-Integration

Über die nächsten drei Menüpunkte **Design Custom Type Systems**, **Design MIGs**, **Design MAGs**, die Sie über die Schaltfläche erreichen, pflegen Sie die Objekte des Integration Advisor. Diese Ansichten stehen nur zur Verfügung, wenn Sie den Integration Advisor ausgeprägt haben. Sie haben die Möglichkeit, eigene Nachrichtentypen anzulegen, standardisierte Type Systems heranzuziehen, diese in Message Implementation Guidelines zu verwenden und in Message Mapping Guidelines zusammenzuführen. Damit erreichen Sie B2B-Kontext sowie standardisierte und dokumentierte Schnittstellen. Wenn auf Ihrem Tenant bereits MIGs implementiert sind, können Sie in der Ansicht der MIGs die gewünschten MIGs über die Schaltfläche als Favoriten markieren. Dies hat zufolge, dass die markierten MIGs in jeglichen Suchmasken immer ganz oben angezeigt werden. Die Schaltfläche öffnet zu dem jeweiligen MIG ein Kontextmenü, worin Sie eine der folgenden Funktionen ausführen können:

- die MIG editieren (Schaltfläche **Edit**)
- die MIG kopieren (Schaltfläche **Copy**)
- die MIG auf eine neue Version migrieren (Schaltfläche **Migrate**)
- die MIG löschen (Schaltfläche **Delete**)
- die Historie der MIG einsehen (Schaltfläche **History**)
- die MIG mit einer anderen MIG vergleichen (Schaltfläche **Compare**)

Die Ansicht der MAGs ist analog aufgebaut. Auch hier können Sie einzelne MAGs über die Schaltfläche als Favoriten markieren und über die Schaltfläche das Kontextmenu der einzelnen MAGs öffnen. Ihnen stehen die folgenden Optionen zur Auswahl:

- die MAG editieren (Schaltfläche **Edit**)
- die MAG kopieren (Schaltfläche **Copy**), wobei Sie hier entscheiden können, ob Sie nur die ausgewählte MAG kopieren oder die darin enthaltenen referenzierten MIGs

- die MAG löschen (Schaltfläche **Delete**)
- die Historie der MAG einsehen (Schaltfläche **History**)

Wie Sie die Implementierung der einzelnen Objekte vornehmen sowie die Vorgehensweise dazu zeigen wir Ihnen in Abschnitt 6.1, »Integration Advisor«.

3.6.4 APIs testen

Testwerkzeuge für API-Aufrufe

Die Schaltfläche (**Test-APIs**) führt Sie zu einer Testansicht der implementierten APIs im API Management, wie es in Abbildung 3.19 zu sehen ist.

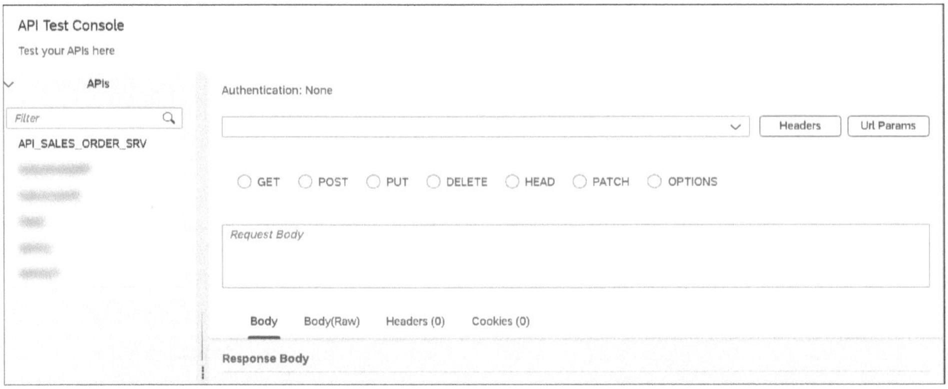

Abbildung 3.19 API-Testansicht

Auf der linken Seite können Sie die gewünschten APIs filtern und suchen. Auf der rechten Seite können Sie den Testaufruf gestalten und dabei die Aufrufmethode wählen und den Inhalt für den Aufruf (Request Body) setzen. Nach dem Sie eine API testweise aufgerufen haben, wird Ihnen im Bereich **Response Body** die Antwort der API dargestellt. Mithilfe dieser Ansicht können Sie somit Ihre APIs testen, ohne eine weitere Anwendung zu verwenden. Diese Ansicht steht nur zur Verfügung, wenn Sie das API Management ausgeprägt haben.

3.6.5 APIs konfigurieren

Konfiguration von APIs

Auch diese Ansicht steht nur zur Verfügung, wenn Sie das API Management ausgeprägt haben. Diese Ansicht erlaubt es Ihnen, API-Anbieter (Registerkarte **API Provider**) einzurichten und APIs (Registerkarte **API Proxies**) zu verwalten. Auf der Registerkarte **API Proxies** legen Sie APIs an. Auch können Sie zuvor exportierte APIs über die Schaltfläche **Import API** importieren (siehe Abbildung 3.20). Die Schaltfläche erlaubt es Ihnen, das Kontextmenü der jeweiligen API zu öffnen. Hierüber können Sie die folgenden Aktionen ausführen:

- Transportieren
- Deployen/Undeployen
- Kopieren
- Eine neue Version anlegen
- Exportieren
- Löschen

Mit einem Klick auf die API selbst gelangen Sie in die Detailansicht der API und können diese anpassen.

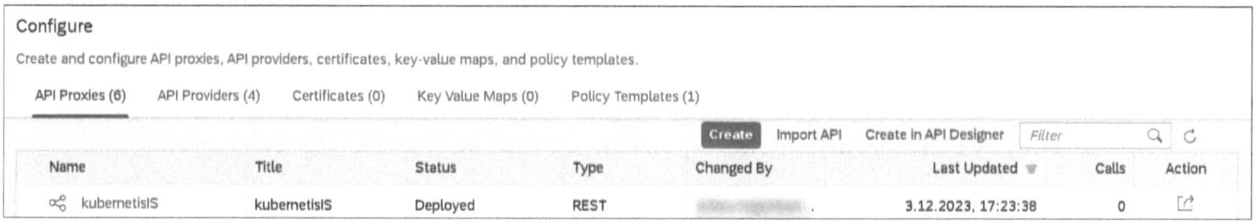

Abbildung 3.20 API-Konfigurationsansicht: API Proxy

Die Registerkarte **API Provider** führt Sie zu der Anlage von API-Anbietern (siehe Abbildung 3.21). Hier können Sie über die Schaltfläche **Create** neue API-Anbieter hinzufügen. Das Kontextmenü, das Sie über die Schaltfläche aufrufen, erlaubt es Ihnen, den API-Anbieter zu transportieren oder zu löschen. Mit einem Klick auf den API-Anbieter selbst gelangen Sie in die Detailansicht des API-Anbieters und können diesen editieren.

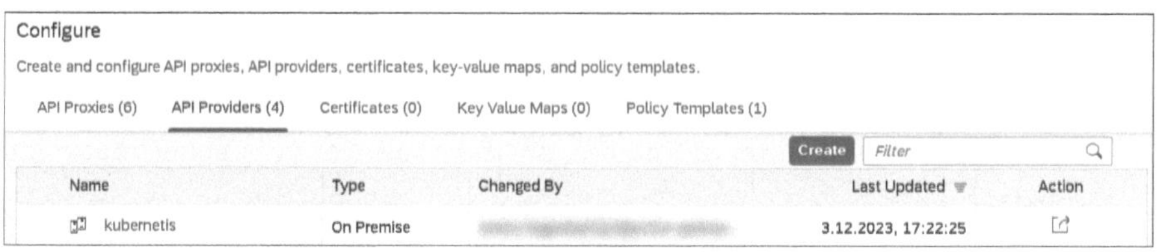

Abbildung 3.21 API-Konfigurationsansicht: API Provider

Über die Registerkarte **Certificates** können Sie Zertifikate für die Kommunikation mit den API-Anbietern hochladen. Die Registerkarte **Key Value Maps** erlaubt es Ihnen, eine Feldzuordnung anzulegen.

Die Registerkarte **Policy Templates** beinhaltet Regelvorlagen, die Sie in der API-Kommunikation verwenden können. Über die Schaltfläche **Import** haben Sie die Möglichkeit, bereits angelegte Regeln zu importieren. Über das

Kontextmenü, das Sie über die Schaltfläche erreichen, können Sie die Vorlagen exportieren und löschen (siehe Abbildung 3.22).

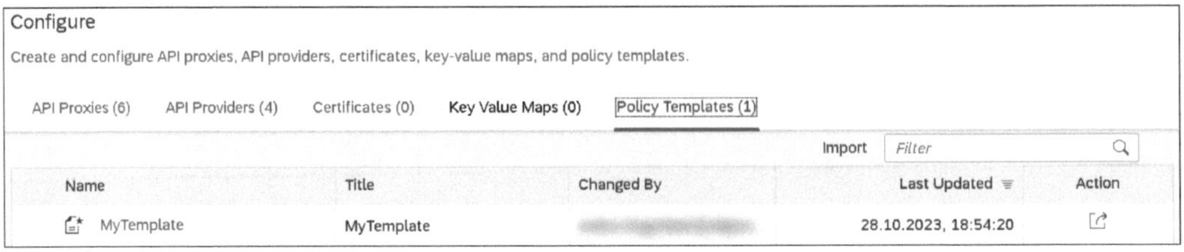

Abbildung 3.22 API-Konfigurationsansicht: Regelvorlagen

Wie Sie die Regelvorlagen anlegen und die API-Konfigurationsansicht im Detail benutzen, finden Sie in Abschnitt 7.1.1, »API Management einrichten«.

3.6.6 Monitoring

Monitoring und Betrieb

Die verschiedenen Monitoring-Ansichten erreichen Sie über die Schaltfläche . Die Monitoring-Ansicht teilt sich in die folgenden Kategorien auf:

- Integration and APIs
- B2B-Szenarios
- APIs

Die Schaltflächen **Monitoring • Integration and APIs** führen Sie zu der Monitoring-Ansicht der Komponente Cloud Integration. Sie können hier alle angelegten Artefakte überwachen. Ihnen werden in dieser Ansicht verschiedene Kacheln angezeigt, die bestimmte Nachrichten in KPIs anzeigen (siehe Abbildung 3.23). Jede Kachel führt Sie zu der Detailansicht der einzelnen Nachrichten, die sich hinter der Kachel verbergen. Über die Schaltfläche können Sie weitere Filter definieren, die Ihnen als weitere Kachel angezeigt werden.

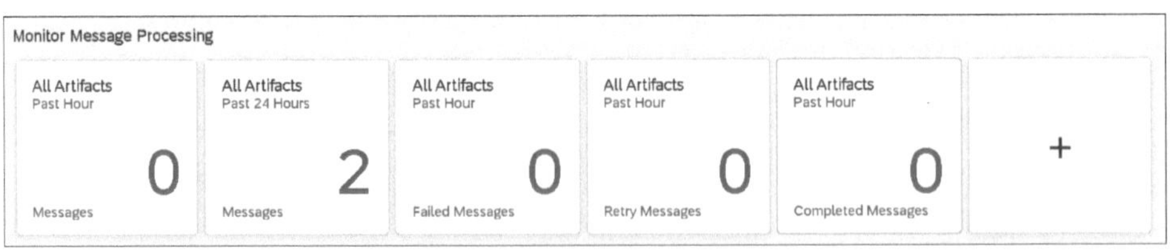

Abbildung 3.23 Monitoring: Ansicht »Monitor Message Processing«

In der nächsten Zeile finden Sie den Integrationsinhalt, d. h. alle Integration Flows und APIs, die Sie in Cloud Integration angelegt haben. Die Kacheln zeigen alle Integrationsinhalte: gestartete, also aktive Integrationsinhalte, und abgebrochene Integrationsinhalte. Über die Schaltfläche [+] können Sie weitere Filter definieren, die Ihnen als weitere Kacheln angezeigt werden (siehe Abbildung 3.24).

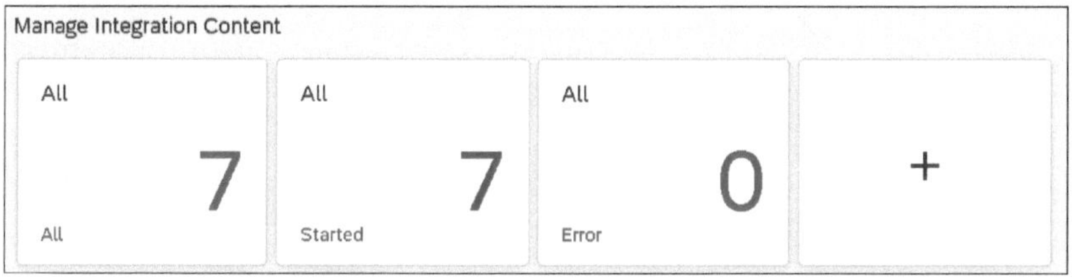

Abbildung 3.24 Monitoring: Ansicht »Manage Integration Content«

Anmeldeinformationen und Zertifikate

In der dritten Zeile befinden sich die Kacheln zum Thema *Sicherheit* (siehe Abbildung 3.25). Sie legen hier Authentifizierungsinformationen an, die Sie an verschiedenen Stellen der SAP Integration Suite nutzen können. Zu diesen Authentifizierungsinformationen gehören:

- Benutzername und Passwörter für verschiedene Systeme
- OAuth2-Authentifizierungsdaten (Client Credentials, SAML Bearer Assertion, Authorization Code)
- weitere Sicherheitsparameter

Zudem laden Sie hier Zertifikate, öffentliche und private Schlüssel für die Kommunikation mit Drittanwendungen hoch. Über die Kachel **JDBC Material** (Java Database Connector) legen Sie Inhalte für die Kommunikation mit einer Java-Datenbank hoch. Diese Inhalte können verschiedene Datenquellen und JDBC-Treiber sein. Die Kachel **Connectivity Test** führt Sie zu einer Testoberfläche, in der Sie die Verbindungen zu Ihren Endpunkten testen können.

Abbildung 3.25 Monitoring: Ansicht »Manage Security«

[+]

Zertifikat abrufen

Über die Kachel **Connectivity Tests** können Sie Zertifikate abrufen, die Sie wiederum in die SAP Integration Suite hochladen können, um Sie für die Kommunikation zu verwenden.

Datenspeicher und Variablen

Im Bereich mit der Aufschrift **Manage Stores** können Sie verschiedene Speicherbereiche von Cloud Integration verwalten. Diese finden Sie in Abbildung 3.26. Sollten Sie innerhalb Ihrer Intergration Flows Data Stores oder Variablen anlegen und verwenden, werden diese unter **Data Stores** bzw. **Variables** angezeigt. Für die Verwaltung von Queues verwenden Sie die Kachel **Message Queues**. Im B2B-Kontext werden häufig Nummernkreise benötigt. Diese können Sie über die Kachel **Number Ranges** pflegen. In Abschnitt 5.1.2, »Integrationsobjekte eines Integration Flows«, gehen wir genauer auf die Verwendung der beschriebenen Kacheln ein.

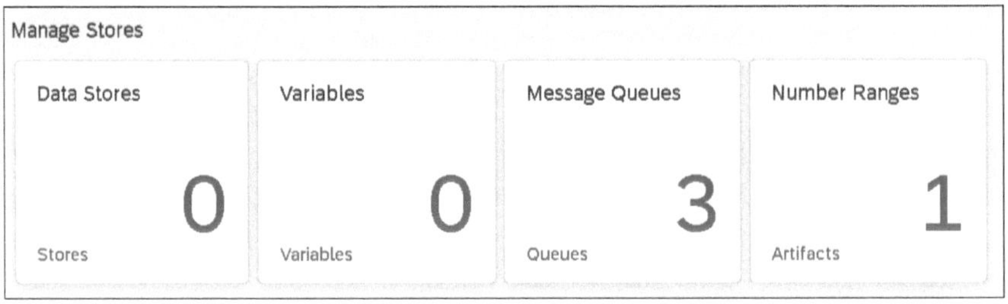

Abbildung 3.26 Monitoring: Ansicht »Manage Stores«

Der Bereich mit der Aufschrift **Access Logs** ermöglicht die Einsicht in die Protokolle der SAP Integration Suite (siehe die Kachel **System Log Files** in Abbildung 3.27), die Sie tagesaktuell begutachten und über die Schaltfläche [Download] herunterladen können.

Abbildung 3.27 Monitoring: Ansicht »Access Logs«

Sperrkonzept

Der letzte Abschnitt unterstützt Sie bei der Verwaltung von verschiedenen Sperren im System (siehe Abbildung 3.28). Eine Datei kann z. B. von verschiedenen *Laufzeitknoten* (Runtime Nodes) über *SFTP Adapter* gelesen werden. Um zu verhindern, dass eine Datei doppelt verarbeitet wird, wird eine Sperre gesetzt. Solange eine Sperre existiert, kann die Datei von keinem weiteren Laufzeitknoten gelesen werden. Über die Kachel **Message Locks** können Sie diese Art von Sperren einsehen und, wenn gewünscht, entfernen. Dazu steht Ihnen die Schaltfläche **Release** zur Verfügung. Wenn Sie Integrationsartefakte bearbeiten, sperren Sie diese, damit niemand anderes die Artefakte bearbeiten kann. Erst wenn die Integrationsartefakte ordnungsgemäß gespeichert und verlassen werden, kann jemand anderes die Bearbeitung fortführen. Über die Kachel **Designtime Artifact Locks** können Sie diese Art von Sperren einsehen und, wenn gewünscht, die Sperre über die Schaltfläche des jeweiligen Integrationsartefakts entfernen.

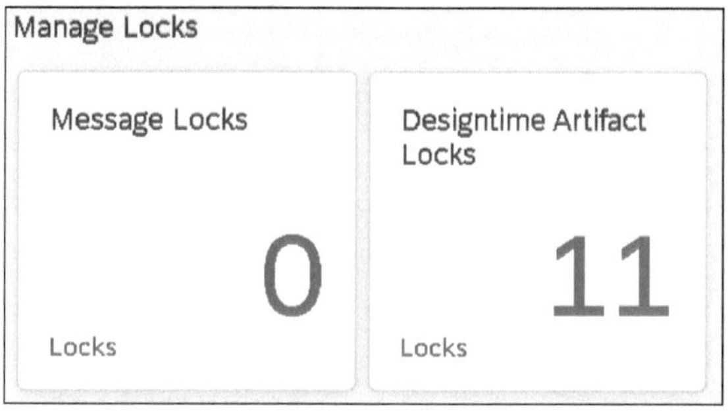

Abbildung 3.28 Monitoring: Ansicht »Manage Locks«

Monitoring für die B2B-Integration

Eine weitere Monitoring-Ansicht – die B2B-Szenarien – erreichen Sie über die Schaltflächen **Monitor • B2B Scenarios**. Diese Ansicht ist nur erreichbar, wenn Sie das Trading Partner Management ausgeprägt haben. Das B2B-Monitoring erlaubt es Ihnen, Ihre speziellen B2B-Szenarien zu überwachen. Es gibt auch eine direkte Integration zu dem Monitoring von Cloud Integration. Die Verwendung des B2B-Monitorings erläutern wir detailliert in Abschnitt 6.2.4, »Monitoring«.

Die letzte Monitoring-Ansicht bezieht sich auf das API Management. Sie erreichen die Ansicht über die Schaltflächen **Monitor • APIs**. Die Schaltfläche ist nur verfügbar, wenn Sie das API Management ausgeprägt haben. Mithilfe des Monitorings des API Managements können Sie Ihre APIs sehr detailliert überwachen und eigene Filterkriterien festlegen. Die Verwendung des B2B-Monitorings erläutern wir detailliert in Abschnitt 7.1.4, »API Analytics verwenden«.

3.6.7 API-Produkt anlegen

Über die Schaltfläche **Create Products for publishing** können Sie aus den angelegten APIs Produkte zusammenstellen und im späteren Verlauf in *API Business Hub Enterprise* veröffentlichen. Abbildung 3.29 zeigt die Pflegeoberfläche. Über die Schaltfläche **Create** auf der Registerkarte **Products** legen Sie ein neues Produkt an. Die Registerkarte **Applications** zeigt Ihnen alle

Applikationen, die über API Business Hub Enterprise auf Basis Ihrer Produkte angelegt wurden. In Abschnitt 7.1, »API Management«, zeigen wir Ihnen detailliert den Zusammenhang innerhalb des API Managements. Diese Ansicht ist nur verfügbar, wenn Sie das API Management in der SAP Integration Suite ausgeprägt haben.

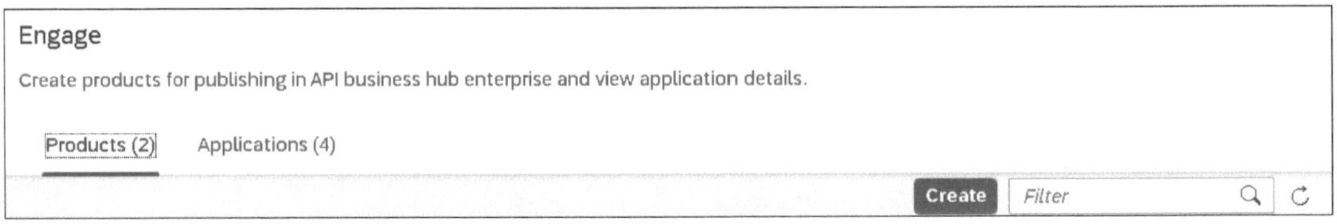

Abbildung 3.29 API-Produkt anlegen

3.6.8 Ressourcen-Inspector

Über die Schaltfläche **Inspect Resource Consumption** finden Sie, wie in Abbildung 3.30 dargestellt, den Ressourcenverbrauch Ihres SAP-Integration-Suite-Tenants. Die Darstellung ist in zwei Abschnitte aufgeteilt:

- Ressourcenverbrauch der Datenbank
- Ressourcenverbrauch des Systems

Die vorliegenden Kacheln fassen einzelne Informationen des Verbrauchs zusammen. Über einen Klick auf eine Kachel gelangen Sie in die Detailansicht dieser Informationen. Diese können Sie über Zeitfilter (Tag, Woche, Monat oder Benutzerdefiniert) weiter einschränken.

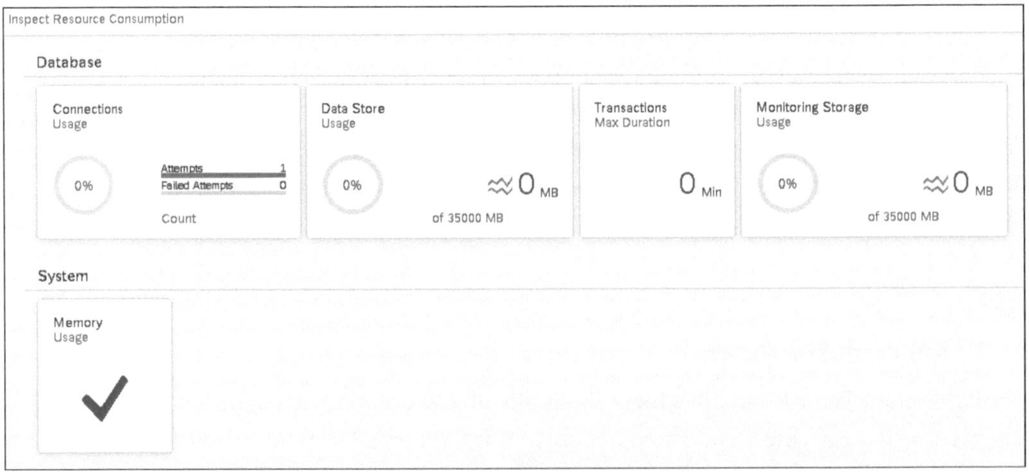

Abbildung 3.30 Ressourcenverbrauch der SAP Integration Suite

3.6.9 Umsatz aus APIs generieren

Die Ansicht der Schaltfläche **Generate revenue from APIs** erlaubt es Ihnen, verschiedene Abrechnungsmodelle für Ihre APIs zu erstellen. Diese können Sie auf der Registerkarte **Rate Plans** (siehe Abbildung 3.31) mithilfe der Schaltfläche **Create** anlegen. Über die Registerkarte **Bills** finden Sie bereits generierte Rechnungen, die Sie einsehen und über die Schaltfläche im CSV-Format herunterladen können. Diese Ansicht ist nur verfügbar, wenn Sie das API Management in der SAP Integration Suite ausgeprägt haben.

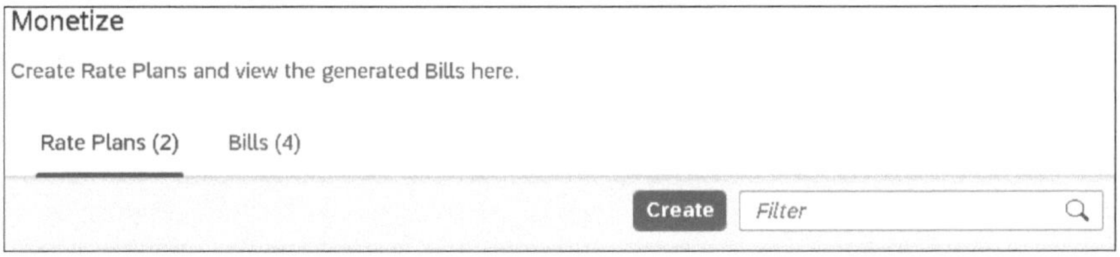

Abbildung 3.31 Abrechnungsplan anlegen

3.6.10 Edge Integration Cell administrieren

Die Funktion *Edge Integration Cell* ermöglicht es Ihnen, dezentrale Laufzeitumgebungen in Ihrem eigenen Netzwerk zu betreiben. Die Ansicht ist entsprechend nur verfügbar, wenn Sie eine Edge-Integration-Cell-Laufzeitumgebung aktiviert haben (siehe Abbildung 3.32). Sie können hier die wichtigsten Kennzahlen einsehen, die eigentliche Verwaltung erfolgt aber in der Edge Integration Cell selbst. Weitere Informationen zur Edge Integration Cell finden Sie in Abschnitt 10.2.

Abbildung 3.32 Edge Integration Cell administrieren

3.6.11 Einstellungen

Plattformübergreifende Konfigurationsaspekte

Die Einstellungen der SAP Integration Suite werden in vier Teile aufgeteilt. Über die Schaltflächen **Settings • Integration** können Sie diverse Einstellungen für die SAP Integration Suite vornehmen. Auf der Registerkarte **Runtime Profiles** können Sie aktivieren, welche Laufzeitprofile auf Ihrer SAP Integration Suite vorhanden sein sollen (siehe Abbildung 3.33). Dies hat Einfluss auf die Implementierung Ihrer Integration Flows. In Abschnitt 10.1,

»Cloud Integration Content in SAP Process Orchestration«, gehen wir detailliert auf den Unterschied der Laufzeitprofile ein.

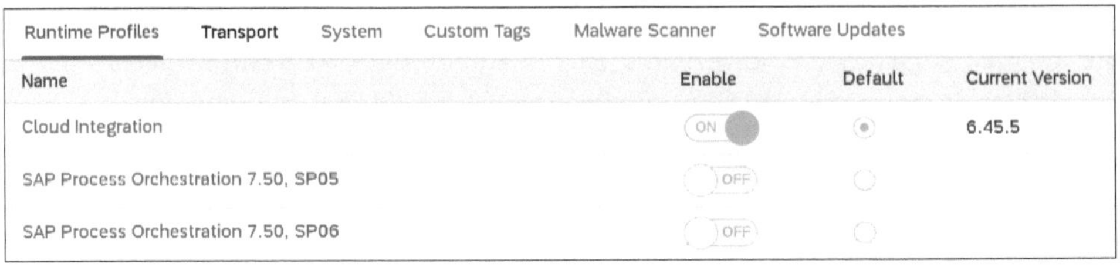

Abbildung 3.33 Einstellung im Laufzeitprofil

Auf der Registerkarte **Transport** haben Sie die Möglichkeit, das Transportverfahren zu konfigurieren. Dafür stehen Ihnen drei Verfahren zur Verfügung:

- CTS+ Direct
- MTAR-Download
- Transport Management Service

Die Registerkarte **System** erlaubt es Ihnen, SAP-Process-Orchestration-Systeme zu konfigurieren, die dann im Kontext einer Migration genutzt werden können. In Abbildung 3.34 finden Sie beispielhaft ein konfiguriertes System. Mehr zu diesem Thema erfahren Sie in Kapitel 11, »Migration von SAP Process Orchestration nach SAP Integration Suite«.

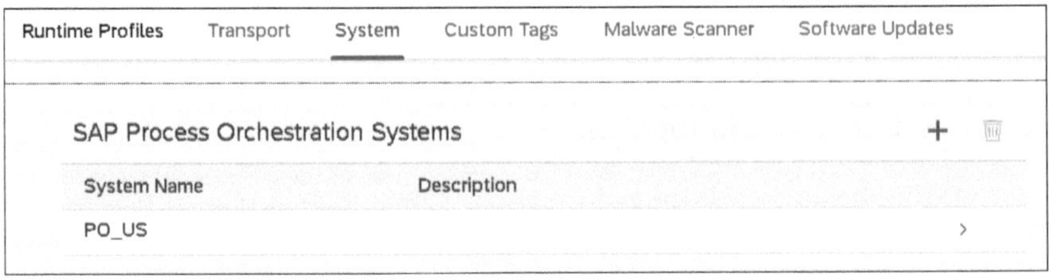

Abbildung 3.34 Systemkonfiguration

Auf der Registerkarte **Custom Tags** können Sie Tags definieren, um eine bessere Organisation Ihrer Integrationspakete zu erreichen. Bei der Anlage von Integrationspaketen können Sie daraufhin aus den definierten Tags Inhalte wählen und so Ihre Pakete nach Ihren Anforderungen organisieren.

Auf der Registerkarte **Malware Scanner** können Sie einen Malware-Scanner aktivieren. Dadurch werden alle hochzuladenden Daten einer Malware-Untersuchung unterzogen.

Auf der Registerkarte **Software Updates** können Sie eine einwöchige Verzögerung von Updates auf Ihrem SAP-Integration-Suite-Tenant aktivieren. Nach der Aktivierung tritt die Einstellung im darauffolgenden Updatezyklus in Kraft.

Einstellungen für das API Management nehmen Sie über die Schaltflächen **Settings • APIs** vor. Wie in Abbildung 3.35 zu sehen, können Sie auf der Registerkarte **Configure** den virtuellen Host des API Managements konfigurieren. Beim ersten Aufruf dieser Ansicht initialisieren Sie das API Management. Auf der Registerkarte **Connection** können Sie Ihre Verbindung zu API Business Hub Enterprise testen. Die Einstellungsansicht für APIs ist nur aktiv, wenn Sie das API Management der SAP Integration Suite aktiviert haben. Mehr zum Thema API Management erfahren Sie in Abschnitt 7.1, »API Management«.

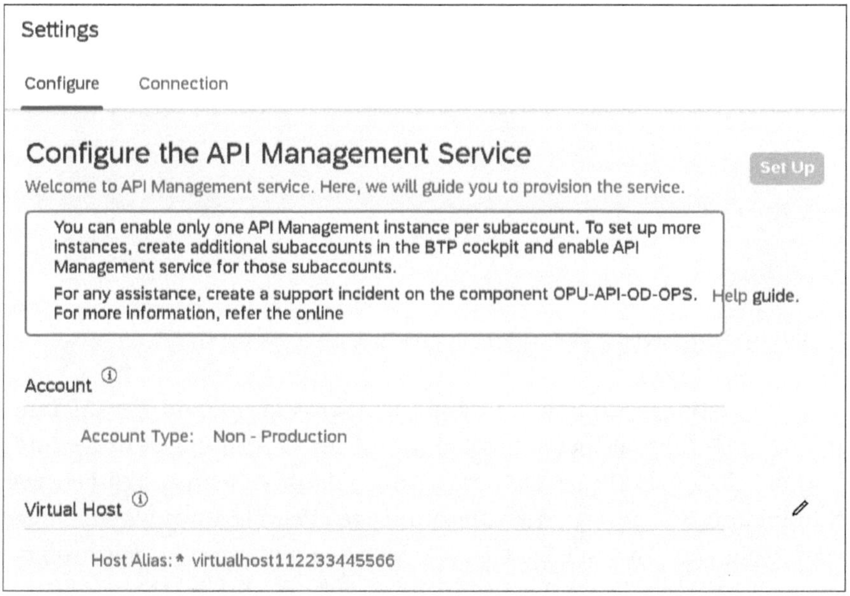

Abbildung 3.35 Konfiguration des API Managements

Über die Schaltflächen **Settings • MIGs and MAGs** können Sie globale Einstellungen für den Integration Advisor pflegen. Wie es in Abbildung 3.36 zu sehen ist, können Sie für die Dokumentation der Message Implementation Guidelines (MIG) und Message Mapping Guidelines (MAG) Logos und Textelemente, wie Titel, Fußtext usw. pflegen. Diese werden dann beim Export der jeweiligen Objektdokumentation an die definierte Stelle angedruckt. Diese Einstellungen sind nur vorhanden, wenn Sie den Integration Advisor in Ihrem SAP-Integration-Suite-Tenant aktiviert haben.

Abbildung 3.36 Globale Einstellungen im Integration Advisor

Der Pfad **Settings • Runtime** im Hauptmenü am linken Rand der SAP Integration Suite führt Sie beim initialen Aufruf zur Aktivierung der Edge Integration Cell. Sobald Sie die Aktivierung durchgeführt haben, wird Ihnen, wie in Abbildung 3.37 gezeigt, der Link zum Edge Lifecycle Management angezeigt. Mehr zum Thema Edge Lifecycle Management, was die Edge Integration Cell ist und wie Sie diese einrichten, erfahren Sie in Abschnitt 10.2, »Edge Integration Cell«.

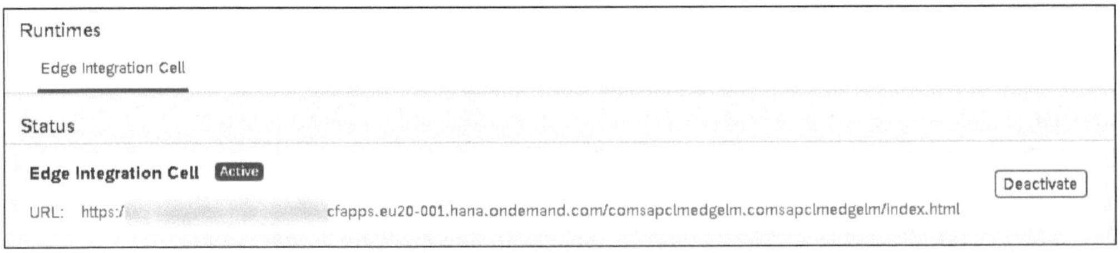

Abbildung 3.37 Laufzeiteinstellung

3.7 Zusammenfassung

In diesem Kapitel haben wir Ihnen die Grundlagen der SAP Integration Suite gezeigt. Wir haben Ihnen die Architektur nähergebracht und die einzelnen Komponenten und Funktionen vorgestellt sowie Vor- und Nachteile genannt. Da die SAP Integration Suite auf dem Apache Camel Framework basiert, haben wir Ihnen auch hierzu Informationen zusammengestellt. Zu guter Letzt sind wir die Oberfläche der SAP Integration Suite durchgegangen und haben somit die nächsten Kapitel vorbereitet, in denen wir detailliert auf die Capabilities der SAP Integration Suite eingehen.

Kapitel 4
Plug-and-Play-Integration

SAP stellt für die Nutzung der SAP Integration Suite einige Artefakte bereit, die Sie größtenteils kostenfrei nutzen können. In diesem Kapitel erläutern wir die Möglichkeiten, die Sie diesbezüglich haben. Denn in vielen Fällen müssen Sie »das Rad nicht neu erfinden«.

Ihnen stehen zahlreiche Hilfsmittel zur Verfügung, die Ihnen den Einstieg und die Arbeit mit der SAP Integration Suite erheblich vereinfachen können. Wir möchten Ihnen hiermit einen Überblick über diese Angebote geben, damit Sie wissen, welche Unterstützung Ihnen bei Ihrer Arbeit zur Verfügung steht. Dabei stellen wir Ihnen verschiedene Möglichkeiten für die Plug-and-Play-Integration vor. Dabei handelt es sich um Vorlagen und Artefakte, die Sie direkt oder mit minimalen Anpassungen in Ihren Integrationsszenarien verwenden können.

Dazu stellen wir Ihnen in Abschnitt 4.1 zuerst den SAP Business Accelerator Hub vor. Dieser bietet Ihnen Vorlagen, auf denen Sie Ihre Integration aufbauen können. In Abschnitt 4.2 gehen wir auf das SAP Discovery Center mit seinen zahlreichen Lerninhalten und Beispielen ein. Zuletzt zeigen wir Ihnen in Abschnitt 4.3, wie Sie Ihre SAP Integration Suite mit GitHub verbinden und Zugriff auf weitere Best Practices erhalten.

4.1 Vordefinierte Pakete mit dem SAP Business Accelerator Hub

Übersicht über den SAP Business Accelerator Hub

Der *SAP Business Accelerator Hub* beinhaltet eine Plattform und ein Ökosystem. Der Hub wurde entwickelt, um Ihre Arbeit in der SAP Integration Suite zu vereinfachen. Denn er bietet eine zentrale Anlaufstelle für verschiedene Ressourcen, Tools und Dienste, die Ihnen dabei helfen, schneller neue Integrationsszenarien aufzubauen oder zu testen. Durch den Zugang zu vorgefertigten Lösungen und bewährten Vorgehensweisen können Sie Ihre Projekte schneller implementieren und Ihre *Time-to-Value* verkürzen. Das bedeutet, dass Sie schneller bewerten können, ob eine Idee sinnvoll ist und weiterverfolgt werden sollte. Indem Sie einen Prototyp testen oder mit einer vereinfachten Basisversion starten, kann der finale Prozess frühzeitig eingeführt und der Bedarf an Anpassungen detailliert betrachtet werden.

Verfügbare Objekte im Hub

Der Hub bietet dafür eine Auswahl bewährter Vorgehensweisen, Muster und Vorlagen für eine Vielzahl von Geschäftsprozessen. Diese Vorlagen beschleunigen die Implementierung von Lösungen und sparen Zeit bei der Anpassung an individuelle Anforderungen. Beispielsweise finden Sie hier ganze Pakete für die Integration von einem SAP- in ein anderes SAP-System – z. B. SAP S/4HANA in SAP Service Cloud. Innerhalb dieses Pakets finden Sie fertige Schnittstellen für den Kundenstamm, für Aufträge usw. Die Tools, die Ihnen der Hub zur Verfügung stellt, helfen, innovative Ideen zu generieren und schnell zu testen. Dieser *Prototyping-Ansatz* und der Austausch mit anderen Unternehmen fördert die Zusammenarbeit und ermöglicht es Ihnen, von den Erfahrungen anderer zu lernen. Der Hub schafft dafür eine Plattform für den Austausch von Erfahrungen, Best Practices und Wissen zwischen Unternehmen.

[»]

SAP Business Accelerator Hub

Der SAP Business Accelerator Hub ist unter der URL *https://api.sap.com/* erreichbar. Die Schnittstellenvorlagen finden Sie zusätzlich in der SAP Integration Suite im Bereich **Discover** (Entdecken).

Explore-Bereich

Die Webseite des SAP Business Accelerator Hubs bietet verschiedene Einstiegsmöglichkeiten in die Erklärungen, Vorlagen und Beispiele. Im Bereich **Explore** finden Sie die Inhalte, sortiert nach Produkten, Prozessen und Kategorien. Beim Einstieg über die Produkte wählen Sie sowohl das Quell- als auch das Zielsystem aus und erhalten danach einen Überblick über die Integrationsvorlagen, über verfügbare APIs, aber auch über die weiterführende Dokumentation, über Datenflüsse oder Prozessdiagramme (siehe Abbildung 4.1).

Integrationsvorlagen

Bezogen auf die Schnittstellen ist vor allem der Bereich **Discover Integrations** spannend. Hier finden Sie, gefiltert auf Ihr ausgewähltes Quell- und Zielsystem, Integrationsvorlagen. Wenn Sie sich mit Ihrem SAP-Benutzer anmelden, können Sie die Integrationsvorlagen über die Schaltfläche **Add To Workspace** direkt in Ihre SAP Integration Suite übernehmen und die vorgefertigten Inhalte verwenden oder sogar erweitern (siehe Abbildung 4.2).

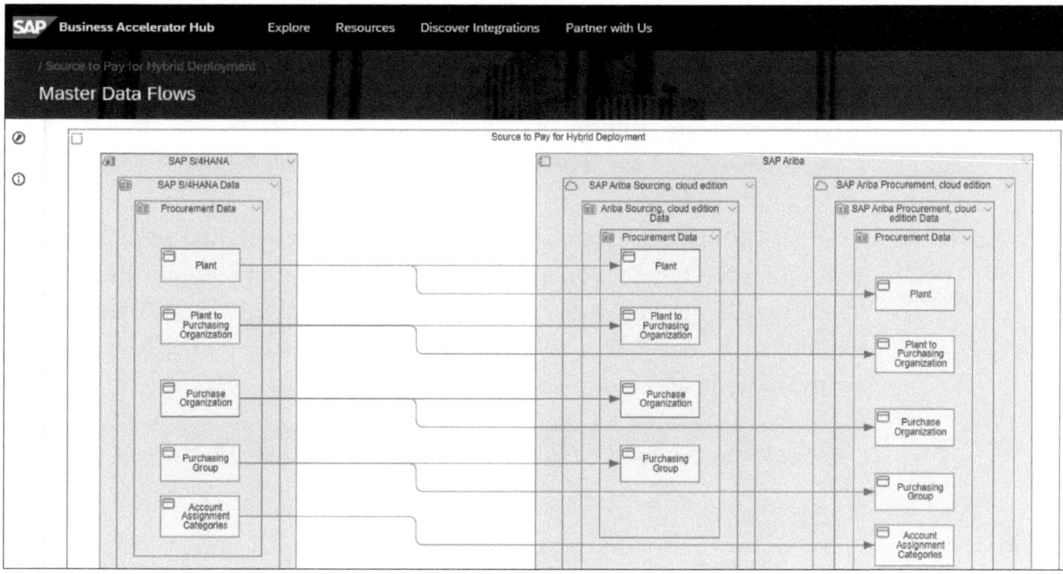

Abbildung 4.1 Datenfluss für den Source-to-Pay-Prozess

[+]

Wiederverwendbare Bausteine für Ihre Integration

Generische Vorlagen und Bausteine für die SAP Integration Suite finden Sie exemplarisch unter *https://api.sap.com/package/DesignGuidelinesPatterns/overview*.

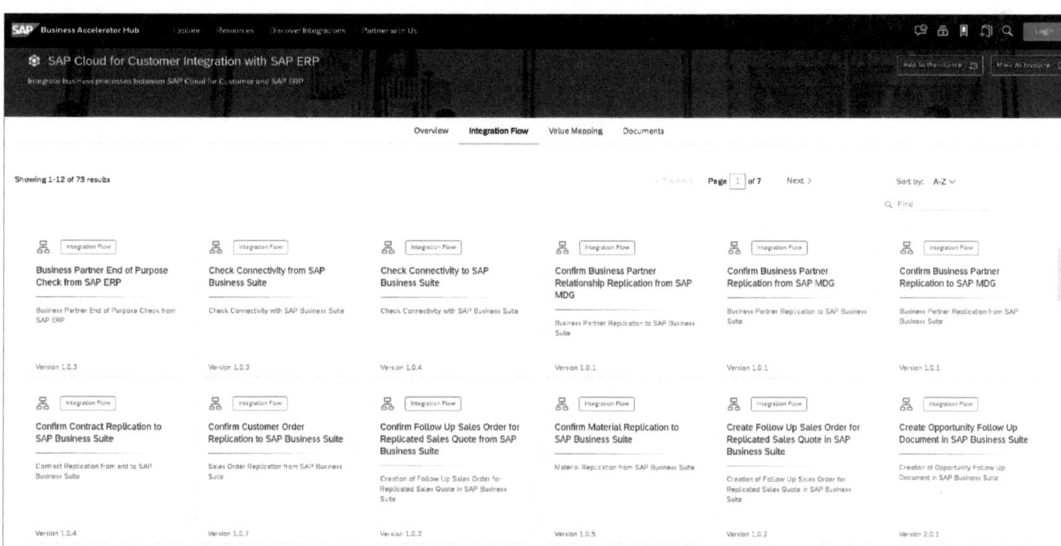

Abbildung 4.2 Integrationsvorlagen aus dem SAP Business Accelerator Hub

[+]

Integrationsvorlagen in der SAP Integration Suite

Die Vorlagen aus dem SAP Business Accelerator Hub finden Sie auch direkt in der SAP Integration Suite im Bereich **Explore**. Hier fehlen jedoch die weiteren Inhalte wie die Dokumentationen der Prozesse oder die Community.

Arbeiten mit Integrationsvorlagen

Planen Sie eine Integration von zwei SAP-Systemen, sollten sie ziemlich sicher entsprechende Vorlagen finden, die Ihnen die Arbeit erleichtern. Nimmt man beispielsweise die Integration von SAP ERP in SAP Sales Cloud, können Sie das Paket `SAPHybrisCloudforCustomerIntegrationwithSAPERP` nutzen (siehe Abbildung 4.3).

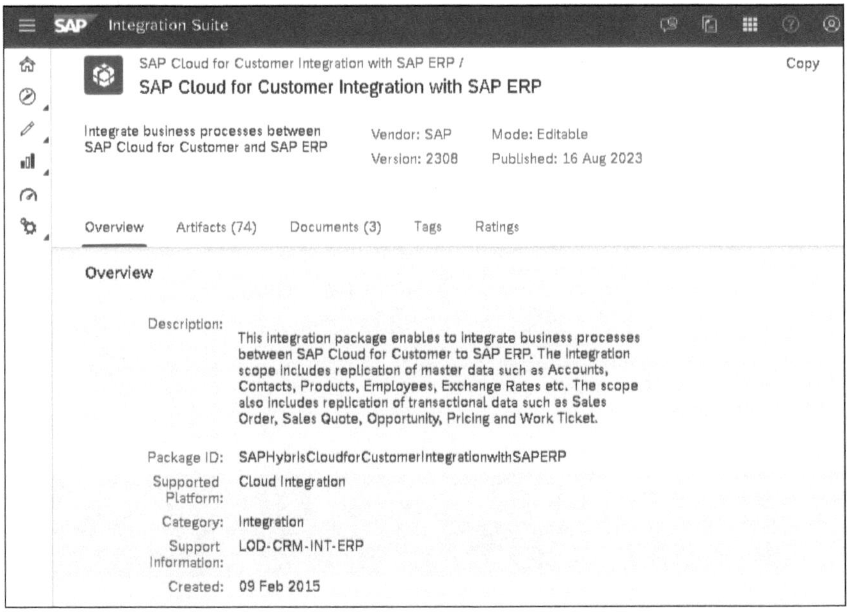

Abbildung 4.3 Übersicht eines Integrationspakets

Die Übersicht zeigt Ihnen wichtige Informationen, wie eine kurze Beschreibung, das Datum der letzten Aktualisierung, den Hersteller (neben SAP-Paketen werden hier auch Partnerpakete angeboten).

[+]

SAP-(Cloud-)Version

Da aktuelle SAP-Systeme häufig in regulären Zyklen aktualisiert werden, können Sie außerdem die zugehörige Version des Systems erkennen – in diesem Beispiel deutet Version 2308 auf ein Release aus August 2023 hin.

Ergänzende Materialien

Ergänzend finden Sie in den Paketen die Schnittstellen und Mappings sowie ergänzende Dokumente. Das hier gezeigte Integrationspaket beinhaltet z. B. eine Änderungshistorie und einen Verweis auf die Dokumentation mit den benötigten Customizing-Schritten in den beiden Systemen (siehe Abbildung 4.4).

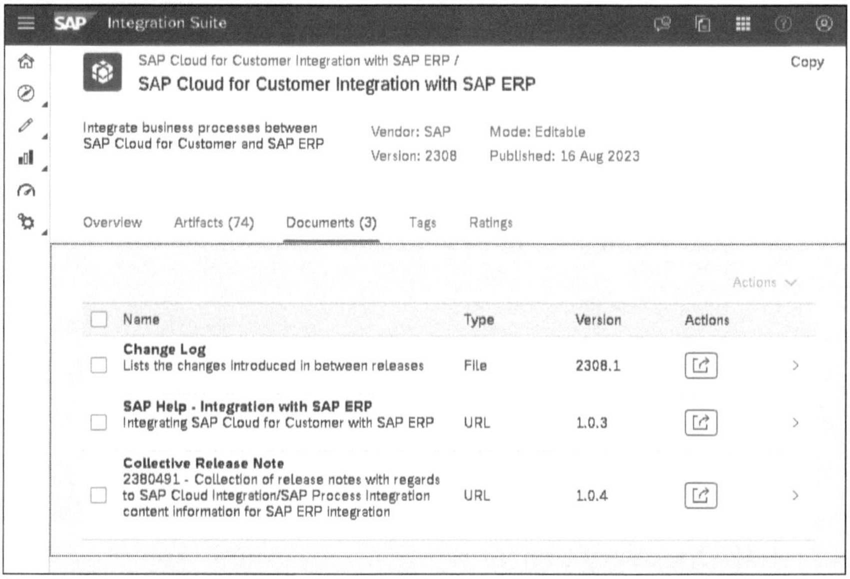

Abbildung 4.4 Ergänzende Dokumentationen des Integrationspakets

Status des Artefakts

Über die Schaltfläche **Copy** übernehmen Sie das Paket in Ihren Arbeitsvorrat. Sie können im Anschluss direkt dorthin navigieren oder Ihre Integrationspakete über den Pfad **Design Artifacts • Integrations and APIs** bearbeiten. Dort ist es wichtig zu beachten, dass jedes Artefakt (weitere Informationen zu den unterschiedlichen Artefakten finden Sie in Abschnitt 5.1.1, »Artefakte«) einen kleinen Status beinhaltet (siehe Abbildung 4.5). Dieser Status zeigt an, ob sich die Schnittstelle oder das Mapping im Auslieferungszustand befindet oder verändert wurde.

Konfigurierbare Parameter

Dies hat den Hintergrund, dass auch SAP die Artefakte aktualisiert und bei Bedarf an die aktuellen Schnittstellen der Sender- und Empfängersysteme anpasst. Diese Updates können Sie per Knopfdruck in Ihr Paket einspielen, allerdings nur, wenn Sie die Artefakte nicht angepasst haben. Angepasste Elemente können Sie nicht automatisch aktualisieren, sondern Sie müssen die Änderungen von SAP manuell angleichen. Wichtige Informationen wie die Systemverbindung oder Authentifizierungsinformationen sind konfigurierbar, ohne die eigentliche Schnittstelle anzupassen. In Abschnitt 3.6.2,

»Discover«, haben wir Ihnen die beiden Paketmodi **Configure-Only** und **Editable** vorgestellt.

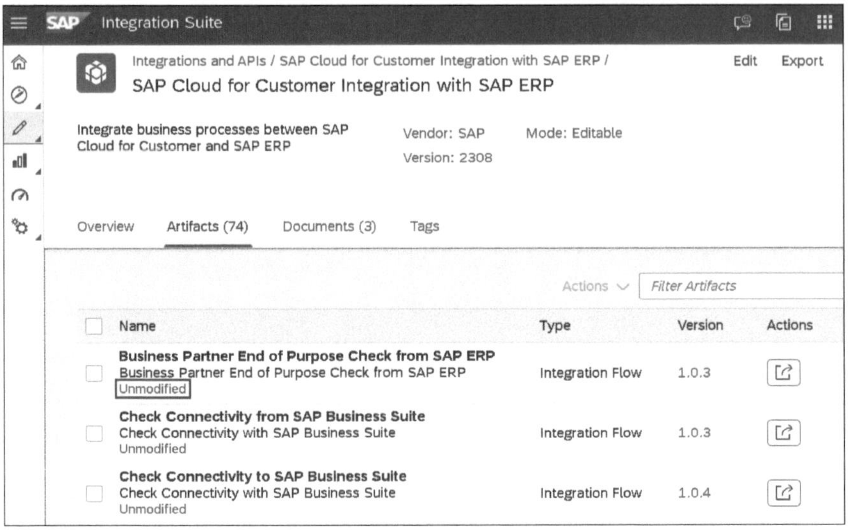

Abbildung 4.5 Artefakte eines Integrationspakets

4.2 SAP Discovery Center

Überblick über das SAP Discovery Center

Das *SAP Discovery Center* ist ein von SAP verwaltetes Portal, das Ihnen den Einstieg in die SAP BTP erleichtern soll. Es soll Sie dazu anregen, die verschiedenen Komponenten der SAP BTP zu erkunden, sich einen Überblick über die Möglichkeiten zu verschaffen und sich mit anderen SAP-Anwender*innen auszutauschen. Dazu fasst das Portal eigene Inhalte und direkte Absprünge in andere relevante Inhalte zusammen:

- (Lern-)Missionen
- Überblick über die Services der SAP BTP
- Erfolgsgeschichten anderer Kunden
- Absprung in den SAP Business Accelerator Hub (siehe Abschnitt 4.1, »Vordefinierte Pakete mit dem SAP Business Accelerator Hub«)
- Absprung in die jeweils relevante SAP-Community
- Tutorials
- SAP-Hilfe-Portal
- SAP Road Map
- Partneranwendungen

Damit ist das SAP Discovery Center ein wertvolles Hilfsmittel für Sie, um auf dem neuesten Stand der Technik zu bleiben und die Potenziale neuer Technologien zu erkunden. Es bietet einen passenden Einstieg, indem es die Inhalte an einem Ort zusammenführt.

SAP Discovery Center

Das SAP Discovery Center ist unter der URL *https://discovery-center.cloud.sap/* erreichbar.

Lernen durch Missionen

Einen Hauptaspekt des SAP Discovery Centers stellen die *Missionen* (Missions) dar. Diese führen Sie Schritt für Schritt durch Beispielinhalte, die Ihnen Best Practices, einfache Anwendungsbeispiele oder sogar innovative Prozesse näherbringen. Jede Mission stellt Ihnen ein spezifisches Beispielszenario vor: Von der generischen Grundkonfiguration einer SAP BTP bis hin zu spezifischen Anwendungsfällen wie der Monetarisierung von nachhaltigen Prozessen finden Sie hier eine breite Palette an Inhalten, die Ihnen die Möglichkeiten der SAP BTP näherbringen. Ein Großteil der Beispiele wird von SAP bereitgestellt, Sie finden aber auch Missionen von Partnerunternehmen. SAP teilt die Missionen in die folgenden Kategorien ein:

- **Einstieg und Beispiele**
  Die Missionen bieten Ihnen Anleitungen, um Sie in die *SAP BTP* oder andere neue Technologien einzuführen. Dies ermöglicht es Ihnen, sich damit vertraut zu machen und erste Anwendungsbeispiele oder die Grundkonfiguration nachzuvollziehen.
- **Innovations-Showcases**
  Einige Missionen stellen Ihnen Innovationen und neue Lösungen von SAP vor. Sie bieten Demonstrationen, Präsentationen und Anwendungsfälle, um Ihnen zu zeigen, wie diese Technologien in realen Szenarien eingesetzt werden können. Teilweise sind hier auch Erfolgsstorys verlinkt, in denen Unternehmen Ihre Erfahrungen mit dem jeweiligen Prozess beschreiben.
- **Zugang zu Expert*innen**
  Das SAP Discovery Center nennt in einigen Missionen SAP-Expert*innen und Lösungsarchitekt*innen, die Sie bei der Identifizierung der besten Lösungen für Ihre spezifischen Anforderungen unterstützen können. Stehen Sie vor einer Herausforderung, die dem Szenario in der Mission ähnelt, können Ihnen die Expert*innen möglicherweise wichtige Hinweise für die Lösungskonzeption geben.

- **Gemeinschaft und Vernetzung**
  Die Missionen fördern die Zusammenarbeit und den Austausch von Best Practices zwischen Anwender*innen, die ähnliche Herausforderungen und Interessen haben. In der Regel enthält die Mission einen Link zur thematisch passenden SAP-Community. Hier findet ein offener Austausch zum jeweiligen Thema statt, und Sie können dort Fragen stellen, Lösungen recherchieren und von Beiträgen anderer SAP-Expert*innen profitieren.

[»]

Mission für die SAP Integration Suite

Das SAP Discovery Center bietet auch eine Mission für den Einstieg in die SAP Integration Suite: *http://s-prs.de/v993302*

Weitere Missionen zur SAP Integration Suite beziehen sich u. a. auf:

- API Management
- Integration Assessment
- die Stammdatensynchronisation

Aufbau der Missionen

Jede Mission bietet Ihnen zum Start einen Überblick über die Inhalte, bevor Sie in die einzelnen Schritte einsteigen (siehe Abbildung 4.6).

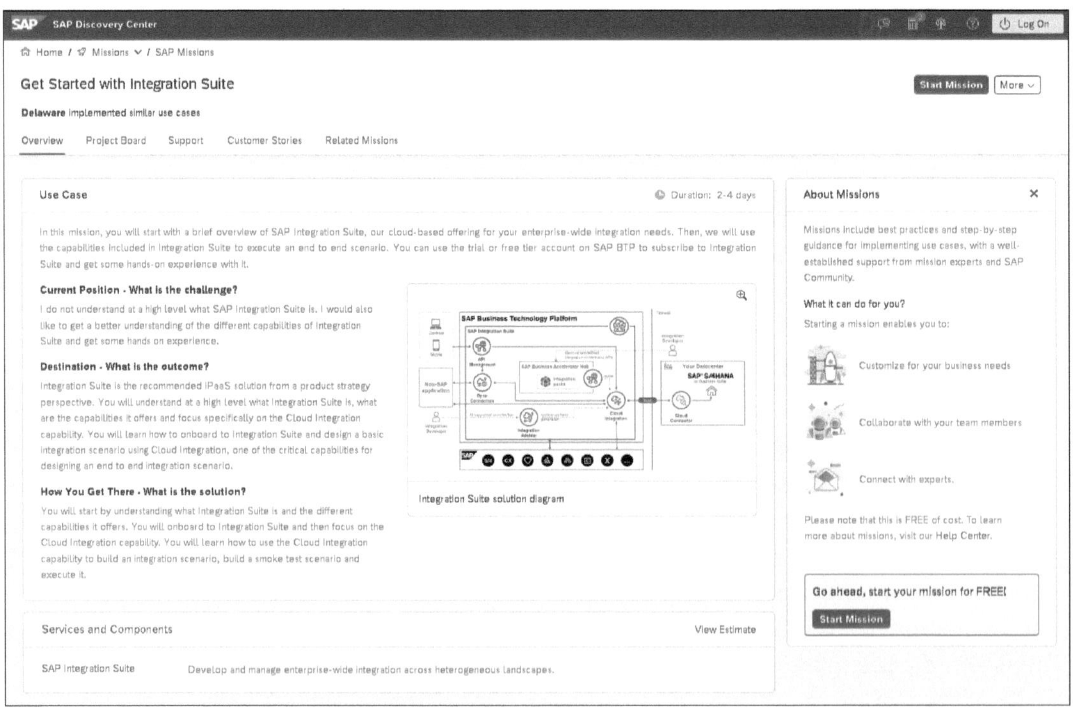

Abbildung 4.6 Missionsübersicht

Die *Mission* selbst gliedert sich in verschiedene Module. Hier finden Sie Videos, Erklärungen und Schritt-für-Schritt-Anleitungen, die Ihnen die Inhalte näherbringen. Manche Inhalte bieten dabei ergänzendes Material, während andere Inhalte als Pflichtmodule markiert sind (siehe Abbildung 4.7). Eine Mission ist dabei in verschiedene Abschnitte und Segmente aufgeteilt. In den meisten Fällen bauen diese aufeinander auf, und es empfiehlt sich, innerhalb einer Bahn von oben nach unten vorzugehen, bzw. die Bahnen von links nach rechts zu bearbeiten. Im gezeigten Beispiel lernen Sie zuerst mit dem Modul **LEARNING** die SAP Integration Suite kennen und vertiefen das Wissen anschließend im Modul **EXPERIENCE**. Zuletzt gibt das Modul **EXPLORE** einen Ausblick auf die weiterführenden Themen.

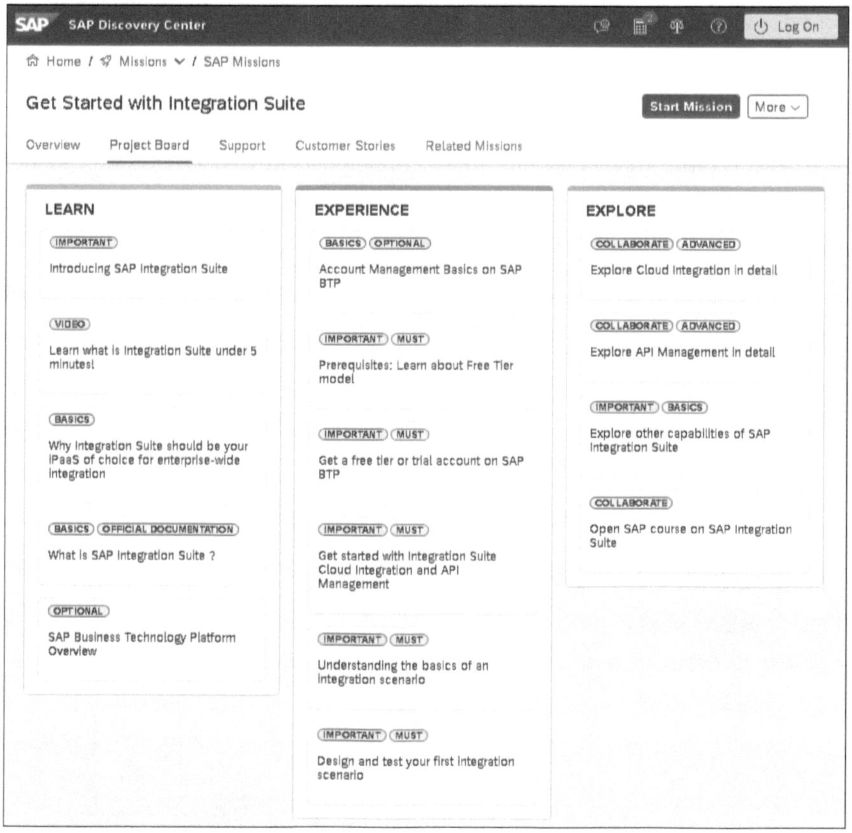

Abbildung 4.7 Module der Mission

Zusätzlich bietet jede Mission noch eine Hilfe-Sektion, Erfolgsstorys von Kunden, die mit der Mission verknüpft sind, sowie Anregungen mit weiteren relevanten Missionen (siehe Abbildung 4.8).

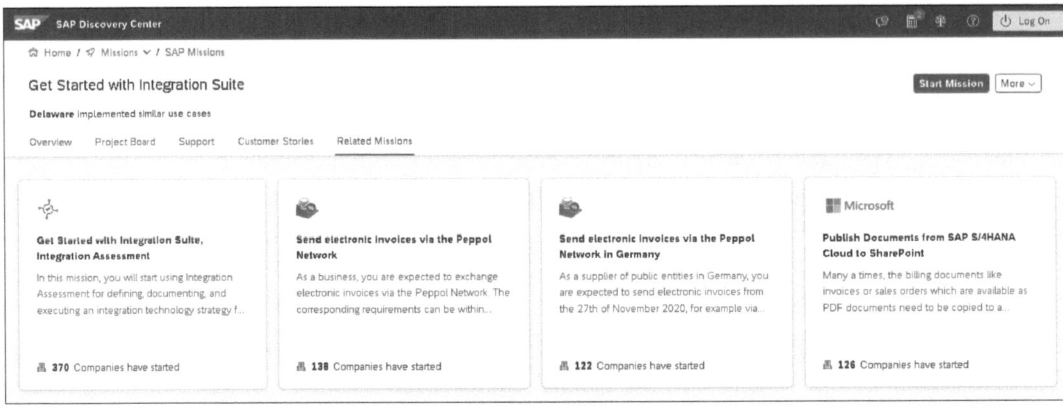

Abbildung 4.8 Weiterführende Missionen

Services der SAP BTP

Einen weiteren wichtigen Inhalt neben den Missionen stellt die Serviceübersicht dar. Analog den Kategorien in der *SAP BTP* (siehe Kapitel 2, »SAP Business Technology Platform«) sind hier alle Services aufgelistet (siehe z. B. die SAP Integration Suite in Abbildung 4.9). Zu jedem Dienst finden Sie hier eine Übersicht der Kernfunktionen und Verlinkungen zu den weiterführenden Materialien:

- Untermodule
- SAP-Hilfeseiten
- Lernmaterial
- Sicherheitszertifizierungen
- SAP Community

Roadmap für jedes SAP-Modul

Die Roadmap zeigt Ihnen, welche Verbesserungen SAP in den nächsten Quartalen geplant hat. Dies kann Ihnen gegebenenfalls helfen, für die Zukunft zu planen.

Geplante Erweiterungen in der Roadmap sind allerdings nie sicher. Grundsätzlich gilt: Änderungen aus den nächsten ein bis zwei Quartalen werden vermutlich umgesetzt, weiter in der Zukunft liegende Updates ändern sich aber häufiger. Sie sollten sich also nie komplett auf die Roadmap verlassen.

Die Roadmap der SAP Integration Suite finden Sie unter *http://s-prs.de/v993303*.

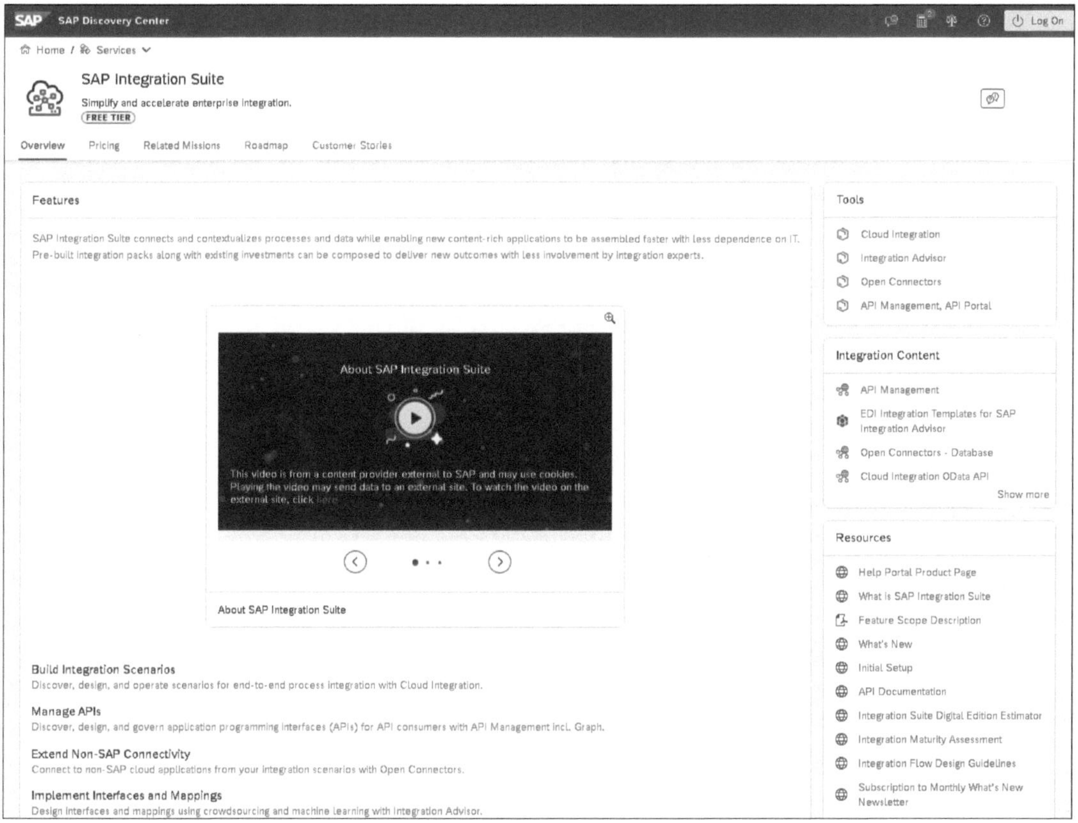

Abbildung 4.9 Übersicht der SAP Integration Suite im SAP Discovery Center

Beispielrechner für Lizenzen

Zusätzlich können Sie hier einen Einblick in die *Preismodelle* des jeweiligen Service erlangen. Sie erhalten Informationen dazu, in welchen Regionen der Service verfügbar ist, welche Bezahlmodelle gültig sind und ob die Abrechnung als Festpreis oder basierend auf den genutzten Ressourcen erfolgt. Sie können hier auch verschiedene Services in einem Beispielrechner hinzufügen und dadurch eine Schätzung Ihrer Lizenzkosten ermitteln. Zu jedem Service gibt es abschließend noch Verlinkungen zu zugehörigen Missionen, zu Erfahrungsberichten und zur Roadmap.

4.3 GitHub-Integration für Best Practices und Code-Beispiele

Mit der Cloud-Foundry-Variante der SAP BTP öffnet sich SAP weiter gegenüber allgemeinen Standards (siehe Abschnitt 2.2, »Laufzeitumgebungen«). Dies ermöglicht es, neben den SAP-eigenen Communitys auch beliebte Entwicklerwerkzeuge und Portale einzubinden. Eine dieser Plattformen ist *GitHub* – eine webbasierte Plattform für die Versionskontrolle von Softwareprojekten und ein Kollaborationstool für Entwickler*innen. Es ermöglicht die Verwaltung von Quellcodes, das Tracking von Änderungen und die Zusammenarbeit in Entwicklerteams. GitHub ist eines der beliebtesten Werkzeuge in der Welt der Softwareentwicklung und hat eine große Community von Entwickler*innen und Projekten.

GitHub wird von Entwickler*innen, Open-Source-Communitys und Unternehmen für die Entwicklung von Software in einer Vielzahl von Programmiersprachen und Umgebungen verwendet. Es hat sich als wichtige Plattform für die Zusammenarbeit in der Softwareentwicklung etabliert und bietet eine umfassende Sammlung von Werkzeugen, um Entwickler*innen bei der effizienten Verwaltung und Verbesserung ihrer Projekte zu helfen. Diese Funktionen sind zum Teil auch nativ in der SAP BTP enthalten, jedoch merkt man, dass GitHub auf die Versionsverwaltung und Zusammenarbeit spezialisiert ist. Sie werden schnell einige Funktionen finden, die entweder in der SAP BTP überhaupt nicht oder nur teilweise enthalten sind.

Exkurs: Versionsverwaltung über GitHub

GitHub verwendet das *Git-Versionierungssystem*, um Änderungen im Quellcode von Softwareprojekten zu verfolgen. Dies ermöglicht es Ihnen, mit mehreren Entwicklern*innen an denselben Projekten zusammenzuarbeiten, indem Sie Ihre Änderungen in ein zentrales Code Repository synchronisieren. Andere Entwickler*innen können mittels Pull-Anfrage auf das Repository zugreifen und anschließend durch eigene Commits zum Stand des gemeinsamen Codes beitragen. Die SAP BTP besitzt zwar eine eigene Versionsverwaltung, es kann jedoch für Unternehmen von Vorteil sein, eine zentrale Verwaltung aller SAP- und Nicht-SAP-Entwicklungsressourcen zu betreiben. Viele Unternehmen schätzen es vor allem, nicht von einem einzelnen Anbieter abhängig zu sein und beziehen daher verschiedene Leistungen von unterschiedlichen Anbietern.

GitHub fokussiert sich zudem auf die *Zusammenarbeit*. Daher bietet es neben der reinen Codeverwaltung auch Tools zur Verwaltung von Aufgaben und Projekten, einschließlich Aufgabenverfolgung, Meilensteinen und Aufgabenbrettern. Sie können *Dokumentationen* und Wikis für Ihre Projekte erstellen und verwalten, um anderen Personen die Verwendung und Wartung Ihres Codes zu erleichtern.

Zusätzlich integriert sich GitHub nahtlos mit verschiedenen *CI/CD*-Tools und -Diensten, um automatisierte Tests und Bereitstellungen zu unterstützen. Ziel ist es, die Qualität Ihres Codes zu erhöhen, indem Sie Transporte bzw. Deployments in Ihrer Systemlandschaft automatisieren. Die Schritte dieser automatisierten Deployments können Sie frei konfigurieren und verschiedene Sicherheitskriterien einbauen, z. B.:

- Vier-Augen-Prinzip
- Syntaxprüfungen
- automatisierte Tests

Dadurch erhöhen Sie die Sicherheitsstandards Ihrer Software und verringern gleichzeitig den Aufwand, diese Standards einzuhalten. Die Codequalität wird messbar, da Sie immer gleiche Tests zugrunde legen und z. B. die Anzahl an Fehlern oder die Quote der getesteten Codezeilen über die Zeit nachverfolgen können. Da GitHub es Ihnen ermöglicht, neben privaten Projekten auch Repositorys der Open-Source-Community zur Verfügung zu stellen, können Sie an öffentlichen Projekten mitzuarbeiten, Fehler beheben und neue Funktionen hinzuzufügen.

Open-Source-Integrationsbausteine

Diese Open-Source-Projekte sollen auch der Anreiz für dieses Kapitel sein. Expert*innen haben sich in der *SAP API Business Hub Community* organisiert, um Beispiele, Bausteine und Codeschnipsel mit anderen Nutzer*innen zu teilen und weiterzuentwickeln. Ähnlich den Best Practices des SAP Discovery Centers oder des SAP Business Accelerator Hubs stehen Ihnen diese Templates unter den genannten Lizenzbedingungen kostenfrei zur Verfügung. Die Community lädt alle Nutzer*innen dazu ein, sich der Vorlagen zu bedienen, diese weiterzuentwickeln oder neue Bausteine zu ergänzen.

SAP API Business Hub Community

Das GitHub Repository ist unter der URL *http://s-prs.de/v993304* erreichbar.

Artefakte aus der Community

Folgende Artefakte werden von der Community bereitgestellt (frei übersetzt aus dem ReadMe der Community):

- *XSLT-Skripte* oder *Groovy-Skripte*, die in bereits existierende Schnittstellen eingebunden werden können
- wiederverwendbare Integrationen, die von Ihnen konfiguriert und aufgerufen werden können
- Beispielschnittstellen im ZIP-Format, die Sie direkt in Ihre Integrationspakete hochladen können
- wiederverwendbare Integrationspakete, die im SAP API Business Hub in hoher Qualität zur Verfügung gestellt werden, bereit von Ihnen angepasst oder genutzt zu werden
- wiederverwendbare CI/CD-Vorlagen, um Ihre CI/CD-Prozesse aufzubauen

Diese Artefakte stellen Integrationsbausteine dar, die spezifische Funktionen oder Prozesse für Ihre Integrationsszenarien bereitstellen. Auf der Startseite finden Sie einige Registerkarten und eine Ordner- bzw. Dateistruktur (siehe Abbildung 4.10). Dabei empfehlen wir Ihnen zum Einstieg, die Textdateien und vor allem die Datei **readme.md** zu lesen.

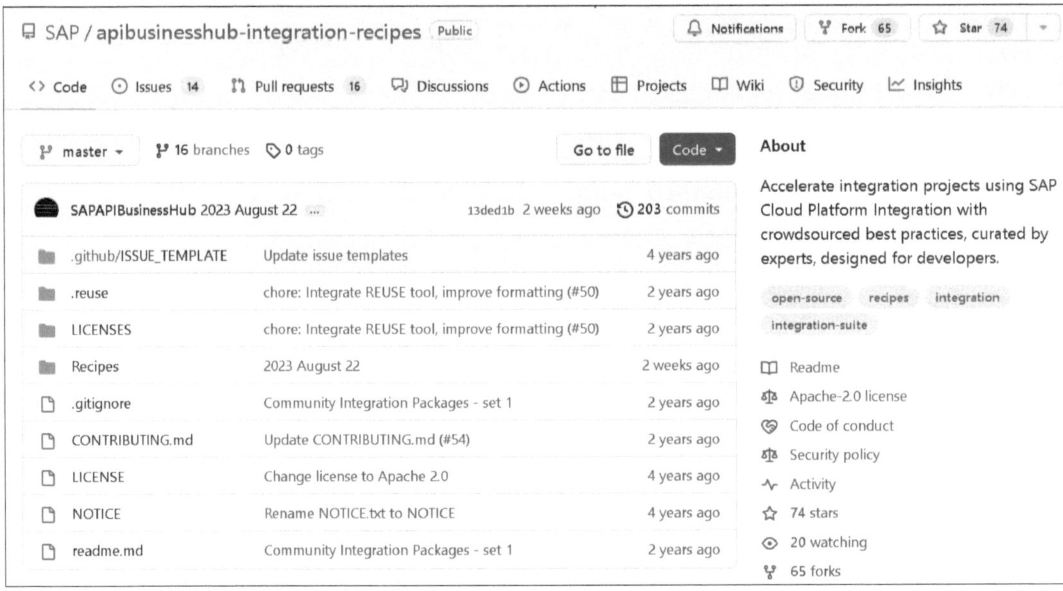

Abbildung 4.10 Startseite der SAP API Business Hub Community

Im oberen Bildbereich finden Sie verschiedene Registerkarten. In der Registerkarte **Wiki** finden Sie weitere Erläuterungen, wie Sie die Inhalte dieser Community nutzen oder daran mitarbeiten können. Vor allem finden Sie hier eine kleine Einführung dazu, wie Sie nach relevanten Inhalten suchen können – per Freitext oder nach Kategorien. Die Inhalte sind gruppiert nach:

- Thema
- Autor
- Typ

Die Inhalte reichen vom einfachen Lesen eines Beispielservices bis hin zu konkreten Integrationen zwischen verschiedenen SAP-Systemen und OpenText.

Beispieldaten über den Northwind-Service

Für die einfacheren Beispiele wird häufig der *Northwind-Service* verwendet. Dieser bezieht sich auf die *Northwind Traders Sample Database*, eine Beispieldatenbank von Microsoft, die häufig zu Schulungs- und Demonstrationszwecken genutzt wird. Die Datenbank enthält Beispieldaten für ein fiktives Unternehmen namens Northwind Traders, das Produkte verkauft und Bestellungen von Kunden bearbeitet.

Die Verwendung des Northwind-Service und der dazugehörigen Datenbank ist bei Entwickler*innen sowie in Schulungen in der Softwareentwicklung weit verbreitet. Sie bietet eine realistische Beispielumgebung, um Datenbankdesign, Abfragen, API-Entwicklung und andere Aspekte der Anwendungsprogrammierung zu demonstrieren und zu erlernen. Die Northwind-Datenbank enthält typische Daten wie Produkte, Kunden, Bestellungen, Lieferanten und Mitarbeitende, was sie zu einer nützlichen Ressource für das Üben und Entwickeln von Anwendungen macht. Vor allem der genannte OData-Service wird gern in SAP-Blogs, Trainings oder eben in Beispielen verwendet, wie sie die SAP API Business Hub Community zur Verfügung stellt. Sie können den Service kostenfrei und ohne Authentifizierung verwenden, um eigene Konzepte zu testen und Ihre Schnittstellenkenntnisse zu vertiefen.

Request-Reply-Beispiel

Im Folgenden gehen wir einmal davon aus, dass Sie ein simples Beispiel für eine Request-Reply-Integration testen möchten. Hier werden zeitgesteuert Produktdaten aus dem Northwind-Service abgerufen und – um das Beispiel möglichst einfach zu halten – in die internen Logs der Aufrufe geschrieben. Die Community stellt dafür eine Vorlage zur Verfügung: *http://s-prs.de/v993305*

Jeder Beitrag ist anders aufgebaut, stellt aber in der Regel die benötigten Informationen und Erklärungen bereit. Diese Vorlage erläutert Ihnen die einzelnen Schritte der Schnittstelle:

- zeitgesteuertes Starten der Schnittstelle: sofort
- Produktdaten abholen
- Log-Nachricht mittels Skript erzeugen

Außerdem finden Sie in diesem Beispiel einen grafischen Prozessablauf sowie eine Beispielantwort der Schnittstelle.

Der Zugang zur Vorlage ist aus unserer Sicht leider nicht selbsterklärend. Sie können entweder über den Link **Download the integration flow Sample for getting products operation** oder über die Dateistruktur zur ZIP-Datei navigieren. Hier können Sie die Datei über die Schaltfläche [⤓] herunterladen (siehe Abbildung 4.11).

Beispiel: Schnittstelle anlegen

Die heruntergeladene Datei können Sie anschließend wie folgt in Ihre eigene SAP Integration Suite importieren, um Sie dort zu verwenden. In Ihrem Paket fügen Sie über **Add • Integration Flow** einen Integration Flow hinzu (siehe Abbildung 4.12).

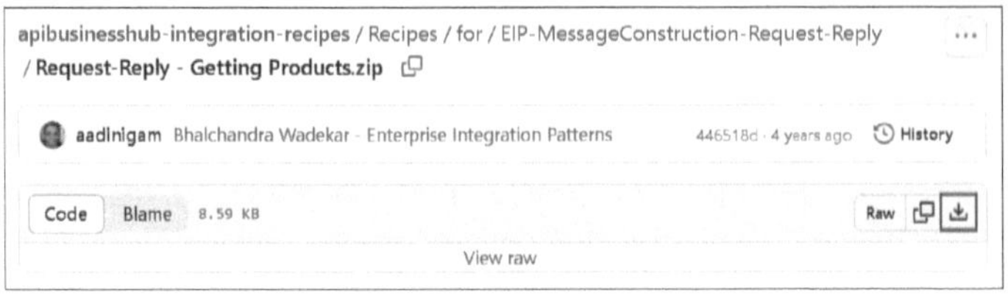

Abbildung 4.11 Vorlage herunterladen

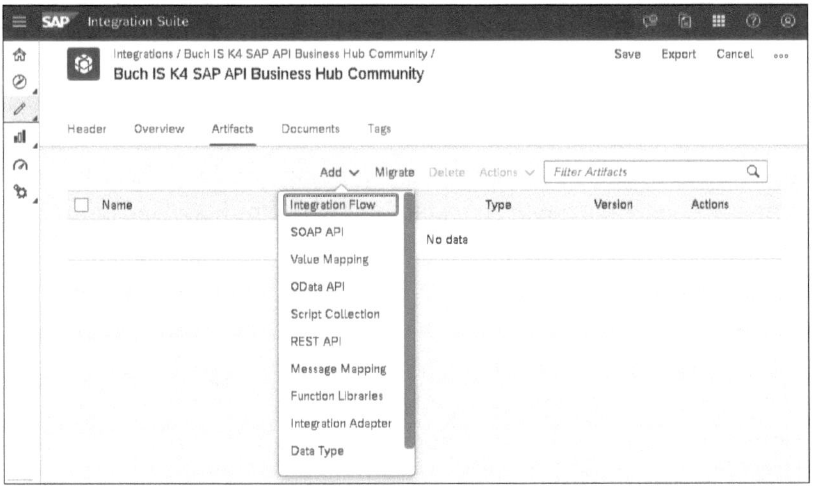

Abbildung 4.12 Neuen Integration Flow erstellen

In dem sich öffnenden Fenster wählen Sie den Modus **Upload** aus und selektieren mit einem Klick auf die Schaltfläche **Browse** die heruntergeladene ZIP-Datei (siehe Abbildung 4.13).

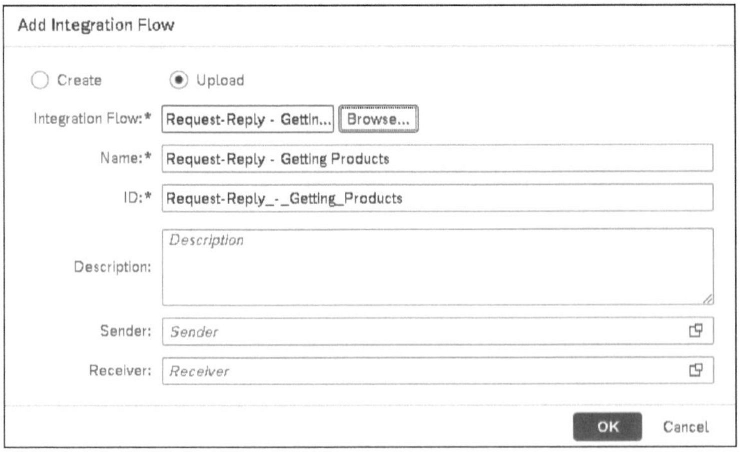

Abbildung 4.13 Integration Flow aus einem Template hochladen

Beispiel: Schnittstelle starten

Der Name und die ID der Schnittstelle werden aus der Vorlage übernommen; Sie können aber auch eigene Werte angeben. Wichtig ist nur, dass Ihnen Name und ID später in der Bearbeitung bzw. Überwachung der Schnittstellen die Information übermitteln, um welchen Prozess es sich handelt. Wie Sie Schnittstellen bearbeiten und ergänzen, zeigen wir Ihnen in Kapitel 5, »Cloud Integration«. Für das aktuelle Beispiel beschränken wir uns auf die Vorlage im Auslieferungszustand und starten die Schnittstelle über die Aktion **Deploy** über die Schaltfläche [icon]. Anschließend navigieren Sie über **Monitor Artifacts • Integrations** und finden hier zwei wichtige Informationen (siehe Abbildung 4.14):

❶ Die Schnittstelle wurde erfolgreich gestartet.

❷ Die Schnittstelle ist so konfiguriert, dass diese nach dem Start sofort einmalig ausgeführt werden soll.

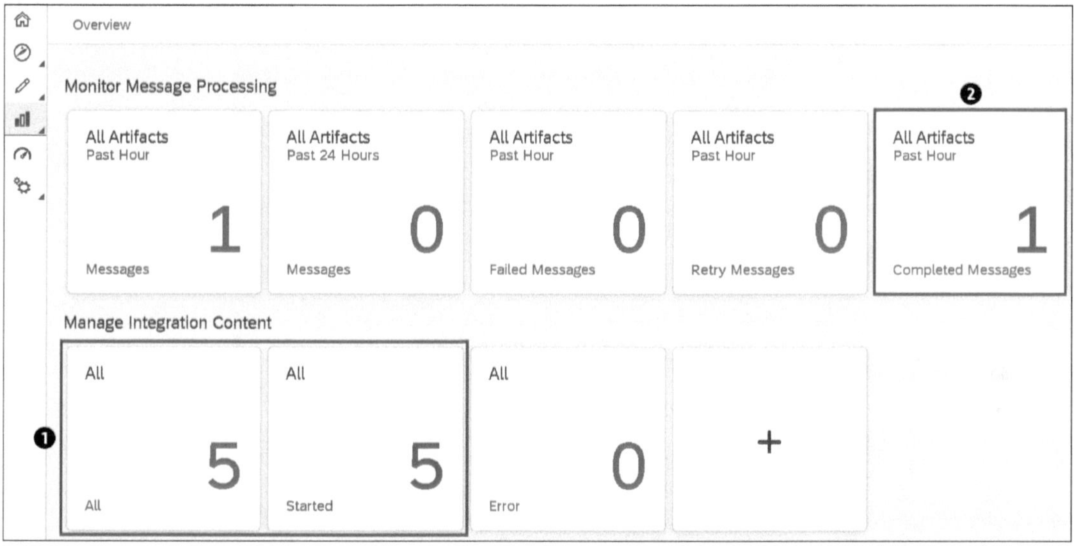

Abbildung 4.14 Übersicht der gestarteten Schnittstellen und Aufrufe

Lauf überprüfen

Anschließend können Sie sich noch den Log-Eintrag des Schnittstellenaufrufs ansehen. Im Anhang dieses Laufs sehen Sie außerdem die abgerufenen Produktinformationen (siehe Abbildung 4.15).

Damit haben Sie erfolgreich Ihre erste Schnittstelle aus einer Vorlage erstellt. Dies sollte Ihnen vor allem das Prinzip näherbringen und Ihnen die Möglichkeit geben, sich frei in der Community zu bewegen und weitere Vorlagen auszuprobieren. Schauen Sie sich gerne weiter in den Beispielen um. Sie finden dort sicher einige Bausteine, die Ihnen später die Arbeit mit eigenen Schnittstellen vereinfachen.

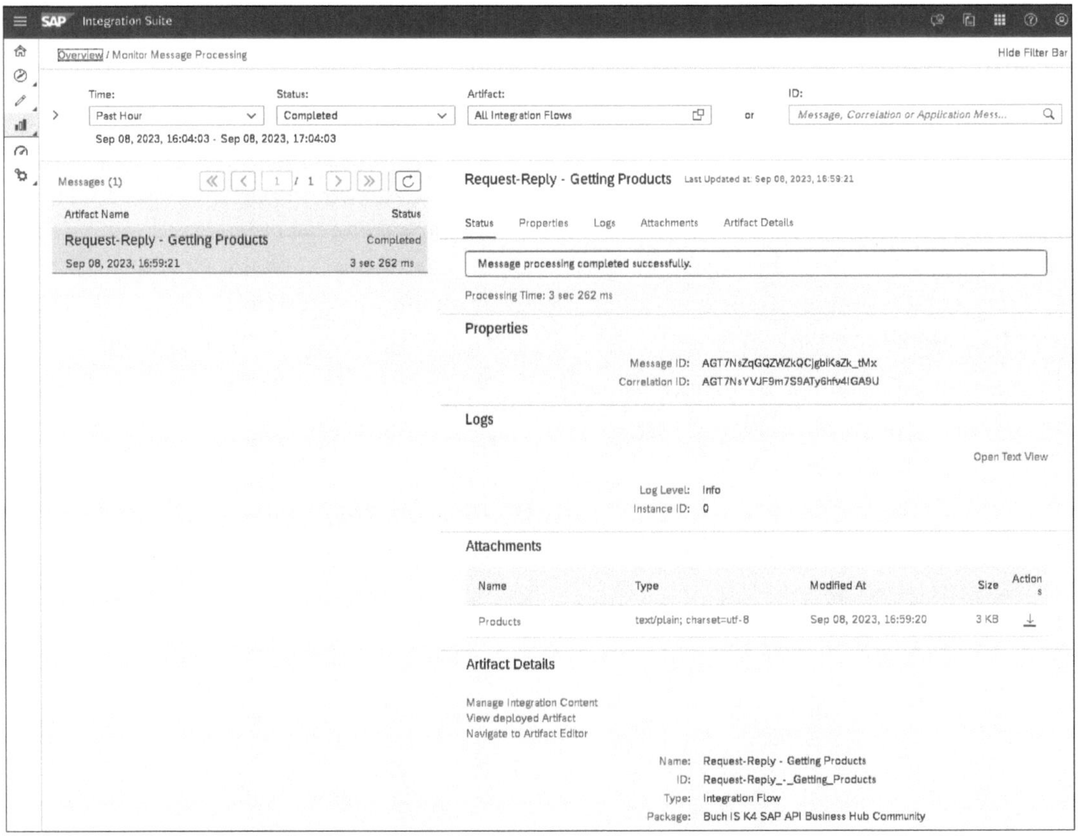

Abbildung 4.15 Log-Nachricht des Schnittstellenlaufs

4.4 Zusammenfassung

Für die SAP Integration Suite gibt es einige Möglichkeiten, um bei der Implementierung von Schnittstellen viel Aufwand, Zeit und somit Kosten zu sparen. Wir haben Ihnen gezeigt, wo Sie vordefinierte Pakete für die SAP Integration Suite finden und wie Sie diese in Ihrem Tenant verwenden können. Auch sind wir darauf eingegangen, worauf Sie achten müssen, um weiterhin Aktualisierungen für die kopierten Schnittstellen zu erhalten und somit auf dem neuesten Stand zu sein. Des Weiteren haben wir Ihnen das SAP Discovery Center vorgestellt, in dem Sie z. B. fertige APIs finden und diese direkt testen können. Sollten die Standardfunktionen der SAP Integration Suite nicht ausreichen, können Sie hier prüfen, ob ein Partnerunternehmen z. B. einen Adapter implementiert hat, der Ihre Anforderungen abdeckt, ohne zuvor selbst im System tätig zu werden. Zum Schluss haben wir Ihnen die GitHub-Integration gezeigt.

Kapitel 5
Cloud Integration

In diesem Kapitel stellen wir Ihnen die Capability Cloud Integration vor. Wir zeigen Ihnen alle relevanten Objekte und wie Sie Ihre Implementierung testen und debuggen. Wir entwickeln gemeinsam einen eigenen Adapter für die SAP Integration Suite, den Sie nutzen können, wenn Sie bei der Implementierung feststellen, dass die vorhandenen Adapter nicht ausreichen. Nach der Lektüre dieses Kapitels werden Sie in der Lage sein, das Modul Cloud Integration sicher zu verwenden.

Cloud Integration ist das Kernmodul der SAP Integration Suite. Damit haben Sie die Möglichkeit, Systeme, Anwendungen, Partner und Kunden miteinander zu verbinden und einzelne Aktivitäten zu orchestrieren. Um das Ziel einer belastbaren und integrativen Lösung zu erreichen, zeigen wir Ihnen in Abschnitt 5.1 alle aktuell vorhandenen Artefakte, Integrationsobjekte und Adapter und wie diese miteinander interagieren. Während einer Implementierung ist es meistens notwendig, einzelne Funktionen zu testen und zu debuggen. Welche Werkzeuge Ihnen dabei zur Verfügung stehen, zeigen wir Ihnen in Abschnitt 5.2. In der Praxis kann es vorkommen, dass die bereitgestellten Objekte nicht ausreichend sind. Daher bietet Cloud Integration die Möglichkeit, eigene Adapter zu entwickeln. Welche Gründe es dafür gibt und wie Sie dabei vorgehen, lernen Sie in Abschnitt 5.3. SAP hat im Laufe der Zeit Standards entwickelt, wie gewisse Szenarien im Best-Practice-Ansatz implementiert werden können und wie einzelne Objekte miteinander interagieren. Diese Standards wurden in den Designrichtlinien festgehalten. Was der Inhalt der Richtlinien ist und wie Sie diese am besten für sich nutzen, zeigen wir Ihnen in Abschnitt 5.4.

5.1 Artefakte, Integrationsobjekte und Adapter

In Cloud Integration werden die Artefakte in Paketen sortiert. Bevor Sie mit einer Integration beginnen, müssen Sie sich für ein Artefakt entscheiden. Im Nachfolgenden werden zunächst die Artefakte erläutert, um danach auf die Integrationsobjekte und Adapter einzugehen.

5.1.1 Artefakte

Die SAP Integration Suite bietet eine Vielzahl an Artefakten, die zur Gestaltung und Optimierung von Integrationsprozessen beitragen. In diesem Abschnitt erläutern wir Ihnen alle Artefakte mit ihren Funktionen und Anwendungsbereichen.

Integrationspaket anlegen

Die Grundlage für das Anlegen von Artefakten ist das Paket. Wenn Sie sich in der Designoberfläche befinden und auf die Schaltfläche **Create** klicken, wird ein Paket angelegt. Sie können diesem Paket einen Namen geben, wobei die ID aus dem Namen abgeleitet wird. Sie haben jedoch die Möglichkeit, die ID an Ihre Bedürfnisse anzupassen. Zusätzlich ist eine Kurzbeschreibung erforderlich. Die Angabe der Version und des Lieferanten über die Eingabefelder **Version** und **Vendor** (Hersteller) ist optional. Auf der Registerkarte **Overview** (Übersicht) können Sie eine Beschreibung einfügen und unterstützte Plattformen angeben. Auf der Registerkarte **Tags** können Sie Informationen zu verschiedenen Parametern pflegen wie z. B. Produkt, Land, Schlüsselwörter, Branche und Industrie. Sobald Sie auf die Schaltfläche **Save** klicken, wird das Paket gespeichert, und Sie können mit dem Anlegen von Artefakten fortfahren. Im Folgenden erläutern wir die einzelnen Artefakte.

Integration Flow

Übersicht über den Integration Flow

Ein zentrales Element der SAP Integration Suite ist der Integration Flow. Er beschreibt einen Prozess und orchestriert verschiedene Aktivitäten, die als Flowsteps bezeichnet werden. Sie modellieren einen Integration Flow mithilfe eines grafischen Editors. Der Integration Flow bestimmt, wie eine Nachricht innerhalb von Cloud Integration verarbeitet wird. Da dieses Objekt ein zentrales Element in der SAP Integration Suite darstellt und eine robuste und sichere Implementierung notwendig ist, wird in Abschnitt 5.4 explizit auf die Designrichtlinien der Integration Flows eingegangen.

Integration Flow anlegen

Um einen Integration Flow anzulegen, müssen Sie die folgenden Schritte durchführen: Wenn Sie sich in einem Paket befinden, klicken Sie zunächst auf die Schaltfläche **Add** und dann auf die Schaltfläche **Integration Flow**. Wie es in Abbildung 5.1 zu sehen ist, haben Sie die Möglichkeit, einen Integration Flow aus einer Datei hochzuladen. Diese muss in einer Archivform (***.zip**, ***.tar** usw.) vorliegen. Benötigt wird diese Funktion, wenn Sie kein Transportsystem an die SAP Integration Suite angeschlossen haben und die Artefakte per Download-Upload transportieren. Alternativ können Sie einen neuen Integration Flow anlegen. Dazu geben Sie einen Namen ein, aus dem die ID abgeleitet wird. Sie haben jedoch die Möglichkeit, die ID an Ihre Unternehmensvorgaben anzupassen. Der Name kann Unterstriche, Bindestriche und

Leerzeichen enthalten. Die Leerzeichen werden in der ID durch Unterstriche ersetzt.

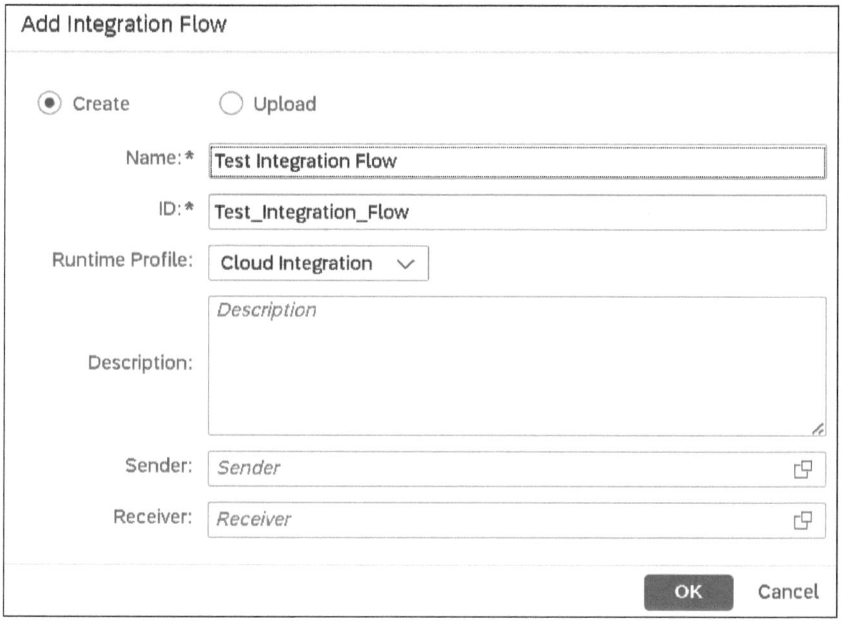

Abbildung 5.1 Integration Flow anlegen

Laufzeitprofil wählen

Als Nächstes können Sie ein Laufzeitprofil (Feld **Runtime Profile**) auswählen. Dabei definieren Sie, welche Funktionen in der Designphase genutzt werden können. Es steht Ihnen zunächst das Profil **Cloud Integration** zur Verfügung. Sie haben allerdings auch die Möglichkeit, Cloud Integration Content auf SAP Process Orchestration 7.5 zu verteilen (siehe Abschnitt 10.1, »Cloud Integration Content in SAP Process Orchestration«). Das Laufzeitprofil können Sie zu einem späteren Zeitpunkt wechseln. Sie können in den Einstellungen weitere Laufzeitprofile aktivieren, damit Sie diese bei der Anlage von Integration Flows auswählen können (siehe Abschnitt 3.6.11, »Einstellungen«).

Hinweis zum Laufzeitprofil

Wenn Sie das Laufzeitprofil Process Orchestration 7.5 nutzen möchten, dieses Profil aber nicht in Ihrem Tenant sehen, befolgen Sie SAP-Hinweis 2791799.

Als Nächstes können Sie optional eine Beschreibung für Ihren Integration Flow eintragen und Sender sowie Empfänger definieren. Bei den Sendern und Empfängern haben Sie die Möglichkeit, aus über 500 Partnern auszuwählen. Sollten Sie keinen passenden Partner finden, können Sie auch einen eigenen Sender und Empfänger definieren. Sie können hier mehrere Sender und Empfänger hinterlegen. Zu einem späteren Zeitpunkt können diese Informationen geändert, gelöscht oder angereichert werden. Über die Schaltfläche **OK** wird die Eingabe bestätigt und der Integration Flow angelegt. Der Integration Flow ist daraufhin in der Artefaktliste des Pakets zu sehen. Mit einem Klick auf den Integration Flow gelangen Sie in die Modellierungsoberfläche. An dieser Stelle können Sie den Prozess modellieren und anpassen, indem Sie die Integrationsobjekte aus dem zur Verfügung stehenden Menü wählen; vergleichen Sie dazu die Objektleiste in Abbildung 5.2. Welche Integrationsobjekte und Adapter zur Verfügung stehen, finden Sie in Abschnitt 5.1.2 und in Abschnitt 5.1.3. Abbildung 5.2 zeigt das Einstiegsbild des zuvor angelegten Integration Flows.

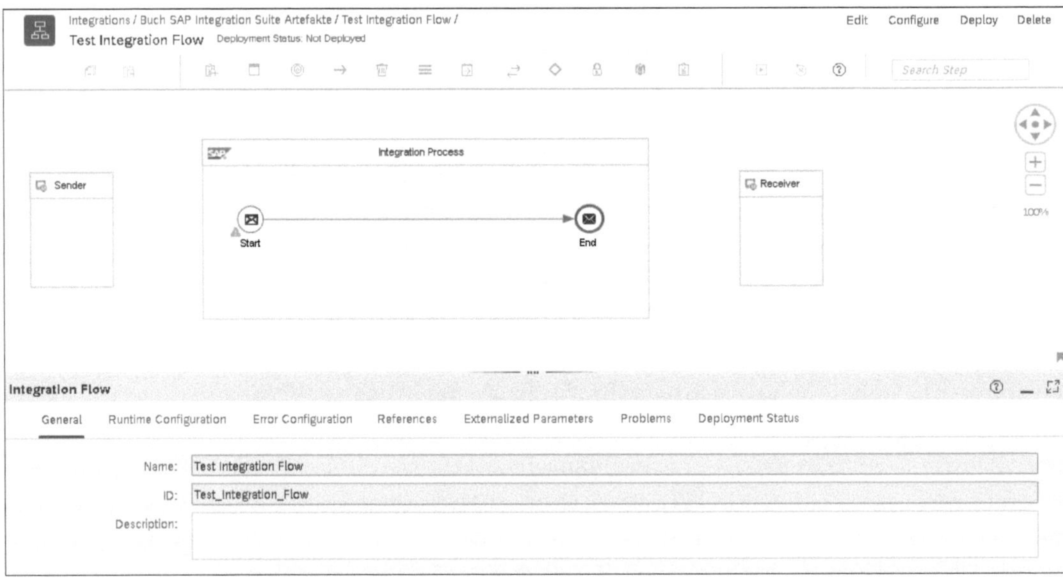

Abbildung 5.2 Überblick über den Integration Flow

Im unteren Bereich sehen Sie allgemeine Einstellungen des Integration Flows. Auf der Registerkarte **General** sehen Sie den Namen, die ID (nicht änderbar) und die Beschreibung, die Sie jederzeit anpassen können.

Laufzeitkonfiguration

Auf der Registerkarte **Runtime Configuration** (Laufzeitkonfiguration) können Sie das zuvor genannte Laufzeitprofil anpassen. Zusätzlich haben Sie die Möglichkeit, ein Namensraum-Mapping zu definieren. Das Namensraum-Mapping definieren Sie an dieser Stelle nach dem folgenden Schema: *xmlns:<präfix>=<namensraum>*. Dieser Parameter kann z. B. in Elementen genutzt werden, die Namensräume in ihren Konfigurationen verwenden,

z. B. Content Based Router, Content Modifier oder Content Filter. Beispielsweise könnte die Situation wie folgt sein: Der Namensraum ist *https://sap-is.com/test*, und Sie wollen den Namensraum auf `ns0` mappen. In diesem Falle wird der Parameter wie folgt gefüllt: `xmlns:ns0=https://sap-is.com/test`. Dadurch haben Sie die Möglichkeit, in einer Routing-Kondition dieses Präfix wie folgt zu nutzen: */ns0:<Knotenname>/<Elementname>="Kondition"*.

[«]

Multiple Mappings

Sie können mehrere Mappings hinterlegen, die mit einem Semikolon zu trennen sind.

Allowed Headers

Auch haben Sie die Möglichkeit, auf der gleichen Registerkarte erlaubte Header (**Allowed Headers**) zu setzen. Normalerweise werden Header zur Laufzeit entfernt. Mit diesem Parameter können Sie spezielle Header neben dem Body weiter prozessieren und in der Laufzeit nutzen. Sie können mehrere Header in diesem Parameter angeben; dabei müssen Sie beachten, dass Sie diese mit einem senkrechten Strich trennen und dass Sie keine Leerzeichen nutzen.

[+]

Dynamische Header-Namen

Sollten Sie dynamische Header-Namen zulassen wollen, können Sie an dieser Stelle auch Regular Expressions (RegEx) nutzen. Zum Beispiel akzeptiert `HEADER_[0-9][0-9][0-9]` alle Header, die mit `HEADER_` beginnen und von einer dreistelligen Zahl gefolgt werden.

[«]

SSL-Verbindungen

Für eine eingehende SSL-Verbindung setzt der Lastenverteiler (Load Balancer) die Header `SSL_CLIENT_CERT` (Base-64-kodiertes Zertifikat) und `SSL_CLIENT_USER`. Wenn Sie diese Header als Parameter eintragen, können Sie auf die Werte in der Laufzeit zugreifen. Achtung: Bei Principal Propagation sollten keine Authorisierungs-Header weitergeleitet werden.

HTTP-Session-Handling

Als letzten Parameter auf dieser Registerkarte können Sie einstellen, ob die HTTP-Session wiederverwendet werden soll.

- **None**: Das bedeutet, dass kein Session-Handling durchgeführt wird.
- **On Exchange**: Jeder Nachrichtenaustausch wird als eigene Session gesehen. Nutzen Sie diese Einstellung, wenn Sie Stateful Services abbilden möchten.

- **On Integration Flow**: Eine Session wird über den gesamten Integration Flow hinweg erzeugt. Nutzen Sie diese Einstellung, wenn Sie Stateless Services nutzen möchten.

Error-Konfiguration

Auf der Registerkarte **Error Configuration** können Sie einstellen, ob die aufgetretene Ausnahme an den Sender zurückgeschrieben werden soll. Ausnahmen können sensible Informationen enthalten. Daher ist diese Option standardmäßig ausgeschaltet.

Integration-Flow-Ressourcen

Auf der Registerkarte **Resources** können Sie zentral die Ressourcen einsehen, die im gesamten Integration Flow genutzt werden. Dabei wird zwischen lokalen (local) und referenzierten (references) Ressourcen unterschieden. Lokale Ressourcen sind Ressourcen, die Sie direkt im Integration Flow angelegt haben. Referenzierte Ressourcen sind Ressourcen, die Sie aus anderen Integration Flows referenzieren oder aus einem Enterprise Service Repository von SAP Process Orchestration importiert haben. Neben der Einsicht dieser Ressourcen, können Sie zentral Ressourcen anlegen. Diese Ressourcen können sein:

- Archive
- Mappings (XSLT, Operation Mapping, Message Mapping)
- Schemas (XSD, JSON, WSDL, EDMX)
- Skripte (JavaScript, Groovy Script)

[»]

Zugriff auf SAP-Process-Orchestration-Objekte

Wie Sie auf Funktionen zugreifen, die Sie in SAP Process Orchestration implementiert haben, finden Sie in Kapitel 11, »Migration von SAP Process Orchestration nach SAP Integration Suite«.

Externalisierte Parameter

Auf der Registerkarte **Externalized Parameters** finden Sie Parameter, die Sie in den Aktivitäten und Gateways externalisiert haben. Sie können hier Standardwerte setzen, wenn diese nicht definiert werden. Ein gutes Beispiel für eine Externalisierung ist die Verwendung dieses Parameters in einer Dreisystemlandschaft. Sie externalisieren die Zielsystem-URL und können somit auf jeder SAP Integration Suite das relevante Zielsystem ansprechen. Sie vermeiden dadurch, Integration Flows in jedem System abzuändern und können die Integration Flows einfacher transportieren.

[»]

Externalisierung der Integration-Flow-Einstellungen

Einige Einstellungen des Integration Flows, wie z. B. die Header-Attribute, können auch externalisiert werden.

Probleme der Integration Flows

Auf der Registerkarte **Problems** finden Sie zentral alle Probleme (Warnungen und Fehlermeldungen) des Integration Flows. In der Spalte **Location** gelangen Sie genau zu dem Integrationsobjekt, das den Fehler erzeugt.

Auf der Registerkarte **Deployment Status** finden Sie alle wichtigen Informationen zum Verteilungsstatus: Ob der Integration Flow bereits verteilt ist, wer ihn verteilt hat, wann dieser verteilt wurde und welche Version die aktuelle ist.

OData-API

OData-API anlegen

In Cloud Integration können Sie OData-APIs anlegen. APIs (Application Programming Interface) dienen als Schnittstellen, die es Anwendungen ermöglichen, auf die Funktionen und Daten einer anderen Anwendung, eines Dienstes oder eines Betriebssystems zuzugreifen. Mit OData-APIs können Sie den Client entscheiden lassen, welche CRUDQ-Methoden (**C**reate, **R**ead, **U**pdate, **D**elete und **Q**uery) aufgerufen werden sollen. Jede Entität kann individuell konfiguriert werden, um den gewünschten Endpoint und den Integration Flow festzulegen. Um eine neue OData-API anzulegen, öffnen Sie die Cloud-Integration-Designoberfläche und navigieren zum gewünschten Paket. Klicken Sie auf die Schaltfläche **Add**, und wählen Sie die Option **OData API** aus (siehe Abbildung 5.3).

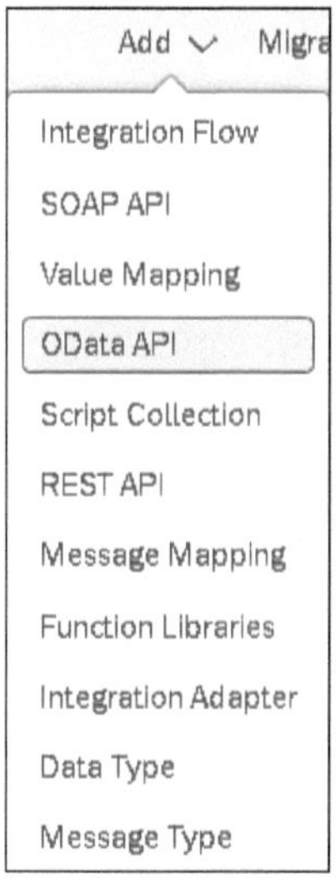

Abbildung 5.3 OData-API hinzufügen

Ihnen stehen drei Möglichkeiten zur Verfügung, die Sie über Radiobuttons einstellen können:

- **Create Using Wizard**: Dabei werden Sie durch einen Implementierungsprozess unterstützt.
- **Create Using Template**: Hier können Sie eine Vorlage bei der Anlage nutzen.
- **Upload**: Hier können Sie eine bereits fertigstellte OData-API hochladen, die Sie z. B. auf einem anderen Tenant implementiert haben.

Nach der Auswahl des Anlagemodus geben Sie einen Namen und Namensraum ein. Die ID wird automatisch aus dem Namen abgeleitet. Eine optionale Beschreibung kann hinzugefügt werden.

Im nächsten Schritt wird der Definitionsprozess erläutert, und es werden auf der rechten Seite Links zu Unterstützungsseiten in der SAP-Hilfe bereitgestellt (siehe Abbildung 5.4).

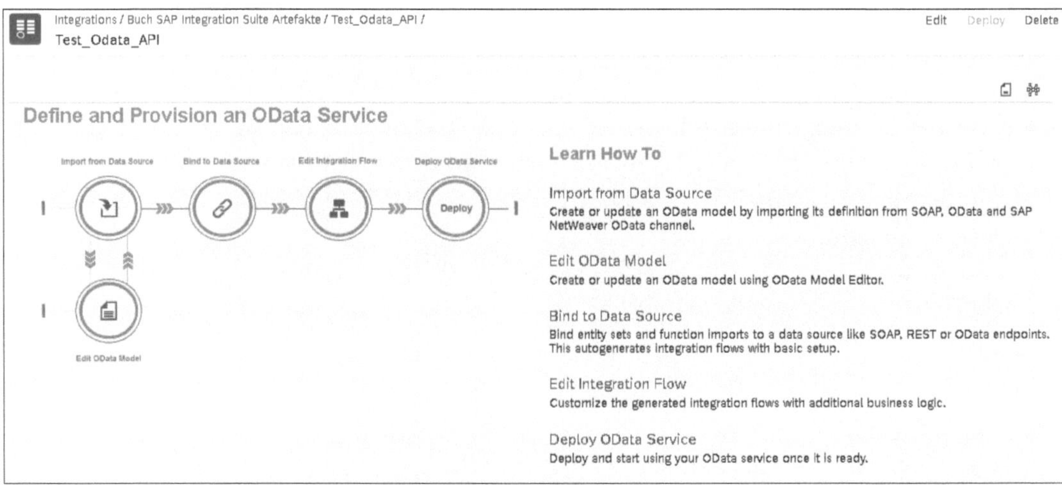

Abbildung 5.4 OData-API anlegen

OData-Wizard

Wechseln Sie mithilfe der Schaltfläche **Edit** in den Änderungsmodus und klicken Sie auf die Schaltfläche (**Import Model Wizard**). Hier können Sie zwischen drei Datenquellen wählen: **SOAP**, **OData** und **ODC**. Für das genutzte Beispiel wählen wir die Datenquelle **OData**. Als Importquelle müssen Sie eine Datei mit den Metadaten nutzen. Zu Testzwecken verwenden wir die API Northwind OData V2. Die Metadaten-XML finden Sie unter der folgenden URL: *https://services.odata.org/northwind/northwind.svc/$metadata*. Laden Sie diese XML herunter, und verwenden Sie sie als Importquelle. Sie finden die Metadaten-XML auch in den Downloadmaterialien zu diesem Buch unter *www.sap-press.de/5831*.

> **Fehlermeldung zur Metadaten-XML**
> Wenn Sie eine Datei auswählen, die keine Metadaten-XML ist, wird die Fehlermeldung »MISSING_TAG« angezeigt.

OData-Struktur festlegen

Nach der Auswahl der Metadaten-XML wird die Datei durchsucht. Im Bereich **Select Structure** wird der Aufbau des OData-Services angezeigt. Wählen Sie die gewünschten Entitäten und Attribute aus. In unserem Beispiel wählen wir die Entitäten **Category** (Kategorie) mit allen Attributen aus, sodass Ihre Anzeige, wie in Abbildung 5.5 aussehen sollte.

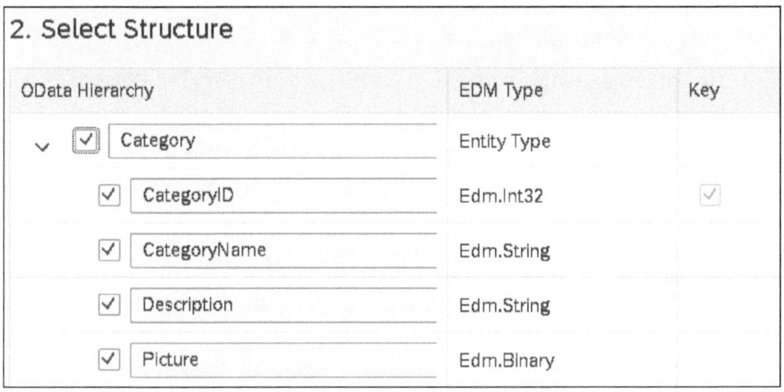

Abbildung 5.5 OData-API anlegen: Select Structure

Am unteren Ende finden Sie die Schaltfläche **Step 3** (Schritt 3), um zum nächsten Schritt zu gelangen.

> **Schaltfläche »Step 3«**
> Es kann vorkommen, dass die Schaltfläche **Step 3** nicht angezeigt wird, wenn zu viele Subelemente geöffnet sind. Klappen Sie dazu einfach alle ausgeklappten Elemente wieder ein.

Bezeichnungen anpassen und OData-API-Wizard abschließen

Jetzt können Sie die Bezeichnungen der Entitäten und Attribute anpassen. Dies ist nützlich, wenn Sie unternehmensweite API-Standards definieren möchten, die im Enterprise Service Bus bereitgestellt werden sollen. Sie können zusätzlich den Typ des Attributs und ob dieses Attribut ein Schlüsselelement ist, festlegen. Sobald Sie auf die Schaltfläche **Finish** klicken, schließen Sie den Wizard ab und gelangen zur Übersichtsseite Ihrer OData-API. Für jede Entität werden nun CRUDQ-Operationen angezeigt (siehe Abbildung 5.6).

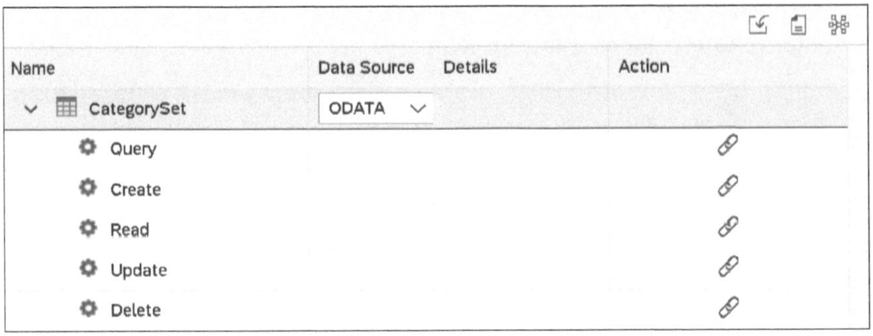

Abbildung 5.6 CRUDQ-Operationen einer OData-API

Bindung konfigurieren

Klicken Sie in der Zeile der jeweiligen Operation auf die Schaltfläche (**Bind**), um die Bindung und somit den Verweis zum Service Endpoint zu konfigurieren. Wählen Sie ein Entitätsset aus, und geben Sie den dazugehörigen Endpunkt an. Für unser Beispiel nutzen wir das Entitätsset **Categories**. Für die Entität **Categories** verwenden wir den Endpunkt *https://services.odata.org/northwind/northwind.svc*. Da wir einen öffentlich zugänglichen Service verwenden, beschränken wir uns auf die Methoden-Query. Nachdem Sie die Konfiguration abgeschlossen haben, wird die Bind-Schaltfläche über die Schaltfläche (**Navigate to Integration Flow**) ersetzt. Diese Schaltfläche führt Sie zu einem generierten Integration Flow den Sie an Ihre Anforderungen anpassen können (siehe Abbildung 5.7).

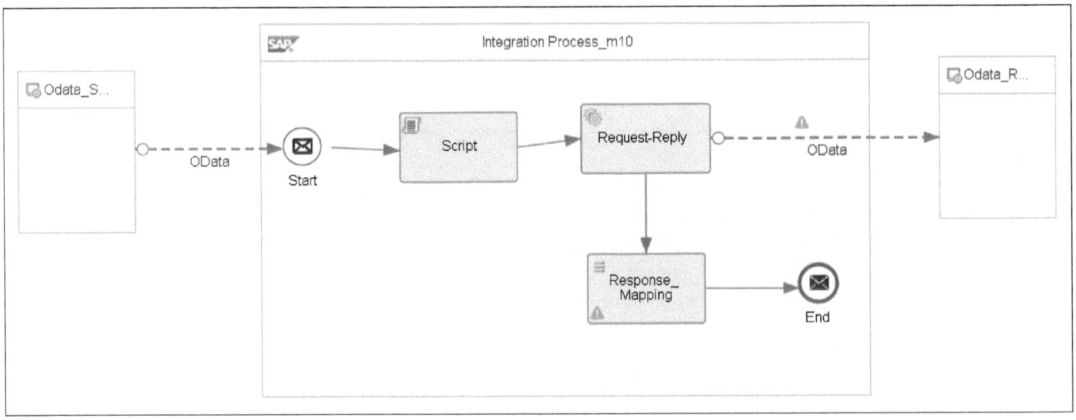

Abbildung 5.7 Integration-Flow-Query-Operation

Antwort-Mapping konfigurieren

Dieser Integration Flow beinhaltet zwar ein Antwort-Mapping (`Response_Mapping`), dieses ist allerdings nicht konfiguriert. Klicken Sie dazu auf das Mapping-Objekt `Response_Mapping`, danach auf **Processing** und auf die angezeigte Ressource. Dies ist ein generiertes Mapping für die Antwort an den Sender. Daraufhin wird Ihnen das Mapping in Abbildung 5.8 angezeigt.

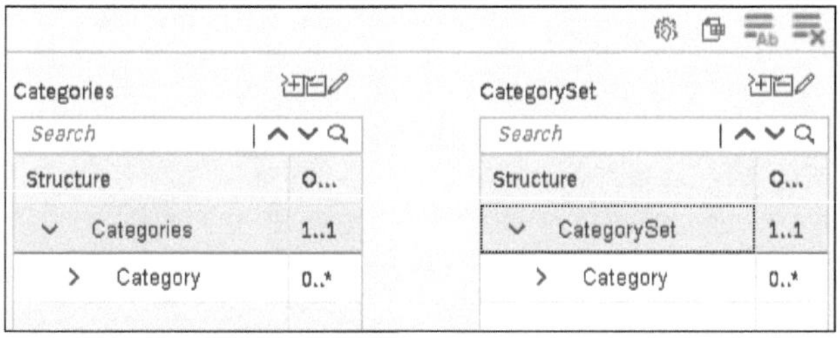

Abbildung 5.8 Generiertes Message Mapping der OData-API

Mapping-Verbindung setzen

Es besteht noch keine Verbindung zwischen dem Knoten **Categories** und dem Knoten **CategorySet**. Sie können eine Verbindung herstellen, wenn Sie die beiden Knoten **Categories** und **CategorySet** markieren und auf die Schaltfläche (**Map selected fields and subfields with identical names**) klicken.

Nach dem Deployment können Sie mittels eines Tools den generierten Endpoint testen. Mehr zum Thema Testen erfahren Sie in Abschnitt 5.2.1.

SOAP und REST API

Neben einer OData-API haben Sie in Cloud Integration die Möglichkeit, SOAP und REST APIs anzulegen. Anders als bei der OData-API steht Ihnen dazu kein Wizard zur Verfügung.

Value Mapping

Value Mapping erstellen

Das Value Mapping in der SAP Integration Suite spielt eine wichtige Rolle in der Transformation und Integration von Daten zwischen verschiedenen Systemen. Durch das Value Mapping wird es ermöglicht, bestimmte Werte von einem System in die entsprechenden Werte eines anderen Systems zu konvertieren. Sobald Sie sich in einem Paket befinden, haben Sie die Möglichkeit, ein neues Value Mapping hinzuzufügen. Navigieren Sie hierzu über den Pfad **Add • Value Mapping**. Ein Pop-up-Fenster öffnet sich, in dem Sie zwischen verschiedenen Optionen wählen können:

- neues Value Mapping erstellen
- Value Mapping von der lokalen Festplatte hochladen
- Value Mapping aus SAP Process Orchestration importieren

Wenn Sie sich für die Option des neuen Value Mappings entscheiden, müssen Sie einen Namen für das Mapping festlegen. Optional können Sie auch eine Beschreibung sowie ein Quell- und Zielsystem angeben. Die letzteren Informationen können Sie später noch ändern. Sobald Sie die Eingabe bestätigen, wird Ihnen das Übersichtsfenster des Value Mappings angezeigt (siehe Abbildung 5.9).

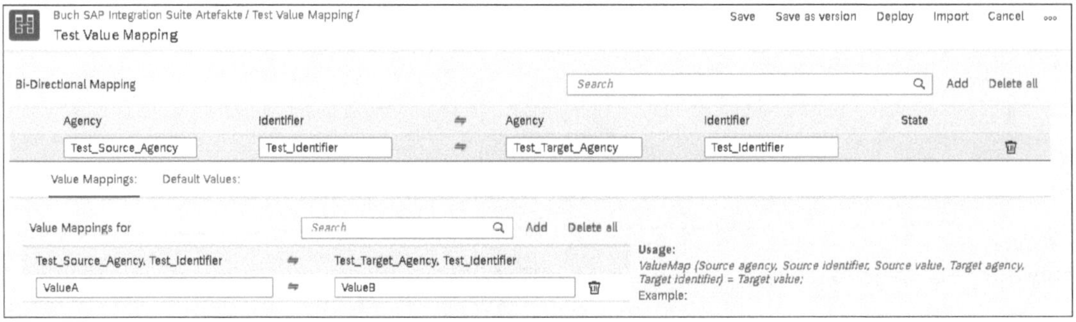

Abbildung 5.9 Übersicht über das Value Mapping

Value Mapping mit Daten befüllen

Auf der linken Seite sehen Sie die Kategorien **Agency**, die das sendende System repräsentiert, und **Identifier**, die den Namen des Feldes im sendenden System darstellt. Analog dazu finden Sie auf der rechten Seite dieselben Kategorien, die jedoch das empfangende System repräsentieren. Im Anschluss können Sie die korrespondierenden Wertepaare für die beiden Systeme festlegen.

> **Value Mapping über CSV-Datei pflegen**
>
> Anstatt die Wertepaare manuell einzugeben, besteht auch die Möglichkeit, eine CSV-Datei hochzuladen, die alle erforderlichen Mappings enthält. Ein entsprechendes Template für eine solche Datei finden Sie in unserem Downloadbereich. Der Aufbau der CSV-Datei entspricht dem Export aus einem SAP-Process-Integration-System. Diese CSV-Datei kann natürlich auch bei großen Value Mappings manuell erstellt und importiert werden.

Das definierte Value Mapping kann nun im Message Mapping verwendet werden. Es besteht auch die Option, die Werte für Agency und Identifier dynamisch über Groovy Script zu ermitteln. In Abschnitt 12.3, »Groovy-Code-Snippets«, gehen wir auf die Nutzung des Value Mappings ein.

Script Collection

Skript-Kollektion anlegen

Wenn Sie in der Praxis viele Groovy-Skripte haben und diese in verschiedenen Integration Flows nutzen möchten, können Sie die Skripte entweder in Ihre Integration Flows importieren, oder es wird als bessere Alternative eine zentrale Skript-Kollektion (Script Collection) angelegt. Hier haben Sie die Möglichkeit, auf der Paketebene zentral Groovy-Skripte zu hinterlegen und diese in allen Integration Flows des Pakets zu nutzen. Dadurch wird vermieden, dass bei einer Änderung alle Skripte aller Integration Flows angepasst werden müssen. Sobald Sie sich in einem Paket befinden, haben Sie die

Möglichkeit, eine neue Skript-Kollektion hinzuzufügen. Navigieren Sie hierzu über den Pfad **Add • Script Collection**. Ein Pop-up-Fenster öffnet sich, in dem Sie zwischen verschiedenen Optionen wählen können:

- **Create**: Bewirkt, dass eine neue Skript-Kollektion angelegt wird.
- **Upload**: Hier können Sie eine vorhandene Skript-Kollektion von Ihrer lokalen Festplatte hochladen.

Skript-Kollektion hochladen

Wenn Sie sich für das Hochladen einer Skript-Kollektion entscheiden, müssen Sie ein ZIP-Archiv auswählen. Danach können Sie Namen und ID anpassen. Bei der Anlage einer neuen Skript-Kollektion geben Sie einen Namen ein. Die ID wird aus dem Namen abgeleitet. Optional können Sie eine Beschreibung (**Description**) hinzufügen. In der neu angelegten Skript-Kollektion haben Sie nun die Möglichkeit, Skripte in den Sprachen JavaScript und Groovy Script anzulegen (siehe Abbildung 5.10).

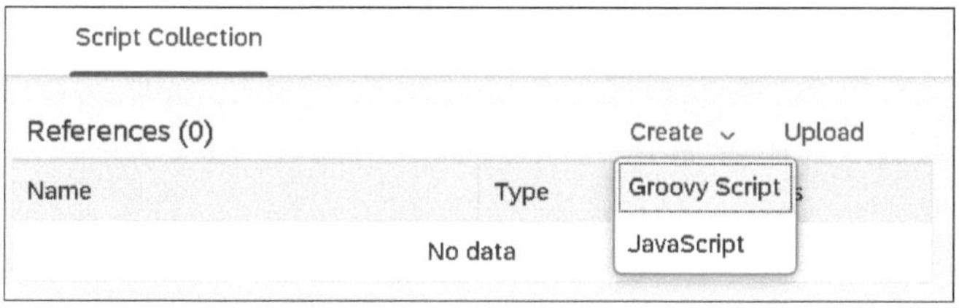

Abbildung 5.10 Skript-Kollektion anlegen

Einzelne Skripte hochladen

Auch können Sie einzelne Skripte von Ihrer Festplatte hochladen oder aus allen Integration Flows des Tenants importieren. Für Letzteres wählen Sie die Schaltfläche **Upload**, geben im Feld **Source** die Quelle **Integration Flow** an und nehmen eine Eingabe im Feld **Package** vor. Außerdem geben Sie den Integration Flow an, in dem sich das gewünschte Skript befindet. Daraufhin werden Ihnen alle Skripte des Integration Flows angezeigt (siehe Abbildung 5.11).

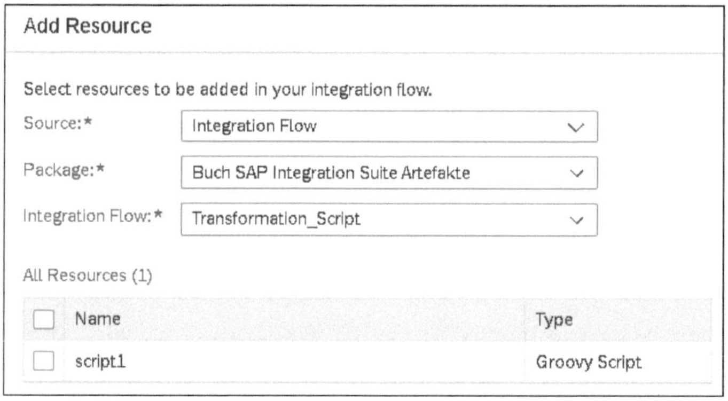

Abbildung 5.11 Beispielimport eines Skripts in eine Skript-Kollektion

Message Mapping

Message-Mapping-Funktion

Mithilfe des Message Mappings können Sie Inhalte und Strukturen einer Nachricht transformieren. Sie haben zwei Möglichkeiten, um ein Message Mapping zu definieren. Entweder legen Sie ein lokales Message Mapping an. Wie Sie dabei vorgehen, wird in Abschnitt 5.1.2 erläutert. Wenn Sie allerdings ein Mapping in verschiedenen Integration Flows nutzen möchten, können Sie dies über ein Message Mapping, das Sie auf der Paketebene definieren, erreichen. Wenn Sie sich in einem Paket befinden und auf die Schaltfläche **Add** klicken, haben Sie eine der folgenden Optionen (siehe Abbildung 5.12):

- **Create**: Hier können Sie ein neues Message Mapping anlegen.
- **Upload**: Hier können Sie ein Message Mapping hochladen.
- **ES Repository**: Hier können Sie ein Message Mapping aus einem ES Repository von SAP Process Orchestration importieren. In Abschnitt 11.2, »Einzelne Integrationsobjekte migrieren«, gehen wir darauf ein, welche Voraussetzungen dafür gegeben sein müssen und wie Sie dabei vorgehen.

Abbildung 5.12 Message Mapping hinzufügen

Message Mapping anlegen

Wenn Sie ein neues Message Mapping anlegen, müssen Sie sich zunächst überlegen, welche Strukturen Sie in welche Strukturen transformieren möchten. Im nächsten Schritt müssen Sie entscheiden, ob diese Strukturen nur in diesem einen Message Mapping gebraucht werden oder auch für andere Mappings relevant sein sollen. Das Message Mapping teilt sich in drei Bereiche auf, die wir Ihnen kurz vorstellen:

- *Referenzbereich* (**References**): Hier können Sie die genannten Strukturen hochladen bzw. Strukturen aus anderen Paketen referenzieren.
- *Mapping-Bereich*: Hier wählen Sie zunächst Eingangs- und Ausgangsnachrichten aus und führen dann mittels Drag & Drop ein Mapping durch, indem Sie die Felder miteinander verbinden.

- *Mapping-Ausdrucksbereich* (**Mapping Expression**): Hier können Sie das Mapping spezifizieren und SAP-Standard-Funktionen oder Ihre eigenen Funktionen verwenden.

Referenzbereich eines Message Mappings

Abbildung 5.13 zeigt den Referenzbereich eines Message Mappings. Dieser wird in zwei Teile untergliedert: **Local** und **Global**. Die Registerkarte **Local** beschreibt die lokalen Objekte. Sie können hier neue Groovy-Skripte anlegen, um bestimmte spezielle Funktionalitäten im Mapping-Ausdrucksbereich abzudecken, die nicht im Standard vorgesehen sind.

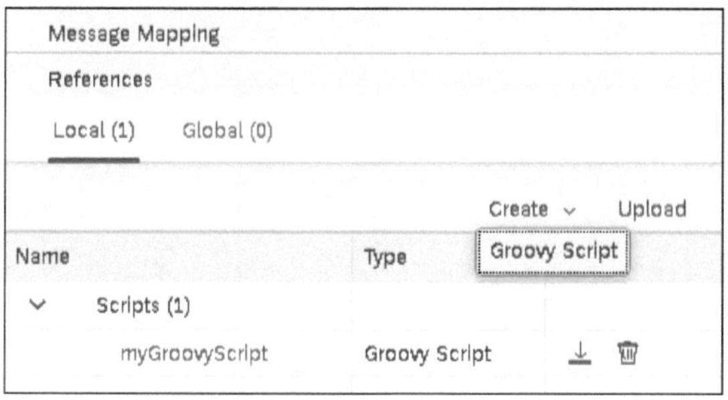

Abbildung 5.13 Referenzbereich im Message Mapping

Dateien in das Message Mapping importieren

Über die Schaltfläche **Upload** können Sie weitere Objekte in das Message Mapping importieren. Sie haben die Auswahl zwischen der Quelle **File System** und **Integration Flow**. Wenn Sie das Dateisystem angeben, müssen Sie die Datei von Ihrem Dateisystem auswählen. Nutzen Sie stattdessen die Auswahl **Integration Flow**, müssen Sie das Paket und den Integration Flow auswählen, aus dem die Datei importiert wird. Folgende Objekte sind für beide Quellen zulässig:

- **WSDL**
- **XML-Schema**
- **EDMX**
- **OpenAPI JSON**
- **Groovy Script**

Lokale Kopie

Bedenken Sie, dass Sie über die Schaltfläche **Upload** eine lokale Kopie der Objekte erzeugen und diese nicht referenzieren, auch wenn Sie bei der Auswahl einen Integration Flow auswählen.

Objekte referenzieren und auswählen

Die Registerkarte **Global** in Abbildung 5.13 führt Sie zu dem globalen Bereich des Message Mappings. Sie können hier Nachrichtentypen (**Message Types**) und Funktionsbibliotheken (**Function Library**) referenzieren, um diese im weiteren Verlauf der Nachrichtentransformation zu nutzen. Sobald Sie den Import bzw. die Referenzierung der benötigten Objekte abgeschlossen haben, können Sie im Mapping-Bereich die Strukturen auswählen, die Sie transformieren möchten. Nutzen Sie dafür die Schaltflächen **Add source message** und **Add target message**. Für die beiden Nachrichten können Sie, wie in Abbildung 5.14 dargestellt, zwischen den lokal angelegten und den referenzierten Objekten wählen. Auch können Sie in diesem Modalfenster weitere lokale Objekte hochladen, sollten Sie es bis dahin noch nicht getan haben.

Abbildung 5.14 Struktur zuweisen

Leider können Sie zum Zeitpunkt der Erstellung dieses Buchs in diesem Fenster nur eine Nachricht auswählen. Klicken Sie diese an, und bestätigen Sie die Auswahl über die Schaltfläche **OK**. Wiederholen Sie diesen Vorgang für die Zielseite (**Target**).

Weitere Nachrichten hinzufügen

Nach der Auswahl der Quell- und Zielnachricht werden im oberen Teil des Mapping-Bereichs der Nachrichtenname und die Struktur der Nachricht angezeigt. Sollten Sie in der Quell- oder Zielnachricht weitere Nachrichten aufnehmen wollen, können Sie dies über die Schaltfläche durchführen. Es öffnet sich ein neues Fenster; hier können Sie über die Schaltfläche weitere Nachrichten hinzufügen (siehe Abbildung 5.15). Nach einem Klick auf die Schaltfläche öffnet sich ein Modalfenster, das genauso funktioniert, wie beim Hinzufügen der initialen Quell- oder Zielnachricht. In der Spalte **Occurency** können Sie die Kardinalitäten der einzelnen Nachrichten einstellen. Sie können zwischen den folgenden Optionen wählen:

- **1..1**: Die Nachricht kommt genau einmal vor (Standardeinstellung).
- **0..1**: Die Nachricht kommt nicht oder nur genau einmal vor.
- **0..***: Die Nachricht kommt egal in welcher Ausprägung vor.

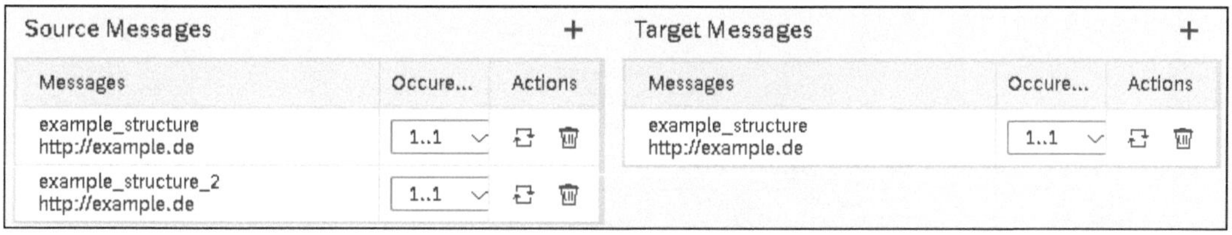

Abbildung 5.15 Nachricht erweitern und Kardinalitäten setzen

Automatische Anpassung der Struktur

Wenn Sie Ihre Anpassungen vorgenommen haben, können Sie Ihre Eingaben mit der Schaltfläche **OK** bestätigen. Daraufhin kehren Sie wieder in die Mapping-Ansicht zurück. Beachten Sie, dass um Ihre Nachrichten neue umschließende Elemente entstanden sind. Das neue Root-Element ist `ns0:Messages`, und jede einzelne Nachricht wird mit dem Element `ns0:MessageX` umschlossen, wobei `X` eine fortlaufende Zahl ist (siehe Abbildung 5.16).

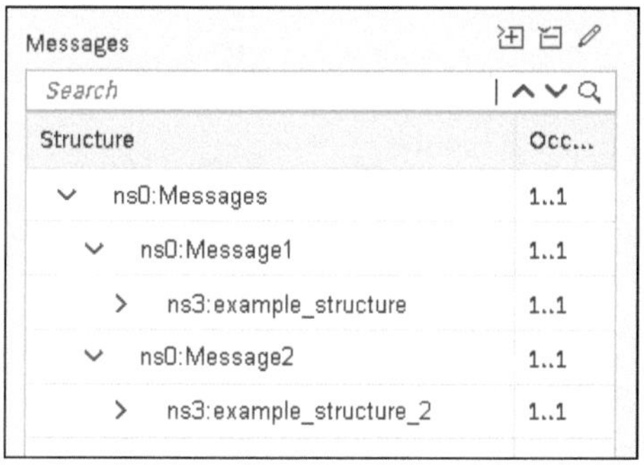

Abbildung 5.16 Neue Struktur nach der Erweiterung

Quell- und Zielfelder effizient mappen

Wenn Sie Ihre Quell- und Zielnachrichten bestimmt haben, können Sie mit der tatsächlichen Transformation fortfahren. Sie können im Mapping-Bereich z. B. über Drag & Drop ein Quellfeld auf ein Zielfeld ziehen und somit ein 1:1-Mapping zwischen den beiden Feldern definieren. Eine sehr zeitsparende Funktion ist die Möglichkeit, alle gleichnamigen Elemente in Strukturen, die sowohl in der Quell- als auch Zielnachricht vorkommen, zu mappen. Markieren Sie dazu eine Struktur, die den Anforderungen entspricht, in der Quell- und Zielnachricht, und klicken Sie auf die Schaltfläche . Alle Elemente werden daraufhin zu Verbindungen (siehe Abbildung 5.17).

Transformation anpassen

Möchten Sie eine bestimmte Transformation anpassen, klicken Sie auf das Symbol **fx**, das auf der jeweiligen Verbindung zu sehen ist. Im Mapping-Ausdrucksbereich öffnet sich das besagte Mapping, in dem Sie nun verschiedene Aktivitäten und Anpassungen vornehmen können. Abbildung 5.18 zeigt beispielsweise eine Transformation.

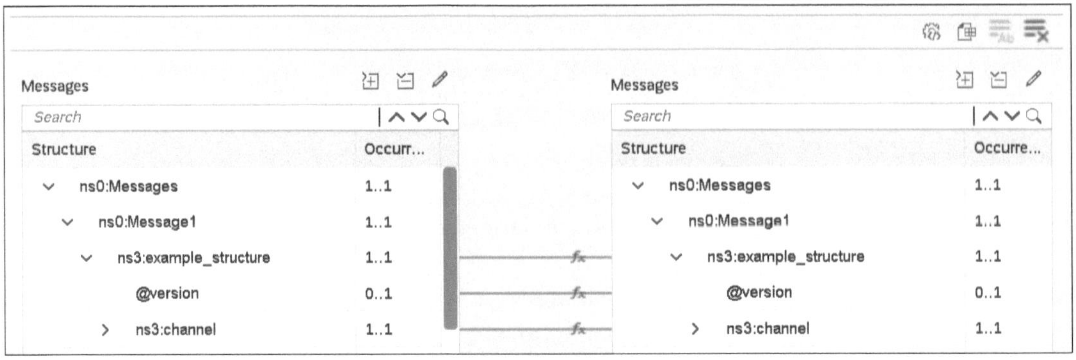

Abbildung 5.17 Quell- und Ziel-Mapping

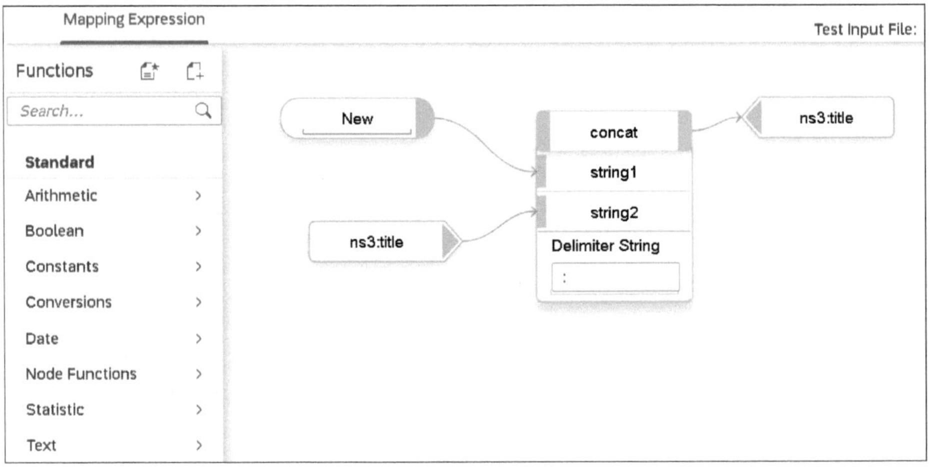

Abbildung 5.18 Transformation anpassen

Standardfunktionen in Cloud Integration

Auf der linken Seite befinden sich alle Standardfunktionen, die Cloud Integration anbietet. Diese werden in den dargestellten Kategorien zusammengefasst:

- **Arithmetic**: Hier finden Sie alle arithmetischen Funktionen wie z. B. Addition, Subtraktion, Ermittlung eines Minimalwerts, vergleich zwischen zwei Nummern usw.
- **Boolean**: Hier finden Sie alle Wahrheitswertfunktionen wie z. B. `OR`, `IF`, Vergleich zwischen zwei Wahrheitswerten usw.
- **Constants**: Hier finden Sie Funktionen für Konstanten.
- **Conversions**: Hier finden Sie die Funktionen für die Konvertierung von Daten. Sollten Sie ein Value Mapping angelegt haben, können Sie es mithilfe der `valueMapping`-Funktion an dieser Stelle nutzen. Sie können aber auch eine Fixwertfunktion nutzen.

- **Date**: Diese Kategorie beinhaltet alle Funktionen rund um das Datum. Sie können ein Datum generieren, transformieren oder zwei Einträge miteinander vergleichen.
- **Node Functions**: Hier finden Sie alle strukturellen Funktionen. Sie können u. a. weitere Kontexte hinzufügen oder entfernen oder auch prüfen, ob ein Knoten existiert.
- **Statistic**: Hier finden Sie statistische Funktionen wie die Durchschnitts- oder die Summenermittlung.
- **Text**: Hier finden Sie alle textbezogenen Funktionen. Sie können einen Text aufteilen, Elemente konkatenieren, zwei Strings miteinander vergleichen, eine Wertersetzung durchführen usw.

Eigene Funktionen erstellen

Sollten diese Standardfunktionen nicht ausreichen, können Sie über den Mapping-Ausdrucksbereich weitere Skripte hinzufügen. Nutzen Sie die Schaltfläche, um direkt neue Groovy-Script-Funktionen zu schreiben. Sollten Sie bereits über den Global-Bereich (siehe Abbildung 5.13) ein Groovy-Skript referenziert haben, können Sie dieses Skript über die Schaltfläche dem Mapping zuweisen. Egal für welche Variante Sie sich entscheiden, im Funktionsbereich entsteht eine neue Gruppe (**Custom**), die mit Ihren Funktionen gefüllt ist, wie in Abbildung 5.19 dargestellt.

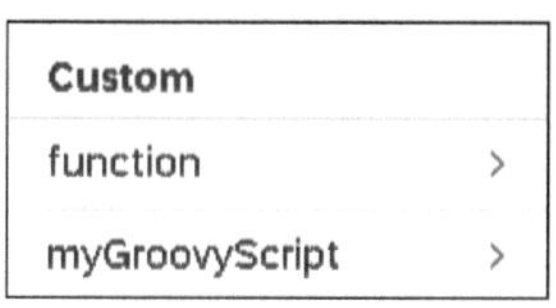

Abbildung 5.19 Eigene Funktionen im Message Mapping

> **Transformation von Elementen**
>
> Möchten Sie in der Zielstruktur Elemente manipulieren, die keine Verbindung zur Quellstruktur haben, können Sie das Element aus dem Mapping-Bereich in den Mapping-Ausdrucksbereich ziehen und danach die Transformationen durchführen.

Function Librarys

Funktionsbibliothek importieren

Um weiterhin auf die implementierten Funktionen aus SAP Process Orchestration zurückgreifen zu können, gibt es die Möglichkeit, die Funktionsbibliothek von SAP Process Orchestration zu migrieren. Auch können Sie beim Anlageprozess eine Datei hochladen, die eine Funktionsbibliothek enthält. Diese könnte z. B. aus einem anderen Paket oder aus einer anderen SAP Integration Suite stammen.

Integration Adapter

Integration Adapter anlegen

Sollten die vorhandenen Adapter nicht ausreichen, da noch weitere zusätzliche Funktionen wie Security oder Logging benötigt werden, können Sie eigene Integrationsadapter implementieren. Wie genau ein eigener Adapter implementiert werden kann, zeigen wir Ihnen in Abschnitt 5.3. Nachdem Sie den Adapter implementiert haben, können Sie diesen als Artefakt in ein Paket importieren. Dazu klicken Sie auf die Schaltfläche **Add** und wählen **Integration Adapter** aus. In der daraufhin erscheinenden Maske können Sie über die Schaltfläche **Browse** eine ***.esa**-Datei auswählen. Der Name, die ID und die Version werden aus den Metadaten der Datei übernommen. Sie können dem Adapter optional eine Beschreibung, einen Typ und eine Applikation zuordnen, wie beispielsweise in Abbildung 5.20 dargestellt.

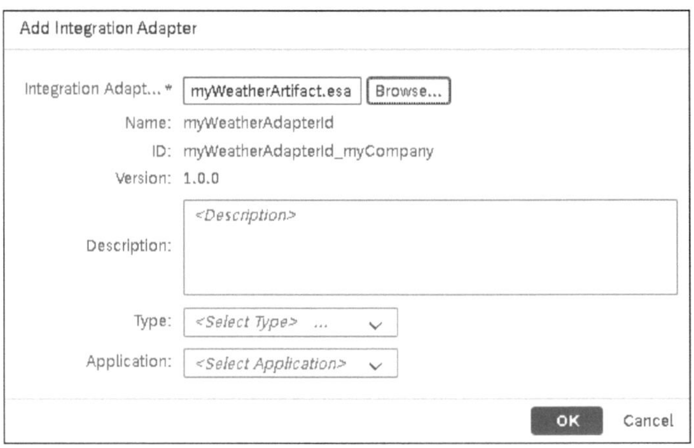

Abbildung 5.20 Kundenspezifischen Adapter anlegen

Nach der Anlage des Adapters müssen Sie den Adapter deployen. Danach kann er, wie in Abschnitt 5.1.2 beschrieben, wie ein ausgelieferter SAP-Adapter genutzt werden. Eine automatische Migration von entwickelten Adaptern in SAP Process Orchestration ist zum aktuellen Zeitpunkt nicht möglich.

Daten- und Nachrichtentypen

Daten- und Nachrichtentypen importieren

Auf der Paketebene können sowohl Datentypen als auch Nachrichtentypen aus SAP Process Orchestration importiert werden. Wie Datentypen und Nachrichtentypen aus SAP Process Orchestration migriert werden, zeigen wir Ihnen in Abschnitt 11.2, »Einzelne Integrationsobjekte migrieren«. Die

Nachrichtentypen können wiederum in einem Message Mapping referenziert und genutzt werden. Zum aktuellen Zeitpunkt ist es nicht möglich, in der SAP Integration Suite nativ Datentypen und Nachrichtentypen anzulegen.

5.1.2 Integrationsobjekte eines Integration Flows

Nachdem wir Ihnen alle Artefakte von Cloud Integration vorgestellt haben, gehen wir nun eine Ebene tiefer in den Integration Flow. Hier stehen Ihnen einige Integrationsobjekte zur Verfügung, um eine optimale Integration Ihrer Anforderungen zu erreichen. Abbildung 5.21 zeigt Ihnen einen beispielhaften Integration Flow, anhand dessen wir zunächst grob einige Begrifflichkeiten erklären.

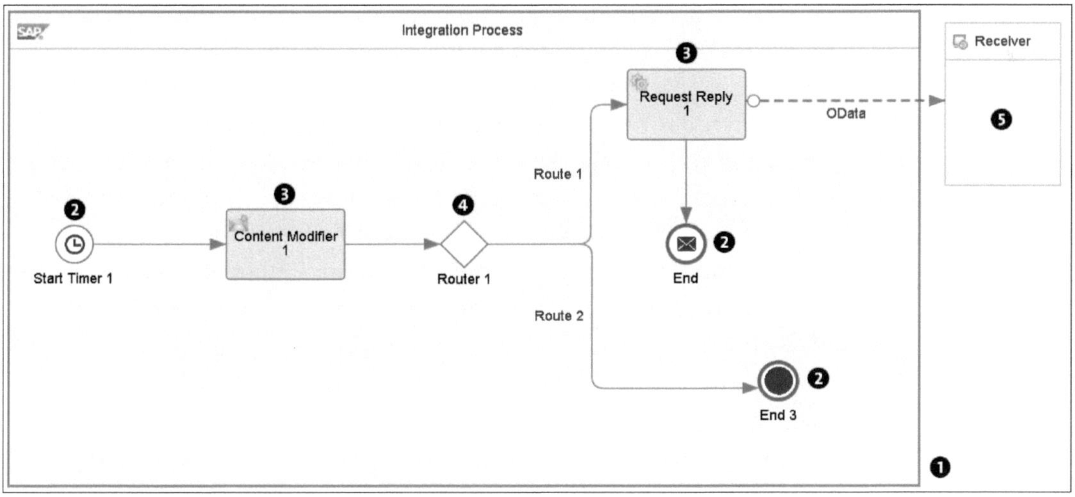

Abbildung 5.21 Beispiel eines Integration Flows

Grober Aufbau des Integration Flows

Das Objekt mit der Ziffer ❶ ist ein *Integrationsprozess* und ein Container für die Abfolge aller Aufgaben, die Sie in Ihrem Integration Flow abbilden möchten. Die Objekte mit der Ziffer ❷ stellen *Ereignisse* (engl. Events) dar und beginnen oder beenden einen Integrationsprozess. Ziffer ❸ markiert sogenannte *Aktivitäten*. Hier können unterschiedliche Aufgaben, wie z. B. Manipulationen an Daten oder Systemaufrufe stattfinden. Ziffer ❹ markiert *Gateways*. Gateways können den Verlauf des Prozesses beeinflussen und umlenken. Das Objekt mit der Ziffer ❺ stellt den Integrationsteilnehmer dar.

In diesem Abschnitt stellen wir Ihnen die einzelnen Integrationsobjekte genauer vor und zeigen Ihnen Beispiele, um ein genaues Verständnis über jedes Objekt zu erzeugen. Die Integrationsobjekte finden Sie in der Pflege eines Integration Flows, wie in Abbildung 5.2 beispielhaft dargestellt. Dieser Abschnitt zeigt die Integrationsobjekte zum Zeitpunkt der Bucherstellung. Es ist denkbar, dass im Laufe der nächsten Releasezyklen weitere Integrationsobjekte hinzukommen. Sollten Ihnen die Beispiele nicht ausreichen, finden Sie noch weitere Beispiele unter folgender URL *http://s-prs.de/v993306*.

Integrationsteilnehmer

Definition der Integrationsteilnehmer

In Cloud Integration werden unter dem Typ **Participants** (Integrationsteilnehmer) sowohl Sender als auch Empfänger verstanden. Die Integrationsobjekte finden Sie über die Schaltfläche . Auf den ersten Blick mag es so erscheinen, als hätten diese Integrationsteilnehmer keine technische Relevanz, doch sie bestimmen, welche anderen Integrationsobjekte sie anstoßen oder von welchen Integrationsobjekten sie aufgerufen werden. Ein prägnantes Beispiel hierfür ist der Facebook-Adapter, der ausschließlich für einen Empfänger verwendet werden kann. Dadurch können sie verschiedene Systeme, Clients oder auch Geschäftspartner repräsentieren. Beispielsweise könnten Systeme wie SAP S/4HANA, SAP Ariba oder externe Einrichtungen, wie das Finanzamt als Sender bzw. Empfänger fungieren. Die Integration kann dabei flexibel, je nach Anforderungen, gestaltet werden. Sie kann aus einem einzigen Sender- oder Empfängersystem, mehreren solchen Systemen oder in manchen Fällen sogar ohne ein solches System bestehen.

Prozesse

Definition der Prozesse

Sie finden die Integrationsobjekte vom Typ **Process** über die Schaltfläche (**Process**). In der SAP Integration Suite werden Prozess-Integrationsobjekte in drei Gruppen kategorisiert:

- **Integration Process** (Integrationsprozess)
- **Local Integration Process** (lokaler Integrationsprozess)
- **Exception Subprocess** (Ausnahmen-Subprozess)

Transaktions-Handling einschalten

Innerhalb dieser drei Integrationsobjekte haben Anwender*innen die Möglichkeit, das Transaktions-Handling zu konfigurieren. Dies ermöglicht es, den gesamten Prozess, inklusive eventueller Subprozesse, als eine einzige Transaktion zu betrachten. Als Konsequenz werden beispielsweise Operationen auf dem Data Store erst dann ausgeführt, wenn der Integration Flow erfolgreich abgeschlossen ist. Treten während der Ausführung Fehler auf, werden keine Einträge in die Datenbank geschrieben. Vorgesehene Datenbankzugriffe sind über JDBC (Required for JDBC) und JMS (Required for JMS) möglich. Bei aktiviertem Transaktions-Handling können Anwender*innen außerdem ein Zeitlimit festlegen. Überschreitet der Prozess dieses Limit (in Minuten), wird er automatisch abgebrochen.

[«]

Transaktions-Handling für Aggregator

Für das Aggregator-Integrationsobjekt ist das Transaktions-Handling über JDBC obligatorisch, um eine reibungslose Aggregation sicherzustellen, da während der Aggregationsausführungen Nachrichten in den Data Store geschrieben werden.

Prozessgruppen

Der *Integrationsprozess* stellt den Standardprozess dar, der erstellt wird, sobald ein Integration Flow definiert wird. Er bildet das Herzstück des Integration Flows und orchestriert alle Abläufe. Der *lokale Integrationsprozess* ist ein Prozess, der innerhalb eines Integration Flows aufgerufen wird. Im Unterschied zum standardmäßigen Integrationsprozess kann er ausschließlich über ein Process-Call- oder Looping-Process-Call-Integrationsobjekt angesprochen werden. Die bietet die Chance, Komplexität aus dem Haupt-Integration-Flow zu verlagern und die Integration modularer zu gestalten. Der lokale Integrationsprozess wird außerhalb des Hauptintegrationsprozesses positioniert. Der *Ausnahmen-Subprozess* ist hingegen ein integraler Bestandteil des Integrations- oder lokalen Integrationsprozesses. Er tritt in Aktion, sobald im Hauptprozess eine Ausnahme auftritt. Dies ermöglicht es den Anwender*innen, flexibel auf Fehler zu reagieren, beispielsweise durch ein Groovy-Skript, um dem Sender eine entsprechende Fehlermeldung zukommen zu lassen. Je nachdem, welches Event im Prozess verwendet wurde – sei es das End Message Event, das Error End Event oder das Escalation End Event – variiert die Art und Weise, wie eine Ausnahme dem Sender signalisiert wird. Die Unterschiede zwischen diesen Events werden im nächsten Abschnitt detailliert erläutert.

[+]

Modellierung des Ausnahme-Subprozesses

Wir empfehlen, für jeden Integrationsprozess sowie für jeden lokalen Integrationsprozess einen individuellen Ausnahmen-Subprozess zu modellieren.

Ereignisse

Ereignisse verwenden

Ein Integrationsprozess beginnt und endet mit einem Ereignis (Event). Sie zeigen auf, dass Nachrichten von anderen Systemen oder Prozessen eingehen oder an andere Systeme verschickt werden. Sie können in bestimmten

Zeitintervallen ausgelöst werden und auf Fehler eingehen. Die Ereignis-Integrationsobjekte finden Sie über die Schaltfläche . Die Ereignistypen können in die folgenden vier Kategorien eingeordnet werden; diese werden in den nachfolgenden Abschnitten erläutert:

- Message Events
- Process Events
- Timer Events
- Error Events

Message Event verwenden

Die Ereignistypen der Kategorie **Message Events** werden genutzt, wenn Nachrichten von einem System oder aus einem Integration Flow eingehen oder an ein anderes System versendet werden. Ein anderer Integration Flow wird dabei als ein anderes System gesehen. Im vorangehenden Abschnitt haben wir gesehen, dass bei der Erstellung eines neuen Integration Flows automatisch ein Integrationsprozess sowie ein Start Message Event und ein End Message Event angelegt werden. Das Start Message Event kann nun mit einem Integrationsteilnehmer vom Typ **Sender** verbunden werden. Dabei werden Ihnen alle zur Verfügung stehende Adapter angezeigt (siehe Abschnitt 5.1.3, »Adapter«). Für eine einfache Kommunikation reicht ein Sender. Wenn das End Message Event nicht mit einem Integrationsteilnehmer vom Typ **Empfänger** verbunden ist, wird der Nachrichteninhalt in diesem Schritt als Rückgabewert herangezogen und an den Sender zurückgesendet.

Process Events verwenden

Die Ereignistypen der Kategorie **Process Events** werden genutzt, um in einem lokalen Integration Flow den Anfang und das Ende des Prozesses zu markieren, da hier keine Nachrichten mit einem anderen System ausgetauscht werden. Das End-Event-Integrationsobjekt kann dazu noch im Integrationsprozess genutzt werden, um darzustellen, dass es keinen expliziten Empfänger der Nachricht gibt, und die Nachricht am Ende an den Sender zurückgeht. Für die Ereignisse dieser Kategorie gibt es keine Einstellungsmöglichkeiten.

Start Timer Event verwenden

Das *Start Timer Event* startet den Integration Flow nicht durch eine externe Nachricht, sondern zeitbasiert. Für die Steuerung dieses Ereignisses haben Sie, wie in Abbildung 5.22 zu sehen, die Möglichkeiten einer einmaligen Einplanung (Auswahl **Run Once**) des Integration Flows. Dabei wird der Integration Flow direkt nach einem erfolgreichen Deployment ausgeführt, oder Sie entscheiden sich für eine Einplanung zu einem bestimmten Tag (Auswahl **Schedule on Day**). Dabei können Sie für einen ausgewählten Tag bestimmen, wann und wie oft der Integration Flow durchlaufen werden soll. Als dritte Möglichkeit können Sie das Start Timer Event wiederkehrend (Auswahl **Schedule on Recur**) einplanen und dies auf eine Uhrzeit begrenzen.

Wenn Ihnen diese Einstellungen nicht ausreichen, können Sie mit der vierten Einplanungsmöglichkeit zur erweiterten Einstellung **Advanced** die Einplanung des Integration Flows sehr fein aussteuern. Dabei werden alle Einstellungen in Kombination betrachtet.

Beispiel Start Timer: erweiterte Einstellungen

Im Beispiel in Abbildung 5.22 wird der Integration Flow in den Monaten Juni bis August und am dritten Montag des Monats im 5-Minuten-Intervall durchgeführt.

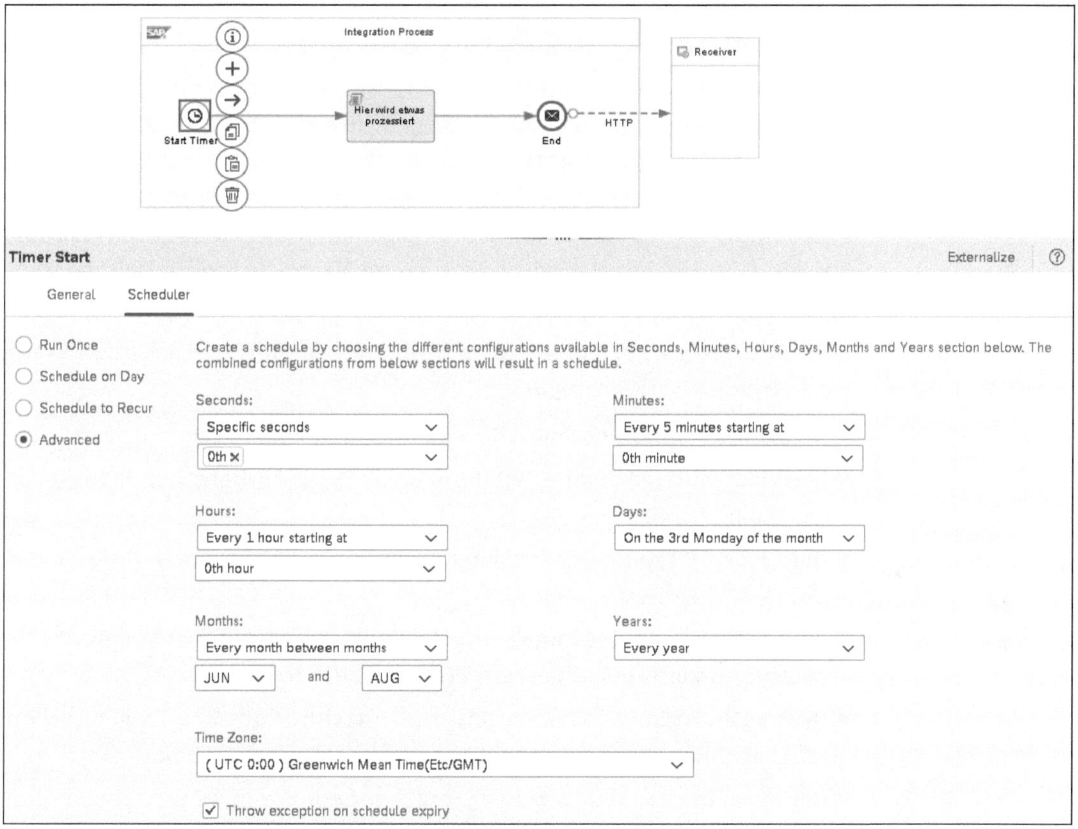

Abbildung 5.22 Start Timer – Beispiel: erweiterte Einstellungen

Error Events verwenden

Die Ereignistypen der Kategorie **Error** sind: **Error Start**, **Error End** und **Escalation End**. Sie werden genutzt, um Fehler und Ausnahmen zu behandeln. Mit einem Error Start Event beginnt der Ausnahme-Subprozess. Um einen Ausnahme-Subprozess zu beenden, können Sie ein End Message Event nutzen. Beim Erstellen eines Ausnahme-Subprozesses wird ein End Message Event als Standard angezeigt. Nach dem Beenden des Integration Flows mit einer Ausnahme wird in diesem Fall im Monitoring der Status **Completed** (erfolgreich) angezeigt. Nutzen Sie innerhalb des Ausnahme-Subprozesses statt eines End Message Events das Error End Event, wird der Status als **Failed** (fehlgeschlagen) im Monitoring dargestellt, sollte der Subprozess durchlaufen. Dem Sender wird dabei der HTTP-Statuscode 500 zurückgegeben.

[»]

Auslesen einer Fehlermeldung

Um eine detaillierte Ausnahme auszulesen, kann die Camel Expression `${exception.message}` in z. B. dem Integrationsobjekt **Content Modifier** verwendet werden. Dieses Integrationsobjekt erläutern wir im Laufe dieses Abschnitts im Zusammenhang mit den Transformationen.

Der Ereignistyp **Escalation** löst im Integrationsprozess bzw. im Ausnahme-Subprozess den Status **Escalated** (eskaliert) aus und führt dabei nicht zu einem Abbruch. Anders als bei den anderen Ereignistypen kann bei einem Eskalationsereignis eine Kategorie mitgegeben werden, die sowohl im Kopfbereich (Header) der Nachricht als auch im Nachrichtenverarbeitungsprotokoll angezeigt wird.

Kategorien: Eskalationsereignis

Folgende Kategorien stehen Ihnen im Integrationsobjekt **Escalation Event** als Auswahlfeld zur Verfügung:

- **Routing condition not met**: Routing-Bedingungen wurden nicht erfüllt.
- **Receiver not reachable**: Der Empfänger ist (vorübergehend) nicht erreichbar.
- **Receiver not found**: Der Empfänger wurde nicht gefunden (z. B. bei einem HTTP-404-Fehler).
- **Not authenticated to invoke receiver**: Beim Aufruf des Empfängers ist die Authentifizierung fehlgeschlagen (z. B. HTTP-401-Fehler).
- **Not authorized to invoke receiver**: Beim Aufruf des Empfängers haben die Berechtigungen nicht ausgereicht (z. B. HTTP-403-Fehler).
- **Receiver tries to redirect**: Der Empfänger konnte nicht erreicht werden (z. B. HTTP-302-Fehler).
- **Internal server error in receiver**: Im Empfängersystem trat ein Fehler auf (z. B. HTTP-500-Fehler).
- **Others – not further qualified**: Die Eskalationskategorie kann nicht weiter spezifiziert werden.

Mit der Ereigniskategorie **Terminate Event** können Sie Ihren Integrationsprozess sofort beenden. Wenn der Abschluss der Nachricht erfolgreich war und keine Fehler aufgetreten sind, wird der Status auf **Completed** (erfolgreich) gesetzt.

Konnektoren

Konnektoren verwenden

Konnektoren (Connectors) werden in der Modellierung verwendet, um Integrationsobjekte miteinander zu verbinden. Dabei wird zwischen durchgezogenen und gestrichelten Pfeilen unterschieden. Welche Pfeile genutzt werden und in welche Richtung die Pfeile gesetzt werden können, determiniert das System automatisch.

- *Durchgezogene Pfeile*: Diese Art wird genutzt, wenn Sie Integrationsobjekte innerhalb eines Prozesses miteinander verbinden möchten.
- *Gestrichelte Pfeile*: Diese Art wird genutzt, wenn Sie Integrationsteilnehmer mit Integrationsobjekten wie dem Start- und Endereignis oder Content Enricher und Request Reply miteinander verbinden möchten.

Sobald Sie zwei Objekte mit einem Pfeil verbinden, wird Ihnen eine Auswahl an möglichen Adaptern (siehe Abschnitt 5.1.3) angezeigt. Abbildung 5.23 stellt die möglichen Konnektoren dar. Daraus ist ersichtlich, dass der Content Enricher einen Pfeil vom Receiver zum Integrationsobjekt benötigt. Das Request-Reply-Objekt hat allerdings einen Pfeil zum Receiver.

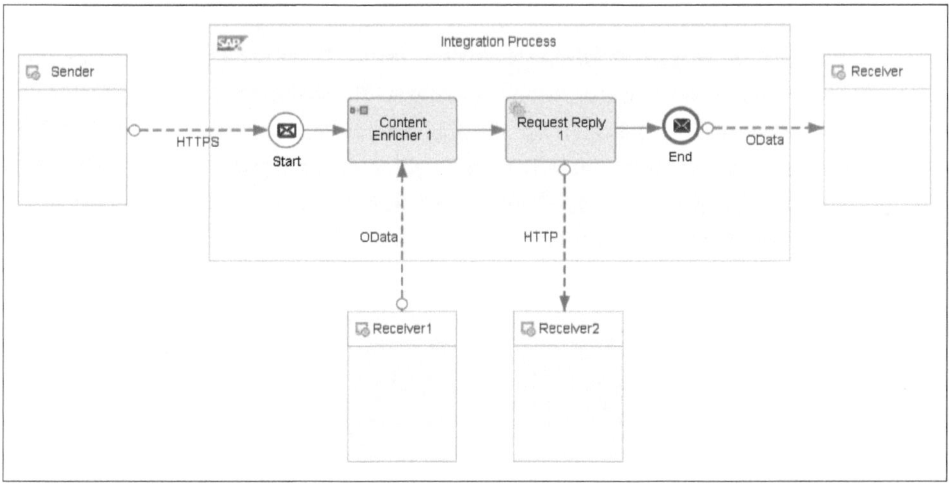

Abbildung 5.23 Mögliche Konnektoren

Mapping

Definition des Mappings

Mapping-Integrationsobjekte werden dazu verwendet, Quellstrukturen so zu transformieren, dass Empfängersysteme diese verstehen. Auch haben Sie die Möglichkeit, den Inhalt der Daten anzupassen. Eine solche Umformung kann z. B. das Konkatenieren eines Namens sein. Sendersystem A schickt Ihnen den Vornamen und Nachnamen in zwei getrennten Feldern. Das Empfängersystem B hat für diesen Inhalt nur das Feld **Name** vorgesehen. Sie können beide Felder zusammenführen und den Inhalt in das Zielfeld **Name** schreiben.

Mapping-Typen

Es gibt vier verschiedene Integrationsobjekte vom Typ **Mapping**, die Sie über die Schaltfläche ☰ finden:

- ID Mapping
- Message Mapping
- Operation Mapping
- XSLT Mapping

Anwendungsfall: ID Mapping

Das *ID Mapping* wird z. B. in der EDI-Verarbeitung genutzt, um eineindeutige IDs für eine Nachricht zu generieren, die Sie zuvor in Teilnachrichten aufgeteilt haben. Es basiert auf den Parametern der eingehenden Nachricht. Der Empfänger kann diese Nachricht mit der eineindeutigen ID prozessieren und stellt sicher, dass sie nur einmal verarbeitet wurde.

Nutzung des ID Mappings

Wenn Sie das Objekt in den Integrationsprozess gezogen haben, müssen Sie eine Quellnachrichten-ID (**Source Message ID**) vergeben. Der Kontext (**Context**) ist der zweite Parameter, auf dessen Grundlage die Zielnachrichten-ID generiert wird. Das Attribut Zielkopfname (**Target Header Name**) beschreibt, wohin im Kopf der Nachricht diese ID eingetragen wird. Des Weiteren definieren Sie über den Parameter **Visibility**, ob die ID-Generierung Integration-Flow-bezogen oder global über verschiedene Integration Flows des Tenants ist. Wenn Sie z. B. Bestellungen durch verschiedene Integration Flows verarbeiten und das Zielsystem das Gleiche ist, empfiehlt es sich, den Scope auf **Global** zu stellen.

[+]

Dynamische ID-Ableitung

Sie können die Quellnachrichten-ID dynamisch ermitteln, wenn Sie diese zuvor über einen Content Modifier in ein Feld (z. B. `orderno`) geschrieben haben. Danach können Sie diese über die Camel Notation `${property.orderno}` im Feld **Source Message ID** dynamisch auslesen.

Message Mapping anlegen

Das Integrationsobjekt **Message Mapping** ist eines der wichtigsten und somit meistgenutzten Objekte von Cloud Integration. Sobald Sie das Objekt in den Integrationsprozess gezogen haben, können Sie ein neues Message Mapping über die Schaltfläche (**Create**) anlegen. Sie können allerdings auch mit der Schaltfläche (**Assign**) ein bereits bestehendes Mapping einfügen. Dieses Mapping kann ein lokales, sich im Integration Flow befindliches Mapping sein, oder ein Message-Mapping-Artefakt im Paket (siehe Abschnitt 5.1.1). Alle in Abschnitt 5.1.1 genannten Funktionen treffen auch auf das hier genannte lokale Message Mapping zu.

> **Dynamische Mapping Ableitung**
>
> Auf der Registerkarte **Processing** haben Sie die Möglichkeit, das Message Mapping dynamisch anhand einer Camel Expression zu ermitteln, die Sie zuvor in ein Feld (`mapping`) eingetragen haben. Z. B. `${property.mapping}`

Operation Mapping

Operation Mapping verwenden

Sie haben in Cloud Integration keine Möglichkeit, um Operation Mappings anzulegen. Sie können aber aus einem vorhandenen SAP-Process-Orchestration-System bzw. aus Ihrem ES Repository ein vorhandenes Operation Mapping importieren und dieses über die Schaltfläche (**Assign**) referenzieren. Wie ein Operation Mapping als Artefakt angelegt wird, haben wir bereits in Abschnitt 5.1.1 erläutert. In Abschnitt 11.1, »Verbindung über den Cloud Connector einrichten«, werden die Voraussetzungen erläutert, die erforderlich sind, um eine Migration vom ES Repository von SAP Process Orchestration durchzuführen.

XSLT Mapping

Die Extensible Stylesheet Language Transformation (XSLT) ist eine Alternative zum zuvor genannten Message Mapping und basiert auf einer Transformation von XML-Nachrichten (Extensible Markup Language). Sie können Transformationen sowohl in Version 1.2 als auch in Version 3.0 anlegen.

XSLT Mapping anlegen

Wenn Sie das Objekt in den Integrationsprozess gezogen haben, können Sie ein neues XSLT Mapping über die Schaltfläche (**Create**) anlegen. Sie können allerdings auch mit der Schaltfläche (**Assign**) eine bereits bestehende Transformation einfügen. Diese Transformation kann eine lokale, sich im Integration Flow befindliche Transformation sein.

Wie in Abbildung 5.24 dargestellt, wird bei der Anlage eines neuen XSLT Mappings eine Grundlagenstruktur vorgegeben.

```
<?xml version="1.0" encoding="UTF-8"?>
<xsl:stylesheet version="3.0" xmlns:xsl="http://www.w3.org/1999/XSL/Transform">
    <xsl:template match="/">
        <!-- TODO: Auto-generated template -->
    </xsl:template>
</xsl:stylesheet>
```

Abbildung 5.24 Struktur neues XSLT Mappings

Innerhalb des XSLT Mappings können Sie alle Funktionen nutzen, die Ihnen in der XSLT-Version 3.0 zur Verfügung stehen.

[+]

Infomaterial über das XSLT Mapping

Auf der Internetseite *https://www.w3schools.com/xml/xsl_intro.asp* werden Ihnen alle wichtigen Funktionen zum XSLT Mapping detailliert erläutert.

[»]

Zugriff auf Header- und Property-Variablen

Neben den XML-Elementen im Body haben Sie im XSLT Mapping auch die Möglichkeit, auf Header- und Property-Variablen zuzugreifen. Dazu nutzen Sie das XSL-Element `value-of`, gefolgt von dem Attribut `select` und dem Namen der Header/Property-Variable. Ein Beispiel sehen Sie hier:

```
<xsl:value-of select="Header/Property-Variable" />
```

Header im XSLT Mapping auslesen

Bei der Parameterpflege des Integrationsobjekts **XSLT Mapping** können Sie eine Quelle des Mappings einstellen. Neben der Anlage im Integration Flow können Sie an dieser Stelle auf ein Header-Attribut verweisen, das das XSLT Mapping trägt.

[+]

Integration mit dem Trading Partner Management

In Abschnitt 6.2, »Trading Partner Management«, gehen wir detailliert auf das Trading Partner Management (TPM) ein. Möchten Sie das dort hinterlegte XSLT Mapping nutzen, können Sie die folgende Syntax im Header-Parameterinhalt nutzen:

```
pd:<Partner ID>:<Parameter ID>:<Parameter Type>
```

Transformationen

Die Integrationsobjekte vom Typ **Transformation** umfassen alle Objekte, die für die Manipulation von Kopf- und Nachrichteninhalten zuständig sind. In Cloud Integration stehen Ihnen dafür die folgenden Integrationsobjekte bereit, die wir Ihnen in den nachfolgenden Abschnitten detailliert erläutern:

- Content Modifier
- Converter
- Decoder
- EDI Extractor
- Encoder
- Filter Message Digest

- Script
- XML Modifier

Mit dem Objekt **Content Modifier** greifen Sie auf den Header-, Property- und Body-Bereich einer Nachricht zu und können diese verändern. Nachdem Sie das Integrationsobjekt Content Modifier aus der Kategorie Transformation in Ihren Integrationsprozess gezogen haben, stehen Ihnen vier Registerkarten in dem Parameterbereich zur Verfügung (siehe Abbildung 5.25). Content Modifier

Im Bereich **General** können Sie den Namen des Objekts vergeben. Auf der Registerkarte **Message Header**, können Sie Anpassungen im Kopfbereich durchführen. Wie in Abbildung 5.25 gezeigt, stehen Ihnen für diese Anpassung zwei Aktionen zur Verfügung. Mit der Auswahl **Delete** können Sie einzelne Header-Attribute entfernen. Mit der Auswahl **Create** wird das Attribut angelegt, dass Sie im Feld **Name** definieren.

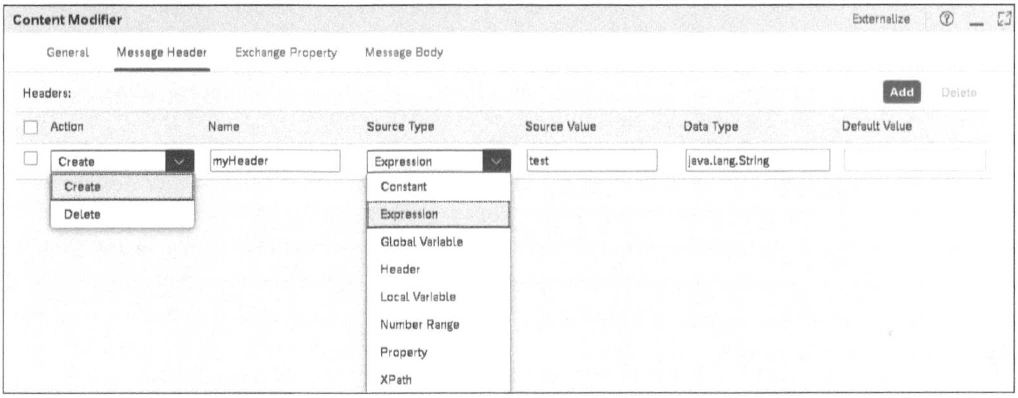

Abbildung 5.25 Content-Modifier-Einstellungen

Als Quellinhalt (**Source Type**) stehen Ihnen unterschiedliche Typen zur Verfügung, die in Tabelle 5.1 dargestellt sind. Diese Einstellungsmöglichkeiten stehen Ihnen auch auf der Registerkarte **Property** zur Auswahl. Content-Modifier-Einstellungen

Quelltyp	Beschreibung
Constant	Das Attribut `myHeader` wird mit einem konstanten Wert befüllt, den Sie unter **Source Value** eintragen.
Expression	Hier können Sie eine Camel Expression (siehe Abschnitt 3.4, »Bedeutung des Apache Camel Frameworks in der SAP Integration Suite«) unter **Source Value** angeben, um z. B. den Inhalt einer anderen Variablen auszulesen. Spezifizieren Sie unter **Data Type** den Datentyp z. B. `java.lang.String`.

Tabelle 5.1 Quelltypen von Header- und Property-Attributen

Quelltyp	Beschreibung
Global Variable	Zugriff auf eine globale Variable, die Sie zuvor mit dem Integrationsobjekt **Write Variables** (siehe den folgenden Abschnitt zur Persistenz) geschrieben haben. Unter **Source Value** tragen Sie den Namen der Variable ein.
Header	Zugriff auf eine Header-Variable. Unter **Source Value** tragen Sie den Namen der Variable ein.
Local Variable	Zugriff auf eine lokale Variable, die Sie zuvor mit dem Integrationsobjekt **Write Variables** (siehe Abschnitt Persistenz) geschrieben haben. Unter **Source Value** tragen Sie den Namen der Variable ein.
Number Range	ID eines Nummernkreises, den Sie zuvor in der Monitoring-Oberfläche (siehe Abschnitt 3.6.6, »Monitoring«) angelegt haben. Unter **Source Value** tragen Sie den Namen des Nummernkreises ein.
Property	Zugriff auf eine Property-Variable. Unter **Source Value** tragen Sie den Namen der Variable ein.
XPath	Zugriff auf ein Body-Element einer XML-Nachricht. Zum Beispiel `/root/ebene1/ebene2` gibt den Inhalt der Ebene 2 wieder. Tragen Sie den XPath unter **Source Value** ein und spezifizieren Sie unter **Data Type** den Datentyp, z. B. `java.lang.String`.

Tabelle 5.1 Quelltypen von Header- und Property-Attributen (Forts.)

[+]

XPath selektieren

Wenn der sendende Integrationsteilnehmer den Adaptertyp **SOAP** nutzt und Sie dort eine WSDL hinterlegt haben, können Sie beim Quelltyp **XPath** den Pfad über eine Selektionsmaske auswählen.

[»]

Datentyp für Expression und XPath pflegen

Für die beiden Quelltypen muss zusätzlich noch ein Datentyp gepflegt werden. Dabei können Sie sich für einen der drei Java-Klassen entscheiden:

- für String: `java.lang.String`
- für Integer: `java.lang.Integer`
- für Object: `java.lang.Object`

Message Body im Content Modifier setzen

Auf der Registerkarte **Message Body** können Sie den Body, also den Nachrichteninhalt, definieren. Sie können den Nachrichteninhalt über Konstanten befüllen oder Ausdrücke nutzen. Wenn Sie Ausdrücke innerhalb von Konstanten verwenden, müssen Sie den Typ **Expression** nutzen.

> **Ausführungsreihenfolge**
>
> Innerhalb eines Content Modifiers werden zur Laufzeit Header, Property und Body in genau dieser Reihenfolge gesetzt, wodurch Sie z. B. in den Property-Variablen auf die Header-Variable zugreifen können. Respektive können Sie auf der Registerkarte **Body** auf die zuvor gesetzten Variablen von Header und Property zugreifen.

Converter

Mithilfe der Integrationsobjekte der Gruppe **Converter** können Sie die Formate Comma-separated Values (CSV), Electronic Data Interchange (EDI) und JavaScript Object Notation (JSON) nach XML und vice versa konvertieren. Dazu stehen Ihnen über die Schaltfläche **Converter** die in Abbildung 5.26 gezeigten Integrationsobjekte zur Verfügung.

Abbildung 5.26 Converter: Integrationsobjekte

Converter nutzen

Dabei bieten die einzelnen Converter die für das Quell- und Zielformat notwendigen Einstellungen. Nachdem Sie einen Converter in den Integration Flow gezogen haben, können Sie im allgemeinen Bereich einen Namen eintragen. Im Verarbeitungsbereich (**Processing**) müssen Sie Converter-spezifische Informationen eintragen. Der JSON-zu-XML-Converter funktioniert out of the box, d. h., dass er sofort verwendbar ist, ohne dass Sie weitere Einstellungen vornehmen müssten. Dennoch haben Sie die Möglichkeit, für Ihren Sachverhalt weitere Parameter zu befüllen, wie in Abbildung 5.27 dargestellt.

Converter konfigurieren

Sie können optional eine Namensraumkonvertierung vornehmen, wobei einzelnen JSON-Elementen XML-Namensräume zugewiesen werden. Wenn das vorliegende JSON-Dokument einen anderen Zeichentrenner als den Doppelpunkt verwendet, stehen Ihnen hier weitere verschiedene Möglichkeiten zur Verfügung.

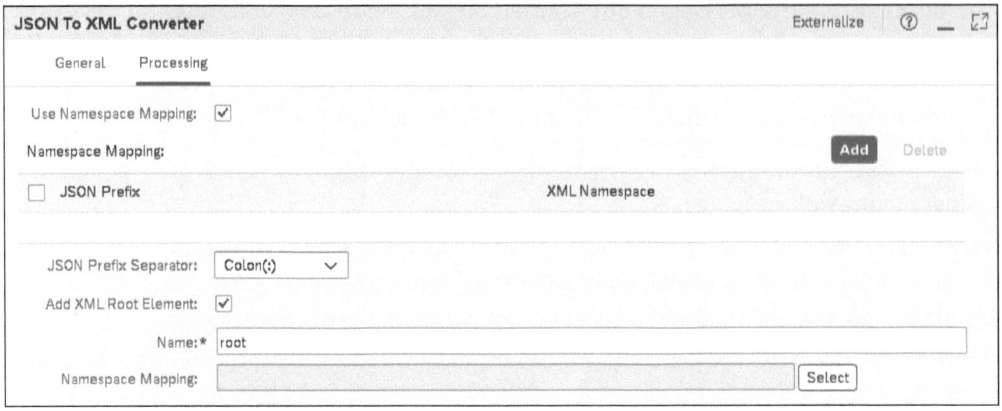

Abbildung 5.27 Parameter JSON to XML Converter

Optional können Sie ein **XML Root Element** (XML-Wurzelelement) hinzufügen. Dieses Element ist standardmäßig ausgewählt und mit **root** gefüllt. Als letzten Parameter können Sie ein Namespace Mapping für das Root-Element vornehmen. Voraussetzung dafür ist, dass Sie unter **Runtime Configuration** im Integration Flow mindestens ein Namespace Mapping definiert haben (siehe Abschnitt 5.1.1). Im Folgenden möchten wir Ihnen ein Beispiel für die JSON-to-XML-Konvertierung vorstellen. Listing 5.1 zeigt das JSON aus dem Quellsystem, und Listing 5.2 zeigt die konvertierte XML.

```
{
   "Person":{
      "Item":[
         {
            "Name":"Enrico Hegenbart",
            "Alter":"34",
            "Organisation":"op"
         }
      ]
   }
}
```

Listing 5.1 Ursprungs-JSON vor der Konvertierung

Nach der Konvertierung sieht die XML folgendermaßen aus:

```
<?xml version='1.0' encoding='UTF-8'?>
<root>
 <Person>
  <Item>
   <Name>Enrico Hegenbart</Name>
```

```
    <Alter>34</Alter>
    <Organisation>op</Organisation>
  </Item>
 </Person>
</root>
```

Listing 5.2 Ziel-XML nach der Konvertierung

5

[«]

Einschränkungen des JSON Converters

Bei der Verwendung des JSON Converters gibt es einige Einschränkungen, die Sie beachten sollten:

- XML-Elemente und -Attribute dürfen keine JSON-Delimiter-Zeichen beinhalten.
- JSON muss immer mit einem Objekt beginnen. Arrays sind nicht zugelassen.
- Das oberste JSON-Objekt, also das Wurzelobjekt, darf maximal aus einem Element bestehen.
- Wenn für ein JSON-Präfix kein XML-Namensraum definiert ist, wird der gesamte JSON-Element-Name mit Präfix verwendet.

Decoder und Encoder

Über den Pfad **Transformation • Decoder** bzw. **Encoder** finden Sie vier verschiedene Decoder bzw. Encoder. Bei einer Kommunikation kann es vorkommen, dass Dateninhalte codiert in der SAP Integration Suite ankommen und diese zunächst dechiffriert werden müssen, um diese in der weiteren Verarbeitung nutzen zu können. In der folgenden Liste finden Sie die zur Verfügung stehenden Decoder und Encoder. Wir werden diese nachfolgend kurz erläutern:

- Base64
- GZIP
- ZIP
- MIME

Base64-Transformation

Die in der Internetkommunikation geläufigste Kodierungsmethode ist *Base64*. Dabei wird der Rohtext in eine maximale Zeichengröße von 64 kodiert. Der kodierte Text besteht daraufhin aus dem Alphabet in Groß- und Kleinschreibung, den Ziffern 0 bis 9 und den Sonderzeichen Plus (+), Slash (/) und Gleich (=). Es steht keine weitere Parametrisierung zur Verfügung.

GNU-ZIP-Transformation

GZIP steht für *GNU ZIP* und ist eine freie Komprimierungsmethode, d. h., dass der Algorithmus open-source und somit einsehbar ist. Sie können mit dem Decoder eingehende GZIP-Archive dekodieren und mit dem Encoder GZIP-Archive erstellen und diese z. B. auf ein SFTP-Verzeichnis hochladen oder einer E-Mail anhängen. Es steht keine weitere Parametrisierung zur Verfügung.

ZIP-Transformation

Ähnlich wie der GZIP-Encoder/-Decoder funktioniert auch der ZIP-Encoder/-Decoder. Er entpackt ein vorhandenes Archiv bzw. packt ein Archiv. Es steht keine weitere Parametrisierung zur Verfügung.

Den Multipurpose Internet Mail Extensions (*MIME*) Multipart Encoder können Sie z. B. verwenden, wenn der Empfänger keine Anhänge unterstützt. Dabei werden Header, Nachrichten-Body und die Anhänge in einfache Nachrichten konvertiert.

Über den Pfad **Transformation • EDI Extractor** finden Sie den EDI Extractor. Damit extrahieren Sie Informationen bzw. EDI-Header-Daten und schreiben diese in die Camel Header von Cloud Integration, sodass sie im Verlauf der Prozessierung weiterverwendet werden können. Aktuell werden Flat Files, XML-Daten sowie folgende Dokumente unterstützt:

- EDIFACT
- EANCOM
- ODETTE
- TRADACOMS
- ASC-X12

Filter konfigurieren

Über den Pfad **Transformation • Filter** finden Sie das Integrationsobjekt **Filter**. Es erlaubt Ihnen, XML-basierte Daten zu filtern und genau die Daten wiederzugeben, die Sie benötigen. Nachdem Sie einen Filter in den Integrationsprozess gezogen haben, können Sie diesen parametrisieren. Dafür können Sie auf der Registerkarte **Processing** eine *XPath-Expression*, d. h. einen Ausdruck, der sich auf den XML-Pfad bezieht, eintragen. In Kombination mit dem Wertetyp (*Value Type*) ergeben diese Einstellungen einen Filter. In Tabelle 5.2 stellen wir Ihnen die möglichen Wertetypen vor.

Wertetyp	Beschreibung
Boolean	Als Boolean werden Wahrheitswerte, also wahr oder falsch (`true` oder `false`) als Ergebniswerte zurückgegeben. Dabei wird zurückgegeben, ob ein Element in der vorhandenen XML den Vergleichswert innehat. Wenn kein Vergleichswert angegeben wird, wird lediglich geprüft, ob das Element existiert.

Tabelle 5.2 Wertetypenfilter

Wertetyp	Beschreibung
Integer	Bei diesem Wertetyp wird eine ganze positive oder negative Zahl zurückgegeben.
Node	Bei diesem Wertetyp wird das gefundene Element/der gefundene Knoten zusammen mit dem Inhalt zurückgegeben.
Nodelist	Bei diesem Wertetyp wird eine Liste an Elementen inklusive deren Inhalten zurückgegeben.
String	Bei diesem Wertetyp wird eine Zeichenkette zurückgegeben.

Tabelle 5.2 Wertetypenfilter (Forts.)

Um die Wertetypen aus Tabelle 5.2 zu verstehen, erweitern wir das JSON-to-XML-Converter-Beispiel aus Abschnitt 5.1.2 und stellen die Ergebnisse in Tabelle 5.3 dar. Als Grundlage des Filters verwenden wir die XML-Nachricht aus Listing 5.3.

```
<?xml version='1.0' encoding='UTF-8'?>
<root>
 <Person>
  <Item>
   <Name>Enrico Hegenbart</Name>
   <Alter>34</Alter>
   <Organisation>op</Organisation>
  </Item>
  <Item>
   <Name>Jan Arensmeyer</Name>
   <Alter>33</Alter>
   <Organisation>op</Organisation>
  </Item>
 </Person>
</root>
```

Listing 5.3 Beispiel: XML-Filter

Als XPath Expression wenden wir in diesem Fall `/root/Person/Item/Alter` für alle Wertetypen an und erhalten dabei die in Tabelle 5.3 dargestellten Ergebnisse.

Wertetyp	Ergebnis
Boolean	`true` – da wir mindestens ein Element **Alter** in der XML haben
Integer	`34.0` – da bei mehreren Elementen der erste Wert ausgegeben wird
Node	`<Alter>34</Alter>` – da bei mehreren Elementen das erste Element ausgegeben wird
Nodelist	`<Alter>34</Alter><Alter>33</Alter>`
String	34 – da bei mehreren Elementen der erste Wert ausgegeben wird (Beachten Sie den Unterschied zum Ergebnis von Integer)

Tabelle 5.3 Ergebnisse des Beispiels »XML-Filter pro Wertetyp«

[»]

Funktionsverwendung des Filters

Neben einfachen XPath-Anweisungen haben Sie auch die Möglichkeit, komplexe Abfragen zu gestalten:

- Mit der folgenden Funktion können Sie aus dem Property-Parameter `name` Inhalte auslesen und verwenden:
  `function:simple('${property.name}')`
- Mit der Funktion `sort` können Sie die Nodelist sortieren:
  `sort(/root/Person/Item/Alter)`
- Mit der Funktion `max` können Sie einen Knoten ausgeben, der die größte Zahl vorweist. In dem Beispiel können wir z. B. das Alter nehmen, dann wäre die Anweisung:
  `/root/Person/Item[Alter = max(/root/Person/Item/Alter)]`

Integrationsobjekt Message Digest

Über den Pfad **Transformation • Message Digest** finden Sie das Integrationsobjekt **Message Digest**. Es erlaubt Ihnen, aus der Payload der Nachricht oder aus einer Teil-Payload einen Hash zu generieren. Damit haben Sie die Möglichkeit zu überprüfen, ob sich im Laufe eines Prozesses die Nachricht geändert hat, ohne die Nachricht selbst zu überprüfen. Als optionalen Parameter können Sie einen Filter (XPath) eingeben, wenn Sie den Hash über einen Teil der Nachricht bilden möchten. Dabei stehen Ihnen fünf verschiedene Hash-Algorithmen zur Verfügung:

- Message Digest Algorithm 5 (MD5)
- Secure Hash Algorithm (SHA1)
- Secure Hash Algorithm mit 256 Bit (SHA256)
- Secure Hash Algorithm mit 384 Bit (SHA384)
- Secure Hash Algorithm mit 512Bit (SHA512)

Bevor die Informationen gehasht werden, können diese mittels einer kanonisierenden Methode transformiert werden. Dadurch werden unwichtige Zeichen und Elemente entfernt. Die Originalnachricht bleibt davon unberührt. Als Kanonisierungsmethoden stehen Ihnen die folgenden vier Methoden zur Verfügung:

- Canonical XML Version 1.0
  Weitere Informationen finden Sie unter *http://s-prs.de/v993307*
- Canonical XML with Comments Version 1.0
  Weitere Informationen finden Sie unter *http://s-prs.de/v993308*
- Exclusive XML Canonicalization Version 1.0
  Weitere Informationen finden Sie unter *http://s-prs.de/v993309*
- Exclusive XML Canonicalization with Comments Version 1.0
  Weitere Informationen finden Sie unter *http://s-prs.de/v993310*
- none
  Es findet keine Kanonisierung statt, bevor das Hash-Verfahren angewendet wird.

[«]

Einschränkungen von Message Digest

Message Digest funktioniert ausschließlich beim Vorliegen von Nachrichten im XML-Format. Möchten Sie z. B. über eine JSON-Nachricht einen Hash generieren, müssen Sie diese zwangsläufig zunächst mit dem JSON-to-XML-Converter in das XML-Format konvertieren.

Transformation Script

Das Transformationsintegrationsobjekt der Gruppe **Script**, die Sie über den Pfad **Transformation • Script** finden, nutzen Sie, wenn Ihnen die Standardfunktionen von Cloud Integration nicht ausreichen. Sie können zum aktuellen Zeitpunkt in den Sprachen *Groovy Script* (Version 2.4.12) und *JavaScript* (Version 1.7 R4) Skripte erstellen. Dabei können Sie auf die Header-, Property- und Body-Daten zugreifen und diese auslesen und verändern. Die folgenden Erläuterungen, die quellcode-spezifischen Informationen ausgenommen, gelten für sowohl Groovy Script als auch für JavaScript. Um ein Skript anzulegen, können Sie aus der Liste der Integrationsobjekte eines der beiden Skriptobjekte (Groovy Script oder JavaScript) wählen und in den Integrationsprozess hineinziehen. Ab hier können Sie, ähnlich wie bei den anderen Objekten, mithilfe der Schaltfläche (**Anlegen**) ein neues Skript anlegen oder mithilfe der Schaltfläche (**Zuweisen**) ein bereits vorhandenes Skript zuweisen. Dabei kann das vorhandene Skript ein lokales Skript sein oder ein Skript einer Skript-Kollektion, die Sie zuvor in Ihrem Paket angelegt und veröffentlicht haben (siehe Abschnitt 5.1.1). Zusätzlich müssen Sie in den Einstellungen des Integration Flows die Skript-Kollektion als referenzierte Ressource zuweisen (siehe Abbildung 5.28).

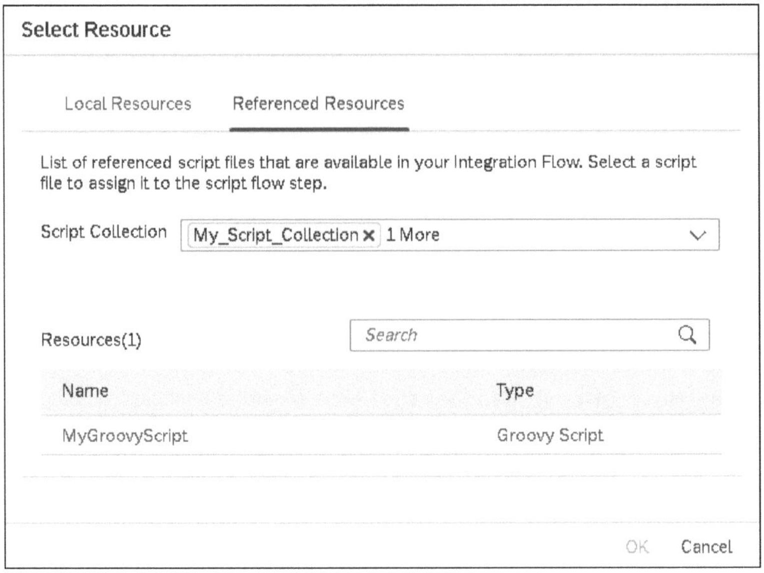

Abbildung 5.28 Skript einer Skript-Kollektion zuweisen

Skripte referenzieren

Wenn alle Voraussetzungen erfüllt sind, werden Ihnen auf der Registerkarte **Referenced Resources** (referenzierte Ressourcen) alle Skripte der zugewiesenen Skript-Kollektionen angezeigt, wovon Sie eine wählen können. Wenn Sie sich dazu entscheiden, ein Skript zu referenzieren, anstatt ein neues Skript anzulegen, wird eine **.groovy**-Datei erzeugt und bereits mit Inhalt gefüllt. Diese können Sie als Vorlage nutzen.

[+]

Fragen zu der SAP-Integration-Zertifizierung

Eine der möglichen Fragen zu der Zertifizierung zum SAP Integration Associate ist, welches Paket zwangsläufig in einem Groovy-Skript importiert werden muss, damit das Skript funktionsfähig ist. Es handelt sich dabei um das Paket `com.sap.gateway.ip.core.customdev.util.Message`.

In Abschnitt 12.3, »Groovy-Code-Snippets«, gehen wir noch einmal auf das Thema Grooy Script ein und geben Ihnen ein paar Beispiele an die Hand, die Sie in Ihren Integrationsprozessen verwenden können.

[»]

XML-Prozessierung

Cloud Integration unterstützt das Document Object Model (DOM), um XML-Dokumente zu parsen.

[+]

Entwicklung von Skripten

Der Skript-Editor unterstützt Zeilennummern, eine farbige Syntaxhervorhebung und eine Autovervollständigung. Allerdings werden Syntaxfehler weder beim Speichern noch beim Deployment, sondern erst bei der ersten Ausführung bemerkt. Daher empfehlen wir bei großen, komplexen Skripten die Nutzung einer externen IDE, wie Eclipse, IntelliJ oder Atom.

Transformationsobjekt »XML Modifier«

Das Transformationsobjekt **XML Modifier** kann eine eingehende XML-Nachricht so überarbeiten, dass keine Fehler in der weiteren Verarbeitung entstehen. Auf der Registerkarte **Processing** des Objekts stehen Ihnen die in Abbildung 5.29 gezeigten Einstellungen zur Verfügung.

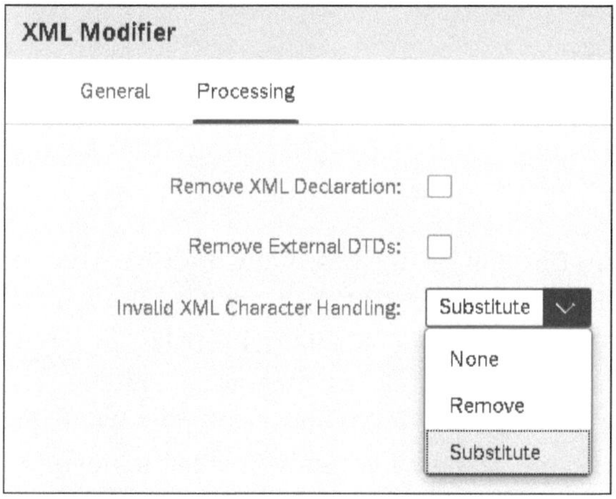

Abbildung 5.29 XML-Modifier-Einstellungen

Beispiel zum XML Modifier

Im Folgenden entfernen wir das Beispiel in Listing 5.4 durch einen XML Modifier anhand der angehakten Checkbox **Remove XML Declaration** (XML-Deklaration entfernen) und darauffolgend durch einen XML Modifier über die angehakte Checkbox **Remove External DTDs** (externe DTDs entfernen), um die Unterschiede zu zeigen.

```
<?xml version='1.0' encoding='UTF-8' ?>
<!DOCTYPE root SYSTEM "extern.dtd">
 <root>
   <buch>Integration Suite - das Praxishandbuch</buch>
 </root>
```

Listing 5.4 XML-Beispiel vor der Anwendung eines XML Modifiers

Wenn das Häkchen zu **Remove XML Declaration** gesetzt ist, wird die gesamte Zeile, beginnend mit `<?xml`, entfernt. Das Ergebnis sehen Sie in Listing 5.5.

```
<!DOCTYPE root SYSTEM "extern.dtd">
 <root>
   <buch>Integration Suite - das Praxishandbuch</buch>
 </root>
```

Listing 5.5 XML-Beispiel nach der Anwendung »Remove XML Declaration«

Wenn das Häkchen **Remove External DTDs** gesetzt ist, wird die gesamte Zeile, beginnend mit `<!DOCTYPE`, entfernt. Das Ergebnis nach der Anwendung sehen Sie in Listing 5.6.

```
<?xml version='1.0' encoding='UTF-8' ?>
 <root>
   <buch>Integration Suite - das Praxisandbuch</buch>
 </root>
```

Listing 5.6 XML-Beispiel nach der Anwendung »Remove External DTDs«

DTD steht für Document Type Deklaration und beschreibt die XML-Struktur und deren Elemente. Damit lässt sich die Gültigkeit der Struktur prüfen. Wenn die eingehende XML DTDs mit externer Referenz, wie in Listing 5.4 gezeigt, beinhaltet, wird die Prozessierung in Cloud Integration fehlschlagen. Daher empfiehlt es sich, an dieser Stelle die DTDs zu entfernen. Wenn die eingehende XML-Nachricht keine validen Zeichen beinhaltet, können Sie sie mithilfe der Auswahl **Invalid XML Character Handling** nutzen. Dabei stehen Ihnen die Funktionen **Remove** (Entfernen) oder **Substitute** (Ersetzen) zur Verfügung. Bei der Auswahl von **Substitute** wird das bestehende Zeichen durch eine Raute (#) ersetzt.

[»]

Gültige Zeichen

Die gültigen Zeichen hängen von der genutzten XML-Version ab.

Für weitere Informationen der XML-Version 1.1 nutzen Sie den folgenden Link: *http://s-prs.de/v993311*

Call

Call-Integrationsobjekte

Mithilfe der Integrationsobjekte der Gruppe **Call** (Aufruf) können Sie Aufrufe gegen externe Systeme, andere Integration Flows und lokale Integration Flows durchführen. Sie finden die Integrationsobjekte über die Schaltfläche . Die Gruppe **Call** wird in zwei Typen unterschieden – externer Aufruf (**External Call**) und lokaler Aufruf (**Local Call**). In Abbildung 5.30 und Abbildung 5.31 können Sie die einzelnen Integrationsobjekte erkennen.

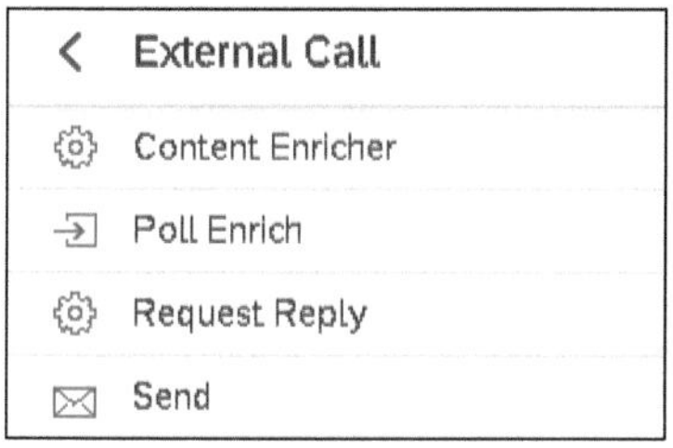

Abbildung 5.30 Integrationsobjekte der Kategorie »External Call«

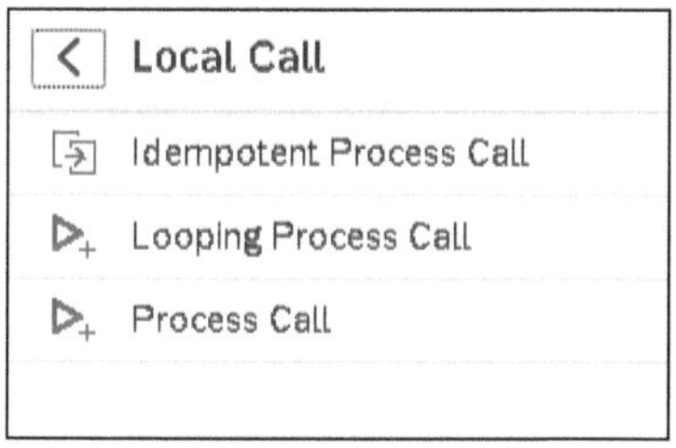

Abbildung 5.31 Integrationsobjekte der Kategorie »Local Call«

Content Enricher

Der *Content Enricher* unterstützt Sie bei der Anreicherung und Erweiterung des Inhalts Ihrer Integration. Obwohl der Aufruf aus dem Integrationsobjekt zu dem Integrationsteilnehmer **Empfänger** besteht, müssen Sie den Pfeil vom Empfänger zu dem Objekt **Content Enricher** einzeichnen. Nachdem Sie den Pfeil eingezeichnet haben, bekommen Sie eine Auswahl an verschiedenen Adaptern. Diese werden in Abschnitt 5.1.3 behandelt. Im Content Enricher selbst haben Sie die Möglichkeit, zwei unterschiedliche Aggregationsalgorithmen (**Aggregation Algorithm**) auszuwählen.

Beispiel »Combine«

Der Algorithmus **Combine** fügt der bestehenden Nachricht die Antwort des Empfängers in einem neuen Container hinzu. Dabei wird die Struktur der XML-Nachricht verändert. Es entsteht ein neues umschließendes XML-Tag <multimap:Messages xmlns:multimap="http://sap.com/xi/XI/SplitAndMerge">, auf das Sie bei der weiteren Verarbeitung, insbesondere bei Transformationsschritten, achten sollten. Wir nutzen den Content Enricher, um die Nachricht aus Listing 5.7 mit dem Algorithmus **Combine** anzureichern und gehen davon aus, dass der Empfänger mit der gleichen XML antwortet. Dann entsteht die XML-Nachricht in Listing 5.8.

```
<root>
 <buch>SAP Integration Suite - das Praxishandbuch</buch>
</root>
```

Listing 5.7 Ausgangsnachricht Content Enricher

```
<multimap:Messages xmlns:multimap="http://sap.com/xi/XI/
SplitAndMerge">
 <multimap:Message1>
  <root>
   <buch> SAP Integration Suite - das Praxishandbuch </buch>
  </root>
 </multimap:Message1>
 <multimap:Message2>
  <root>
   <buch> SAP Integration Suite - das Praxishandbuch </buch>
 </root>
 </multimap:Message2>
</multimap:Messages>
```

Listing 5.8 Endergebnis Content Enricher mit Combine-Algorithmus

Beispiel »Enrich«

Bei dem Aggregationsalgorithmus **Enrich** können Sie Informationen aus der Originalnachricht mit der empfangenden Nachricht über Schlüsselpaare zusammenführen. Abbildung 5.32 zeigt eine Beispielparametrisierung.

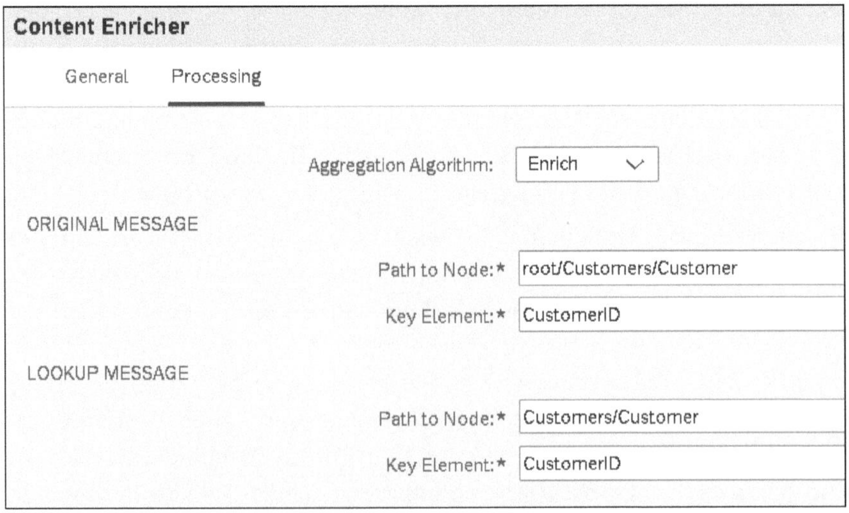

Abbildung 5.32 Content Enrichter: Beispielparametrisierung

Als Grundlage dafür dient die XML, die in Listing 5.9 gezeigt wird.

```
<root>
 <Customers>
  <Customer>
   <CustomerID>ANATR</CustomerID>
  </Customer>
  <Customer>
   <CustomerID>ANTON</CustomerID>
  </Customer>
 </Customers>
</root>
```

Listing 5.9 Content Enricher: Beispiel-XML

Sobald der Content Enricher durchgelaufen ist und die Zusammenführung erfolgreich war, wird das Ergebnis aus Listing 5.10 angezeigt.

```
<root>
 <Customers>
  <Customer>
   <CustomerID>ANATR</CustomerID>
   <Customer>
    <Address>Avda. de la Constitución 2222</Address>
    <CustomerID>ANATR</CustomerID>
   </Customer>
  </Customer>
  <Customer>
   <CustomerID>ANTON</CustomerID>
   <Customer>
    <Address>Mataderos 2312</Address>
    <CustomerID>ANTON</CustomerID>
   </Customer>
  </Customer>
 </Customers>
</root>
```

Listing 5.10 Content Enricher: Ergebnis-XML

Beachten Sie beim Ergebnis, dass sich die angereicherten Kundendaten in einem anderen Kontext befinden. Mithilfe einer weiteren Transformation müssen Sie, wenn gewünscht, den Kontext der angereicherten Nachrichten anpassen.

Poll Enrich

Das Integrationsobjekt **Poll Enrich** funktioniert ähnlich wie der Content Enricher. Es gibt allerdings ein paar grundlegende Unterschiede. Nachdem das Objekt in den Integrationsprozess eingefügt worden ist, muss ein Pfeil von einem Integrationsteilnehmer vom Typ **Sender** an das Objekt gezogen werden, und es ist nur die Auswahl eines SFTP-Adapters möglich (siehe Abschnitt 5.1.3). Als Einstellungsmöglichkeiten stehen Ihnen die drei folgenden Aggregationsalgorithmen zur Verfügung:

- **Combine XML**: Der Algorithmus **Combine XML** kombiniert die Originalnachricht mit der vom SFTP-Server abgeholten Nachricht. Dabei wird der XML-Tag `<multimap:Messages xmlns:multimap="http://sap.com/xi/XI/SplitAndMerge">` hinzugefügt und die beiden Einzelnachrichten in Nachrichtenblöcke (**Message 1** und **Message 2**) geschrieben. Sinnvoll ist diese Verknüpfung, wenn es sich sowohl bei der Originalnachricht als auch bei der gelesenen Nachricht um XML-Nachrichten handelt.
- **Concatenate**: Der Algorithmus **Concatenate** fügt den Inhalt der gelesenen Nachricht an den Inhalt der Originalnachricht an. Sinnvoll ist diese Kombination bei String-basierten Nachrichten.
- **Replace**: Der Algorithmus **Replace** ersetzt die Originalnachricht durch die gelesene Nachricht. Dabei werden sowohl alle Header-Attribute als auch die Payload überschrieben.

Der Enrich-Algorithmus steht bei diesem Integrationsobjekt nicht zur Auswahl. Sollten Sie eine Fehlermeldung wünschen, wenn keine Nachricht auf dem SFTP-Server gefunden wird, können Sie das Häkchen bei dem Parameter **Throw Exception if no Message Found** (Ausnahme werfen, wenn keine Nachricht gefunden wurde) setzen.

[+]

SFTP-Adapter-Einstellungen für Poll Enrich

Wenn Sie eine XML-Datei auf dem SFTP-Server bereitstellen, die für jeden Durchlauf eines Integration Flows benötigt wird, können Sie in den SFTP-Post-Processing-Einstellungen die Option **Keep File and Process Again** (Datei behalten und nochmal prozessieren) konfigurieren.

Integrationsobjekt »Request Reply«

Mithilfe des Integrationsobjekts **Request Reply** können Sie Fremdsysteme oder andere Integration Flows synchron aufrufen. Dabei wird die aktuelle Payload mit der Payload aus der Response, also durch die Antwort des Empfängersystems ersetzt. Einstellungsmöglichkeiten gibt es in diesem Integrationsobjekt nicht.

Send

Das Integrationsobjekt **Send** kann Nachrichten ohne eine Antwort an einen Empfänger schicken. Ihnen stehen hierfür diverse Adapter zur Auswahl zur Verfügung, nachdem Sie das Objekt in den Integrationsprozess gezogen und diesen mit einem Integrationsteilnehmer vom Typ Empfänger verbunden haben (siehe Abschnitt 5.1.3). In dem Objekt selbst haben Sie keine weiteren Einstellungsmöglichkeiten.

Idempotent Process Call

Der *Idempotent Process Call* der Kategorie der lokalen Aufrufe wird verwendet, wenn Sie anhand eines Schlüsselparameters (**Message ID**) den Aufruf eines lokalen Prozesses (siehe Abschnitt 5.1.2) auf eine einmalige Verarbeitung begrenzen möchten. Abbildung 5.33 zeigt die mögliche Parametrisierung. Sie müssen bereits einen lokalen Integrationsprozess in Ihrem Integration Flow angelegt haben. Diesen müssen Sie an dieser Stelle auswählen. Als Nächstes erwartet das System das Attribut, aus dem die eindeutige Nachrichten-ID ermittelt werden soll. In dem genannten Beispiel wird der Parameter aus dem Header-Attribut `documentid` gelesen. Sie können hier noch entscheiden, ob der Prozessaufruf beim Auftreten von Duplikaten übersprungen werden soll (Checkbox **Skip Process Call for Duplicates**).

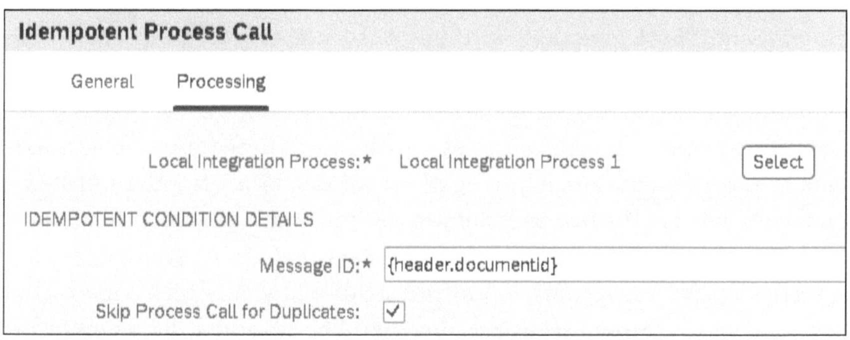

Abbildung 5.33 Parametrisierung: idempotenter Prozessaufruf

Camel Header bei idempotentem Prozessaufruf

Wenn ein Duplikat durch dieses Integrationsobjekt ermittelt wird, wird der Camel-Header-Parameter `CamelDuplicateMessage = true` gesetzt. In einem Router (siehe Abschnitt »Routing« in diesem Abschnitt) können Sie auf dieses Attribut filtern und dementsprechend reagieren.

Looping Process Call

Mithilfe des *Looping Process Call* können Sie lokale Integrationsprozesse in einer Schleife aufrufen. Zur Parametrisierung stehen Ihnen, wie in Abbildung 5.34 gezeigt, einige Parameter zur Verfügung.

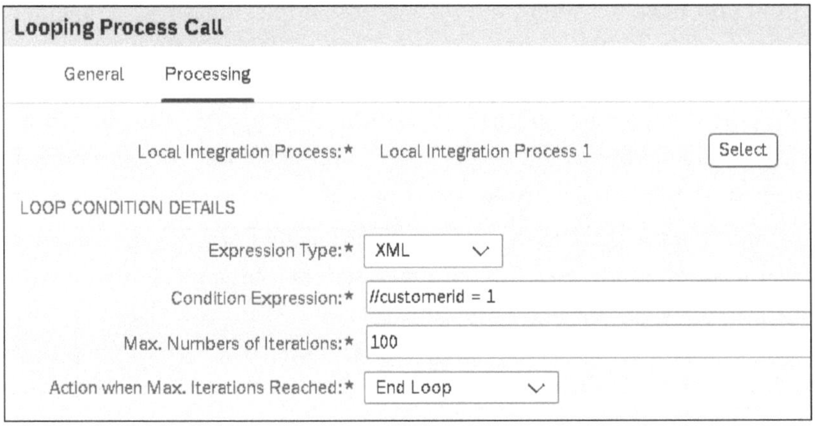

Abbildung 5.34 Parametrisierung des Looping Process Call

Zunächst müssen Sie einen zuvor angelegten lokalen Integrationsprozess auswählen. Als Nächstes müssen Sie sich entscheiden, welchen Ausdruckstyp (**Expression Type**) die Bedingung hat. Ihnen stehen **Non-XML** und **XML** zur Verfügung. In unserem Beispiel nutzen wir XML. Im Bedingungsausdruck (**Condition Expression**) wird ein Ausdruck erwartet, der ein boolesches Ergebnis vorweist, wobei auf der linken Seite ein XPath zu einem Element und auf der rechten Seite die Bedingung erwartet wird. Letzteres muss dabei ein Festwert sein. Als Nächstes müssen Sie definieren, wie viele maximalen Schleifeniterationen durchgeführt werden (**Max. Numbers of Iterations**) und wie der Prozess beendet werden soll, wenn diese maximale Zahl erreicht ist (**Action when Max. Iterations Reached**). Dabei können Sie sich entscheiden, ob eine Ausnahme eintritt, auf die Sie wiederum in einem Ausnahmeprozess (**Throw Exception**) eingehen können, oder den Loop beenden (**End Loop**), der zu keiner Ausnahme führt. In Tabelle 5.4 zeigen wir Ihnen noch einige mögliche Bedingungen.

Bedingungstyp	Bedingung
XML	`//customerid = '1'`
XML	`/Customers/customers/customerid = 'A234'`
Non-XML	`${header.customerid} = 'A123'`
Non-XML	`${header.customerid} contains 'A234'`
Non-XML	`${header.islooping} contains 'true'`
Non-XML	`${header.customerid} = ${header.bedingung}`

Tabelle 5.4 Bedingungen für den Looping Process Call

Process Call

Das Integrationsobjekt **Process Call** ruft einen lokalen Integrationsprozess auf. Sie können in den Einstellungen lediglich den aufzurufenden lokalen Prozess auswählen, den Sie zuvor angelegt haben.

Routing

Integrationsobjekte der Gruppe »Routing«

Mithilfe der Integrationsobjekte der Gruppe **Routing** können Sie Nachrichten aufteilen, zusammenführen oder – je nach Anforderungen – in verschiedene Richtungen lenken. Dazu stehen Ihnen die in Abbildung 5.35 befindlichen Integrationsobjekte zur Verfügung. Alle Integrationsobjekte zum Thema **Routing** finden Sie über die Schaltfläche ◇.

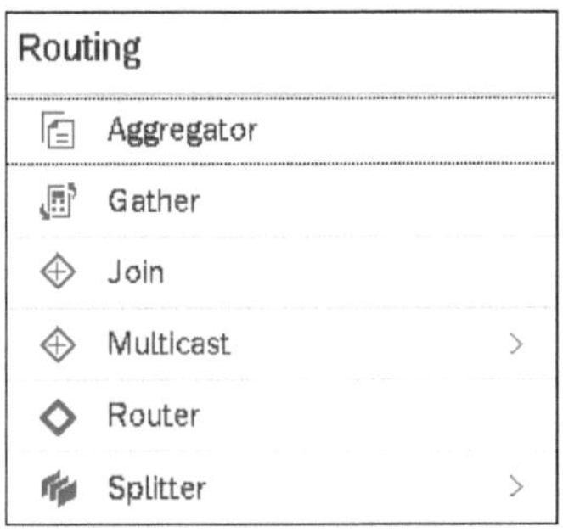

Abbildung 5.35 Integrationsobjekte zur Gruppe »Routing«

Aggregator konfigurieren

Das Integrationsobjekt **Aggregator** unterstützt Sie dabei, eingehende Nachrichten auf Basis eines Schlüsselmerkmals zu sammeln und diese nach dem Eintreten einer Bedingung in einer einzigen Nachricht weiterzuverarbeiten. Nachdem Sie das Integrationsobjekt in den Prozess eingefügt haben, können Sie auf der Registerkarte **Correlation Expression** einen XML-XPath eintragen, damit das System weiß, welche Nachrichten zusammengehören.

> **XPath-Korrelationausdruck**
>
> Wenn Sie in der ankommenden Nachricht auf ein Attribut und nicht auf ein Element verweisen möchten, können Sie dies mithilfe eines At-Zeichens (@) vornehmen. Wenn z. B. die Auftragsnummer (`orderid`) im obersten Knoten als Attribut genannt wird, können Sie als Bedingung »//@orderid« eintragen.

Aggregationsstrategie

Nachfolgend stellen wir Ihnen die Einstellungsmöglichkeiten auf der Registerkarte **Aggregation Strategy** vor (siehe Abbildung 5.36):

- **Incoming Format**: Hier geben Sie das Format der eingehenden Nachricht an. Zum Zeitpunkt der Bucherstellung wird das Format XML unterstützt.

- **Aggregation Algorithm**: Hier können Sie einstellen, wie die eingehenden Nachrichten zusammengeführt werden:
  - Bei **Combine** werden die Nachrichten einfach zusammengeführt.
  - Bei **Combine in Sequenz** werden die Nachrichten vor der Zusammenführung in eine Reihenfolge gebracht.
- **Message Sequence Expression (XPath)**: Diese Option steht Ihnen nur zur Verfügung, wenn Sie sich für den Combine-in-Sequence-Algorithmus entschieden haben. Anhand dieses Attributs werden die Nachrichten sortiert, bevor sie zusammengeführt werden. In Abbildung 5.36 ist das die `itemid` des Auftrags.
- **Last Message Condition (XPath)**: Diese Einstellung stellt die Bedingung dar, wann die Zusammenführung beendet werden und die Nachricht ganzheitlich weiterverarbeitet werden soll. Abbildung 5.36 zeigt beispielsweise den Fall, wenn das sendende System die letzte Nachricht mit dem Element `/order/islastitem = 'true'` versieht.
- **Completion Timeout (in min)**: Diese Einstellung legt fest, wann die Integration abbrechen soll, wenn innerhalb dieser Zeit die in **Last Message Condition (XPath)** definierte Bedingung nicht eintritt. Sie können in einem Ausnahmeprozess (siehe Abschnitt »Prozesse« in diesem Abschnitt) bestimmen, wie der Integrationsprozess weiterverfahren soll.
- **Data Store Name**: Hier legen Sie den Namen des Data Stores fest (siehe Überschrift »Sicherheit« in diesem Abschnitt), in dem die Nachrichten zwischengespeichert werden, bevor sie gesamtheitlich weiterverarbeitet werden. Die Nachrichten können Sie im Monitoring der SAP Integration Suite einsehen.

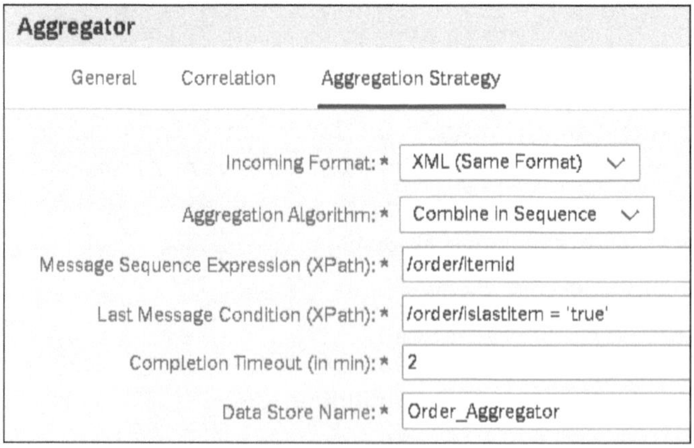

Abbildung 5.36 Aggregation Strategy

Join und Gather

Die Integrationsobjekte **Join** und **Gather** werden oft gemeinsam verwendet. Das Integrationsobjekt **Join** führt eingehende Nachrichtenflüsse zusammen, ohne die Nachrichten selbst zu verändern. Daher stehen Ihnen keine weiteren Einstellungen zur Verfügung. **Gather** kombiniert hingegen diese eingehenden Nachrichten. Daher müssen Sie **Gather** immer erst nach dem Integrationsobjekt **Join** nutzen. Nachdem Sie das Integrationsobjekt **Gather** in den Integrationsprozess gezogen haben, stehen Ihnen auf der Registerkarte **Aggregation Strategy** einige Einstellungen zur Verfügung, die wir Ihnen im Folgenden zeigen:

Zunächst können Sie das eingehende Format (**Incoming Format**) einstellen:

- **Any**: Wenn Sie sich für dieses Format entscheiden, werden alle Nachrichten aller Formate miteinander verbunden. Als Aggregationsalgorithmus (**Aggregation Algorithm**) ist dabei ausschließlich **Tar** und **Zip** möglich
- **Plain Text**: Bei diesem eingehenden Format werden Zeichenketten miteinander verbunden. Neben dem Aggregationsalgorithmus **Tar** und **Zip** steht Ihnen zusätzlich **Concatenate** (Konkatenieren) zur Verfügung.
- **XML (Different Format)**: Mit dieser Formatauswahl werden XML-Nachrichten mit verschiedenem strukturellem Aufbau erwartet. Dabei stehen Ihnen **Combine** (Kombinieren), **TAR** und **ZIP** als Aggregationsalgorithmen zur Verfügung.
- **XML (Same Format)**: Mit dieser Formatauswahl werden XML-Nachrichten mit gleichem strukturellem Aufbau erwartet. Dabei stehen Ihnen **Combine, Combine at XPath** (Kombinieren an einem XPath), **TAR** und **ZIP** als Aggregationsalgorithmen zur Verfügung.

Aggregationsalgorithmus

Nach der Auswahl des Formats der eingehenden Nachrichten können Sie sich für einen entsprechenden Aggregationsalgorithmus entscheiden. Im Folgenden werden Ihnen die Algorithmen vorgestellt. Beachten Sie, dass Ihnen für einige Formate nur eine Untermenge angezeigt wird.

- **Combine**: Dieser Algorithmus kombiniert die eingehenden Nachrichten ohne Bedingung. Dabei entsteht um jede Nachricht ein Container und ein neues umschließendes XML-Tag `<multimap:Messages xmlns:multimap="http://sap.com/xi/XI/SplitAndMerge">`.
- **Combine at Xpath**: Wenn Sie sich für diesen Algorithmus entscheiden, erhalten Sie zwei weitere Eingabefelder.
  - **Combine from source (XPath)**: Dieser XPath bestimmt, auf welchen Knoten der eingehenden Nachricht sich die Kombination bezieht. Diese Einstellung ist ein Muss-Feld.

- **Combine at target (XPath)**: Dieser XPath bestimmt den Knoten, unter dem die kombinierten Nachrichten im Ziel angehängt werden. Diese Einstellung ist optional.

- **TAR** und **ZIP**: Bei diesem Algorithmus werden die eingehenden Nachrichten in ein TAR- oder ZIP-Archiv gepackt.
- **Concatenate**: Bei diesem Algorithmus werden Zeichenketten aneinandergehängt.

Multicast

Das Integrationsobjekt **Multicast** bietet Ihnen die Möglichkeit, Nachrichten in verschiedenen *Branches* (Zweigen) verarbeiten zu lassen. Branches sind einzelne Routen, die von der SAP Integration Suite verarbeitet werden. Das Multicast-Integrationsobjekt existiert in zwei Ausprägungen:

- paralleler Multicast
- sequenzieller Multicast

Paralleler Multicast

Der *parallele Multicast* führt alle Branches parallel aus. Sollten Sie die Branches nicht mit einem Join zusammenführen, werden diese autark behandelt. Das heißt, dass wenn ein Branch zu einem Fehler führt, die Verarbeitung nicht abgebrochen wird. Beim parallelen Multicast gibt es daher keine weiteren Einstellungsmöglichkeiten.

Sequenzieller Multicast

Im Gegensatz dazu gibt es den *sequenziellen Multicast*. Hierbei werden die einzelnen Branches in einer bestimmten Reihenfolge verarbeitet. Diese können Sie in der Parametrisierung auf der Registerkarte **Routing Sequence** einstellen. Mithilfe der Schaltflächen **Move Up** und **Move Down** können Sie die einzelnen Branches verschieben. Schlägt eine Verarbeitung fehl, werden alle nachfolgenden Branches abgebrochen.

Router

Wenn Sie einen Integrationsprozess aufbauen möchten, der verschiedene Branches weder parallel noch sequenziell abarbeiten soll, steht Ihnen das Integrationsobjekt **Router** zur Verfügung. Mithilfe des Routers wird anhand von Bedingungen (**Condition**) entschieden, welcher Branch durchlaufen werden soll. Nachdem Sie das Routing-Integrationsobjekt in den Integrationsprozess gezogen haben, steht Ihnen auf der Registerkarte **Processing** die Option zur Verfügung, ob eine Ausnahme geworfen wird, wenn diese vorliegt (**Throw Exception**). Auch sehen Sie auf dieser Registerkarte die Abarbeitungsreihenfolge der einzelnen Routen und können mit dem Häkchen zu **Default Route** einstellen, welche Route die Standardroute ist. Das heißt, diese Route wird immer durchlaufen, wenn die Bedingungen aller davorliegenden Routen nicht erfüllt sind. Daher ist es sinnvoll, die Standardroute immer als letzten Eintrag zu positionieren, da ansonsten nachfolgende Routen niemals durchlaufen werden. Die Bedingungen tragen Sie in den

Routen, also in den Pfeilen, die zur nächsten Aktivität führen, selbst ein. Nach einem Klick auf einen Pfeil erscheint jetzt die Registerkarte **Processing**. Hier können Sie zwischen zwei Ausdruckstypen wählen:

- **XML**: Diese Option führt dazu, dass Sie unter der Bedingung (**Condition**) eine Bedingung mittels eines XPath angeben. Ein Beispiel hierfür wäre `/root/buch = 'Integration Suite'`.
- **Non-XML**: Diese Option führt dazu, dass Sie unter der Bedingung z. B. auf ein Header- oder Property-Attribut verweisen. Ein Beispiel hierfür wäre `${header.buch} = 'Integrations Suite'.`

Splitter

Die letzte Gruppe der Integrationsobjekte **Routing** ist die Gruppe **Splitter**. Die Splitter trennen die eingehenden Nachrichten nach bestimmten Kriterien. In der SAP Integration Suite wird zwischen folgenden Splittern unterschieden; diese möchten wir Ihnen nachfolgend erläutern:

- EDI Splitter
- General Splitter
- IDoc Splitter
- Iterating Splitter
- PKCS#7/CMS Splitter
- TAR Splitter
- ZIP Splitter

EDI Splitter

Der *EDI Splitter* teilt eingehende Nachrichten auf, führt eine Validierung durch und erstellt eine funktionale Bestätigung (*Functional Acknowledgement*). Nachdem Sie das Integrationsobjekt in den Integrationsprozess eingefügt haben, stehen Ihnen einige Parametrisierungsoptionen zur Verfügung. Auf der Registerkarte **Processing** können Sie einstellen, ob eine parallele Verarbeitung (**Parallel Processing**) durchgeführt werden soll. Dadurch wird für jede getrennte Nachricht ein Prozess angelegt, und einzelne EDI-Nachrichten werden parallel verarbeitet. Wenn Sie diese Option aktivieren, benötigen Sie noch einen **Timeout**-Parameter. Dieser kommt zum Tragen, wenn die Verarbeitung einer getrennten Nachricht länger dauert als die angegebene Zeit (in Sekunden). Dann werden alle Prozesse beendet, und der Status im Nachrichtenprozessprotokoll (**Message Processing Log**) wird aktualisiert. Des Weiteren stehen Ihnen die Registerkarten **EDIFACT**, **X12** und **TRADACOMS** zur Verfügung. *EDIFACT* steht für Electronic Data Interchange for Administration, Commerce and Transport und ist ein internationaler, branchenübergreifender Standard im elektronischen Austausch von Geschäftsdaten. X12 bzw. *ANSI X12* steht für American National Standards Institute X12 und ist ein amerikanischer, branchenübergreifender EDI-Standard. *TRADACOMS* steht für Trading Data Communications Standard und ist ein Vorläufer des EDIFACT-Formats und somit ein EDI-Nachrichtenstandard. TRADACOMS wird häufig im Vereinigten Königreich eingesetzt.

EDIFACT konfigurieren

Nachfolgend stellen wir Ihnen die Einstellungsmöglichkeiten der Registerkarte **EDIFACT** vor:

- **Source Encoding**: Beschreibt die Kodierung der Nachricht. Zum Zeitpunkt der Bucherstellung stehen Ihnen UTF-8 und ISO-8859-1 zur Auswahl.
- **Validate Message**: Dieses Häkchen bewirkt, dass eine Validierung durchgeführt werden soll. Diese Option schaltet weitere Parameter frei.
- **Validate**: Diese Option steht nur zur Verfügung, wenn das Häkchen **Validate Message** aktiv ist. Als Auswahl stehen Ihnen **Envelope** (Umschlag) und **Envelope and Message** (Umschlag und Nachricht) zur Verfügung.
- **Transaction Mode**: Der Transaktionsmodus steht Ihnen nur zur Verfügung, wenn Sie eine Validierung des Umschlags und der Nachricht durchführen. Als Auswahl stehen Ihnen die Optionen **Interchange** und **Message** zur Verfügung. Wenn Sie eine Massennachricht (*Bulk*) mit mehreren Informationsobjekten, z. B. Bestellungen, erhalten und eine dieser Nachrichten bei der Validierung fehlschlägt, führt die Option **Interchange** zu einer Ablehnung der Gesamtnachricht, wobei **Message** nur die Einzelnachricht ablehnt.
- **EDI Schema Definition**: Die Einstellung zur Schemadefinition steht Ihnen zur Verfügung, wenn Sie eine Nachrichtenvalidierung durchführen. Hier haben Sie die Option **Header** und **Integration Flow**.
- **Schema Definition**: Diese Option steht Ihnen zur Verfügung, wenn Sie als EDI-Schema-Definition die Option **Integration Flow** gewählt haben. Als Schemanamen können Sie ein Schema hinterlegen, gegen das eine Prüfung durchgeführt wird. Es sind nur Schemas aus dem Integration Advisor zulässig. Weitere Informationen zu diesem Thema finden Sie in Abschnitt 6.1, »Integration Advisor«.
- **Header Name**: Diese Option steht Ihnen zur Verfügung, wenn Sie als EDI-Schema-Definition die Option **Header** ausgewählt haben. Hier müssen Sie einen Header angeben, der den Namen der Schemadefinition enthält. Ein beispielhafter Inhalt eines Headers wäre dabei `/xsd/UN-EDIFACT_ORDERS_D96A.xsd`.
- **Process Invalid Messages**: Diese Option beschreibt, ob nicht valide Nachrichten prozessiert werden sollen, und steht nur zur Verfügung, wenn Sie als Transaktionsmodus **Message** gewählt haben. Wenn diese Option gesetzt ist, müssen Sie als Nächstes Integrationsobjekt einen Router einfü-

gen. Es steht Ihnen der Header-Parameter `SAP_EDI_MESSAGE_STATUS` zur Verfügung, sodass Sie im Router die Bedingung `${header.SAP_EDI_MESSAGE_STATUS} = 'failure'` konfigurieren und so auf einen Fehler eingehen können.

- **Create Acknowledgement**: Diese Option gibt Ihnen die Möglichkeit, eine funktionale Bestätigung (**Acknowledgement**) nach der Validierung zu erstellen. Es stehen Ihnen folgende Optionen zur Verfügung:
  - **Not Required**: Es wird keine funktionale Bestätigung erstellt.
  - **Check EDI Envelope**: Es wird in der Nachricht im sogenannten UNB-Segment geprüft, ob eine funktionale Bestätigung notwendig ist.
  - **Required**: Es wird immer eine funktionale Bestätigung erzeugt.
- **Interchange Number**: Diese Option steht Ihnen zur Verfügung, wenn Sie als Bestätigung **Required** oder **Check EDI Envelope** gewählt haben. Dabei können Sie zwischen den folgenden Optionen wählen:
  - **Use From EDI Message**: Hier wird die Nummer für die Bestätigung aus der EDI-Nachricht gelesen und verwendet.
  - **Number Range**: Hier wird eine Nummer aus einem Nummernintervall genommen, das Sie zuvor im Monitoring-Bereich der Integration Suite definiert haben (siehe Abschnitt 3.6.6, »Monitoring«).
- **CONTRL Message Version**: Diese Option erlaubt es Ihnen, die Version der CONTRL-Nachricht zu bestimmen. CONTRL ist die Bezeichnung der Bestätigungsnachricht. Sie können diese Einstellung nutzen, wenn die Option **Create Acknowledgement** gesetzt ist. Es stehen Ihnen die folgenden Möglichkeiten zur Verfügung:
  - **Use From EDI Message**: Die CONTRL-Version wird dabei aus der eingehenden Nachricht ermittelt.
  - **Version D, Release 3**: Die CONTRL-Version wird auf den Festwert »Version D, Release 3« gesetzt.
- **Include UNA Segment**: Diese Option steht Ihnen zur Verfügung, wenn Sie als Bestätigung **Required** oder **Check EDI Envelope** gewählt haben. Diese Einstellung bewirkt, dass der EDI Splitter ein UNA-Segment in die CONTRL-Nachricht einbaut. Damit hat der Splitter die Möglichkeit, Sonderzeichen zu nutzen, da diese im UNA-Segment definiert werden.

[«]

Header-Parameter für die EDI-Bestätigung

Im Header-Parameter `SAP_EDI_ACKNOWLEDGEMENT` wird gespeichert, ob eine Bestätigung benötigt wird.

ANIS X12 konfigurieren

Die Einstellungen auf der Registerkarte **ANSI X12** ähneln den Einstellungen auf der Registerkarte **EDIFACT**. Es gibt allerdings kleine Unterschiede, die wir nachfolgend erläutern:

- Es wird immer die gesamte Nachricht gegen ein Schema validiert.
- Es wird keine CONTRL-Nachrichtenversion benötigt, da diese EDIFACT-Spezifika sind.
- Es gibt die Option **Exclude AK3 and AK4**. Diese ist nur einstellbar, wenn eine funktionale Bestätigung benötigt wird. Der Splitter schließt damit die AK3- und AK4-Segmente aus.

TRADACOMS konfigurieren

Sie können auf der Registerkarte **TRADACOMS** die folgenden Einstellungen vornehmen:

- **Source Encoding**: Hier stellen Sie die Kodierung der eingehenden Nachricht ein. Sie können zwischen **UTF-8**, **ISO-8859-1** und **dynamisch** wählen. Wenn Sie sich für die Auswahl **dynamisch** entscheiden, müssen Sie das Header-Feld `SAP_EDISPLITTER_TRADACOMS_SOURCE_ENCODING` mit UTF-8 oder ISO-8859-1 befüllen, da sonst ein Fehler entsteht.
- **Split Preferences**: Hier entscheiden Sie, wie eine Teilung der Nachricht vollzogen werden soll. Sie können zwischen **No Split**, **Dynamic** und **Without Validation** wählen. Bei **No Split** werden keine anderen Parameter benötigt. Bei der Auswahl **Dynamic** muss das Header-Feld `SAP_EDISPLITTER_TRADACOMS_SPLIT_PREFERENCE` mit `NoSplit` oder `WithoutValidation` gefüllt sein, da sonst ein Fehler entsteht.

Wenn Sie sich für Aufteilungspräferenz **Dynamic** oder **Without Validation** entscheiden, müssen Sie eine EDI-Schema-Definition angeben. Diese nehmen Sie analog zu den Formaten EDIFACT und X12 vor.

General Splitter und Iterating Splitter

Die Integrationsobjekte **General** und **Iterating Splitter** sind in ihrer Funktion sehr ähnlich. Sie teilen eine XML-Nachricht anhand von XPath und eine Non-XML-Nachricht anhand eines Zeilenumbruchs (**Linebreak**) auf. Der Iterating Splitter kann zusätzlich die Nachricht anhand eines Kennzeichens (**Token**) aufteilen. Der Unterschied zwischen beiden Integrationsobjekten besteht darin, dass der General Splitter alle umschließenden bzw. übergeordneten Objekte beibehält. Beim Iterating Splitter werden hingegen die übergeordneten Objekte nicht berücksichtigt.

Beispiel für General Splitter und Iterating Splitter

Im Folgenden zeigen wir Ihnen zwei Beispiele, um den Unterschied zwischen General und Iterating Splitter deutlich zu machen. Listing 5.11 zeigt beispielhaft eine XML-Nachricht, die wir als Grundlage für die Verarbeitung nehmen.

```
<buecher>
 <buch>
  <author>Max Mustermann</author>
  <titel>Mars - der rote Planet</titel>
 </buch>
 <buch>
  <author>Maxime Musterfrau</author>
  <titel>KI in der Wirtschaft</titel>
 </buch>
</buecher>
```

Listing 5.11 Beispiel einer XML-Nachricht für Splitter

Das Ergebnis des General Splitters zeigen wir Ihnen in Listing 5.12. Als XPath nutzen wir //buch.

```
<?xml version='1.0' encoding='UTF-8'?>
<buecher>
 <buch>
  <author>Max Mustermann</author>
  <titel>Mars - der rote Planet</titel>
 </buch>
</buecher>

<?xml version='1.0' encoding='UTF-8'?>
<buecher>
 <buch>
  <author>Maxime Musterfrau</author>
  <titel>KI in der Wirtschaft</titel>
 </buch>
</buecher>
```

Listing 5.12 Ergebnis der XML bei Verwendung des General Splitter

Es ist klar zu erkennen, dass der Knoten /buecher beibehalten wird.

Nach dem Anwenden des Iterating Splitter auf die Nachricht aus Listing 5.11 erhalten wir das Ergebnis aus Listing 5.13. Auch hier nutzen wir als XPath //buch.

```
<?xml version='1.0' encoding='UTF-8'?>
<buch>
 <author>Max Mustermann</author>
 <titel>Mars - der rote Planet</titel>
</buch>
```

```
<?xml version='1.0' encoding='UTF-8'?>
<buch>
 <author>Maxime Musterfrau</author>
 <titel>KI in der Wirtschaft</titel>
</buch>
```

Listing 5.13 Ergebnis der XML bei der Verwendung des Iterating Splitter

Der Knoten `/bucher` ist nicht vorhanden.

In unserem zweiten Beispiel möchten wir Ihnen die gleichen Informationen in einer Non-XML-Nachricht darstellen und die beiden Splitter anwenden. Listing 5.14 zeigt beispielhaft eine Non-XML-Nachricht.

```
author;titel
Max Mustermann;Mars - der rote Planet
Maxime Musterfrau;KI in der Wirtschaft
```

Listing 5.14 Beispiel Non-XML für Splitter

Das Ergebnis bei einem General Splitter ist in Listing 5.15 dargestellt.

```
author;titel
Max Mustermann;Mars - der rote Planet
###
author;titel
Maxime Musterfrau;KI in der Wirtschaft
```

Listing 5.15 Ergebnis Non-XML bei Verwendung des General Splitter

Das Ergebnis bei einem Iterating Splitter ist in Listing 5.16 dargestellt.

```
author;titel
###
Max Mustermann;Mars - der rote Planet
###
Maxime Musterfrau;KI in der Wirtschaft
```

Listing 5.16 Ergebnis Non-XML bei Verwendung des Iterating Splitter

Zusätzliche Einstellungen

Zu beachten ist, dass die Kopfzeile beim Iterating Splitter genauso behandelt wird wie alle anderen Zeilen. Dadurch haben wir als Ergbnis in unserem Beispiel drei Nachrichten. Neben den genannten Einstellungen stehen Ihnen in den beiden Integrationsobjekten auf der Registerkarte **Processing** zusätzlich die folgenden Einstellungen zur Verfügung:

- **Grouping**: Mithilfe des Grouping-Parameters können Sie die Anzahl der Ergebnisse mithilfe eines Zahlenwerts gruppieren. In dem Beispiel haben wir Grouping = 1 genutzt, da wir jedes Buch einzeln prozessieren wollten.
- **Streaming**: Durch den Streaming-Parameter wird bei großen Datenmengen in Teilen in den Speicher geladen und nicht im Ganzen. Diese Option ist standardmäßig gesetzt.
- **Parallel Processing**: Durch den Parameter **Parallel Processing** werden die aufgetrennten Nachrichten parallel prozessiert. Dies hat allerdings zur Folge, dass es zu Timeouts kommen kann. Dadurch haben Sie als Zusatzoption die Anzahl an parallelen Prozessen (Maximalanzahl ist 50) und die Timeout-Zeit (in Sekunden) einzustellen.
- **Stop on Exception**: Die Option **Stop on Exception** bewirkt, dass die Verarbeitung beendet wird, wenn ein Fehler auftritt.

[«]

Stop on Exception und parallele Prozessierung

Wenn Sie sich für eine parallele Prozessierung entscheiden und das Häkchen für **Stop on Exception** setzen, werden die bereits ausgeführten Prozesse nicht beendet. Allerdings werden nach dem Auftreten des Fehlers keine neuen Prozesse gestartet.

Integrationsobjekt »IDoc Splitter«

Wenn Sie von einem Sender zusammenhängende Intermediate Documents (IDocs) bekommen und diese einzeln verarbeiten möchten, können Sie das Integrationsobjekt **IDoc Splitter** einsetzen. Sie haben in diesem Integrationsobjekt keine Einstellungsmöglichkeiten.

[«]

Nutzung des IDoc Splitters

Stellen Sie sicher, dass Sie den IDoc Splitter nur in Verbindung mit einem IDoc-Adapter nutzen.

Integrationsobjekt »PKCS#7/CMS Splitter«

Das Integrationsobjekt **PKCS#7/CMS Splitter** kann den Nachrichteninhalt (Payload) von der Nachrichtensignatur trennen. **PKCS#7** steht für Public Key Crypthography Standard Nr. 7 und CMS für Cryptographic Message. Mit diesen Standards lassen sich Nachrichten sicher übertragen. Eine Nachricht, die auf diesem Standard basiert, besteht aus einem Payload- und einem Signaturteil. Sie haben die folgenden Einstellungsmöglichkeiten, nachdem Sie das Integrationsobjekt in den Integrationsprozess gezogen haben.

- **Payload File Name** und **Signature Name**: Diese Optionen beschreiben den Namen der Payload und der Signatur.

- **Wrap by Content Info**: Diese Option bewirkt, dass die externe Signatur den Wurzelknoten der CMS-Struktur beinhalten soll. Standardmäßig ist diese Option eingeschaltet.
- **Payload First**: Der Splitter trennt Payload und die Signatur voneinander und verarbeitet zunächst die Signatur und dann die Payload. Möchten Sie diese Verarbeitung tauschen, können Sie diese Option nutzen.
- **Base64 Payload und Base64 Signature**: Diese Einstellung bewirkt, dass Sie die Payload und die Signatur vor der Weiterverarbeitung in eine Base64-Form kodieren.

Integrationsobjekte »TAR Splitter« und »ZIP Splitter«

Die beiden Integrationsobjekte **TAR** und **ZIP Splitter** teilen TAR- und ZIP-Archive auf und lesen die darin befindlichen Dateien. ZIP und TAR sind zwei Formate, die es erlauben, Dateien verlustfrei zu komprimieren. Auch Verzeichnisstrukturen bleiben bei der Komprimierung enthalten. Es stehen Ihnen die folgenden beiden Einstellungen zur Verfügung, wenn Sie eines der Objekte in Ihren Integrationsprozess ziehen:

- **File Name Patter**: Hier können Sie einen expliziten Dateinamen oder eine Maskierung, z. B. ***.xml**, wählen. Dadurch werden nur alle XML-Dateien gelesen. Wenn Sie diesen Parameter leer lassen, werden alle Dateien gelesen.
- **Stop on Exception**: Sobald bei der Aufteilung ein Fehler auftritt, wird die Verarbeitung abgebrochen.

Sicherheit

Integrationsobjekte vom Typ »Sicherheit«

Die Integrationsobjekte vom Typ **Sicherheit** (Security) unterstützen Ihre Prozesse mit Hinblick auf den Aspekt der Sicherheit. Sie finden die erforderlichen Integrationsobjekte über die Schaltfläche 🔒. Mithilfe der Integrationsobjekte der Gruppe **Encryptor** und **Decryptor** lassen sich Nachrichten ver- und entschlüsseln sowie Signaturen anfügen. Es werden die Verschlüsselungssysteme *Pretty Good Privacy* (PGP) und *PKCS#7/CMS* unterstützt.

PGP-Verschlüsselung konfigurieren

Bei der Verschlüsselung mit dem Verschlüsselungssystem PGP können Sie die folgenden Parameter festlegen:

- **Signatures**: Hier können Sie einstellen, ob eine Signatur an die Nachricht angefügt werden soll.
- **Content Encryption Algorithm**: Hier bestimmen Sie den Verschlüsselungsalgorithmus. Sie können wählen zwischen: AES, Blowfish, CAST5, DESede und Twofish.
- **Secret Key Length**: Hier bestimmen Sie die Länge des Schlüssels. Zur Verfügung stehen Ihnen 128, 192 und 256 Bits.

- **Compression Algorithm**: Mit diesem Parameter können Sie einstellen, ob die Nachricht zusätzlich komprimiert werden soll. Sie können zwischen den Algorithmen ZLIB, ZIP und BZIP2 wählen.
- **Armored**: Hier können Sie bestimmen, ob die Nachricht zusätzlich Base64-verschlüsselt werden soll.
- **Integrety Protected Data Packet**: Mit diesem Häkchen stellen Sie ein, ob die Nachricht zusätzlich integritätsgeschützt sein soll.
- **Encrypted Key User ID**: Hier können Sie die Empfänger-Benutzer-IDs eintragen. Es ist auch eine dynamische Ableitung aus dem Header oder der Property, wie z. B. `${header.pgpuserid}`, möglich.
- **Signature Algorithm**: Wenn eine Signatur eingefügt werden soll, können Sie sich hierbei für einen der SHA-, RIPE-MD/160- oder MD5-Algorithmen entscheiden.
- **Signer Key User ID**: Wenn eine Signatur eingefügt werden soll, können Sie hier die Benutzer-IDs des Signierenden eintragen.

PGP-Entschlüsselung konfigurieren

Das Integrationsobjekt **PGP Decryptor**, also das Entschlüsseln von Nachrichten, wird einfacher als die dazugehörige Verschlüsselung parametrisiert. Sie können über die Registerkarte **Processing** entscheiden, ob eine Signatur nicht vorhanden (**Signature: None Expected**), optional (**Signature: Optional**) oder verbindlich (**Signature: Required**) sein soll. Wenn Sie sich für eine der beiden letzten Einstellungsmöglichkeiten entscheiden, müssen Sie im Bereich **Signer Key User ID** die Benutzer IDs aller möglichen Sender eintragen.

Integrationsobjekt »PKCS#7/CMS Encryptor« konfigurieren

Das Integrationsobjekt **PKCS#7/CMS Encryptor** verschlüsselt die Nachricht in dem Verschlüsselungssystem PKCS#7/CMS. Es stehen Ihnen die folgenden Einstellungsmöglichkeiten zur Verfügung.

- **Block Size**: Hier bestimmen Sie die Blockgröße und geben eine ganze Zahl ein. Standardmäßig wird »2048« eingetragen.
- **Encode Body with Base64**: Mit diesem Parameter können Sie den Body zusätzlich in Base64 verschlüsseln.
- **Signatures**: Sie können sich entscheiden, ob die Nachricht zusätzlich signiert werden soll. Wenn ja, wählen Sie **Signed** and **Enveloped Data**. Standardmäßig ist **Enveloped Data Only** ausgewählt, was dazu führt, dass die Nachricht nur verschlüsselt wird.
- **Content Encryption Algorithm**: Hier können Sie sich für einen Verschlüsselungsalgorithmus entscheiden. Zur Verfügung stehen: `AES/CBC/PKCS5Padding`, `ARCFOUR/ECB/NoPadding`, `Camellia/CBC/PKCS5Padding`, `CAST5/CBC/PKCS5Padding`, `DES/CBC/PKCS5Padding`, `DESede/CBC/PKCS5Padding`, `RC2/CBC/PKCS5Padding`.

- **Secret Key Length**: Hier bestimmen Sie die Länge des Schlüssels. Zur Verfügung stehen Ihnen 128, 192 und 256 Bits.
- **Receivers Public Key Alias**: Hier können Sie spezifizieren, wie der Alias des öffentlichen Schlüssels aus dem Keystore heißt. Es ist auch eine dynamische Ableitung aus dem Header oder der Property, wie z. B. `${header.pkcsalias}`, möglich.
- **Signer Parameters**: Wenn eine Signatur eingefügt werden soll, müssen Sie hier den Alias der signierenden Person eintragen, deren Signatur und deren Algorithmus und ob ein Zertifikat inkludiert werden soll.

Integrationsobjekt »PKCS#7/CMS Decryptor« konfigurieren

Mit dem Integrationsobjekt **PKCS#7/CMS Decryptor** können Sie verschlüsselte Nachrichten entschlüsseln. Ähnlich wie beim PGP Decryptor haben Sie hier weniger Einstellungsmöglichkeiten als beim dazugehörigen PKCS#7/CMS Encryptor. Wenn die eingehenden Nutzdaten Base64-kodiert sind, setzen Sie im Integrationsobjekt auf der Registerkarte **Processing** den Parameter **Body is Base64 Encoded**. Über den Parameter **Signatures** können Sie sich für die folgenden Einstellungen entscheiden:

- **Enveloped Data Only**: Diese Option wählen Sie, wenn die Nachricht keine Signatur beinhaltet.
- **Signed and Enveloped Data**: Diese Option wählen Sie, wenn die Nachricht eine Signatur enthält.
- **Enveloped or "Signed and Enveloped" Data**: Wenn die Nachricht eine Signatur enthalten kann, diese aber nicht zwingend dabei sein muss, ist diese Einstellung sinnvoll.

Wenn Sie sich für eine der beiden unteren Einstellungen entscheiden, müssen Sie unter **Public Key Alias** mindestens einen Alias des Public Keys des Senders aus dem Keystore eintragen.

Signer und Verifier

Mithilfe der Integrationsobjekte der Kategorien **Signer** und **Verifier** haben Sie die Möglichkeit, ausgehende Nachrichten zu signieren und eingehende Nachrichten dahingehend zu überprüfen, ob diese von dem gewünschten Sender stammen. Die Integrationsobjekte der Kategorie **Signer** signieren die Nachrichten mit einem privaten Schlüssel. Es stehen Ihnen die folgenden Integrationsobjekte zum Signieren zur Verfügung:

- **PKCS7 Signer**
- **Simple Signer**
- **XML Digital Signer**

Die Integrationsobjekte der Kategorie **Verifier** sind das Gegenstück zur Kategorie **Signer** und prüfen anhand des öffentlichen Schlüssels des Sendersystems, ob diese Nachricht tatsächlich von diesem stammt. Hierzu stehen Ihnen die folgenden Integrationsobjekte zur Verfügung:

- **PKCS7 Signature Verifier**
- **XML Signature Verifier**

Abbildung 5.37 zeigt den Zusammenhang der erwähnten Integrationsobjekte. Nachdem die Nachricht erstellt worden ist, kann Sie mittels eines Encryptor-Integrationsobjekts verschlüsselt und mittels eines Signer-Integrationsobjekts signiert werden. Anschließend wird die Nachricht an einen Empfänger verschickt. Dieser empfängt die Nachricht und verifiziert zunächst die Signatur über ein Verifier-Integrationsobjekt. Danach findet über das Decryptor-Integrationsobjekt eine Entschlüsselung im abgestimmten Verfahren statt. Anschließend kann die Nachricht prozessiert werden. Somit wird gewährleistet, dass sowohl die Integrität der Nachricht bei der Übertragung nicht verletzt wurde als auch die Nachricht von dritten nicht eingesehen wurde.

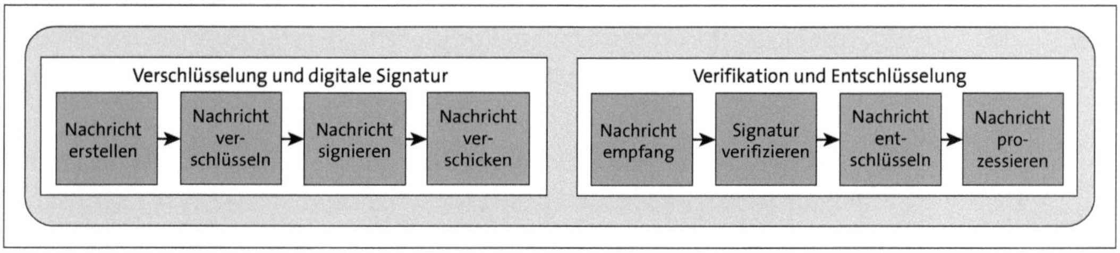

Abbildung 5.37 Zusammenhang der Sicherheitsintegrationsobjekte

Persistenz

Persistenz-Integrationsobjekte

Durch die Integrationsobjekte vom Typ *Persistenz* haben Sie die Möglichkeit, Nachrichten oder Variablen Ihrer Integrationsprozesse zwischenzuspeichern. Die dazugehörigen Integrationsobjekte finden Sie über die Schaltfläche [icon]. Zur Verfügung stehen Ihnen Integrationsobjektgruppen, die wir Ihnen im Folgenden detailliert erläutern möchten:

- Data Store Operations
- Persist
- Write Variables

Maximale Speicherkapazität eines Tenant

Sie haben pro Tenant eine maximale Speicherkapazität von 32GB. Wir empfehlen Ihnen daher, bei Notwendigkeit einer langfristigen Datenspeicherung ein externes Datenbanksystem zu nutzen und anzubinden. Nutzen Sie für eine langfristige Datenspeicherung nicht den Speicher der SAP Integration Suite.

Data-Store-Operationen

Die Integrationsobjekte der Gruppe **Data Store Operations** führen CRUD-Operationen auf den Data Stores (Daten speichern) der SAP Integration Suite durch. CRUD steht dabei für **C**reate (Anlegen), **R**ead (Lesen), **U**pdate (Aktualisieren) und **D**elete (Löschen). Um Nachrichten in einem Data Store zu speichern, nutzen Sie das Integrationsobjekt **Write**. Wenn Sie das Objekt in den Integrationsprozess gezogen haben, stehen Ihnen auf der Registerkarte **Processing** die folgenden Einstellungen zur Verfügung:

- **Data Store Name**: Hier tragen Sie den Namen des Data Stores ein, in den die Nachricht geschrieben werden soll. Wenn dieser Data Store noch nicht existiert, wird er angelegt.
- **Visibility**: Hier können Sie festlegen, ob der Data Store ausschließlich innerhalb diesen Integration Flows oder global über andere Integration Flows und Pakete hinweg genutzt werden darf.
- **Entry ID**: Hier können Sie eine dynamische ID eintragen, die Sie aus dem Header, der Property oder dem Body lesen. `${header.dsobjektid}` ist hierfür ein Beispiel. Diese Einstellung ist kein Muss-Feld. Wenn kein Eintrag vorgenommen wird, wird eine GUID generiert.
- **Retention Threshold for Alerting**: Hier legen Sie fest, dass nach Ablauf der genannten Tage Alarm ausgelöst wird. Der Data-Store-Eintrag wird dabei als **Overdue** (überfällig) angezeigt.
- **Expiration Period**: Hier stellen Sie ein, nach wie vielen Tagen ein Eintrag aus dem Data Store gelöscht werden soll.
- **Encrypt Store Messages**: Mithilfe dieser Einstellung werden die Nachrichten im Data Store verschlüsselt. Nach dem Lesen aus dem Data Store sind die Nachrichten wieder entschlüsselt.
- **Overwrite Existing Messages**: Hier legen Sie fest, ob eine Nachricht mit der gleichen Entry ID überschrieben werden darf. Wird diese Checkbox nicht gesetzt, und es soll eine Nachricht mit gleicher Entry ID geschrieben werden, kommt es zu einer Ausnahme, und der Prozess bricht ab.
- **Include Message Headers**: Hier können Sie einstellen, ob auch die Header-Informationen neben der Nachricht in den Data Store geschrieben werden sollen.

Get- und Select-Data-Store-Operationen

Die beiden Integrationsobjekte `Get` und `Select` lesen Nachrichten aus einem Data Store. Der Unterschied besteht darin, dass `Get` einen spezifischen Eintrag liest. Als Parametrisierung stehen Ihnen auf der Registerkarte **Processing** für das Integrationsobjekt `Get` die folgenden Einstellungen zur Verfügung.

- **Data Store Name**: Hier tragen Sie den Namen des Data Stores ein.
- **Visibility**: Hier können Sie entscheiden, welche Reichweite der Data Store hat, auf den Sie zugreifen möchten. Sie können sich zwischen **Integration Flow** und **Global** entscheiden.
- **Entry ID**: Hier können Sie dynamisch eine Entry ID hinterlegen und diese aus dem Header, der Property oder dem Body der vorliegenden Nachricht lesen.
- **Delete On Completion**: Diese Checkbox markieren Sie, wenn Sie den Eintrag aus dem Data Store löschen möchten, sobald dieser gelesen worden ist.
- **Throw Exception on Missing Entry**: Wenn diese Option gesetzt wird und ein Eintrag mit der gewünschten Entry ID nicht im benannten Data Store gefunden wird, kommt es zu einer Ausnahme.

Das Integrationsobjekt `Select` liest, ähnlich wie das `Get`-Integrationsobjekt, aus dem Data Store aus. Allerdings wird hier keine explizite Entry ID gelesen. Sie können mittels des Parameters **Number of Polled Messages** einstellen, wie viele Nachrichten gleichzeitig gelesen werden sollen.

Data-Store-Operation »Delete«

Das Integrationsobjekt `Delete` der Gruppe **Data Store Operations** löscht Datensätze aus einem benannten Data Store. Als Parametrisierung auf der Registerkarte **Processing** stehen Ihnen die folgenden Optionen zur Verfügung:

- **Data Store Name**: Diese Einstellung beschreibt den Namen des Data Stores, aus dem Sie Einträge entfernen möchten.
- **Visibility**: Hier können Sie die Reichweite des Data Stores eingeben. Sie können zwischen der Option **Integration Flow**, d. h. nur Datensätze, die innerhalb des Integration Flows angelegt wurden, und der Option **Global**, d. h. auch von anderen Integration Flows angelegte Datensätze wählen.
- **Entry ID**: Die Entry ID können Sie dynamisch aus dem Header, der Property oder dem Body der vorliegenden Nachricht lesen. Diese Einstellung ist optional und identifiziert einen Eintrag eindeutig.

Data-Store-Operation »Persist«

Das Integrationsobjekt `Persist` speichert den Stand einer Nachricht zum Zeitpunkt des Aufrufs des Integrationsobjekts `Persist`. Nützlich ist dieses Objekt, wenn Sie zu Auditzwecken Nachrichten zwischenspeichern und nachweisen möchten. Anders als Nachrichten, die sich im Data Store befinden, haben Sie hier nicht die Möglichkeit, die Nachrichten in einem User Interface anzusehen, sondern können sie ausschließlich über eine OData-API abrufen.

URL für den Abruf von Nachrichten durch Persist

Über folgenden Endpoint können Sie die Nachrichten abrufen:

https://<IhrTenant>/api/v1/MessageProcessingLogs('<Message ID>')/MessageStoreEntries

Als Einstellungsmöglichkeiten stehen Ihnen in dem Integrationsobjekt `Persist` die folgenden beiden Parameter zur Verfügung:

- **Step ID**: Hier können Sie einen Namen für den Schritt im Integration Flow vergeben, über den Sie später die Nachricht identifizieren können.
- **Encrypt Store Messages**: Mithilfe dieser Einstellung werden die Nachrichten verschlüsselt gespeichert.

Write Variables konfigurieren

In der Praxis kann es vorkommen, dass Variablen, die zur Laufzeit erzeugt oder entgegengenommen werden, zwischengespeichert werden müssen, um diese zu einem späteren Zeitpunkt von dem gleichen oder einem andern Integration Flow lesen zu können. Um diese Anforderung zu erfüllen, gibt es das Integrationsobjekt **Write Variables**. Diese geschriebenen Variablen sind im Monitoring über den Pfad **Manage Stores • Variables** einsehbar. Durch einen *Content Modifier* (siehe Überschrift »Transformationen«) können diese Variablen wiederum gelesen werden. Das Integrationsobjekt **Write Variables** ermöglicht es Ihnen, mehrere Variablen gleichzeitig zu verändern und mit Inhalt zu befüllen. Nachdem Sie das Objekt in Ihren Integrationsprozess eingefügt haben, können Sie unter **Processing** die Parametrisierung vornehmen. Diese Eingabemaske erinnert dabei an die Eingabemaske des Content Modifiers. Nach einem Klick auf die Schaltfläche **Add** können Sie den Namen der Variable festlegen. Folgende fünf Typen stehen Ihnen hierbei zur Verfügung:

- **Constant**
- **Expression**
- **Header**
- **Property**
- **XPath**

Die einzelnen Typen, Datentypen und Werte haben wir bereits im Abschnitt mit der Überschrift »Transformationen« in diesem Abschnitt erläutert. Diese sind hier analog zu verstehen. Die Checkbox in der Spalte **Global Scope** beschreibt, ob diese Variable auch von anderen Integration Flows gelesen werden darf. Abbildung 5.38 zeigt die Persistenzmöglichkeiten auf einen Blick. Neben dem Integrationsobjekt Persistenz gibt es den Adapter

Data Store, der in Abschnitt 5.1.3, »Adapter«, erläutert wird und es ermöglicht, Integration Flows zu starten.

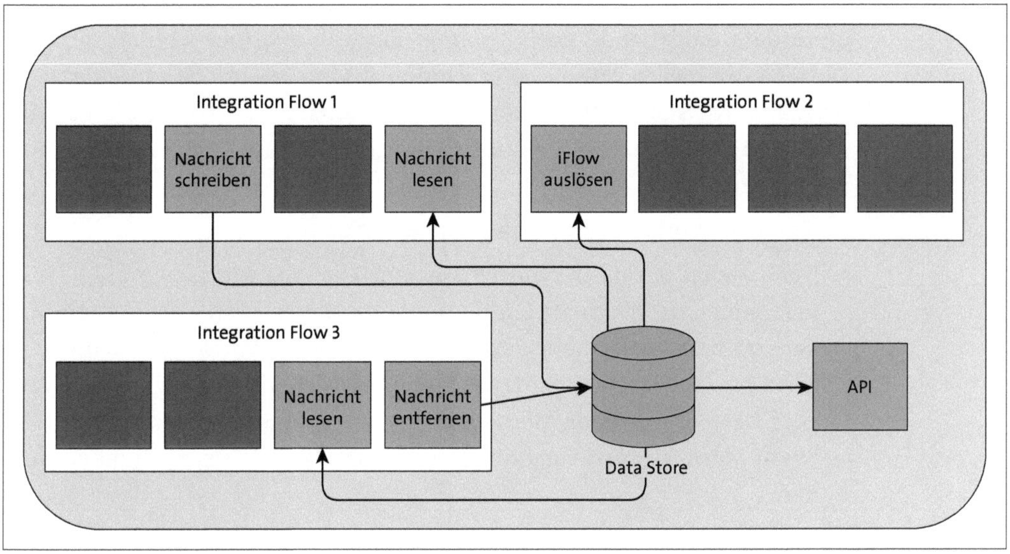

Abbildung 5.38 Funktionen des Integrationsobjekts »Persistenz« auf einen Blick

Validierung

XML Validator und EDI Validator

Mit den Integrationsobjekten vom Typ **Validierung** können Sie EDI- und XML-Nachrichten gegen Schemas validieren. Bei dem Integrationsobjekt **XML Validator** müssen Sie ein XML-Schema aus dem Integration Flow wählen oder hochladen oder eine Header-Variable angeben, die einen Schemadateinamen enthält. Anders als beim XML Validator können Sie bei dem *EDI Validator* mehrere Schemas angeben. Unterstützt werden EDIFACT, ODETTE und ANSI X12. Beide Integrationsobjekte erlauben eine Prozessierung, auch wenn es zu einem Fehler gekommen ist. Dazu müssen Sie die Checkbox **Prevent Exception on Failure** anhaken. Wenn es zu einem Fehler kommt, wird die Variable `SAP_XmlValidationResult` (beim XML Validator) und `SAP_EDIValidationResult` (beim EDI Validator) in den Property-Bereich der Nachricht geschrieben. Daraufhin können Sie mittels des Integrationsobjekts **Router** die Nachricht aussteuern.

5.1.3 Adapter

Vorstellung der Standard-Adapter

Cloud Integration der SAP Integration Suite bietet eine Vielzahl von Protokollen zur Verbindung von Cloud- und On-Premise-Anwendungen. Sie unterstützt sowohl die technische als auch anwendungsspezifische Konnektivität zu verschiedenen Anwendungen und Systemen, die in einem Integrationsszenario miteinander verbunden werden müssen. Darüber hinaus können On-Premise-Systeme und -Anwendungen über den Cloud Connector (siehe Kapitel 9, »Cloud Connector«), sicher verbunden werden, ohne dass eingehende Ports in einer Firewall geöffnet werden müssen. Diese Konnektoren bzw. Adapter werden zusammen mit den Integrationsteilnehmern (siehe Überschrift »Integrationsteilnehmer« in diesem Abschnitt) innerhalb der Integration Flows als Quell-, Ziel- oder Zwischenaufruf verwendet.

Im Folgenden erläutern wir Ihnen die wichtigsten Adapter:

- Der Adapter für das *Advanced Message Queuing Protocol* (AMQP) wird verwendet, um Nachrichten über einen sogenannten Nachrichten-Broker zu übertragen (mehr dazu in Kapitel 8, »Enterprise Messaging«). Er kann sowohl als Nachrichtenanbieter als auch als Nachrichtenverbraucher fungieren. Event Mesh und die SAP Integration Suite, Advanced Event Mesh, können ebenfalls über den AMQP-Adapter verbunden werden.
- Der *Ariba-Adapter* wird verwendet, um eine Verbindung zum Ariba-Netzwerk herzustellen. Dieser Adapter unterstützt den Austausch von Nachrichten im cXML-Format und deren Übertragung unter Verwendung eines HTTP-MIME-basierten Protokolls.
- Der Adapter *Applicability Statement 2* (AS2) nutzt ein auf HTTP basierendes Protokoll, das verwendet wird, um Geschäftsnachrichten sicher an Geschäftspartner zu übertragen, wobei Verschlüsselung und digitale Signaturen eingesetzt werden. Er wird verwendet, um z. B. EDI-Nachrichten auszutauschen.
- Der Adapter *Applicability Statement 4* (AS4) nutzt ein Protokoll, das auf HTTP und SOAP basiert und eine XML-Verschlüsselung sowie XML-Digitale Signaturen verwendet. Die Basis stellt dabei die ebMS-3.0-Spezifikation dar und wird in B2B-Integrationszenarien eingesetzt.
- Der *Data-Store-Adapter* erlaubt es, Nachrichten von einem Data Store zu lesen und die Nachrichten daraufhin aus dem Data Store zu entfernen. Anders als die Integrationsobjekte der Kategorie **Data Store** (siehe Überschrift »Persistenz« in diesem Abschnitt) kann der Data-Store-Adapter als Sende-Adapter genutzt werden und dient somit als Trigger für den Start eines Integration Flows. Der Data-Store-Adapter kann nur in Verbindung mit einem sendenden Integrationsteilnehmer genutzt werden.
- Für die Übermittlung der Steuererklärung an deutsche Finanzbehörden kann der *Elster-Adapter* verwendet werden, um die Daten über das Internet bereitzustellen. Sie können diesen Adapter nicht in Verbindung mit einem sendenden Integrationsteilnehmer nutzen.

- Der *Facebook-Adapter* wird verwendet, um z. B. Informationen wie Schlüsselwörter und Benutzerdaten von Facebook zu extrahieren. Sie können diesen Adapter nicht in Verbindung mit einem sendenden Integrationsteilnehmer nutzen.
- Der *FTP-Adapter* wird verwendet, um FTP-Server mit der SAP Integration Suite für die Übertragung von Dateien unter der Verwendung des FTP/FTPS-Protokolls zu verbinden.
- Der *HTTP(S)-Adapter* ermöglicht Ihnen die Umsetzung von HTTP-basierten Szenarien und das Durchführen von HTTP- oder REST-Aufrufen. Sie können den HTTPS-Adapter nicht in Verbindung mit einem empfangenden Integrationsteilnehmer nutzen. Dafür steht Ihnen der HTTP-Adapter zur Verfügung.
- Der *IDoc-Adapter* kann verwendet werden, um eine Verbindung zu einem SAP-On-Premise-System herzustellen und IDocs im XML-Format zu übertragen.
- Der *JDBC-Adapter* stellt eine Verbindung zu Datenbanken wie SAP HANA, Oracle, MSSQL und anderen Datenbanken, sowohl in der Cloud als auch lokal (on-premise), her. Er unterstützt das Speichern und Lesen von Daten in/von verschiedenen SAP- und Drittanbieter-Datenbanken. Somit können Sie für eine Langzeitdatensicherung diesen Adapter nutzen, um Daten in eine Datenbank zu schreiben. Sie können diesen Adapter nicht in Verbindung mit einem sendenden Integrationsteilnehmer nutzen.
- Der *JMS-Adapter* wird verwendet, um Nachrichten in asynchronen Warteschlangen, sogenannten Queues, zu speichern und abzurufen. Dadurch wird eine Entkoppelung von Sender und Empfänger erreicht.
- Das Lightweight Directory Access Protocol (LDAP) ist eine offene Spezifikation zur Abfrage und Verwaltung von verteilten Verzeichnisdiensten über das Internet. Der *LDAP-Adapter* ermöglicht Einfüge-, Änderungs-, Lösch- und Suchoperationen. Häufig wird der Adapter verwendet, um eine Verbindung zum Microsoft Active Directory für Authentifizierungsdienste unter der Verwendung von Benutzernamen und Passwörtern herzustellen. Sie können diesen Adapter nicht in Verbindung mit einem sendenden Integrationsteilnehmer nutzen.
- Mithilfe des *Kafka-Adapters* können Sie sich mit einem externen Kafka-Broker verbinden und Datensätze an Kafka-Hosts senden oder abrufen.
- Der *Mail-Adapter* wird verwendet, um E-Mails über SMTP(S) zu senden und über IMAP(S) sowie POP3(S) zu empfangen. Er unterstützt Anhänge.
- Der *ODC-Adapter* ermöglicht die Kommunikation mit Systemen, die Daten über den OData-Kanal für SAP Gateway bereitstellen.

- Der *OData-Adapter* ermöglicht es, eine Verbindung zu SAP- oder Nicht-SAP-basierten OData-Diensten herzustellen. Die Low-Code-API-Entwicklung (siehe Abschnitt Überschrift OData-API in Abschnitt 5.1.1, »Artefakte«) ermöglicht die einfache Bereitstellung von OData-APIs.
- Die SAP Integration Suite bietet über 160 *Drittanbieter-Konnektoren* an, auf die über standardisierte APIs zugegriffen werden kann (siehe Abschnitt 7.2, »Open Connectors«). Cloud Integration ermöglicht mit dem Open-Connectors-Adapter eine direkte Konnektivität zu den Systemen dieser Drittanbieter.
- Der *ProcessDirect-Adapter* wird verwendet, um den lokalen Integrationsprozess aus dem Hauptintegrationsszenario heraus aufzurufen.
- Der *RabbitMQ-Adapter* ermöglicht den Zugriff auf die von RabbitMQ Storage unterstützten Funktionen. Sie können den Adapter nutzen, um Nachrichten von einem RabbitMQ-Server zu konsumieren oder auf einem RabbitMQ-Server zu veröffentlichen.
- Der *RFC-Adapter* wird verwendet, um eine Verbindung zu On-Premise-ABAP-Systemen (z. B. SAP ERP) unter der Verwendung des RFC-Protokolls herzustellen. Er nutzt dabei den Cloud Connector (siehe Kapitel 9, »Cloud Connector«), um sicher mit On-Premise-Systemen zu verbinden. Sie können diesen Adapter nicht in Verbindung mit einem sendenden Integrationsteilnehmer nutzen.
- Der *SFTP-Adapter* wird verwendet, um eine Verbindung zu SFTP-Servern herzustellen. Sowohl beim Lesen als auch beim Schreiben von Dateien wird ein sicherer clientbasierter Zertifikatauthentifizierungsmechanismus genutzt.
- Der *SuccessFactors-Adapter* wird verwendet, um eine Verbindung zur SAP-SuccessFactors-Anwendung unter der Verwendung der SFSF-API (basierend auf SOAP) oder OData herzustellen. Der Adapter unterstützt auch eine Delta-Synchronisierungsoption, um die Anzahl der aus SAP SuccessFactors abgerufenen Datensätze zu optimieren.
- Der *Twitter-Adapter* kann verwendet werden, um Informationen von Twitter, wie z. B. Schlüsselwörter und Tweets, zu extrahieren. Sie können diesen Adapter nicht in Verbindung mit einem sendenden Integrationsteilnehmer nutzen.
- Der *XI-Adapter* bietet eine Verbindungsmöglichkeit zu On-Premise-Systemen, die XI 3.0 unterstützen, wie beispielsweise SAP Process Orchestration.

Am Beispiel des OData-Adapters und der API Northwind OData V2 bringen wir Ihnen die Konfiguration eines Adapters näher. Beachten Sie, dass jeder Adapter meist individuell konfiguriert werden muss.

Grundlagen für einen OData-Adapter schaffen

Nachdem Sie ein Request-Reply-Integrationsobjekt in Ihren Integrationsprozess gezogen und diesen mit einem Integrationsteilnehmer-Empfänger verbunden haben, wählen Sie den OData-Adapter aus. Je nach Endpunkt müssen Sie entscheiden, ob Sie die Version V2 oder V4 nutzen möchten. In unserem Beispiel nutzen wir V2. Daraufhin entsteht im unteren Bereich die Konfigurationsoberfläche, wie in Abbildung 5.39 gezeigt. Wechseln Sie auf die Registerkarte **Connection**.

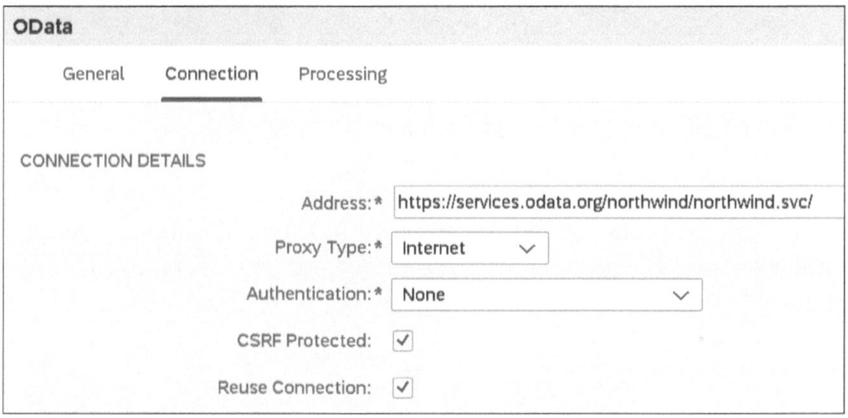

Abbildung 5.39 Odata-V2-Adapter konfigurieren: Connection

Verbindungsdetails konfigurieren

Hier müssen Sie zunächst in den Verbindungsdetails die Adresse eintragen, unter der die SAP Integration Suite den Endpunkt aufrufen soll. Wir nutzen die URL *https://services.odata.org/northwind/northwind.svc/*. Über die Einstellung **Proxy Type** entscheiden Sie, ob sich dieser Endpunkt im Internet oder innerhalb Ihres Unternehmensnetzwerks befindet. Für letztere Einstellung wählen Sie **on premise**. Allerdings ist dafür ein Cloud Connector und ein virtueller Host zur Einrichtung des Cloud Connectors erforderlich (siehe Kapitel 9, »Cloud Connector«). Als Nächstes wählen Sie eine Authentifizierungsmethode aus. Je nach Proxy Type können Sie hier unterschiedliche Möglichkeiten wählen.

OData-Wizard aufrufen

Wechseln Sie auf die Registerkarte **Processing**, und klicken Sie auf die Schaltfläche **Select** in der Zeile **Resource Path**. Das Feld **Resource Path** selbst muss dabei nicht gefüllt sein. Es öffnet sich ein Wizard, der Sie in drei Schritten bei der Abfragekonfiguration unterstützt.

Datenquelle angeben

Im ersten Schritt können Sie zunächst die Verbindungsdaten einsehen und anpassen. Wenn Sie die Verbindungsdaten bereits auf der Registerkarte

Connection Details des OData-Adapters eingetragen haben, sind diese Felder bereits ausgefüllt (siehe Abbildung 5.40). Sollte Ihnen für den OData-Service eine EDMX-Datei vorliegen, können Sie für die Abfragekonfiguration bei **Connection Source** auf **Local EDMX File** wechseln und die Datei auswählen. Klicken Sie auf die Schaltfläche **Step 2**, um in den zweiten Schritt zu wechseln.

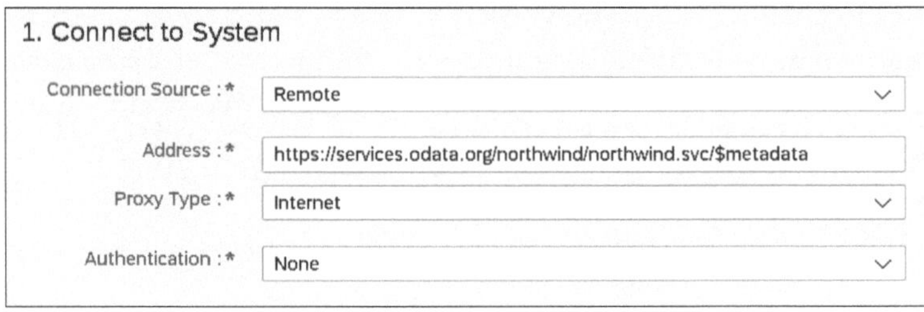

Abbildung 5.40 OData-V2-Abfrage konfigurieren: Schritt 1

Entität definieren

Im zweiten Schritt wählen Sie eine HTTP-Operation, die Entitäten und die dazugehörigen Felder aus, die Sie abfragen möchten. In unserem Beispiel wählen wir die Operation `Query (Get)` und die Entität **Products** aus (siehe Abbildung 5.41).

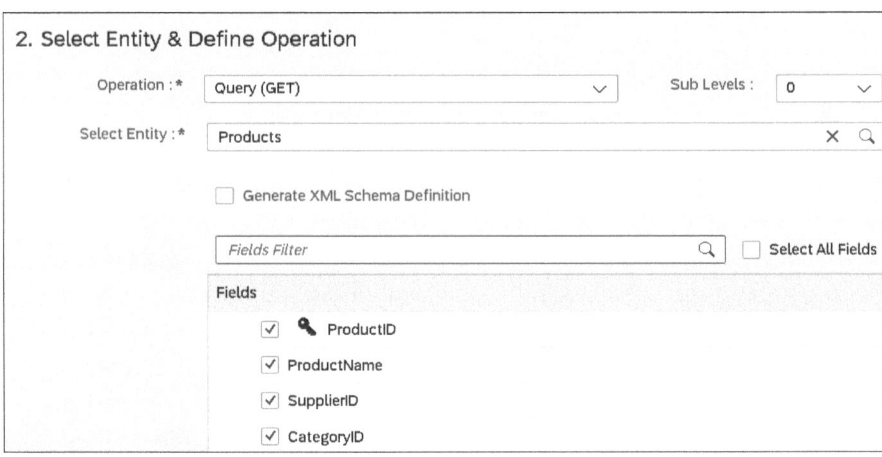

Abbildung 5.41 OData-V2-Abfrage konfigurieren: Schritt 2

Unterschied zwischen Read und Query

Hätten wir anstelle der Operation `Query (GET)` die Operation `Read (GET)` gewählt, hätten wir angeben müssen, wie der Primärschlüssel der Entität, d. h. `ProductID`, vom System bei der Abfrage determiniert werden soll, da die Operation `Read` einzelne Objekte abfragt. Sie können an dieser Stelle einen Festwert angeben oder auf eine Variable in Camel Notation verweisen, wie in Abbildung 5.42 dargestellt.

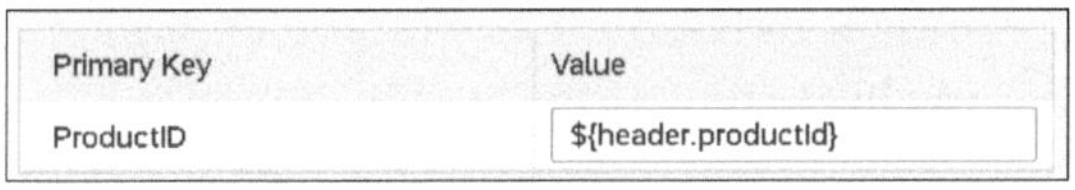

Abbildung 5.42 OData-V2-Abfrage konfigurieren: ID dynamisch setzen

Filter- und Sortierkriterien definieren

Bei der Operation `Query` (`GET`) ist ein weiterer Schritt notwendig, da bei dieser Operation noch keine Einschränkungen vorgenommen wurden. In Schritt 3 können somit Filter- und Sortierkriterien definiert werden. Abbildung 5.43 zeigt eine Beispielkonfiguration. Unter der Einstellung **Filter By** wählen Sie zunächst das Attribut der Entität aus. In unserem Fall möchten wir die Produkte einer bestimmten Kategorie ausgeben; daher nutzen wir `CategoryID` als Filterwert. In dem Feld rechts daneben wählen wir den Vergleichsoperator. Das rechte Eingabefeld beinhaltet den Vergleichswert. Sie können hier Festwerte übergeben oder, wie in Abbildung 5.43 dargestellt, eine Variable in Camel Notation. Über die Schaltfläche [+] können Sie weitere Filterkriterien hinzufügen. Zusätzlich möchten wir eine Sortierung nach Produktnamen vornehmen, weshalb wir unter der Einstellung **Sort By** das Attribut `ProductName` und das Attribut `Ascending` (aufsteigend) auswählen.

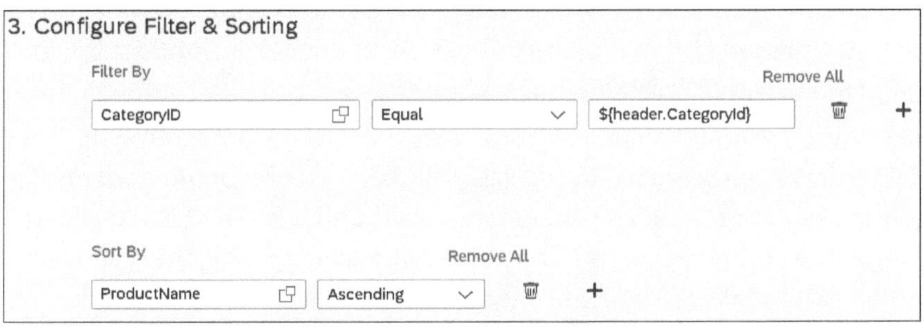

Abbildung 5.43 OData-V2-Abfrage konfigurieren: Schritt 3

Über die Schaltfläche **Finish** beenden Sie den Wizard. Im OData-V2-Adapter auf der Registerkarte **Processing** werden alle Eingaben übernommen, die Sie in dem Wizard vorgenommen haben. Das Ergebnis finden Sie in Abbildung 5.44.

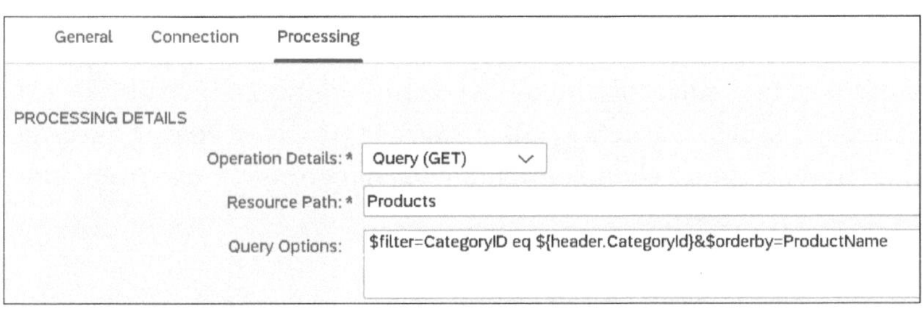

Abbildung 5.44 OData-V2-Abfrage konfigurieren: Ergebnis

Die Konfiguration des OData-V2-Adapters ist somit abgeschlossen. Sie können jetzt mit der Implementierung des Integration Flows fortfahren.

5.2 Simulieren, Testen und Debuggen

Während oder auch nach der Implementierung sollten immer Integrations-, Funktions- und Regressionstests durchgeführt werden, um Fehler aufzudecken und zu korrigieren.

Die SAP Integration Suite bietet dafür verschiedene Mechanismen an, die wir Ihnen hier vorstellen möchten.

5.2.1 Simulation und Test

Vorteile einer Simulation

Der *Simulationsmodus* ist vergleichbar mit den Funktionstests in der Programmierung. Dieser hat den Vorteil, dass Sie den Integration Flow nicht zwingend deployen müssen, um einzelne Integrationsobjekte oder zusammenhängende Integrationsobjekte zu testen. Des Weiteren sind Sie bei der Simulation nicht von Drittsystemen abhängig, da Sie die Rückantworten auch simulieren können. In dieser Phase liegt der Fokus auf dem Integration Flow bzw. auf Teilen des Integration Flows.

Simulationsnavigation

Abbildung 5.45 zeigt einen Integration Flow. Die Markierung ❶ stellt dabei den Simulationsbereich dar. Die Schaltflächen (**Run Simulation**) und (**Clear Simulation**) sind zu Beginn ausgegraut und werden aktiv, sobald Anfangs- und Endpunkt gesetzt sind. Die Schaltfläche (**Help**) führt Sie zu der weiterführenden Hilfe von SAP über den Link *http://s-prs.de/v993312*.

Des Weiteren haben die Schaltflächen **Start Simulation** und **Clear Simulation** die folgenden Bedeutungen:

- **Start Simulation**: Startet den Simulationslauf vom markierten Anfang bis zum markierten Ende. Dabei werden Eingabewerte berücksichtig.
- **Clear Simulation**: Löscht alle Informationen zur Simulation, sowohl den Start- und Endpunkt als auch die Eingabewerte.

Simulationsstart und Simulationsende markieren

Im Kontextmenü jedes Pfeils, den Pfeil ausgenommen, der vom Sender ausgeht und den Pfeil ausgenommen, der vom End-Integrationsobjekt ausgeht, werden die Schalflächen (**Start Point**) und (**End Point**) angezeigt. Mithilfe dieser Schaltflächen können Sie einstellen, wann die Simulation beginnen bzw. enden soll.

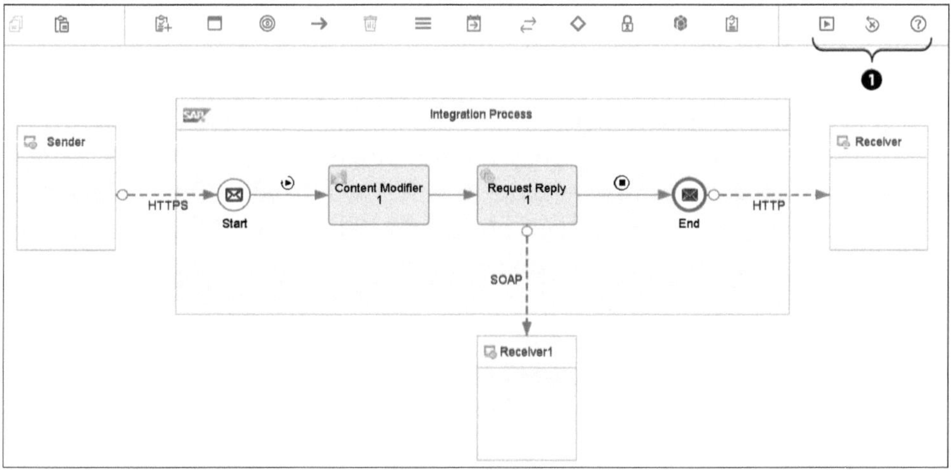

Abbildung 5.45 Integration Flows mit Simulationsbereich

Zur Mockdaten-Oberfläche navigieren

Nachdem Sie den Startpunkt festgelegt haben, können Sie optional, abhängig von Ihrem Anwendungsfall, entscheiden, ob Sie Eingabedaten für Ihre Simulation benötigen. Der festgelegte Startpunkt wird durch das Icon angezeigt. Wenn Sie auf diese Schaltfläche klicken, gelangen Sie in den Bereich der Eingabedaten (siehe Abbildung 5.46).

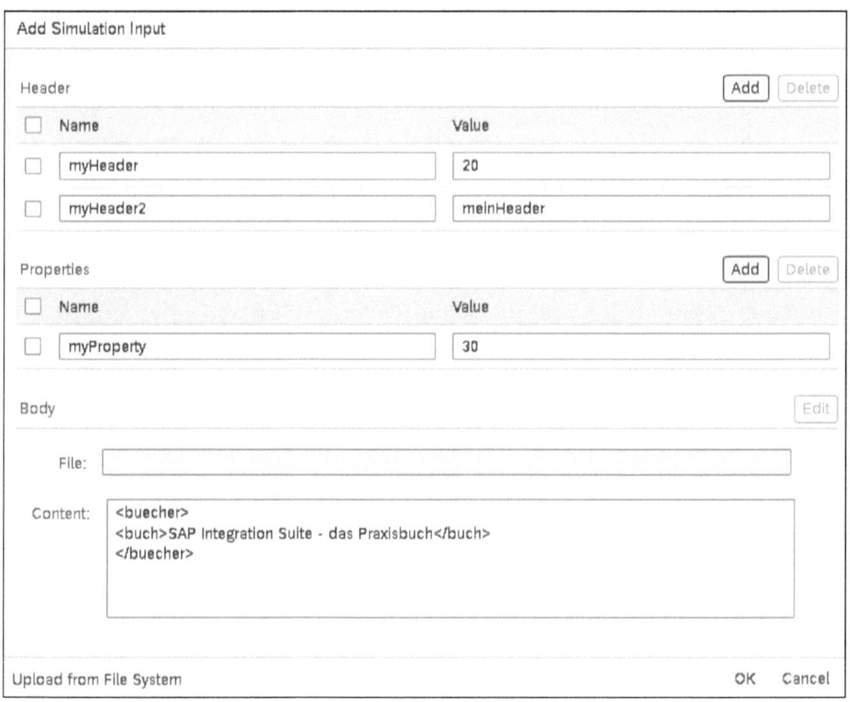

Abbildung 5.46 Eingabedaten für die Simulation

Mock-Daten hinterlegen

Hier haben Sie die Möglichkeit, sowohl die Header-Variablen, die Property-Variablen als auch den Body Content einzutragen. Alternativ können Sie als Body Content auch eine Datei hochladen. Bei einem gestrichelten Pfeil, der von einem Request-Reply-Integrationsobjekt ausgeht oder zu einem Content-Enricher-Integrationsobjekt führt, wird Ihnen die Schaltfläche (**Add Simulation Response**) angezeigt. Hier können Sie eine simulierte Antwort eines möglichen Empfängers hinzufügen. Wie in Abbildung 5.46 zu sehen, können Sie die Header-Variablen und den Body Content simulieren. Da die Property-Variablen nur innerhalb eines Integration Flows vorliegen, können Sie diese nicht innerhalb der Simulationsantwort simulieren. Abbildung 5.47 zeigt die Eingabemaske der Daten. Auch hier können Sie bereits vorhandene Antwortdaten hochladen.

Abbildung 5.47 Empfängerantwort in der Simulation

Mit der Simulation beginnen

Nachdem Sie Start und Endpunkt festgelegt und die Eingabedaten eingetragen haben, können Sie über die Schaltfläche (**Start**) mit der Simulation beginnen. Nach einer kurzen Wartezeit wird Ihnen die Erfolgsmeldung aus Abbildung 5.48 angezeigt.

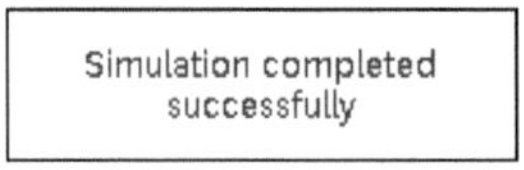

Abbildung 5.48 Erfolgsmeldung der Simulation

Simulationsergebnisse auswerten

Über jedem Pfeil, dessen Ursprungsintegrationsobjekt den Header, die Property-Daten oder den Body Content verändert hat, wird eine Schaltfläche in Form eines Briefumschlags angezeigt. Mit einem Klick auf den Briefumschlag werden unter dem Integration Flow drei Registerkarten angezeigt, die die Header-, die Property-Variablen und den Body Content zu dem Zeitpunkt des Schritts der Nachricht beinhalten. Abbildung 5.49 zeigt beispielhaft die Properties am Ende der Aktivitäten.

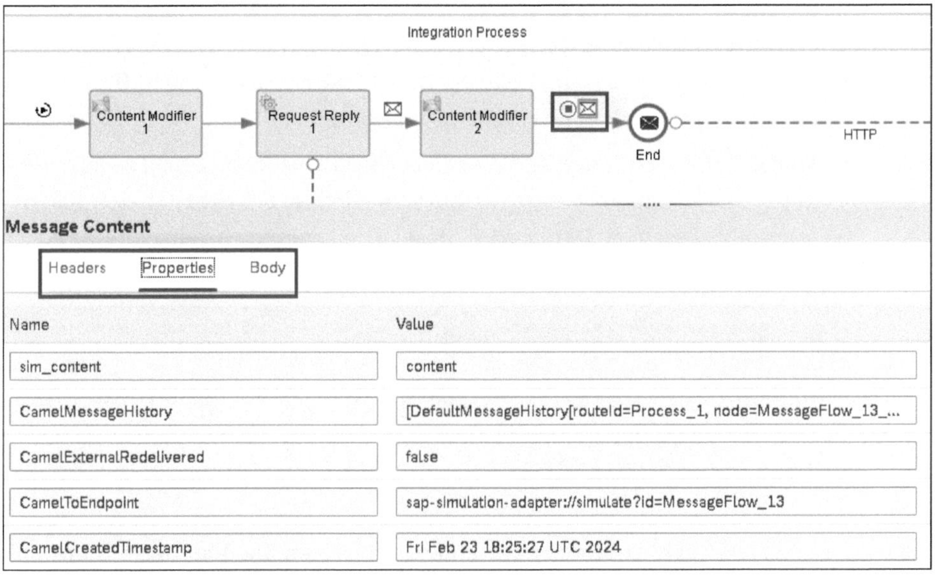

Abbildung 5.49 Ergebnis der Simulation

[+]

Simulation durchführen

Für das Durchführen der Simulation müssen Sie sich nicht im Änderungsmodus des Integration Flows befinden.

5.2.2 Debugging, Tracing und Error

Log Levels verstehen

Nachdem Sie Ihre Integration Flows produktiv gesetzt haben, müssen Sie weiterhin die Möglichkeit haben, die Nachrichtenverarbeitung zu kontrollieren und bei Fehlern die Ursachen zu identifizieren. Daher bietet die SAP Integration Suite im Monitoring-Bereich verschiedene Log Levels an, die für unterschiedliche Anwendungsfälle genutzt werden können. Die Log Levels sind:

- **None**: Bei diesem Log Level werden keine Logs geschrieben. Sollte auf Ihrem Tenant eine Archivierung aktiv sein, werden auch keine Daten in das Archiv geschrieben.
- **Info**: Dieses Log Level ist standardmäßig bei einem Deployment eines Integration Flows aktiv. Er speichert grundsätzliche Informationen zu einem Integration Flow.

- **Debug**: Dieses Log Level speichert detaillierte Informationen zu den einzelnen Schritten in einem Integration Flow. Da dieses Log Level viel Speicherplatz verbraucht, empfehlen wir, dieses nur zu setzen, wenn es notwendig ist. Nach 24 Stunden wird das Log Level wieder auf das vorherige Log Level zurückgesetzt.
- **Error**: Dieses Log Level speichert die Nachrichtenverarbeitung nur bei Fehlern und die letzten 50 Schritte zu diesem Fehler.
- **Trace**: Dieses Log Level ist das speicherintensivste Log Level, da es neben den Header- und Property-Attributen bei jedem Schritt auch den gesamten Body speichert. Daher wird dieses Log Level nach zehn Minuten auf das vorherige Log Level zurückgesetzt.

Log Level bei Re-Deployment

Wenn Sie eine neue Version eines Integration Flows veröffentlichen, ohne die vorherige Version zu undeployen, bleibt das eingestellte Log Level erhalten.

Zum Integration Flow navigieren

Um das Log Level auf **Debug** zu stellen, navigieren Sie über den Pfad **Monitoring Artefacts • Integration** zur Kachel **Manage Integration Content**, (siehe Abbildung 5.50).

Abbildung 5.50 Kachel »Manage Integration Content«

Log Level einstellen

Hier werden Ihnen alle Artefakte angezeigt, die Sie veröffentlicht haben. Wie in Abbildung 5.51 gezeigt, können Sie nach einem Klick auf Ihren gewünschten Integration Flow im rechten Bereich das Log Level einstellen. Alle Prozesse, die ab dem Zeitpunkt der Neueinstellung starten, werden mit dem neuen Log Level in den Message Processing Log (MPL) geschrieben.

Message Processing Monitor aufrufen

Nachdem Sie das Log Level **Debug** eingestellt haben und ein Prozessdurchlauf gestartet worden ist, können Sie in den Message Processing Monitor gehen. Diese Kachel finden Sie auch über den Pfad **Monitor • Integrations Content**. Angezeigt werden Ihnen alle Nachrichten, die von der SAP Integration Suite prozessiert werden.

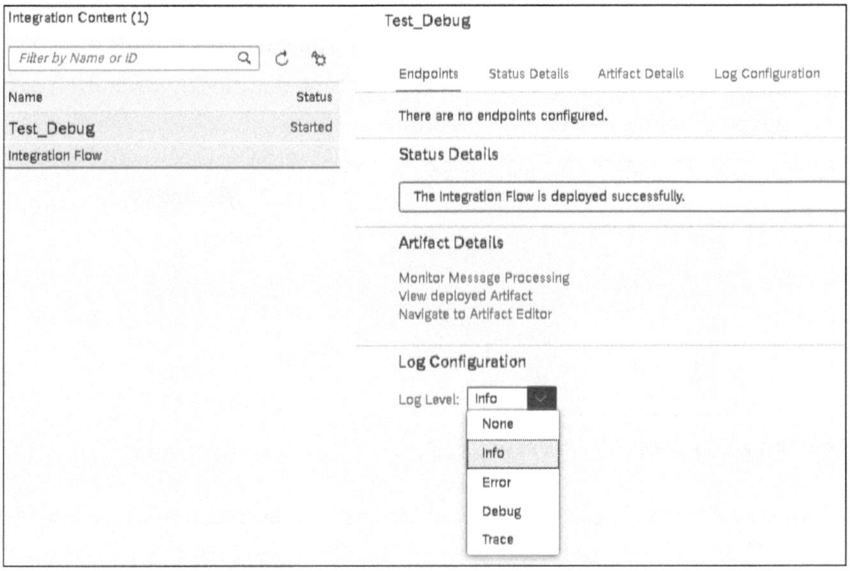

Abbildung 5.51 Monitoring: Einstellung des Log Levels

Sie haben über die Filter im oberen Bildbereich die Möglichkeit, die Ansicht auf die gewünschten Nachrichten einzugrenzen. Abbildung 5.52 zeigt ein solches Beispiel.

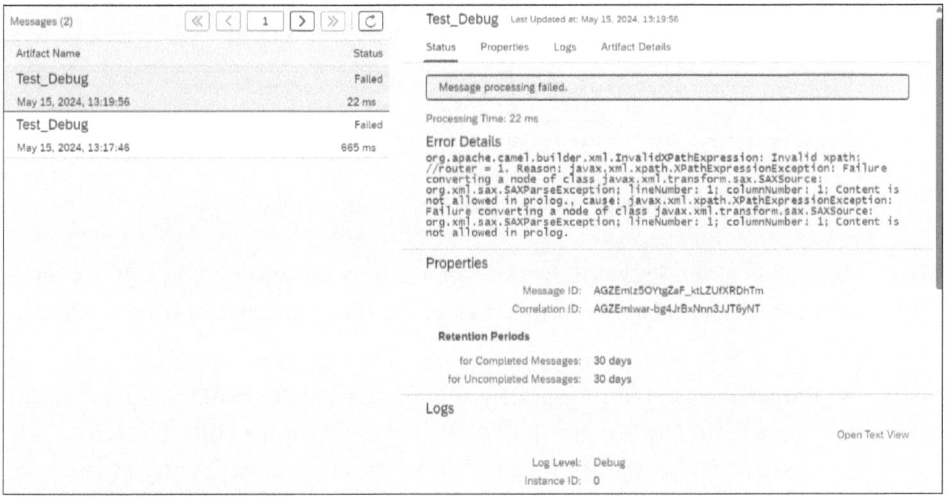

Abbildung 5.52 Message Monitoring

Im Message Processing Monitor navigieren

Auf der rechten Seite finden Sie die Registerkarte **Status**, auf der Ihnen mögliche Fehlerdetails angezeigt werden. Auf der Registerkarte **Properties** finden Sie die Nachrichten- (**Message**) und Korrelations-ID (**Correlation**). Auf der Registerkarte **Logs** wird Ihnen nun ein Link mit der Bezeichnung **Debug** angezeigt. Dieser Link führt Sie zum *Message Processing Run*. Hier können Sie auf der rechten Seite zwischen dem **Integration Flow Model**, das Ihren Integrationsprozess darstellt, und dem **Log Content**, das die Eigenschaften der Aktivität beinhaltet, wählen (siehe Abbildung 5.53).

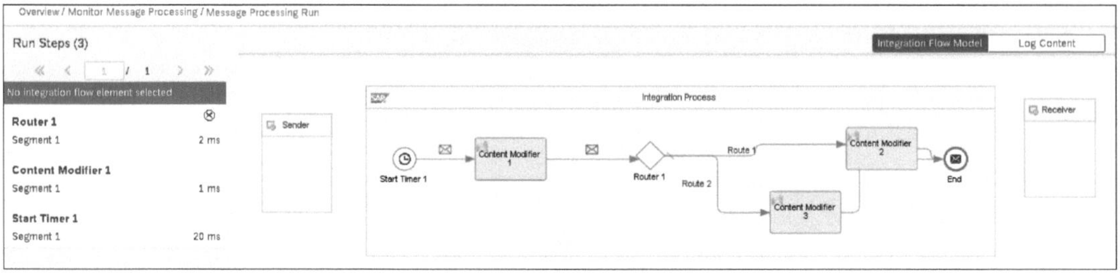

Abbildung 5.53 Message Processing Run

Fehlernachrichten finden und analysieren

Im Message Processing Run erkennen Sie anhand des roten Briefumschlag-Icons ⊠, an welcher Stelle der Nachrichtenfluss gescheitert ist. So finden Sie die fehlerhafte Stelle, selbst wenn Aktivitäten gleich benannt worden sind. Auf der linken Seite des Message Processing Run werden alle Aktivitäten, Events und Gateways in einer absteigenden Reihenfolge dargestellt. Sollte es, wie in Abbildung 5.53 gezeigt, in der Prozessverarbeitung zu einem Fehler gekommen sein, sehen Sie neben dem Aktivitätennamen ein rotes Kreuz-Icon ⊗. Wenn Sie auf diese Schaltfläche klicken, wird Ihnen die entsprechende Fehlermeldung angezeigt (siehe Abbildung 5.54).

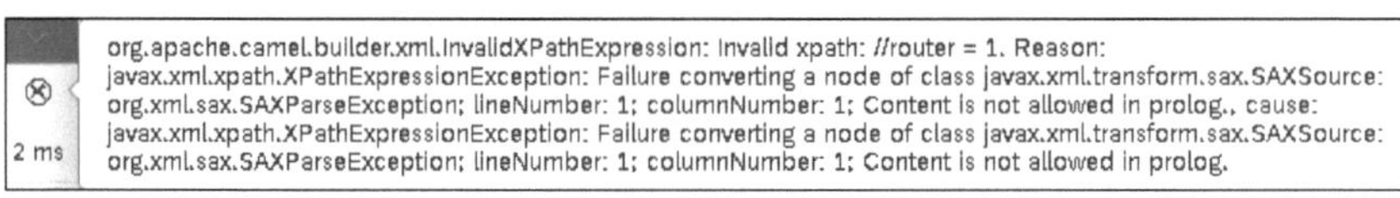

Abbildung 5.54 Message Processing Run: Fehleranzeige

Log Content analysieren

Wenn Sie einen Prozessschritt ausgewählt haben, können Sie auf der rechten Seite auf den Log Content umschalten. Hier werden Ihnen zwei Registerkarten angezeigt:

- **Properties**: Hier wird gegebenenfalls zunächst der Fehler dargestellt. Zusätzlich finden Sie alle Eigenschaften des ausgewählten Schritts, z. B. wann der Schritt gestartet wurde und wie lange er gedauert hat. Auch sehen Sie den Status und eine mögliche Beschreibung. Diese Eigenschaften unterscheiden sich, je nachdem, welcher Schritt ausgewählt wurde. So hat z. B. der Content-Modifier-Schritt keinen Eigenschaftsstatus.
- **Activities**: Auf dieser Registerkarte werden Ihnen die einzelnen Aktivitäten innerhalb des ausgewählten Schritts angezeigt. Wenn Sie z. B. im

Content Modifier die Kopfdaten geändert haben, wird Ihnen hier die Methode `setHeader` angezeigt (siehe Abbildung 5.55).

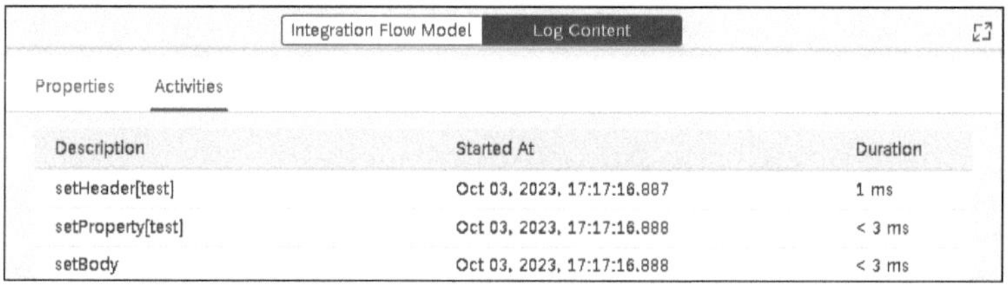

Abbildung 5.55 Message Processing Run: Aktivitäten

Log Level Trace

Das *Log Level Trace* lässt sich genauso einstellen wie das *Log Level Debug*. Dazu müssen Sie, wie in Abbildung 5.51 gezeigt, im Dropdown-Menü **Trace** auswählen.

> **Log Level Trace**
>
> Da das Log Level Trace das speicherintensivste Log Level ist, ist es lediglich zehn Minuten lang aktiv. Danach wird das Log Level auf das vorherige Log Level zurückgesetzt.

Log Level Trace analysieren

Sobald eine Nachricht prozessiert worden ist, können Sie im Message Monitor, auf den Link **Trace** neben **Log Level** klicken und gelangen in den Message Processing Run (siehe Abbildung 5.52). Auf der Registerkarte **Integration Flow Model** sehen Sie, neben einem möglichen Fehler – dargestellt durch ein rotes Brief-Icon – auch ein blaues Brief-Icon. Dieses repräsentiert, dass an dieser Stelle eine komplette Nachricht persistiert wurde. Im Log Level Trace wird, neben der Registerkarte **Integration Flow Model** und der Registerkarte **Log Content** zusätzlich die Registerkarte **Message Content** eingeblendet. Hier kann der Inhalt einer Nachricht angezeigt werden. Diese Nachricht befindet sich immer im Zustand **Message before Step**, d. h., vor der Verarbeitung durch den Schritt (siehe Abbildung 5.56).

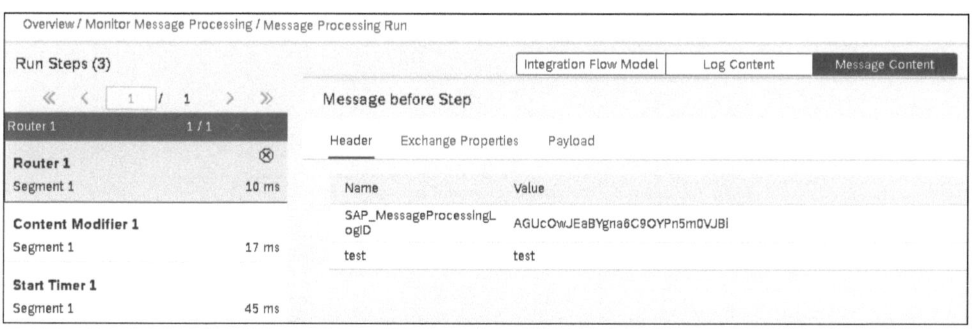

Abbildung 5.56 Message Processing Run: Message Content

Hier werden Ihnen die Header, die Exchange Properties und die Payload der prozessierten Nachricht angezeigt, wenn diese zum aktuellen Zeitpunkt gesetzt sind.

5.3 Kundenspezifische Adapter entwickeln

Motivation kundenspezifischer Adapter

In Abschnitt 5.1.3 haben wir Ihnen einige Adapter vorgestellt, die in der SAP Integration Suite zum aktuellen Zeitpunkt genutzt werden können, um Ihre Anforderungen umzusetzen. Zusätzlich haben Sie die Möglichkeit, über *Open Connectors* (siehe Abschnitt 7.2, »Open Connectors«), APIs von Drittherstellern in einer standardisierten Form zu konsumieren. Trotz der großen Anzahl an verschiedenen Adaptern gibt es Anforderungen und Fälle, die nicht von den Standardadaptern abgedeckt werden können. Gründe dafür können sein, dass z. B. eigene oder spezielle Protokolle implementiert werden müssen. Auch könnte ein spezifisches Mapping im Aufrufprozess nötig oder ein eigener Sicherheitsmechanismus gefordert sein. Standard-Adapter sind so entwickelt, dass sie eine Vielzahl von Fällen abdecken müssen. Daher kann es vorkommen, dass die Performance durch die Anpassung eines Standard-Adapters für Ihre Anforderungen verbessert werden kann.

Adapter in der SAP Integration Suite

Anhand der Anforderungen und den zur Verfügung stehenden Mitteln ergibt sich bezüglich der Adapter für die SAP Integration Suite der Zusammenhang, wie er in Abbildung 5.57 zu sehen ist.

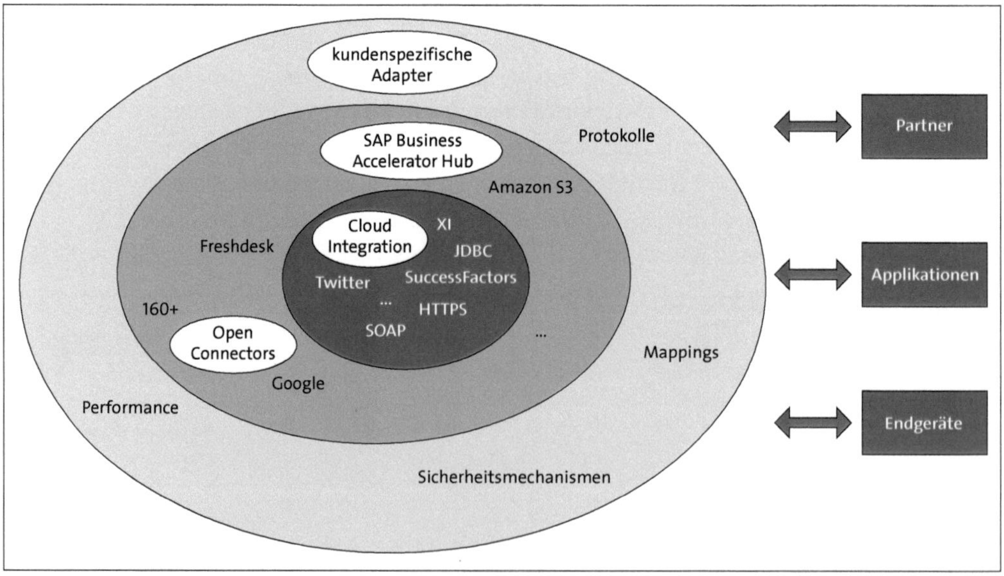

Abbildung 5.57 Zusammenhang angebotener Adapter

Im inneren Kern befinden sich die Standard-Adapter der SAP Integration Suite. Diese können durch Konnektoren von *Open Connectors* oder über den *SAP Business Accelator Hub* erweitert werden. Sollten die Anforderungen nicht abdeckbar sein, bilden die kundeneigenen Adapter die äußerste Schicht der Adapter-Zwiebel.

Aufgrund der zuvor genannten Anforderungen bietet die SAP Integration Suite die Möglichkeit, eigene Adapter zu implementieren. SAP-Partner können zudem die eigens entwickelten Adapter noch monetarisieren, indem Sie die Adapter im SAP Business Accelerator Hub anbieten. In diesem Abschnitt zeigen wir Ihnen die Voraussetzungen und wie Sie einen eigenen Adapter implementieren.

5.3.1 Voraussetzungen

Voraussetzungen für einen kundenspezifischen Adapter

Die Implementierung setzt einige technische Komponenten und fachliches Grundverständnis voraus. Diese Grundlagen möchten wir Ihnen in diesem Abschnitt näherbringen und die Komponenten mit Ihnen einrichten. Ziel der Implementierung eines eigenen Adapters ist es, ein OSGi-Bundle (*Open Service Gateway Initiative*) in einer ESA-Datei bereitzustellen. OSGi ist ein Set von Spezifikationen, die einen dynamischen modularen Ansatz für Java-Anwendungen bieten. Es ermöglicht Anwendungen, aus kleinen, wiederverwendbaren und kollaborativen Komponenten, *Bundles* genannt, aufgebaut zu werden. Diese Bundles können zur Laufzeit hinzugefügt, aktualisiert oder entfernt werden, ohne die gesamte Anwendung neu starten zu müssen. Ein Bundle ist dabei eine *JAR-Datei*, die zusätzliche Metadaten enthält. Die Metadaten geben beispielsweise an, welche anderen Bundles oder Java-Pakete ein Bundle benötigt und welche es selbst zur Verfügung stellt. Um zu diesem Ziel zu gelangen, muss ein *Apache-Maven-Projekt* aus einem *Apache Maven Archetype* erstellt werden.

[«]

Apache Maven

Apache Maven ist ein Open-Source-Build-Management- und Automatisierungstool, das auf der Struktur Project Object Model (POM) basiert. Es wird verwendet, um den Build-Prozess in Softwareprojekten zu vereinfachen und zu automatisieren, und hilft Entwickler*innen bei der Handhabung von Projektabhängigkeiten, der Verwaltung von Bibliotheken und der Steuerung der Build-Ausgabe.

Apache Maven verwendet eine XML-Datei, bekannt als **pom.xml**, um Konfigurationsinformationen für ein Projekt, einschließlich seiner Abhängigkeiten, Plugins und anderer Einstellungen zu speichern. Wie diese Datei in der Praxis zum Tragen kommen, erklären wir im nächsten Abschnitt. Damit Sie ein Apache-Maven-Projekt anlegen können, das den Grundstrukturen eines SAP-Integration-Suite-Adapters genügt, müssen Sie einen passenden Archetype wählen.

Apache Maven Archetypes

Apache Maven Archetypes sind Projekt-Vorlagemechanismen, die das Erstellen von Maven-Projektstrukturen vereinfachen. Ein Archetype generiert eine Beispielprojektstruktur, damit die Entwickler*innen schnell mit der Arbeit beginnen können, ohne die Grundstruktur manuell erstellen zu müssen. Damit liegt es nahe, dass auch für die Implementierung eines SAP-Integration-Suite-Adapters ein Archetype existiert.

Integrated Development Environment

Aus technischer Sicht brauchen Sie für die Implementierung eines eigenen Adapters zunächst eine *Integrated Development Environment* (IDE), also eine Software zur Anwendungsentwicklung.

[»]

Integrated Development Environment

Eine IDE ist eine Softwareanwendung, die Entwickler*innen umfassende Einrichtungen zur Softwareentwicklung bietet. Sie kombiniert mehrere Tools, die während der Softwareentwicklung benötigt werden, in einer einheitlichen Benutzeroberfläche. Typische Funktionen von IDEs umfassen Code-Editor, Compiler, Debugger und grafische Benutzeroberflächen-Designer.

Ein Beispiel dafür ist *Eclipse*. Die neueste Eclipse-Version finden Sie unter der folgenden URL: *https://www.eclipse.org/downloads/packages/*.

Adapter Development Kit (ADK)

Für die Implementierung von eigenen Adaptern ist ein Development Kit von SAP notwendig. Ein Development Kit ist eine Sammlung von Softwaretools und -bibliotheken, die Entwickler*innen dabei helfen, Anwendungen für spezifische Plattformen oder Entwicklungsumgebungen zu erstellen. Es enthält in der Regel alle notwendigen Ressourcen, um Software zu entwickeln, zu testen, zu debuggen und zu kompilieren. Für das Implementieren eines Adapters in der SAP Integration Suite wird ein *Adapter Development Kit* (ADK) benötigt, das alle Ressourcen für die Implementierung von SAP-Integration-Suite-Adaptern innehat.

ADK in Eclipse aktivieren

Um Eclipse mit dem ADK zu erweitern, müssen Sie im Eclipse-Hauptfenster über den Pfad **Help • Install new Software** navigieren. Daraufhin öffnet sich ein Fenster. In diesem Eingabefenster geben Sie die folgende URL ein: *https://tools.hana.ondemand.com/oxygen*. Nach einer kurzen Wartezeit finden Sie im unteren Bild alle Softwarepakete, die auf der Seite zu finden sind. Für die Implementierung eines SAP-Integration-Suite-Adapters ist das Paket **SAP Cloud Integration Tools** und darin das **Adapter Development Kit for SAP Cloud Integration** relevant. Markieren Sie dieses Objekt. Danach sollte das Fenster bei Ihnen aussehen wie in Abbildung 5.58.

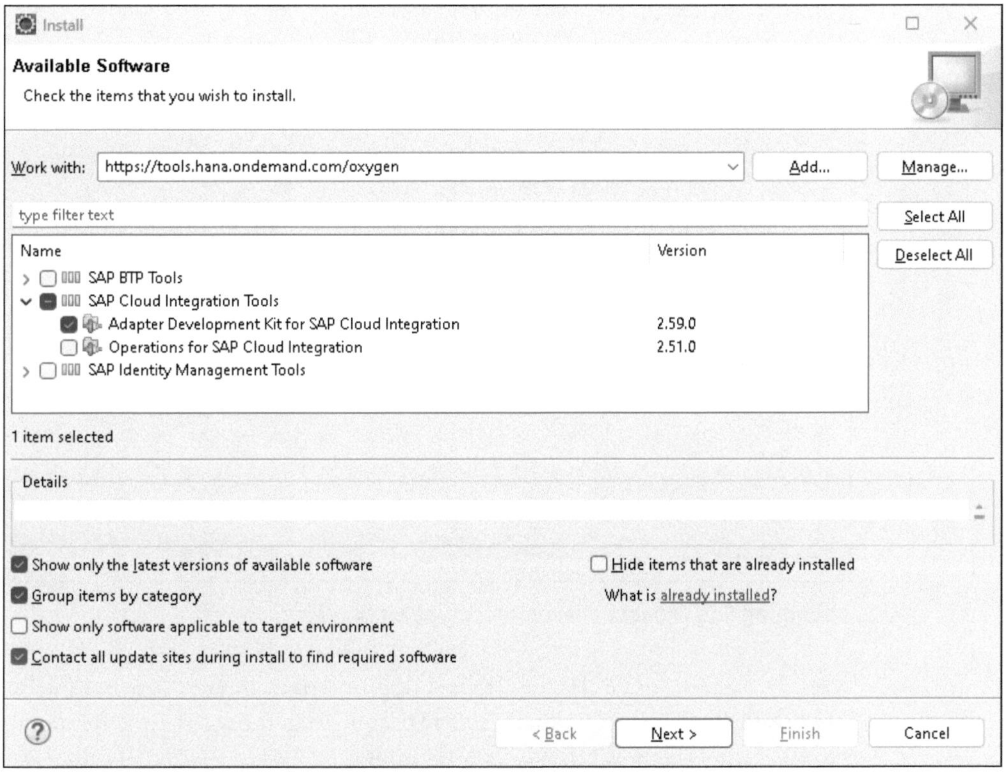

Abbildung 5.58 ADK für Eclipse installieren

Über die Schaltfläche **Next** werden die ausgewählten Pakete heruntergeladen und installiert.

Apache Maven Archetype in Eclipse hinzufügen

Wie zuvor beschrieben, können Sie sich bei der Entwicklung Zeit sparen, indem Sie sich über einen Apache Maven Archetype das Grundgerüst für die Implementierung generieren lassen. Dazu muss Eclipse Zugriff auf das *Apache Maven Repository* haben. Um dies sicherzustellen, navigieren Sie aus dem Eclipse-Hauptfenster zu **Window • Preferences**. Daraufhin öffnet sich ein Fenster. Navigieren Sie hier auf der linken Seite über den Pfad **Maven • Archetypes**. Fügen Sie einen neuen Katalog ein, indem Sie auf die Schaltfläche **Add Remote Katalog** klicken. Nutzen Sie dabei die folgende URL *https://repo.maven.apache.org/maven2/archetype-catalog.xml* und eine entsprechende Beschreibung. Abbildung 5.59 zeigt die gewünschten Einstellungen.

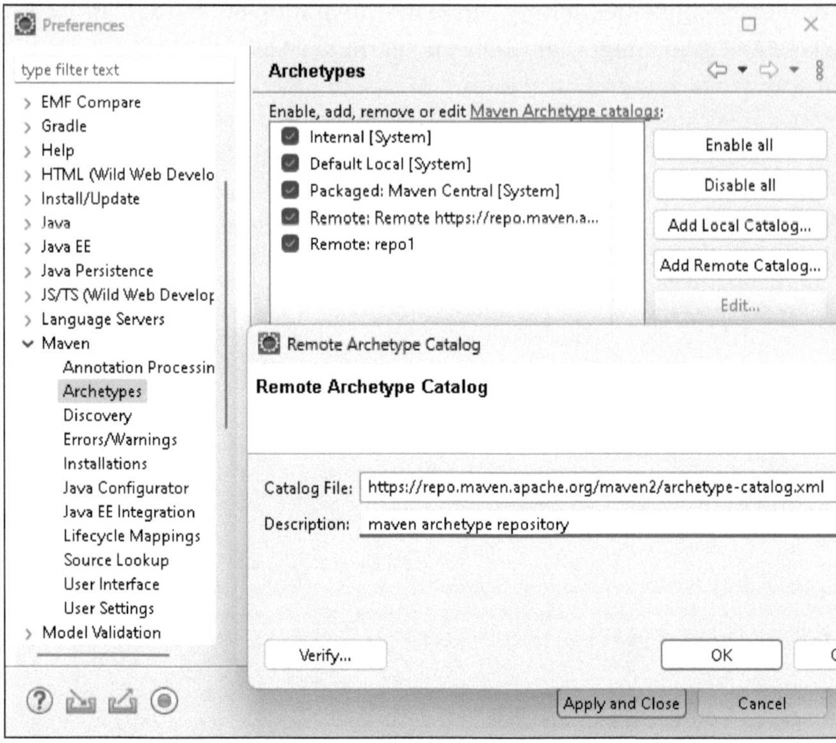

Abbildung 5.59 Apache Maven Archetype einrichten

Nachdem Sie die Schaltfläche **OK** bestätigt und danach auf die Schaltfläche **Apply and Close** geklickt haben, ist Ihr Eclipse-Umgebung für die Implementierung eines eigenen Adapters vorbereitet.

Im nächsten Schritt muss Ihr System vorbereitet werden. Wir installieren das Java Development Kit sowie Apache Maven und pflegen die jeweiligen Home-Verzeichnisse, sodass Ihr System weiß, wo es die Java- und Maven-Bibliotheken findet. Sollten Sie dies schon eingerichtet haben, können Sie den nachfolgenden Teil überspringen.

Java Development Kit und Apache Maven installieren

Die neueste Version des *Java Developement Kits* (JDK) finden Sie unter der folgenden URL *https://www.oracle.com/java/technologies/downloads/*. Nach der Installation müssen Sie sich den Pfad zu dem installierten Verzeichnis merken. Die Apache-Maven-Komponenten können Sie unter der URL *https://maven.apache.org/download.cgi* herunterladen und an einem beliebigen Ort auf Ihrem PC entpacken. Einzige Voraussetzung ist, dass Sie den Ordner im Nachgang nicht noch einmal verschieben. Sie müssen sich also das Installationsverzeichnis merken.

JAVA_HOME und MAVEN_HOME setzen

Nachdem Sie die Installationen erfolgreich durchgeführt haben, müssen Sie die Variablen `JAVA_HOME` sowie `MAVEN_HOME` definieren. Folgen Sie dafür diesem einfachen Tutorial, das Ihnen bei der Einrichtung der Home-Verzeichnisse hilft und betriebssystemspezifisch ist: *http://s-prs.de/v993313*. Wiederholen Sie den Vorgang für die `MAVEN_HOME`-Variable.

Java- und Apache-Maven-Version prüfen

Nachdem Sie die Variablen eingerichtet haben, müssen Sie einen PC-Neustart vollziehen. Öffnen Sie im Nachgang die Windows-Aufforderung, und geben Sie zunächst »java -version« ein. Danach geben Sie »mvn -version« ein. Sollten Sie bei beiden Kommandos eine Erfolgsmeldung mit der aktuellen Version, wie in Abbildung 5.60 dargestellt, erhalten, sind alle technischen Voraussetzungen erfüllt, und wir können Ihnen zeigen, wie Sie einen eigenen Adapter implementieren (siehe Abbildung 5.60).

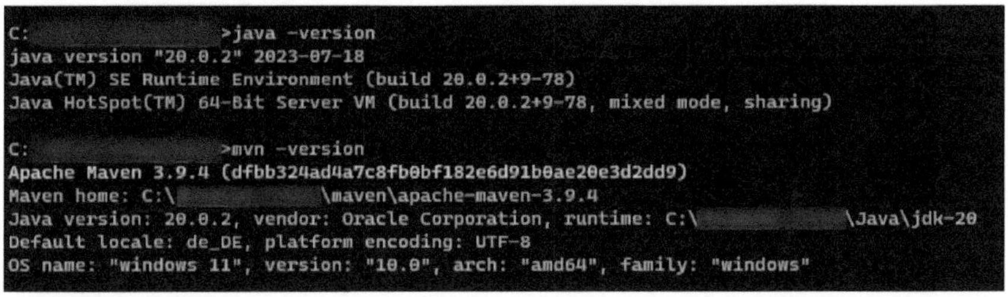

Abbildung 5.60 Java- und Maven-Installationstest in der Eingabeaufforderung

Konsolenperspektive aktivieren

Im Laufe des Generierungsprozesses wird eine weitere Perspektive in Eclipse benötigt. Navigieren Sie dazu aus dem Eclipse-Hauptfenster über **Window • Perspective • Open Perspective** und suchen Sie die Perspektive **Console und Terminal** heraus. Im späteren Verlauf gehen wir nochmal auf diese Perspektive ein.

5.3.2 Implementierung eines eigenen Adapters

Neues Apache-Maven-Projekt anlegen

Nachdem wir Ihnen alle technischen und fachlichen Voraussetzungen nähergebracht haben, können wir ein Apache-Maven-Projekt aus einem Archetype generieren. Gehen Sie dazu über den Pfad **File • New • Other**, suchen Sie hier nach **Maven Project**, klicken Sie auf die Schaltfläche **Next** und im darauffolgenden Fenster erneut auf **Next**. Im oberen Bereich müssen Sie einen Katalog auswählen. Wählen Sie dazu den Remote-Katalog aus, den Sie im vorangehenden Abschnitt angelegt haben. Im Filter tragen Sie »com.sap.cloud.adk« ein. Es werden Ihnen zwei Archetypes angezeigt. Wenn Sie einen Adapter anlegen und dabei Komponenten wiederverwenden möchten, nutzen Sie den Archetype `com.sap.cloud.adk.archetype-adapter-component-reuse`. Wenn Sie einen Adapter von Grund auf neu entwickeln möchten, nutzen Sie den Archetype `com.sap.cloud.adk.archetype-adapter`. Markieren Sie für unser Beispiel letzteren Archetype, und klicken Sie auf die Schaltfläche **Next**.

Maven-Projekt: Objektnamen vergeben

Jetzt müssen Sie einigen wichtigen Objekten und Eigenschaften des Projekts Namen geben (siehe Abbildung 5.61). Wenn manche Eigenschaften nicht angezeigt werden, können Sie diese über die Schaltfläche **Add** rechts hinzufügen.

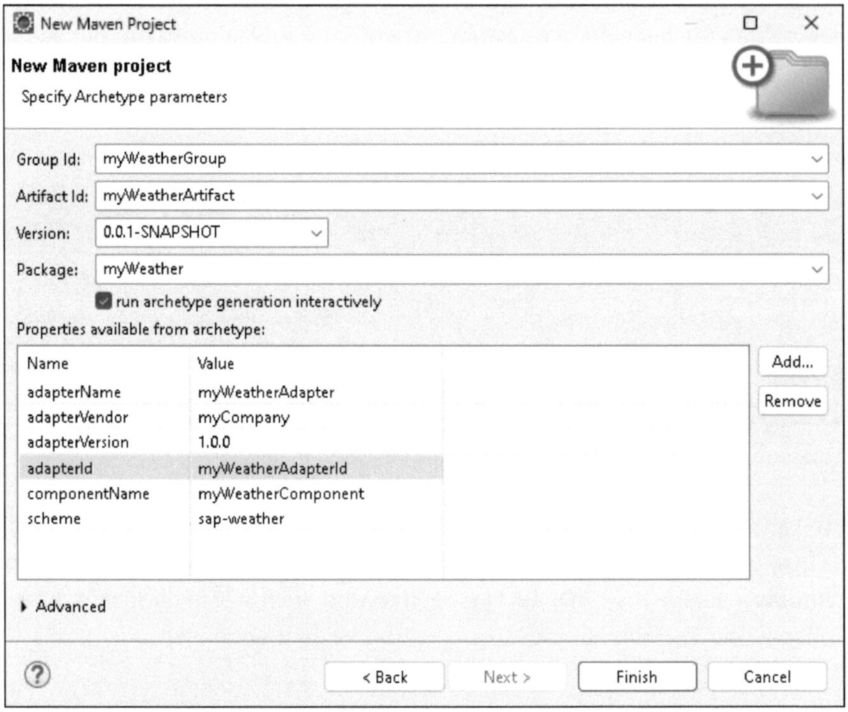

Abbildung 5.61 Maven-Projekt erstellen

Abschluss der Maven-Projekt-Anlage

Nach einem Klick auf die Schaltfläche **Finish** wird Ihnen in der Perspektive **Console**, die wir am Ende des vorangehenden Abschnitts angelegt haben, noch einmal das Maven-Projekt mit allen Parametern angezeigt. Sie haben hier noch die Möglichkeit, diese Parameter zu ändern. Sollten Sie Schlüsselparameter nicht gefüllt haben, werden Sie hier aufgefordert, diese einzugeben. Zum Schluss müssen Sie mit einem `y` bestätigen, dass die Komponente angelegt werden soll (siehe Abbildung 5.62).

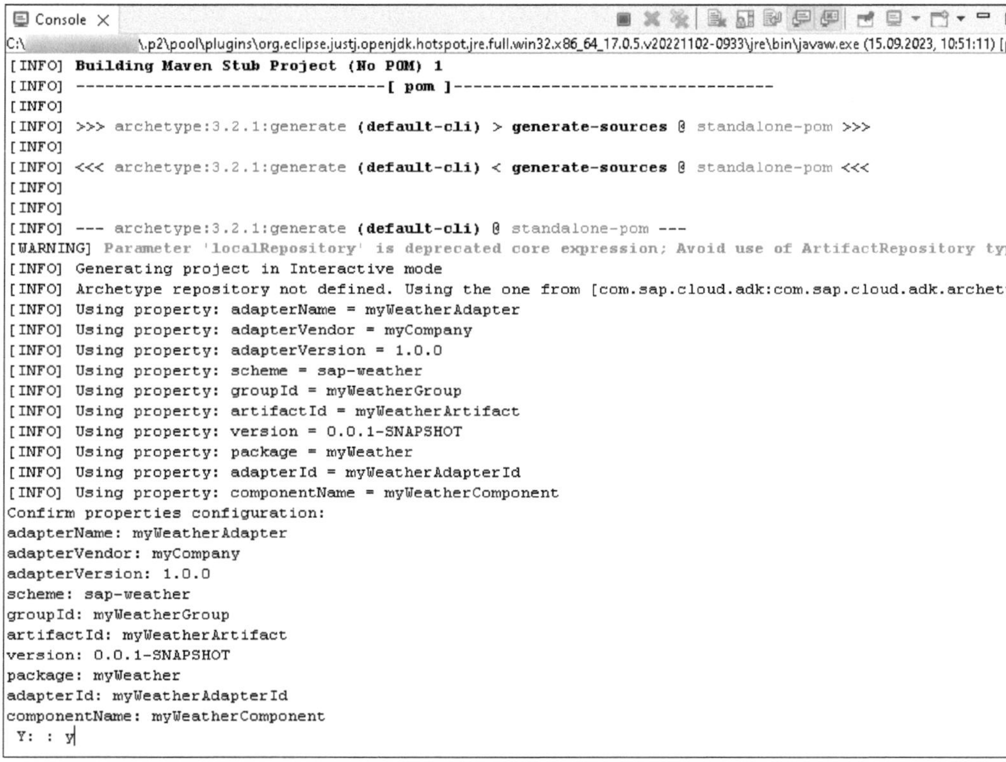

Abbildung 5.62 Bestätigung der Komponentenanlage

Daraufhin wird aus dem genutzten Archetype die Ordnerstruktur generiert, sodass die Projektstruktur aus Abbildung 5.63 im Projekt-Explorer von Eclipse erscheint.

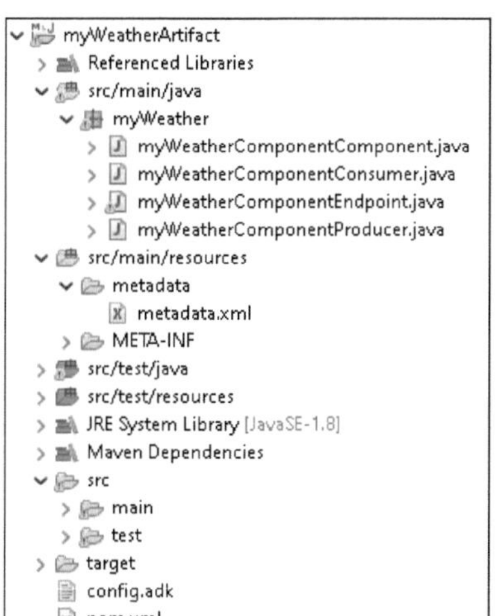

Abbildung 5.63 Orderstruktur nach der Generierung des Maven-Projekts

Erläuterung der Maven-Projekt-Ordnerstruktur

Im Folgenden wollen wir Ihnen die einzelnen Komponenten erläutern. Der Asterisk (*) steht hierbei für den Namen, den Sie dem Paket gegeben haben.

- `*ComponentComponent`: Diese Klasse beinhaltet die Implementierung der Komponente.
- `*ComponentConsumer`: Diese Klasse beinhaltet die Implementierung einer Verbraucher(Consumer)-Komponente. Sie implementieren hier die Funktionen des Sende-Adapters.
- `*ComponentEndpoint`: Diese Klasse beschreibt die Camel Endpunkt(Endpoint)-Klasse. Hier definieren Sie die genutzten Variablen Ihres Adapters und weisen die Werte zu.
- `*ComponentProducer`: Diese Klasse ist die Implementierung einer Produzenten(Producer)-Komponente. Sie implementieren hier die Funktionen des Empfänger-Adapters.
- **metadata.xml**: Diese Datei enthält die Metadaten Ihres Adapters. Durch den Maven-Archetype wird bereits ein Grundgerüst mit vielen Beispielparametern generiert. Hier bestimmen Sie, wie die Felder aussehen. Sie können diese Felder nach Ihren Anforderungen anpassen und weitere Metadaten hinzufügen oder die generierten Daten entfernen.
- **pom.xml**: Wie im vorangehenden Abschnitt beschrieben, ist die POM-Datei ein Teil des Apache Maven Frameworks. Hier können Sie Abhängigkeiten zu anderen Komponenten, weitere Informationen, z. B. zur Camel-Version, und Konfigurationen pflegen.

[»]

Vergabe der Feldnamen

Achten Sie darauf, dass die Attributnamen in der Datei **metadata.xml** und die Namen der Variablen in der `*ComponentEndpoint`-Klasse korrelieren. Sonst kann es bei dem Build-Prozess, beim Deployment oder bei der Laufzeit zu Fehler kommen.

Beispiel: Adapter implementieren

Ab jetzt können Sie die gewünschte Implementierung vornehmen. Wir nutzen beispielhaft die Wetter-API von *api.weatherapi.com*. Um diese API aufzurufen, müssen Sie zunächst einen Account anlegen und einen API Key generieren. Diesen müssen Sie beim Aufruf der API mitgeben. Unser Anwendungsfall ist, dass wir regelmäßig bei der definierten API für einen definierten Ort das Wetter abrufen und in einem Integration Flow prozessieren möchten. Das nachfolgende Beispiel ist stark vereinfacht dargestellt und zeigt ausschließlich die Vorgehensweise. Da es sich bei unserem Beispiel um die Verwendung der sendenden Seite handelt, müssen wir unsere Implementierung in der Klasse `*ComponentConsumer` vornehmen. Legen Sie dafür eine neue Methode in der genannten Klasse an, die übersichtshalber die Funktionalität des HTTP-Aufrufs der API beinhaltet. Ersetzen Sie [KEY] durch Ihren API Key und [Location] durch einen gewünschten Standort (siehe Abbildung 5.64).

```
private String getWeather(String uri) throws IOException {
    String xml = new String();

    URL obj = new URL(uri + "?key=[KEY]&q=[Location]");
    HttpURLConnection con = (HttpURLConnection) obj.openConnection();
    con.setRequestMethod("GET");
    int responseCode = con.getResponseCode();
    System.out.println("GET Response Code :: " + responseCode);
    if (responseCode == HttpURLConnection.HTTP_OK) { // Erfolgspfad
        BufferedReader in = new BufferedReader(new InputStreamReader(con.getInputStream()));
        String inputLine;
        StringBuffer response = new StringBuffer();

        while ((inputLine = in.readLine()) != null) {
            response.append(inputLine);
        }
        in.close();
        xml = response.toString();
    } else {
    //  Hier Fehlerbehandlung implementieren
    }
    return xml;
}
```

Abbildung 5.64 GetWeather-Methode implementieren

Parameter dynamisch über die SAP Integration Suite pflegen

Sie können beide Variablen auch dynamisch über die spätere Adapter-Pflege der SAP Integration Suite befüllen. Legen Sie dazu zwei Attribute in der Datei **metadata.xml** an, die Sie z. B. »weatherKey« und »weatherLocation« nennen. In der Klasse *ComponentEndpoint müssen Sie nun die passenden Variablen und die jeweiligen Get- bzw. Set-Methoden anlegen. In der Klasse *ComponentConsumer können Sie nun über endpoint.getWeatherKey() bzw. endpoint.getWeatherLocation() die Werte aus den übergebenen Feldern auslesen und rufen mit diesen Werten Ihre angelegte Methode getWeather() auf. So können Sie dynamisch API Key und Location übergeben.

Daten im Exchange ausgeben

Um die Antwort der API in Ihrer Integration zu nutzen, müssen Sie den Body der In-Message des Exchange mit den Nutzdaten der Wetter-API füllen. Sie erinnern sich an die schematische Darstellung des Aufbaus eines Exchange in Abschnitt 3.4, »Bedeutung des Apache Camel Frameworks in der SAP Integration Suite«. Das Befüllen des Exchange können Sie über die Codezeile exchange.getIn().setBody(STRING) vollziehen, wobei STRING die Antwort Ihrer getWeather-Methode ist und die XML-Nutzdaten die Antwort des API-Aufrufs enthält.

Entwicklung des eigenen Adapters abschließen

Sie können jetzt oder nach der Fertigstellung Ihrer Implementierung ein OSGi-Bundle erstellen. Rufen Sie hierzu in Eclipse ein Terminal-Fenster auf, und navigieren Sie dort in den Projektordner des zuletzt angelegten Maven-Projekts mit der Anweisung cd Y, wobei Y der Pfad des Projektordners ist. Sobald Sie sich im Projektordner befinden, haben Sie die Möglichkeit, die folgenden Kommandos auszuführen:

- `mvn clean install`: Dieses Kommando erzeugt die ESA-Datei, die Sie in die SAP Integration Suite hochladen können.
- `mvn check`: Dieses Kommando validiert die vorliegende Implementierung und ist Teil des Build-Prozesses im Kommando `mvn clean install`.

Erweiterung der Kommandos

Sie haben die Möglichkeit, an das Kommando `mvn clean install` ein `-D` anzufügen. Das bewirkt, dass beim Build-Prozess, also beim Datei-Erstellungsprozess, der Debug-Modus eingeschaltet wird. Dadurch können Sie Fehlermeldungen besser zuordnen und korrigieren.

Beim Build-Prozess führt das System einen Test durch. Um diesen Test zu überspringen, können Sie an das Kommando `-Xskiptest` anfügen.

Sobald der Build-Prozess abgeschlossen ist, finden Sie die erstellte ***.esa**-Datei in dem Projektunterverzeichnis unter `\target\build`.

Verwendung des eigenen Adapters

In Abschnitt 5.1.1 haben wir Ihnen gezeigt, wie Sie ein Adapter-Artefakt anlegen. Nachdem Sie den Adapter importiert und deployt haben, können Sie den Adapter wie gewohnt in Ihrem Integration Flow nutzen. Sobald Sie einen Integrationsteilnehmer mit einem Message Start oder End Event verbinden, können Sie, wie in Abbildung 5.65 dargestellt, den eigenen Adapter auswählen und den Integration Flow wie gewohnt implementieren und testen.

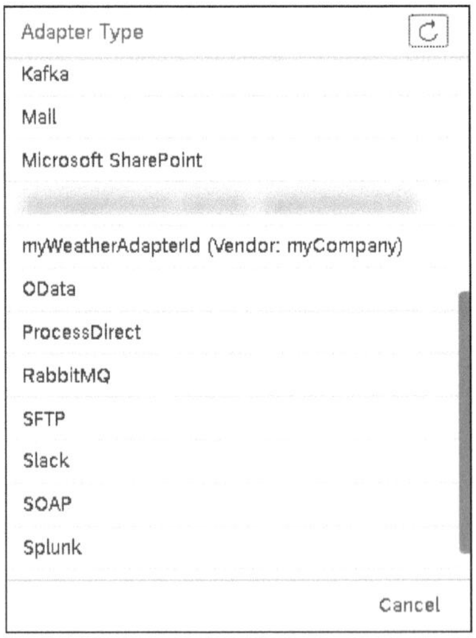

Abbildung 5.65 Kundenspezifischen Adapter auswählen

5.4 Designrichtlinien zur Anwendung von Komponenten

Designrichtlinien finden

SAP hat im Laufe der Zeit einige Funktionen in die SAP Integration Suite implementiert. Um die Entwickler*innen bei ihrer Arbeit mit diesen Funktionen, Artefakten und Integrationsobjekten zu unterstützen, wurden verschiedene Implementierungsstandards entwickelt, die zur Beschleunigung der Implementierung und der Erhöhung der Sicherheit und Performance beitragen. Diese Standards wurden von SAP im SAP Help Portal unter *http://s-prs.de/v993306* veröffentlicht. In der SAP Integration Suite finden Sie die Standards auch über den Pfad **Discover • Integration** und können die einzelnen Integration Flows in Ihre Pakete kopieren, erweitern, testen, debuggen und für Ihre Zwecke nutzen. Wir stellen Ihnen nachfolgend die einzelnen Kategorien vor.

5.4.1 Enterprise Integration Patterns

Motivation für Enterprise Integration Pattern

Enterprise Integration Patterns (EIP) sind Methoden und Lösungen, die entwickelt wurden, um die Herausforderungen bei der Integration von heterogenen Systemen in großen Organisationen zu bewältigen. Sie bieten ein strukturiertes Framework und eine gemeinsame Sprache für die Gestaltung und Implementierung von Integrationen. Die Designrichtlinien der SAP Integration Suite zur Kategorie EIP bauen darauf auf und beschreiben einfache Vorgehensmuster für die Integrationsimplementierung. Diese Muster beziehen sich auf die Verknüpfung von Integrationsobjekten zum Filtern, Aggregieren, Splitten und Lenken der Nachrichten.

Enterprise Integration Pattern im Discover-Bereich

Wenn Sie im Discover-Bereich (siehe Abschnitt 3.6, »Oberfläche«), »Integration Flow Design Guidelines – Enterprise Integration Patterns« suchen, finden Sie, wie in Abbildung 5.66 dargestellt, alle Artefakte zu den EIP-Designrichtlinien. Sie können das Paket oder einzelne Intergration Flows auf Ihren eigenen Tenant kopieren und testen.

Auf der nächsten Registerkarte **Documents** finden Sie zudem weiterführende Dokumente für diese Designrichtlinien. Hierbei handelt es sich beispielhaft um eine Postman-Kollektion, damit Sie diese in das Tool Postman importieren und die in dem Paket befindlichen Integration Flows testen können.

Abbildung 5.66 Designrichtlinien: EIP

5.4.2 Skript-Erweiterungen

Für Skript-Erweiterungen finden Sie im Discover-Bereich alle definierten Richtlinien unter **Integration Flow Design Guidelines - Scripting Guidelines** (siehe Abbildung 5.67).

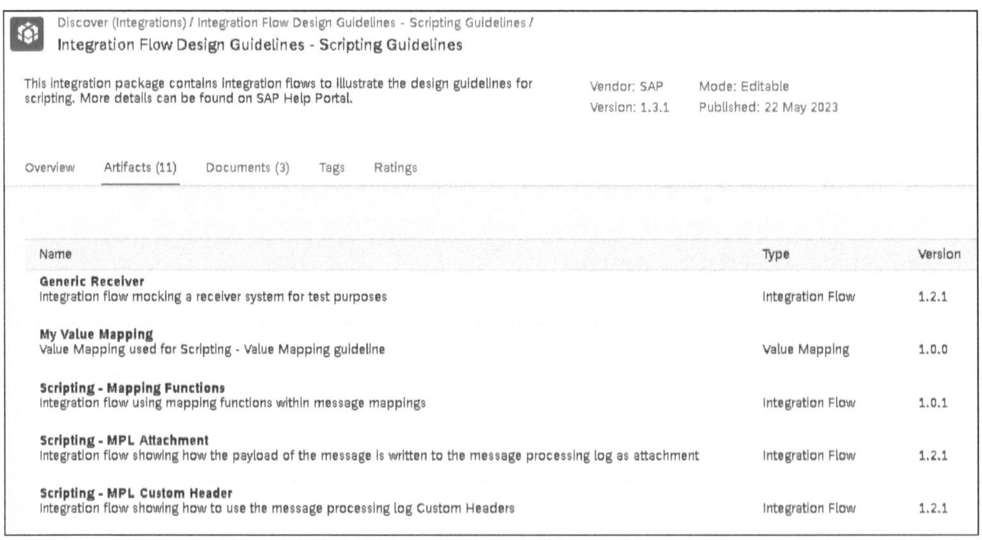

Abbildung 5.67 Designrichtlinien: Skript-Erweiterungen

Inhalt der Scripting Guidelines

Dieses Paket beinhaltet Vorlagen zur Implementierung von Scripts für Mapping, MPL-Anhänge, Sicherheit und Value Mapping. Des Weiteren finden

Sie auf der Registerkarte **Documents** Postman-Kollektionen zum Testen der genannten Intergration Flows.

5.4.3 Fehlerbehandlung

Die Designrichtlinien zur Fehlerbehandlung finden Sie im Discover-Bereich unter **Integration Flow Design Guidelines - Handle Errors Gracefully** (siehe Abbildung 5.68).

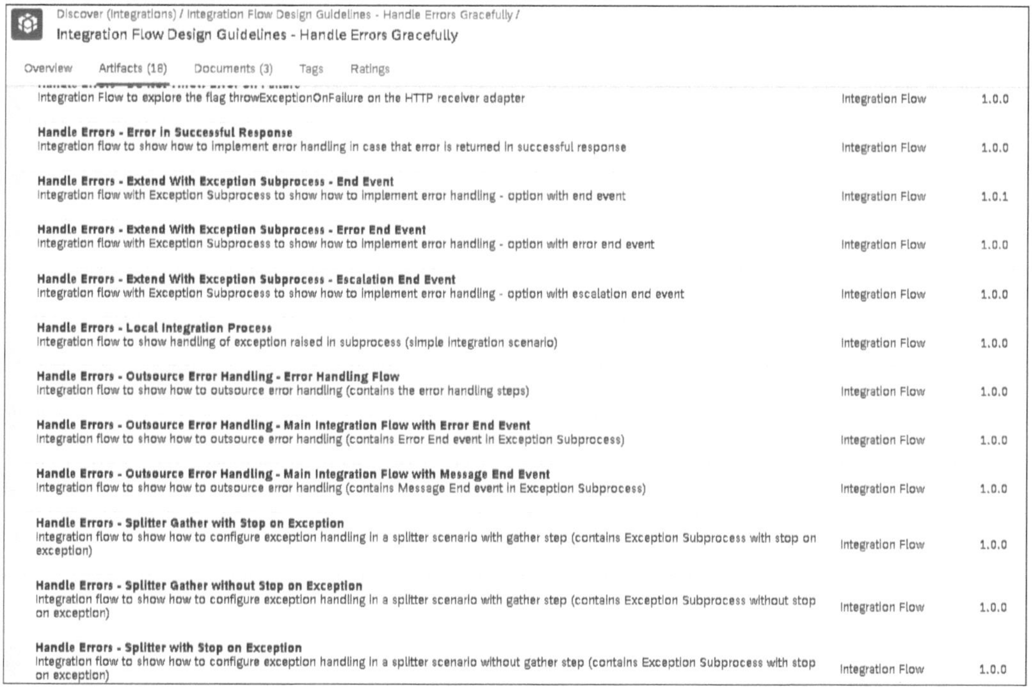

Abbildung 5.68 Designrichtlinien: Fehlerbehandlung

Inhalt der Error Guidelines

Hier werden Richtlinien für verschiedene Szenarien beschrieben, z. B. wann Fehler auftreten können und wie diese gelöst werden sollten. Dabei unterscheidet SAP zwischen Fehlern, die im Integration Flow behandelt werden (direkte Fehlerbehandlung) und Fehlern, die in einem gesonderten Integration Flow (ausgegliederte Fehlerbehandlung) behandelt werden. Des Weiteren finden Sie auch hier auf der Registerkarte **Documents** Postman-Kollektionen zum Testen der genannten Integration Flows.

5.4.4 Sicherheit

Motivation für Security Guidelines

Bei der Kommunikation über das Internet verlassen gegebenenfalls sensitive Daten das Unternehmensnetzwerk. Aus diesem Grund spielt die Absicherung dieser Daten eine wichtige Rolle. Grundsätzlich erfüllt die SAP BTP bzw. die SAP Integration Suite hohe Sicherheitsanforderungen. Allerdings sollten Entwickler*innen sicherstellen, dass sicherheitsrelevante Daten innerhalb der SAP Integration Suite nicht gespeichert, ausgegeben oder kodiert werden. Zu diesem Zweck wurden Designrichtlinien zum Thema Sicherheit entwickelt.

Diese Designrichtlinien zur Sicherheit finden Sie im Discover-Bereich unter **Integration Flow Design Guidelines - Apply Highest Security Standards** (siehe Abbildung 5.69).

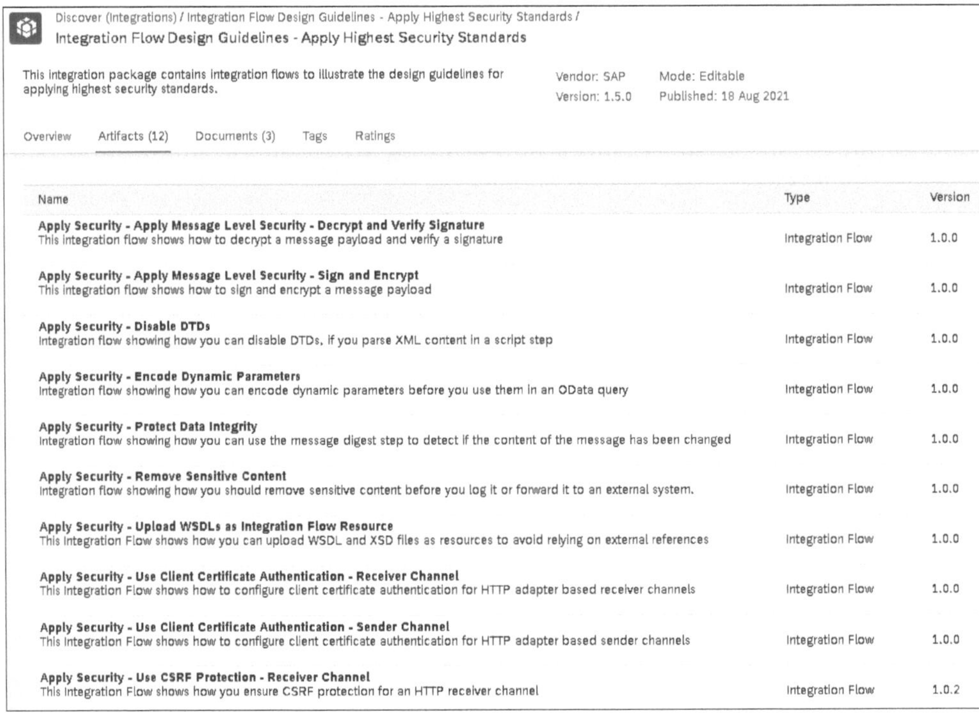

Abbildung 5.69 Designrichtlinien: Sicherheit

Inhalt der Security Guidelines

In diesen Richtlinien wird beispielhaft gezeigt, wie Sie die Integrität der Nachrichten gewährleisten, Zertifikate nutzen und sensiblen Inhalt aus den Logs entfernen. Des Weiteren finden Sie auf der Registerkarte **Documents** Postman-Kollektionen zum Testen der genannten Integration Flows.

5.4.5 Abhängigkeiten von externen Komponenten

Motivation für Dependency Guidelines

Aufrufe gegenüber externen Komponenten müssen sorgfältig gesteuert werden. Wenn Sie z. B. eine Kommunikation mit externen Anwendungen und Systemen implementieren, sollten Sie eine vorübergehende Nicht-Verfügbarkeit der aufgerufenen externen Komponenten berücksichtigen. Um dieses Verhalten zu gewährleisten, hat SAP für diesen Sachverhalt Designrichtlinien definiert. Diese Designrichtlinien zu den Abhängigkeiten von externen Komponenten finden Sie im Discover-Bereich unter **Integration Flow Design Guidelines - Relax Dependencies to External Components** (siehe Abbildung 5.70).

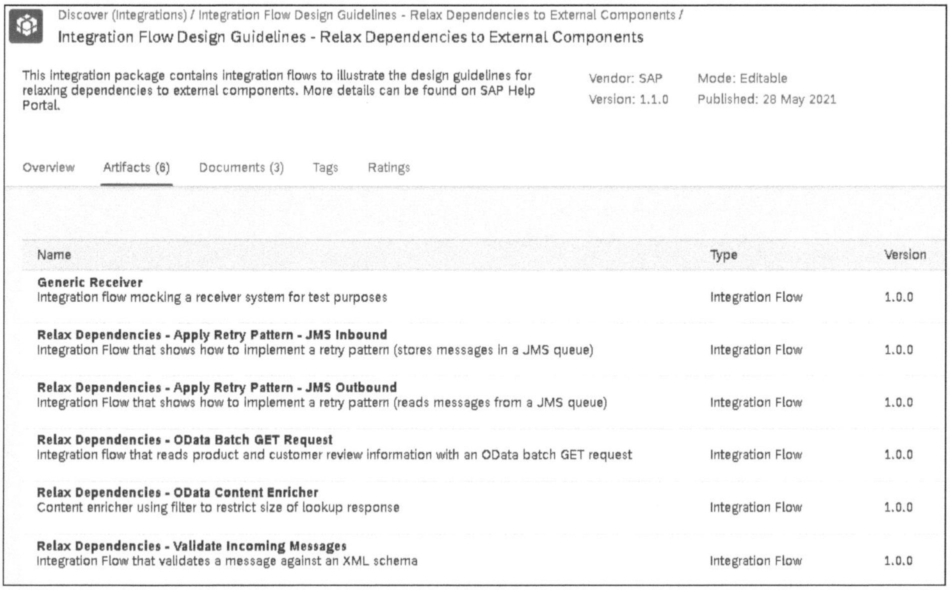

Abbildung 5.70 Designrichtlinien: Abhängigkeiten von externen Komponenten

Inhalt der Dependency Guidelines

Hier finden Sie beispielsweise Vorlagen zur Implementierung von Validierungen und Batch-Anfragen. Des Weiteren können Sie auf der Registerkarte **Documents** Postman-Kollektionen zum Testen der genannten Integration Flows herunterladen.

5.4.6 Verwendung des Partnerverzeichnisses

Motivation für die Partner Directory Guidelines

Das Partnerverzeichnis (Partner Directory) wird in Integrationsszenarien verwendet, in denen Sie eine Integration zwischen vielen Kommunikationspartnern aufbauen. In solchen Szenarien erstellen Sie eine oder mehrere Integration Flows, die durch partnerbezogene Informationen parametrisiert werden. Die parametrisierten Komponenten im Integration Flow lesen zur Laufzeit die partnerbezogenen Informationen aus dem Partnerverzeichnis. Wie Sie diese Informationen pflegen, erfahren Sie in Abschnitt 6.2, »Trading Partner Management«. Für die korrekte Verwendung des Partnerverzeichnisses hat SAP Designrichtlinien implementiert.

Diese Designrichtlinien zur Verwendung des Partnerverzeichnisses finden Sie im Discover-Bereich unter **Integration Flow Design Guidelines - Use the Partner Directory Appropriately** (siehe Abbildung 5.71).

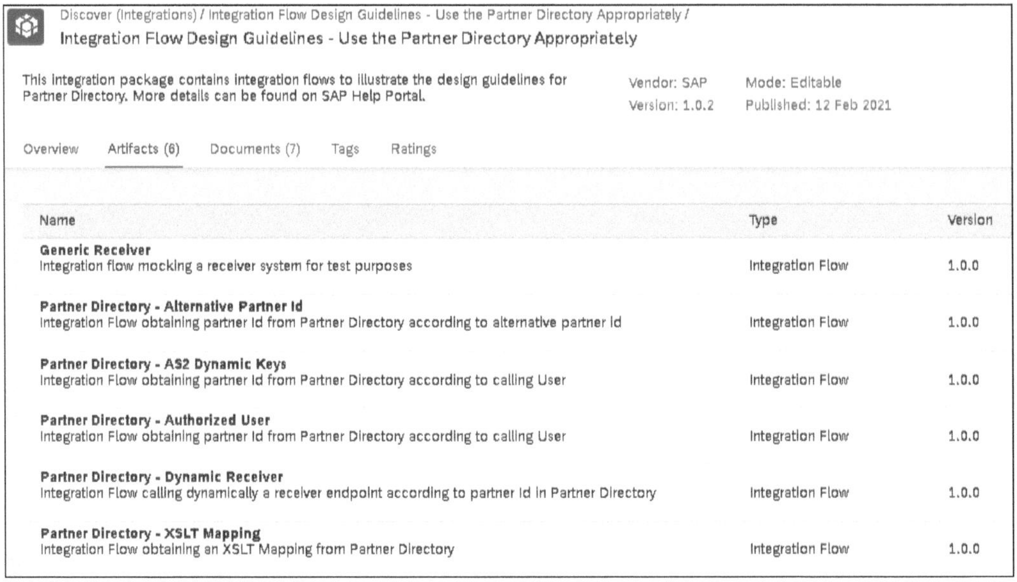

Abbildung 5.71 Discover: Designrichtlinien zur Verwendung des Partnerverzeichnisses

Inhalt der Partner Directory Guidelines

Die Designrichtlinien beschreiben, wie Sie das Partnerverzeichnis dynamisch in unterschiedlichen Anwendungsfällen auslesen und benutzen. Des Weiteren können Sie auf der Registerkarte **Documents** Postman-Kollektionen zum Testen der genannten Integration Flows herunterladen. Hierbei wird zwischen der Cloud-Foundry- und der Neo-Umgebung unterschieden.

5.5 Zusammenfassung

In diesem Kapitel haben wir Ihnen Cloud Integration vorgestellt. Wir haben Ihnen einzelne Artefakte, Integrationsobjekte und Standard-Adapter gezeigt und wie Sie diese implementieren. Sie können nun die implementierten Integration Flows debuggen, tracen und sicher Fehler finden und analysieren. Sollten die Adapter-Funktionalitäten in der SAP Integration Suite nicht ausreichen, können Sie jetzt eigene Adapter entwickeln und deployen. Um aus den Erfahrungen von SAP zu lernen und Ihre Integration Flows nach dem Best-Practice-Ansatz zu implementieren, haben wir Ihnen zu guter Letzt die Designrichtlinien nähergebracht. Sie sind somit bereit, eigene Integrationen in Cloud Integration anzulegen.

Kapitel 6
B2B- und B2G-Integration

In diesem Kapitel bringen wir Ihnen die Integrationsmöglichkeiten im B2B- und B2G-Umfeld näher. Die SAP Integration Suite stellt Ihnen dafür die beiden Capabilities Integration Advisor und Trading Partner Management zur Verfügung.

Unternehmen stehen immer öfter vor der Herausforderung, Prozesse aus regulatorischen Gründen oder aus Kostengründen zu digitalisieren, um so ihre Effizienz oder Transparenz zu steigern. Diese Digitalisierungsprozesse sind oft langwierig und komplex. Zudem sind meist weitere Partnerunternehmen oder Regierungssysteme beteiligt, was die Komplexität weiter steigert. Um diesen Anforderungen gerecht zu werden und die Komplexitätsbarriere zu durchbrechen, unterstützt Sie die SAP Integration Suite bei der Implementierung von Integrationsszenarien in den Bereichen *Business to Business* (B2B) und *Business to Governance* (B2G) durch zwei Capabilities: Integration Advisor und Trading Partner Management.

In Abschnitt 6.1 gehen wir auf den Integration Advisor ein. Wir erläutern diese Komponente und bringen Ihnen deren Objekte näher (siehe Abschnitt 6.1.1). Wir zeigen Ihnen detailliert anhand eines Beispiels, wie Sie den Integration Advisor nutzen können, erzeugen eine funktionale Spezifikation (siehe Abschnitt 6.1.2) und integrieren die generierten Objekte in Cloud Integration (siehe Abschnitt 6.1.3).

Ziel einer Integration sollte es sein, diese so generisch wie möglich zu halten. Verschiedene Partner nutzen unter Umständen unterschiedliche Technologien, Strukturen, Authentifizierungen usw. Dies hätte zur Folge, dass Sie für jeden dieser Partner spezielle Integrationen implementieren müssten, die sich gegebenenfalls nur minimal unterscheiden. Aus diesem Grund gibt es das Trading Partner Management (TPM), das es erlaubt, eine generische Integration zu implementieren und trotzdem alle unterschiedlichen Anforderungen von Partnern zu bedienen. In Abschnitt 6.2 gehen wir detailliert auf das Trading Partner Management ein und erläutern im Anschluss, wie Sie die einzelnen Objekte implementieren (siehe Abschnitt 6.2.2). In Abschnitt 6.2.3 zeigen wir Ihnen, wie Sie die implementierten Objekte in Cloud

Integration nutzen. Abschließend gehen wir auf das Monitoring von B2B-Objekten ein.

6.1 Integration Advisor

Zweck des Integration Advisor

Bei dem *Integration Advisor* handelt es sich um eine Capability der SAP Integration Suite zur Erstellung von funktionalen Spezifikationen, insbesondere für B2B- oder B2G-Integrationszenarien, die direkt in Echtzeit implementiert und bereitgestellt werden können. Ein B2B- bzw. B2G-Integrationsprojekt wird meistens in vier Prozessschritten umgesetzt, die in Abbildung 6.1 dargestellt sind.

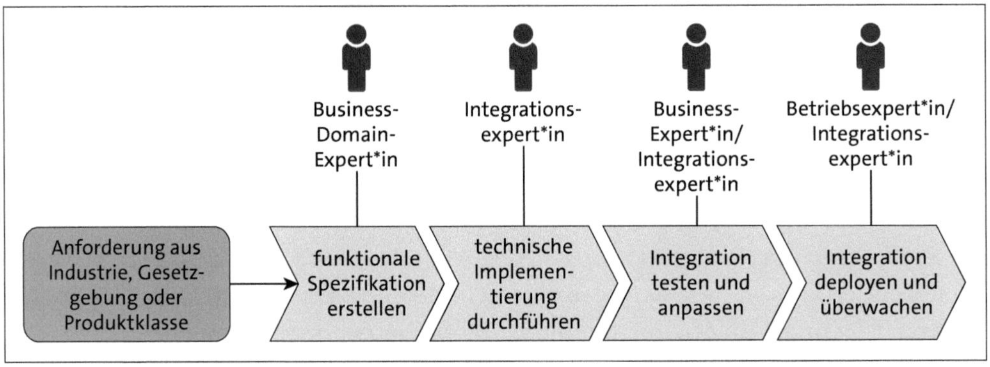

Abbildung 6.1 Implementierungsprozess: B2B-Integrationsszenarien

Prozessdefinition der Schnittstelle

Zunächst werden anhand der Industrie-, der gesetzlichen oder der Produktklassenanforderungen die funktionalen Spezifikationen von *Business-Domain-Expert*innen* definiert. Diese Personen haben ein sehr tiefes Fachwissen, müssen aber nicht zwangsläufig technische Expertise haben. Die erstellte Spezifikation wird daraufhin an die *Integrationsexpert*innen* übergeben, die die technische Implementierung durchführen und die Laufzeitobjekte erstellen. Sobald die Integration umgesetzt ist, kann diese Integration vom *Business- und Integrationsexpert*innen* getestet werden, und es können gegebenenfalls Anpassungen vorgenommen werden. In der letzten Phase werden die Integrationsobjekte von *Betriebs- oder Integrationsexpert*innen* deployt und überwacht. Die meiste Zeit in diesem Implementierungsprozess beansprucht oft die Definition der funktionalen Spezifikation. Aus diesem Grund besteht der Hauptzweck des Integration Advisor darin, intelligente und effiziente Inhalte auf der Geschäftsebene zu erstellen und zu pflegen, ohne technischen Code auf Basis einer Programmiersprache schreiben zu müssen und somit die Business-Domain-Expert*innen bei ihrer Arbeit zu unterstützen. Künstliche Intelligenz (KI) in Form des

Knowledge Graph unterstützt diesen Ansatz, um das Ziel wesentlich schneller, flexibler und mit deutlich höherer Qualität zu erreichen. Der Knowledge Graph von SAP generiert auf der Grundlage verschiedener Parameter Vorschlagswerte, um den Implementierungsprozess zu vereinfachen und zu beschleunigen. Abbildung 6.2 zeigt, wie der Knowledge Graph in den Erstellungsprozess einer funktionalen Spezifikation eingebunden ist.

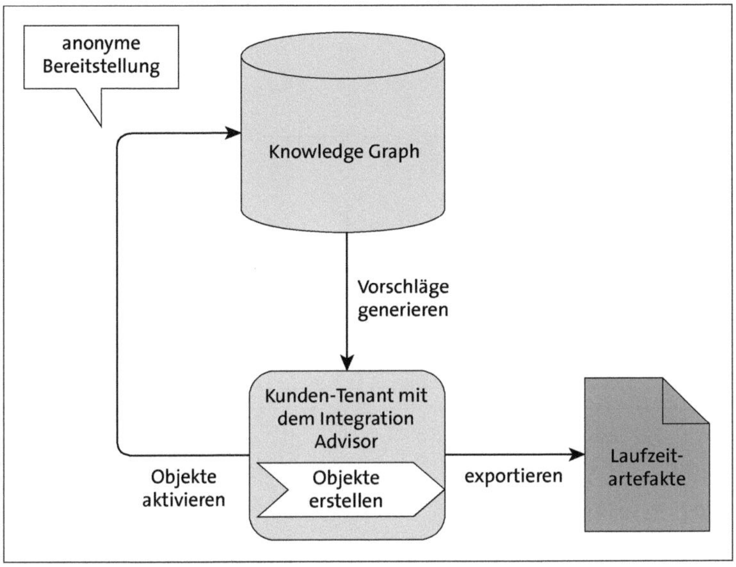

Abbildung 6.2 Einbindung des Knowledge Graph

Funktionsweise des Knowledge Graph

Im Integration Advisor erstellen Sie mithilfe von Vorschlägen des Knowledge Graph alle benötigten Objekte, z. B. basierend auf Ihrer Branche oder Ihrer Region, und passen die Strukturen an Ihre Anforderungen an. Bei der Aktivierung dieser Objekte werden diese Informationen anonym an den Knowledge Graph zurückgemeldet und in die Berechnung der Vorschläge eingebaut.

6.1.1 Objekte des Integration Advisor

Um die zuvor genannten Ziele zu erreichen, müssen Sie den Implementierungsprozess, wie in Abbildung 6.3 gezeigt, innerhalb des Integration Advisor einhalten.

Grundlegender Implementierungsprozess

Als Ergebnis des Implementierungsprozesses erhalten Sie die Spezifikation einer Schnittstelle zwischen Sender- und Empfängersystem. Diese Spezifikation kann daraufhin als Laufzeitartefakt (*Runtime Artifacts*) in Cloud Integration oder in SAP Process Orchestration verwendet werden.

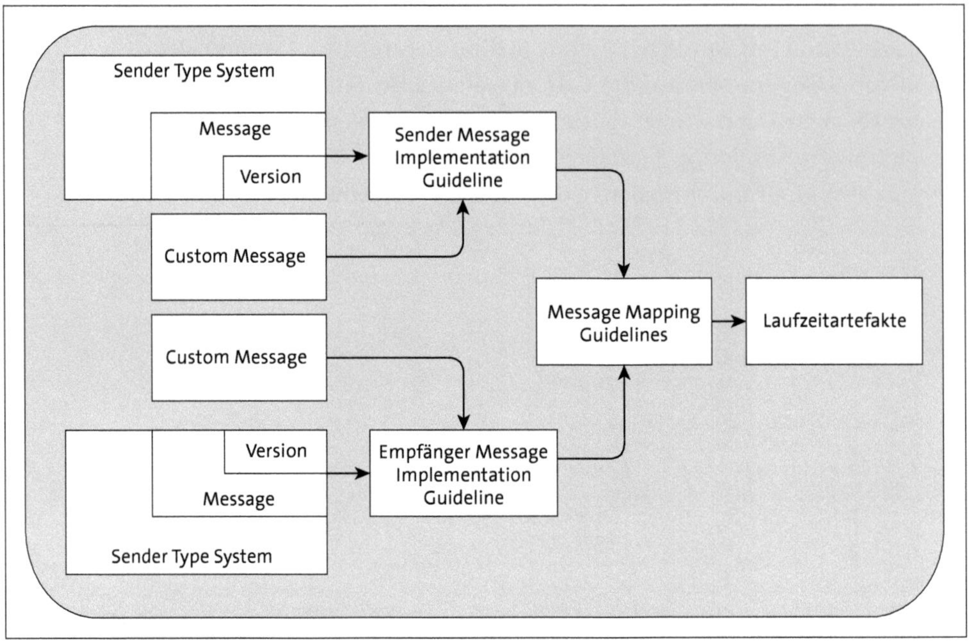

Abbildung 6.3 Herangehensweise des Integration Advisor

Um diese Laufzeitobjekte zu erstellen, müssen Sie zunächst die Grundlagen schaffen und entscheiden, auf welchen *Type Systems* die Schnittstellen von Sender- und Empfängersystem basieren. Aus diesen beiden Type Systems erstellen Sie die beiden *Message Implementation Guidelines* (MIGs). Diese beiden Objekte führen Sie in den *Message Mapping Guidelines* (MAGs) zusammen. Im Folgenden erläutern wir die in Abbildung 6.3 dargestellten Objekte:

- **Type System**
  Im Integration Advisor werden Type Systems definiert, um Struktur und Format von Daten und Nachrichten in Integrationsprozessen zu beschreiben. Dies umfasst die Definition von Datenstrukturen, Feldern, Datentypen und Validierungsregeln. Diese Type Systems bieten eine gemeinsame Grundlage für die Konfiguration von Integrationen und gewährleisten die Konsistenz der Datenverarbeitung. Der Integration Advisor unterstützt mithilfe der Type-Systems-Standards, wie SAP IDoc oder SAP SOAP, oder mithilfe von branchenspezifischen Standards wie UN/EDIFACT, ASC X12, OAGI, TRADACOMS oder UBL.
- **Custom Type System/Custom Messages**
  Custom Messages (benutzerdefinierte Nachrichten) ermöglichen es Ihnen, individuelle Nachrichtentypen zu erstellen, die in Ihren spezifi-

schen Integrationsszenarien benötigt werden. Diese Nachrichten können auf den zuvor definierten Type Systems basieren und die erforderlichen Datenstrukturen und Felder enthalten.

- **Message Implementation Guidelines**
  Diese Richtlinien bieten Empfehlungen und bewährte Methoden für die Implementierung von Nachrichtenverarbeitungslogik. Durch KI-unterstützte Vorschläge werden die Entwickler*innen dabei unterstützt, die Interfaces schnell und effizient zu implementieren. Dies umfasst die Transformation von Nachrichten, das Routing, die Validierung und andere Nachrichtenmanipulationen.
- **Mapping Guidelines**
  Mapping-Richtlinien legen fest, wie Daten zwischen verschiedenen Nachrichtentypen und Formaten transformiert werden sollen. Sie bieten Anleitungen für die Konfiguration von Transformationslogik, um sicherzustellen, dass die Daten korrekt zwischen den Integrationskomponenten ausgetauscht werden.
- **Runtime Artifacts**
  Die Laufzeitartefakte umfassen u. a. die Zuordnung von einem Quell- zu einem Zielschema. Es handelt sich um eine Reihe von automatisch generierten verarbeitbaren Schemas (XSD) und Transformationsskripten (XSLT) für:
  - die *Syntaxkonvertierung*, wie beispielsweise von EDI zu XML oder umgekehrt
  - die *Validierung*, wie die deklarierten Knoten und unterstützten Codes, die in einem Payload erlaubt sind
  - die *Vor-/Nachverarbeitung* zum Hinzufügen oder Entfernen von Informationen vor oder nach einer Zuordnung

Laufzeitartefakte

Es werden neben Laufzeitartefakten für Cloud Integration auch Laufzeitartefakte für SAP Process Orchestration unterstützt.

6.1.2 Beispielerstellung einer funktionalen Spezifikation

Um auf die Funktionen des Integration Advisor zuzugreifen, müssen Sie diesen zunächst in den Capabilities aktivieren. Wie eine Capability aktiviert wird, haben wir in Abschnitt 2.5, »Services und Instanzen«, erläutert.

Navigation im Integration Advisor

Sobald die Aktivierung durchgeführt worden ist, finden Sie im Navigationsbereich unter **Design** die Einträge **Custom Type Systems**, **MIGs** und **MAGs**.

Die zugrundeliegenden Objekte haben wir Ihnen in Abschnitt 6.1.1, »Objekte des Integration Advisor«, erklärt. Wenn Sie eine eigene, individuelle Spezifikation abbilden möchten, die keinem Standard folgt, müssen Sie die Option **Custom Type System** auswählen. Zunächst möchten wir Ihnen den Standardweg aufzeigen, wie Sie den Integration Advisor nutzen. Navigieren Sie dazu zunächst über **Design • MIGs** (siehe Abbildung 6.4).

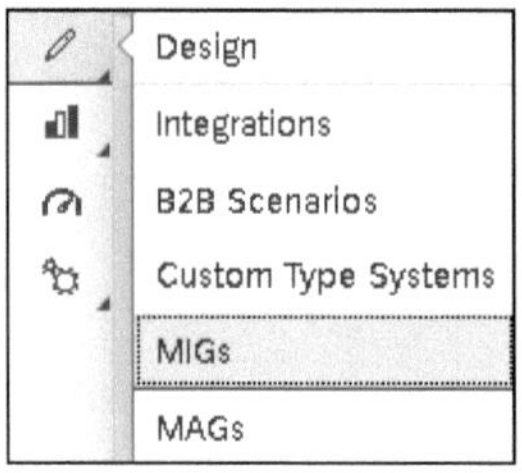

Abbildung 6.4 Message Implementation Guideline anlegen

Beispielszenario

Anhand eines Beispielszenarios möchten wir Ihnen die Funktionen des Integration Advisor näherbringen. Stellen Sie sich vor, Sie arbeiten bei einem deutschen Automobilzulieferer und produzieren Teile für verschiedene Automobilhersteller. Sie geben Ihren Partnern die Möglichkeit, Bestellungen über eine Schnittstelle an Ihr System zu übertragen. Ein Automobilhersteller aus den USA nutzt das ANSI-X12-Nachrichtenformat zur Übertragung von Bestellungen. Ihre Firma hat den Sitz in Deutschland, und Sie möchten gerne mittels IDoc-Nachrichten Bestellungen an Ihr SAP-System übertragen. Die Verbuchung von Bestellungen über IDoc ist bereits für andere Partner in Ihrem SAP-System implementiert, und Sie möchten daher Synergien nutzen. An dieser Stelle bietet sich somit der Integration Advisor an, um eine Spezifikation für den neuen Automobilhersteller zu definieren. Dafür gehen Sie wie folgt vor: Auf der Übersichtseite, die Sie in Abbildung 6.5 sehen, können Sie neue MIGs anlegen, vorhandene MIGs auf den Dateipfad exportieren oder MIGs vom Dateipfad importieren.

Abbildung 6.5 Neue MIG anlegen

Neue MIG anlegen

Sobald Sie auf die Schaltfläche **Add** klicken, können Sie in einem neuen Fenster ein Type System auswählen, wie in Abbildung 6.6 gezeigt. Hier finden Sie einige standardisierte Formate, die aktuell bei einer B2B-Integration genutzt werden. Für das aktuelle Beispiel wählen wir das Type System **ASC X12. X12** bzw. **ANSI X12** oder **ASC**. X12 steht für American National Standards Institute X12 und ist ein amerikanischer, branchenübergreifender EDI-Standard. Neben einer Beschreibung finden Sie auf der rechten Seite einige Informationen zum jeweiligen Type System.

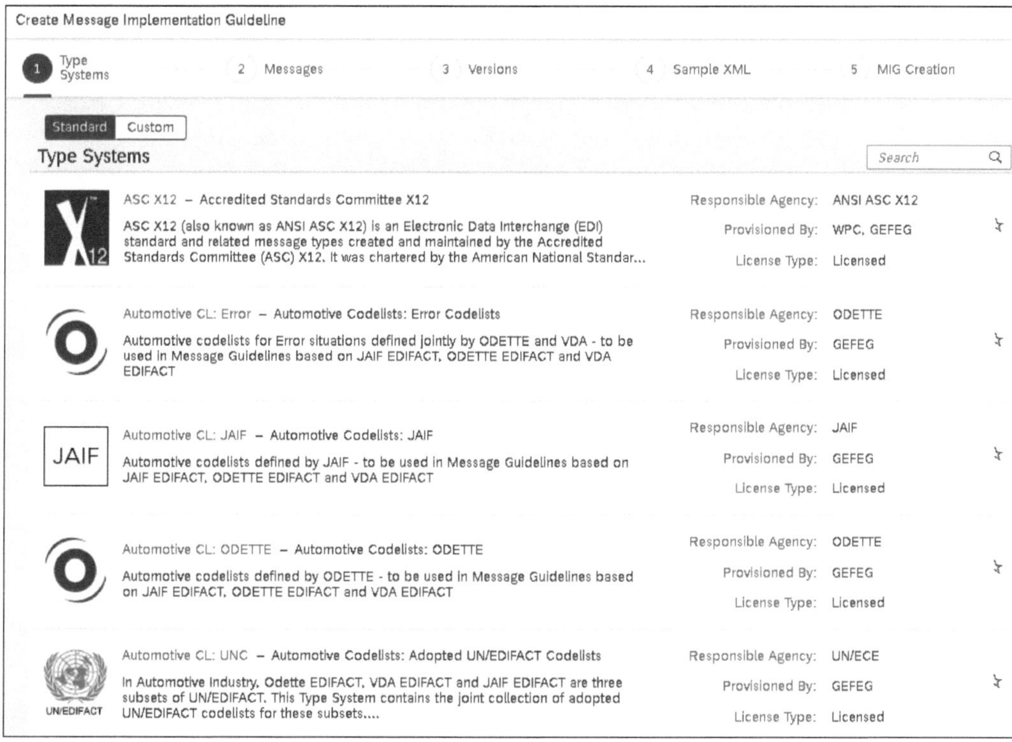

Abbildung 6.6 Type System auswählen

Nachricht auswählen

Nach der Auswahl des Type System ACS X12 werden Sie im Prozess weitergeführt, und Sie müssen eine Auswahl über eine gewünschte Nachricht treffen. Je nach Type System kann diese Auswahl sehr groß werden. Für das Type System ACS X12 gibt es z. B. 326 verschiedene Nachrichten. Daher finden Sie im rechten oberen Bereich ein Suchfeld. Das Suchfeld ist responsiv, sodass die Liste bei einem Treffer sofort aktualisiert wird. Es wird sowohl im Namen als auch im Beschreibungstext gesucht. Für unser Beispiel geben Sie »Purchase Order« (Bestellung) ein und scrollen zur Nachricht 850 herunter (siehe Abbildung 6.7).

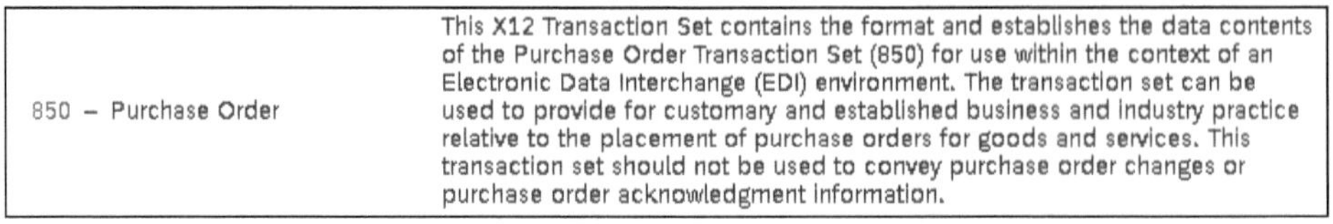

850 – Purchase Order	This X12 Transaction Set contains the format and establishes the data contents of the Purchase Order Transaction Set (850) for use within the context of an Electronic Data Interchange (EDI) environment. The transaction set can be used to provide for customary and established business and industry practice relative to the placement of purchase orders for goods and services. This transaction set should not be used to convey purchase order changes or purchase order acknowledgment information.

Abbildung 6.7 Nachricht auswählen

Version auswählen Im nächsten Schritt wählen Sie eine Version der Nachricht aus. Da auch hier je nach Nachrichtenauswahl die Liste sehr lang werden kann, finden Sie oben im rechten Bereich ein Suchfeld. Tippen Sie »8040« ein, und wählen Sie den gefundenen Eintrag aus. Klicken Sie auf die Schaltfläche **Next**, um zum nächsten Schritt zu gelangen. Hier werden Sie aufgefordert eine Beispiel-XML aus Ihrem Dateisystem auszuwählen, (siehe Abbildung 6.8).

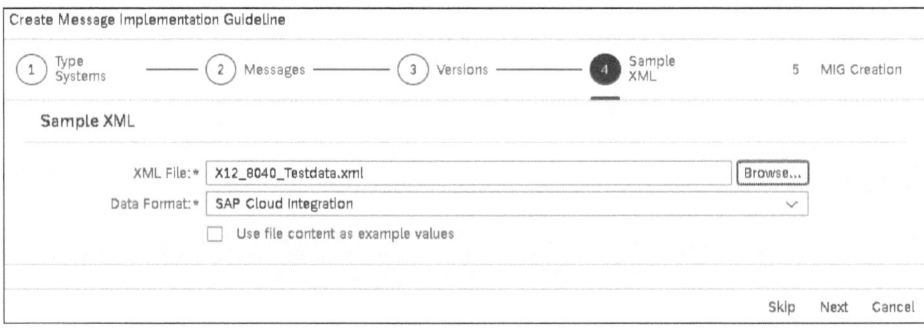

Abbildung 6.8 Testdatenauswahl

Kontextinformationen pflegen Zusätzlich können Sie entscheiden, ob der Integration Advisor den Dateiinhalt als Beispielwert nutzen soll. Mit einem Klick auf die Schaltfläche **Next** können Sie die letzten Parameter pflegen (siehe Abbildung 6.9). Dazu gehören:

- **Name**: Name des MIG (Muss-Feld).
- **Direction**: Beschreibt, ob diese Interface-Spezifikation für den Eingang, Ausgang oder für beide Seiten genutzt werden soll (Muss-Feld).
- **Summary**: Beschreibung des Interface (Kann-Feld).
- **Own Business Context**: Auswahl und Ausfüllen von mindestens einem Geschäftskontext, der zu diesem Interface passt. Mittels dieser Informationen kann der Integration Advisor zu einem späteren Zeitpunkt passende Vorschläge generieren (Muss-Feld). Zur Auswahl stehen die folgenden Bereiche:
  - **Business Process**: Geschäftsprozess
  - **Product Classification**: Produktklassifikation

  - **Industry Classification**: Industrieklassifikation
  - **Country/Region**: Land/Region
  - **Business Process Role**: Geschäftsprozessrolle
- **Partner Business Context** (Partnerkontext): Kontext des Partners festlegen, ähnlich wie beim eigenen Geschäftskontext. Mittels dieser Informationen kann der Integration Advisor zu einem späteren Zeitpunkt passende Vorschläge generieren (Kann-Feld).

In unserem Beispiel wählen Sie als eigenen Geschäftskontext die Industrieklassifikation **Automotive** (im Feld **Industry Classification** im Bereich **Own Business Context**) und als Land **Germany** (Feld **Country/Region**) aus. Im Feld **Geo Political** im Bereich **Partner Business Context** (Geschäftskontext) wählen Sie die Option **United States** aus.

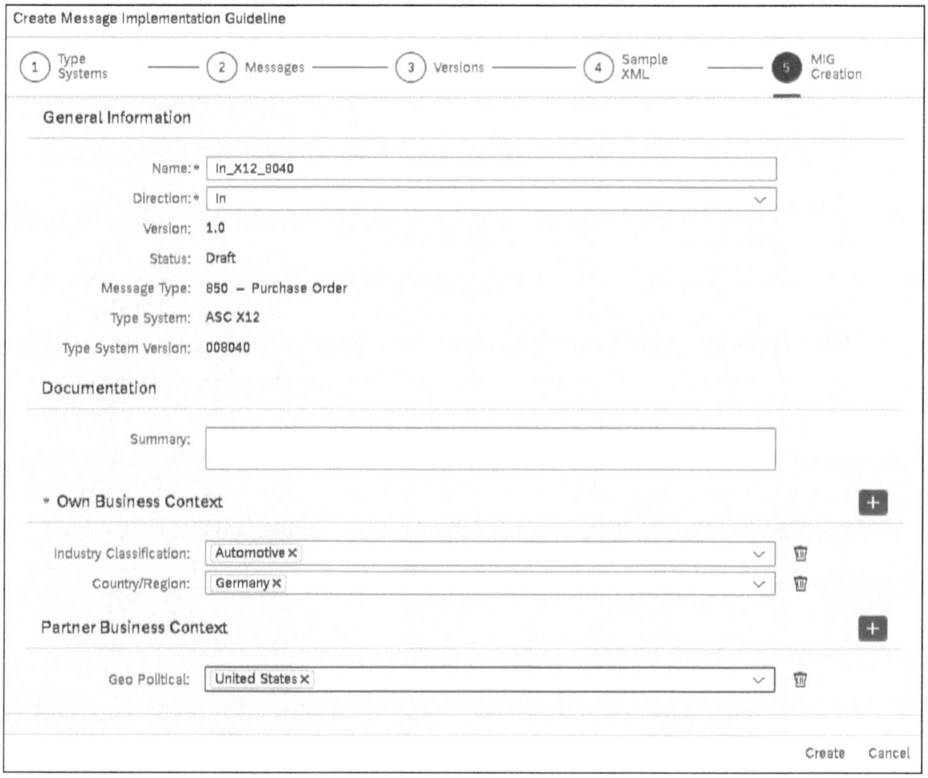

Abbildung 6.9 Geschäftskontext pflegen

Auswahl des Geschäftskontexts

Sollten mehrere Attribute im Geschäftskontext für Sie zutreffend sein, können Sie auch mehrere Attribute markieren.

Nachdem Sie die Schaltfläche **Create** betätigt haben, wird die MIG angelegt (siehe Abbildung 6.10).

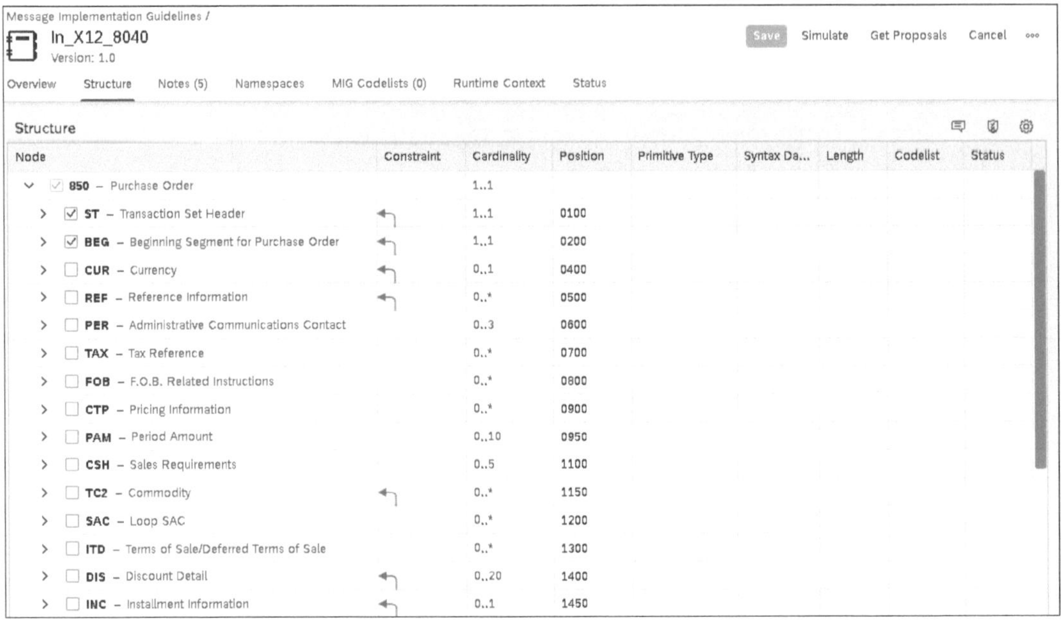

Abbildung 6.10 Ansicht der angelegten MIG

Vorschläge einholen

Im rechten oberen Bereich können Sie per Klick auf die Schaltfläche **Simulation** eine Simulation mit Testdaten, die Sie in dem Prozess der Anlage ausgewählt haben, durchführen. Die Schaltfläche **Get Proposals** (Vorschläge erhalten) ist dabei eine Kernfunktion des Integration Advisor. Aufgrund der zuvor ausgewählten Kontextinformationen wird Ihnen in der Spalte **Confidence** (in Prozent) die Sicherheit des Systems angezeigt und ob Sie Elemente oder Knoten benutzen sollten (siehe Abbildung 6.11).

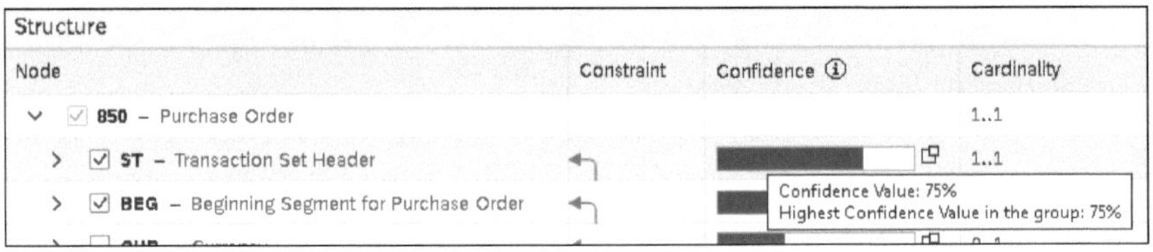

Abbildung 6.11 MIG-Vorschläge generieren

Vorschläge analysieren und nutzen

Initial sind genau die Knoten und Elemente angehakt, die eine hohe Sicherheit haben. Natürlich können Sie auch Elemente aktivieren, die eine niedrige Wahrscheinlichkeit haben, weil Sie z. B. wissen, dass diese Information, die der Partner überträgt, von Ihnen benötigt wird. Wenn Sie auf die Schaltfläche mit den drei Punkten [ooo] klicken, wird Ihnen ein weiteres Menü angezeigt. Hier können Sie die erstellte MIG aktivieren oder die Informationen exportieren (siehe Abbildung 6.12).

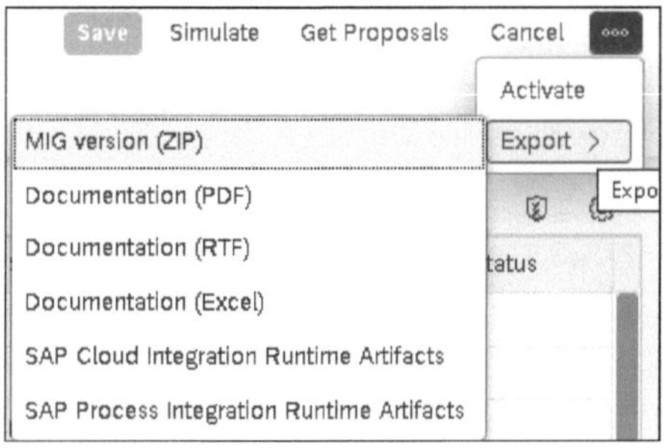

Abbildung 6.12 MIG exportieren

Erstellte MIG exportieren

Dabei stehen Ihnen die folgenden Möglichkeiten zur Verfügung:

- **MIG version (ZIP)**: Damit exportieren Sie die MIG in einem ZIP-Format, um es in einem anderen Integration Advisor über die Importfunktion wieder einzuspielen.
- **Documentation (PDF, RTF, Excel)**: Diese Funktionen bieten einen Export der Dokumentation im angegebenen Format.
- **SAP Cloud Integration Runtime Artifacts**: Diese Funktion exportiert die Laufzeitobjekte der MIGs, um diese in Cloud Integration in einen Integration Flow zu importieren. In Abschnitt 6.1.3, »Integration mit Cloud Integration«, gehen wir darauf genauer ein.
- **SAP Process Integration Runtime Artifacts**: Diese Funktion exportiert die Laufzeitobjekte der MIGs, um diese in SAP Process Integration innerhalb eines Operation Mappings zu verwenden.

Neben den zuvor genannten Funktionen finden Sie zu jeder MIG sieben Registerkarten, die wir im Folgenden kurz beschreiben (siehe Abbildung 6.10).

Auf der Registerkarte **Overview** finden Sie alle Informationen, die Sie zuvor in dem Anlageprozess der MIGs ausgewählt haben. Bis auf das Type System, den Nachrichtentyp und die Version können Sie alle Informationen anpassen. Die Änderungen der Geschäftskontextinformationen können zu geänderten Vorschlagswerten führen.

Struktur der MIG

Auf der Registerkarte **Structure** können Sie die Struktur der MIGs anpassen. Wie zuvor bereits erwähnt, können Sie hier den Sicherheitswert des Integration Advisor sehen und ob einzelne Elemente und Knoten in Ihrem Geschäftskontext normalerweise genutzt werden. Zudem lassen sich unterschiedliche Informationen der Knoten und Elemente einsehen und Parameter verändern. Dazu gehören:

- **Identifier Information**: Diese Identifikationsinformationen können nur angezeigt werden.
- **Name**: Der Name des Knotens oder des Elements können angepasst werden.
- **Cardinality**: Die Kardinalität kann angepasst werden.
- **Qualifier**: Der Qualifier ermöglicht eine Unterscheidung auf Basis von Feldinhalten. Er kann ausschließlich bei Elementen gesetzt werden und beschreibt, auf welche Struktur oder auf welches Element dieser Einfluss nimmt. Im weiteren Verlauf dieses Kapitels gehen wir detailliert auf die Funktionen des Qualifiers ein.
- **Fixed Values**: Hier können Sie Festwerte definieren, die immer genutzt werden.
- **Example Value**: Hier können Sie Beispielwerte vorgeben.
- **Documentation**: Hier können Sie eine Dokumentation pflegen.
- **Complex Type Properties**: Dieser Parameter kann ausschließlich bei Strukturen verwendet werden. Hier kann eine Assertion definiert werden, ob also eine bestimmte Bedingung erfüllt sein muss.
- **Simple Type Properties**: Dieser Parameter kann nur bei Elementen verändert werden. Sie haben hier die Möglichkeit, den primitiven Typ, die Länge und das Format zu ändern und, wenn gewünscht, ein XSD-Muster vorzugeben.
- **Notes**: Zu jedem Strukturfeld und -element können Sie Hinweise zu den Kategorien **Comment** (Kommentar), **Constraint** (Einschränkung), **Example** (Beispiel), **Usage** (Verwendung) und **Technical Information** (technische Informationen) pflegen.
- Registerkarte **Qualifier**: Diese Informationen werden nur angezeigt, wenn ein Qualifier gesetzt ist.
- **Codelist**: Beschreibt standardisierte Werte für ein Element. Diese können in Qualifiers genutzt werden.
- **Status**: Hier können Sie einen Status des Elements oder der Struktur pflegen und einen Kommentar hinterlegen.

Qualifier definieren

Das Qualifizieren eines Knotens über einen Qualifier ist eine wichtige Funktion des Integration Advisor. Stellen Sie sich vor, Sie bekommen von Ihrem Partner eine Nachricht im IDoc-Format zu einer Bestellung, die sowohl Auftraggeber (AG), Lieferant (LF) als auch Warenempfänger (WE) enthält. Diese Informationen werden in unterschiedlichen Segmenten, aber mit dem gleichen Segmentnamen `E1EDKA1` verschickt. Jedes dieser Segmente hat trotz des gleichen Namens aber unterschiedliche Elemente, wodurch die Komplexität des Mappings erheblich steigt. Aus diesem Grund gibt es im Integration Advisor die Möglichkeit, einzelne Knoten zu qualifizieren. So können Sie einfach ein Unterscheidungsmerkmal festlegen, wann welche Elemente gebraucht werden. In Abbildung 6.11 sehen Sie einzelne Knoten der MIGs. Die grauen Pfeile implizieren, dass hier eine Qualifizierung möglich ist. Wenn Sie diesen Knoten aufklappen, sehen Sie, aus welchem Element oder welchen Elementen eine Qualifizierung stattfinden kann. Wenn Sie eine Qualifizierung vornehmen möchten, klicken Sie zunächst mit einem Linksklick auf den Knoten, um ihn zu markieren und danach mit einem Rechtsklick auf diesen Knoten, um das Kontextmenü zu öffnen (siehe Abbildung 6.13).

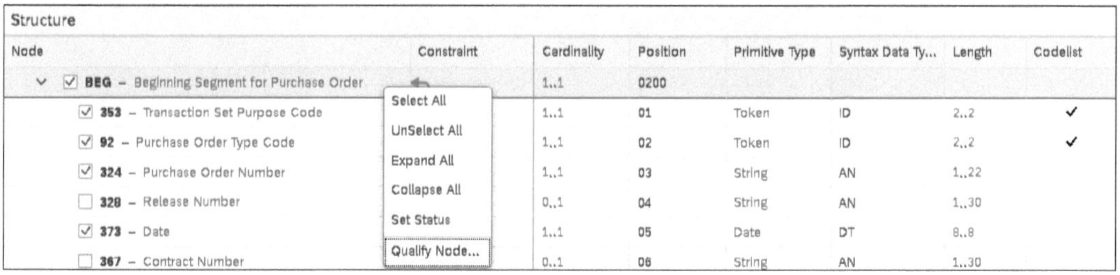

Abbildung 6.13 Kontextmenü vor der Qualifizierung

Hier können Sie die Schaltfläche **Qualify Node...** betätigen, die wiederum ein Modalfenster mit den möglichen Qualifizierern aus der Codeliste öffnet. An dem Häkchen in der Spalte **Codelist** können Sie erkennen, dass hinter dem Element eine Codeliste hängt. Markieren Sie in dem Modalfenster mindestens einen Wert aus der Codeliste, oder Sie klicken auf die Checkbox **No Value**, um eine Qualifizierung vorzunehmen, wenn der übergebene Wert leer ist. Abbildung 6.14 zeigt eine beispielhafte Qualifizierung.

Sobald Sie auf die Schaltfläche **Add** klicken, wird die Qualifizierung durch einen blauen Pfeil dargestellt (siehe Abbildung 6.15).

Des Weiteren können Sie jetzt im Kontextmenü die Qualifizierung ändern (Schaltfläche **Change Qualified Node**), den Knoten duplizieren (Schaltfläche **Duplicate Qualified Node**), den Knoten für die übrigen Werte duplizieren (Schaltfläche **Duplicate Qualified Node for Remaining Values**) oder die Qualifizierung löschen (Schaltfläche **Delete Qualified Node(s)**). Wenn Sie einen Knoten duplizieren, öffnet sich erneut ein Modalfenster, in dem Sie aus den übrigen Werten der Codelist mindestens einen Wert auswählen können. So können Sie einfach eine Strukturunterscheidung je nach Qualifizierungsmerkmalen definieren. Abbildung 6.16 zeigt zwei gleiche Knoten, die unterschiedlich qualifiziert sind. Dies ist an der Beschriftung des blauen Pfeils erkennbar.

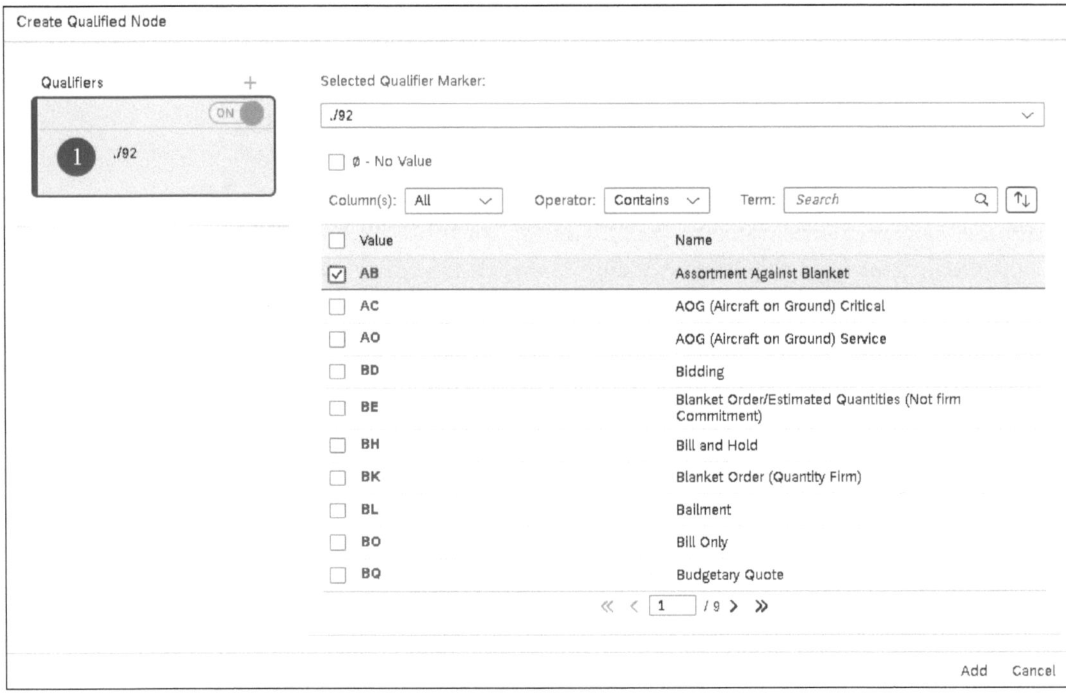

Abbildung 6.14 Qualifier auswählen

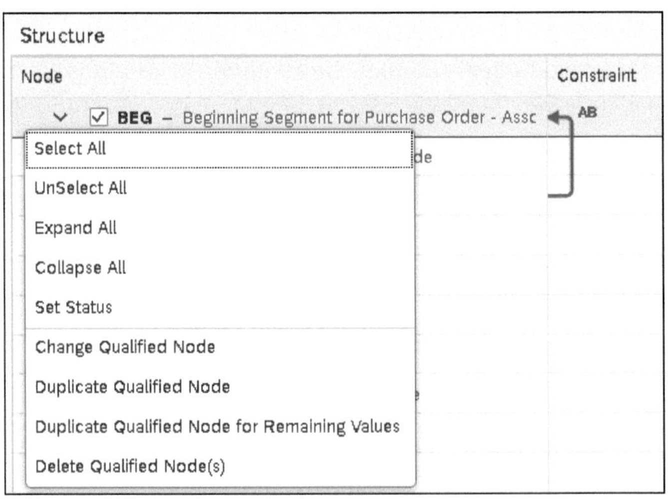

Abbildung 6.15 Kontextmenü nach der Qualifizierung

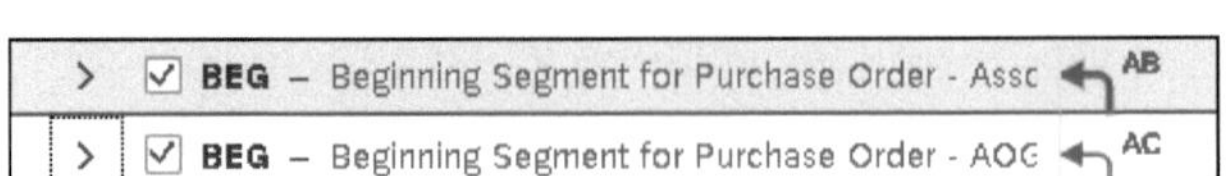

Abbildung 6.16 Qualifizierte Knoten

[+]

Weitere Felder qualifizieren

Um weitere Knoten oder Elemente zu qualifizieren, die nicht im Vorschlag des Integration Advisor enthalten sind, müssen Sie in dem Element, das den Qualifizierer darstellt, unter Qualifizierer den Knoten oder das Element auswählen, das qualifiziert werden soll. Danach können Sie mit der beschriebenen Vorgehensweise fortfahren.

Auf der Registerkarte **Notes** (siehe Abbildung 6.10) können Sie auf der Ebene der MIG Hinweise zu den Kategorien **Comment** (Kommentar), **Constraint** (Einschränkung), **Example** (Beispiel), **Usage** (Verwendung) und **Technical Information** (technische Informationen) pflegen.

Auf der Registerkarte **Namespaces** sehen Sie alle Namensräume, die in der MIG verwendet werden. Auf der Registerkarte **MIG Codelists** können Sie eigene Codelisten anlegen und diese in der Struktur verwenden. Auf der Registerkarte **Runtime Context** finden Sie den Laufzeitkontext und können für Cloud Integration die unterstützte XSD-Version auswählen. Standardmäßig ist die Version 1.1 hinterlegt. Für SAP Process Integration können Sie den Namensraum für den Umschlag definieren. Standardmäßig ist *https://sap.com:ns* hinterlegt. Auf der Registerkarte **Status** können Sie auf der MIG-Ebene einen Status festlegen und einen Kommentar pflegen.

[«]

Aktivierung von MIGs

Sie können die MIGs nach dem Speichern direkt in einer MAG verwenden. Mit der Aktivierung der MIGs stimmen Sie zu, dass einige gepflegte Informationen zurück in den Knowledge Graph geschrieben werden. Diese betreffen z. B. das Mapping der einzelnen Elemente, Konstanten oder von XSLT-Code und geteiltem Code. Dieser Hinweis wird Ihnen angezeigt, sobald Sie auf die Schaltfläche **Aktivieren** klicken.

MIG der Gegenseite pflegen

Nachdem Sie die eingehende MIG gepflegt haben, müssen Sie die entsprechende ausgehende MIG pflegen, bevor Sie eine MAG anlegen können. Für unser Beispiel nutzen wir bei der Anlage der ausgehenden MIG das Type System **SAP S/4HANA on premise IDoc** und verwenden die Nachricht `ORDERS.ORDERS05` in der Version S4HANA1709. Den Business Context können Sie beibehalten.

MAG anlegen

Aus dem Hauptmenü der SAP Integration Suite gelangen Sie über den Pfad **Design • MAGs** in das Pflegemenü einer MAG. Hier können Sie über die Schaltfläche **Add** ein neues Mapping anlegen. Dabei öffnet sich ein Modalfenster, in dem Sie zunächst die eingehende Nachricht auswählen müssen.

Danach wählen Sie die ausgehende Nachricht aus, sodass Ihr Mapping so wie in Abbildung 6.17 aussehen sollte.

Abbildung 6.17 MAG: Mapping-Übersicht

MAG simulieren und Vorschlag abfragen

Über die Schalfläche **Simulate** können Sie anhand von Testdaten das Mapping simulieren. Hier können Sie sich entscheiden, ob Sie Testdaten aus dem MIG übernehmen oder eine eigene Datei als Payload hochladen möchten. Über die Schaltfläche **Proposal** können Sie sich Vorschläge vom Integration Advisor unterbreiten lassen, also wie die einzelnen Felder gemappt werden sollten. Ähnlich wie bei der Erstellung der MIG werden Ihnen Wahrscheinlichkeiten angezeigt, mit welcher Sicherheit die einzelnen Felder gemappt werden (siehe Abbildung 6.18).

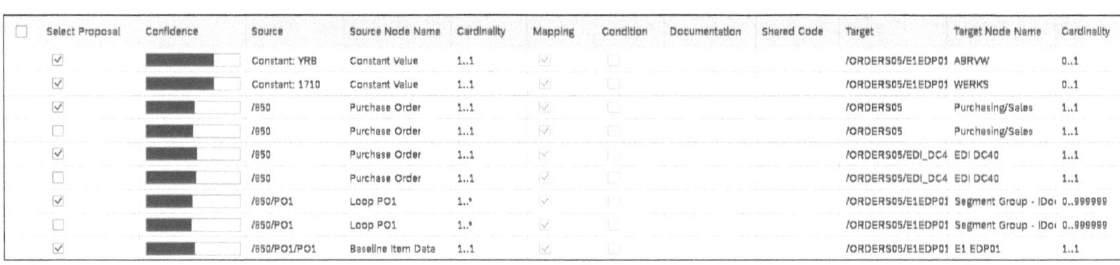

Abbildung 6.18 MAG: Mapping-Vorschläge

MAG exportieren oder in der Cloud-Integration-Laufzeitumgebung pushen

Über die Checkboxen können Sie die Transformationen anhaken, die Sie in Ihrer MAG haben möchten. Über die Schaltfläche mit den drei Punkten [ooo] können Sie die MAG aktivieren. Sollten Sie eine Destination in Ihrem Subaccount zu Cloud Integration angelegt haben, können Sie über die Schaltfläche **Inject** die Integrationsobjekte direkt nach Cloud Integration importieren, ohne den Umweg über das File System zu gehen. Wie Sie eine

Destination anlegen, haben wir Ihnen in Abschnitt 2.6, »Destinationen«, gezeigt. Über einen Klick auf die Schaltfläche **Export** können Sie Informationen aus dem Integration Advisor exportieren. Dabei stehen Ihnen die folgenden Möglichkeiten zur Verfügung:

- **MAG version (ZIP)**: Damit exportieren Sie die MAG in einem ZIP-Format, um sie in einem anderen Integration Advisor über die Importfunktion wieder einzuspielen.
- **Documentation (PDF, RTF, Excel)**: Diese Funktionen bieten einen Export der Dokumentation im angegebenen Format.
- **Cloud Integration Runtime Artifacts**: Diese Funktion exportiert die Laufzeitobjekte der MAG, um diese in Cloud Integration in einen Integration Flow zu importieren. In Abschnitt 6.1.3, »Integration mit Cloud Integration«, gehen wir darauf genauer ein.
- **SAP Process Integration Runtime Artifacts**: Diese Funktion exportiert die Laufzeitobjekte der MAG, um diese in SAP Process Integration innerhalb eines Operation Mappings zu verwenden.

Innerhalb des MAG-Anlagefensters gibt es fünf Registerkarten:

- **Overview**: Hier können Sie den MAG-Namen sowie die eingehende und die ausgehende MAG verändern und eine Zusammenfassung und Beschreibung hinterlegen.
- **Mapping**: Auf dieser Registerkarte können Sie das Mapping von eingehenden und ausgehenden Nachrichten durchführen. Wie zuvor beschrieben, können Sie sich dabei vom Integration Advisor Vorschläge erstellen lassen und diese verwenden. Auch das Anlegen von eigenen Feld-Mappings ist möglich. Dabei können Sie auch geteilte Quellcodes verwenden oder lokale Quellcodes anlegen.
- **Global Parameters**: Hier können Sie globale Parameter definieren und diese dann in den einzelnen Feld-Mappings nutzen. In der Spalte **Mappings** wird Ihnen angezeigt, wie oft dieser globale Parameter bereits verwendet wird.
- **Shared Code**: In diesem Bereich können Sie Quellcode definieren, der in den Mappings verwendet werden kann. Auch können Sie einen lokalen Code in einen geteilten Code umwandeln, indem Sie im Mapping die Schaltfläche **Share** betätigen. Unter **Mappings** sehen Sie den Verwendungsnachweis (siehe Abbildung 6.19).
- **Notes**: In diesem Bereich können Sie Hinweise zu den Kategorien **Comment** (Kommentar), **Constraint** (Einschränkung), **Example** (Beispiel), **Usage** (Verwendung) und **Technical Information** (technische Information) pflegen.

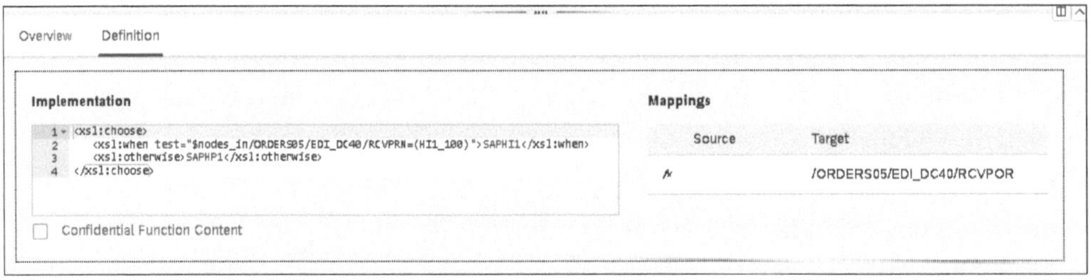

Abbildung 6.19 XSL: Quellcode in einer MAG

> **Änderung von MIGs**
>
> Wenn Sie die eingehende oder ausgehende MIGs verändern, werden alle erstellen Mappings innerhalb der MAGs zurückgesetzt bzw. entfernt.

Nachdem Sie die Implementierung der MAG abgeschlossen haben, können Sie die Laufzeitobjekte entweder über eine Destination direkt in Cloud Integration laden, oder diese Laufzeitobjekte über die Exportfunktion als ZIP-Datei herunterladen.

6.1.3 Integration mit Cloud Integration

Vorgefertigte Integration finden

Bevor die heruntergeladenen Objekte genutzt werden können, müssen Sie zunächst einen Integration Flow anlegen, den Sie für die Integration nutzen möchten. In Kapitel 4, »Plug-and-Play-Integration«, haben wir Ihnen den Discover-Bereich der SAP Integration Suite gezeigt. In diesem finden Sie vordefinierte Integration Flows auch für den Sachverhalt einer Integration-Advisor-Integration. Navigieren Sie dafür im SAP-Integration-Suite-Hauptmenü über den Pfad **Discover • Integrations**, und geben Sie in die Suche z. B. »X12« ein (siehe Abbildung 6.20).

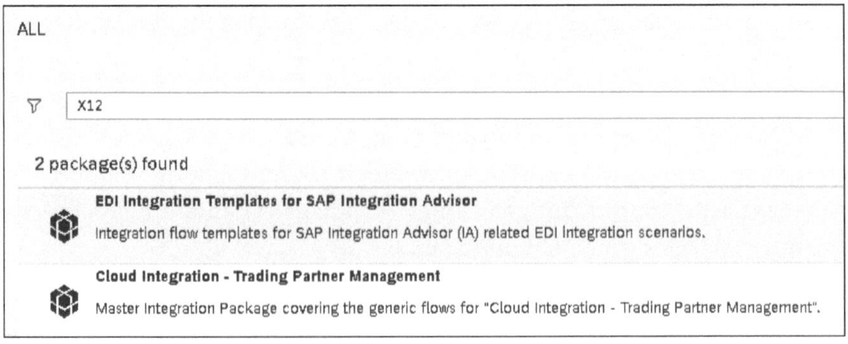

Abbildung 6.20 Integration Advisor Package im Discover-Bereich

Als Ergebnis taucht das Paket mit dem Namen *EDI Integration Templates for SAP Integration Advisor* auf. In diesem Paket befinden sich aktuell zehn Artefakte vom Typ **Integration Flow** für die unterschiedlichen B2B- und B2G-Szenarien. Für das gezeigte Beispiel laden Sie das Artefakt mit dem Namen *EDI to SAP IDoc – Inbound* herunter. Nun können Sie, wie in Abschnitt 5.1.1, »Artefakte«, gezeigt, einen neuen Integration Flow in Ihrem Paket anlegen und dabei das soeben heruntergeladene Artefakt auswählen. Im Integration Flow finden Sie unterschiedliche Validierungs-, Mapping- und Converter-Aktivitäten vor, die zunächst als fehlerhaft angezeigt werden, da sie noch nicht ausimplementiert bzw. spezifiziert sind (siehe Abbildung 6.21).

Integration Flow wählen

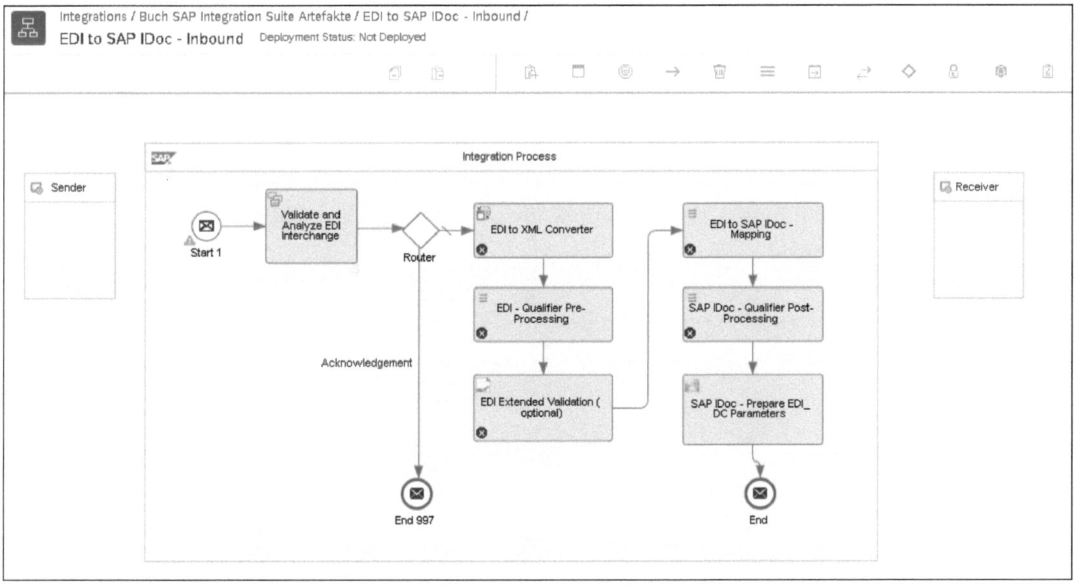

Abbildung 6.21 X12-to-IDoc-Integration-Flow

Entpacken Sie nun die Laufzeitobjekte, die Sie in Abschnitt 6.1.2, »Beispielerstellung einer funktionalen Spezifikation«, als ZIP-Datei heruntergeladen haben, und laden Sie und die einzelnen Objekte in den soeben angelegten Integration Flow auf der Registerkarte **References** hoch. Hierbei laden Sie zwei Typen von Objekten hoch: XSL-Mappings und XSD-Schemadateien. Das Ergebnis sollte wie in Abbildung 6.22 aussehen.

Integration-Advisor-Objekte in Cloud Integration hochladen

Als Nächstes müssen die Integrationsobjekte den korrekten Aktivitäten zugewiesen werden. Die korrekte Zuordnung ist in Abbildung 6.23 dargestellt.

Aktivitäten zuweisen

Die eingehende Nachricht wird zunächst nach XML anhand der Schemadatei konvertiert, die Sie beim Export aus dem Integration Advisor im Quellordner (Source Folder) finden. Der Name der Datei entspricht dem genutzten Type System und der dazugehörigen Version (z. B. ASC-X12_850_008040).

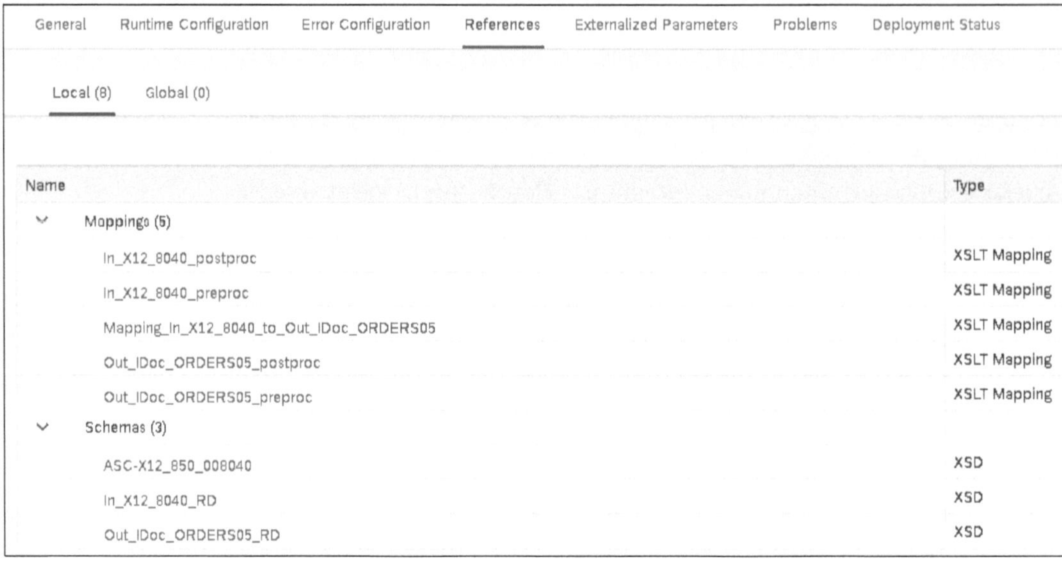

Abbildung 6.22 Integration-Advisor-Objekt im Integration Flow

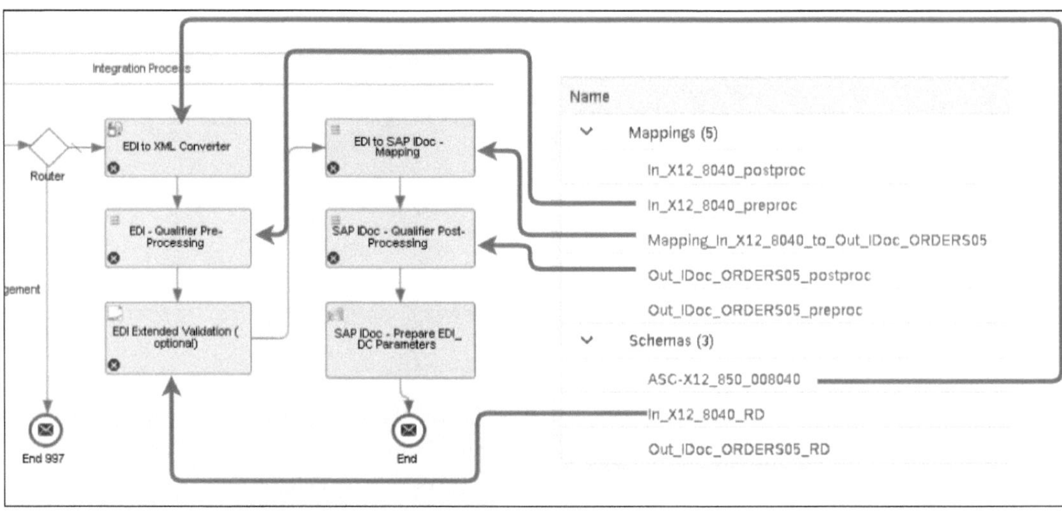

Abbildung 6.23 Integration-Advisor-Objekte zuweisen

Im nächsten Schritt werden über eine XSL-Transformation Qualifiers gesetzt. Das XSLT-Mapping finden Sie im Quellordner unter dem Namen des Type System und die Version über das Suffix »preproc« (z. B. In_X12_8040_preproc). Basierend auf den hinzugefügten Qualifiers kann nun optional eine Validierung durchgeführt werden. Fügen Sie für diesen Schritt die

Schemadatei aus dem Quellordner hinzu, die den Namen des Type System und dessen Version sowie das Suffix »RD« trägt. Nachdem die Nachricht konvertiert und validiert worden ist, kann diese auf die Zielstruktur transformiert werden. Im MAG-Ordner finden Sie dafür die XSL-Transformation mit dem Präfix »Mapping«. Im letzten Schritt werden die Qualifiers wieder entfernt, da diese für die IDoc-Verarbeitung nicht gebraucht werden. Die dafür notwendige XSL-Transformation finden Sie im Zielordner (Target Folder) mit dem Suffix »postproc«.

Nun können Sie den Integration Flow aktivieren und mit den im ZIP-Archiv liegenden Daten testen.

6.2 Trading Partner Management

Motivation für das Trading Partner Management

Im B2B-Umfeld kommt es oft vor, dass Sie mit vielen Partnern eine Kommunikation aufbauen müssen. Zwar verbuchen Sie die Daten z. B. immer mit einem IDoc in Ihrem SAP-System, allerdings nutzen Ihre Partner verschiedene Kommunikationsprotokolle und unterschiedlichen strukturellen Aufbau und Inhalt. Aus Integrationssicht müssten Sie für jeden dieser Partner eigene Integration Flows mit spezifizierten Mappings bauen, verwalten und monitoren. Um dieser umständlichen Implementierungsart entgegenzuwirken, die Komplexität von B2B-Szenarien zu senken und die Implementierungsgeschwindigkeit zu erhöhen, gibt es das *Trading Partner Management* in der SAP Integration Suite. Hier ist es möglich, für jedes Partnerunternehmen Vereinbarungen, sogenannte *Agreements*, anzulegen und in diesen Vereinbarungen die Artefakte des Integration Advisor (MIGs und MAGs) zu nutzen. Diese Informationen können zu einem späteren Zeitpunkt in einem generischen Integration Flow genutzt werden (siehe Abschnitt 6.1.3, »Integration mit Cloud Integration«), wodurch nicht für jedes Partnersystem gesonderte Integration Flows angelegt werden müssen, die Sie an Ihre Geschäftsprozesse anschließen. In diesem Abschnitt möchten wir Ihnen zeigen, wie Sie das Trading Partner Management effizient und korrekt nutzen.

6.2.1 Implementierungsprozess

Vorgehensweise Implementierung

Im Folgenden zeigen wir Ihnen detailliert die Implementierung der einzelnen Objekte im Trading Partner Management. Die generelle Vorgehensweise wird dabei in Abbildung 6.24 gezeigt.

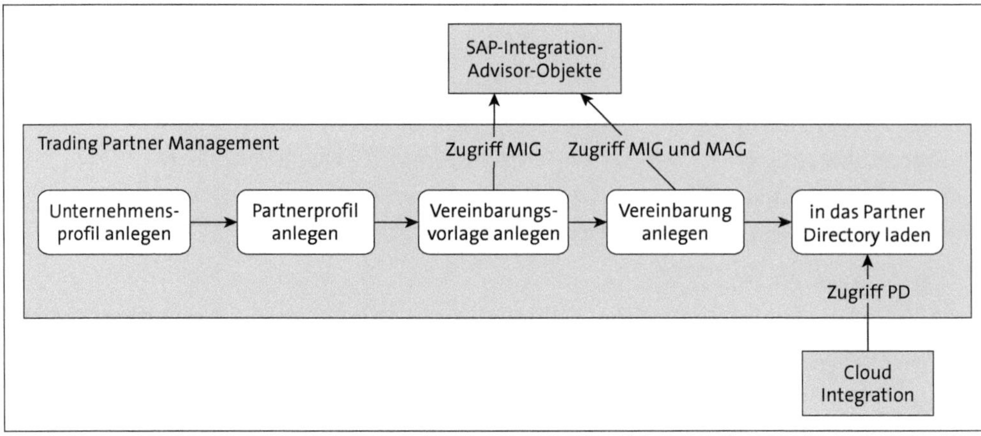

Abbildung 6.24 TPM-Implementierungsprozess

Zunächst müssen Sie ein eigenes Unternehmensprofil anlegen und einige Informationen zu Ihren Systemen sowie zu Sende- und Empfängerkanälen pflegen. Dasselbe müssen Sie auch für Ihre Partner durchführen und die Partnerprofile anlegen. Basierend auf Ihrem vorhandenen Unternehmensprofil und den erstellten MIGs im Integration Advisor legen Sie Vereinbarungsvorlagen an, die Ihre Schnittstellen widerspiegeln. Aus dieser Vereinbarungsvorlagen sowie den Informationen aus den Partnerprofilen und den MIGs und MAGs aus dem Integration Advisor erstellen Sie spezifische Vereinbarungen, die eine oder mehrere Geschäftstransaktionen darstellen. Im letzten Schritt werden diese Informationen in das Partner Directory geladen, woraus Cloud Integration zur Laufzeit im generischen Integration Flow alle Spezifika für einen Partner extrahieren und nutzen kann.

Unternehmens- und Partnerprofil

Diese genannten Objekte erläutern wir im Verlauf des Abschnitts detailliert. Die ersten beiden Objekte sind das *Unternehmens- und Partnerprofil*. Unternehmens- und Partnerprofil sind gleich aufgebaut und enthalten Informationen zu Eigen- und Fremdunternehmen. Sie können hier Übersichtsdaten wie Adresse, Kontaktperson und den Business-Kontext pflegen. Des Weiteren haben Sie die Möglichkeit, für B2B-Szenarien relevante Informationen zu erfassen:

- **Identifikator bei dem B2B-Austausch für Sender und Empfänger**
  Hier ist es notwendig, dass bei einer B2B-Kommunikation, sowohl im eigenen System als auch in der Austauschnachricht, ein Identifikator mitgegeben wird. Damit wird sowohl das eigene Unternehmen als auch der Partner identifiziert. Diese Informationen sind meistens unterschiedlich.

- **Informationen zum Zugriff der Systeme**
  Hier geben Sie an, welche URL das System hat, welche Type Systems zugelassen sind, welches Protokoll genutzt wird und wie die Authentifizierung funktioniert.
- **Zertifikatsinformationen**
  Sie können hier die für die Kommunikation benötigten Zertifikate hochladen.
- **Nummernkreiskonfiguration**
  Hier können Sie einen Alias für Nummernkreise anlegen, die Sie zuvor auf der SAP Integration Suite gepflegt haben. In Abschnitt 3.6.6, »Monitoring«, haben wir die Anlage eines Nummernkreises beschrieben.
- **Wiederverwendbare Parameter**
  Hier haben Sie die Möglichkeit, Parameter zu hinterlegen, die Sie in einem kundeneigenen Integration Flow oder in einem Message Mapping nutzen können.

Agreement Template

Ein weiteres Objekt ist das *Agreement Template* (Vereinbarungsvorlage). Die Vereinbarungsvorlage kann für verschiedene Partner genutzt werden. Zum Zeitpunkt der Erstellung einer Vorlage wissen Sie nicht, mit welchen Partnern Sie kommunizieren werden. Daher wird in der Vorlage definiert, welche Transaktionen benötigt werden. Zudem definieren Sie hier, ob die Kommunikation unidirektional oder bidirektional ist. Da Sie Ihr Unternehmen kennen, wissen Sie welche Formate Ihre Anwendungen nutzen und welche Identifikationsnummern Sie haben. Aus diesem Grund können Sie hier die MIGs verwenden, die Sie im Integration Advisor (siehe Abschnitt 6.1.2, »Beispielerstellung einer funktionalen Spezifikation«) spezifiziert haben.

Spezifisches Agreement

Das letzte Objekt ist das *Agreement* (Vereinbarung). Die Vereinbarung leitet sich aus der Vereinbarungsvorlage ab und bezieht sich auf einen speziellen Partner. In diesem Schritt stehen Ihnen alle nötigen Informationen aus dem Partnerprofil zur Verfügung, z. B. welche Type Systems genutzt werden können. In der Vereinbarungsvorlage haben Sie die Choreografie der Kommunikation definiert, und aus dem Integration Advisor können Sie in diesem Schritt die Spezifikationen für diesen Partner nutzen. Zusätzlich können Sie weitere Anpassungen durchführen. Für eine spezielle Vereinbarung können Sie eine Submenge an Geschäftstransaktionen aus der Vereinbarungsvorlage nutzen. Die Vereinbarung ist das finale Objekt für eine Kommunikation mit einem Partner.

Partner Directory

Nachdem Sie die Vereinbarung gespeichert und aktiviert haben, werden diese Informationen in das Partner Directory geladen. Cloud Integration kann nun auf die Inhalte im Partner Directory zugreifen und die Informationen auslesen.

6.2.2 Beispielimplementierung

Zum Trading Partner Management navigieren

Um mit der Implementierung der TPM-Objekte zu beginnen, navigieren Sie in der SAP Integration Suite über den Pfad **Design • B2B Scenarios** (siehe Abbildung 6.25).

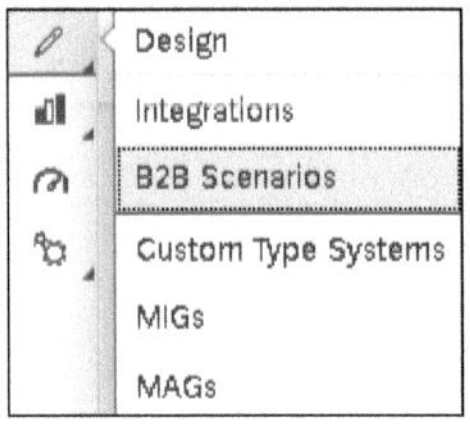

Abbildung 6.25 Design: B2B-Szenarios

TPM-Oberfläche

Die Trading-Partner-Oberfläche spiegelt den Implementierungsprozess. Wenn Sie die Registerkarten von links nach rechts durchgehen, haben Sie alle Objekte angelegt, die Sie für eine B2B-Kommunikation benötigen (siehe Abbildung 6.26).

Abbildung 6.26 Trading Partner Management: Registerkarten

Unternehmensprofil anlegen

Auf der Registerkarte **Company Profile** können Sie ein eigenes Unternehmensprofil anlegen. Über die Schaltfläche **Create** gelangen Sie in die Anlagemaske. Wie in Abschnitt 6.2.1, »Implementierungsprozess«, beschrieben, können Sie hier Informationen zu Ihrem eigenen Unternehmen pflegen. Diese Informationen sind wiederum auf selbsterklärenden Registerkarten geordnet, die Sie in Abbildung 6.27 finden.

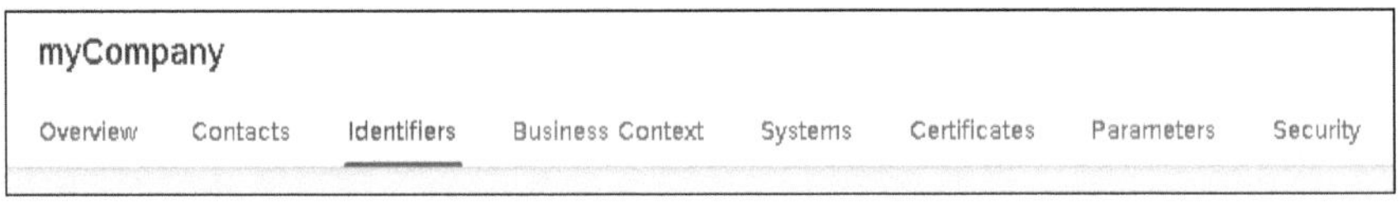

Abbildung 6.27 Registerkarten im Unternehmensprofil

Unternehmensprofil konfigurieren

Auf der Registerkarte **Identifiers** können Sie unterschiedliche Identifikatoren in Abhängigkeit zu Type System, Agentur, Agenturcode und Schema anlegen. Interessant ist die Registerkarte **Systems**. Hier pflegen Sie alle Systeme, die in Ihrem Unternehmen für eine B2B-Kommunikation verwendet werden sollen. Zu jedem System müssen Sie mindestens ein vom System akzeptiertes Type System und eine Kommunikation auswählen. Je nach

Kommunikationsrichtung und Adapter müssen Sie unterschiedliche Parameter eingeben. Abbildung 6.28 zeigt eine beispielhafte Konfiguration.

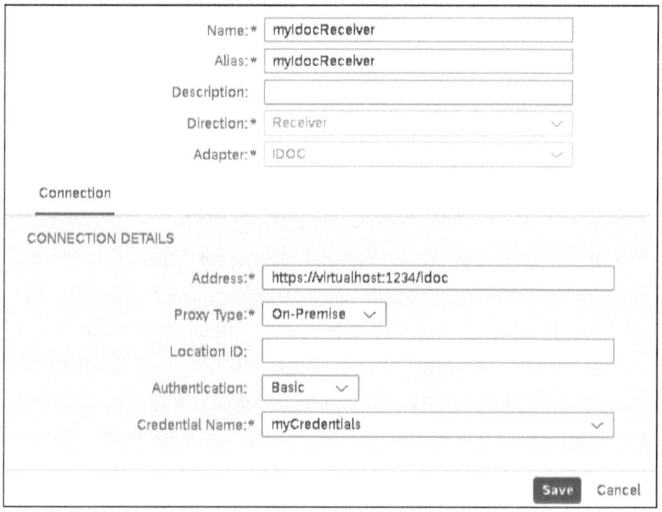

Abbildung 6.28 IDoc-Empfänger konfigurieren

Beispielverbindung konfigurieren

Bei einem beispielhaften Empfänger-IDoc-Adapter sind diese Parameter die Adresse des virtuellen Hosts (**Address**) aus der SAP BTP, der **Proxy Type**, die **Location ID** und die Authentifikationsmethode (**Authenticate**). Die Credentials müssen Sie zuvor in der Monitoring-Oberfläche anlegen (siehe Abschnitt 3.6.6, »Monitoring«). Nachdem Sie die Systeme gepflegt haben, können Sie die benötigten Zertifikate in das Trading Partner Management hochladen (siehe Abbildung 6.29). Auf der Registerkarte **Parameters** können Sie die Schlüssel-Wert-Paare als CSV-Datei hochladen und im späteren Implementierungsprozess nutzen.

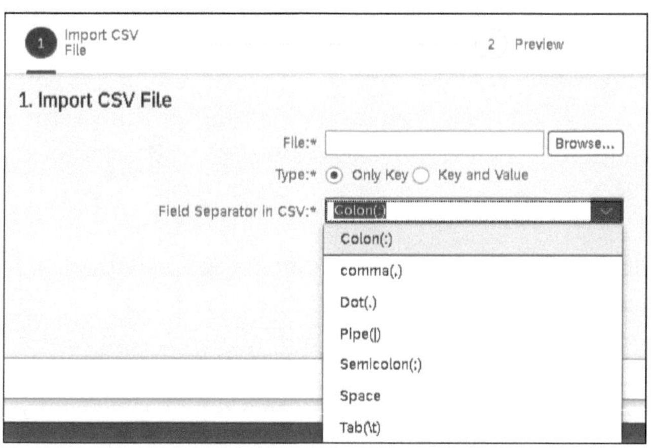

Abbildung 6.29 Schlüssel-Wert-Paare importieren

Zusatzparameter als CSV hochladen

Beim Import stehen Ihnen einige Feldseparatoren zur Verfügung. Bevor Sie den Inhalt in das Trading Partner Management laden, wird Ihnen der Inhalt in einer Vorschau angezeigt. Auf der Registerkarte **Security** können Sie für die AS2-Eingangskommunikationen eine Entschlüsselung konfigurieren. Damit ist die Implementierung des eigenen Unternehmensprofils abgeschlossen, und mit einem Klick auf die Schaltfläche **Save** gelangen Sie wieder auf die Übersichtsseite des Trading Partner Managements und sehen dort Ihr neu angelegtes Unternehmensprofil.

Partnerprofil anlegen und konfigurieren

Nachdem Sie das eigene Unternehmensprofil gepflegt haben, müssen Sie das Partnerprofil anlegen. Auf der Registerkarte **Trading Partners** klicken Sie auf die Schaltfläche **Create**. Damit gelangen Sie in die Eingabemaske für das Partnerprofil. Wenn Sie die Eingabemaske des Partnerprofils mit dem Unternehmensprofil vergleichen, stellen Sie fest, dass die Informationen, die Sie hier pflegen können, mit denen des Unternehmensprofils nahezu übereinstimmen. Auch hier können Sie Kontaktinformationen, Identifikatoren sowie Systeme und Zertifikate pflegen. Auf der Registerkarte **Security** gibt es lediglich einen Unterschied: Statt einer Entschlüsselungskonfiguration für die AS2-Eingangskommunikation legen Sie hier eine Signaturverifikation für die Kommunikation an.

Agreement Template anlegen

Nachdem Sie das Partnerprofil oder die Partnerprofile angelegt haben, gehen Sie auf die Registerkarte **Agreement Templates** (Vereinbarungsvorlage) und klicken dort auf die Schaltfläche **Create**. Hierdurch gelangen Sie in das Eingabebild für die Vereinbarungsvorlage. Hier können Sie die eigene Unternehmenskonfiguration vornehmen und einzelne Geschäftstransaktionen choreografieren (siehe Abbildung 6.30).

Agreement Template konfigurieren

Auf der Registerkarte **Overview** pflegen Sie den Namen der Vorlage sowie Details zu Ihrem Unternehmenssystem und wählen dabei die Informationen, die Sie im Unternehmensprofil gepflegt haben.

[»]

Eingabefeld zum Identifikator als Partner

Das Eingabefeld **Identifier as Trading Partner** (Identifikator als Partner) ist ausgegraut (siehe Abbildung 6.30), weil dieses Feld erst in der tatsächlichen Vereinbarung gepflegt werden kann.

Geschäftstransaktion anlegen

Auf der Registerkarte **B2B Scenarios** pflegen Sie nun die Geschäftstransaktionen, die Sie in der Kommunikation abbilden möchten. Bei der Anlage einer Geschäftstransaktion über die Schaltfläche **Create** vergeben Sie zunächst einen Namen für die Geschäftstransaktion und geben an, ob es sich um eine unidirektionale (**One Way Notification**) oder um eine bidirektionale (**Two Way Request Reply**) Schnittstelle handelt, und welche Rolle Ihr Unternehmen einnimmt.

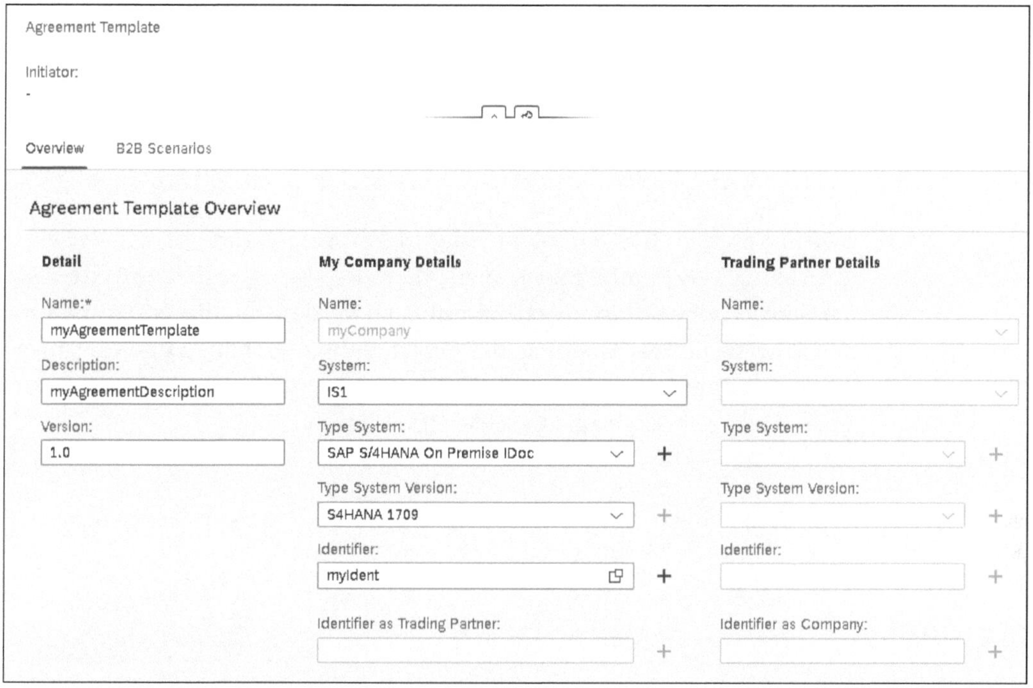

Abbildung 6.30 Vereinbarungsvorlage anlegen

Abbildung 6.31 zeigt das Pflege-Pop-up-Fenster. Hier sehen Sie auch, dass Sie im Feld **My Company Role** die Auswahl zwischen zwei Radiobuttons haben:

- **Initiator**: Hierbei geht der Nachrichtenfluss von Ihrem System aus, d. h., dass Sie Nachrichten verschicken.
- **Reactor**: Hierbei geht der Nachrichtenfluss vom Partnersystem aus, und Sie reagieren auf die Nachricht.

Abbildung 6.31 Geschäftstransaktion anlegen

Nach einem Klick auf die Schaltfläche **Save** wird die Geschäftstransaktion angelegt und auf der Registerkarte **B2B Scenarios** angezeigt.

> **Parameter aus den Profilen**
>
> Über die Schaltfläche **Parameters** können Sie sich alle Parameter der Geschäftstransaktion einblenden lassen und die in den Profilen hochgeladenen Schlüssel-Wert-Paare importieren.

Wie in Abschnitt 6.2.1, »Implementierungsprozess«, erläutert, wissen Sie zu dem aktuellen Zeitpunkt noch nicht, mit wem bzw. mit welchem System Sie tendenziell eine Kommunikation aufbauen werden. Aus diesem Grund sind die Schritte für das Mapping, das eingehende Interchange und die eingehende Kommunikation zur Pflege ausgegraut. Abbildung 6.32 zeigt beispielsweise eine angelegte Geschäftstransaktion.

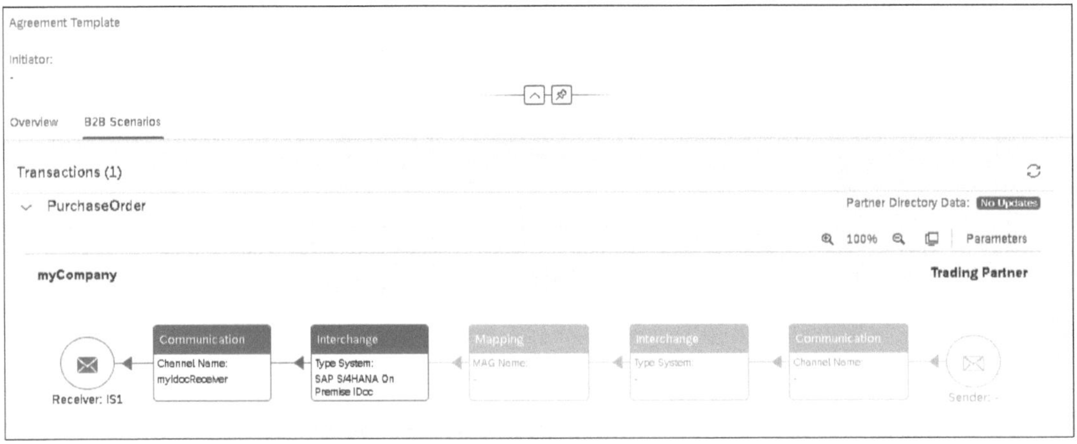

Abbildung 6.32 Vorlage: Überblick über eine Geschäftstransaktion

Interchange pflegen

Für die beiden Schritte zum ausgehenden Interchange und zur ausgehenden Kommunikation können Sie allerdings Informationen pflegen, da es sich in diesem Beispiel um Ihr Unternehmen handelt. Im ausgehenden Interchange wählen Sie das benötigte Type System sowie die Version und wählen im Dropdown-Feld **Message Implementation Guideline (MIG)** das MIG aus dem Integration Advisor aus. Im Dropdown-Feld **Number Range** (Nummernkreis) müssen Sie einen Nummernkreis auswählen. Dieser muss zuvor im Monitoring angelegt worden sein (siehe Abschnitt 3.6.6, »Monitoring«). Abbildung 6.33 zeigt eine ausgewählte Interchange-Einstellung.

Kommunikation pflegen

Im Schritt **Communication** wählen Sie als Kommunikationskanal im Dropdown-Feld **Communication** den Kanal aus, den Sie im Unternehmensprofil für dieses Type System gepflegt haben. Mit diesen Einstellungen haben Sie die Pflege einer Geschäftstransaktion abgeschlossen, und mit mindestens einer Transaktion ist die Vereinbarungsvorlage nutzbar.

Abbildung 6.33 Vorlage: Interchange anpassen

> **Geschäftstransaktionspflege bei der Vereinbarungsvorlage**
>
> Sie können in einer Vereinbarungsvorlage mehrere Geschäftstransaktionen pflegen. Sie müssen allerdings bei der Erstellung einer spezifischen Vereinbarung mit einem Partner nicht jede Geschäftstransaktion ausimplementieren.

Vereinbarung pflegen

Um aus den Vereinbarungsvorlagen eine spezifische Vereinbarung anzulegen, navigieren Sie zur Registerkarte **Agreements** und klicken auf die Schaltfläche **Create**. Daraufhin werden Ihnen alle Vorlagen angezeigt, aus denen Sie wählen können. Nachdem Sie auf eine Vorlage geklickt haben, können Sie mindestens eine Geschäftstransaktion wählen, die dann in die Vereinbarung übernommen wird. Nun wird Ihnen das Übersichtsbild der Vereinbarung angezeigt. Standardmäßig wird der Name der Vorlage in den Namen der Vereinbarung geschrieben, den Sie aber ändern können, wie beispielsweise in Abbildung 6.34 gezeigt.

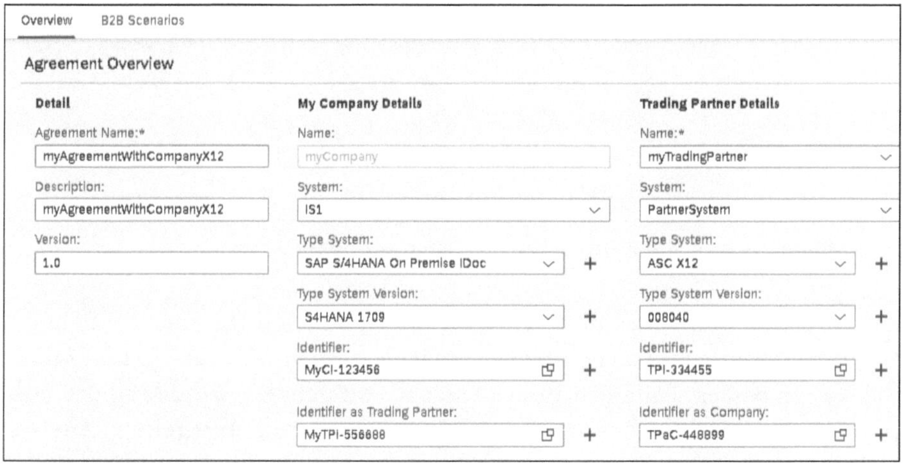

Abbildung 6.34 Übersicht zu einer Vereinbarung

Partnerdetails für eine Vereinbarung pflegen

Da Sie eine Vereinbarung mit einem speziellen Partner bzw. System erstellen, müssen Sie die Partnerdetails (**Trading Partner Details**) auf der rechten Seite pflegen.

[+]

> **Identifikatorenpflege**
>
> Sollten Sie noch keine Identifikatoren (Identifiers) gepflegt haben, können Sie das mit einem Klick auf das Plussymbol [+] durchführen.

Einzelne Geschäftstransaktionen pflegen

Sie müssen sowohl für Ihre Unternehmensdetails als auch für die des Partners jeweils zwei Identifikatoren angeben. Auf der Registerkarte **B2B Scenarios** sind alle ausgewählten Geschäftstransaktionen zu sehen, und Sie können alle Schritte vom Sender bis zum Empfänger pflegen (siehe Abbildung 6.35).

Abbildung 6.35 Vereinbarung: Geschäftstransaktion

Objekte aus dem Integration Advisor zuweisen und in das Partner Directory pushen

Im Schritt **Mapping** können Sie die MAG aus dem Integration Advisor angeben. Es werden Ihnen nur die Vorschläge angezeigt, die auch zur Kommunikation passen. Beim Schritt des Eingangs-Interchange wurde mit der Auswahl der MAGs auch die passende MIG aus dem Integration Advisor ausgewählt. Sie können hier noch angeben, ob eine funktionale Bestätigung

(**Functional Acknowledgement**) benötigt wird. Wenn eine funktionale Bestätigung benötigt wird, können Sie im Kommunikationskanalschritt zusätzlich zum Eingangskanal einen Ausgangskanal wählen, da die Bestätigung wieder zurück an den Sender gesendet werden muss. Beachten Sie, dass Sie den Kanal zuvor im Partnerprofil angelegt haben müssen. Diese Datenergänzung müssen Sie für jede Geschäftstransaktion durchführen. Mit einem Klick auf die Schaltflächen **Save** und **Activate** wird die Vereinbarung in das Partner Directory geschrieben (siehe Abbildung 6.36).

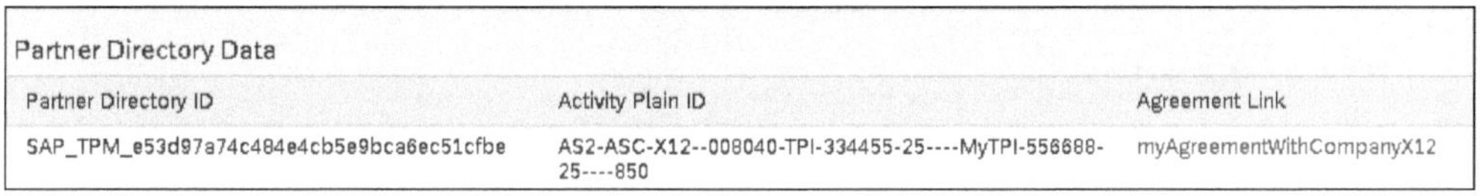
Partner Directory Data

Partner Directory ID	Activity Plain ID	Agreement Link
SAP_TPM_e53d97a74c484e4cb5e9bca6ec51cfbe	AS2-ASC-X12--008040-TPI-334455-25----MyTPI-556688-25----850	myAgreementWithCompanyX12

Abbildung 6.36 Eintrag im Partner Directory

Sobald ein Eintrag im Partner Directory angelegt worden ist, ist die Implementierung im Trading Partner Management abgeschlossen.

6.2.3 Integration mit Cloud Integration

Verwendung in Cloud Integration

Nachdem Sie die Implementierung im Trading Partner Management beendet haben, können Sie in Cloud Integration Ihren gewünschten generischen Partnerprozess anlegen und die Einträge SAP TPM, speziell Partner Directory, verwenden. Da diese Implementierung sehr komplex und meist langwierig ist, gibt es von SAP bereitgestellte Integration Flows, die Sie verwenden können, um die Einträge aus dem Partner Directory zu lesen.

Passendes Paket finden

Navigieren Sie dazu aus dem Hauptmenü der SAP Integration Suite in den Discover-Bereich (siehe Abschnitt 3.6.2, »Discover«), und suchen Sie dort nach dem Paket *Cloud Integration – Trading Partner Management V2*.

[+]

> **Schnelle Suche nach einem Paket im Discover-Bereich**
>
> Wenn Sie die Suche nutzen, sucht das System jedes einzelne Wort in jedem Paket (Namen und Beschreibung). Daher empfehlen wir Ihnen, nur bestimmte Worte für die Suche zu nutzen, da unter Umständen sehr viele Treffer angezeigt werden. Bei der Suche der TPM-Integration-Flows ist die Suche nach dem Begriff »Trading« sinnvoll.

In diesem Paket befinden sich alle Integration Flows, die Sie für eine B2B-Integration benötigen, wie in Abbildung 6.37 dargestellt.

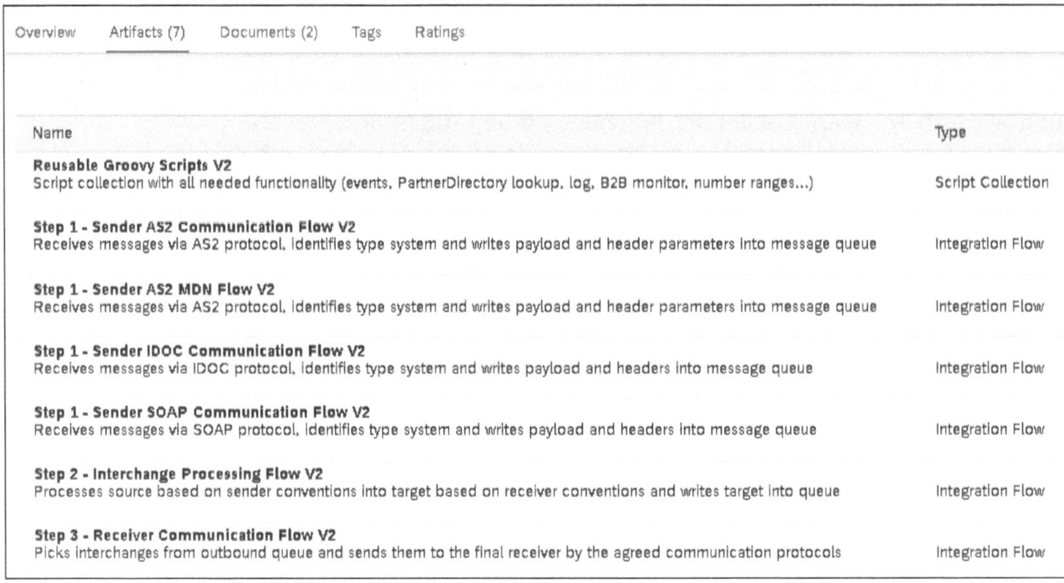

Abbildung 6.37 Integration Flow für die B2B-Integration

Paket in den eigenen Tenant kopieren und verwenden

Da es sich hierbei um ein Paket handelt, das nur eine Konfiguration zulässt (**Mode: Configure-only**), können Sie die einzelnen Integration Flows nicht herunter- und in Ihr Paket hochladen, sondern müssen das gesamte Paket auf Ihren Tenant kopieren. Nachdem Sie das Paket auf Ihren Tenant kopiert haben, können Sie die einzelnen Integration Flows konfigurieren und deployen. Für eine erfolgreiche Integration sind folgende Artefakte im deployten Zustand notwendig:

- Reusable Groovy Scripts V2
- genau ein Integration Flow von Step 1, der Ihren Anforderungen entspricht
- Step 2 sowie Step 3

Im Monitoring erscheint daraufhin in Abhängigkeit des Integration Flows bei Step 1 der Endpunkt, den Sie oder Ihre Partner zur Kommunikation nutzen können (siehe Abbildung 6.38).

Ab jetzt ist die Trading-Partner-Management-Integration nutzbar.

Abbildung 6.38 Endpunkt des Integration Flows

6.2.4 Monitoring

Herausforderungen im B2B-Monitoring

Das Monitoring im B2B-Umfeld stellt im Gegensatz zu einer A2A-Kommunikation eine größere Herausforderung dar. Gründe dafür sind u. a.:

- **Datenvolumen**
  Unternehmen können bei einer B2B-Integration tausende Partner haben, die wiederum viele Nachrichten schicken.
- **Multiple Systeme**
  In einem B2B-Umfeld kommen viele verschiedene Applikationen zum Einsatz, die an der Kommunikation beteiligt sind.
- **Netzwerkkonnektivität**
  Die Verbindung zu Partnern findet über das Internet statt; aus diesem Grund muss auch die Konnektivität Teil des Monitorings sein.
- **Datenintegrität**
  Die Validierung der Nachrichten und die Prüfung der Integrität muss im Monitoring zu finden sein.
- **Geschwindigkeit**
  Meistens ist die B2B-Verarbeitung an SLAs (Service Level Agreements) geknüpft oder bedarf bei Problemen einer besonders schnelle Fehlerbehebung. Aus diesem Grund muss das Monitoring schnell und übersichtlich sein und aufzeigen, ob die Nachrichten, z. B. durch eine funktionale und technische Bestätigung dem Partner gegenüber, bescheinigt worden bzw. ob dem eigenen Unternehmen eine Bestätigung ausgehändigt worden ist.

Monitoring von B2B-Inhalten

Aufgrund des hohen Stellenwertes und den besonderen Eigenschaften von B2B-Kommunikationen wird das Monitoring in einer gesonderten Oberfläche durchgeführt. Wie wir in Abschnitt 6.2.2, »Beispielimplementierung«, gezeigt haben, besteht eine B2B-Integration aus drei Integration Flows. Diese werden im B2B-Monitoring logisch zusammengefasst. Das Monitoring erreichen Sie über den Pfad **Monitor • B2B Scenarios**. Hier können Sie im oberen Bereich eine komplexe Filterung durchführen und somit exakt die für Sie relevanten B2B-Nachrichten selektieren (siehe Abbildung 6.39).

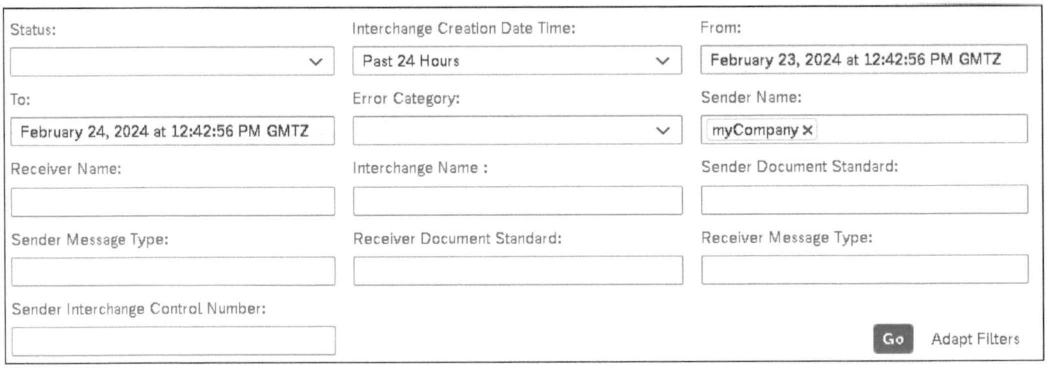

Abbildung 6.39 B2B-Monitoring: Filtermöglichkeiten

Filter im Monitoring verwenden

Neben dem Status können Sie auch eine Fehlerkategorie (**Error Category**) auswählen. Aus dem Trading Partner Management wird die Suchhilfe für die Eingabefelder Sendername und Empfängername (**Receiver Name**) abgeleitet. Zusätzlich stellt die SAP Integration Suite weitere Attribute aus dem B2B-Kontext bereit, um eine spezielle Filterung vorzunehmen. Wenn Sie auf eine gewünschte Nachricht klicken, werden Sie auf die Übersichtsseite der Nachricht weitergeleitet, die alle Informationen auf einen Blick enthält, wie Sie es in Abbildung 6.40 und Abbildung 6.41 vorfinden.

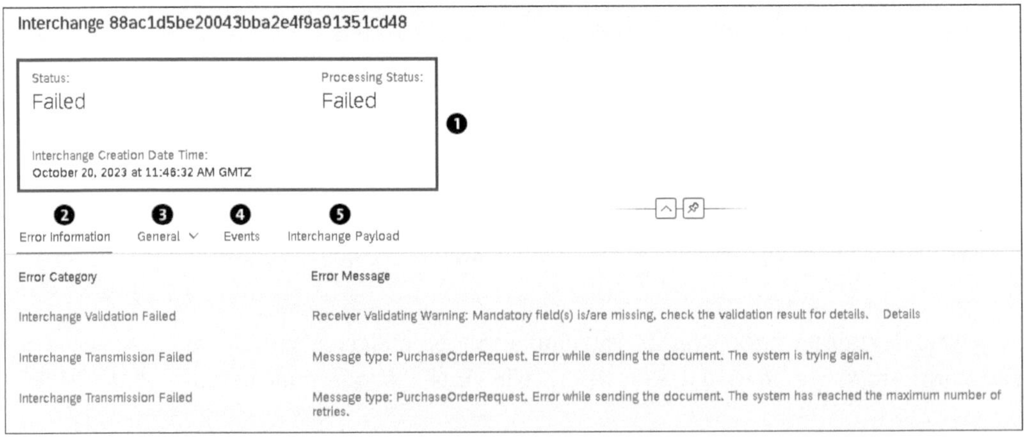

Abbildung 6.40 B2B-Monitoring

Diese Seite wird in die folgenden Bereiche unterteilt:

Monitoring analysieren

❶ **Kopfinformationen**
Hier finden Sie Informationen zum Status der Nachricht, zum Prozessierungsstatus und, wenn es einen Austausch von funktionalen und technischen Bestätigungen gibt, auch den Status zu den Bestätigungen.

❷ **Registerkarte »Error Information«**
Hier befinden sich alle Informationen zu möglichen Fehlern sowie weiterführende Informationen, und Sie sehen, um welche Kategorie es sich handelt.

❸ **Registerkarte »General«**
Hier befinden sich Informationen zu Nachricht, Sender und Empfänger. Die Detailinformationen finden Sie in Abbildung 6.41.

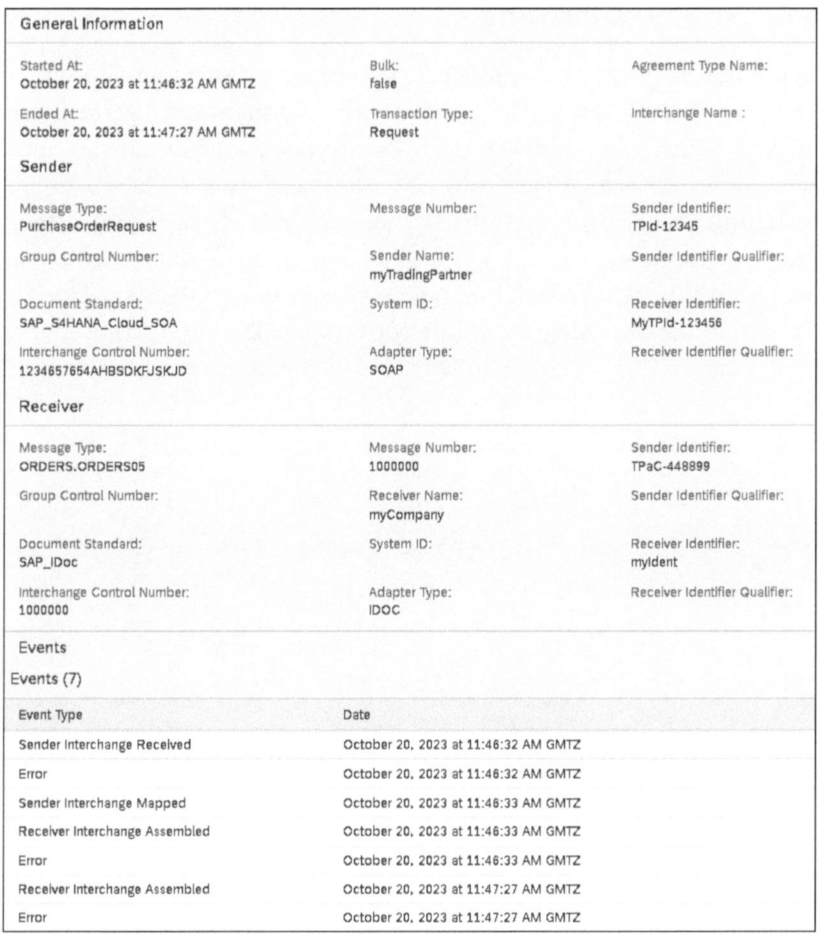

Abbildung 6.41 B2B-Monitoring: Ansicht »General«

❹ **Registerkarte »Events«**
Die beteiligten Integration Flows erzeugen in unterschiedlichen Schritten Ereignisse. Diese werden hier angezeigt. Sie können an dieser Stelle in die einzelnen Integration Flows abspringen, um ein tieferes technisches Monitoring durchzuführen.

❺ **Registerkarte »Interchange Payload«**
Im unteren Bereich finden Sie den Inhalt der Nachricht.

Mit diesem Monitoring-Tool haben Sie somit eine gute Möglichkeit, trotz des hohen Datenvolumens alle entscheidenden Nachrichten und Schritte im Auge zu behalten und, wenn nötig, schnell und präzise einzugreifen.

6.3 Zusammenfassung

Die Praxis zeigt uns, dass B2B-Integrationen eine wichtige Rolle bei der Wettbewerbsfähigkeit spielen. Auftraggeber können Aufträge in Echtzeit im Auftragnehmersystem erzeugen. Frühzeitig verbuchte Aufträge führen zu einer frühzeitigen Ausführung und somit auch zu einer beschleunigten Fertigung. Um diesen Vorteil auszuschöpfen, sind sichere und fehlerfrei definierte Schnittstellen notwendig. Dies erreicht man über Standardisierung. In diesem Kapitel haben wir Ihnen gezeigt, wie Sie die SAP Integration Suite dabei mithilfe des Integration Advisor und des Trading Partner Managements unterstützt und wie Sie die beiden Capabilities am besten nutzen.

Kapitel 7
Drittanbieterintegration

In diesem Kapitel bringen wir Ihnen die Möglichkeiten der Drittanbieterintegration in der SAP Integration Suite näher. Wir gehen auf die Capability des API Managements ein und erläutern Ihnen die Funktionen von Open Connectors.

In den letzten Jahrzehnten ist es für Unternehmen eine wichtige Aufgabe geworden, ihre IT-Infrastruktur zu modernisieren und Schritte zu unternehmen, um ihr Geschäft digital zu gestalten. In der Welt von SAP erfolgte die Integration von und zu SAP-Backend-Systemen früher über die On-Premise-Middleware *SAP Exchange Infrastructure* (später SAP Process Integration), eine kombinierte ABAP- und Java-Lösung. Anschließend wurde diese Lösung zu SAP Process Orchestration weiterentwickelt, die nur noch einen Java-Applikationsserver benötigte. Als die Cloud-Lösungen wichtiger wurden, hat SAP die Lösung überarbeitet, um auch heterogene Integrationsanforderungen zu bewältigen und einen ganzheitlichen Integrationsansatz anzubieten. Dieser ganzheitliche Ansatz besteht darin, vorkonfigurierte Integrationen, sogenannte Application Programming Interfaces (APIs) und Konnektoren, anzubieten. Dies soll dazu beitragen, allen Integrationsanforderungen gerecht zu werden, sei es Ground2Ground, Ground2Cloud oder Cloud2Cloud, unabhängig davon, ob es sich bei den anzuschließenden Anwendungen um SAP- oder um Nicht-SAP-Anwendungen handelt. Die Integrationslösung, die diese Qualitäten bietet, ist die SAP Integration Suite.

In Abschnitt 7.1 zeigen wir Ihnen das *API Management*. Hier können Sie zentral APIs erstellen, verwalten und überwachen. Sie können sowohl SAP- als auch Nicht-SAP-Schnittstellen im API Management konsolidieren, einheitlich steuern und den Entwickler*innen über ein Portal, API Business Hub Enterprise, verfügbar machen. In Abschnitt 7.2 zeigen wir Ihnen, wie Sie mittels der Capability Open Connectors zu über 160 Drittanbietern in einem standardisierten Verfahren APIs konsumieren und im API Management und in Cloud Integration verwenden.

7.1 API Management

Komponenten

Das *API Management* ist eine Capability der SAP Integration Suite, die es Ihnen ermöglicht, APIs in einer sicheren und skalierbaren Umgebung zu erstellen und Funktionen Ihrer Systeme für Partner und Kunden zugänglich zu machen. Auch harmonisieren Sie Ihre heterogene Systemlandschaft und führen über Regeln eine weitere Sicherheitsschicht ein, die Sie über alle Systeme hinweg normalisieren können. Die veröffentlichten APIs können Sie zusätzlich monetarisieren und detailliert überwachen. Um dieses Ziel zu erreichen, bietet das API Management die folgenden fünf Komponenten an:

- API Runtime
- API Designer
- Graph
- API Portal
- API Business Hub Enterprise
- API Analytics

Sie können das API Management mit einem der internen API-Anbieter von SAP sowie mit Nicht-SAP-APIs verwenden. Das API Management ermöglicht es Anwendungen, nahtlos auf Backend-Daten zuzugreifen, bietet dabei eine einheitliche Oberfläche zur Verwaltung und Überwachung von APIs über verschiedene Datenplattformen hinweg und stellt Echtzeit-Analytik-Funktionen bereit. Bevor Sie damit beginnen, APIs zu erstellen, ist es wichtig, die Struktur des API Managements zu verstehen, und wie die einzelnen Bestandteile miteinander interagieren.

Übersicht des API Portals

Das *API Portal* unterstützt Sie bei der Definition von einzelnen APIs. Diese APIs fungieren als Proxy-APIs zu tatsächlichen APIs und können auf APIs im SAP-Backend, auf Open-Connectors-Instanzen (siehe Abschnitt 7.2, »Open Connectors«), auf Cloud-Integration-Integration-Flows (siehe Abschnitt 5.1, »Artefakte, Integrationsobjekte und Adapter«), auf Enterprise Messaging (siehe Kapitel 8, »Enterprise Messaging«) oder auf APIs von Drittanbietern basieren. Dadurch wird der Verkehr zentral überwacht und kann zusätzlich über unternehmensweite Regeln abgesichert werden. Zudem können Sie sogenannte Produkte aus einzelnen APIs zusammensetzen und eine Monetarisierung für einzelne Produkte erstellen.

Übersicht des API Business Hub Enterprise

Das API Business Hub Enterprise ist das Portal für Entwickler*innen. Hier können die Stakeholder, also Kunden, Partner oder auch unternehmensinterne Applikationsentwickler*innen auf die veröffentlichten APIs zugreifen, diese lesen und sie in einem Low-Code- bzw. No-Code-Ansatz nutzen. Als Administrator*in des API Business Hub Enterprise können Sie die angeschlossenen Portale sowie Zugriffsberechtigungen für die Benutzer pflegen. Die Entwickler*innen können aus den zuvor erstellten Produkten Applikationen zusammensetzen. Der Zusammenhang zwischen dem API Business Hub Enterprise und dem API Portal ist in Abbildung 7.1 dargestellt.

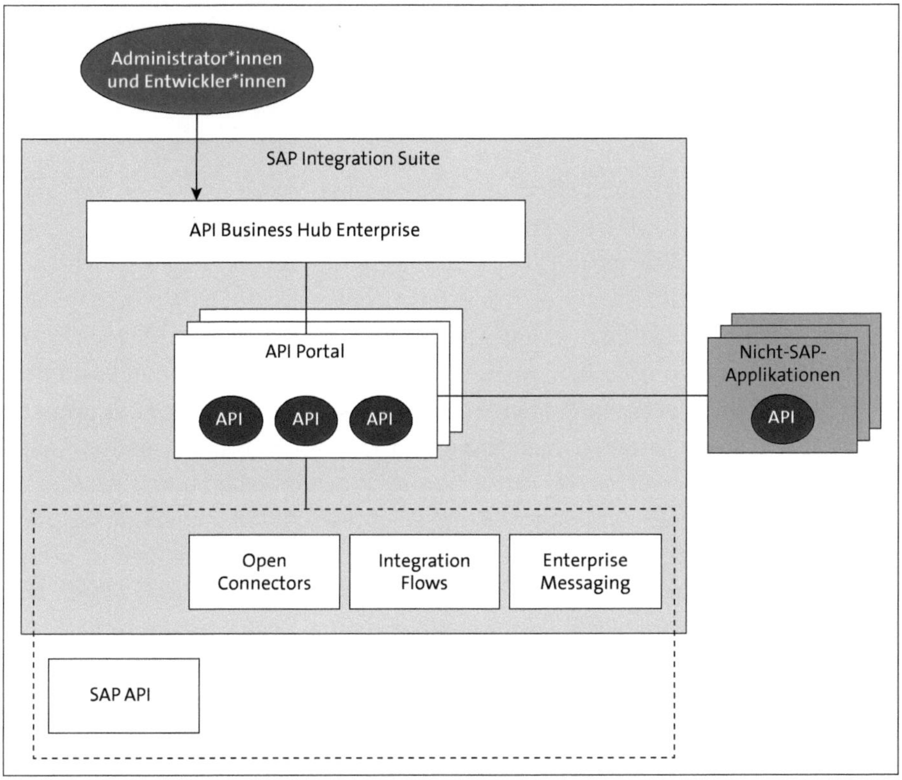

Abbildung 7.1 Zusammenhang zwischen API Portal und API Business Hub Enterprise (in Anlehnung an SAP SE)

Zusammenhang zwischen API Portal und API Business Hub Enterprise

Es sollte das Ziel eines Unternehmens sein, ein zentrales API Business Hub Enterprise aufzubauen. Hier können Sie die einzelnen Verbindungen zu API Portalen verwalten. In der Praxis kann es vorkommen, dass Sie mehrere SAP-Integration-Suite-Tenants einsetzen und diese wiederum auf unterschiedliche APIs zugreifen, z. B. wenn Sie eine regionale Trennung vornehmen möchten. Sie können deshalb im API Business Hub Enterprise auch Verbindungen zu unterschiedlichen API Portalen aufbauen. In diesem Fall sind dann mehrere API Portale gleichzeitig aktiv, die APIs für Kunden, Partner und Entwickler*innen bereitstellen.

[»]

Verbindung zu API Portalen

Der Verbindungsaufbau zu einem API Portal ist nur dann möglich, wenn das gewünschte API Portal noch keine Verbindung zu einem anderen API Business Hub Enterprise aufgebaut hat oder es sich nicht um ein API Portal einer SAP Integration Suite handelt, in der die Capability API Management mit einem API Business Hub Enterprise bereits ausgeprägt wurde. Wurde bereits eine Verbindung zu einem API Portal aufgebaut, erscheint diese Fehlermeldung:

```
NOT_ALLOWED_HAS_ACTIVE_DEVPORTAL
```

Motivation Graph

Die Anwendungsarchitektur in Unternehmen ist meist heterogen und komplex. Durch die soeben genannten Komponenten des API Managements können Sie diese Komplexität vereinfachen, indem Sie APIs harmonisieren, gleiche Authentifizierungsmechanismen schaffen und ein einheitliches Monitoring über alle APIs hinweg bieten und den Entwickler*innen zur Verfügung stellen. Allerdings können in verschiedenen Systemen semantisch zusammenhängende Daten vorliegen. Die richtige Zusammenführung dieser Daten obliegt dann den Entwickler*innen, die diese APIs nutzen. Um auch diese Herausforderung zu vereinfachen und die Lücke zu schließen, hat SAP eine weitere Komponente im API Management zur Verfügung gestellt: *Graph*. Durch Graph haben Sie die Möglichkeit, Ihre Geschäfts-APIs kontextbasiert semantisch zu verknüpfen und in einem Datengraph bereitzustellen. Somit entkoppeln Sie die Systemlandschaft von den genutzten Entitäten. Entwickler*innen können dann mittels der Abfragesprachen GraphQL oder OData V4 durch diese zusammenhängenden Daten bzw. Entitäten navigieren. Abbildung 7.2 zeigt den Unterschied zwischen dem klassischen API Management, in dem die Entwickler*innen die Daten selbständig in Verbindung bringen müssen (links) und dem API Management mit der Komponente Graph. Die gewünschten Entitäten sind miteinander verbunden, und die Entwickler*innen haben nur eine API, durch die sie navigieren müssen. Dadurch wird die aufzurufende API von dem dahinterliegenden System entkoppelt.

[»]

Verfügbarkeit von Graph

In einigen Regionen ist Graph noch nicht verfügbar. Sollten Sie die Komponenten in Ihrem SAP-Integration-Suite-Tenant nicht finden, prüfen Sie SAP-Hinweis 3338820.

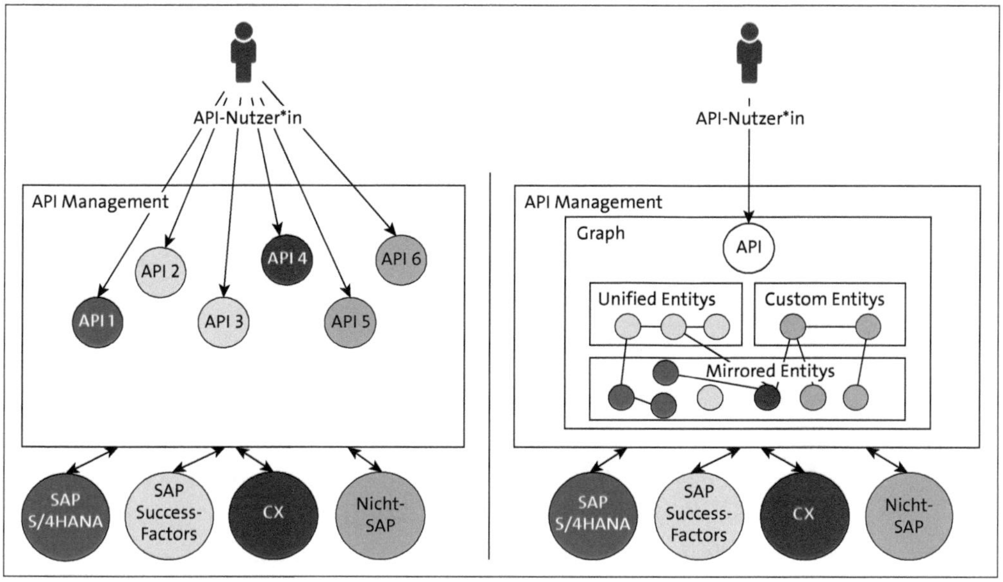

Abbildung 7.2 Klassisches API Management vs. API Management mit Graph

Aufbau von Graph

Graph arbeitet mit sogenannten *Projektionen* auf Datenquellen, die in verschiedenen Backend-Systemen liegen können, wie ein SAP-S/4HANA-, ein SAP-SuccessFactors-, ein SAP-Service-Cloud- bzw. ein SAP-Sales-Cloud- oder auch ein Nicht-SAP-System. Projektionen sind somit Abbildungen von Entitäten in bestimmten Datenquellen. Die Knoten in Graph, die in Abbildung 7.2 als verschiedenfarbige Kreise dargestellt sind, repräsentieren Entitäten, die aus Attributen bestehen. Basierend auf diesen Attributen werden Verbindungen zwischen den einzelnen Entitäten hergestellt, die Assoziationen genannt werden. In der Entwicklungsphase wird in vier verschiedene Schritte unterteilt:

1. Erstellung gespiegelter Entitäten (*Mirrored Entitys*)
2. Erstellung vereinheitlichter Entitäten (*Unified Entitys*)
3. Erstellung benutzerdefinierter Entitäten (*Custom Entitys*)
4. Erstellung des Business Data Graph

Entwicklungsphasen in Graph

In der ersten Phase werden die Datenquellen durchsucht und automatische Datenprojektionen erstellt. Man unterscheidet hierbei zwischen bekannten und unbekannten Datenquellen. Bekannte Datenquellen werden SAP-Namensräumen und unbekannte Datenquellen werden benutzerdefinierten Namensräumen hinzugefügt. Die Entitäten der bekannten Datenquellen werden über Assoziationen miteinander verbunden. Die erstellten Entitäten werden *gespiegelte Entitäten* (Mirrored Entitys) genannt. In der zweiten

Phase werden zusätzliche Projektionen, basierend auf den gespiegelten Entitäten, erstellt. Diese Entitäten werden vereinheitlichte Entitäten (Unified Entitys) genannt und haben den Zweck, semantisch gemeinsame Geschäftsdaten aus mehreren Datenquellen zu verbinden, da die vereinheitlichten Entitäten dem SAP One Domain Model folgen.

[»]

SAP One Domain Model

Das SAP One Domain Model beschreibt ein harmonisiertes Datenmodell, das über alle Lösungen von SAP verteilt ist.

Mehr zum Thema SAP One Domain Model finden Sie in diesem Blog-Artikel: *http://s-prs.de/v993314*

In der dritten Phase werden *benutzerdefinierte Entitäten* erstellt, die den Datengraphen um weitere Entitäten aus SAP- und Nicht-SAP-Systemen erweitert. In der letzten Phase wird der Prozess abgeschlossen und der Business Data Graph erstellt. Über eine API kann, wie zuvor beschrieben, durch die einzelnen Entitäten navigiert werden, und die Daten können gelesen, hinzugefügt, geändert oder gelöscht werden.

API Designer

Eine weitere Komponente des API Managements ist der *API Designer*. Hier können Sie APIs in Open-API-Spezifikationen in Form von JSON- oder YAML-Dateien erstellen. Es wird eine Vorschaufunktion unterstützt, wodurch Sie Ergebnisse in Ihrer Implementierung sofort in der Vorschau sehen.

API Analytics

Die letzte Komponente des API Managements ist jedoch *API Analytics*. Es ermöglicht Ihnen eine detaillierte Überwachung Ihrer APIs. Wie Sie diese Komponente nutzen, erfahren Sie in Abschnitt 7.1.4.

Konzept

Das Konzept der Capability API Management der SAP Integration Suite ist vergleichbar mit API-Management-Produkten anderer API-Anbieter wie Microsoft oder Google. Um dieses Konzept zu verstehen, stellen wir nachfolgend die Entitäten des API Managements einzeln vor. Abbildung 7.3 zeigt den Zusammenhang der einzelnen Entitäten.

Der API-Management-Account ist die höchste Ebene in der Datenhierarchie des API Managements und repräsentiert alle Komponenten. Es können einzelne API-Anbieter, Benutzer, Produkte und Entwickler*innen verwaltet und APIs sowie Applikationen erstellt werden. Der API-Anbieter stellt die tatsächlichen Backend-Dienste bereit und wird im Kontext des API Managements häufig als System bezeichnet. Der API-Anbieter kann somit ein ABAP-System, eine SAP-Middleware (z. B. SAP Integration Suite) oder ein Drittanbietersystem sein.

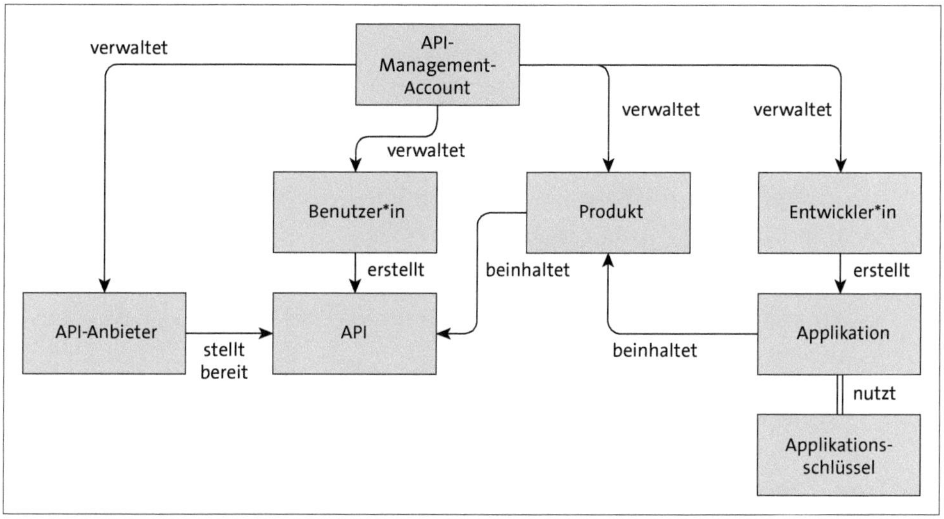

Abbildung 7.3 Konzept des API Managements (in Anlehnung an SAP SE)

Im API Management haben Sie die Möglichkeit, API-Anbieter anzulegen und zu verwalten. Basierend auf dem API-Anbieter können APIs erstellt werden, die aus einer Reihe von Routinen und Protokollen bestehen und für die Sie Regeln definieren können, die z. B. den Zugriff absichern. APIs definieren Anforderungen, die beschreiben, wie Anwendungen miteinander kommunizieren dürfen. Die Benutzer haben unterschiedliche Rollen und Berechtigungen und können den Zugriff auf API und Produkterstellung begrenzen. Das Produkt bündelt die angelegten APIs in verschiedene Themenbereiche. Entwickler*innen können durch diese Produkte navigieren und die definierten APIs einsehen, testen und verwenden, jedoch keine neuen APIs erstellen. Entwickler*innen legen, basierend auf den Produkten, Web- oder Mobile-Applikationen an. Für jede dieser Applikationen wird vom API Management ein Applikationsschlüssel (APP Key) und ein Secret generiert. Dieser Applikationsschlüssel muss bei jeder API-Anfrage mitgegeben werden und stellt den Autorisierungsmechanismus der API dar.

In den nachfolgenden Abschnitten gehen wir detailliert auf das API Management ein. Wir zeigen Ihnen, wie Sie die APIs pflegen, nutzen und analysieren.

7.1.1 API Management einrichten

Die Capability API Management bereitstellen

Bevor Sie das API Management nutzen können, müssen Sie es zunächst einrichten. In Abschnitt 2.5, »Services und Instanzen«, haben wir Ihnen gezeigt, wie Sie einzelne Capabilities der SAP Integration Suite aktivieren. Das API

Management ist eine Capability der SAP Integration Suite. Bei der Aktivierung der Capability müssen Sie festlegen, ob der API Business Hub Enterprise auch zur Verfügung gestellt werden soll. Wie in Abschnitt 7.1, »API Management«, beschrieben, müssen Sie in diesem Schritt entscheiden, ob die aktuelle Instanz im Subaccount die zentrale Instanz wird, auf der der API Business Hub Enterprise läuft, oder ein Satelliten-API-Management, das ein dezentrales API Portal zur Verfügung stellt.

Die Bereitstellung nimmt etwas Zeit in Anspruch. Sobald diese Capability zur Verfügung steht, wird Ihnen diese im Übersichtsbild als aktiv (**Active**) angezeigt (siehe Abbildung 7.4).

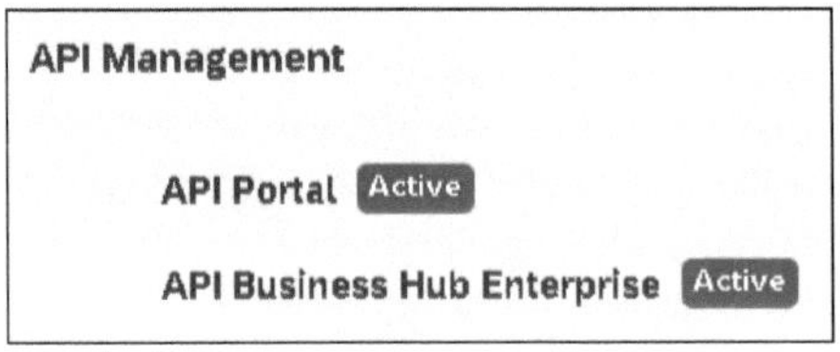

Abbildung 7.4 Bereitgestellte API-Management-Capability

Zusätzliche Rollen bereitstellen

Nach der Bereitstellung des API Managements werden in der SAP BTP neue Rollen zur Verfügung gestellt, die Sie Ihrem eigenen oder einem anderen Benutzer zuordnen müssen, um mit dem Einrichten fortzufahren (siehe Abbildung 7.5).

Name	Description
APIManagement.SelfService.Administrator	API Portal Onboarding
APIPortal.Administrator	APIPortalAdmin
APIPortal.Guest	API Portal guest role
APIPortal.Service.CatalogIntegration	CatalogIntegration
AuthGroup.API.Admin	Manages Users and applications in SAP API Management developer portal
AuthGroup.API.ApplicationDeveloper	Application Developer in SAP API Management developer portal
AuthGroup.APIPortalRegistration	Role to create API Portal Connection Request

Abbildung 7.5 Rollen für das API Management

Nachdem Sie die Rollen zugewiesen haben, klicken Sie im Überblicksmenü der SAP Integration Suite auf die Schaltfläche ⚙ und navigieren anschließend über den Pfad **Settings • APIs**. Diese führt Sie zur initialen Konfiguration des API Managements.

Zur API-Management-Konfiguration navigieren

Limitierte Anzahl der Instanzen im API Management

Pro Subaccount können Sie nur eine Instanz des API Managements aktivieren.

Installationsmodus auswählen

Im Konfigurationsbild müssen Sie, wie in Abbildung 7.6 dargestellt, zunächst auswählen, ob es sich um eine produktive oder um eine nicht produktive API-Management-Instanz handeln soll.

Abbildung 7.6 API Management konfigurieren

Zusatzparameter

Geben Sie nun im Eingabefeld **Host Alias** einen Alias für den virtuellen Host an. Aus diesem virtuellen Host wird dann eine Basis-URL abgeleitet, die Sie später beim Aufruf Ihres API Proxys verwenden. Die URL wird unter dem Feld des Host Alias angezeigt. Im Eingabefeld **Notification Contact** geben Sie nun mindestens einen Benachrichtigungskontakt an. Der genannte Kontakt wird bei jeglichen Aktivitäten im API Management informiert, z. B. auch, wenn die SAP Integration Suite die Konfiguration des API Managements abgeschlossen hat. Wenn Sie die Checkbox mit der Aufschrift **Make Email-Adress the API Portal administrator** anklicken, wird der aktuell eingeloggte Benutzer zum *API-Portal-Administrator* ernannt. Dies führt auch dazu, dass im SAP-BTP-Subaccount ein neuer Benutzer angelegt wird, der dem Identity Provider `aqpbxiafh-platform` zugewiesen ist und die Rolle `API-`

`Portal.Administrator` innehat (siehe Abbildung 7.7). Der Identity Provider `aqpbxiafh-platform` ist tenantspezifisch und unterscheidet sich von Ihrer Instanz.

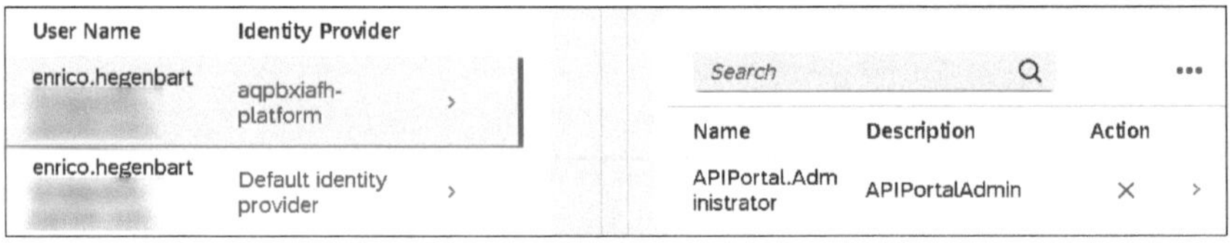

Abbildung 7.7 Neuer Benutzer im API Management

Vollständiger Konfigurationsprozess

Nachdem Sie die Eingaben auf der Konfigurationsoberfläche eingegeben und bestätigt haben, wird Ihnen der Konfigurationsprozess angezeigt. Dieser wird vom System Schritt für Schritt durchlaufen, sodass am Ende die Anzeige der Anzeige aus Abbildung 7.8 entsprechen sollte.

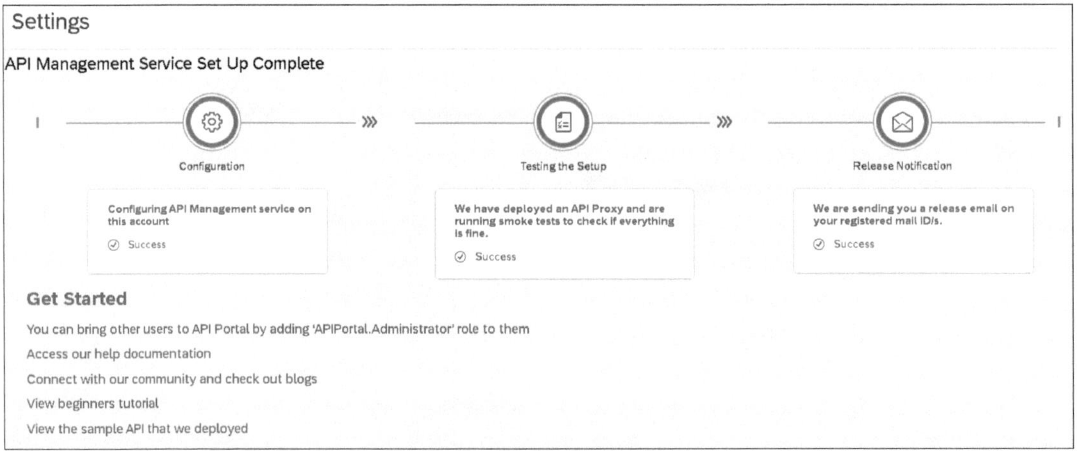

Abbildung 7.8 Konfigurationsprozess

Veränderung des Menüs durch die API-Management-Konfiguration

Wenn die Konfiguration abgeschlossen ist, werden Sie feststellen, dass nun im API-Management-Menü in der SAP Integration Suite weitere Menüelemente eingeblendet werden. Dazu zählen:

- **Discover • APIs**: Mit einem Klick auf die Schaltfläche [⊘] gelangen Sie in den Discover-Bereich. Wie wir bereits in Bezug auf die Integrationsszenarien (siehe Abschnitt 5.1, »Artefakte, Integrationsobjekte und Adapter«) und die Typensysteme (siehe Abschnitt 6.1.1, »Objekte des Integration Advisor«) beschrieben haben, finden Sie in diesem Bereich für das API Management vorgefertigte APIs für verschiedene SAP-Applikationen, wie z. B. SAP Cloud ALM. Diese APIs können Sie sich im Detail anschauen und in Ihren Tenant kopieren.

- **Test • APIs**: Über die Schaltfläche gelangen Sie in den Testbereich. Hier können Sie Ihre APIs ohne die Verwendung von externen Tools testen. Der Vorteil ist, dass Sie hier sofort einen Überblick über alle testbaren APIs haben.
- **Create Product for publishing**: Klicken Sie auf die Schaltfläche . In diesem Bereich können Sie einzelne APIs zu Produkten zusammenführen und bereits angelegte Applikationen einsehen.
- **Configure • APIs**: Klicken Sie auf die Schaltfläche , um in den *Konfigurationsbereich* zu gelangen. Hier legen Sie alle Grundlagenobjekte für das API Management an. Dazu zählen:
  - API Proxys
  - API Provider
  - Zertifikate
  - Schlüssel-Werte-Mappings
  - Regelvorlagen
- **Monitor • APIs**: Im Monitoring-Bereich, den Sie über die Schaltfläche erreichen, behalten Sie Ihre APIs im Auge. In Abschnitt 7.1.4, »API Analytics verwenden«, gehen wir genauer auf das Thema Monitoring ein.
- **Monetize**
  Im Bereich zur Monetarisierung, erreichbar über die Schaltfläche , können Sie pflegen, wie eine API einem Kunden, Partner oder intern in Rechnung gestellt wird. Sie können verschiedene Tarife pflegen, die Sie wiederum einem Produkt zuweisen können.

Anforderungen für ein dezentrales API Portal

Wenn Sie bei dem Einrichtungsprozess der Capability API Management der SAP Integration Suite das Modul API Business Hub Enterprise nicht ausgewählt haben und das API Portal in einem API Business Hub Enterprise eines gesonderten Subaccounts verbinden möchten, müssen Sie noch einen Service Key in der SAP BTP anlegen.

Abrechnungsplan für die API Portal-verbindung auswählen

Navigieren Sie dazu in Ihrem Subaccount in der SAP BTP über den Pfad **Services • Service Marketplace**, und wählen Sie die Schaltfläche **API Management, API Portal** aus. Hier müssen Sie den Abrechnungsplan `apiportal-api-access` auswählen und eine Instanz erstellen, indem Sie auf die Schaltfläche **Create** klicken (siehe Abbildung 7.9).

Abrechnungsplan

Sobald Sie die Schaltfläche **Create** in der Zeile des Abrechnungsplans `apiportal-apiaccess` betätigt haben, erscheint ein Modalfenster. Hier sind Service- und Abrechnungsplan bereits vorbelegt, und Sie können einen Namen für die Instanz vergeben. Über die Schaltfläche **Next** gelangen Sie in die Eingabe der zusätzliche Parameter für die Instanz im JSON-Format (siehe Abbildung 7.10).

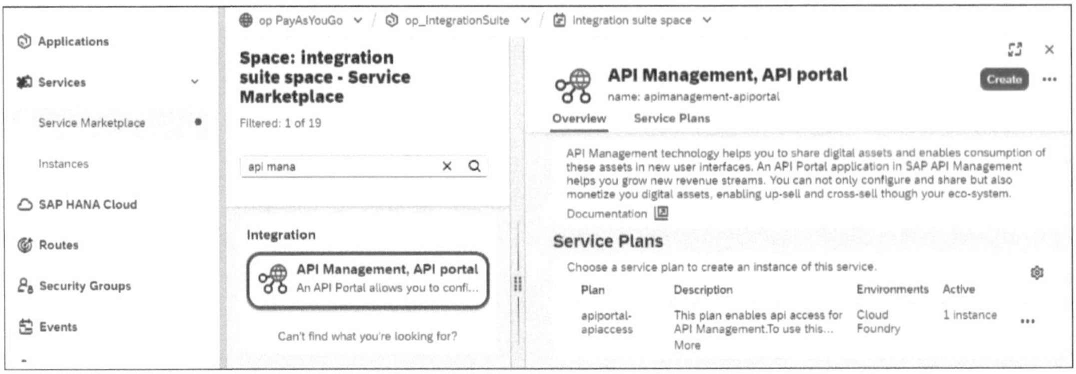

Abbildung 7.9 Richtigen Abrechnungsplan auswählen

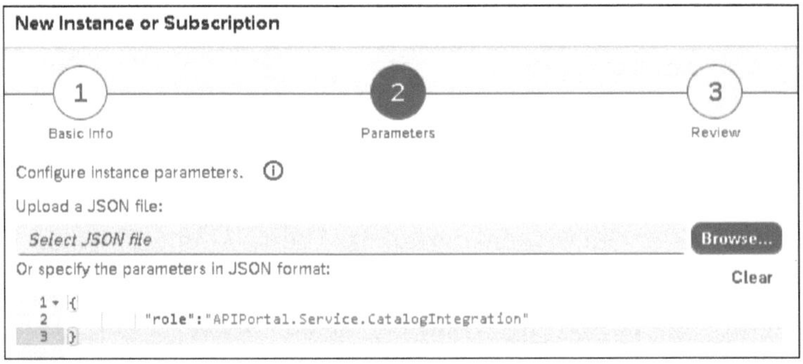

Abbildung 7.10 Richtige Rolle auswählen

Mögliche Rollen für die Abrechnungsplananlage

Je nach Anwendungsfall können Sie hier verschiedene Rollen angeben. Diese möchten wir Ihnen im Folgenden erläutern:

- `APIPortal.Administrator`: Diese Rolle nutzen Sie, wenn Sie mit dem Service Key CRUD-Operationen auf API-Portal-Entitäten durchführen möchten, also das Anlegen, Anzeigen, Ändern und Löschen von Entitäten.
- `APIPortal.Guest`: Diese Rolle verwenden Sie für einen lesenden Zugriff der API-Portal-Entitäten.
- `APIManagement.SelfService.Administrator`: Für die Konfiguration eines virtuellen Hosts nutzen Sie diese Rolle.
- `APIPortal.Service.CatalogIntegration`: Diese Rolle nutzen Sie, wenn Sie eine Verbindung vom API Business Hub Enterprise zu einem API Portal herstellen möchten.

Ergebnis der Abrechnungsplananlage

Nachdem Sie die gewünschte Rolle eingetragen und die Schaltfläche **Next** angeklickt haben, wird Ihnen eine Zusammenfassung der Instanzeinstellungen angezeigt. Sobald Sie diese bestätigen, wird die Instanz angelegt.

Über den Menüpunkt **Services Instances** können Sie die Instanzen einsehen, und mit einem Klick auf Ihre neu angelegte Instanz wird auf der rechten Seite ein neuer Bereich eingeblendet, in dem Sie u. a. die Möglichkeit haben, einen neuen Service Key anzulegen (siehe Abbildung 7.11).

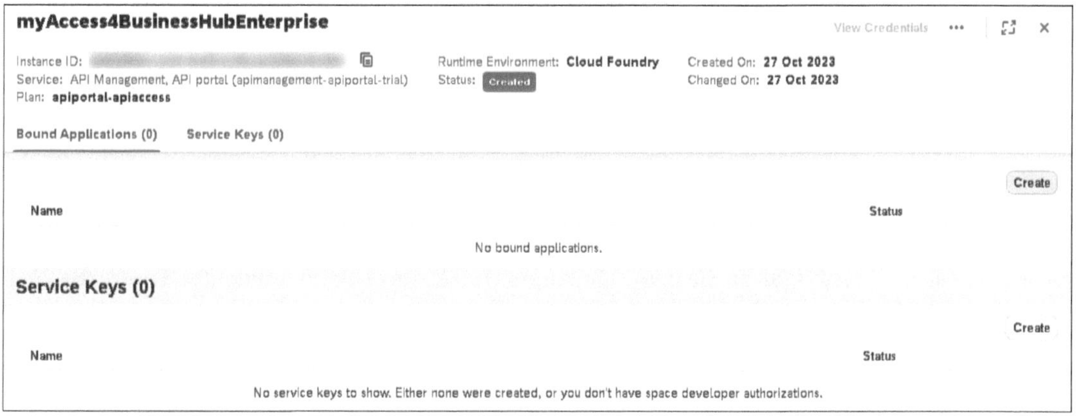

Abbildung 7.11 Überblick über die Instanz

Neuen Service Key anlegen

Über die Schaltfläche **Create** legen Sie einen neuen Service Key an. Dazu vergeben Sie einen Namen; die zusätzlichen Parameter können leer bleiben (siehe Abbildung 7.12).

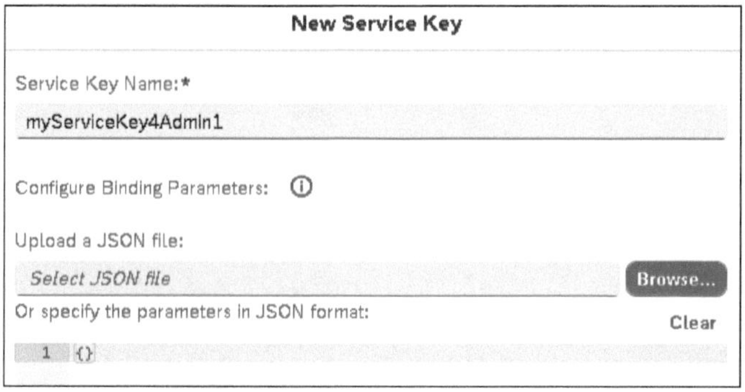

Abbildung 7.12 Service Key anlegen

Einstieg in die Konfiguration des API Business Hub Enterprise

Der erstellte Service Key besteht aus einer JSON, die Sie in den nächsten Schritten benötigen, um eine Verbindung zum API Business Hub Enterprise aufzubauen. Daher empfiehlt es sich, den Inhalt des Service Keys zu kopieren. Im Folgenden bringen wir Ihnen die Konfiguration im API Business Hub Enterprise näher. Eine detaillierte Beschreibung zum API Business Hub Enterprise geben wir Ihnen in Abschnitt 7.1.3, »API Business Hub Enterprise«. Die folgenden Schritte sind nur notwendig, wenn das API Portal und das API Business Hub Enterprise auf unterschiedlichen Tenants bereitgestellt wurden. Navigieren Sie in der SAP Integration Suite auf den Tenant, auf dem Sie den API Business Hub Enterprise Hub installiert haben. Im Überblicksmenü der SAP Integration Suite klicken Sie oben rechts auf die Schaltfläche mit den neun Punkten und klicken dort auf die Schaltfläche **API Business Hub Enterprise**.

Zugang zum API Business Hub Enterprise

Werden Sie nach dem Klick auf die Schaltfläche **API Business Hub Enterprise** auf eine Webseite weitergeleitet und dort ausgeloggt, fehlt Ihrem User die Rollenkollektion `AuthGroup.API.Admin`.

Verbindung zum API Portal aus dem API Business Hub Enterprise anlegen

Navigieren Sie im API Business Hub Enterprise über den Pfad **Enterprise Manager • API Management Connections**. Hier klicken Sie auf die Registerkarte mit der Aufschrift **Approved Requests**. Auf der rechten Seite befindet sich die Schaltfläche **Add New Connection**, über die Sie eine neue Verbindung zu einem API Portal anlegen können. Im nachfolgenden Modalfenster vergeben Sie zunächst einen Namen für die Verbindung (siehe Abbildung 7.13). In das Eingabefeld mit der Aufschrift **API Portal Access Credentials** fügen Sie das JSON ein, das im Service Key mit der Rolle `APIPortal.Service.CatalogIntegration` der Serviceinstanz **API Management, API Portal** generiert wurde.

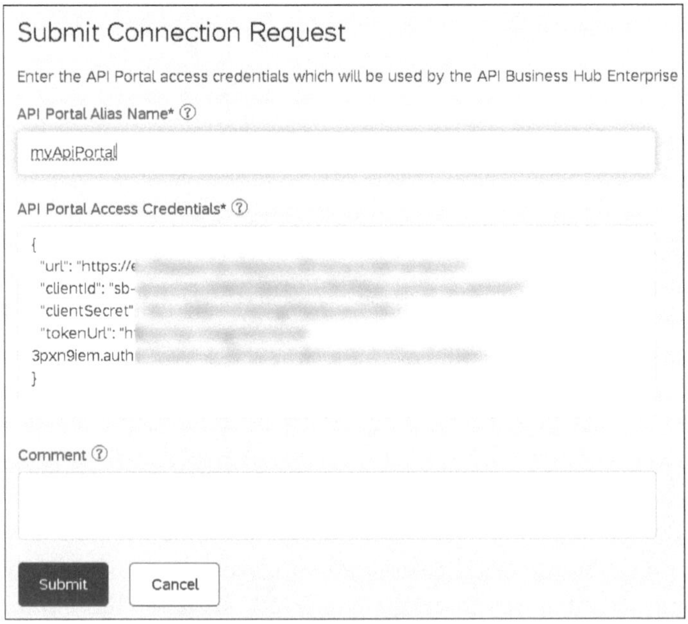

Abbildung 7.13 Verbindung hinzufügen

Ergebnis der Verbindungsanlage

Nachdem Sie die Eingabe mit der Schaltfläche **Submit** bestätigt haben, wird eine Verbindung zum API Portal aufgebaut. Auf der Registerkarte **Approved Requests** finden Sie nun die Verbindung zu Ihrem gewünschten API Portal (siehe Abbildung 7.14).

Abbildung 7.14 Erfolgreiche Verbindung

Fehler beim Verbindungsaufbau zum API Portal

Sollte es beim Verbindungsaufbau zu dem Fehler `ERROR_WHILE_FETCHING_METADATA_FOR_APIPORTAL` kommen, liegt es daran, dass in der SAP BTP die Instanz **API Management, API Portal** mit der falschen Rolle erstellt worden ist.

Zusammenfassung

Mit diesem Schritt ist die Grundeinrichtung abgeschlossen. Wir haben Ihnen gezeigt, wie Sie das API Management konfigurieren und wie Sie einen zentralen API Business Hub Enterprise mit einem dezentralen API Portal verbinden. Im nächsten Abschnitt zeigen wir Ihnen, wie Sie eine API im API Portal implementieren.

7.1.2 API und Produkt im API Portal implementieren

Übersicht des Implementierungsprozesses

Wie bereits in Abschnitt 7.1, »API Management«, dargestellt, können Sie im API Portal APIs implementieren und diese in einem Produkt zusammenfassen. Der Implementierungsprozess lässt sich in Abbildung 7.15 zusammenfassen.

Bestandteile der API-Implementierung

Folgende Objekte werden bei der Implementierung benötigt:

- **API-Anbieter**
  Der API-Anbieter (Provider) ist der Host, den Sie erreichen möchten und der die Services bereitstellt.
- **API Proxy**
  Eine API ist eine Schnittstelle, die alle Funktionalitäten enthält, die z. B. auf einem Anbietersystem ausgeführt werden sollen. Wenn Sie für diese API eine API und somit ein Stellvertreterobjekt im API Management anlegen, wird dieses Objekt API Proxy genannt. API Proxys können auch aus anderen API Proxys angelegt werden.

- **Tarifplan**
  Ein Tarifplan wird benötigt, wenn Sie die API-Zugriffe monetarisieren möchten.
- **Produkt**
  Ein Produkt fasst APIs in einem Geschäftskontext zusammen. Das Produkt wird zu einem späteren Zeitpunkt benötigt, um auf dem API Business Hub Enterprise eine Applikation zu erstellen.
- **Regeln**
  Im Kontext einer API beschreibt eine Regel, wie der Zugriff vonstattengehen soll. Sie beschreiben hier z. B., wie viele Aufrufe pro Sekunde durchgeführt werden dürfen.
- **URL**
  Sie können ein API Proxy, basierend auf einer URL, anlegen.

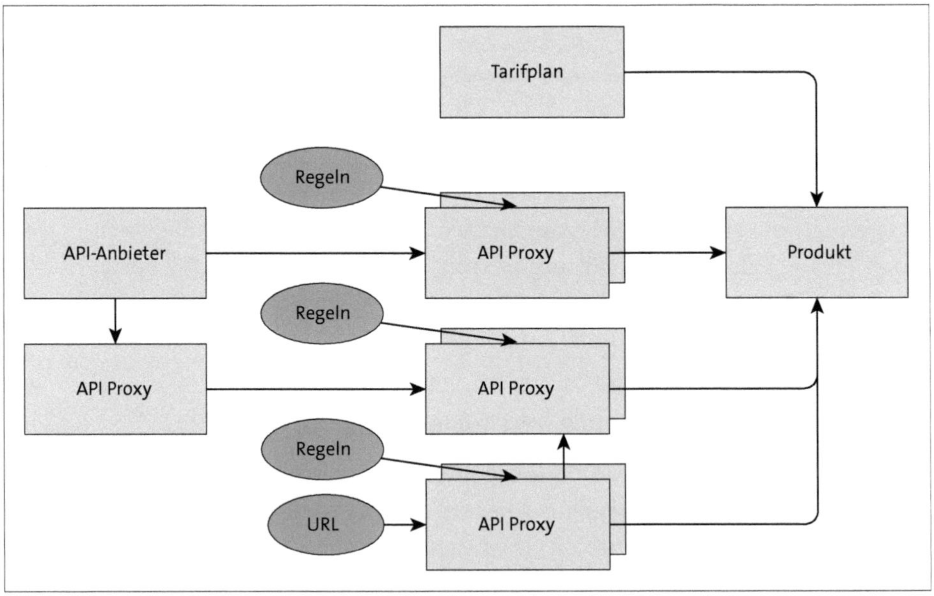

Abbildung 7.15 Implementierungsprozess von API Proxy und Produkt

Navigation zur Anlage eines API-Anbieters

Um einen API-Anbieter (API Provider) anzulegen, navigieren Sie aus dem SAP-Integration-Suite-Menü zur Schaltfläche (**Configure APIs**). Klicken Sie dann im Konfigurationsbereich der Registerkarte **API Providers** auf die Schaltfläche **Create**.

Erfassungsmaske eines API-Anbieters

Daraufhin gelangen Sie auf eine Erfassungsseite des neue angelegten API-Anbieters. Auf der Registerkarte **Overview** erfassen Sie einen Namen und eine Beschreibung. Auf der Registerkarte **Connection** pflegen Sie die folgenden Informationen:

- **Type**: Hier können Sie zwischen vier Verbindungstypen wählen. Je nachdem, welchen Verbindungstyp Sie auswählen, hat dies Einfluss auf die weiteren Parametereingabemöglichkeiten. Die folgenden Verbindungstypen stehen zur Auswahl:
  - **Internet**: Verwenden Sie diesen Typ, wenn der API-Anbieter ein Cloud-System ist.
  - **On Premise**: Verwenden Sie diesen Typ, wenn der API-Anbieter ein On-Premise-System ist. Die Verbindung wird dann über den Cloud Connector (siehe Kapitel 9, »Cloud Connector«) umgesetzt.
  - **Open Connectors**: Verwenden Sie diesen Typ, wenn Sie eine Open-Connectors-Verbindung zu einem Drittsystem eingerichtet haben und dieser als API Provider dienen soll (siehe Abschnitt 7.2, »Open Connectors«).
  - **Cloud Integration**: Verwenden Sie diesen Typ, wenn der API-Anbieter eine Cloud Integration sein soll.
- **Region**: Dieser Parameter steht nur beim Typ **Open Connectors** zur Verfügung. Wählen Sie hier die Region Ihrer Open-Connectors-Instanz aus.
- **Host**: Dieser Parameter steht nicht bei der Verwendung des Typs **Cloud Integration** zur Verfügung. Geben Sie hier den Host des API-Anbieters ein.
- **Cloud Integration Management Host**: Dieser Parameter steht nur bei dem Typ **Cloud Integration** bereit. Tragen Sie hier den Host der gewünschten Cloud-Integration-Instanz ein.
- **Port**: Geben Sie hier den Port für die Kommunikation mit dem API-Anbieter ein.
- **Location ID**: Die Location ID steht nur beim Typ **On Premise** zur Verfügung. Wenn Sie in Ihrem SAP BTP Cockpit unterschiedliche Cloud-Connector-Instanzen (siehe Kapitel 9, »Cloud Connector«) verknüpft haben, tragen Sie hier die Location ID ein; diese hilft bei der Identifikation des korrekten Cloud Connectors.
- **Authentification**: Dieser Parameter steht nur bei den Verbindungstypen **On Premise** und **Cloud Integration** zur Verfügung. Bei **On Premise** können Sie zwischen **None** und **Principal Propagation** wählen (siehe Abschnitt 9.3, »Principal Propagation«). Bei dem Typ **Cloud Connector** wählen Sie zwischen **Basic** und **OAuth2ClientCredentials**.
- **Organization Secret/User Secret**: Diese Parameter stehen nur beim Typ **Open Connectors** zur Verfügung und werden im Zuge der Instanzerstellung generiert (siehe Abschnitt 7.2.2, »Anlage einer Instanz in Open Connectors«).

- **Username/Password**: Diese Authentifizierungsvariante steht Ihnen nur beim Typ **Cloud Integration** zur Verfügung und wenn die Authentifizierung **Basic** gewählt wurde.
- **Client ID/Client Secret/Token URL**: Diese Authentifizierungsvariante steht Ihnen nur beim Typ **Cloud Integration** zur Verfügung und wenn die Authentifizierung **OAuth2ClientCredentials** gewählt wurde.
- **Use SSL**: Dieser Parameter steht Ihnen nur zur Verfügung, wenn Sie den Typ **Internet** gewählt haben. Sie können hier auswählen, ob die Kommunikation SSL-verschlüsselt vonstattengehen soll.
- **Additional Properties**: Dieser Parameter ist nur bei dem Typ **On Premise** vorhanden. Hierbei können Sie mitgeben, in welchen Mandanten (Client) der Zugriff stattfinden soll.

Beispiel eines On-Premise-API-Anbieters

Beispielhaft kann eine Verbindungskonfiguration für ein On-Premise-System wie in Abbildung 7.16 aussehen.

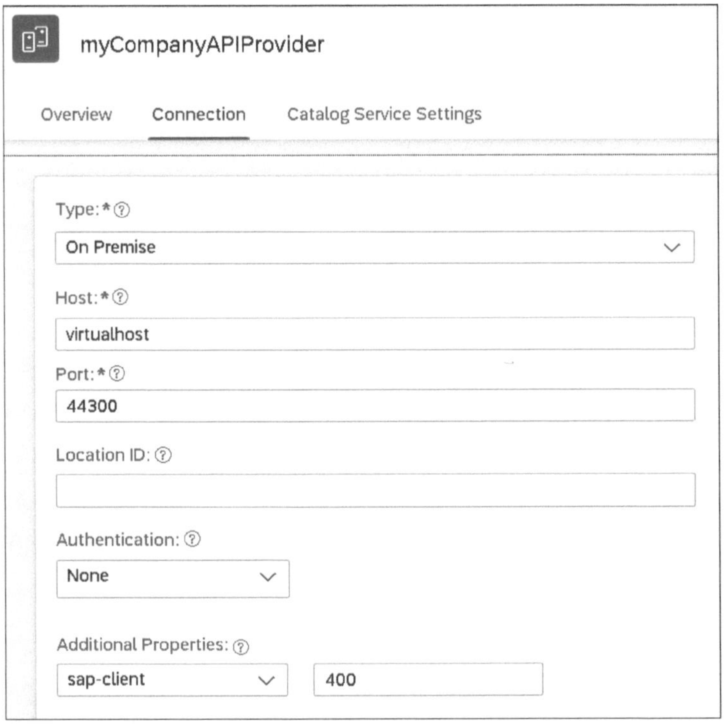

Abbildung 7.16 API-Anbieter anlegen

Katalogservice einrichten

Auf der nächsten Registerkarte **Catalog Service Settings** können Sie für die Verbindungstypen **On Premise** und **Internet** eine Möglichkeit schaffen, damit Nutzer*innen dieses API-Anbieters eine Liste aller erreichbaren OData-Services in SAP Gateway abrufen können. Geben Sie dazu die folgenden Parameter ein:

- **Path Prefix**: Hier wird das Präfix zu einem Pfad für den Katalogservice eingegeben, beispielsweise: **/sap/opu/odata** für ein On-Premise-Backend.
- **Service Collection URL**: Die Service Collection URL ist die URL zu dem tatsächlichen Katalogservice. Beispielsweise: `/IWFND/CATALOGSERVICE;v=2/ServiceCollection`
- **Authentification Type**: Hier können Sie zwischen **None** und **Basic** unterscheiden. Bei der Auswahl von **Basic** müssen Sie noch einen Benutzernamen und ein Passwort für den Katalogservice mitgeben.
- **Catalog URL**: Dieser Parameter ist nicht änderbar und wird automatisch aus Ihren vorherigen Eingaben generiert.

Über die Schaltfläche **Test Connection** oben rechts können Sie die Verbindung zum API-Anbieter testen.

[«]

API-Anbieter-Verbindungstest

Sollten Sie den Verbindungstyp **On Premise** genutzt haben und alle Parameter sowohl in der Maske des API-Anbieters als auch im Cloud Connector korrekt eingetragen haben und weiterhin den Fehler »provider System is up and reachable. However, the ping check responded with code : 401; Message : Unauthorized« erhalten, können Sie dies getrost ignorieren.

Navigation zur Anlage einer API

Im nächsten Schritt können Sie zu dem API-Anbieter eine oder mehrere APIs erstellen. Navigieren Sie dazu aus dem SAP-Integration-Suite-Hauptmenü über den Pfad **Configure • APIs**, erreichbar über die Schaltfläche [icon]. Im Übersichtsbild können Sie nun auf der Registerkarte **API Proxies** eine API anlegen. Dazu stehen Ihnen drei Möglichkeiten zur Verfügung:

- API anlegen (Schaltfläche **Create**): Über diese Schaltfläche können Sie eine API über einen API-Anbieter, einen API Proxy oder über eine URL anlegen.
- API importieren (Schaltfläche **Import API**): Hierüber können Sie eine zuvor exportierte API importieren.
- Im API Designer anlegen (Schaltfläche **Create in API Designer**): Hierüber können Sie, basierend auf der OpenAPI-Spezifikation, APIs anlegen.

Discover-Funktion für SAP-API-Anbieter nutzen

Nachdem Sie auf die Schaltfläche **Create** geklickt haben, müssen Sie das Modalfenster **Parameter** pflegen. Wenn Sie eine API über einen API-Anbieter anlegen, der vom Typ **On Premise** oder **Cloud SAP System** ist, und Sie einen Katalogservice eingerichtet haben, erscheint neben dem Dropdown-Feld zum API-Anbieter die Schaltfläche **Discover** (siehe Abbildung 7.17).

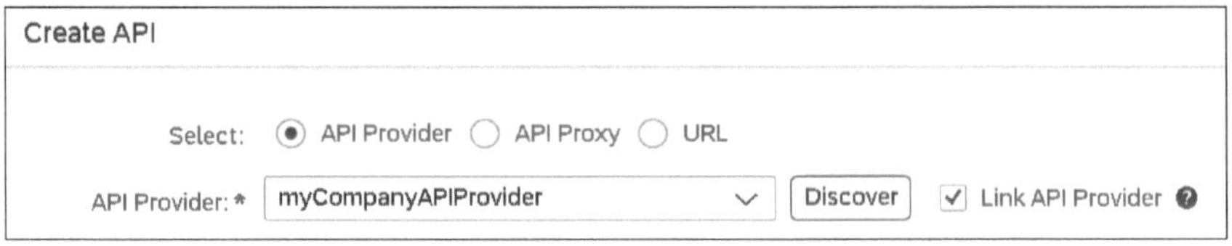

Abbildung 7.17 API anlegen – Teil 1: Funktion »Discover«

Mittels der Discover-Funktion werden Ihnen über den Servicekatalog alle verfügbaren APIs vom SAP-System angezeigt, die Sie nutzen können.

Services in SAP Gateway bereitstellen

Wenn Sie sich tiefer mit der Materie OData-Service und SAP Gateway beschäftigen möchten, empfehlen wir Ihnen das Buch »SAP Gateway und OData« von Carsten Bönnen et al. (*www.sap-press.de/4802*).

Pflege der Daten für eine API

Sobald Sie sich für eine API aus dem Katalog entschieden haben, werden automatisch alle weiteren Felder des Modalfensters gefüllt (siehe Abbildung 7.18). Zusätzlich wird der Host Alias aus der Konfiguration verwendet, den Sie beim Einrichten des API Managements in Abschnitt 7.1.1 verwendet haben.

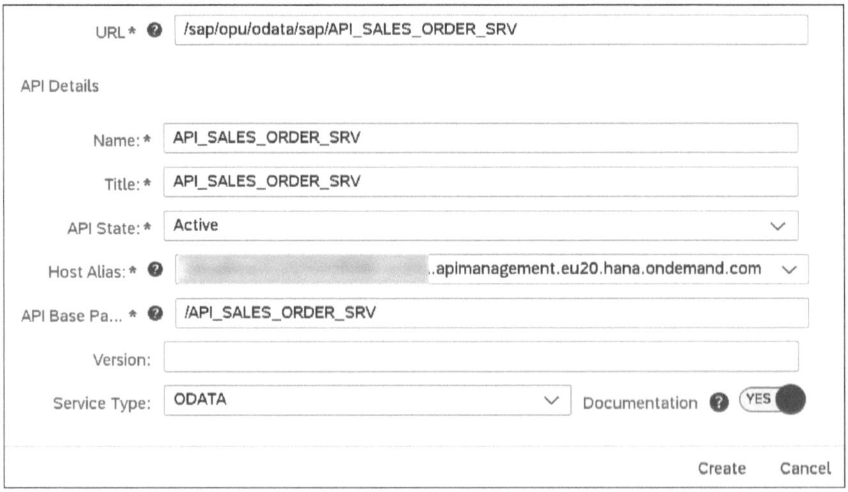

Abbildung 7.18 API anlegen – Teil 2: weitere Daten pflegen

Weitere Daten bei der API-Anlage

Mit einem Klick auf die Schaltfläche **Create** wird die API angelegt, und Sie gelangen in ein neues Eingabefenster. Hier sehen Sie alle Eingaben noch einmal und können diese gegebenenfalls anpassen. Zusätzlich haben Sie hier noch die Möglichkeit, spezielle *Proxy-Parameter* (Registerkarte **Proxy End-Point**) und spezielle Zielparameter zu pflegen (Registerkarte **Target Endpoint**).

Ressourcen testen

Die Registerkarte **Resources** bietet Ihnen eine Funktion zum Testen an. Sie können einzelne Ressourcen über die Schaltfläche **Try Out** testen und die Kategorienamen über die Schaltfläche ändern (siehe Abbildung 7.19).

> **API testen**
>
> Bevor Sie eine Ressource testen, müssen Sie Ihre API erst einmal deployt haben.

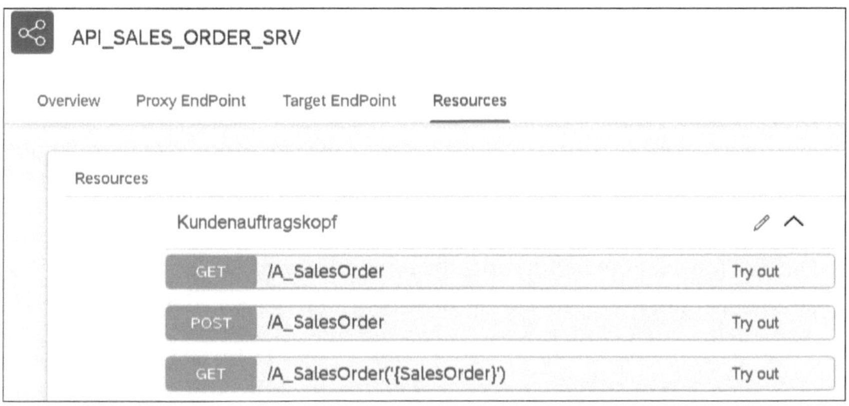

Abbildung 7.19 API anlegen: Ressourcen testen

Verzweigfunktion nach der Anlage einer API

Am oberen rechten Bildrand können Sie die API speichern, veröffentlichen sowie deren Anlage abbrechen. Über die Schaltfläche mit den drei Punkten bzw. über die Schaltfläche **Policies** gelangen Sie zur Erstellung der *API-Regeln* (siehe Abbildung 7.20).

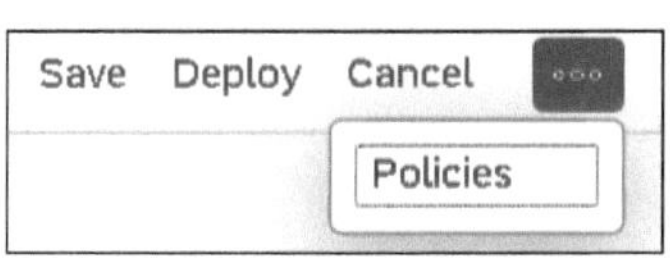

Abbildung 7.20 API anlegen: Absprung in das Regelmenü

Auf diese Regelerstellung möchten wir jetzt genauer eingehen.

Beschreibung der API-Regel

Eine API-Regel (Policy) beschreibt, was bei der Kommunikation mit der API oder dem Zielendpunkt passieren soll. Diese Regeln werden in sogenannten Flows organisiert. Ein Flow definiert eine Verarbeitungspipeline, die steuern und lenken kann, wie sich die API verhält und welche Informationen sie transportiert. Die Nachrichtenverarbeitungspipeline besteht aus einem Anfrage-Flow und einem Antwort-Flow. Es wird zwischen *ProxyEndpoint-Flows* und *TargetEndpoint-Flows* unterschieden. Die ProxyEndpoint-Flows beschreiben alle Flows vom Aufrufenden zum API Management und die TargetEndpoint-Flows beschreiben alle Flows vom API Management zum API-Anbieter. Diese Flow-Gruppen werden wiederum jeweils in Preflow, Postflow und Conditional Flow eingeteilt:

- **Preflows**
  Dieser Flows werden immer als Erstes in den Segmenten ausgeführt, in denen sie angewendet werden. Möchten Sie z. B. nur ein gewisses *Zugriffskontingent* (Quota) für Ihre API erlauben oder einen API Key validieren, ist die Regeldefinition im Preflow-Bereich sinnvoll.
- **Postflow**
  Dieser Flow wird immer als Letztes im Segment ausgeführt, in dem er angewendet wird. Möchten Sie bestimmte Informationen loggen, ergibt diese Funktionen im Postflow Sinn.
- **Conditional Flow**
  Dieser Flow ist eine Bedingung, die einem Flow zugeordnet ist. Ein Flow kann eine oder mehrere Bedingungen enthalten; es wird nur die erste erfüllte Bedingung ausgeführt.

Navigation zur Regelanlage

Möchten Sie z. B. den Aufruf Ihrer API auf ein bestimmtes Zugriffskontingent begrenzen, klicken Sie in der API, in der die API-Regel angewendet werden soll, oben rechts auf die Schaltfläche mit der Aufschrift **Edit**, um in den Bearbeitungsmodus zu wechseln. Klappen Sie nun im linken Bereich in der Regeldefinition das Dropdown-Menü über den Pfad **Flows • ProxyEndpoint** auf, und klicken Sie auf **PreFlow** (siehe Abbildung 7.21).

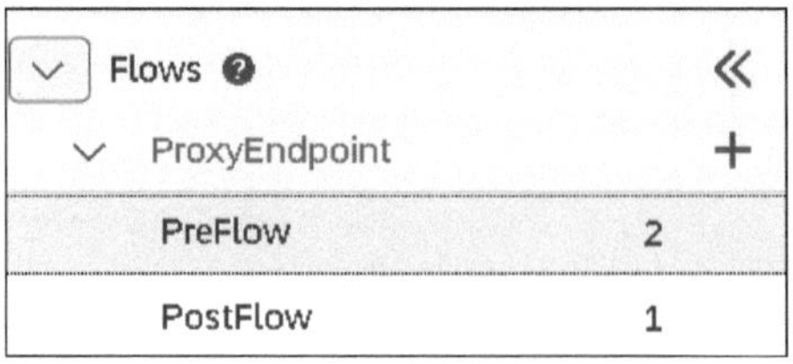

Abbildung 7.21 API-Zugriffsregel anlegen: Flow-Übersicht

Regel für ein Zugriffskontingent anlegen

Nun klicken Sie auf der rechten Seite auf die Plus-Schaltfläche [+] in der Zeile neben der Aufschrift Quota. Daraufhin erscheint ein Modalfenster. Sie können hier den Namen Ihrer Policy eingeben und definieren, ob es sich um eine *eingehende* (Incoming Request) oder um eine *ausgehende* (Outgoing Response) *Nachrichtenverarbeitung* handelt. Da wir das Kontingent bereits beim API-Aufruf begrenzen möchten, müssen Sie an dieser Stelle die eingehende Nachrichtenverarbeitung wählen (siehe Abbildung 7.22).

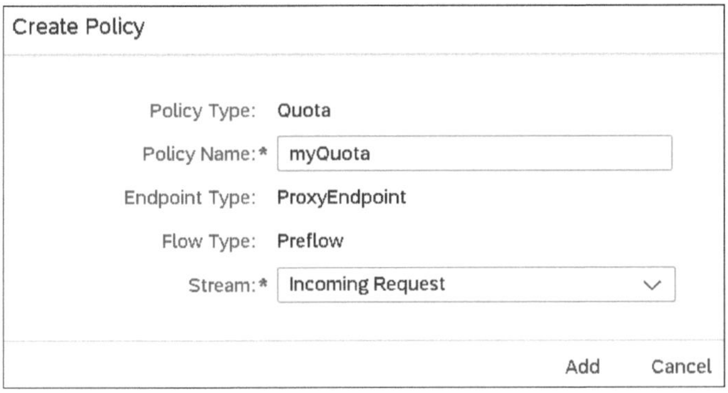

Abbildung 7.22 API-Zugriffsregel anlegen

Flow und Skript

In der Mitte Ihres Bildes entsteht eine Abbildung, die Ihre angelegte Regel enthält. Darunter finden Sie ein XML-Skript, in dem Sie das Kontingent weiter spezifizieren können, wie z. B. in Abbildung 7.23 dargestellt.

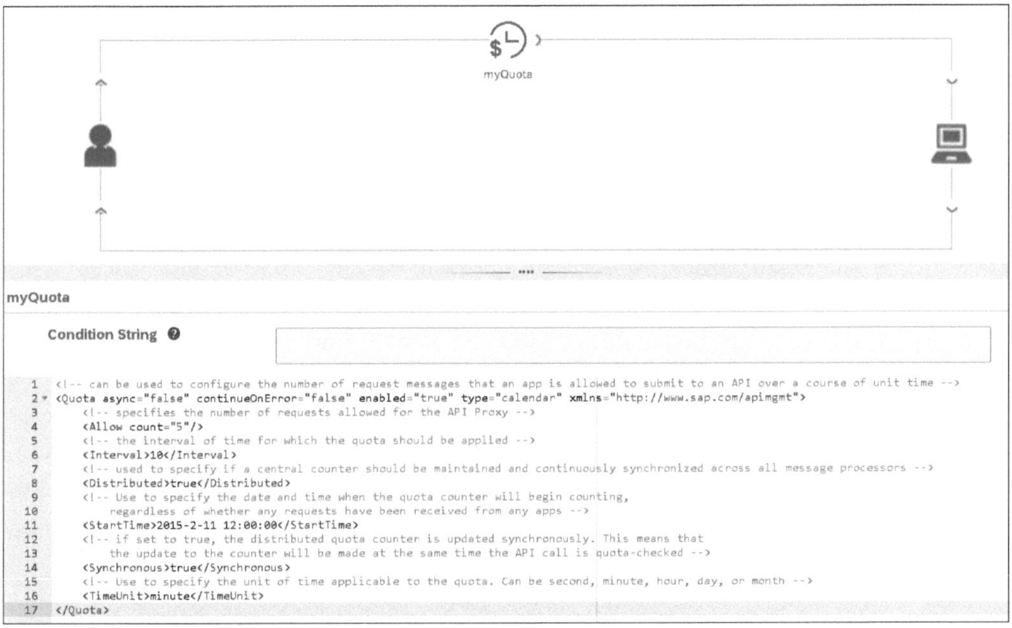

Abbildung 7.23 API Zugriffsregel anlegen: Diagramm und Skript

Skript für das Zugriffskontingent anpassen

Dabei haben wir den Parameter count auf 5 gestellt und das Intervall auf 10. Damit wird zum Ausdruck gebracht, dass die API maximal fünfmal innerhalb von zehn Minuten aufgerufen werden kann.

Fehlermeldung bei Kontigentüberschreitung

Beim Überschreiten des Kontingents wird dem rufenden System der folgende Fehler in Listing 7.1 angezeigt:

```
{
    "fault": {
        "faultstring": "Rate limit quota violation. Quota limit
exceeded. Identifier : _default",
        "detail": {
            "errorcode": "policies.ratelimit.QuotaViolation"
        }
    }
}
```

Listing 7.1 Fehlermeldung: Limitüberschreitung beim API-Aufruf

Regel für die API-Key-Validierung anlegen

Des Weiteren sollte eine API mit einem *Authentifizierungsverfahren* abgesichert werden. Dieses sollte mindestens aus einer Prüfung des API Keys (siehe Abschnitt 7.1, »API Management«) bestehen. Daher legen wir in demselben Verfahren eine Prüfung des API Keys an. Wie ein API Key bzw. APP Key generiert wird, erklären wir in Abschnitt 7.1.3, »API Business Hub Enterprise«. Auch die Prüfung des API Keys möchten wir zu Beginn jedes Flows durchführen. Wählen Sie daher auf der linken Seite **Preflow** aus, und klicken Sie auf der rechten Seite auf die Plus-Schaltfläche [+] in der Zeile mit dem Inhalt **Verify API Key**, und befüllen Sie das Modalfenster analog zu Abbildung 7.22. Rechts neben der myQuota-Regel aus Abbildung 7.23 ist nun eine neue Regel entstanden. Klicken Sie diese Regel an, um das Skript-Fenster dieser Regel zu öffnen. Ändern Sie die Zeile <APIKey ref='variable_containing_api_key '/> in <APIKey ref='request.header.APIKey '/> um. Dadurch erwartet das System den API Key in einer Header-Variablen mit dem Namen API Key. Mithilfe dieser beiden Regeln haben Sie Ihre API vor unautorisierten Zugriffen geschützt und eine Zugriffsbeschränkung eingefügt.

Regeln in anderen Flows verwenden

Auf der linken Seite finde Sie im Dropdown-Menü mit der Aufschrift **Created Policies** alle Regeln, die Sie in dieser API angelegt haben. Mithilfe der Plus-Schaltfläche [+] können Sie die angelegten Regeln in einem anderen Flows wiederverwenden.

[+]

Erklärung aller Policies

Unter folgendem Blog-Eintrag finden Sie eine ausführliche Erklärung zu allen Policies mit Beispielen: *https://blogs.sap.com/2022/03/03/sap-api-management-policies/*

Regelvorlagen anlegen

Zu guter Letzt möchten wir Sie auf die Funktion der *Regelvorlagen* (Policy Template) aufmerksam machen. Sie können Ihre definierten Regeln für den Pre- und Postflow in einer Regelvorlage speichern. Diese Vorlage können Sie dann bei jeder neu zu implementierenden API anwenden. So können Sie sicherstellen, dass Zugriffskontingente und Authentifizierungsmechanismen über alle APIs hinweg gleichbehandelt werden.

Tarifplan für Produkte anlegen

Die API-Implementierung ist somit abgeschlossen, und die API kann verwendet werden. Wenn Sie die API im API Business Hub Enterprise anbieten möchten, müssen Sie alle gewünschten APIs, wie in Abbildung 7.15 beschrieben, in einem Produkt zusammenfassen. Wenn Sie dem Produkt einen Tarifplan zuweisen möchten, um das Produkt später abzurechnen, müssen Sie diesen Tarifplan zuvor anlegen. Navigieren Sie dazu aus dem Hauptmenü der SAP Integration Suite zum Menüpunkt **Generate revenue from APIs** über die Schaltfläche [$]. Über die Schaltfläche **Create** können Sie einen neuen Tarifplan anlegen. Wie in Abbildung 7.24 gezeigt, geben Sie dem Tarifplan einen Namen, eine Währung (**Currency**) und eine Basisgebühr (**Basic Charge**). Bei dem Eingabefeld **Plan Type** (Tariftyp) können Sie zwischen zwei Typen auswählen:

- **Basic**: Bei diesem Tariftyp können Sie in der Tabelle zu den API-Aufrufen (**API Calls**) einen Betrag eingeben, der berechnet wird, wenn ein Aufruf stattfindet.
- **Tier** (Stufe): Bei diesem Tariftyp können Sie in der Tabelle zu den API-Aufrufen (**API Calls**) mehrere Zeilen und somit verschiedene Stufen für die API-Aufrufblöcke pflegen.

Nachdem der Tarifplan angelegt worden ist, ist dieser in allen API-Produkten nutzbar.

Zur Produktanlage navigieren

Um nun ein *Produkt* anzulegen, navigieren Sie aus dem SAP-Integration-Suite-Hauptmenü über die Schaltfläche [icon] zur Ansicht **Create products for publishing**. Auf der Registerkarte **Products** können Sie über die Schaltfläche **Create** ein neues Produkt anlegen. Sie gelangen auf eine neue Oberfläche, worin Sie Namen und Titel für das Produkt eingeben müssen. Alle weiteren Parameter auf der Registerkarte **Overview** sind optional.

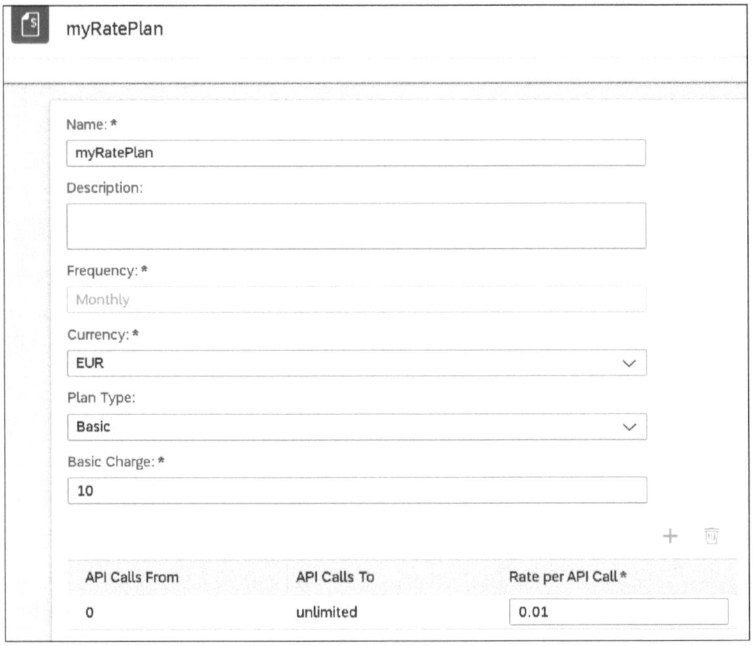

Abbildung 7.24 API-Tarifplan anlegen

Produkt anlegen

Auf der Registerkarte **APIs** klicken Sie auf die Schaltfläche **Add**, um alle APIs hinzuzufügen, die Sie in dem Produkt zusammenfassen möchten. Dazu müssen Sie die APIs in dem neuen Modalfenster markieren und auf die Schaltfläche **OK** klicken (siehe Abbildung 7.25).

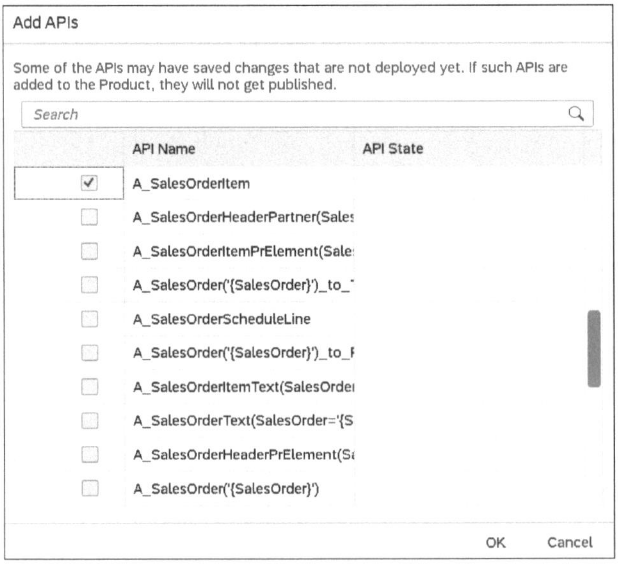

Abbildung 7.25 APIs einem Produkt hinzufügen

Auf der Registerkarte **Rate Plans** (Tarifpläne) können Sie einen Tarifplan zuordnen, den Sie zuvor über den Menüpunkt **Generate revenue from APIs** über die Schaltfläche [$] gepflegt haben. Diesen Schritt haben wir Ihnen bereits erklärt.

Zuweisung von Ratenplänen

[«]

Tarifplan zuordnen

Eine Tarifplanzuordnung oder -anpassung wird erst mit neuen Applikationen bzw. mit neuen Produktzuordnungen aktiv. Bereits angelegte Applikationen werden davon nicht beeinflusst.

Sie können das Produkt als Entwurf speichern (**Save as Draft**) oder veröffentlichen (**Publish**).

[«]

Veröffentlichung von Produkten

Bedenken Sie, dass Sie nur Produkte veröffentlichen können, in denen alle einzelnen APIs bereits deployt sind.

Mit dem Veröffentlichen des Produkts können Ihre APIs nun im API Business Hub Enterprise verwendet werden.

7.1.3 API Business Hub Enterprise

API Business Hub Enterprise und Navigation

Damit Ihre APIs den Applikationsentwickler*innen zur Verfügung gestellt werden, müssen Sie diese im API Business Hub Enterprise zugänglich machen. In diesem Abschnitt erläutern wir Ihnen, welche Funktionen das API Business Hub Enterprise bereitstellt. Um auf die Funktionen zugreifen zu können, klicken Sie im Überblicksmenü der SAP Integration Suite, in dem Bereich, in dem Sie alle Capabilitys der SAP Integration Suite sehen, oben rechts auf die Schaltfläche mit den neun Punkten [⊞] und dann wiederum auf die Schaltfläche **API Business Hub Enterprise**.

Funktionsumfang des API Business Hub Enterprise

Wie in Abschnitt 7.1, »API Management«, beschrieben, stellt das API Business Hub Enterprise das *Entwicklerportal* dar. Dort können Sie die Benutzer und API-Portal-Verbindungen verwalten, API-Produkte zu Applikationen zusammenführen, APIs testen und das Aussehen des Portals verändern und an Ihr Corporate Design anpassen.

Im oberen Menü erreichen Sie zunächst alle wichtigen Einstellungsmöglichkeiten (siehe Abbildung 7.26).

Abbildung 7.26 Hauptmenü im API Business Hub Enterprise

Im Menüpunkt **My Workspace** stellt Ihnen der API Business Hub Enterprise alle technischen Funktionen bereit, die Sie als Applikationsentwickler*in benötigen. Dazu zählen:

- **Applications** (Applikation anlegen)
- **Cost** (erzeugte Kosten einsehen)
- **Performance Analytics** (Performanceanalyse)
- **Error Analytics** (Fehleranalyse)

Eine neue Applikation anlegen

Um eine Applikation anzulegen, klicken Sie auf der Registerkarte **Applications** auf die Schaltfläche **Create New Application**, wie in Abbildung 7.27 dargestellt.

Abbildung 7.27 Mein Arbeitsbereich

Es öffnet sich ein neues Modalfenster, in dem Sie alle Informationen zur neuen Applikation pflegen können. Dazu gehören:

- **Title** (Titel)
- **Short Text** (Kurztext)
- **Description** (Beschreibung)
- **Callback URL**: Tragen Sie hier eine URL ein, an die der Aufrufempfänger die prozessierte Antwort zurücksenden soll. Sie können das Feld auch leer lassen.
- Checkbox **Create this application on behalf of someone else**: Wenn Sie diese Checkbox auswählen, müssen Sie den Account auswählen, für den Sie eine Applikation anlegen.
- Checkbox **Custom Application Key & Secret**: Wenn Sie diese Checkbox auswählen, müssen Sie einen Key und ein Secret vorgeben. Beachten Sie, dass nur alphanumerische Zeichen, sowie Binde- und Unterstriche erlaubt sind.

Produkte einer Applikation zuordnen

Auf der Registerkarte **Add Products** finden Sie pro API Portal alle veröffentlichten Produkte. Sie müssen mindestens ein Produkt anhaken, bevor Sie fortfahren können. Je nachdem, wie umfangreich Sie Ihr API Management nutzen, kann diese Liste groß und unübersichtlich werden. Daher können Sie auch nach dem Namen des Produkts suchen und finden die markierten Produkte im Bereich **Selected Products** (siehe Abbildung 7.28).

Abbildung 7.28 Neue Applikation erzeugen und Produkte wählen

Schlüssel erzeugen

Nach der Anlage der Applikation werden Ihnen das generierte Secret und die Keys angezeigt (siehe Abbildung 7.29). Den **Application Key** (App Key) verwenden Sie für den Zugriff auf die zugewiesenen APIs innerhalb der Applikation. Sie erinnern sich an Abschnitt 7.1.2, »API und Produkt im API Portal implementieren«, indem wir eine Regel für die Validierung eines *API Keys* erstellt haben. Gegen diesen Schlüssel wird beim Zugriff der API geprüft.

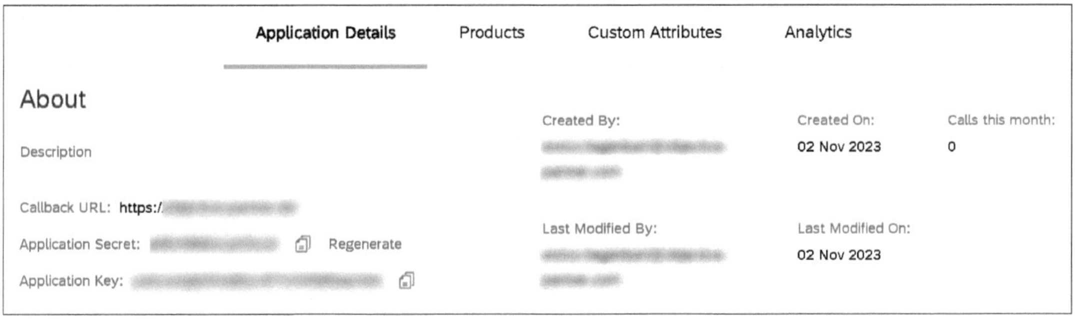

Abbildung 7.29 Neue Applikation im Detail

Die einer Applikation zugewiesenen Produkte einsehen und verwalten

Auf der Registerkarte **Products** finden Sie alle zugewiesenen Produkte und können weitere Produkte hinzufügen. Die einzelnen Produkte werden als Hyperlinks dargestellt, sodass Sie in die Produkte weiterverzweigen können. Hier sehen Sie alle Informationen zum Produkt und zu den enthaltenen APIs. Diese APIs werden als Kacheln dargestellt, ähnlich wie im SAP Business Accelerator Hub (siehe Abschnitt 4.1, »Vordefinierte Pakete mit dem SAP Business Accelerator Hub«). Über diese Kacheln können Sie in die APIs abspringen und gelangen zur Dokumentation der jeweiligen API (siehe Abbildung 7.30).

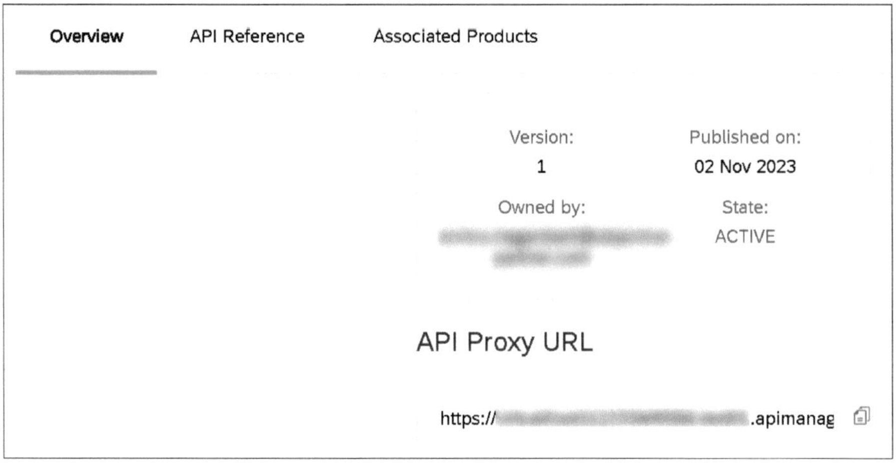

Abbildung 7.30 API im API Business Hub Enterprise

Übersicht einer API im API Business Hub Enterprise

Auf der Registerkarte **Overview** sehen Sie alle wichtigen Informationen zur API, so z. B. die *API Proxy URL*, die Sie für den Aufruf nutzen können. Die Registerkarte **API Reference** zeigt alle Entitäten und deren Operationen auf, die Sie mit der API durchführen können (siehe Abbildung 7.31).

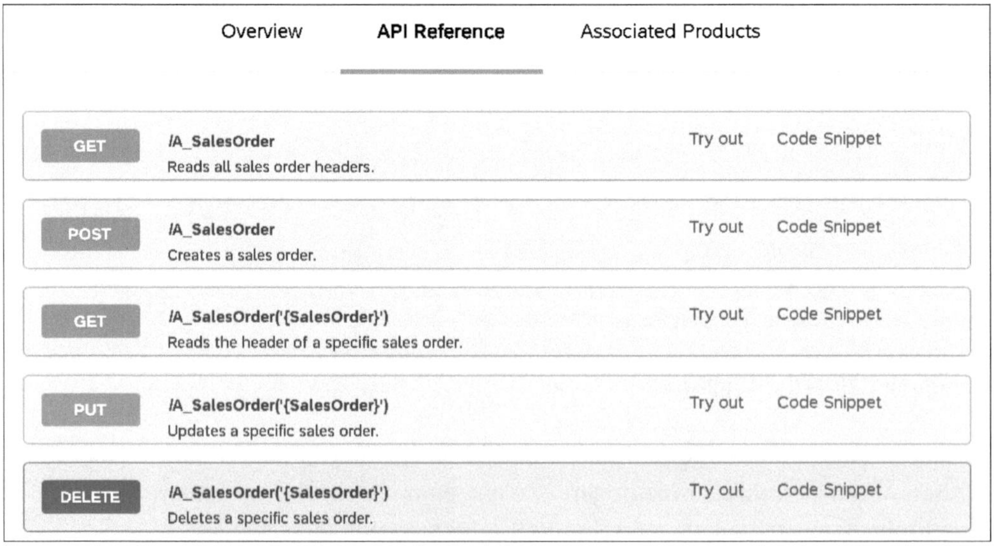

Abbildung 7.31 Operationen einer API

Operationen ausprobieren

Sie haben hier die Möglichkeit, die einzelnen Operationen zu testen, indem Sie auf die Schaltfläche **Try Out** klicken. Daraufhin können Sie die Aufrufparameter pflegen und die Schaltfläche **Execute** betätigen. Im Bereich mit der Aufschrift **Responses** werden Ihnen daraufhin alle Antworten des Zielsystems angezeigt. Dabei ist es nicht relevant, ob es sich um einen erfolgreichen oder um einen nicht erfolgreichen Aufruf handelt.

> **API-Testaufruf im API Business Hub Enterprise**
>
> Sollten Sie für Ihre API eine Regel definiert haben, die einen API Key verifiziert, müssen Sie den zuvor generierten Application Key in der Header-Variable mitgeben, in der Sie den API Key erwarten.

Kostenüberblick aller Applikationen erlangen

Unter **My Workspace** können Sie neben der Anlage von Applikationen auch die aufgelaufenen Kosten Ihrer Applikationen einsehen, indem Sie sich auf die Registerkarte **Cost** begeben. Sie erinnern sich an Abbildung 7.15: Im API Portal weisen Sie einem Produkt nicht nur alle dazugehörigen APIs zu, sondern auch Tarifpläne, die entweder fixe oder variable Kosten erzeugen. Diese Kosten werden Ihnen aggregiert auf der Applikationsebene angezeigt (siehe Abbildung 7.32).

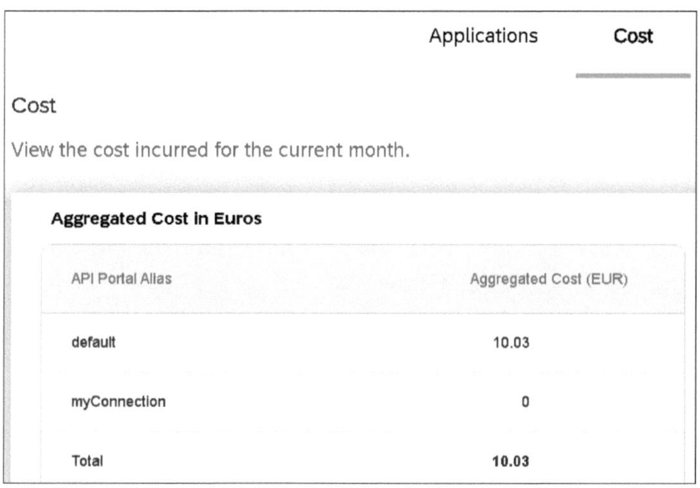

Abbildung 7.32 Übersicht der erzeugten Kosten

Performanceansicht Ihrer Applikationen

Auf der Registerkarte **Performance Analytics**, die Sie in Abbildung 7.27 sehen, finden Sie verschiedene *Key-Performance-Indikatoren* (KPI), die Sie bei der Überwachung Ihrer Applikationen unterstützen. Diese sind:

- alle Aufrufe über alle genutzten APIs (**Traffic Across All APIs**)
- die Landsmen APIs (**Slowest APIs in milliseconds**)

- die am meisten aufgerufenen APIs (**Top APIs**)
- die am meisten aufgerufenen Produkte (**Top Products**)
- die am meisten aufgerufenen Applikationen (**Top Applications**)

Fehleransicht Ihrer Applikationen

Ergänzend zu diesen APIs finden Sie auf der Registerkarte **Error Analytics**, die Sie ebenfalls in Abbildung 7.27 sehen, APIs zu aufgelaufenen Fehlern. Eine Statistik finden Sie hier zu den folgenden APIs:

- alle Fehler (**Total Errors**)
- fehleranfällige APIs (**Error Prone APIs**)
- fehleranfällige Applikationen (**Error Prone Applications**)

Im Menüpunkt mit der Aufschrift **Test Environment** haben Sie als Applikationsentwickler*in die Möglichkeit, bereitgestellte APIs zu testen, bevor Sie diese in einer Applikation zusammenfassen (siehe Abbildung 7.26).

Administration des API Business Hub Enterprise

Im Menüpunkt mit der Aufschrift **Enterprise Manager** befinden sich alle Funktionen für die Administration des API Business Hub Enterprise. Diese Funktionen umfassen:

- **Users**: Hier können Sie Benutzer anlegen, freigeben, entfernen, sowie eine E-Mail-Adresse konfigurieren, an die eine E-Mail geschickt werden soll, wenn eine neue User-Anfrage erstellt wird.
- **API Management Connections**: Hier konfigurieren Sie die Verbindung zu allen API Portalen, die Sie an das API Business Hub Enterprise anschließen möchten, und können Anfragen annehmen oder ablehnen. Wie Sie die Verbindung zu einem anderen API Portal aufbauen, haben wir Ihnen in Abschnitt 7.1.1, »API Management einrichten«, gezeigt.
- **Domain Categories**: Hier können Sie einzelne Produkte kategorisieren, sodass die Applikationsentwickler*innen bereitgestellte Produkte zu verschiedenen Themengebieten schneller finden, wie Sie dies z. B. im SAP Business Accelerator Hub vorfinden.
- **Notification**: Hier pflegen Sie Meldungen, die den Benutzer Ihres API Business Hub Enterprise über die Glockenschaltfläche angezeigt werden.

Erste Möglichkeit der Benutzeranlage

Im API Business Hub Enterprise gibt es zwei Möglichkeiten, um Benutzer anzulegen. Zunächst können Sie als Administrator*in die Pflege über die Schaltfläche **Enterprise Manager Users** durchführen. Dabei klicken Sie auf der Registerkarte **Registered Users** die Schaltfläche **Add User** (siehe Abbildung 7.33).

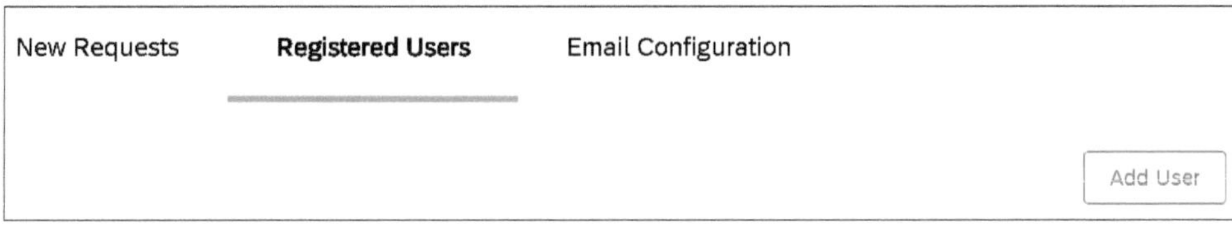

Abbildung 7.33 Erste Möglichkeit, um Benutzer anzulegen

Benutzer anlegen

Nachdem Sie die Schaltfläche angeklickt haben, öffnet sich ein Modalfenster, in dem Sie Information ID, Name, E-Mail-Adresse und Land pflegen müssen. Optional können Sie eine Begründung für die Anlage des Users angeben. Zusätzlich ist mindestens eine der folgenden Rollen auszuwählen. Beachten Sie dabei, dass dieser User im SAP-BTP-Subaccount existieren und die dazugehörige Rolle zugeordnet sein muss. Ausnahme bildet hierbei die Developer-Rolle. Der User muss zwar im SAP-BTP-Subaccount existieren, allerdings darf die Rolle nicht im SAP BTP Cockpit vergeben werden, sondern nur über den Self-Service oder den soeben beschriebenen Anlageprozess:

- **Administrator**: Nutzen Sie diese Rolle, wenn Sie die Berechtigung zur Benutzerpflege und Applikationspflege zuweisen möchten. Im SAP-BTP-Subaccount muss dafür die Rolle `AuthGroup.API.Admin` vergeben werden.
- **Site Administrator**: Nutzen Sie diese Rolle, wenn Sie die Berechtigung zur API-Business-Hub-Enterprise-Design-Pflege und zur Updatekonfiguration zuweisen möchten. Im SAP-BTP-Subaccount muss dafür die Rolle `AuthGroup.Site.Admin` vergeben werden.
- **Developer**: Nutzen Sie diese Rolle, wenn Sie die Berechtigung zur Applikationspflege und den Zugriff auf die Analysesichten zuweisen möchten.
- **Content Administrator**: Nutzen Sie diese Rolle, wenn Sie die Berechtigung zur Kategoriepflege zuweisen möchten. Im SAP-BTP-Subaccount muss dafür die Rolle `AuthGroup.Content.Admin` vergeben werden.

Zweite Möglichkeit der Benutzeranlage

Eine andere Möglichkeit ist es, dass sich Benutzer selbst im API Business Hub Enterprise registrieren. Es muss allerdings die Voraussetzung erfüllt sein, dass bereits ein Konto im SAP-BTP-Subaccount existiert, worauf das API Business Hub Enterprise ausgeprägt ist, und diesem Konto muss der Identity Provider {Ihr Tenant-Präfix}-platform zugewiesen sein.

Erstmaliger Zugriff durch Entwickler*innen

Beim erstmaligen Aufruf wird den Benutzer angeboten, sich zu registrieren. Über die Schaltfläche **Register** gelangen sie in ein Modalfenster, in dem sie noch weitere Daten ergänzen können (siehe Abbildung 7.34).

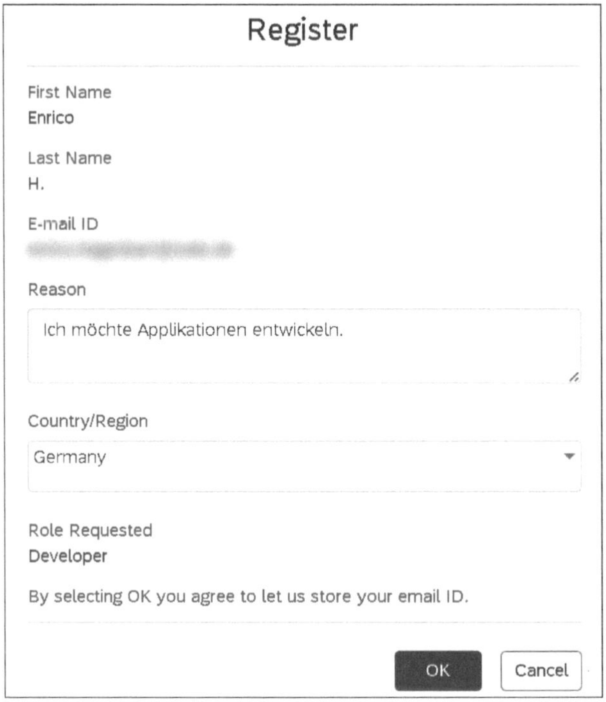

Abbildung 7.34 Zweite Möglichkeit, um einen Benutzer anzulegen

Erfolgsmeldung der Benutzeranfrage

Nachdem die Entwickler*innen mit dem Klick auf die Schaltfläche **OK** ihre Eingaben bestätigt haben, wird ihnen die Erfolgsmeldung »Your registration is being processed. A confirmation mail will be sent.« präsentiert.

Benachrichtigung zu einer Anfrage an den Administrator

Nachdem die Anfrage von den Entwickler*innen verschickt worden ist, wird die im *Admin-Bereich* des API Business Hub Enterprise eingestellte E-Mail-Adresse dazu benachrichtigt, dass eine neue Benutzeranfrage generiert wurde. Im Admin-Bereich finden Sie diese Benutzeranfrage zur Freigabe oder Ablehnung. Navigieren Sie dafür im API Business Hub Enterprise über den Pfad **Enterprise Manager • Users** auf die Registerkarte **New Requests** (siehe Abbildung 7.35).

Zustimmung oder Ablehnung einer Anfrage durch den Administrator

Hier können Sie der Anfrage über die Schaltfläche ✓ zustimmen oder mittels der Schaltfläche ⊗ ablehnen. Bei einer Zustimmung wird dem Konto im SAP BTP Cockpit die Rolle `AuthGroup.API.ApplicationDeveloper` zugewiesen und für die Benutzung des API Business Hub Enterprise freigeschaltet. Als Administrator*in haben Sie jederzeit die Möglichkeit, eine Zustimmung wieder zurückzunehmen.

Abbildung 7.35 Neue Benutzeranfrage

Pflege des API Business Hub Enterprise

Sie können den API Business Hub Enterprise über bereitgestellte APIs pflegen und sich dort Informationen und Statistiken anzeigen lassen. Nutzen Sie dafür die Suchfunktion im Discover-Bereich der SAP Integration Suite (siehe Abschnitt 3.6.2, »Discover«). Sie finden hier verschiedene APIs, die Sie für die Pflege des API Business Hub Enterprise automatisieren können. Um die APIs zu nutzen, müssen Sie einen Service Key in Ihrem SAP-BTP-Account generieren, in dem Ihre API-Business-Hub-Enterprise-Instanz läuft. Den Service Key erstellen Sie, basierend auf dem Plan `apibhubenterprise-api-access`, analog zum Service Key aus Abschnitt 7.1.1, »API Management einrichten«.

7.1.4 API Analytics verwenden

Zum API Monitoring navigieren

In Abschnitt 7.1.3, »API Business Hub Enterprise«, haben wir Ihnen u. a. gezeigt, wie registrierte Benutzer ihre eigenen Applikationen überwachen können. Im API Portal stellt Ihnen die SAP Integration Suite ein Monitoring-Werkzeug bereit, mit dem Sie eine detaillierte Analyse aller veröffentlichten APIs durchführen können. Das API Analytics bzw. *API Monitoring* finden Sie in der SAP Integration Suite über den Pfad **Monitor Artifacts • APIs** oder alternativ über die Schaltfläche . Hier stehen Ihnen drei Registerkarten zur Verfügung:

- **Overview**
- **Health**
- **Usage**

Inhalt des Überblicksbereichs

Der Überblicksbereich (**Overview**) fungiert wie ein Dashboard. Hier finden Sie Kacheln und Diagramme zu API-, Produkt-, Applikations- und Provider-Aufrufen, Antwortzeiten und eine Fehlerstatistik. Die Kacheln geben Auskunft über die Veränderungen zur Vorwoche. Wenn Sie mit dem Cursor über eine dieser Kacheln fahren, erhalten Sie Informationen zum aktuellen Wochenwert und zum Wochenwert der letzten Woche (siehe Abbildung 7.36).

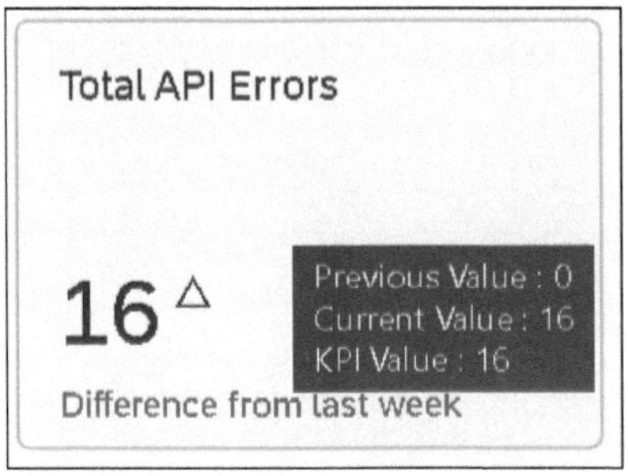

Abbildung 7.36 Beispiel für eine Kachel zum API Monitoring

Inhalt des Health-Bereichs

Auf der Registerkarte **Health** finden Sie Informationen zu Fehlern und Antwortzeiten rund um Ihre APIs. Dazu zählen auch Antwortzeiten aus möglichen Backend-Systemen. Im oberen Bereich befindet sich eine Filterfunktion, mit der Sie nach den folgenden Parametern filtern können (siehe Abbildung 7.37).

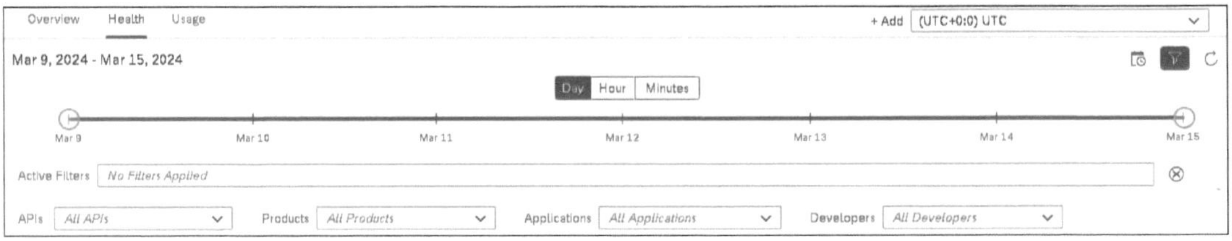

Abbildung 7.37 API Monitoring: Filtereinstellungen

- **Zeitspanne**: Hier können Sie zwischen Tag, Stunde und Minute umschalten. Daraufhin können Sie einen bestimmten Tag oder ein Stunden- bzw. ein Minutenintervall einstellen.
- **APIs**: Markieren Sie hier, für welche APIs Sie aggregiert Informationen sehen möchten.
- **Products**: Markieren Sie hier, für welche Produkte Sie aggregiert Informationen sehen möchten.
- **Applications**: Markieren Sie hier, für welche Applikationen Sie aggregiert Informationen sehen möchten.
- **Developers**: Markieren Sie hier, für welche Entwickler*innen Sie aggregiert Informationen sehen möchten.

Auf der Registerkarte **Usage** finden Sie alle Informationen zur Verwendung Ihrer APIs. Dazu gehört etwa die Information, über welchen Browser, für welches Betriebssystem oder für welchen Gerätetyp die APIs aufgerufen wurden, welche neuen Applikationen angelegt und welche neuen Benutzer registriert wurden.

Inhalt des Verwendungsbereichs

[«]

Statistik bei dezentralen API Portalen

In Abschnitt 7.1.1, »API Management einrichten«, haben wir Ihnen gezeigt, wie Sie dezentrale API Portale einrichten. Beim Monitoring im API Management werden Ihnen nur Statistiken von APIs angezeigt, die aus diesem dezentralen API Portal zur Verfügung gestellt werden. Daher werden auch nur Applikationen angezeigt, die diese APIs verwenden. Lediglich die Statistik über registrierte Benutzer wird über alle API Portale hinweg zur Verfügung gestellt.

Eigene Sicht anlegen

Über die Schaltfläche **+Add** können Sie eigene Sichten anlegen (siehe Abbildung 7.37). Sie können bis zu drei eigenen Sichten verwenden. Um eine eigene Metrik anzulegen, müssen Sie in Ihren APIs eine API Policy anlegen, in der Sie die Informationen zur Metrik speichern (siehe Abschnitt 7.1.2, »API und Produkt im API Portal implementieren«). Die angelegte Metrik können Sie sich in einer Sicht anzeigen lassen. In Kapitel 12, »Praxisbeispiele«, zeigen wir Ihnen, wie Sie eine neue Metrik integrieren können.

7.2 Open Connectors

Was ist Open Connectors?

Open Connectors ist eine Capability der SAP Integration Suite, die es ermöglicht, über 160 Drittanbieterservices in einer standardisierten Form zu instanziieren und zu nutzen. Dies sind z. B. APIs, die von Google, Slack oder Freshdesk zur Verfügung gestellt werden. In diesem Abschnitt zeigen wir Ihnen, wie Sie in Open Connectors navigieren, wie Sie eine Instanz anlegen und diese sowohl im API Management als auch in der Capability Cloud Integration verwenden können.

7.2.1 Navigation in Open Connectors

Zu Open Connectors navigieren

Um Zugriff zu der Capability zu erlangen, müssen Sie beim Bereitstellungsassistenten der SAP Integration Suite die Capability Open Connectors anhaken. Wie Sie dabei vorgehen, haben wir in Abschnitt 2.5, »Services und Instanzen«, beschrieben. Auf der Übersichtsseite der SAP Integration Suite finden Sie im Bereich **Capabilities** die Kachel **Extend Non-SAP Connectivity**.

Diese führt Sie über die Schaltfläche **Discover Connectors** direkt zur Capability Open Connectors (siehe Abbildung 7.38).

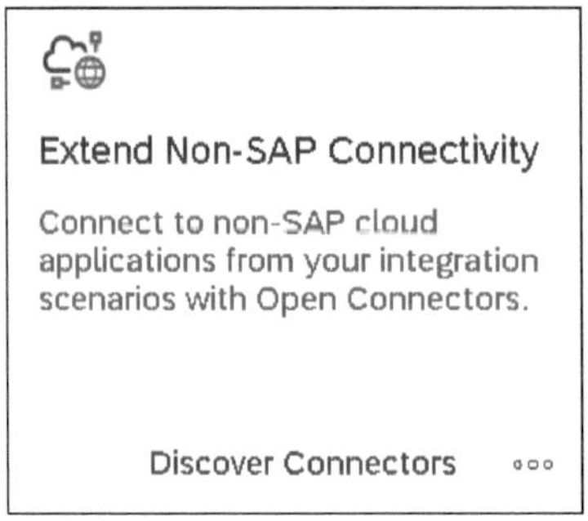

Abbildung 7.38 Open Connectors öffnen

> **Zugriff auf Open Connectors**
> Sollten Sie keinen Zugriff auf Open Connectors haben, muss Ihrem SAP-BTP-Benutzerkonto die Rolle `OpenConnectors_User` zugewiesen werden.

In einem neuen Fenster öffnet sich daraufhin Open Connectors. Auf der linken Seite finden Sie ein Menü, wie in Abbildung 7.39 dargestellt.

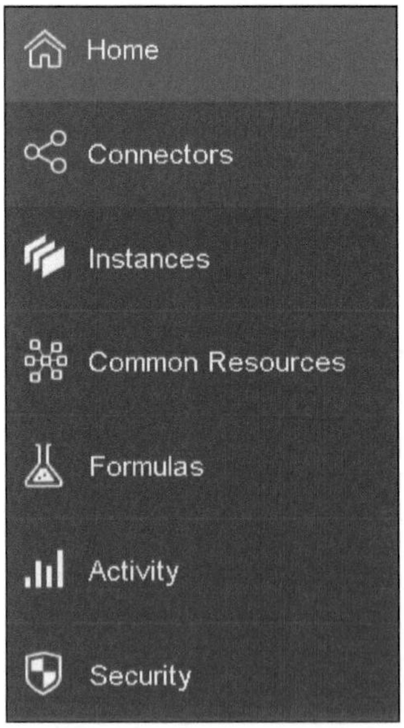

Abbildung 7.39 Open-Connectors-Menü

Das Menü besteht aus den folgenden Punkten:

- **Home**: Der Menüpunkt **Home** ist eine Art Dashboard. Sie können von hier aus in verschiedene Menüteile abspringen oder Instanzen erzeugen.
- **Connectors**: Unter diesem Menüpunkt finden Sie einen Katalog mit APIs von über 160 API-Anbietern. Alle Konnektoren verfügen über eine genormte Authentifizierung, Fehlerbehandlung, Paginierung, Massenverarbeitung und HTTP-Strukturen. Bevor Sie eine Instanz eines Konnektors erzeugen, können Sie die interaktive Dokumentation nutzen, um die API zu testen. Sollten Sie keinen passenden Konnektor finden, haben Sie hier die Möglichkeit, einen eigenen Konnektor zu implementieren und zu instanziieren.
- **Instances**: In dieser Ansicht verwalten Sie Konnektoren- und Formelinstanzen. Eine Konnektorinstanz ist Ihre authentifizierte Verbindung zu den von Ihnen konfigurierten API-Anbietern. Eine Formelinstanz ist eine Ansicht von Formeln, die Sie erstellt haben. Wie Sie eine Konnektorinstanz anlegen, zeigen wir Ihnen in Abschnitt 7.2.2, »Anlage einer Instanz in Open Connectors«.
- **Common Resources**: Diese Ansicht bietet Ihnen eine einheitliche API-Umgebung, um die von Ihren API-Anbietern bereitgestellten Felder in eine einzige genormte Ressource zu transformieren. Sie erstellen eine gemeinsame Ressource und können Anfragen und Antworten von verschiedenen API-Anbietern mappen, transformieren und routen. Damit ist ein 1:n-Ansatz umsetzbar.
- **Formulas**: Diese Ansicht zeigt alle von Ihnen erstellten Formelvorlagen und ermöglicht es Ihnen, Vorlagen zu erstellen. Formeln führen einen benutzerdefinierten Arbeitsablauf aus, wenn sie durch ein eintreffendes Ereignis, eine API-Anfrage, einen Timer oder eine andere Bedingung ausgelöst werden.
- **Activity**: Diese Ansicht ist die zentrale Ansicht zu Verwaltung Ihrer Protokolle und Metriken. Sie können nach einem bestimmten Protokolleintrag suchen oder nach Datum und Uhrzeit filtern. Ein erweiterter Filter zeigt Ergebnisse, basierend auf Benutzerkonten, Konnektoren, authentifizierten Konnektorinstanzen und Instanz-Tags an.
- **Security**: Die Sicherheitsansicht bietet Ihnen eine Sicht auf Kontodetails sowie die Möglichkeit zur Pflege der Access Control List, d. h., welche Konten Zugriff auf Open Connectors haben.

7.2.2 Anlage einer Instanz in Open Connectors

Eine neue Konnektorinstanz anlegen

Um eine neue Instanz eines Konnektors anzulegen, navigieren Sie auf der linken Seite im Open-Connectors-Menü zum Eintrag **Connectors**. Hier werden Ihnen alle vorhandenen Konnektoren angezeigt, die Sie instanziieren können (siehe Abbildung 7.40).

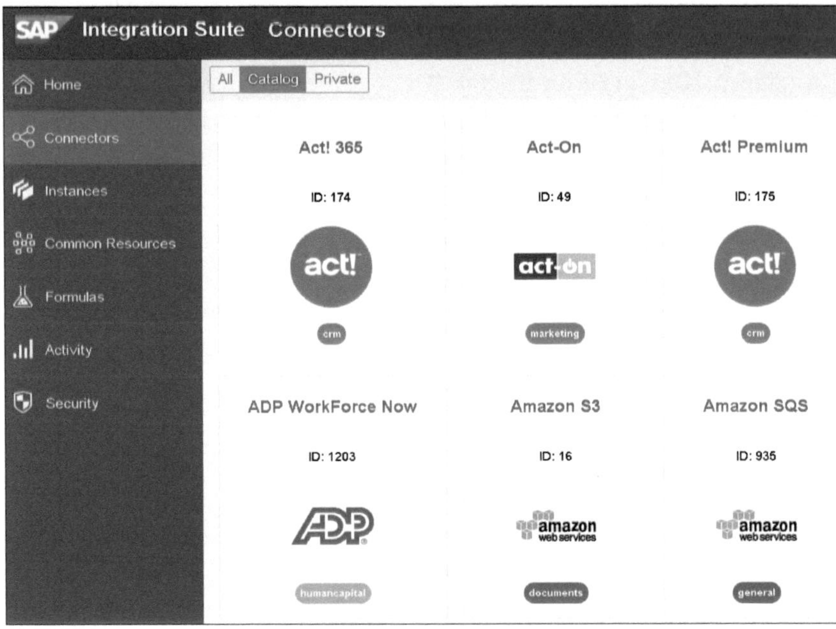

Abbildung 7.40 Open-Connectors-Konnektoren

Den richtigen Konnektor finden

Anhand eines Beispiels möchten wir Ihnen nun zeigen, wie Sie eine Konnektorinstanz für den Dienst Slack anlegen. Slack ist ein Instant-Messaging-Dienst, den Sie verwenden können, um z. B. Ihre Teams automatisiert benachrichtigen zu können. Genau diesen Sachverhalt möchten wir in diesem Beispiel darstellen. Suchen Sie über das Suchfeld den Konnektor mit der Aufschrift »Slack (ID 180)«, und fahren Sie mit Ihrer Maus über die Kachel (siehe Abbildung 7.41).

Abbildung 7.41 Slack-Konnektor-Kachel

Daraufhin werden Ihnen vier Menüpunkte angezeigt, die die folgenden Funktionen haben:

- **Authenticate**: Wie wir zuvor bereits beschrieben haben, ist eine Konnektorinstanz eine von Ihnen authentifizierte Verbindung zu einer Drittanbieter-API. Daher legen Sie mithilfe dieses Menüpunkts eine Instanz an.
- **Overview**: In der Überblicksansicht werden Ihnen alle wichtigen Attribute der API angezeigt, wie z. B. API-Typ, Authentifizierungsmethode, Pagination usw. (siehe Abbildung 7.42). Auf der rechten Seite finden Sie die Objekte und welche Operationen diese zulassen.

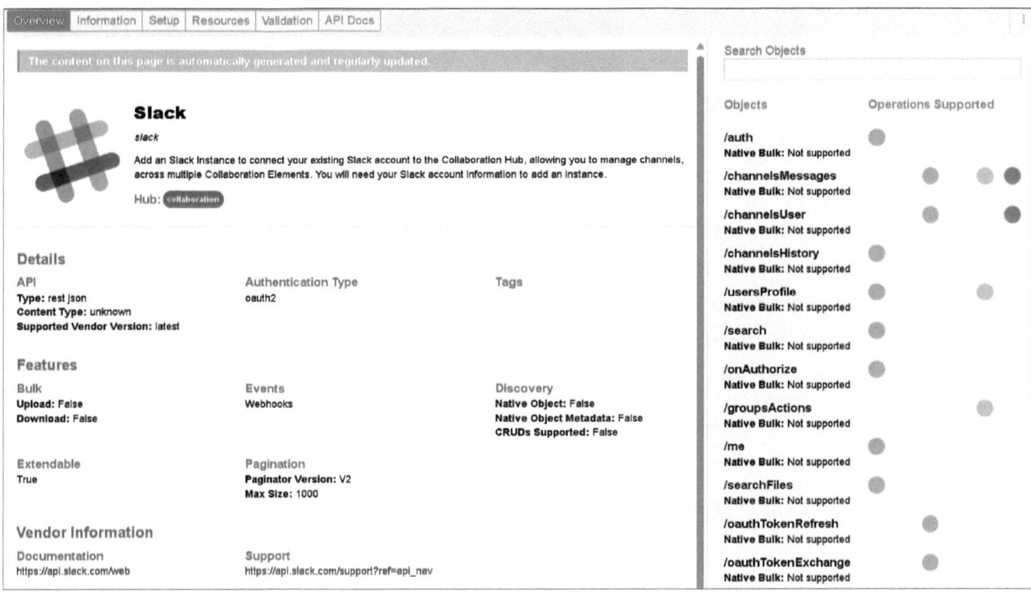

Abbildung 7.42 Slack-Konnektor: Übersicht

- **API Docs**: Die Ansicht der API-Dokumentation zeigt Ihnen die möglichen Operationen der API. Sie können die einzelnen Operationen aufklappen und die Aufrufparameter und Antwortnachrichten ansehen, wie in Abbildung 7.43 dargestellt. Wenn Sie zum Konnektor bereits Instanzen angelegt haben, können Sie hier einen API-Test durchführen, sobald Sie auf der linken Seite auf Ihre Instanz geklickt haben.
- **My Resources**: In dieser Ansicht sehen Sie alle Ressourcen der angeklickten APIs und können eigene Endpunkte hinzufügen und vorhandene Endpunkte anpassen, wie in Abbildung 7.44 dargestellt.

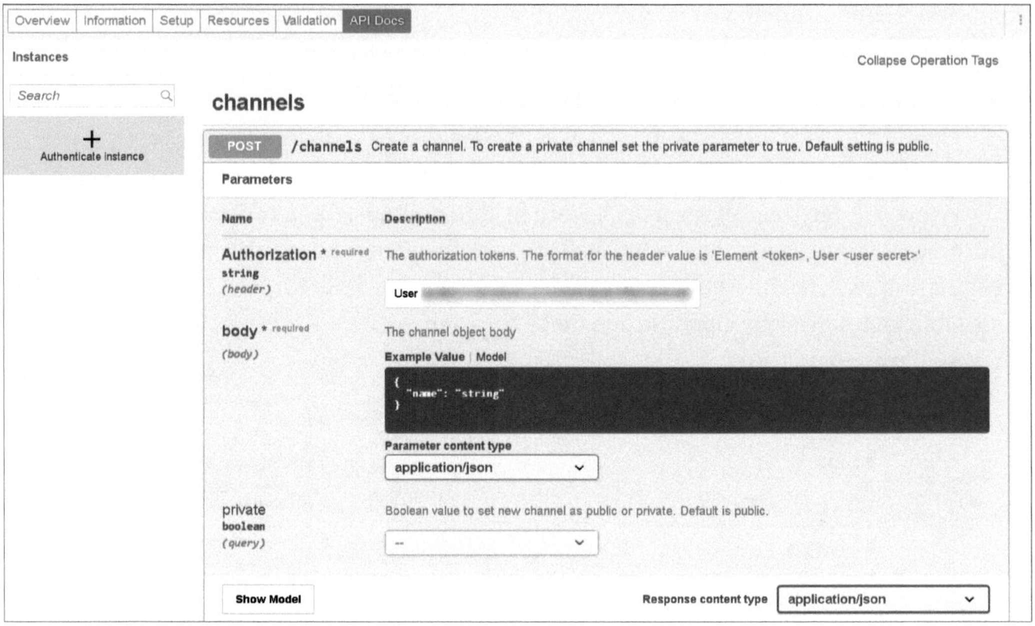

Abbildung 7.43 API-Dokumentation des Slack-Konnektors

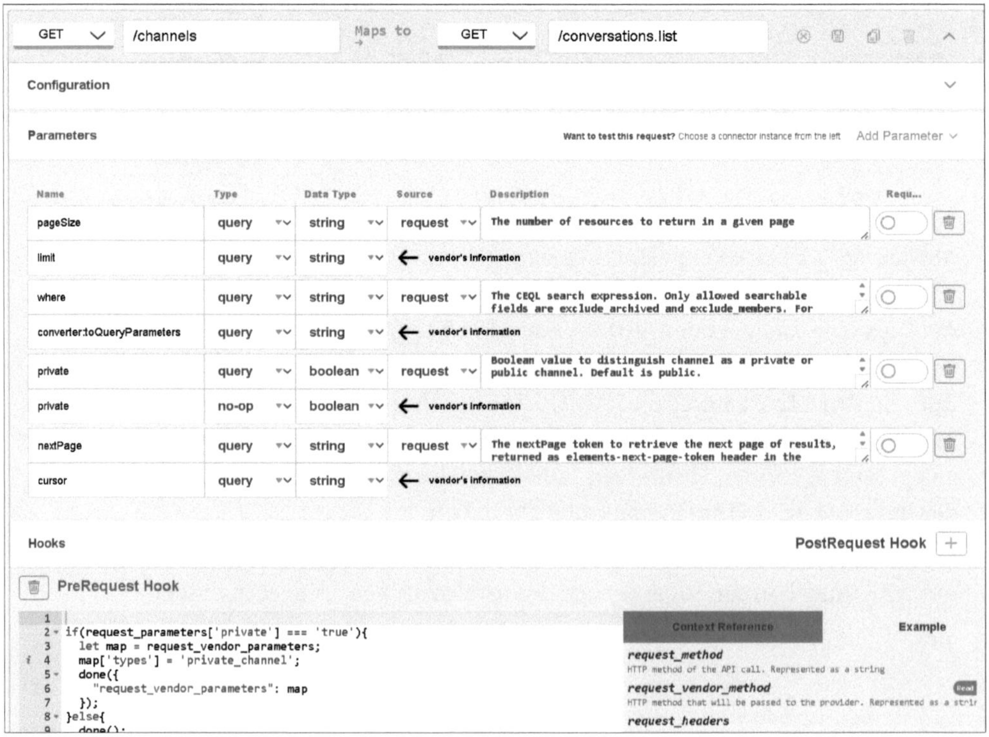

Abbildung 7.44 Ressourcen des Slack-Konnektors

Authentifizierte Verbindung aufbauen

Voraussetzung für eine authentifizierte Verbindung an einem API-Anbieter ist ein vorhandenes Entwicklerkonto bei den jeweiligen Anbietern. Beim Anbieter Slack ist der Einstieg über die folgende URL: *https://api.slack.com/* möglich. Zusätzlich ist es erforderlich, dass Sie bei diesem Anbieter eine Applikation angelegt haben.

Neue Slack-Konnektorinstanz anlegen

Um nun eine neue Instanz anzulegen, klicken Sie auf die Slack-Konnektoren-Kachel, die Schaltfläche mit der Aufschrift **Authenticate**. Hier gelangen Sie zur Eingabeoberfläche für die gewünschte Instanz. Je nach API-Anbieter kann sich diese Eingabeoberfläche variieren, da jeder API-Anbieter unterschiedliche Authentifizierungsmechanismen nutzt und zulässt. Abbildung 7.45 zeigt die Eingabeoptionen für den Slack-Konnektor.

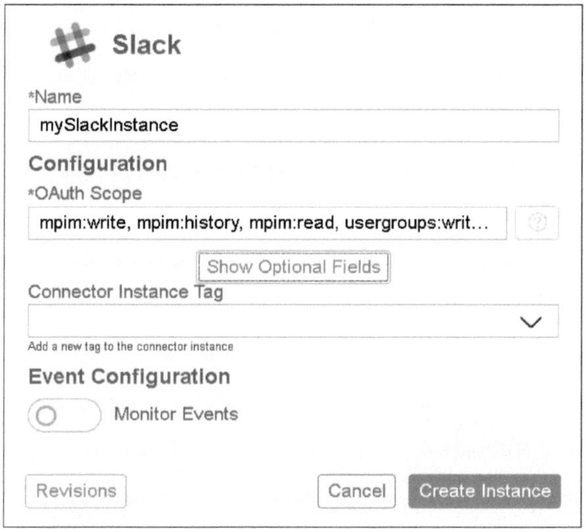

Abbildung 7.45 Instanz für einen Slack-Konnektor anlegen

Instanz pflegen

Im Fenster zum Anlegen geben Sie der Instanz einen Namen und geben im Feld **OAuth Scope** ein, welche Berechtigungen für die Verbindung angefragt bzw. erlaubt sein sollen, und im Feld **Tag** geben Sie ein *Konnektoretikett* ein, um die Instanz besser zu finden.

OAuth Scope

Welche OAuth-Scope-Parameter notwendig oder möglich sind, finden Sie in den Dokumentationen der jeweiligen API-Anbieter. In unserem Beispiel möchten wir eine Chat-Nachricht verschicken. Fügen Sie dazu bei **OAuth Scope** den Scope `chat:write` hinzu.

Zusätzlich können Sie einstellen, ob Ereignisse aufgezeichnet werden sollen. Sobald Sie auf die Schaltfläche **Create Instance** klicken, werden Sie auf die Authentifizierungsseite des jeweiligen Anbieters weitergeleitet, wie in Abbildung 7.46 dargestellt.

Authentifizierung in Slack durchführen

Hier müssen Sie die jeweilige Authentifizierung durchführen, die der API-Anbieter vorsieht.

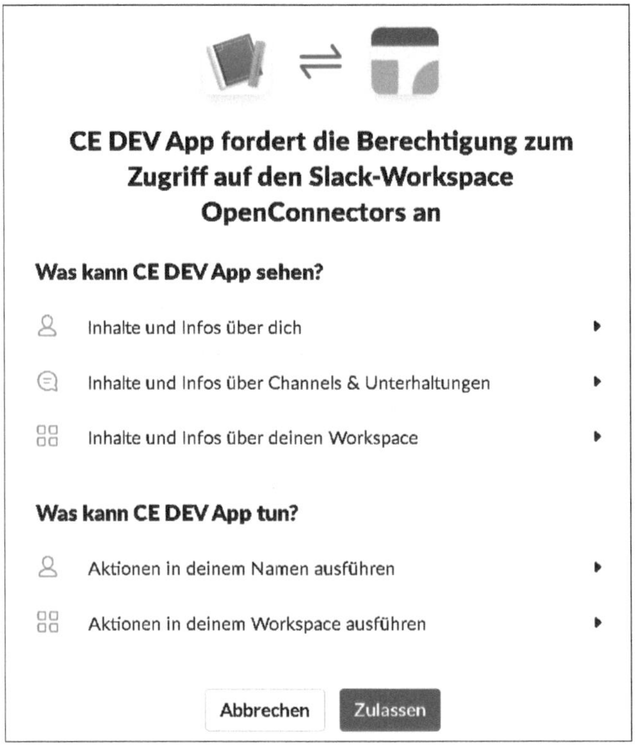

Abbildung 7.46 Freigabe für den Slack-Konnektor

Erfolgsmeldung nach der Authentifizierung

Nachdem Sie sich authentifiziert haben, werden Sie auf die Open-Connectors-Seite weitergeleitet, und Ihnen wird die Erfolgsmeldung aus Abbildung 7.47 angezeigt.

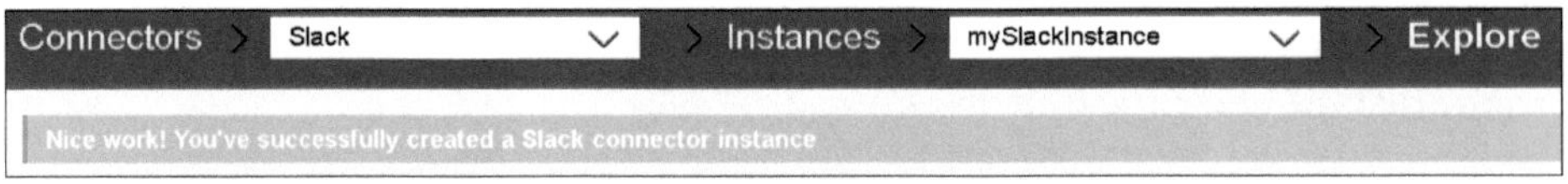

Abbildung 7.47 Erfolgreich angelegte Instanz

Funktionen nach der Anlage der Konnektorinstanz

Unter dieser Erfolgsmeldung werden Ihnen drei Kacheln mit unterschiedlichen Funktionen angezeigt. Über die Kachel **Test in the API docs** können Sie die Operationen der API mit Ihrer Authentifizierung testen. Die Kachel **Add Common Resources** erlaubt es Ihnen, die in Abschnitt 7.2.1, »Navigation in Open Connectors«, beschriebenen gemeinsamen Ressourcen anzulegen. Über die Kachel **Use in Formula** können Sie eine Formel nutzen, um eine Ablauflogik der API-Antworten zu hinterlegen, die Sie zuvor angelegt haben. Klicken Sie auf die Kachel **Test in the API docs**.

Test der eigenen Konnektorinstanz durchführen

Diese führt Sie in die Ansicht **API Docs**. Allerdings wird im Gegensatz zu Abbildung 7.43 auf der linken Seite Ihre angelegte Instanz angezeigt (siehe Abbildung 7.48). Suchen Sie in der angezeigten Liste die in Abbildung 7.48 gezeigte Operation. Durch den Einstieg über Ihre Instanz werden die Autorisierungsdaten bereits vorgegeben. Sie müssen noch die *Kanal-ID* (**Channel ID**) vorgeben und die Nachricht anpassen, z. B., wie in Abbildung 7.48 gezeigt. Die Kanal-ID finden Sie in Ihrem Slack-Konto.

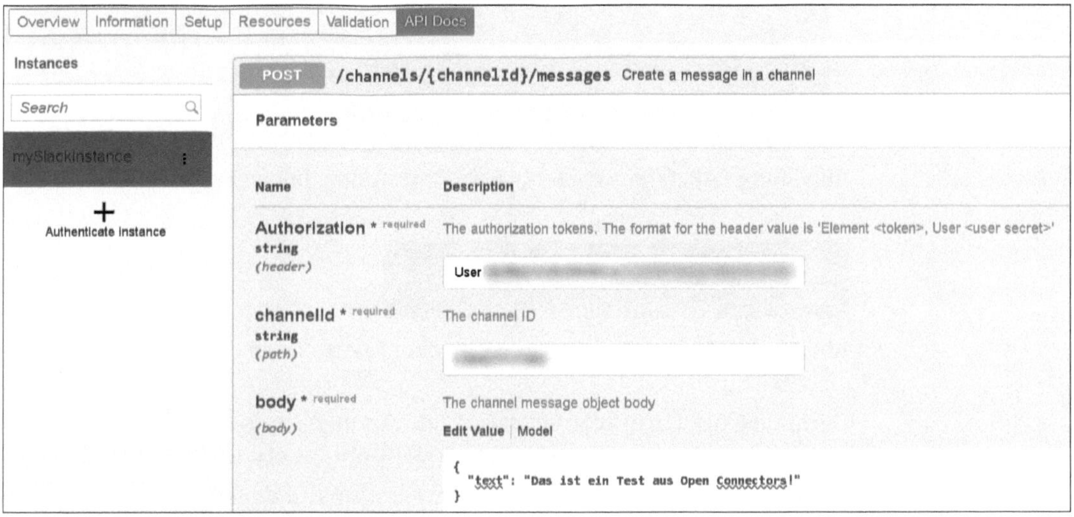

Abbildung 7.48 Neue Instanz testen

Aufruf der Instanz ausführen

Weiter unten befindet sich die Schaltfläche **Execute**, wodurch Sie die Nachricht an Slack schicken können. Die Antwort von Slack wird daraufhin angezeigt, die eine Erfolgs- oder Misserfolgsmeldung beinhaltet. Eine Erfolgsmeldung wird beispielhaft in Abbildung 7.49 angezeigt.

Ergebnis des Instanztests

Sollte sich die Antwort um eine Erfolgsmeldung (HTTP-Statuscode 200) handeln, sollte in Ihrem eingerichteten Slack-Account eine Nachricht angekommen sein, wie in Abbildung 7.50 gezeigt.

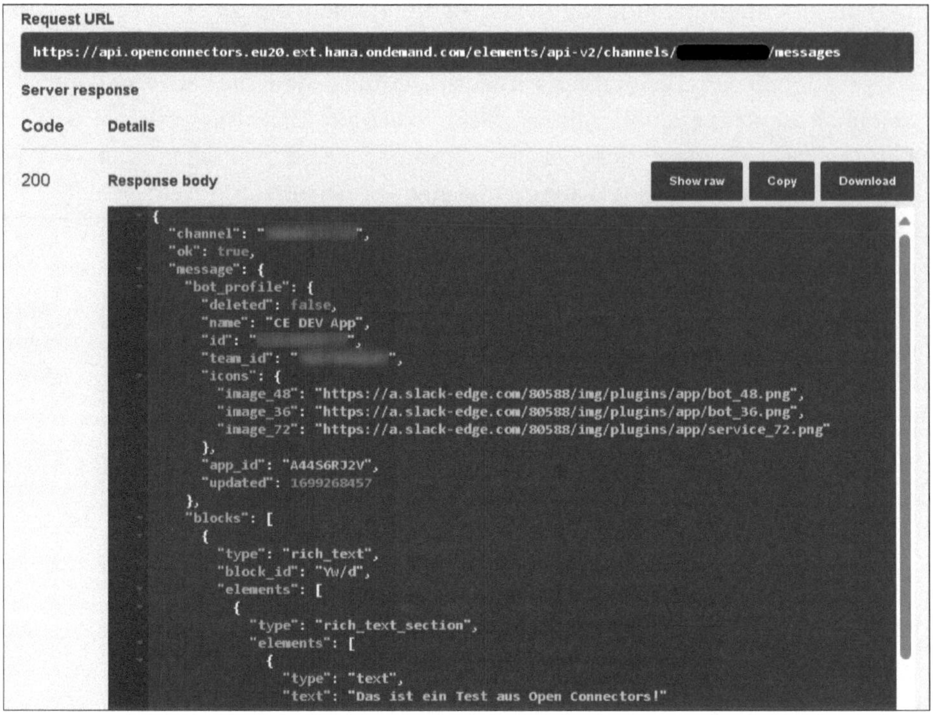

Abbildung 7.49 Erfolgsmeldung beim Testen einer neuen Instanz

Abbildung 7.50 Ergebnis in Slack nach dem Testen: Open Connectors

Damit ist die Grundkonfiguration einer Open-Connectors-Instanz abgeschlossen. In den nächsten Abschnitten erfahren Sie, wie Sie die Instanzen im API Management und in Cloud Integration nutzen können.

[»]

Autorisierungs-Header

Den Autorisierungs-Header, den Sie bei der Anfrage mitgeben, besteht aus den Parametern Benutzer-, Organisations- und Instanz-Token in der Form: User [Benutzer-Secret], Organisation [Organisations-Secret], Element [Instanz-Token]. In Open Connectors können Sie sich jederzeit Benutzer- und Organisations-Secret anzeigen lassen. Diese erreichen Sie auf jeder Seite von Open Connectors ganz unten links über die Zahnrad-Schaltfläche ⚙. Den Instanz-Token erhalten Sie über die Navigation zu den API Docs Ihrer Instanz in der Ansicht **Instances**.

7.2.3 Verwendung einer Open-Connectors-Instanz im API Management

Gründe für die Verwendung von Open Connectors im API Management

In Abschnitt 7.1.2, »API und Produkt im API Portal implementieren«, haben wir Ihnen gezeigt, wie Sie ein Produkt, einen API-Anbieter und eine API, basierend auf einem On-Premise-Backend, anlegen. In diesem Abschnitt möchten wir Ihnen die Integration der Open-Connectors-Instanzen in das API Management der SAP Integration Suite zeigen. Die Gründe dafür können vielfältig sein. Die SAP Integration Suite stellt in Unternehmen einen Enterprise Service Bus dar. Jegliche A2A- und B2B-Kommunikation wird über die SAP Integration Suite abgebildet. In Ihrem Unternehmen befinden sich verschiedene Applikationen, die mit gleichen API-Anbietern kommunizieren möchten. Sie stellen über die SAP Integration Suite eine API bereit, die von allen konsumierenden Anwendungen Ihres Unternehmens verwendet werden kann und über die *Monetarisierungsfunktion* können Sie die Fixkosten auf die Applikationen verteilen und die Transaktionskosten weitergeben.

API-Anbieter anlegen, basierend auf einer Open-Connectors-Instanz

Wie bereits in Abschnitt 7.1.2, »API und Produkt im API Portal implementieren«, erläutert, müssen Sie zunächst im-SAP-Integration-Suite-Hauptmenü über **Configure • APIs** in die Konfigurationsansicht gehen. Auf der Registerkarte **API Provider** legen Sie über die Schaltfläche **Create** einen neuen API-Anbieter an. Vergeben Sie in dem darauffolgenden Fenster einen Namen, und wechseln Sie auf die Registerkarte **Connection**. Wie in Abbildung 7.51 dargestellt, wählen Sie nun anstelle des Typs **On Premise** den Typ **Open Connectors** aus.

Eingabemaske zur Anlage eines API-Anbieters

Als Region wählen Sie die Region von Open Connectors bzw. Ihre SAP Integration Suite aus. Daraufhin wird das Feld **Host** automatisch gefüllt. Die beiden Eingabefelder **Organization Secret** und **User Secret** übertragen Sie aus Open Connectors und bestätigen die Eingaben mit der Schaltfläche **Save**. Nachdem Sie einen API-Anbieter angelegt haben, können Sie eine API anlegen. Navigieren Sie dafür aus dem Hauptmenü der SAP Integration über **Configure • APIs** in die Konfigurationsansicht. Auf der Registerkarte **API Proxies** können Sie über die Schaltfläche **Create** eine API anlegen. Wählen Sie im darauffolgenden Modalfenster den soeben angelegten API-Anbieter aus. Über die Schaltfläche **Discover** können Sie sich alle Open-Connectors-Instanzen anzeigen lassen, die über den API-Anbieter angelegt worden sind, wie in Abbildung 7.52 dargestellt.

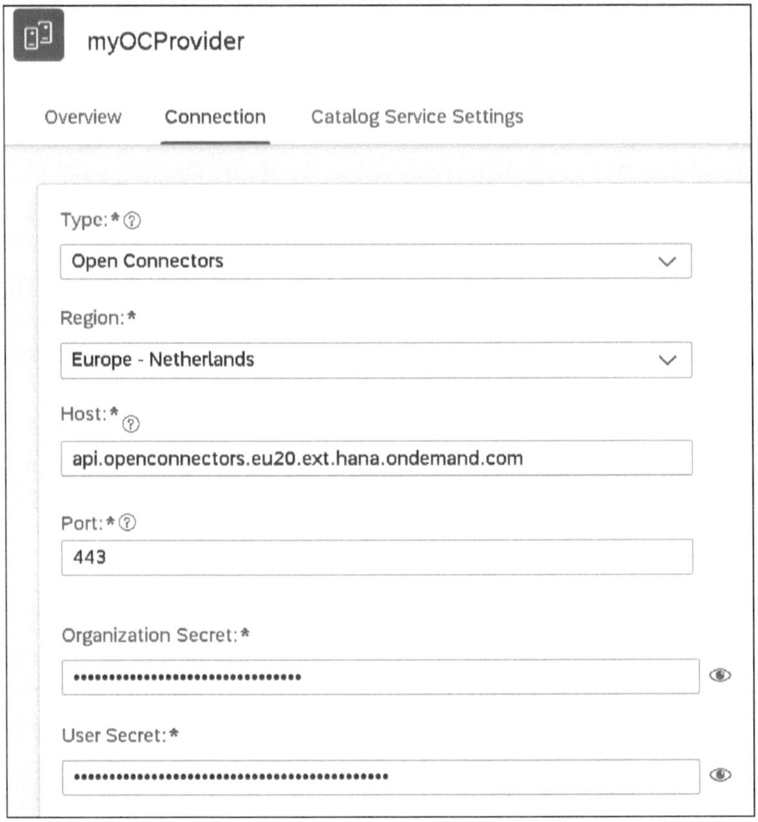

Abbildung 7.51 API-Anbieter für Open Connectors anlegen

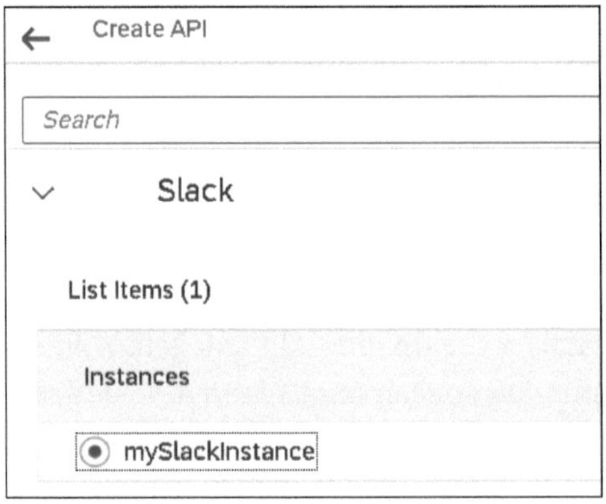

Abbildung 7.52 Einen Open-Connectors-API-Anbieter durchsuchen

Open-Connectors-Instanz auswählen

Nach der Auswahl der gewünschten Open-Connectors-Instanz, werden alle Informationen in das Modalfenster übernommen. Sie können dort Name, Titel und den API-Basis-Pfad anpassen. Am Ende sollte Ihr Modalfenster Abbildung 7.53 entsprechen.

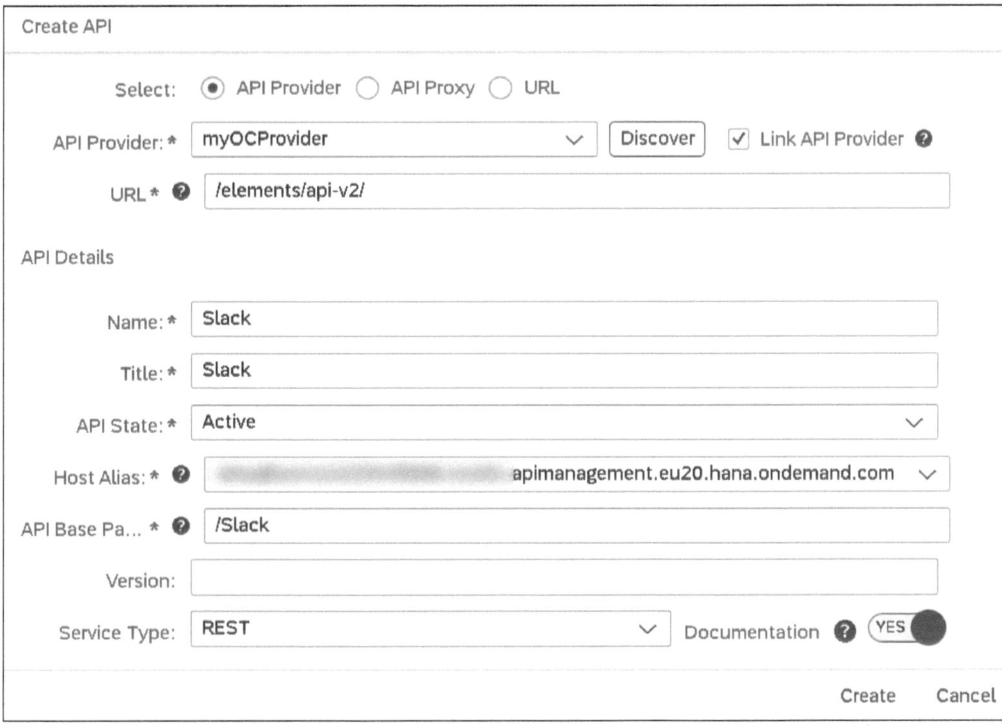

Abbildung 7.53 Open-Connectors-API anlegen

Ab jetzt können Sie analog zu Abschnitt 7.1.2, »API und Produkt im API Portal implementieren«, vorgehen, indem Sie Ihre Unternehmensregeln der erstellen API zuweisen, ein Produkt erstellen und im API Business Hub Enterprise veröffentlichen.

7.2.4 Verwendung einer Open-Connectors-Instanz in Cloud Integration

Die Instanz, die Sie in Open Connectors angelegt haben, möchten Sie vielleicht nicht nur im API Management verwenden, sondern in einem Integration Flow, in dem sie verschiedene Prüfungen durch- und verschiedene Aktivitäten ausführen. Ein komplexes Beispiel zu diesem Thema finden Sie in Kapitel 12, »Praxisbeispiele«.

Voraussetzung anlegen: User Credentials

Navigieren Sie zunächst aus dem SAP-Integration-Suite-Hauptmenü in die Monitoring-Ansicht über • **Monitor** • **Integration and APIs**. Im Bereich **Manage Security** navigieren Sie zur Kachel **Security Material**, um Credentials zu hinterlegen, die Sie später im Integration Flow benötigen. Klicken Sie nun auf die Schaltfläche **Create User Credentials**. Es öffnet sich ein Modalfenster, in dem Sie die Credentials pflegen können. Als Authentifizierungstyp (**Type**) wählen Sie **OpenConnectors**. Daraufhin erscheinen drei neue Parameter: **User**, **Organization** und **Element**. Wo Sie diese Parameter finden, haben wir Ihnen in Abschnitt 7.2.2, »Anlage einer Instanz in Open Connectors«, gezeigt. Nach der Pflege sollte Ihre Eingabe der Darstellung in Abbildung 7.54 entsprechen.

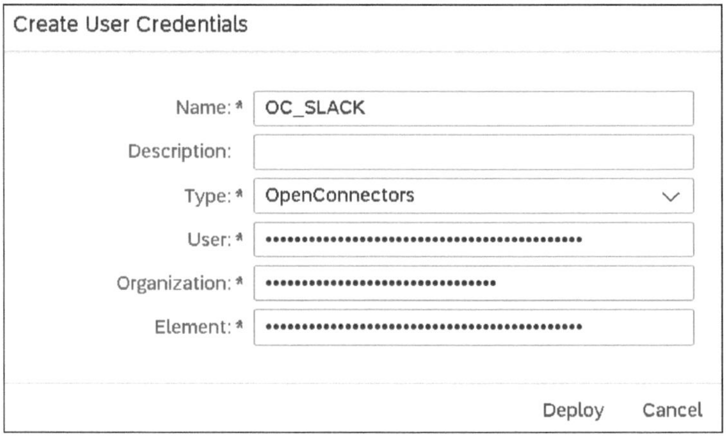

Abbildung 7.54 Credentials für Open Connectors anlegen

Reihenfolge der Secrets

Beachten Sie die Reihenfolge des Organization Secrets und des User Secrets. In Open Connectors wird Ihnen das Organization Secret als Erstes angezeigt. In der Pflege der Credentials müssen Sie allerdings das User Secret zuerst eingeben.

Beispiel-Integration-Flow anlegen

Legen Sie, wie in Abschnitt 5.1.1, »Artefakte«, beschrieben, einen Integration Flow an, und pflegen Sie diesen, wie in Abbildung 7.55 dargestellt.

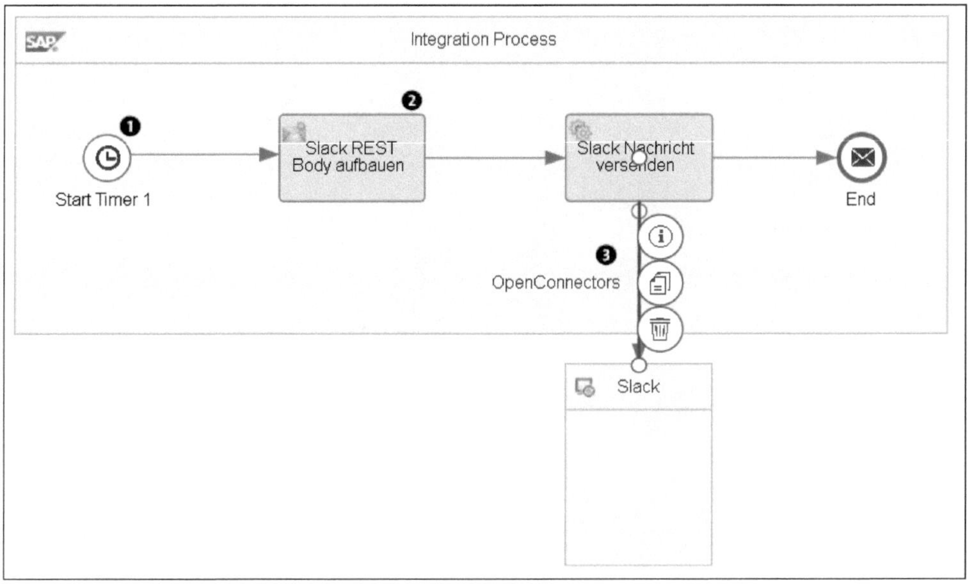

Abbildung 7.55 Integration Flow für den Open-Connectors-Slack

Timer-Ereignis und Content Modifier pflegen

Damit der Integration Flow automatisch startet, fügen wir ein Timer-Ereignis ein, das wir auf **automatisch** setzen ❶. Im nächsten Schritt nutzen wir ein Content-Modifier-Integrationsobjekt, um die Nachricht für Slack aufzubauen ❷. Auf der Registerkarte **Message Body** pflegen Sie die Nachricht, wie in Abbildung 7.56 dargestellt.

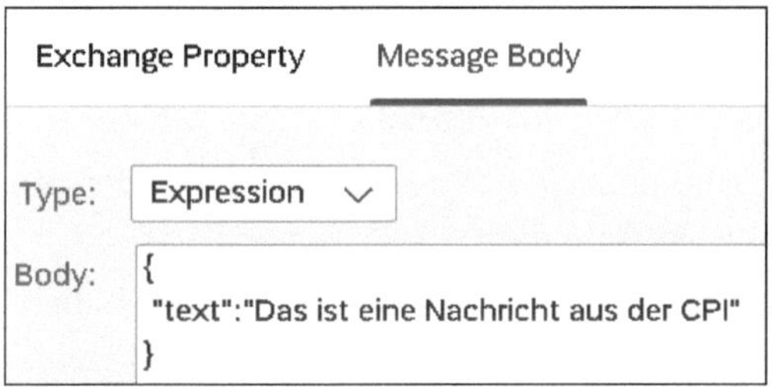

Abbildung 7.56 Nachrichteninhalt im Content Modifier

Request-Reply-Integrationsobjekt anlegen und verbinden

Im nächsten Schritt fügen Sie ein Request-Reply-Integrationsobjekt ein, das die Nachricht an Slack schickt und die Antwort prozessiert ❸. Verbinden Sie das Request-Reply-Integrationsobjekt mit einem Empfänger, und wählen Sie dabei den Adapter **OpenConnectors** aus (siehe Abbildung 7.57).

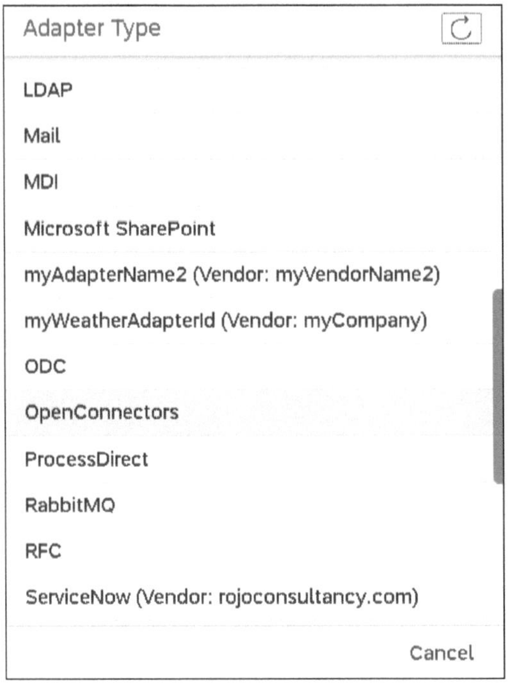

Abbildung 7.57 Empfänger-Adapter für den Request-Reply auswählen

Open-Connectors-Adapter richtig pflegen

Pflegen Sie den Adapter auf der Registerkarte **Connection**, wie in Abbildung 7.58 dargestellt:

- **Base URI**: Diese URI unterscheidet sich von Region zu Region. Für die Region »Europa – Frankfurt« wäre das z. B. die URI *https://api.openconnectors.eu10.ext.hana.ondemand.com/elements/api-v2*
- **Credential Name**: Wählen Sie hier den *Alias* der Credentials aus, den Sie zuvor im Monitoring-Bereich angelegt haben.

Operationsauswahl über Suchhilfe ermöglichen

- **Resource**: Sobald Sie die Base URI und die Credentials gepflegt haben, können Sie sich über die Schaltfläche **Select** alle Operationen Ihrer Open-Connectors-Instanz anzeigen lassen und eine davon auswählen. In unserem Beispiel haben wir die *Channels-Messages-Methode* ausgewählt. Um die Ressource korrekt zu pflegen, müssen Sie die Variable `{channelId}` mit der tatsächlichen Kanal-ID überschreiben. In Abschnitt 5.1.2, »Integrationsobjekte eines Integration Flows«, haben wir Ihnen gezeigt, wie Sie dynamische Variablen nutzen können. So ist es denkbar, dass Sie die Kanal-ID externalisieren oder dynamisch in einem möglichen Vorschritt ermitteln.

- **Method**: Hier können Sie zwischen verschiedenen HTTP-Methoden wählen. Da wir eine Nachricht in Slack erzeugen möchten, wählen wir in diesem Fall die Methode POST.
- **Request Format** und **Response Format**: Sie können hier entscheiden, in welchem Format Sie Nachrichten verschicken und empfangen möchten.
- **Query Parameters for Resource**: Benötigt die gewählte Ressource weitere Parameter, z. B. für die Suche, können Sie die Informationen hier eingeben.
- **Timeout (in ms)**: Hier können Sie das Timeout in Millisekunden eingeben, die überschritten werden müssen, bevor die Kommunikation abbricht.

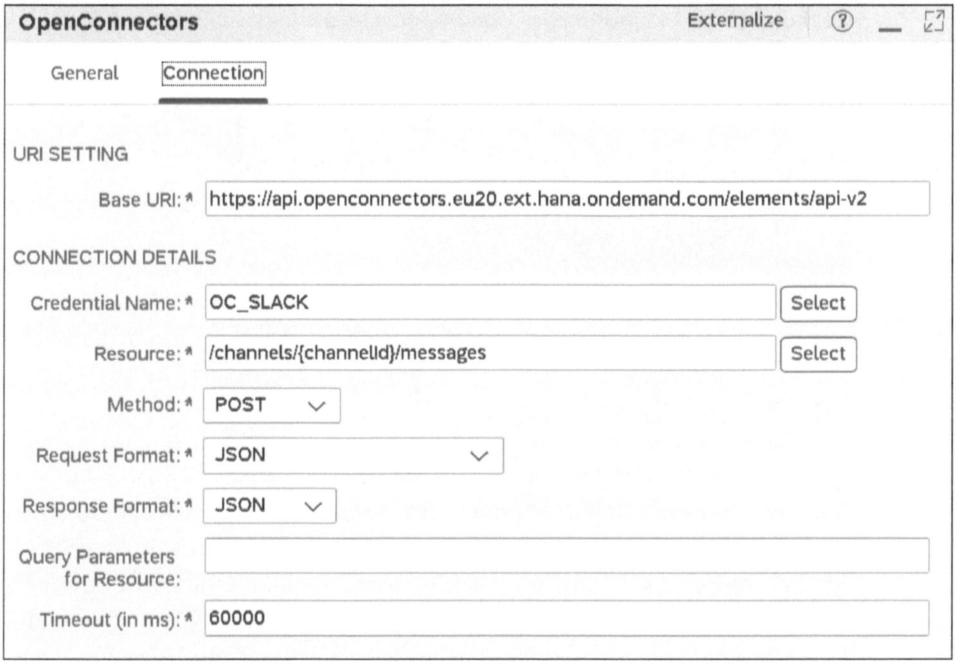

Abbildung 7.58 Konfiguration des Empfänger-Adapters für Open Connectors

Automatischer Test des Integration Flows

Damit ist die Integration von Open-Connectors-Instanzen in Cloud Integration abgeschlossen. Sobald Sie den Integration Flow speichern und deployen, wird aufgrund des Timer-Ereignisses eine Nachricht erzeugt und über die Open-Connectors-Instanz an Slack geschickt. Im Monitoring der SAP Integration Suite finden Sie die Rückmeldung, wie in Abbildung 7.59 dargestellt.

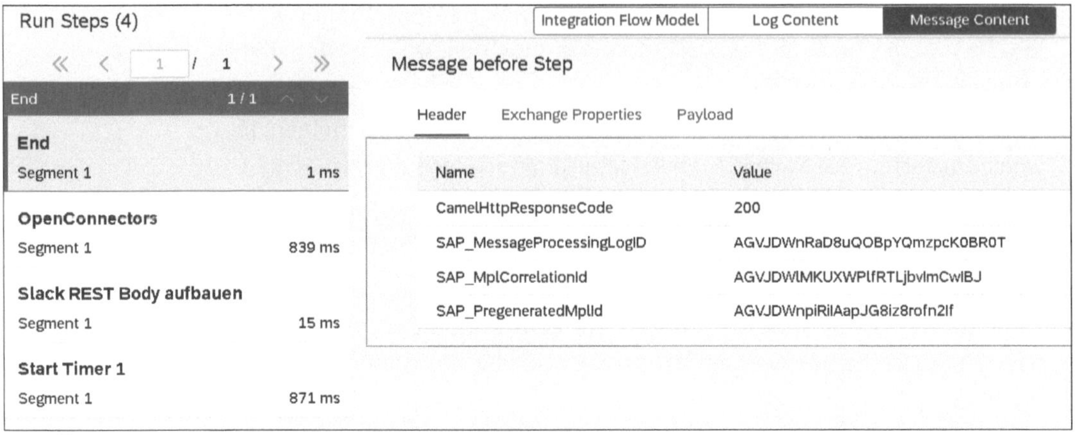

Abbildung 7.59 Monitoring des Open-Connectors-Integration-Flows

Auswertung des Tests

In der Variable `CamelHttpResponseCode` finden Sie den Antwortcode 200, der eine erfolgreiche Übermittlung beschreibt. Im Slack-Kanal finden Sie die Nachricht aus Cloud Integration (siehe Abbildung 7.60).

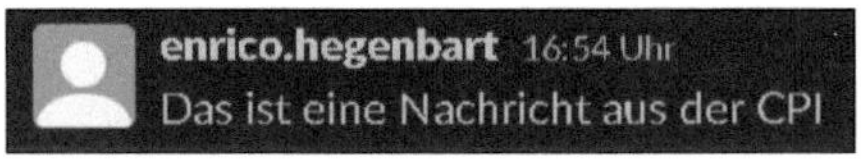

Abbildung 7.60 Ergebnis in Slack nach dem Test

7.3 Zusammenfassung

In der heutigen Informationstechnik spielen APIs eine wichtige Rolle. Systeme oder Anwendungen können über standardisierte Schnittstellen miteinander kommunizieren. Durch eine gute Dokumentation sind zwischen API Provider und API Consumer keine Absprachen mehr notwendig, was zu einer deutlichen Beschleunigung der Implementierung führt. Durch die Capability API Management haben Sie die Möglichkeit, die APIs zu zentralisieren und so zentral zu überwachen und eine einheitliche Struktur zu definieren. Für den Consumer dieser APIs ist es irrelevant, aus welchem Backend-System die Daten kommen; er muss sich z. B. über unterschiedliche Authentifizierungsmechanismen keine Sorgen machen. Ferner stellen Sie mit dem API Management eine zentrale einheitliche Dokumentationsplattform und einen Self-Service für unternehmensinterne und Partner-Entwickler*innen bereit. Auch haben wir Ihnen die Capability Open Connectors vorgestellt, womit Sie unterschiedliche APIs von verschiedenen Anbietern in normalisierter Form konsumieren können.

Kapitel 8
Enterprise Messaging

Eventbasierte Schnittstellen sind aktuell ein großer Trend in der technischen Kommunikation. In diesem Kapitel erfahren Sie, wie die eventbasierte Kommunikation innerhalb des SAP-Ökosystems gelöst wird.

Eventbasierte Kommunikation oder auch ereignisgesteuerte Kommunikation bezeichnet ein Kommunikationsmodell, bei dem Systeme, Anwendungen oder Komponenten aufgrund von auftretenden Ereignissen Informationen austauschen oder auf diese reagieren. Ereignisse sind dabei Zustandsänderungen oder Benachrichtigungen, die in Echtzeit auftreten und von einer Quelle (Sender) an einen oder mehrere Empfänger (Subscriber) gesendet werden. SAP unterstützt diese Architektur mit der Capability SAP Event Mesh (im Folgenden nur noch Event Mesh genannt), die als zentraler Knotenpunkt zur Verwaltung der Events gedacht ist.

In Abschnitt 8.1 stellen wir dafür den Ansatz der eventbasierten Architekturen vor. Wir beschreiben die wichtigsten Beteiligten und Objekte unabhängig von Technologie oder Anbieter. In Abschnitt 8.2 geben wir Ihnen einen allgemeinen Überblick über *Event Mesh* und zeigen Ihnen, wie die initiale Konfiguration abläuft. In Abschnitt 8.3 gehen wir dann auf *SAP Integration Suite, Advanced Event Mesh* und die Unterschiede zu Event Mesh ein. Abschließend stellen wir Ihnen in Abschnitt 8.4 noch ein konkretes Beispiel vor.

8.1 Eventgesteuerte Architektur

Das Ziel von *eventbasierter Kommunikation* ist es, Nachrichten möglichst in Echtzeit zwischen verschiedenen Systemen auszutauschen. Sobald das sendende System eine Zustandsänderung erkennt, versendet es aktiv eine Nachricht mit den relevanten Informationen, damit der Empfänger zeitnah darauf reagieren kann. Es handelt sich hier also um eine *Push-Schnittstelle*, in der das sendende System die Kommunikation anstößt (siehe Abbildung 8.1).

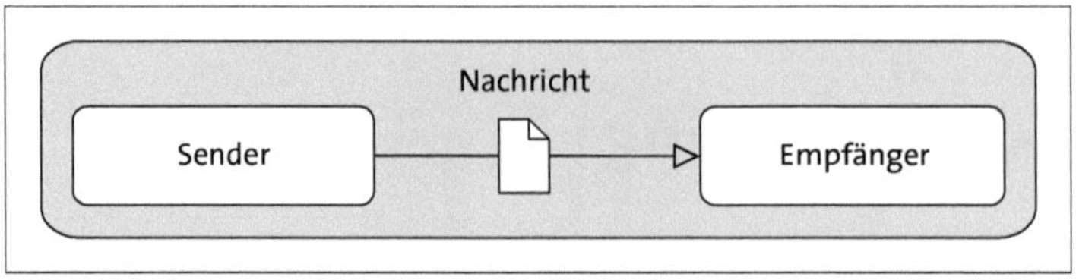

Abbildung 8.1 Kommunikationsrichtung der Events

Lastspitzen abfangen

Jedes *Event* löst eine eigene Nachricht aus, was in kurzer Zeit zu einer Vielzahl an Übertragungen führen kann. Fangen z. B. morgens mehrere Mitarbeitende gleichzeitig an, die Aufträge vom Vorabend abzuarbeiten oder überträgt der Webshop im Batch stündlich neue Aufträge, können dadurch kurzzeitig mehr Events erzeugt werden, während streckenweise danach kaum bis gar keine Events versendet werden. Dieser Faktor muss in jedem Fall berücksichtigt werden.

Um dem entgegenzuwirken, hilft es, im ersten Schritt den Umfang der Nachricht möglichst kleinzuhalten. Es sollten nur die wichtigsten Informationen zum Event übertragen werden, z. B.:

- Art des Events, z. B. Anlage eines Kundenauftrags
- betroffenes Objekt, z. B. die Auftragsnummer
- Sendersystem, vor allem bei komplexen Architekturen mit mehreren Empfängern von Relevanz
- Topic (Thema), also die Kategorisierung des Events

Je nach Szenario ist dies für den Empfänger bereits ausreichend, um weitere Prozesse anzustoßen. Sollte das empfangende System weitere Informationen benötigen, sollten Sie abwägen, ob diese in die Event-Nachricht eingebettet oder über einen weiteren Request durch den Empfänger nachgelesen werden sollen (siehe Abbildung 8.2). Vor allem ist die Frage entscheidend, ob diese Informationen bei jeder Übertragung oder nur in Einzelfällen benötigt werden.

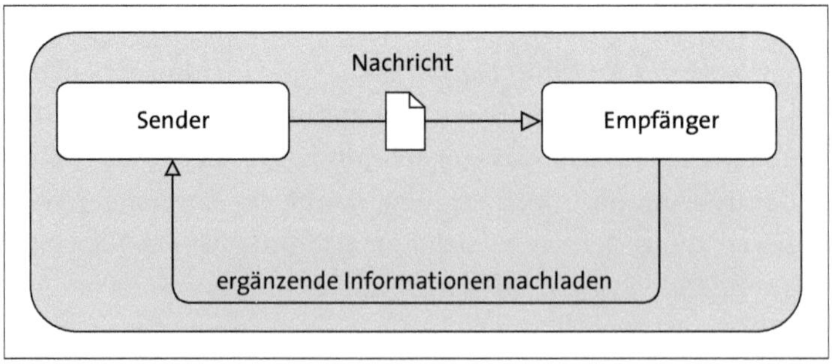

Abbildung 8.2 Ergänzende Informationen nachladen

Event Broker

Eine weitere Gegenmaßnahme ist das Puffern von Nachrichten, d. h., dass eingehende Nachrichten zwischengespeichert werden, bis das empfangende System bereit ist, die Nachricht entgegenzunehmen. Hier kommt zum ersten Mal Event Mesh bzw. ein *Event Broker* ins Spiel. Die Hauptaufgabe eines Event Brokers besteht darin, die Kommunikation zwischen verschiedenen Komponenten, Anwendungen oder Diensten zu orchestrieren, indem er Ereignisse von den Sendern empfängt und an die richtigen Empfänger weiterleitet (siehe Abbildung 8.3).

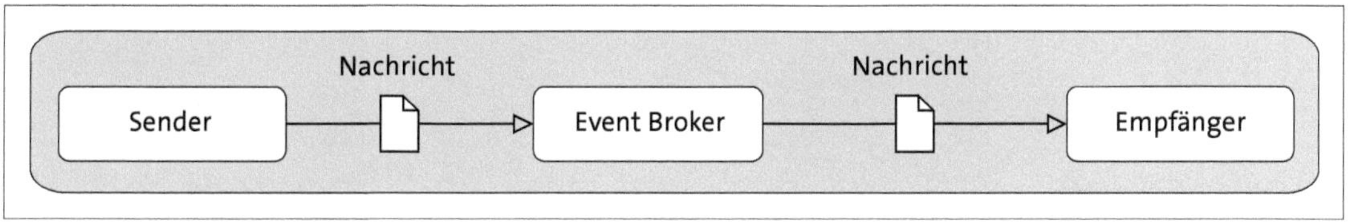

Abbildung 8.3 Nachrichtenfluss mit dem Event Broker

Der Event Broker erfüllt vor allem vier wichtige Funktionen:

- **Sicherstellen der Zustellung**
  Event Mesh ist dafür zuständig, die Nachrichten an den Empfänger zu übergeben. Das sendende System sorgt lediglich für die erfolgreiche Übergabe an den Broker.
- **Puffern der Nachrichten**
  Um den angesprochenen Lastspitzen entgegenzuwirken, hält der Event Broker die Nachrichten in einer Queue vor. Der Empfänger verarbeitet die Nachrichten in seiner Geschwindigkeit, bis die Queue abgearbeitet ist.
- **Entkoppeln von Sender und Empfänger**
  Der Event Broker trennt die Architektur in Sender und Empfänger.
- **Routen der Nachrichten**
  Der Broker kann Regeln und Filter verwenden, um zu bestimmen, welche Ereignisse an welche Empfänger weitergeleitet werden sollen. Dies ermöglicht die gezielte Verteilung von Ereignissen an diejenigen, die sie benötigen

Routing über Topics

Ein Event Broker sorgt dafür, dass die Nachrichten den passenden Empfänger erreichen, und versucht, eine fehlerfreie Kommunikation sicherzustellen. Für die Organisation und Kategorisierung der Nachrichten nutzt Event Mesh sogenannte *Topics* – also Themen (siehe Abbildung 8.4). Topics sind organisatorische Einheiten, die dazu verwendet werden, Ereignisse logisch zu gruppieren. Sie dienen dazu, Ereignisse nach Themen oder Kategorien zu sortieren, um eine gezielte Verarbeitung und Weiterleitung zu ermöglichen.

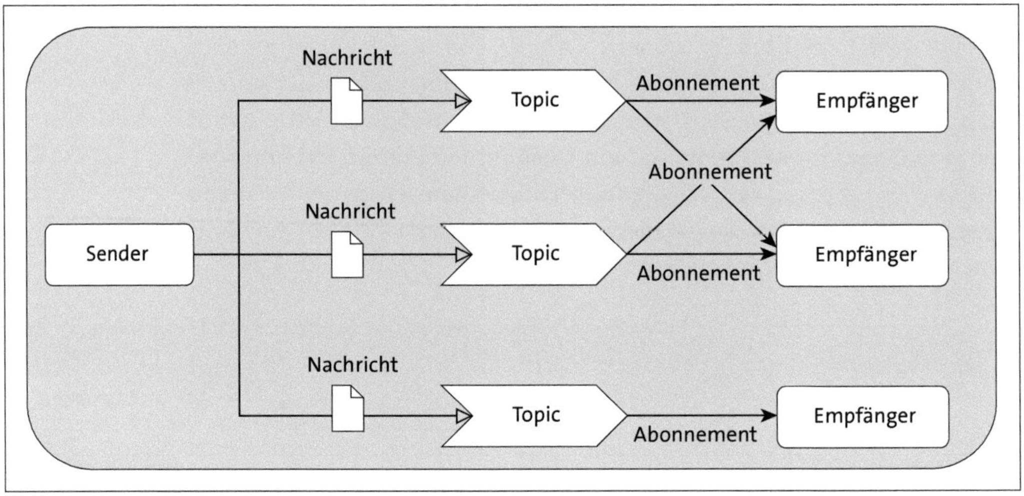

Abbildung 8.4 Event Broker mit mehreren Topics

Ereignis

Jedes *Ereignis* wird einem oder mehreren Topics zugeordnet, je nachdem, zu welchem Thema es gehört. Dadurch wird es einfacher, Ereignisse mit ähnlichem Inhalt oder Zweck zu identifizieren und zu verarbeiten. Empfänger, die an bestimmten Arten von Ereignissen interessiert sind, können diese Ereignisse abonnieren, indem sie sich für das entsprechende Topic registrieren. Dadurch erhalten sie nur Ereignisse, die zu diesem Thema gehören, und werden nicht mit irrelevanten Informationen überflutet.

Strukturierung von Topics

Um komplexere Szenarien abzubilden, können Sie die Topics zusätzlich in einer hierarchischen Struktur definieren, wodurch feinere Kategorisierungen und Unterthemen erstellt werden können. Dies ermöglicht eine noch detailliertere Steuerung der Ereignisverarbeitung. Häufig verwendete Ebenen der Gliederung sind z. B.:

- Region
- Fachbereich/Modul
- Geschäftsobjekt
- Aktion

Durch diese Architektur werden Sender und Empfänger voneinander entkoppelt. Sie stehen in keiner direkten Verbindung und können flexibel ausgetauscht werden, ohne die Kommunikation zu stören.

Nur der Event Broker kennt alle Kommunikationspartner. Er sortiert auf der einen Seite die eingehenden Events in die verschiedenen Topics. Auf der anderen Seite verwaltet er die Abonnements der Empfänger, die sich für relevante Themen registrieren. Je Empfänger verwaltet der Event Broker eine (oder mehrere) Queue(s), um die Nachrichten zu puffern. Der Empfänger kann bereitstehende Nachrichten in seinem eigenen Tempo abarbeiten, damit eine Überlastung vermieden wird.

Sollten sich mehrere Empfänger für dasselbe Topic registriert haben, sortiert der Event Broker diese Nachricht in alle relevanten Queues. Dazu dupliziert er das eingehende Event, sodass jeder Empfänger seine eigene Kopie der Nachricht erhält.

Zusammenfassung der Kommunikationspartner

Zu den Aufgaben des *Senders* gehören:

- Er sendet jedes Event genau einmal an den Broker.
- Sobald der Broker eine erfolgreiche Verarbeitung bestätigt, ist die Kommunikation für den Sender beendet.

Zu den Aufgaben des *Event Brokers* gehören:

- Er sortiert die Events in die entsprechenden Topics ein.
- Er verwaltet Queues für die Empfänger, um die Nachrichten zu puffern.
- Er dupliziert eingehende Nachrichten in jede relevante Queue.

Zu den Aufgaben des *Empfängers* gehören:

- Der Empfänger registriert sich beim Event Broker auf relevante Topics und erzeugt dadurch eine Queue.
- Der Empfänger prüft regelmäßig, ob die Queue Nachrichten zur Verarbeitung bereithält.

Exklusivität von Queues

Ein weiterer Aspekt ist, dass *Queues* als exklusiv bzw. nicht exklusiv markiert werden können. In diesem Kontext bedeutet das, dass eine Queue nur von einem Empfänger gleichzeitig genutzt werden kann. Nicht exklusive Queues können von mehreren Empfängern genutzt werden. Gelesene Nachrichten werden allerdings aus den Queues entfernt, sodass ein Empfänger dadurch nicht alle Nachrichten erhält. Auch wenn dies im ersten Moment merkwürdig erscheint, ermöglicht dieses Kennzeichen der Exklusivität eine einfache Skalierung. Sollte ein Empfänger nicht mehr ausreichen, um die Anzahl der Events zu verarbeiten, kann ein zweiter Empfänger mit derselben Funktionalität auf die gleiche Queue zugreifen und dadurch die Verarbeitungsgeschwindigkeit erhöhen.

Beispiel eines Event Mesh im Kontext vertrieblicher Prozesse

Um Ihnen den gesamten Ablauf zu verdeutlichen, möchten wir den Prozess anhand eines konstruierten Beispiels darstellen. Das ERP-System ist längst nicht mehr der einzige Kanal, über den Kundenaufträge erfasst werden. Auch der Webshop und weitere Vertriebskanäle sind auf Funktionen, wie eine Versandterminierung angewiesen. Nehmen wir also an, Ihr Unternehmen hat solch zentrale Funktionen im Vertrieb in eigenständige Lösungen ausgelagert, damit jeder Vertriebskanal darauf zugreifen kann (siehe Abbildung 8.5).

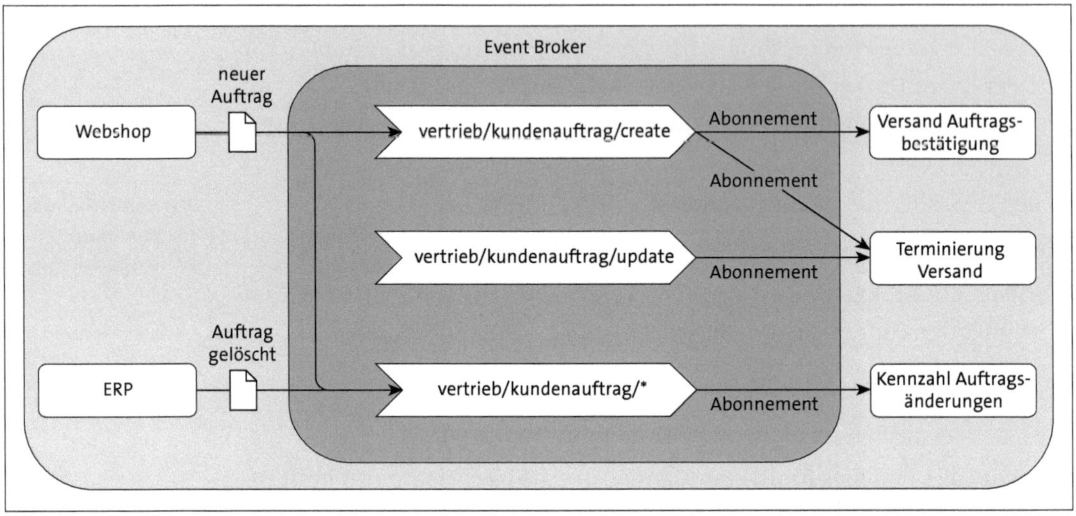

Abbildung 8.5 Mehrere Events zur Verarbeitung von Kundenaufträgen

In diesem Beispiel werden Events aus Webshop und ERP-System an die passenden Empfänger weitergeleitet. Die Topics sind nach dem Schema *Modul/ Geschäftsobjekt/Aktion* aufgeteilt. Die Aktion bezieht sich dabei auf die klassischen CRUD-Operationen (**C**reate, **R**ead, **U**pdate und **D**elete). Hervorzuheben dabei ist, dass sich Empfänger – wie in diesem Fall das Business-Intelligence-System zur Ermittlung einer Kennzahl – nicht nur für vollständige Topics registrieren können. Auch Wildcards können verwendet werden. In diesem Fall erhält das Business-Intelligence-System alle Events zum Kundenauftrag, unabhängig von der Aktion. Auch wenn dieses Beispiel im ersten Moment konstruiert wirkt, stellt es in einigen Unternehmen bereits die Realität dar. Um einen Wettbewerbsvorteil durch Innovation und Flexibilität zu erzeugen, setzen viele nicht mehr nur auf eine zentrale Lösung. Marktführende Softwarelösungen werden eingekauft, um einzelne Teilprozesse gezielt zu verbessern. Um den daraus entstehenden Vorteil nicht zu verspielen, ist eine direkte und flexible Integration essenziell.

Vor- und Nachteile eventbasierter Kommunikation

Zusammenfassend lassen sich die folgenden Vorteile einer eventbasierten Kommunikation festhalten:

- **Echtzeitreaktion**
  Ereignisbasierte Systeme ermöglichen Echtzeitreaktionen auf Zustandsänderungen oder Benachrichtigungen. Dies ist besonders wichtig in Anwendungen, bei denen sofortiges Handeln erforderlich ist.

- **Lose Kopplung**
  Sender und Empfänger sind durch den Event Broker lose miteinander gekoppelt. Dies ermöglicht eine flexible und wartbare Architektur, da Änderungen an einem Teil des Systems die anderen Teile nicht beeinflussen. Sie können einen oder mehrere Sender oder Empfänger durch andere Komponenten ersetzen, ohne den Gesamtprozess zu stören.
- **Skalierbarkeit**
  Ereignisbasierte Systeme sind in der Regel skalierbar und ermöglichen die einfache Integration neuer Komponenten oder Dienste, ohne bestehende Systeme zu beeinträchtigen. Durch die lose Kopplung können beispielsweise weitere Empfänger zur Verarbeitung eingehender Events instanziiert und dadurch Lastspitzen abfangen werden.
- **Automatisierung**
  Die prozessgesteuerte Verarbeitung von Events ermöglicht es, automatisierte Entscheidungen auf der Grundlage dieser Ereignisse zu treffen. Dies kann menschliche Eingriffe minimieren und dadurch die Effizienz steigern.
- **Effiziente Ressourcennutzung**
  Da Ereignisse nur dann verarbeitet werden, wenn sie auftreten, wird die Ressourcennutzung optimiert, da keine kontinuierliche Überwachung und kein Polling erforderlich ist. Häufig werden hierzu Serverless Functions eingesetzt. Diese werden nur im Bedarfsfall instanziiert und anschließend wieder heruntergefahren. Im Ruhemodus benötigen diese Funktionen keine Ressourcen.

Außerdem gibt es auch einige Nachteile der eventbasierten Kommunikation:

- **Lastspitzen**
  Die Anzahl der Ereignisse kann stark schwanken. Läuft im ERP-System z. B. ein Job, kann dieser eine große Anzahl an Objekten bearbeiten und dadurch viele Events auslösen. In anderen Phasen werden dagegen vermutlich weniger Events erzeugt. Diese Spitzen lassen sich jedoch durch Skalierung und die lose Kopplung abfangen.
- **Kohärenz und Konsistenz**
  In komplexen ereignisbasierten Systemen kann die Aufrechterhaltung von Kohärenz und Konsistenz eine Herausforderung darstellen, da Ereignisse nicht immer in einer bestimmten Reihenfolge eintreffen. Vor allem im Fehlerfall ist es häufig schwierig, die korrekte Reihenfolge der Ereignisse zu gewährleisten.

- **Potenzielle Datenverluste**
  Bei unzureichender Pufferung oder Verarbeitung können Ereignisse verloren gehen, was in einigen Anwendungsfällen inakzeptabel ist. In Integrationsszenarien muss auch immer mit Verbindungsabbrüchen oder fehlerhaften Verarbeitungsschritten gerechnet werden.
- **Fehlersuche**
  Die Verteilung von Events setzt in der Regel auf eine Echtzeitkommunikation von einzelnen Ereignissen. Dies steigert die Anzahl der übertragenen Nachrichten, verglichen mit der Batch-Kommunikation. Hierdurch kann die Fehlersuche erschwert werden, da einzelne fehlerhafte Aufrufe in der Masse untergehen.

8.2 SAP Event Mesh

Aufgaben eines Event Brokers

Das Erzeugen und Versenden von Ereignissen ist eine Standardfunktionalität der meisten SAP-Systeme. Die Konfiguration in SAP S/4HANA ist in wenigen Schritten erledigt. Ähnlich sieht es beispielsweise in SAP Sales Cloud und SAP Service Cloud oder anderen SaaS-Lösungen aus. Mithilfe eines Event Brokers lässt sich eine ereignisgesteuerte Architektur also schnell realisieren. Diesen liefert SAP z. B. mit dem *Event Mesh* in der SAP BTP. Genau genommen ist dieser Service damit (aktuell noch) kein Bestandteil der SAP Integration Suite. Thematisch handelt es sich jedoch klar um Integration, sodass wir in diesem Buch trotzdem auf Event Mesh eingehen möchten. Dieser Service war zu Beginn noch unter dem Namen SAP Enterprise Messaging bekannt und ermöglicht seit Jahren die asynchrone Kommunikation zwischen Sender und Empfänger.

[»]

Trial für Event Mesh

Derzeit ist keine kostenlose Trial-Version von Event Mesh verfügbar (siehe *https://blogs.sap.com/2023/02/01/sap-event-mesh-trial-to-be-retired*). Eventuell wird diese zu einem späteren Zeitpunkt erneut zur Verfügung stehen.

Event Mesh ist über ein Web-Interface erreichbar (siehe Abbildung 8.6). Dort können Sie Ihre Instanz konfigurieren und überwachen:

- Message Clients verwalten
- Queues verwalten
- Ressourcen zuweisen

- Ressourcenverbrauch überwachen
- Message Queues testen

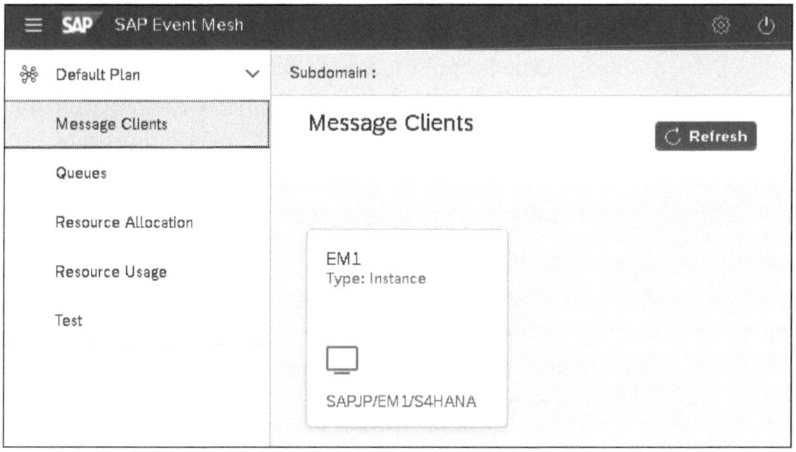

Abbildung 8.6 Oberfläche von Event Mesh

Dem aktuellen Trend bei SAP folgend setzt Event Mesh auf Standards, die auch andere Event Broker verwenden. Daher unterstützt Event Mesh nicht nur die Kommunikation zwischen SAP-Systemen, sondern ermöglicht es Ihnen auch, andere Anbieter mit einzubinden. Unterstütze Standards von Event Meshs sind:

Unterstützte Standards

- AMQP
- MQTT
- RESTful Webservices
- Webhooks

Die Implementierung von Event Mesh ist wie jede Integration ein übergreifendes Thema und erfordert nicht nur die Konfiguration in einem System. Es ist sowohl die Durchführung von einigen Schritten im sendenden und empfangenden System als auch in Event Mesh erforderlich. Außerdem sollten Sie im Vorfeld eine Strukturierung der Topics planen, da diese später für eine sinnvolle Verteilung der Nachrichten wichtig ist (siehe Abschnitt 8.1).

Grundkonfiguration von Event Mesh

Eine gut durchdachte Struktur ermöglicht es den Sendern, Ereignisse sinnvoll zu kategorisieren, und den Empfängern, gezielt die für sie relevanten Ereignisse zu abonnieren. Einige bewährte Praktiken zur *Strukturierung der Themen* in einem Event Broker sind z. B.:

Strukturierung der Topics

- **Klare Namenskonventionen verwenden**
  Legen Sie klare und konsistente Namenskonventionen für Ihre Topics fest. Dies erleichtert die Identifizierung und das Verständnis der ver-

schiedenen Topics. Zum Beispiel könnten Sie »Bestellungen/Neu«, »Bestellungen/Geändert« und »Bestellungen/Gelöscht« als Topics für Bestellereignisse verwenden.

- **Hierarchische Struktur**
  Event Mesh unterstützt eine hierarchische Struktur der Themen. Dies ermöglicht eine tiefere Verschachtelung und eine feinere Kategorisierung von Ereignissen. Zum Beispiel könnte »Vertrieb/Kundenauftrag« ein übergeordnetes Topic sein, das dann in »Vertrieb/Kundenauftrag/Webshop« und »Vertrieb/Kundenauftrag/EDI« unterteilt ist.
- **Geschäftsspezifische Topics**
  Orientieren Sie Ihre Topics an den Geschäftsbereichen oder Anwendungsfällen in Ihrem Unternehmen. Dies erleichtert es den Benutzern, die relevanten Topics zu finden und zu abonnieren. Beispielsweise könnten Sie Topics wie »Vertrieb«, »Marketing« und »Logistik« erstellen.
- **Granularität beachten**
  Stellen Sie sicher, dass die Granularität Ihrer Topics angemessen ist. Zu feine Granularität kann zu einer übermäßigen Anzahl von Topics führen, während eine zu grobe Granularität möglicherweise nicht ausreichend spezifische Informationen bereitstellt. Finden Sie ein Gleichgewicht.
- **Abonnementmöglichkeiten bieten**
  Erstellen Sie eine Liste oder Dokumentation der verfügbaren Topics und deren Bedeutung. Dadurch können Benutzer leicht die Topics finden und auswählen, die sie abonnieren möchten.
- **Sicherheitsaspekte berücksichtigen**
  Beachten Sie bei der Strukturierung der Topics auch die Sicherheitsanforderungen. Stellen Sie sicher, dass sensible oder geschäftskritische Ereignisse angemessen geschützt sind und nur von autorisierten Empfängern abonniert werden können.
- **Überprüfung und Anpassung**
  Die Struktur Ihrer Topics sollte nicht »in Stein gemeißelt« sein. Es ist wichtig, die Struktur regelmäßig zu überprüfen und bei Bedarf anzupassen, um auf veränderte Geschäftsanforderungen oder wachsende Datenmengen zu reagieren.

Die Strukturierung der Topics in einem Event Broker ist ein entscheidender Schritt, um sicherzustellen, dass Ihre ereignisbasierte Kommunikation effizient und zielgerichtet ist. Eine sorgfältige Planung und Dokumentation dieser Struktur erleichtert es den Benutzern und Entwicklern, die richtigen Topics zu finden und sie in ihre Anwendungen zu integrieren.

Event Mesh einrichten

Haben Sie die Struktur Ihrer Topics festgelegt, können Sie mit dem Einrichten Ihres Event Mesh beginnen (siehe Abbildung 8.7).

[«]

Konfiguration zukünftig in der SAP Integration Suite

In diesem Abschnitt beschreiben wir, wie Sie Event Mesh in der SAP BTP anlegen. Verschiedene Aussagen von SAP deuten darauf hin, dass Event Mesh zukünftig Bestandteil der SAP Integration Suite werden könnte. Dies konnten wir zum aktuellen Zeitpunkt nicht bestätigen, lediglich Advanced Event Mesh wird als Funktion der SAP Integration Suite genannt. Wir gehen daher im Folgenden davon aus, dass Event Mesh ein Service der SAP BTP ist.

Die Konfiguration starten Sie wie gewohnt z. B. über das Menü auf der linken Seite. Navigieren Sie über den Pfad **Services • Service Marketplace** Ihres Subaccounts (weitere Informationen zum Aktivieren von Services finden Sie in Abschnitt 2.5, »Services und Instanzen«). Im ersten Schritt wählen Sie dafür aus der Liste den Service **Event Mesh** aus.

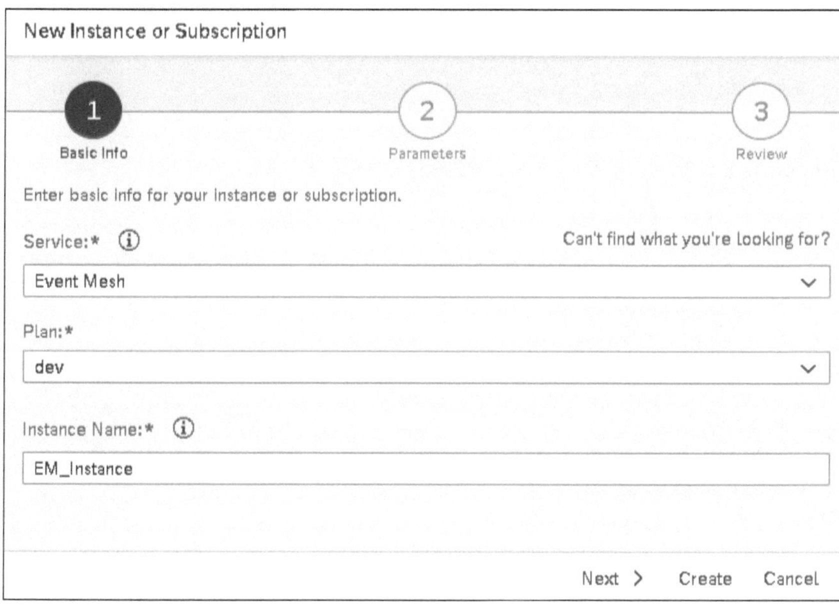

Abbildung 8.7 Event Mesh anlegen: allgemeine Daten pflegen

Anschließend müssen Sie weitere Parameter in einer JSON-Datei definieren (siehe Abbildung 8.8). Auch wenn dieser Schritt als optional angezeigt wird, ist er erforderlich, um Event Mesh erfolgreich anzulegen. In Listing 8.1 finden Sie ein Beispiel einer solchen JSON-Struktur.

8

Abbildung 8.8 Event Mesh anlegen: Parameter

```
{
    "options": {
        "management": true,
        "messagingrest": true,
        "messaging": true
    },
    "rules": {
        "topicRules": {
            "publishFilter": [
                "${namespace}/*"
            ],
            "subscribeFilter": [
                "${namespace}/*"
            ]
        },
        "queueRules": {
            "publishFilter": [
                "${namespace}/*"
            ],
```

```
            "subscribeFilter": [
                "${namespace}/*"
            ]
        }
    },
    "version": "1.1.0",
    "emname": "EMCLIENT",
    "namespace": "SAPPRESS/IS/BEISPIEL"
}
```

Listing 8.1 JSON-Beispiel, um Event Mesh anzulegen

Die einzelnen Parameter haben die folgende Bedeutung:

- `options`: `management` und `messagingrest` beziehen sich auf das REST-Interface Ihrer Instanz, `messaging` bezieht sich hingegen auf das AMQP-Interface. Mit diesen Parametern können Sie die jeweiligen Funktionen aktivieren bzw. deaktivieren.
- `rules`: Die Regeln definieren, wie die Queues und Topics in Ihrer Instanz aufgebaut sein dürfen. Im zuvor genannten Beispiel beginnen alle Queues und Topics mit dem Namensraum und können dahinter beliebig erweitert werden. Dies wird durch die Wildcard * definiert.
- `version`: Die Version sollte fest als `1.1.0` definiert werden.
- `emname`: Der Name bezieht sich auf den Message Client innerhalb von Event Mesh. Um den Client besser zu identifizieren, empfiehlt es sich, den Namen des SAP-BTP-Services und des Message Clients identisch zu vergeben.
- `namespace`: Der Namensraum identifiziert eindeutig einen Event-Mesh-Service innerhalb des Subaccounts und muss aus exakt drei Segmenten bestehen. Der Namensraum wird, wie zuvor dargestellt, außerdem als Präfix für die Topics und Queues verwendet. Dies ermöglicht Ihnen mehrere Event-Mesh-Instanzen mit ähnlichen Inhalten zu verwalten.

[+]

Definition der Parameter

Eine detailliere Auflistung der möglichen Parameter finden Sie im SAP Help Portal unter: *https://help.sap.com/docs/event-mesh/event-mesh/syntax-for-service-descriptor*

Wurde Event Mesh erfolgreich angelegt, können Sie in Ihren Service navigieren, in dem Sie Ihren *Messaging Client* finden. Im Kopfbereich finden Sie außerdem die Funktionen und Parameter wieder, die Sie in der JSON-Struktur definiert haben (siehe Abbildung 8.9).

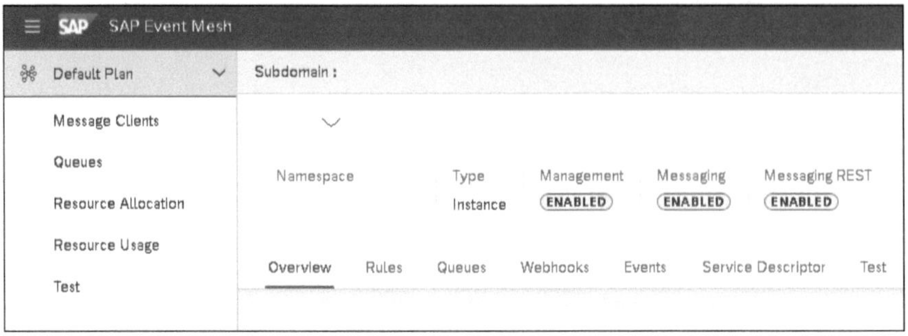

Abbildung 8.9 Detailansicht des Messaging Clients

Damit Ihr Event-Mesh-Service später Ereignisse empfangen und verwalten kann, zeigen wir Ihnen im Folgenden die weiteren Konfigurationsschritte. Als Sender gehen wir in diesem Beispiel von einem SAP-ECC- bzw. SAP-S/4HANA-System aus, da dies vermutlich für viele Leser*innen ein relevantes Beispiel darstellt. Die Konfiguration läuft in beiden Systemen identisch ab. Folgende Schritte werden im weiteren Verlauf dieses Abschnitts angesprochen:

- Anlegen von Nachrichten-Queues
- Registrieren der Queue auf Topics
- Anlegen eines Service Keys zur Authentifizierung
- Konfigurieren des Senders in SAP ERP
- Webhooks als alternatives Protokoll für Empfänger

Queues als temporärer Nachrichtenspeicher

Wir beginnen damit, eine erste Nachrichten-Queue in Event Mesh anzulegen. Queues dienen als Mechanismus zur temporären Speicherung und Weiterleitung von Ereignissen zwischen Sendern und Konsumenten. Wenn ein Sender ein Ereignis auslöst, wird es in die Queue geschrieben, bevor es an die Empfänger verteilt wird.

Nachrichten puffern

Die Pufferung dient u. a. dazu, dass Nachrichten sicher zugestellt werden, auch wenn Empfänger vorübergehend nicht erreichbar sind. Die Nachrichten bleiben in der Queue, bis der Empfänger bereit ist, sie zu verarbeiten, wodurch Nachrichtenverluste verhindert werden. Die gepufferten Nachrichten werden dabei in der gleichen Reihenfolge entnommen, wie sie in die Queue geschrieben werden (First-In-First-Out-Prinzip). Beim Erstellen der Queue ist es jedoch wichtig zu beachten, ob diese exklusiv erstellt wird oder nicht. Bei nicht exklusiven Queues werden die Ereignisse der Reihe nach den Empfängern zugeteilt, während exklusive Queues immer den gleichen Empfänger bedienen.

Queues erstellen

Sie erstellen die *Queues* über die gleichnamige Registerkarte in Ihrem Messaging Client. Im ersten Schritt werden die Queues ohne Konsumenten definiert. Diese können sich von selbst mit den entsprechenden Verbindungsinformationen auf die Queues registrieren (siehe Abbildung 8.10).

> **Unterschiedliche Menüpunkte für Queues**
> In Ihrem Event-Mesh-Service finden Sie einen Menüpunkt **Queues**. Unter diesem können Sie die Queues zwar sehen, aber keine neuen Queues anlegen. Dafür müssen Sie auf die entsprechende Registerkarte unter dem Menüpunkt bzw. der Detailansicht des **Message Client** navigieren.

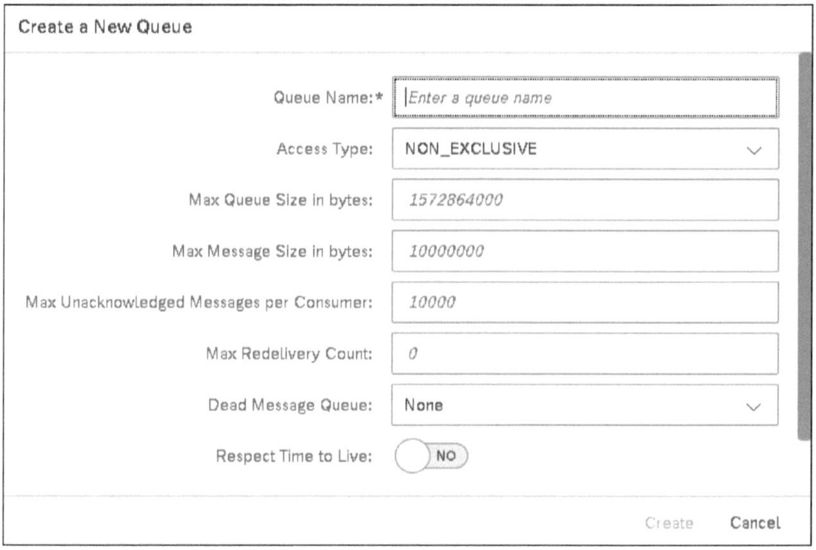

Abbildung 8.10 Event Mesh: Queue erstellen

Die Parameter der Queue sind weitestgehend selbsterklärend, auf zwei Parameter möchten wir aber speziell eingehen. Eine *Dead Message Queue* oder auch *Dead Letter Queue* ist eine spezielle Warteschlange, die dazu dient, Nachrichten oder Ereignisse zu sammeln, die aus verschiedenen Gründen nicht erfolgreich verarbeitet oder zugestellt werden konnten. Dies ermöglicht die spätere Untersuchung und Diagnose von Problemen und Fehlern im Nachrichtenaustauschprozess. Sie legen also separat eine Queue in Event Mesh an, die explizit diesem Zweck dient und beim Erstellen weiterer Queues referenziert werden kann. Das Kennzeichen **Respect Time to Live** definiert, ob Events in der Queue nach einer definierten Zeitspanne (in

Millisekunden) ablaufen. Nachrichten, die ihren Gültigkeitszeitraum überschreiten, werden aus der Queue entfernt.

Die neu erstellte Queue sollte anschließend in der Übersicht angezeigt werden. Sie sehen in dieser Anzeige auch, ob sich Nachrichten in der Queue befinden und wie viel Speicher die Queue einnimmt. Über die Spalte **Action** können Sie die Queue bearbeiten oder Details anzeigen. Über die Aktion **Purge Queue** können Sie alle Nachrichten aus einer Queue entfernen.

Queue mit Topics verknüpfen

Im nächsten Schritt müssen Sie nun die **Queue Subscriptions** pflegen. Darüber definieren Sie, welche Ereignisse und Themen in der Queue berücksichtigt werden. Wichtig dabei ist, dass die Subscriptions den Regeln entsprechen, die beim Erstellen des Messaging Clients definiert wurden, z. B. beginnend mit dem Namensraum (siehe Abbildung 8.11).

Abbildung 8.11 Event Mesh: Queue Subscriptions

Testnachricht an eine Queue senden

Wenn sich mehrere Queues für die gleichen Themen registrieren, dupliziert Event Mesh die Nachricht und schreibt sie in jede Queue. An dieser Stelle können Sie über die Registerkarte **Test** bereits prüfen, ob Ihre Queue funktioniert. Sie können Testereignisse an eine Queue oder an ein Topic senden (siehe Abbildung 8.12). Letzteres hilft Ihnen zu prüfen, ob eine Nachricht in alle registrierten Queues geschrieben wird. Außerdem können Sie aus einer Queue die nächste Nachricht lesen.

Ereignisse als Test aus einer Queue empfangen

Nachrichten werden nach dem erfolgreichen Lesen aus der Queue entfernt. Sie sollten bei Testereignissen also sicher sein, dass diese nicht für ein reales Empfängersystem bestimmt sind.

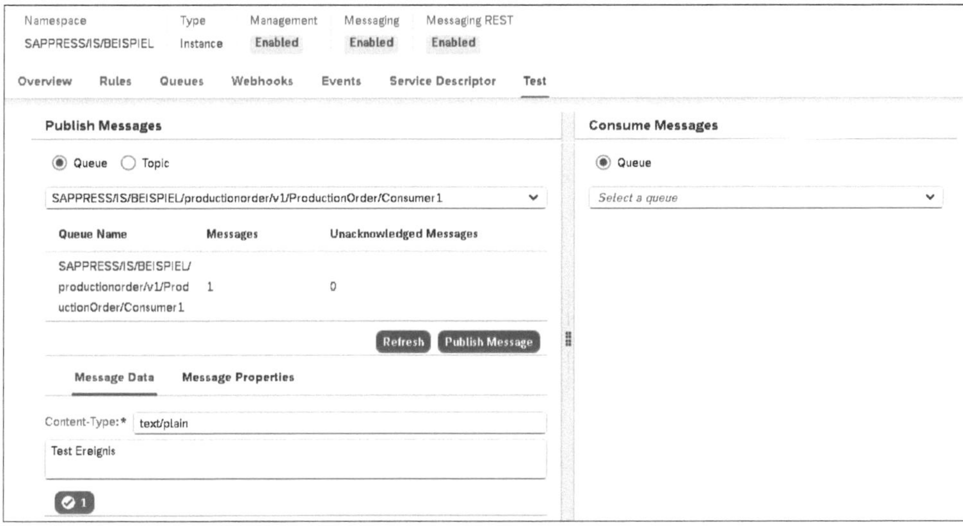

Abbildung 8.12 Event Mesh: Queue testen

Webhooks als alternatives Protokoll

Zusätzlich zu den Protokollen AMQP und MQTT gibt es noch die Möglichkeit, Ereignisse über Webhooks zu empfangen. Als *Webhooks* bezeichnet man eine Verbindung des empfangenden Systems zum Event Broker, um darüber Ereignisse zu empfangen. Dadurch sind diese einfach zu implementieren, da sie auf standardmäßigen HTTP-Protokollen basieren. Diese Option wird beim Erstellen des Messaging Clients über den Parameter `messagingrest` gesteuert. Sollten Sie keinen Webhook erzeugen können, prüfen Sie bitte zuerst diesen Parameter. Der größte Unterschied zwischen Webhooks und den anderen beiden Protokollen ist, dass Sie einen Webhook nur für einen spezifischen Consumer-Endpunkt erzeugen können. Dadurch ist die Kommunikation weniger flexibel; für neue Zielsysteme müssten Sie auch neue Webhooks erzeugen. Wir empfehlen Ihnen daher, diese Option nur dann zu nutzen, wenn der Empfänger nicht über AMQP oder MQTT kommunizieren kann. Webhooks können Sie auf der entsprechenden Registerkarte Ihres Messaging Clients verwalten. Auch können Sie hier neue Webhooks anlegen (siehe Abbildung 8.13). Voraussetzung dafür ist, dass Sie bereits mindestens eine Queue angelegt haben.

Die Parameter zur Konfiguration einer Webhook-Verbindung sind folgende:

- **Subscription Name**: Wählen Sie die Bezeichnung der Webhook-Verbindung.
- **Queue Name**: Wählen Sie die Queue aus, auf die sich der Webhook beziehen soll.

- **Quality of Service**: Hier stehen Ihnen zwei Optionen zur Auswahl:
  - 0 – keine Bestätigung vom Empfänger notwendig
  - 1 – Bestätigung notwendig; bei fehlender Bestätigung wird die Nachricht erneut gesendet
- **Exempt Handshake**: Über diese Option steuern Sie, ob ein Handshake mit der Webhook URL durchgeführt werden soll oder nicht.
- **On Premise**: Hier können Sie eingeben, ob die Verbindung über den Cloud Connector von SAP erfolgen soll oder nicht.
- **Webhook URL**: Hier geben Sie den Endpunkt des Empfängersystems ein.
- **Default Content-Type**: Der Content Type gibt das Format der Nachricht an, z. B. **application/json** oder **application/xml**.
- **Authentication**: Hier wählen Sie, welches Protokoll für die Anmeldung am Empfängersystem verwendet werden soll. Es wird Basic, OAuth oder keine Anmeldung unterstützt.

Abbildung 8.13 Event Mesh: Webhook erstellen

Authentifizierung der Sender und Empfänger

Nach diesen Schritten ist Event Mesh konfiguriert und kann Ereignisse empfangen und weiterleiten. Sender und Empfänger benötigen dafür einen Service Key zur *Authentifizierung* bei Event Mesh. Diesen *Service Key* erstellen Sie in der SAP BTP; er enthält alle benötigten Daten, um eine Verbindung mit Event Mesh und den Queues aufzubauen:

- Client ID und Client Secret
- Token URL zum Anfordern eines OAuth-Tokens

- Websocket URLs für die verschiedenen Protokolle
- Namensraum

Jedes sendende bzw. empfangende System erhält dabei einen eigenen Service Key (siehe Abbildung 8.14). Eine Möglichkeit zum Erstellen des Schlüssels finden Sie in Ihrem SAP-BTP-Subaccount. Navigieren Sie dafür über den Menüpunkt **Instances and Subscriptions** zur Instanz von Event Mesh.

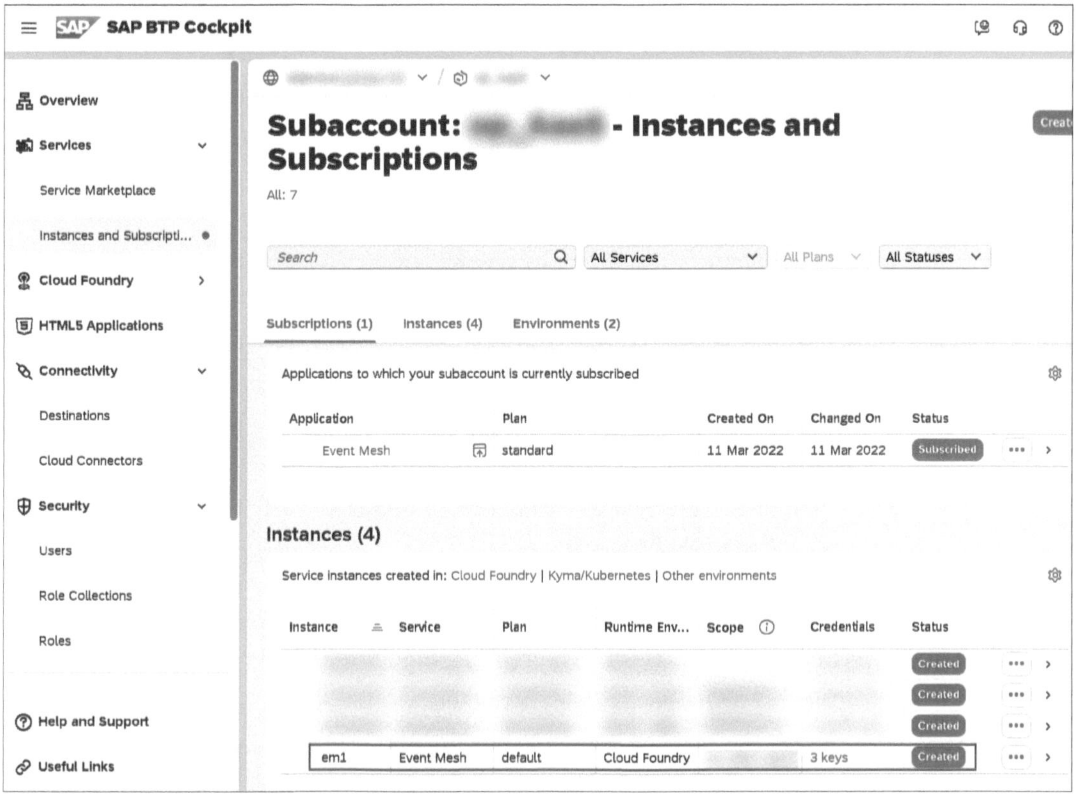

Abbildung 8.14 Event Mesh: Instanz in der SAP BTP

Hier können Sie auch sehen, ob und wie viele Service Keys bereits erstellt sind. Über die Schaltfläche [∘∘∘] (**Schnellaktion**) können Sie einen neuen Key anlegen. Die weiteren Parameter in Form eines JSON-Strings können Sie an dieser Stelle leer lassen.

Service Key herunterladen

Nachdem der Service Key erstellt worden ist, können Sie sich diesen anzeigen lassen bzw. herunterladen. Die Informationen werden im JSON-Format dargestellt, z. B. die Credentials für das Protokoll MQTT (siehe Abbildung 8.15). Laden Sie den Service Key herunter, da Sie ihn im nächsten Schritt benötigen, um Ihr SAP-System als Sender in Event Mesh zu registrieren.

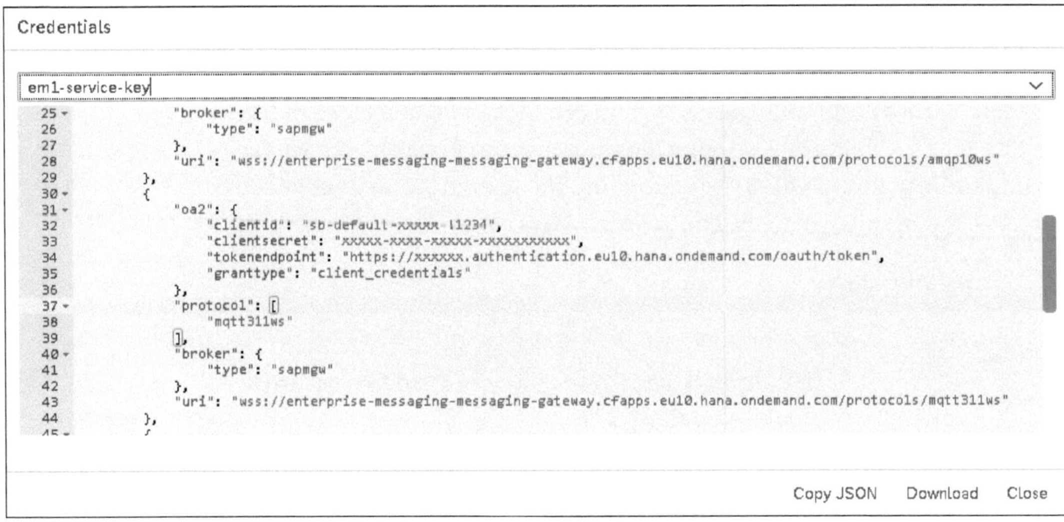

Abbildung 8.15 Event Mesh: Service Key

Gehen Sie mit dem Service Key vorsichtig um.

Der Service Key enthält sicherheitsrelevante Informationen und kann von Außenstehenden verwendet werden, um sich an Ihrem System anzumelden und Daten zu lesen/schreiben. Wir empfehlen Ihnen daher, vorsichtig mit der Datei umzugehen und sie nicht an Dritte weiterzugeben.

Events über Postman lesen und schreiben

Mithilfe dieses Service Keys können Sie nun externen Systemen ermöglichen, auf Event Mesh zuzugreifen. Ein verbreitetes Programm zum Testen von externen Zugriffen ist Postman.

APIs und HTTP-Anfragen über Postman testen

Postman ist eine nützliche Anwendung für Entwickler*innen, um APIs und andere Webservices zu testen. Postman ist in verschiedenen Versionen verfügbar, darunter auch als kostenlose Version, die die grundlegenden Funktionen enthält. Diese finden Sie unter dieser URL: *https://www.postman.com/downloads/*

Die grafische Oberfläche ermöglicht es Ihnen, HTTP-Anfragen zu verwalten: Sie können die bekannten Methoden `GET`, `POST`, `PUT`, `DELETE` usw. erstellen, Anfrageparameter, Header und Body einfach konfigurieren und diese Anfragen jederzeit ausführen und wiederholen.

Nachrichten schreiben

Sowohl das Schreiben als auch das Lesen der Events erfolgt über die `POST`-Methode. Legen Sie also einen neuen Aufruf an, und wählen Sie diese Methode. Als URL bzw. Host verwenden Sie die URL, die in Ihrem Service Key für den HTTP-REST-Endpunkt angegeben ist. Der weitere Pfad setzt sich wie folgt zusammen:

https://<host>/messagingrest/v1/queues/<Queue name>/messages

Der Queue-Name wird dabei vollständig mit Namensraum angegeben, so wie er auch in der Übersicht von Event Mesh angegeben wird. Sie müssen allerdings die / im Queue-Namen durch `%2f` ersetzen. In unserem Beispiel ergibt sich so die vollständige URL:

https://enterprise-messaging-pubsub.cfapps.eu10.hana.ondemand.com/messagingrest/v1/queues/SAPPRESS%2fIS%2fBEISPIEL%2fproductionorder%2fv1%2fProductionOrder%2fConsumer1/messages

[+]

Beispielaufrufe für Postman

In den Materialien zu diesem Buch finden Sie eine Collection mit Beispielen zum Schreiben und Lesen der Events in Postman (*www.sap-press.de/5831*). Diese können Sie über den Schaltfläche **Import** direkt in Ihre Installation importieren und als Vorlage verwenden.

Testaufruf konfigurieren

Anschließend wechseln Sie unterhalb des URL-Bereichs auf die Registerkarte **Auth**. Als Typ wählen Sie **OAuth 2.0** aus, und die Informationen erhalten Sie wieder aus dem Service Key. Dort sind in der Regel der Grant Type **Client Credentials** die Token URL sowie die Client ID und das Client Secret aufgeführt. Tragen Sie nun diese Informationen in die dafür vorgesehen Felder ein. Anschließend können Sie sich über die Schaltfläche **Get New Access Token** unterhalb der Informationen einen aktuellen Access Token anfordern. Auf der Registerkarte **Headers** werden Sie bereits einige automatisch erstellte Header-Parameter entdecken. Fügen Sie hier noch den Parameter `x-qos` mit dem Wert `0` hinzu. Eine Bestätigung sollte in unserem Testszenario nicht erforderlich sein, sodass dieser Wert ausreichen sollte. Anschließend stellen Sie auf der Registerkarte **Body** den Typ auf **raw** um und geben im Editor-Bereich einen Text ein. An dieser Stelle können Sie den Aufruf speichern. Sie können ihn beliebig über den Schaltfläche **Send** ausführen. Der HTTP-Status **204 No Content** zeigt an, dass das Event erfolgreich an die Queue übergeben worden ist (siehe Abbildung 8.16). Der Zähler in der Queue-Übersicht sollte entsprechend angestiegen sein.

Zum Lesen der Events können Sie jetzt einen weiteren Request erstellen oder den bestehenden Request kopieren. Ergänzen Sie in der URL am Ende des Pfads */consumption*. Es ergibt sich also die vollständige URL:

https://<host>/messagingrest/v1/queues/<Queue name>/messages/consumption

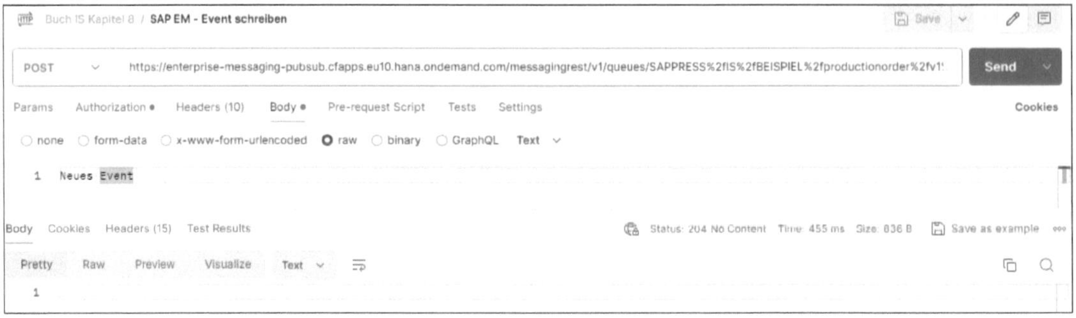

Abbildung 8.16 Event Mesh: Postman-Event schreiben

Nach dem Ausführen dieses Requests erscheint im unteren Bereich als Antwort das nächste anstehende Event, z. B. das Event aus dem letzten Schritt. Erhalten Sie auch hier den Status **204 No Content**, stehen keine weiteren Events in der Queue zum Abrufen bereit (siehe Abbildung 8.17).

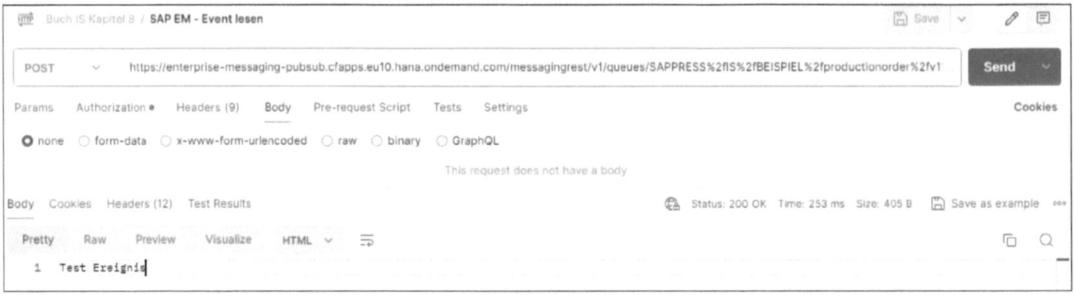

Abbildung 8.17 Event Mesh: Postman-Event lesen

Mit wenig Aufwand lassen sich also Events über Postman schreiben und lesen. Dies ist ein hilfreiches Mittel auch für andere Schnittstellen der SAP Integration Suite, und es ermöglicht schnelle und frühe Tests in der Entwicklung. Da wir nun wissen, dass es möglich ist, Ereignisse von außerhalb in die Event-Mesh-Queues zu schreiben bzw. daraus zu lesen, möchten wir als Nächstes ein SAP-ERP-System als Erzeuger anbinden. In unserem Fall ist dies ein SAP-SAP-S/4HANA-System, die benötigten Add-ons sind aber auch für SAP ECC erhältlich.

SSL-Zertifikatsaustausch

Eine gesicherte Kommunikation über HTTPS sollte standardmäßig möglich sein. Damit dies möglich ist, müssen Sie das *SSL-Zertifikat* von Event Mesh in Ihrem SAP-ERP-System bekannt machen. Dazu öffnen Sie die Token URL aus dem Service Key in Ihrem Browser und laden dort das Zertifikat herunter, indem Sie auf die Schloss-Schaltfläche links von der Adresszeile klicken (siehe Abbildung 8.18; das Aussehen kann je nach Browser und Version variieren).

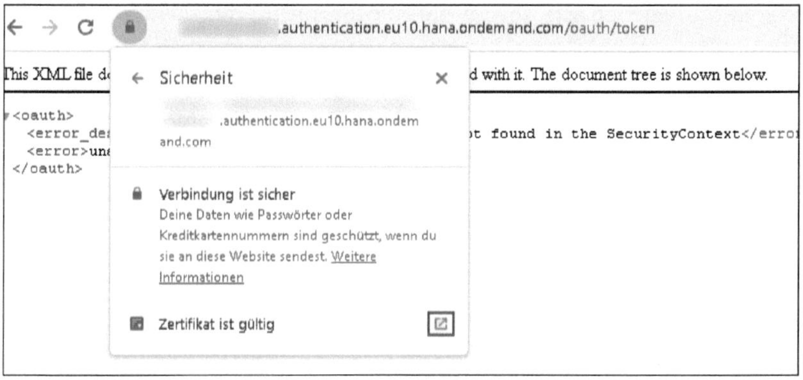

Abbildung 8.18 SSL-Zertifikat herunterladen

Anschließend melden Sie sich in Ihrem SAP-System an, um dort das Zertifikat hochzuladen. Öffnen Sie Transaktion STRUST und den Eintrag **SSL-Client (Standard)**. Im mittleren Bildbereich sehen Sie, welche Zertifikate bereits in der Zertifikatsliste eingespielt sind; darunter können Sie weitere Zertifikate hinzufügen (siehe Abbildung 8.19).

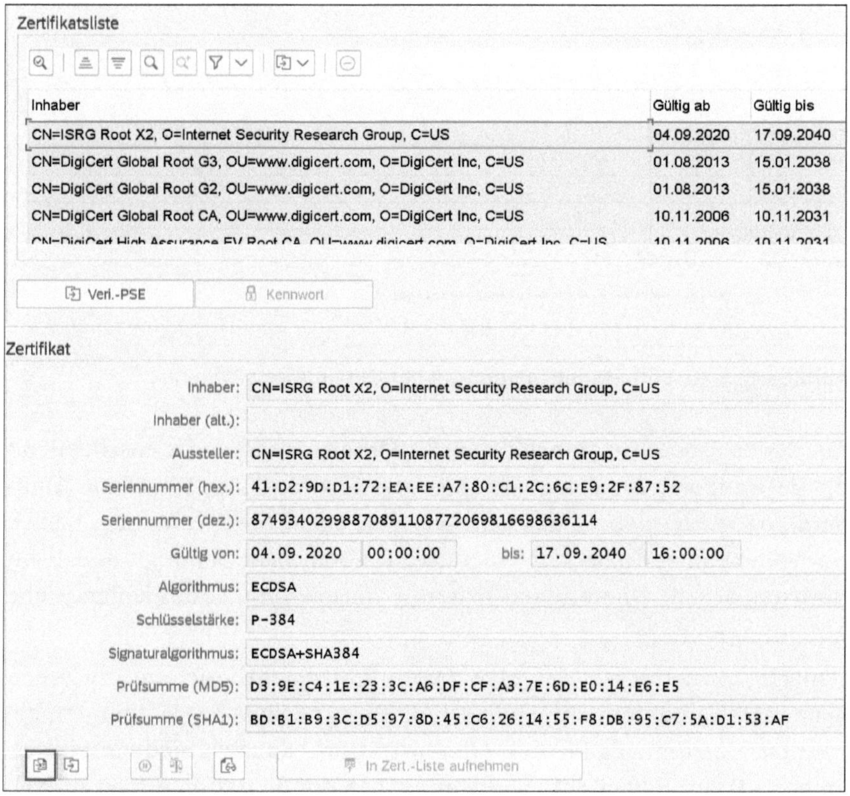

Abbildung 8.19 STRUST: Zertifikat importieren

Anschließend begeben wir uns an die Konfiguration der technischen Verbindung und der Ereignisse selbst. Das Customizing für Events finden Sie unter **SPRO • SAP NetWeaver • Bereitstellung von Unternehmens-/technischen Ereignissen**. Legen Sie unter **Administration • Kanalverbindungseinstellungen • RFC-Destination verwalten** eine neue Verbindung vom Typ **G – HTTP-Verbindung zu ext. Server** an (siehe Abbildung 8.20). Den Host und Pfad entnehmen Sie wieder dem Service Key, in diesem Fall aus dem Bereich für das Protokoll MQTT.

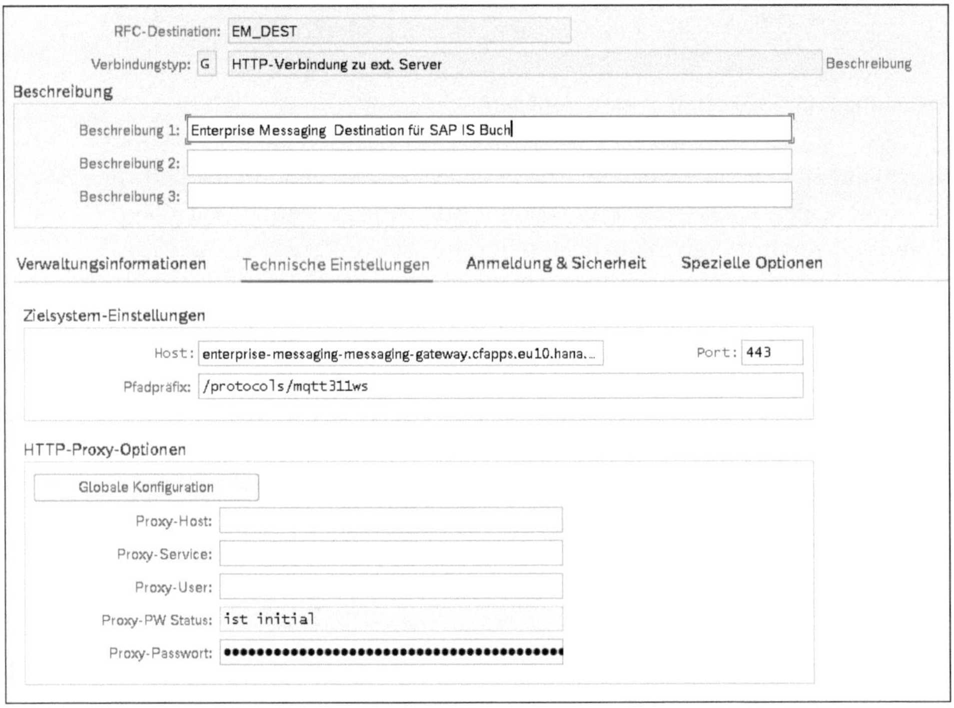

Abbildung 8.20 Verbindungsparameter der Destination pflegen

Auf der Registerkarte **Anmeldung & Sicherheit** aktivieren Sie anschließend die Verwendung von SSL und wählen die Zertifikatsliste **SSL-Client (Standard)**, da wir hier vorab das Zertifikat von Event Mesh hinterlegt haben. Anmeldebenutzer bzw. Anmeldeticket werden nicht benötigt, da wir im nächsten Schritt eine Authentifizierung mittels OAuth2 einrichten (siehe Abbildung 8.21).

OAuth2 konfigurieren

Danach konfigurieren Sie eine OAuth-Vertrauensbeziehung zwischen Event Mesh und dem SAP-ERP-System. Dazu navigieren Sie über den bekannten Customizing-Pfad zu **Administration • Kanalverbindungseinstellungen • OAuth-Client-Setup verwalten**. Die Konfiguration erfolgt in Web Dynpro in einem separaten Browserfenster.

Abbildung 8.21 SSL-Zertifikat der Destination einrichten

Web-Dynpro-Konfiguration

Web Dynpro ist eine Oberflächentechnologie von SAP, über den Browser eingesetzt wird. In der Regel sollte diese in Ihrem SAP-System bereits eingerichtet sein, da Web Dynpros vielfältig eingesetzt werden. Sollten sich bei Ihnen das Web-Dynpro-Fenster nicht öffnen, prüfen Sie, welche Schritte für eine Grundkonfiguration von Web Dynpros fehlen könnten.

Legen Sie eine neue Konfiguration an, und wählen Sie das Profil /IWXBE/MGW_MQTT (siehe Abbildung 8.22). Den Namen können Sie frei vergeben; die Client ID finden Sie im Service Key.

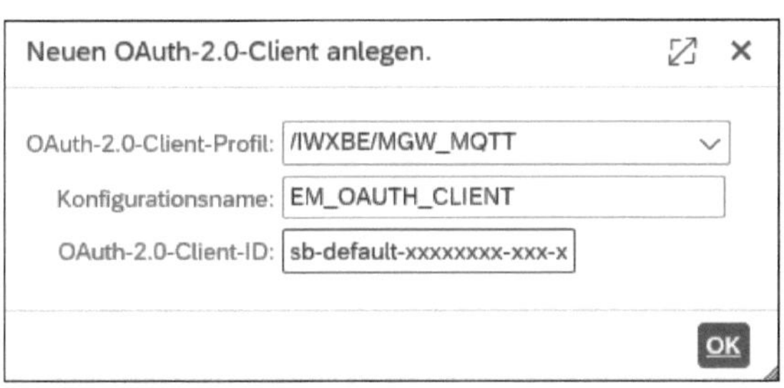

Abbildung 8.22 OAuth-Konfiguration anlegen

Zusätzliche Parameter pflegen

Nachdem Sie den *OAuth Client* angelegt haben, können Sie die weiteren Konfigurationsparameter ergänzen (siehe Abbildung 8.23). Client Secret und Token Endpoint finden Sie wieder im Service Key, für den Berechtigungsendpunkt ersetzen Sie in der URL /token durch /authorize. Passen Sie außerdem die weiteren Parameter wie im Screenshot dargestellt an. Die Parameter steuern, wie die Anmeldeparameter technisch übergeben werden. Da Event Mesh im Service Key den Grant Type **Client Credentials** erfordert, müssen die Parameter hier analog eingerichtet werden (siehe Abbildung 8.23).

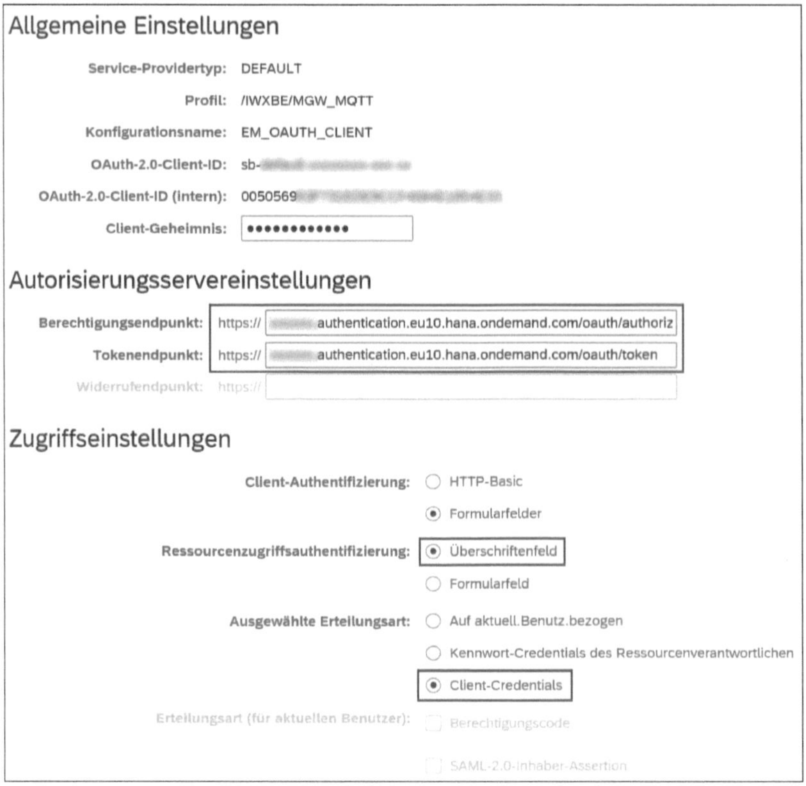

Abbildung 8.23 OAuth-Konfiguration einrichten

Event-Kanal im SAP-System

Nachdem die technische Verbindung und die Authentifizierung eingerichtet worden sind, können Sie mit diesen Informationen einen *Event-Kanal* anlegen. Der Kanal führt alle Konfigurationen zusammen und stellt das Gegenstück zum Event Broker dar. Sie geben an, welche Events über welche Verbindung gesendet werden sollen, wie oft im Fehlerfall wiederholt werden soll und noch weitere Parameter. Öffnen Sie den bekannten Customizing-Pfad, und wählen Sie **Administration • Kanalverbindungseinstellungen • Kanal und Parameter verwalten**.

Über die Schaltfläche ▢ (**Anlegen**) können Sie einen neuen Kanal anlegen (siehe Abbildung 8.24). Das Protokoll `MQTT_311_WS` ist bereits vorausgewählt und kann auch nicht geändert werden; den Kanalnamen und die Beschreibung können Sie hingegen frei wählen. Destination und OAuth-2.0-Konfiguration entnehmen Sie den vorangehenden Schritten, und für die OAuth-Konfiguration gibt es in der uns vorliegenden Version leider keine Wertehilfe. Als Topic Space geben Sie den Namensraum aus Ihrem Service Key an. Anschließend können Sie noch die optionalen Parameter nach Ihren Wünschen anpassen.

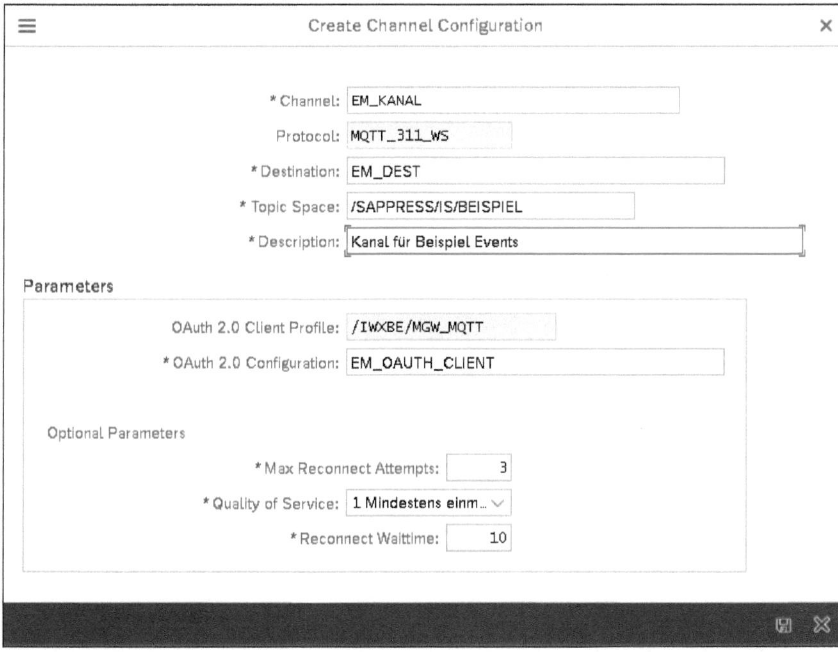

Abbildung 8.24 Event-Kanal anlegen

Konfiguration automatisch erzeugen

Über die Schaltfläche via Service Key können Sie den Event-Kanal inklusive der Systemverbindung und der OAuth-2.0-Konfiguration automatisch aus dem Service Key erzeugen lassen. Dazu geben Sie lediglich die Objektnamen vor und kopieren den JSON Key in das vorgesehene Textfeld; das System erzeugt nun die Verbindung, die OAuth-Konfiguration und auch den Event-Kanal in einem Schritt. Wir wollten Ihnen hier allerdings die Einzelschritte manuell demonstrieren, damit Sie im Problemfall die einzelnen Konfigurationsobjekte kennen und prüfen können.

Beim Anlegen über den Service Key wird außerdem aktuell ein Fehler erzeugt, wenn Sie mehrere Eventkanäle hintereinander anlegen möchten. Wenn Sie die Fehlermeldung »Der angegebene Serviceschlüssel ist initial« erhalten, müssen Sie einmal die Transaktion verlassen und neu starten.

Bevor Sie den Kanal verwenden können, müssen Sie diesen noch über die Schaltfläche Activate <-> Deactivate aktivieren (siehe Abbildung 8.25).

Abbildung 8.25 Event-Kanal aktivieren

Event auswählen

Im letzten Schritt können Sie definieren, welche Events das SAP-System versenden soll. SAP hat für nahezu alle Standardobjekte die Events `Create`, `Update` und `Delete` vorbereitet, sodass Sie diese in der Konfiguration nur noch auswählen müssen. Dazu wählen Sie den Customizing-Pfad **SPRO • SAP NetWeaver • Bereitstellung von Unternehmens-/technischen Ereignissen**. Unter **Konfiguration • Ausgangsevent-Themen bearbeiten** finden Sie Ihren zuvor angelegten Kanal und können diesem die gewünschten *Event-Themen* zuordnen (siehe Abbildung 8.26).

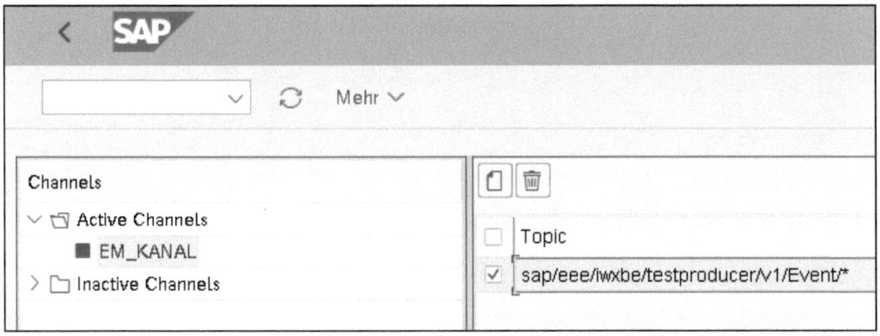

Abbildung 8.26 Dem Kanal Events zuordnen

Wenn Sie auf die Schaltfläche [Anlegen-Symbol] (**Anlegen**) klicken, öffnet sich eine Suchhilfe, und Sie können die für Sie relevanten Events auswählen. Die Themen sind wiederum hierarchisch aufgebaut und zum Teil mit Wildcards versehen. Das in Abbildung 8.26 dargestellte Event `sap/eee/iwxbe/testproducer/v1/Event/*` beinhaltet demnach die Events:

- `Event/Conversion`
- `Event/HealthCheck`
- `Event/Ping`
- `Event/Test`

Wie die Event-Namen zeigen, verwenden wir diese, um einige Test-Events an Event Mesh zu senden. Analog können Sie hier Events auswählen, die für Sie relevant sind. Der Kanal fängt anschließend automatisch an, die gewählten Events zu versenden; Sie müssen keine weiteren Konfigurationen in den jeweiligen Modulen durchführen. Um nun Test-Events zu versenden, öffnen Sie Transaktion /IWXBE/EVENT_DEMO (siehe Abbildung 8.27).

Transaktionen für Business Events

Alle Transaktionen rund um dieses Thema starten mit `/IWXBE/*`. Unter diesem Namensraum finden Sie alles, was für das Thema der Business Events relevant ist. Bei Problemen und Fehlern können Sie sich z. B. in Transaktion /IWXBE/ERROR_LOG umschauen.

Da die Transaktionen mit einem / beginnen, müssen Sie noch ein zusätzliches /n oder /o vorwegstellen. Ansonsten erhalten Sie von SAP GUI eine Fehlermeldung.

Abbildung 8.27 Test-Event aus dem SAP-System versenden

Event testen

Das Ereignisthema ist nur relevant, wenn Sie verschiedene Queues testen möchten. Der Test generiert demnach Events in den Topics »Event/Test« bzw. »Events/Conversion«, je nachdem, welche Variante Sie wählen. Wählen Sie den Event-Kanal, über den Sie die Testnachrichten versenden möchten. Die Anzahl ändert in dem uns vorliegenden System aktuell nichts; es wird immer genau ein Test-Event versendet. Anschließend kann dieses Ereignis über die bereits gezeigten Werkzeuge in Event Mesh oder Postman gelesen werden. Zu diesem Zweck empfiehlt es sich gegebenenfalls, eine separate Queue für diese Test-Events anzulegen (siehe Abbildung 8.28). Dazu gibt es zwei Herangehensweisen: Entweder geben Sie das gesamte Thema an, um explizit diese Test-Events zu empfangen, oder Sie legen eine globale Subscription mit der Wildcard * an, um testweise alle Events zu diesem Namensraum zu empfangen.

Abbildung 8.28 Queue für Test-Events anlegen

Test-Events kommen nicht an

Wenn Sie die Tests anstoßen, in Event Mesh aber keine Nachrichten ankommen, prüfen Sie die folgenden Punkte:

- Der Event-Kanal in SAP ist aktiv.
- In Event Mesh haben Sie eine Queue mit passenden Subscriptions angelegt.
- Die Transaktion /IWXBE/ERROR_LOG zeigt keine Fehlermeldungen.
- Prüfen Sie weitere Monitore unter **SPRO • SAP NetWeaver • Bereitstellung von Unternehmens-/technischen Ereignissen • Überwachung** (Hierbei handelt es sich um Hintergrundprogramme, die die Verbindung zu Event Mesh aufrechterhalten bzw. das Versenden der Events übernehmen.)

8.3 SAP Integration Suite, Advanced Event Mesh

Motivation für Advanced Event Mesh

Wer eine heterogene IT-Landschaft mit vielen verschiedenen IT-Systemen betreibt, findet viele verschiedene Anwendungsfälle für ereignisbasierte Prozesse. Ein zentraler *Event Broker* in der SAP BTP schränkt die Gesamtarchitektur dabei mitunter stark ein. Externe Systeme müssen an die Cloud angebunden werden, und gegebenenfalls müssen Firewalls oder andere Sicherheitsmechanismen geprüft und angepasst werden. Für manche Prozesse sind die Kommunikationswege in eine zentrale Instanz länger, als es der eigentliche Nutzen rechtfertigt. Aus diesem Grund hat SAP das Konzept um die Funktion *SAP Integration Suite, Advanced Event Mesh* (im Folgenden nur Advanced Event Mesh genannt) erweitert. Hierbei handelt es sich um einen Event Broker auf der Basis von *Kubernetes*. Durch diesen offenen Standard können Sie diesen Event Broker oder gegebenenfalls gleich mehrere Instanzen überall in Ihrem Netzwerk oder Ihrer Architektur anbringen. Hierdurch entsteht vor allem auch das namensgebende Mesh, ein Netz aus Event Brokern, die untereinander kommunizieren und Ereignisse weiterleiten.

Vorteile von Advanced Event Mesh

Sie können Advanced Event Mesh auf den großen Hyperscalern betreiben oder lokal in Ihrem Rechenzentrum. Sie benötigen lediglich eine Laufzeitumgebung für Kubernetes. Durch diese spezielle Architektur ermöglicht Advanced Event Mesh ein *lokales Event Routing* innerhalb des Rechenzentrums oder Hyperscalers. Werden Events ausschließlich in benachbarten Systemen benötigt, können diese lokal verteilt werden. Dies sorgt für eine höhere Geschwindigkeit und Sicherheit, da die Events im bekannten Netzwerk verbleiben. Verteilte Advanced-Event-Mesh-Instanzen können dabei miteinander agieren. Dadurch können Sie sich gegen Ausfälle einzelner Instanzen schützen oder eine regionale bzw. technologische Verteilung der Events konfigurieren. Wie bereits bei der Definition der Topics beschrieben, können Sie z. B. die Region als Hierarchiestufe im Topic festlegen (siehe Abschnitt 8.1). Die Events werden im ersten Schritt an den regionalen Advanced Event Mesh verteilt; dieser übernimmt dann die Weiterleitung an das entsprechende Zielsystem.

Advanced Event Mesh ist vor allem für umfangreiche Event-Architekturen gedacht. Der Event Broker lässt sich in verschiedenen Leistungsstärken konfigurieren, sodass er auch für kleinere Szenarien sinnvoll genutzt werden kann. Weitere Unterschiede zu Event Mesh zeigen sich aber dann, wenn größere Nachrichten verarbeitet werden sollen oder die Anzahl der Nachrichten stark ansteigt. Im Prinzip lässt sich Advanced Event Mesh in allen Szenarien einsetzen, in denen auch Event Mesh genutzt werden kann. Seine Stärken spielt Advanced Event Mesh aber vor allem in größeren oder komplexeren Architekturen aus. Wenn Sie ein globales Netz an Event Brokern aufbauen möchten oder Ereignisse die lokale Infrastruktur nicht verlassen dürfen, ist Advanced Event Mesh vermutlich die bessere Wahl.

8.4 Beispiel einer Industrie-4.0-Integration mit Event Mesh

Use Case Industrie 4.0

Viele unserer Kunden sind in der *fertigenden Industrie* tätig. Das bedeutet, dass sie mit der Produktion von physischen Gütern beschäftigt sind, speziell im Bereich Maschinenbau und Elektronik. Der Anlagenbau befasst sich als Teilbereich dieser Branche damit, effiziente Produktionsanlagen zu planen, zu bauen und zu betreiben. Komplexe Anlagen sind eine teure Investition, die sich oft erst nach vielen Jahren rechnet und demnach einige Zeit im Betrieb ist. Ein klassisches Beispiel für eine solche Investition ist etwa die Installation von Sensoren zur Überwachung der Maschinenparameter. Diese ermöglichen die technische Überwachung im fortlaufenden Betrieb der Maschine. Wenn Messwerte außerhalb der Norm auftreten, deutet dies möglicherweise auf einen technischen Defekt hin, und ein Event wird erzeugt. Die Anlage kann gezielt auf Basis dieses Events geprüft werden, wodurch ein Ausfall vermieden werden kann. Am Ende spart dies Kosten, da der *Produktionsablauf* reibungsloser verläuft und es zu weniger ungeplanten Störungen kommt.

Da dieses Szenario in Zusammenhang mit dem *Internet of Things* (IoT) überall ausreichend beschrieben ist, möchten wir hier ein etwas anderes Beispiel vorstellen. Wie in vielen anderen Industrien und Bereichen des alltäglichen Lebens wächst auch in der fertigenden Industrie die Bedeutung des Themas Nachhaltigkeit. Nachhaltigkeit in der Produktion bezieht sich z. B. auf die Umsetzung von umweltfreundlichen, sozial verantwortlichen und wirtschaftlich tragfähigen Praktiken in den Herstellungsprozessen. Diese Ansätze sind entscheidend, um die Umweltauswirkungen zu reduzieren, Ressourcen effizienter zu nutzen und den sozialen und ökonomischen Nutzen zu maximieren. Letztendlich versucht man, den ideologischen Aspekt von Nachhaltigkeit mit einem finanziellen Nutzen zu kombinieren. Eine Reduzierung des Materialverbrauchs durch die effizientere Verwendung von Rohstoffen führt z. B. direkt zu geringeren Beschaffungskosten oder Kosten für die Abfallentsorgung. Indirekt kann aber auch ein verbessertes Markenimage Wettbewerbsvorteile verschaffen, indem Neukunden gewonnen werden, die Nachhaltigkeit schätzen.

Nachhaltigkeit verbessern

Der Kunde in diesem Beispiel steht konkret vor der Herausforderung, das Thema *Nachhaltigkeit* messbar zu machen. Lange Produktionsstraßen mit einigen Maschinen laufen rund um die Uhr. Der Verbrauch von Rohstoffen lässt sich anhand der Lagerbestände noch bewerten, aber z. B. den *Energieverbrauch* oder die *Schadstoffemission* eines Produktionsvorgangs zu messen, ist deutlich schwieriger. Auch hier wird u. a. auf Sensoren und Ereignisse aus den Fertigungsanlagen zurückgegriffen (siehe Abbildung 8.29). Es ist bekannt, wie viel Schadstoffe die laufende Maschine in einem Zeitraum erzeugt bzw. wie viel Energie die Maschine verbraucht. Wenn also gemessen wird, wann ein Produktionsschritt startet und endet, kann der Verbrauch und der Schadstoffausstoß auf diesen Zeitraum heruntergebrochen werden. In Zusammenarbeit mit dem Kunden fangen wir zunächst klein an – erste Events kommen aus SAP ERP, indem Start und Ende aus dem geplanten Fertigungsauftrag entnommen werden. Später werden die Messpunkte ausgeweitet und Events aus dem Fertigungssteuerungssystem (auch *MES-System*) oder sogar von der Maschine selbst empfangen. Ein MES-System ist ein Informationssystem, das produzierende Unternehmen einsetzen, um die Fertigungsprozesse in Echtzeit zu überwachen, zu steuern und zu optimieren. Es ermöglicht die *Echtzeitüberwachung*, einschließlich Maschinenstatus, Fertigungsauftragsfortschritt und Qualitätskontrolle. Damit sind die Daten realistischer als aus dem ERP-System.

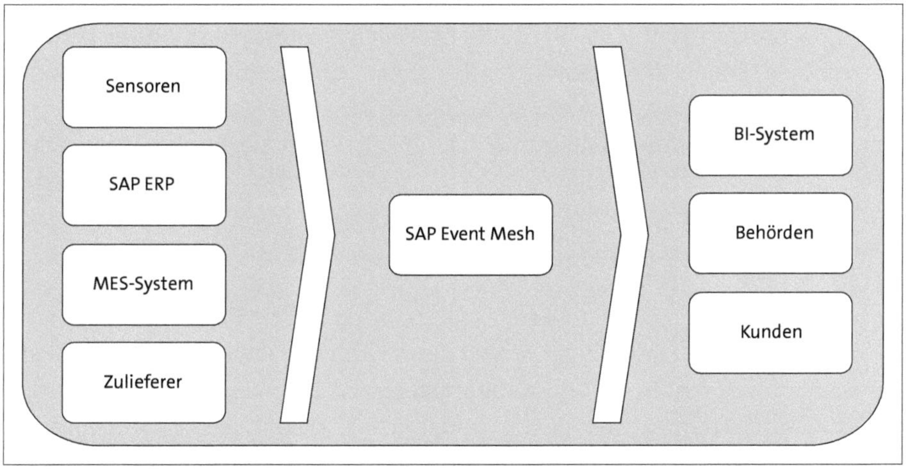

Abbildung 8.29 Beteiligte Systeme bei der Emissionsbewertung einer Produktionskette

Gründe für Event Mesh in Industrie 4.0

Es werden mehr und mehr Ereignisse in die Nachhaltigkeitsberechnung einbezogen. Der Kunde hat sich zum Ziel gesetzt, diesen persönlichen *Nachhaltigkeitsindex* langfristig zu senken. Warum haben wir in diesem konkreten Fall auf Events gesetzt? Dies hatte mehrere Gründe:

- Die Events werden in Echtzeit kommuniziert. Start und Ende eines Produktionsvorgangs werden sofort in Event Mesh registriert und können direkt in die Berechnung einfließen.
- Die einzelnen Nachrichten sind leichtgewichtig. In vielen Fällen benötigen Sie nur einen Zeitstempel.

- Die Events können ohne komplizierte Protokolle versendet werden. So können Sie auch Daten direkt aus den Sensoren oder Maschinen empfangen.
- Jedes Ereignis kann explizit einem Sender zugeordnet werden. So kann die Berechnung der Nachhaltigkeit zusätzlich auf Teilbereiche, wie z. B. eine einzelne Maschine, heruntergebrochen werden.
- Event Mesh erhöht die Flexibilität der Lösung. Sie können ohne größeren Aufwand neue Events durch weitere Sensordaten oder Messpunkte im Prozessablauf ergänzen oder weitere Empfänger zu Auswertungszwecken hinzufügen.

Einer der größten Vorteile der ereignisbasierten Kommunikation in diesem Szenario ist aber die *Entkopplung* der Empfänger. Das Thema Nachhaltigkeitsberechnung steckt noch in den Kinderschuhen. Jederzeit werden neue Grenzwerte definiert oder Vorgaben gemacht. Es wird z. B. auch überlegt, die Nachhaltigkeit eines Produkts über die ganze Wertschöpfungskette zu messen. Sollen die Messwerte z. B. an ein behördliches System gesendet werden oder die Messwerte von Halbfabrikaten der Zulieferer einbezogen werden, ist dies durch neue Subscriptions in Event Mesh schnell gemacht.

8.5 Zusammenfassung

Durch eine ereignisgesteuerte Architektur erreichen Sie eine Entkopplung von Sender und Empfänger, womit Sie die Abhängigkeiten senken und Fehler minimieren. In diesem Kapitel haben wir die verschiedenen eventgesteuerten Architekturen gezeigt und welche Capabilities SAP dafür vorgesehen hat. Wir haben Ihnen Event Mesh und SAP Integration Suite, Advanced Event Mesh, vorgestellt. Zum Abschluss des Kapitels haben wir ein Beispiel aus der Praxis durchgespielt und Ihnen die Verwendung einer eventgesteuerten Architektur im Industrie-4.0-Umfeld gezeigt.

Kapitel 9
Cloud Connector

SaaS-Lösungen bieten Unternehmen dringend benötigte Vorteile in Bezug auf Standardisierung und Innovationskraft. Um diese Lösungen nutzen zu können, müssen diese die Brücke zwischen On-Premise- und Cloud-Systemen schlagen. Der Cloud Connector stellt dabei eine zentrale Komponente dar, um eine sichere Verbindung zur SAP Integration Suite und anderen Lösungen aufzubauen.

Aufbau des Kapitels

Der *Cloud Connector* ist ein entscheidendes Instrument für Unternehmen, die hybride IT-Lösungen betreiben und bei denen lokale und cloudbasierte Systeme nahtlos zusammenarbeiten müssen. Er erleichtert die Integration und den Datenaustausch und ist damit ein wichtiger Baustein, um die Unternehmensarchitektur aufzubauen. In diesem Kapitel zeigen wir Ihnen die wichtigsten Schritte, um die Kommunikation zwischen der SAP BTP und Ihren lokalen Systemen zu ermöglichen. Für tiefergehende Konfigurationsmöglichkeiten und sicherheitsrelevante Aspekte empfehlen wir aber, auf zusätzliche Literatur zurückzugreifen. In Abschnitt 9.1 stellen wir Ihnen zunächst die Grundlagen des Cloud Connectors und dessen zentrale Funktion vor. In Abschnitt 9.2 unterstützen wir Sie bei seiner Konfiguration und zeigen Ihnen die wichtigsten Einstellungen. Abschließend gehen wir in Abschnitt 9.3 auf das Konzept Principal Propagation ein.

9.1 Grundlagen

Der Cloud Connector ist eine von SAP bereitgestellte Komponente, die sichere Verbindungen zwischen *lokalen Systemen* (On-Premise-Systemen) und *Cloud-Diensten* von SAP herstellt. Diese Verbindung ermöglicht die Integration von Daten und Prozessen zwischen den beiden Umgebungen und ist besonders relevant für Unternehmen, die hybride IT-Landschaften betreiben oder aufbauen möchten, in denen sowohl lokale als auch cloudbasierte Systeme eingesetzt werden. Diese Verbindungen können für verschiedene Zwecke genutzt werden, einschließlich Datenaustausch, Aufrufen von Remote-Funktionen oder von OData-Services. Daher ist der

Cloud Connector für die Nutzung der SAP Integration Suite in den meisten Fällen unerlässlich. Dabei sind m:n-Verbindungen möglich, d. h., dass Sie mehrere SAP-BTP-Accounts bzw. -Subaccounts und gleichzeitig verschiedene On-Premise-Systeme über einen einzelnen Cloud Connector anbinden können.

Sicherheit Eine wichtige Aufgabe des Cloud Connectors ist daher auch die Steuerung und Absicherung des Datenverkehrs von der Cloud in Ihre On-Premise-Systeme in Form eines Reverse Proxy. Dieser bildet einen Schutzschild für Ihre internen Server, indem der Cloud Connector den direkten Zugriff von externen Clients auf diese Server verhindert. Sie können Sicherheitsrichtlinien und Authentifizierung (siehe Abschnitt 9.3, »Principal Propagation«) durchsetzen, um sicherzustellen, dass die internen Server nur autorisierte Anfragen erreichen.

9.2 Wichtigste Einstellungen

Der Cloud Connector basiert auf Java bzw. dem bekannten *Apache-Tomcat-Server* und kann auf verschiedenen Microsoft-Windows-, Linux- oder auch MacOS-X-Servern installiert werden. Die Administrationsoberfläche ist anschließend auf diesem Server per Browser aufrufbar.

[»]

SAP-Hilfe zum Cloud Connector

Die offizielle SAP-Hilfe mit weiteren Informationen ist unter *http://s-prs.de/v993315* aufrufbar. Hier finden Sie weitere hilfreiche Informationen zur Installation und Konfiguration sowie ein FAQ mit häufig auftretenden Fragestellungen.

Administration des Cloud Connectors Die Oberfläche des Cloud Connectors ist analog zur SAP BTP aufgebaut – auf der linken Seite befindet sich ein Menübaum, und zentral finden Sie die aktuellen Inhalte (siehe Abbildung 9.1).

Hier dargestellt, sehen Sie einen Überblick der angebundenen SAP-BTP-(Sub-)Accounts sowie den aktuellen Verbindungsstatus. Diese Liste dürfte bei der Erstanmeldung natürlich leer sein.

Verbindung mit der SAP BTP herstellen Je nach Version Ihres Cloud Connectors haben Sie hier die Möglichkeit, über die Schaltfläche **+ Add Subaccount** einen neuen SAP-BTP-Subaccount anzubinden bzw. über die Schaltflächen **Backup** und **Restore** eine Sicherung Ihres Cloud Connectors zu erstellen. Wenn Sie auf **+ Add Subaccount** klicken, öffnet sich das Fenster in Abbildung 9.2.

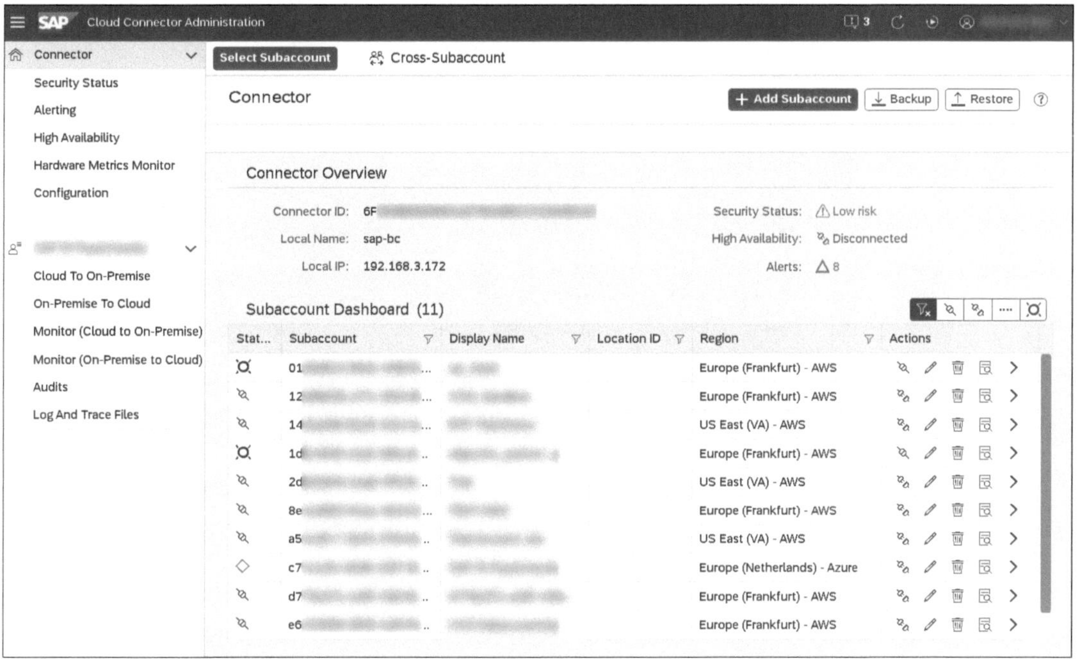

Abbildung 9.1 Übersicht der Cloud-Connector-Oberfläche

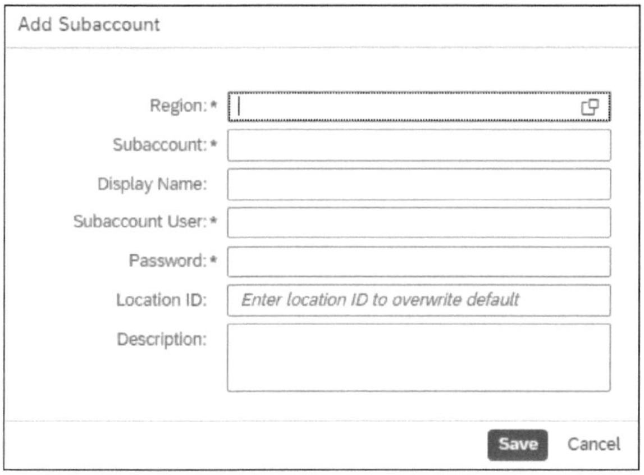

Abbildung 9.2 Subaccount hinzufügen

Die benötigten Verbindungsinformationen finden Sie in Ihrem Subaccount selbst (siehe Abbildung 9.3).

Benutzer für die Verbindung anlegen

Je nachdem, welcher SAP-BTP-Account-Typ (Neo oder Cloud Foundry) verwendet wird, benötigen Sie für die Verbindung einen Subaccount-Benutzer mit den Berechtigungen, einen Cloud Connector anzubinden. Dazu sollten in Ihrem Subaccount die Berechtigungsrollen **Security Administrator**, **Sub-**

account Administrator, **Cloud Connector Administrator** oder ähnliche Berechtigungsrollen vorhanden sein.

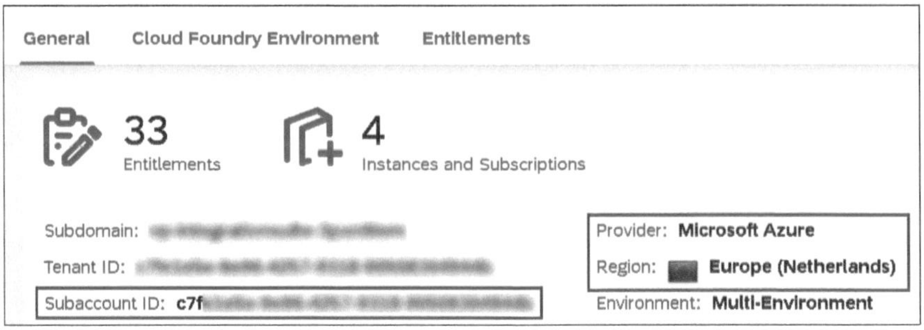

Abbildung 9.3 Verbindungsinformationen für den Cloud Connector

Wurde die Verbindung erfolgreich hergestellt, wird der Cloud Connector im SAP-BTP-Subaccount unter dem Menüpfad **Connectivity • Cloud Connectors** aufgeführt.

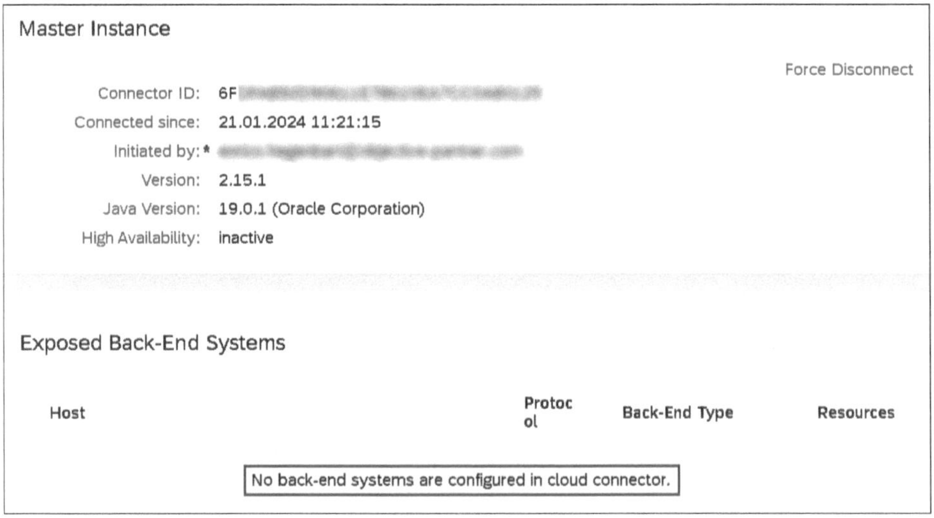

Abbildung 9.4 Übersicht aller verbundenen Cloud-Konnektoren

Verbindung zu lokalen Systemen aufbauen

Wie es Abbildung 9.4 zeigt, ist Ihr Subaccount mit dem Cloud Connector verbunden; es sind allerdings noch keine lokalen Backend-Systeme verknüpft. Diese Verbindung stellen wir im nächsten Schritt her. Öffnen Sie dazu wieder die Konfigurationsoberfläche Ihres Cloud Connectors, und wählen Sie über die Schaltfläche **Select Subaccount** den zuvor konfigurierten Account aus. Anschließend navigieren Sie im Seitenmenü zum Punkt **Cloud To On-Premise**, wie es in Abbildung 9.5 zu sehen ist.

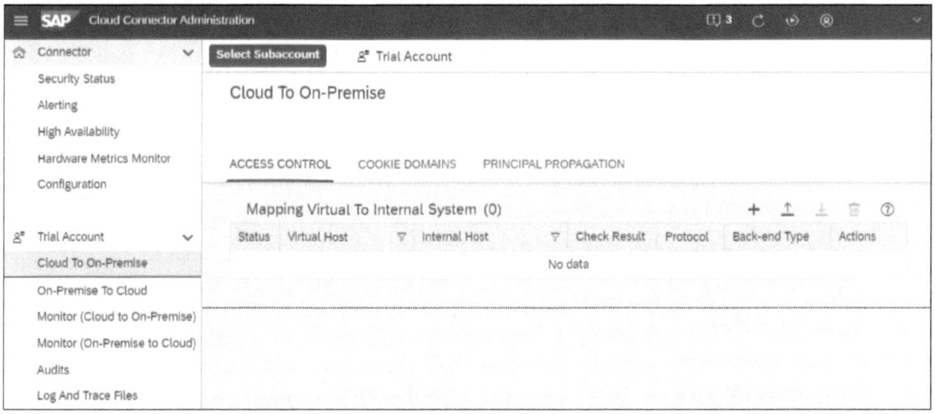

Abbildung 9.5 Übersicht der Backend-Systeme

Nun können Sie über die Schaltfläche [+] eine neue Systemverbindung anlegen. Im ersten Schritt wählen Sie dafür den gewünschten Systemtyp aus. Das klassische SAP-ECC- bzw. SAP-S/4HANA-System fällt in die Kategorie der ABAP-Systeme (siehe Abbildung 9.6).

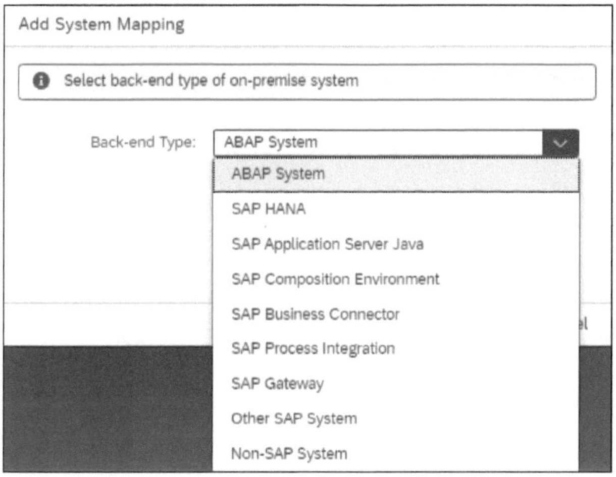

Abbildung 9.6 Systemtyp auswählen

Verbindungsparameter

Im nächsten Schritt wählen Sie das gewünschte Protokoll, z. B. HTTPS für OData-Aufrufe. In den letzten Schritten geben Sie noch einen internen sowie einen virtuellen Host und Port an. Der interne Host stellt die reale Verbindung zwischen Cloud Connector und On-Premise-System dar; hier müssen Sie also die Adresse Ihres Systems angeben. Der virtuelle Host wird später in der SAP BTP als Verbindung zum Backend-System angesprochen. Aus Sicherheitsgründen empfiehlt es sich, den virtuellen Host abweichend von den realen Verbindungsdaten zu pflegen. Haben Sie die Verbindung erfolgreich angelegt, können Sie die Verbindung in einem letzten Schritt prüfen, um sicherzustellen, dass die Verbindung erfolgreich hergestellt wurde.

Verbindung kann je nach Szenario abweichen

Die hier konfigurierte Verbindung ist nur als Beispiel zu sehen. Die konkreten Verbindungsdetails wie Systemtyp, Protokoll und freigegebene Ressourcen können in Abhängigkeit Ihrer konkreten Anforderungen abweichend sein.

An dieser Stelle ist die Verbindung zu Ihrem System technisch möglich, Sie müssen allerdings noch Ressourcen freigeben, auf die die Verbindung zugreifen darf (siehe Abbildung 9.7). Bei OData-Services sind dies z. B. die Systempfade oder bei RFC-Aufrufen die Pakete.

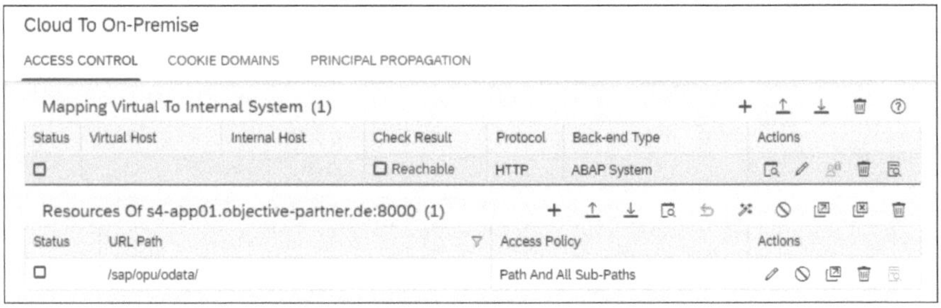

Abbildung 9.7 Ressourcen für die Verbindung freigeben

Die Einstellungen in Bezug auf Principal Propagation haben wir in dieser Konfiguration vorerst übersprungen. Auf das Thema gehen wir im folgenden Abschnitt näher ein.

9.3 Principal Propagation

Mithilfe von *Principal Propagation* können Sie Authentifizierungsinformationen zwischen verteilten Systemen übertragen. Das Konzept bezieht sich auf die Weitergabe von Identitätsinformationen, die von einem Benutzer oder einer Entität (dem Principal) zur Verfügung gestellt wurden, um diesen Benutzer in allen beteiligten Systemen zu identifizieren. Häufig wird über dieses Verfahren eine *Single-Sign-on-Anmeldung* (SSO-Anmeldung) über verschiedene Systeme ermöglicht, sodass ein Benutzer mit nur einer Anmeldung auf mehrere Anwendungen oder Dienste zugreifen kann, ohne sich erneut anmelden zu müssen.

Grundlagen von Principal Propagation

Principal Propagation beginnt mit der erfolgreichen *Authentifizierung* eines Benutzers in einem Teil des verteilten Systems. Dies kann durch Benutzernamen und Passwort, Zwei-Faktor-Authentifizierung (2FA), Zertifikate oder andere Authentifizierungsmethoden erfolgen. Das System hält dabei beispielsweise die erfolgreiche Anmeldung in Form eines Sicherheitstokens fest. Dieses Token wird anschließend beim Aufruf weiterer Systeme übertragen. Damit Principal Propagation funktioniert, müssen die verschiedenen Teile des verteilten Systems untereinander Vertrauensbeziehungen etablieren, sodass die Sicherheitstokens von anderen Systemen akzeptiert werden. Zusätzlich mit dem Token wird die Identität des Benutzers übertragen, um diesen in jedem beteiligten System zu identifizieren. Dadurch können dem Benutzer in jedem System Berechtigungsrollen zugewiesen werden.

Principal Propagation mit dem Cloud Connector

Mit dem Cloud Connector können Sie Principal Propagation in der Verbindung zum Backend-System konfigurieren, entweder direkt beim Herstellen der Verbindung (siehe Abschnitt 9.2) oder nachträglich (siehe Abbildung 9.8).

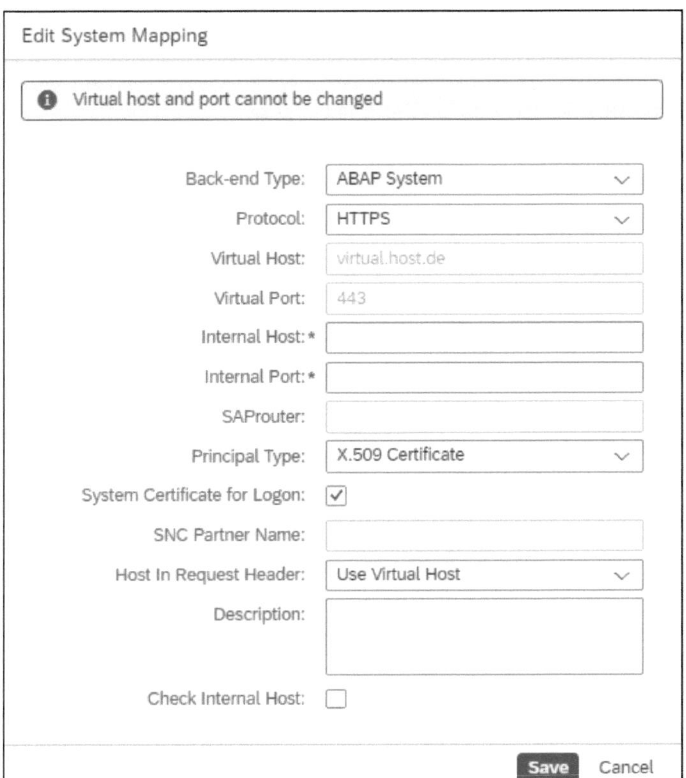

Abbildung 9.8 Systemverbindung ändern

[»]

Standards für den Identitätsaustausch

Abhängig davon, welchen Verbindungstyp Sie wählen, stehen Ihnen verschiedene Standards für den Identitätsaustausch zur Verfügung. Funktional unterscheiden sich die Typen wenig, in der Konfiguration sind aber zum Teil unterschiedliche Parameter erforderlich.

Häufig verwendete Standards sind z. B. Kerberos (häufig in lokalen Infrastrukturen) oder X.509-Zertifikate (beliebt im Webumfeld).

Der Cloud Connector ist somit konfiguriert, um Anmeldeinformationen an das Backend-System weiterzuleiten. Für eine erfolgreiche SSO-Anmeldung muss zusätzlich eine Vertrauensbeziehung zwischen dem Backend-System und dem *Identity Provider* hergestellt werden (siehe Abschnitt 2.4, »Verwaltung des SAP-BTP-Accounts«).

9.4 Zusammenfassung

Eine direkte Verbindung von der SAP Integration Suite zu den Systemen Ihres Unternehmensnetzwerks ist mit einigen Hürden verbunden und birgt ein mögliches Sicherheitsrisiko, da Sie diverse Ports in Ihrer Firewall für den Zugriff von außen öffnen müssen. In diesem Kapitel haben wir Ihnen eine Möglichkeit gezeigt, wie Sie eine sichere Verbindung von Ihrer SAP Integration Suite zu Ihren Backend-Systemen aufbauen können – über den Cloud Connector. Wir haben Ihnen grundlegend gezeigt, wie Sie den Cloud Connector einrichten und nutzen. Zum Abschluss sind wir auf das wichtige Thema Principal Propagation eingegangen und haben hier beschrieben, wie Sie Authentifizierungsdaten vom Sendersystem bis hin zum Empfängersystem durchrooten können. In Bezug auf den Cloud Connector sind Sie damit für die wichtigsten Anwendungsfälle in Kombination mit der SAP Integration Suite gerüstet. Der Cloud Connector ist aber auch in anderen Szenarien eine zentrale Komponente. Weitere Informationen finden Sie z. B. im Buch »Cloud Connector für SAP« von Martin Koch und Siegfried Zeilinger (SAP PRESS 2023, *www.sap-press.de/5761*).

Kapitel 10
Hybride Szenarien

In vielen Architekturen wird die SAP Integration Suite als direkter Ersatz für SAP Process Integration und SAP Process Orchestration genutzt. Eine Integration in die Cloud ist nicht notwendig. Hierzu zeigen wir Ihnen verschiedene Ansätze, wie die Integration mit einem reinen On-Premise-Ansatz erfolgen kann.

Gründe für eine hybride Integration

Die *hybride Integration* bezieht sich darauf, dass Sie Integrationslösungen und -ansätze kombinieren, die sowohl in der Cloud als auch on-premise lauffähig sind. Eine solche Architektur ermöglicht Ihnen die Flexibilität, schrittweise auf cloudbasierte Technologien umzusteigen, ohne Ihre bestehende Systemlandschaft zu beeinflussen. Dies kann aus verschiedensten Gesichtspunkten für Sie relevant sein:

- Sie modernisieren Teile Ihrer IT-Infrastruktur, indem Sie Cloud-Lösungen einführen; zentrale Systeme betreiben Sie aber weiterhin on-premise.
- Sie achten berechtigterweise darauf, welche Daten Ihre lokalen Systeme und Netzwerke verlassen. Für den Großteil Ihrer Schnittstellen ist eine Verbindung zum Internet nicht notwendig.
- Sie möchten die Vorteile der SAP Integration Suite nutzen, Ihre Systeme werden aber on-premise betrieben.

Diese Anforderungen können Sie mit einer hybriden Integrationslösung abdecken und sind gleichzeitig zukunftssicher aufgestellt. Wie Ihnen die SAP Integration Suite zu einer solchen Architektur verhilft, zeigen wir Ihnen in diesem Kapitel. Falls Sie SAP Process Orchestration bereits im Einsatz haben, zeigen wir Ihnen in Abschnitt 10.1, wie Sie die Inhalte der SAP Integration Suite in SAP Process Orchestration nutzen können. In Abschnitt 10.2 zeigen wir Ihnen, wie Sie mithilfe der Edge Integration Cell eine hybride Integration durchführen.

10.1 Cloud Integration Content in SAP Process Orchestration

Wechsel in die Cloud

SAP Process Orchestration ist eine On-Premise-Integrationslösung von SAP. Diese wird somit innerhalb Ihres Netzes installiert und fungiert als Drehkreuz zwischen SAP- und Nicht-SAP-Anwendungen sowie zwischen Ihrem Netzwerk und der Außenwelt. Mit der Einführung der SAP Integration Suite wurde die Architektur der Integrationslösung von on-premise auf Cloud verändert. Sowohl Integrationsobjekte als auch die Laufzeitumgebung befand bzw. befindet sich in der Cloud. Auch wenn die SAP Integration Suite aufgrund ihrer Architektur eine sichere Anwendung ist, liegt es an den Integrationsentwickler*innen, den Zugriff auf die einzelnen Endpunkte, Daten und Protokolle so abzusichern, dass unbefugte Personen und Anwendungen keinen Zugriff erhalten, da keine Barriere, wie z. B. eine Firewall beim Zugriff auf die SAP Integration Suite existiert, die Sie als Kunde steuern können. Sie waren gezwungen, wenn Sie sich für die SAP Integration Suite entschieden haben, Ihre Daten über die Cloud zu schleusen, egal ob es sich um eine Ground2Ground-, Ground2Cloud- oder Cloud2Cloud-Integration handelte. Um diesem Sachverhalt entgegenzuwirken, führte SAP in SAP Process Orchestration den Cloud Integration Content ein. Dadurch haben Sie die Möglichkeit, in der SAP Integration Suite zentral Objekte zu entwickeln, können diese im späteren Verlauf des Implementierungsprozesses in SAP Process Orchestration deployen und nutzen dadurch die Laufzeit innerhalb Ihres Netzwerks.

Gründe für eine hybride Integrationslandschaft

Zusammenfassend können die folgenden Gründe für den Nutzen des Cloud Integration Contents gegeben werden:

- *Ground2Ground-Szenarien*: Sie müssen den Datenverkehr nicht in die Cloud leiten, da sich alle angebundenen Systeme im gleichen Netzwerk wie Ihre SAP-Process-Orchestration-Instanz befinden.
- *Ground2Cloud-Szenarien*: Sie entscheiden, welche Daten in die Cloud-Anwendung geladen werden.
- *Regulatorische Gründe*: Datenschutz-, Sicherheits- oder Datenspeicherregeln können verhindern, dass Sie bestimmten Schnittstellenverkehr durch die Cloud senden.

In Abschnitt 10.2 lernen Sie eine weitere Methode kennen, um Integrationsobjekte innerhalb Ihres Netzwerks zu deployen. Da sich die Voraussetzungen und die Architektur z. B. deutlich von denen in SAP Process Orchestration unterscheiden, wählen Sie aufgrund der Unsicherheit das Deployment in SAP Process Orchestration.

In diesem Abschnitt erfahren Sie, wie Sie den *Cloud Integration Content* von SAP Process Orchestration einrichten und richtig nutzen. Abbildung 10.1 zeigt den Implementierungsprozess.

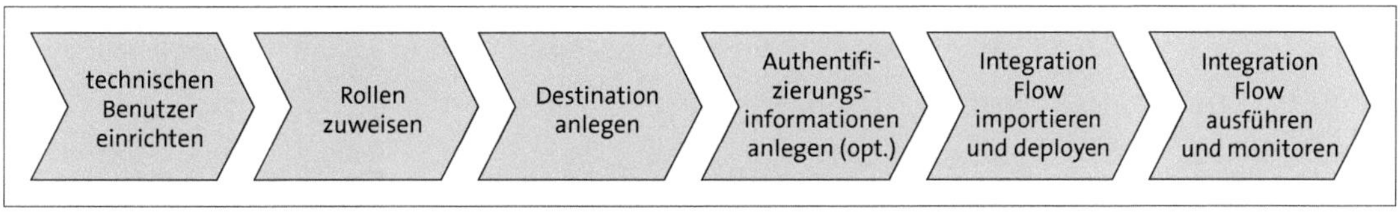

Abbildung 10.1 Prozessanbindung des Cloud Integration Contents

Kommunikationsbenutzer für den Zugriff aus SAP Process Orchestration

Bevor Sie mit der Einrichtung des Cloud Integration Contents in SAP Process Orchestration beginnen können, müssen Sie zunächst einen technischen Benutzer auf der SAP BTP in dem Subaccount anlegen, in dem auch die SAP Integration Suite provisioniert ist. Alternativ können Sie Ihren oder einen anderen administrativen Benutzer wählen. Wichtig ist, dass diesem Benutzer die folgenden Rollen zugewiesen sind:

- `AuthGroup.ContentAuthor`
- `PI_Administrator`
- `PI_Business_Expert`
- `PI_Integration_Developer`
- `PI_Read_Only`

URL für eine Destination finden

Damit SAP Process Orchestration Ihre Szenarien von der SAP Integration Suite abholen kann, wird eine URL benötigt. Navigieren Sie dafür im SAP-BTP-Subaccount zu Ihren Instanzen. Für die SAP Integration Suite haben Sie einen Service mit dem Namen *Process Integration Runtime* provisioniert. Klicken Sie auf die Schaltfläche **1 key** in der Spalte **Credentials** (siehe Abbildung 10.2).

Instance	Service	Plan	Runtime Environment	Scope ⓘ	Credentials
API	API Management, API ...	apiportal-apiaccess	Cloud Foundry	integration suite space	1 key
pi-runtime-iflow	Process Integration Ru...	integration-flow	Cloud Foundry	integration suite space	1 key

Abbildung 10.2 URL aus der Process-Integration-Runtime-Serviceinstanz entnehmen

Es werden die Authentifizierungsinformationen angezeigt, die Sie normalerweise nutzen, um einen Integration Flow zu starten. Die benötigte URL entnehmen Sie dem Element `url` (siehe Abbildung 10.3).

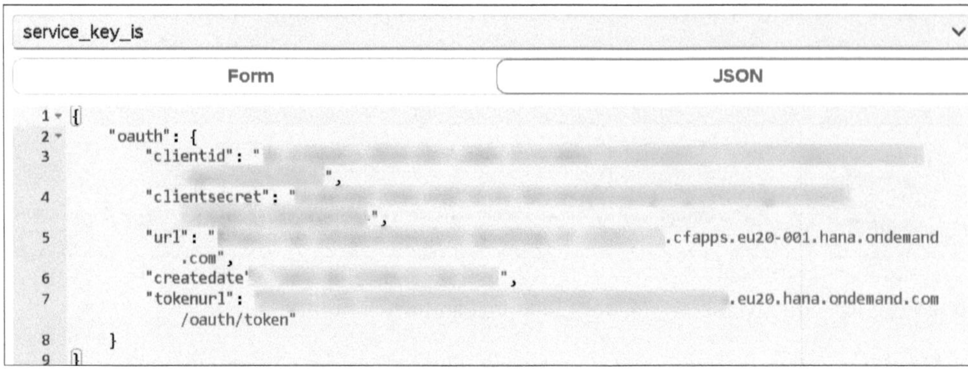

Abbildung 10.3 Tenant-URL

Verbindung von SAP Process Orchestration konfigurieren

In SAP Process Orchestration müssen Sie zunächst mithilfe des Konfigurationsassistenten das Cloud Integration Content Cockpit aktivieren. Navigieren Sie in SAP Process Orchestration zum *NetWeaver Administrator* (URL: *http(s)://[SAP PO Host]:[SAP PO Port]/nwa*). Über den Pfad **Konfiguration • Szenarien** finden Sie den Konfigurationsassistenten (siehe Abbildung 10.4).

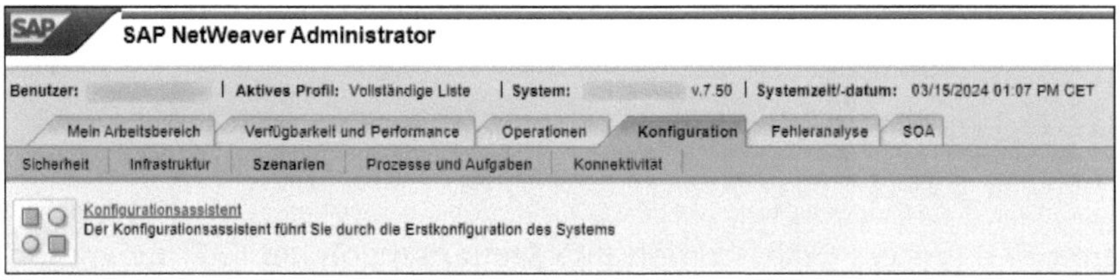

Abbildung 10.4 Konfigurationsassistenten finden

Wählen Sie im Konfigurationsassistenten die Option **PI Cloud Integration Content** aus, und klicken Sie auf die Schaltfläche **Start**. Daraufhin wird die Aktivierung vorgenommen und ein Protokoll (Schaltfläche **Log View**) angezeigt (siehe Abbildung 10.5).

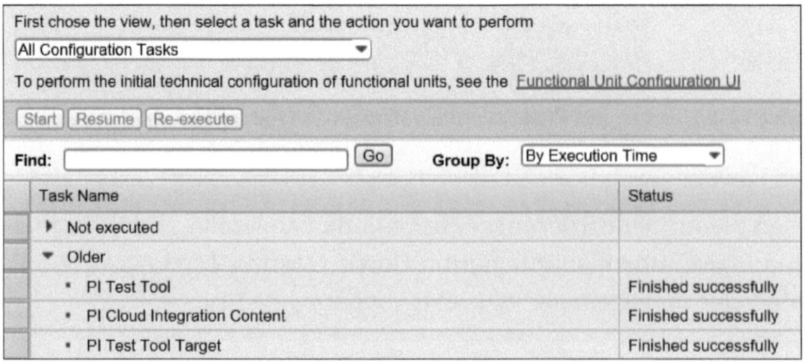

Abbildung 10.5 Cloud Integration Content aktivieren

Sobald die Aktivierung durchgeführt worden ist, wird Ihnen unter den Process-Integration-Tools (URL: *http(s)://[SAP PO Host]:[SAP PO Port]/dir*) im Bereich **Integration Directory** die Option **Cloud Integration Content** angezeigt. Das Cloud Integration Content Cockpit erreichen Sie auch direkt über die folgende URL: *http(s)://[SAP PO Host]:[SAP PO Port]/IGWGBDeploy/Admin*.

Verbindung zur Integration

Sie haben im Cloud Integration Content Cockpit die Möglichkeit, Integrationsszenarien aus einer Datei hochzuladen. Sollten Ihre Unternehmensrichtlinien dies verlangen, können Sie auf die Anlage einer Destination verzichten, haben allerdings den Aufwand, die Integrationsszenarien zuvor aus der SAP Integration Suite herunterzuladen.

10

Destination zur SAP Integration Suite anlegen

Für den Abruf der Daten bzw. Szenarien aus der SAP Integration Suite wird eine Destination benötigt. Diese Destination legen Sie im NetWeaver Administrator über **Konfiguration • Infrastruktur • Destinationen** an. Klicken Sie auf die Schaltfläche **Anlegen**. Tragen Sie im ersten Schritt (**General Data**) die Daten aus Abbildung 10.6 ein:

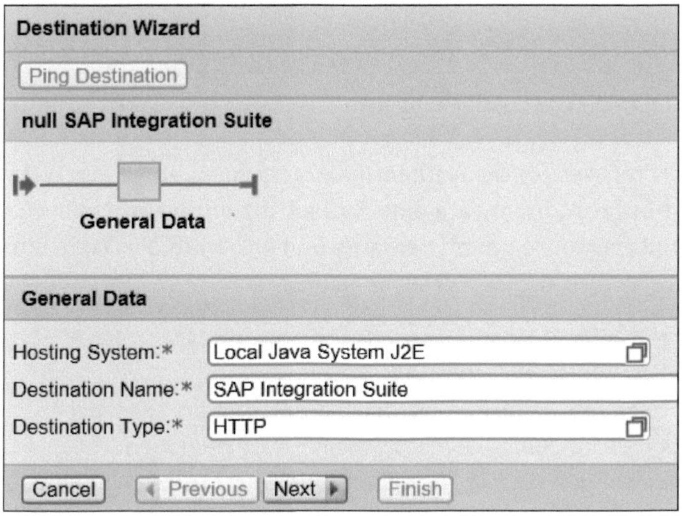

Abbildung 10.6 Destination anlegen

- **Hosting System**: Local Java System J2E
- **Destinationsname**: Ihr gewünschter Name
- **Destinationstyp**: HTTP

Im zweiten Schritt tragen Sie die URL ein, die Sie aus dem Service Key in der SAP BTP extrahiert haben (siehe Abbildung 10.7).

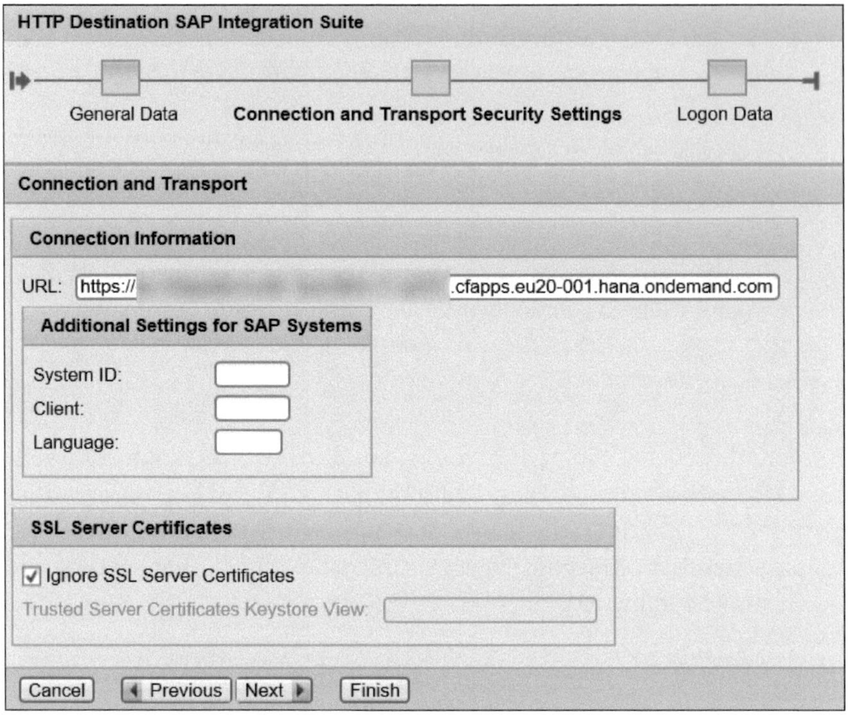

Abbildung 10.7 URL in die Destination eingeben

Authentifizierung pflegen

Im letzten Schritt müssen Sie die Authentifizierungsdaten eingeben. Wählen Sie zunächst unter **Authenticate** eine Authentifizierungsmethode wie z. B. Basic aus, und tragen Sie unter **Username** und **Password** die Daten ein, die Sie für die Kommunikation vorgesehen haben.

[+]

Kommunikation mit der SAP Integration Suite

Sollten Sie Verbindungsprobleme mit der SAP Integration Suite haben, könnte es an den Cipher Suites liegen. Schauen Sie sich in diesem Zusammenhang gegebenenfalls die SAP-Hinweise 2569156 und 2616423 an. Nutzen Sie auch den Service *https://www.ssllabs.com/ssltest*, zusammen mit der genutzten URL in der Destination, um die in SAP Process Orchestration installierten Cipher Suites abzugleichen.

Damit Sie im Cloud Integration Content Cockpit arbeiten können, benötigt Ihr Benutzer in SAP Process Orchestration die Rolle `SAP_XI_CONFIGURATOR`.

Laufzeitprofil in der SAP Integration Suite

Aufseiten von SAP Process Orchestration sind die Voraussetzungen abgeschlossen. Sie müssen nun in der SAP Integration Suite das Laufzeitprofil aktivieren, das zum Service Pack von SAP Process Orchestration passt. Navigieren Sie dafür aus dem SAP-Integration-Suite-Hauptmenü über den Pfad **Settings • Integration**, den Sie über das Icon finden. Auf der Registerkarte **Runtime Profiles** klicken Sie auf die Schaltfläche **Edit** und aktivieren das passende Laufzeitprofil, indem Sie die Umschaltfläche auf **On** stellen (siehe Abbildung 10.8).

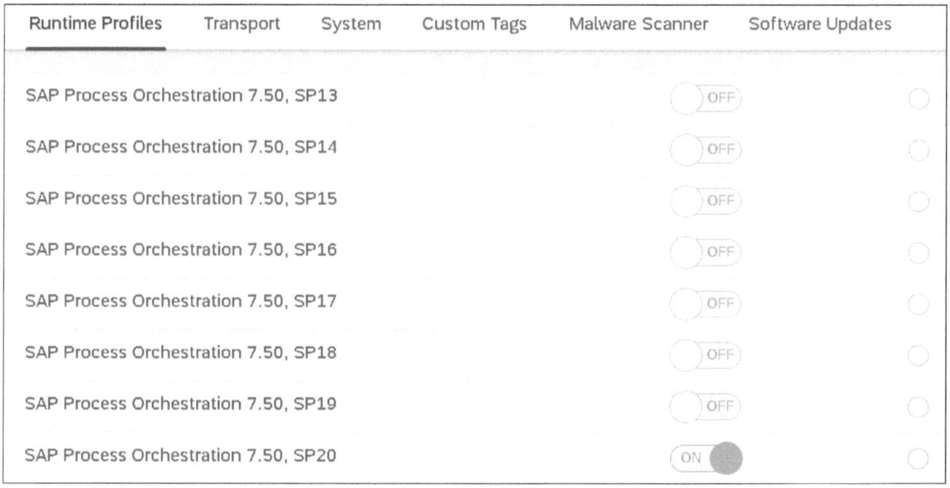

Abbildung 10.8 Laufzeitprofil für den Cloud Integration Content aktivieren

Im nächsten Schritt können Sie einen Integration Flow implementieren, der auf das Laufzeitprofil abgestimmt ist. Während der Anlage des Integration Flows (siehe dazu Abschnitt 5.1.1, »Artefakte«) achten Sie auf die Auswahl des richtigen Laufzeitprofils (siehe Abbildung 10.9).

Laufzeitprofil wählen

Neben dem Laufzeitprofil Cloud Integration haben Sie nun auch die Auswahl eines weiteren Laufzeitprofils, das dem Service Pack von SAP Process Orchestration entspricht. Modellieren Sie Ihren Integration Flow. Beachten Sie, dass ein Deployment auf dem Cloud-Integration-Tenant eines Integration Flows, das ein SAP-Process-Orchestration-Laufzeitprofil nutzt, nicht möglich ist. Es erscheint die Fehlermeldung aus Abbildung 10.10.

Fehlermeldung Cloud Integration Content Cockpit

Wenn Sie Integration Flows im Cloud Integration Cockpit deployen, die das Laufzeitprofil Cloud Integration innehaben, erscheint die Fehlermeldung »The Component [komponentenname] is not supported in Runtime profile«.

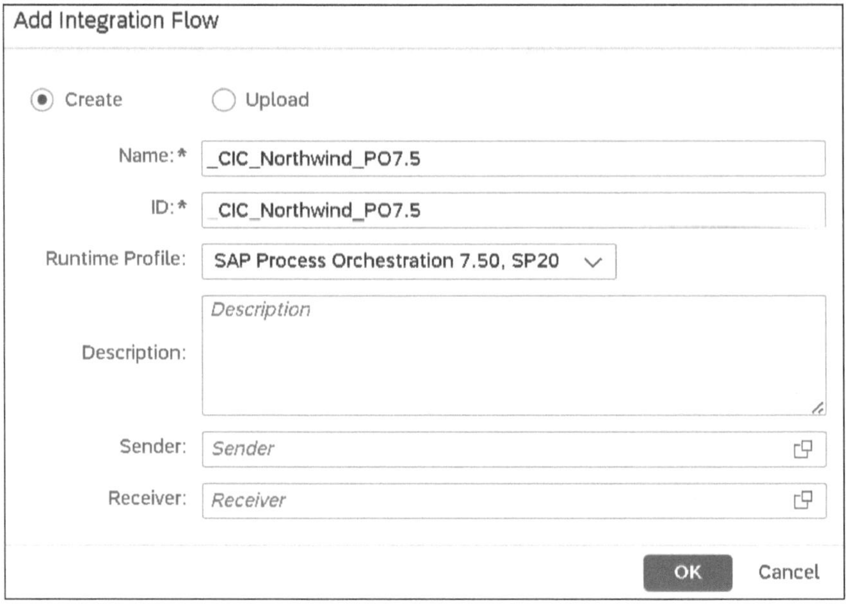

Abbildung 10.9 Integration Flow mit passendem Laufzeitprofil anlegen

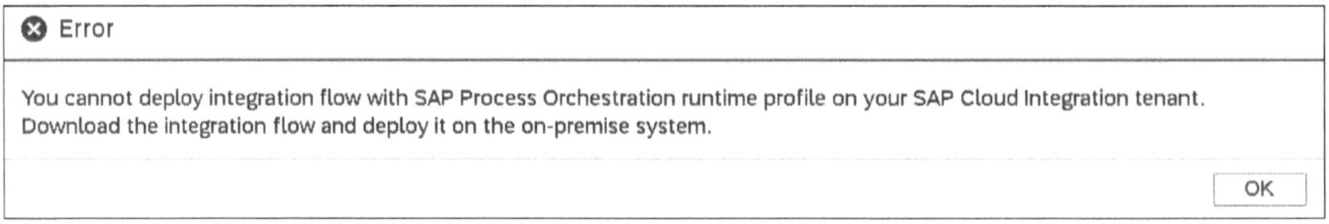

Abbildung 10.10 Fehlermeldung beim Deployment

Integration Flow in SAP Process Orchestration importieren

Nachdem Sie die Implementierung Ihres Integration Flows abgeschlossen haben, sind nun alle Voraussetzungen für die Nutzung des Cloud Integration Contents abgeschlossen. In den nächsten Schritten zeigen wir Ihnen, wie Sie Integrationsszenarien aus der SAP Integration Suite importieren. Navigieren Sie in das Cloud Integration Content Cockpit über die URL *http(s)://[SAP PO Host]:[SAP PO Port]/IGWGBDeploy/Admin*, oder öffnen Sie die SAP-Process-Integration-Tools. Auf der Registerkarte **Integration Content** finden Sie zukünftig alle SAP-Integration-Suite-Integrationsszenarien, die Sie in das Cloud Integration Content Cockpit geladen haben. Sollte Ihr Integration Flow Authentifizierungsinformationen nutzen, können diese nicht aus der SAP Integration Suite geladen werden. Sie müssen diese im Cloud Integration Content Cockpit analog zur SAP Integration Suite auf der Registerkarte **Security Material** anlegen, indem Sie mithilfe der Schaltfläche **Create** die Art der Authentifizierungsdaten auswählen und diese anschließend eingeben (siehe Abbildung 10.11).

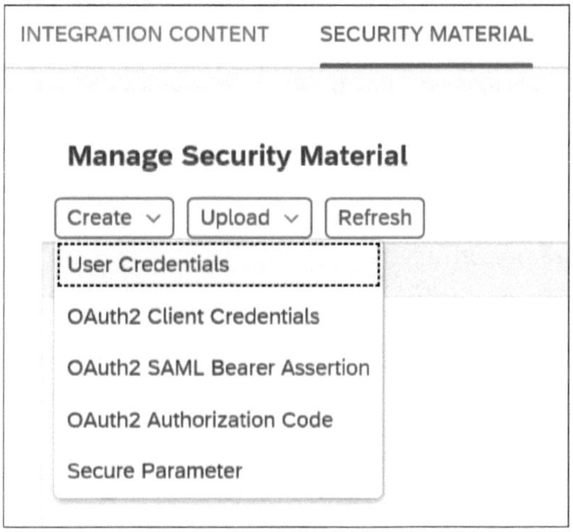

Abbildung 10.11 Authentifizierungsdaten anlegen

Um einen Integration Flow in das Cloud Integration Content Cockpit zu laden, klicken Sie auf der Registerkarte **Integration Content** auf die Schaltfläche **Deploy**. Es wird Ihnen das Auswahlmenü aus Abbildung 10.12 angezeigt.

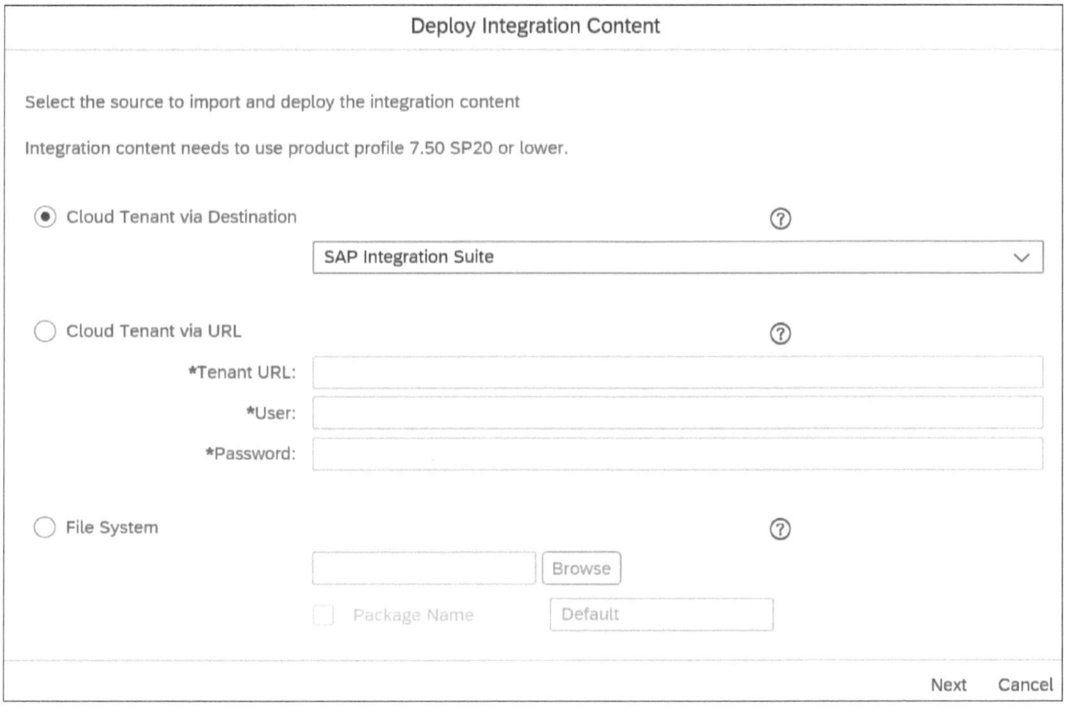

Abbildung 10.12 Importart auswählen

Integration Flow manuell importieren

Über den Radiobutton **Cloud Tenant via Destination** können Sie Ihre Integrationsszenarien über die soeben angelegte Destination abrufen. Sie können Integrationsszenarien aber auch über den Radiobutton **Cloud Tenant via URL** ohne Destination aus der SAP Integration Suite laden. Der Radiobutton **File System** erlaubt es Ihnen, den Integration Flow über das Dateisystem hochzuladen, falls Sie aus Sicherheitsgründen keine Verbindung zum SAP-Integration-Suite-Tenant aufbauen können.

Nachdem Sie sich für eine Variante entschieden haben, klicken Sie auf die Schaltfläche **Next**. In unserem Beispiel bauen wir eine Verbindung zur SAP Integration Suite auf und wählen daher die erste Möglichkeit.

Verbindungsaufbau zum SAP-Integration-Suite-Tenant

Sollten Sie bei dem Verbindungsaufbau an dieser Stelle einen Fehler »403 - Forbidden« erhalten, fehlen dem Benutzer in der angelegten Destination die zuvor genannten Rollen im SAP BTP Cockpit auf dem zuzugreifenden Tenant.

Nach einer kurzen Wartezeit werden Ihnen alle Pakete angezeigt, die sich auf dem gewünschten SAP-Integration-Suite-Tenant befinden. Diese können Sie, analog zu Abbildung 10.13, mithilfe der kleinen Dreiecke auf der linken Seite aufklappen, um die Integration Flows der Pakete einzusehen.

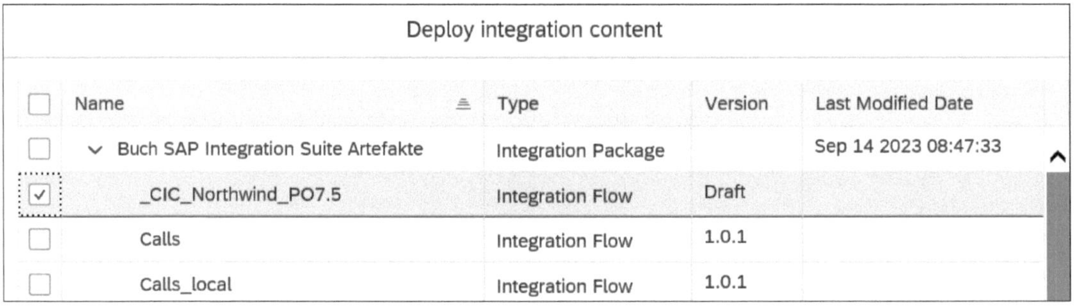

Abbildung 10.13 Integration Flow auswählen

Wählen Sie den gewünschten Integration Flow, und klicken Sie auf die Schaltfläche **Deploy**. Daraufhin schließt sich das Modalfenster, und auf der Registerkarte **Integration Content** entsteht ein neuer Eintrag Ihres Pakets mit dem ausgewählten Integration Flow. Es wird sofort versucht, diesen zu deployen (siehe Abbildung 10.14).

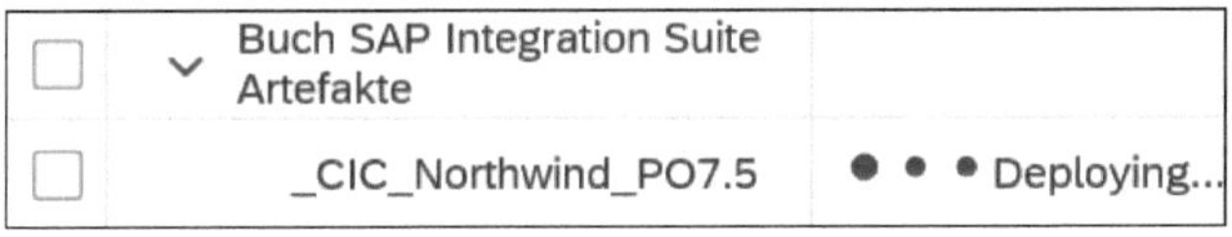

Abbildung 10.14 Integration Flow deployen

Funktionen an einem Integration Flow

Sobald der Integration Flow deployt ist, können Sie diesen anklicken, und es werden Ihnen in einem kleinen Pop-up-Fenster der Name und die ID des Artefakts angezeigt. Auch finden Sie Absprünge zum Message Processing Log (MPL; Link **View MPL**), zu den Endpoints (Link **View Endpoints** und die Möglichkeit, Benachrichtigungen einzurichten (Link **Create/View Alert Rule**), (siehe Abbildung 10.15).

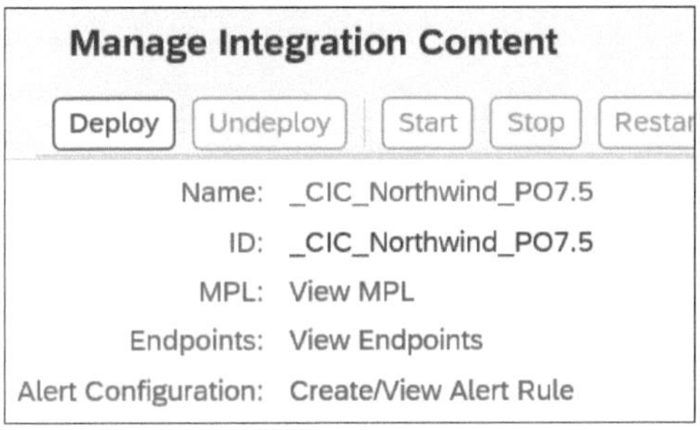

Abbildung 10.15 Detailansicht des Integration Flows

Message Processing Log einsehen

Mit einem Klick auf den Link **View MPL** gelangen Sie zur Nachrichtenliste, und Sie können die fehlerhafte oder erfolgreiche Nachricht begutachten (siehe Abbildung 10.16).

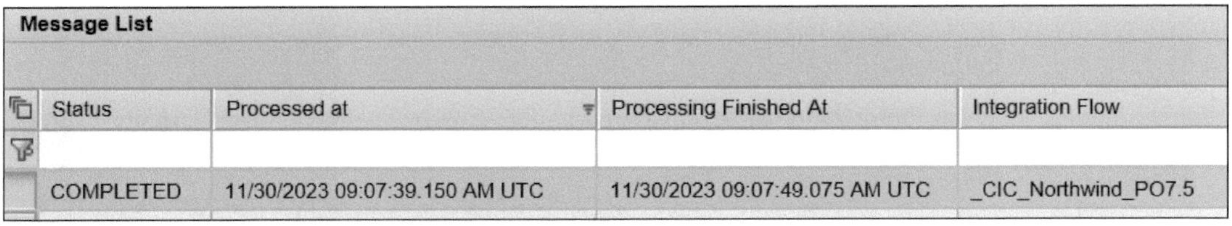

Abbildung 10.16 Monitoring des Integration Flows

Endpoint finden

Sollte Ihr Integration Flow einen Endpoint für den Zugriff haben, können Sie auf den Link **View Endpoint** klicken. Es wird Ihnen daraufhin der Endpoint zu Ihrem Integration Flow angezeigt (siehe Abbildung 10.17). Diesen können Sie zum Testen oder in einer Drittanwendung verwenden.

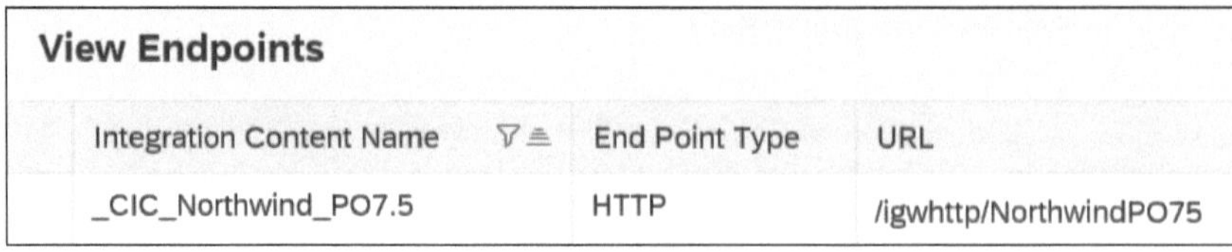

Abbildung 10.17 Endpoint zum Integration Flow

Endpoint testen

Über ein *Testwerkzeug*, z. B. Postman, können Sie diesen Endpoint testen und erhalten eine Antwort von SAP Process Orchestration (siehe Abbildung 10.18).

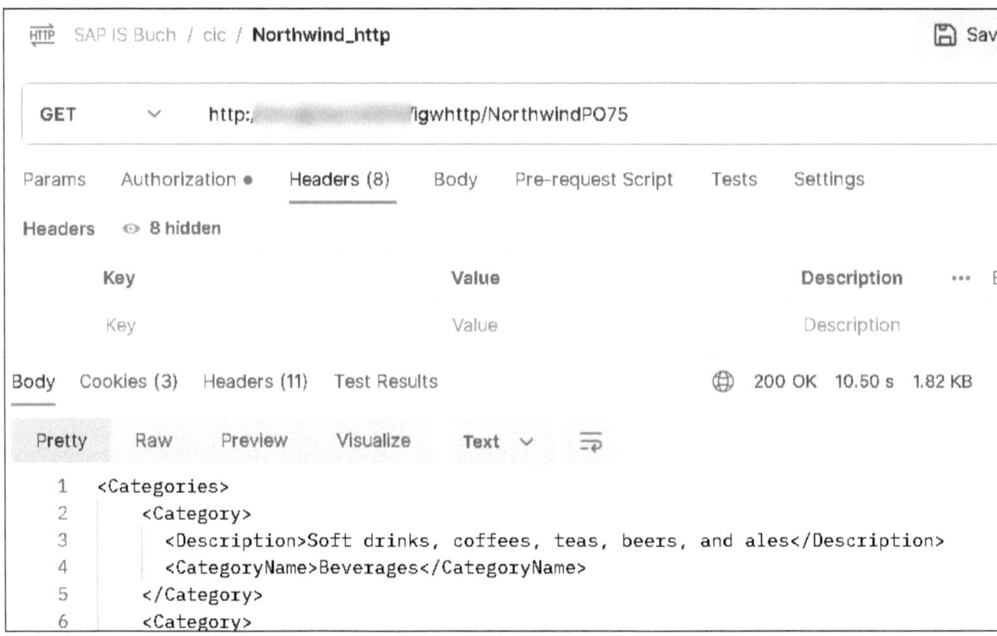

Abbildung 10.18 Testendpunkt

[+]

Berechtigungen für den Zugriff

Für den Zugriff auf einen Endpoint muss in SAP Process Orchestration mindestens die folgende Rolle vergeben werden SAP_XI_APPL_SERV_USER.

Benachrichtigung konfigurieren

Über den Link **Create/View Alert Rule** gelangen Sie zur Einrichtung der Benachrichtigungsregeln. Hier können Sie eine ALERT-TO-MAIL-Regel für Ihren Integration Flow einrichten, um eine Benachrichtigung zu erzeugen, falls Fehler auftreten sollten. Sie können beispielsweise, wie in SAP Process Orchestration üblich, die Schwere (Severity) eines möglichen Fehlers einstellen (siehe Abbildung 10.19).

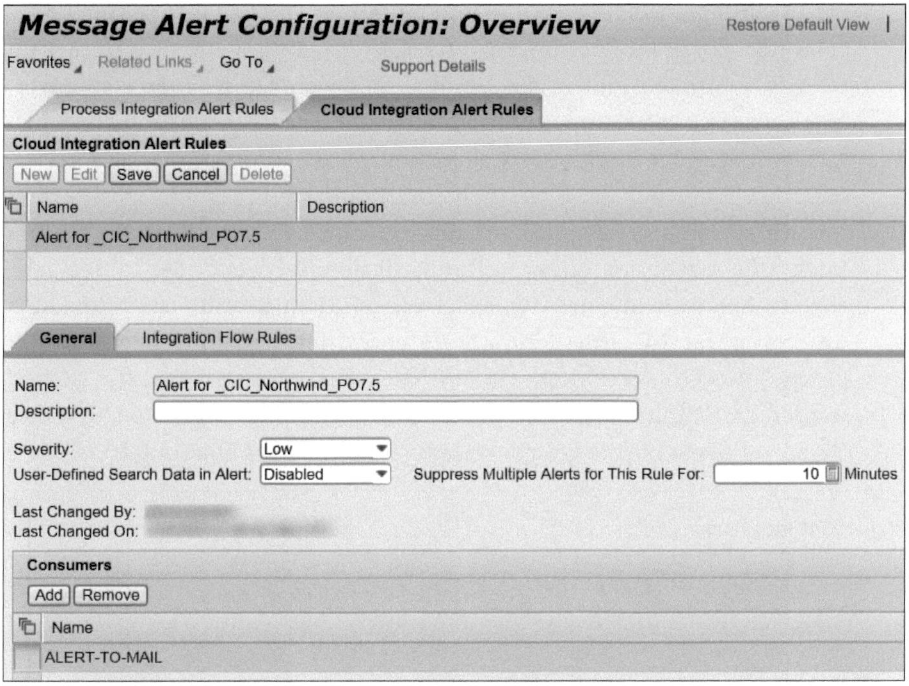

Abbildung 10.19 Fehlerbenachrichtigung konfigurieren

In diesem Abschnitt haben wir Ihnen gezeigt, wie Sie das Cloud Integration Content Cockpit verwenden, welche Voraussetzungen Sie erfüllen müssen und wie Sie Inhalte von der SAP Integration Suite importieren und überwachen.

10.2 Edge Integration Cell

Falls Sie SAP Process Orchestration nicht einsetzen, aber trotzdem eine Integration über die Cloud vermeiden möchten, bietet SAP Ihnen seit Ende 2023 die *Edge Integration Cell*. Ähnlich zu den im vorangehenden Abschnitt beschriebenen Vorgehensweisen können Sie damit in der SAP Integration Suite eigenen Integration Content entwickeln und diesen in einer lokalen Laufzeitumgebung ausführen.

10.2.1 Möglichkeiten der Edge Integration Cell

Motivation für die Edge Integration Cell

Die SAP Integration Suite bietet spannende Innovationen und neue Funktionen im Bereich der Integrationssysteme. Für manche Unternehmen stellt sie jedoch ein Spannungsfeld dar. Neben den innovativen Aspekten lockt die SAP Integration Suite mit einem einfachen Einstieg und schnellen Ergebnissen durch Integrationsvorlagen. Gleichzeitig zögern viele Unternehmen, ihre Infrastruktur in die Cloud zu verlegen. Sie scheuen sich davor, eine solch zentrale Komponente wie eine Middleware in die Cloud zu verlagern. Mit der Edge Integration Cell können Sie die Innovationen der SAP Integration Suite mit der Sicherheit und Kontrolle unternehmensinterner Netzwerke kombinieren. Sie können damit eine Laufzeitumgebung für Ihre Integrationsszenarien direkt in Ihrem lokalen Netzwerk oder in den gesicherten Netzwerken eines Hyperscalers ausführen. Schnittstellen und APIs werden in der SAP Integration Suite entworfen und mittels gesicherter Cloud-Connector-Verbindung in Ihre Infrastruktur übertragen. Zur Laufzeit werden die Schnittstellen in einer lokalen Edge Node aufgerufen, und Ihre Daten verlassen nie die gesicherte Umgebung (siehe Abbildung 10.20).

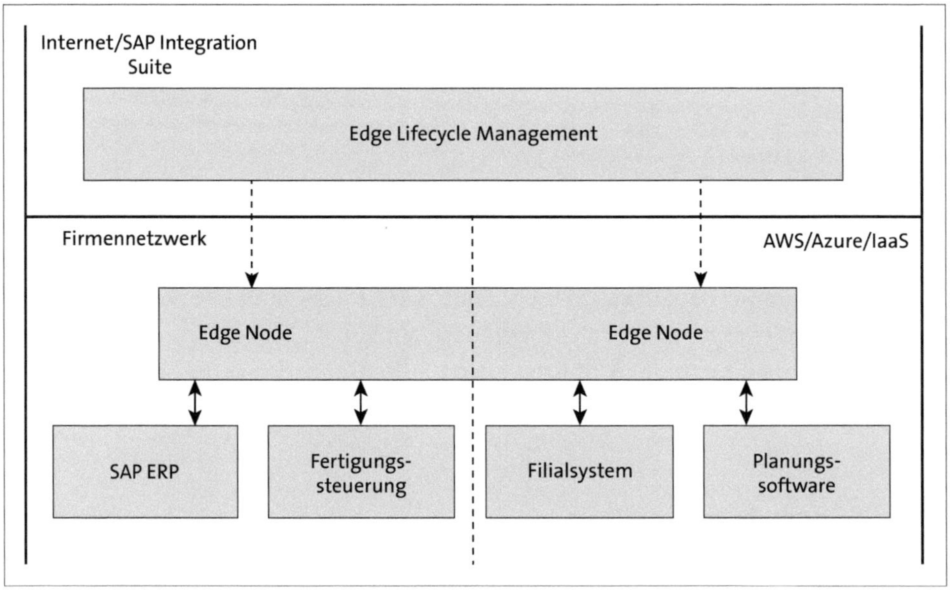

Abbildung 10.20 Komponenten der Edge Integration Cell

Aufbau der Edge Integration Cell

Die Edge Integration Cell besteht, wie in Abbildung 10.20 angedeutet, aus mehreren Komponenten. Das *Edge Lifecycle Management* läuft als Modul in der SAP Integration Suite. Dabei handelt es sich um die zentrale Konfigurationsoberfläche, aus der Sie lokale Laufzeitumgebungen anlegen und verwalten können. Diese lokalen Instanzen nennt man *Edge Nodes*. Auf diesen Nodes werden die APIs und Schnittstellen ausgeführt, die Sie aus der SAP Integration Suite dorthin deployen. Die Erstellung der Schnittstellen erfolgt also weiterhin wie in den vorangegangenen Kapiteln in der SAP Integration Suite. Ihnen stehen, abgesehen von Ausnahmen, dieselben Bausteine und Werkzeuge zur Verfügung, und Sie können auch bereits erstellte Artefakte verwenden. Beim Deployment-Vorgang können Sie auswählen, wo die Schnittstelle oder die API ausgeführt werden soll. Hier wählen Sie die gewünschte Edge Node, und das Deployment erfolgt automatisch über das Edge Lifecycle Management.

[«]

Unterstützte Funktionen der Edge Node

Die Laufzeitumgebung in der Edge Node ist nicht in allen Aspekten identisch zur SAP-Integration-Suite-Laufzeit. Welche Funktionen unterstützt werden, können Sie hier nachlesen: *http://s-prs.de/v993316*

Kubernetes-Architektur

Die Edge Nodes laufen in einem *Kubernetes-Cluster*. Dieses müssen Sie vorab in Ihrem Firmennetz oder im Hyperscaler-Netzwerk bereitstellen. Kubernetes ist eine Technologie, die es Ihnen ermöglicht, eine lauffähige Container-Umgebung in unterschiedlichsten Betriebssystemen zu etablieren. Dadurch sind Sie nicht davon abhängig, ob die Edge Node auf einem Windows- oder auf einem Linux-basierten Betriebssystem instanziiert werden soll. Ein weiterer Vorteil von Kubernetes bzw. der Containerisierung ist eine einfache *Skalierbarkeit*. Die Edge Node bzw. Container sind autark lauffähig; dadurch lassen sich unter höherer Last leicht weitere Container instanziieren, und die Aufrufe können über einen Load Balancer verteilt werden. Sinkt die Systemlast, können überflüssige Container verworfen werden. Dadurch eignet sich die Edge Integration Cell sowohl für prototypische Schnittstellen als auch für großflächige Integrationsszenarien.

10.2.2 Edge Integration Cell einrichten

Edge Integration Cell provisionieren

Im ersten Schritt müssen Sie die Edge Integration Cell in Ihrem SAP-BTP-Subaccount provisionieren. Wir gehen davon aus, dass Ihnen die Edge Integration auf der Ebene des Global Accounts bereits zur Verfügung steht (weitere Informationen zu den Entitlements finden Sie in Kapitel 2, »SAP Business Technology Platform«). Um den Service in Ihrem Subaccount zu aktivieren, navigieren Sie dort im linken Menübaum zu **Entitlements**. Klicken Sie auf **Configure Entitlements**, um einen weiteren Service hinzuzufügen. Den passenden Eintrag finden Sie als Serviceplan unter dem Service **Integration Suite**. Letztendlich haben Sie also die Möglichkeit, mehrere Servicepläne in einem Service zu aktivieren (siehe Abbildung 10.21).

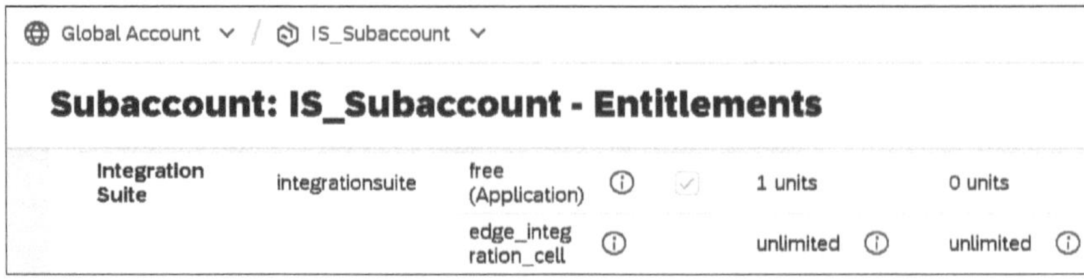

Abbildung 10.21 SAP Edge Integration Cell: Entitlement hinzufügen

Leitfaden für die initiale Konfiguration

Wir orientieren uns bei der Grundkonfiguration am Leitfaden von SAP, den Sie unter dieser URL aufrufen können: *https://help.sap.com/docs/integration-suite/sap-integration-suite/initial-setup-edge*. Die im Bereich **Before You Start** genannten Punkte hängen von Ihren Anforderungen und Ihrer gewählten Architektur ab. Daher gehen wir auf diese Punkte nicht tiefer ein. Wir gehen davon aus, dass Sie bereits einen Kubernetes-Cluster vom passenden Typ und in ausreichender Größe eingerichtet haben und auch die **KubeConfig**-Datei heruntergeladen haben. Die Voraussetzungen der Edge Integration Cell an das Kubernetes-Cluster finden Sie in SAP-Hinweis 3247839 (siehe *https://me.sap.com/notes/3247839*).

Edge Integration Cell aktivieren

Damit steht Ihnen die Edge Integration Cell in Ihrer SAP Integration Suite zur Verfügung. Wechseln Sie in die SAP Integration Suite, und navigieren Sie im linken Menü über **Settings • Runtime**, zu erreichen über die Schaltfläche . Dort aktivieren Sie die Edge Integration Cell. Der Status der Aktivierung sollte zunächst als **Pending** (in Bearbeitung) angezeigt werden. Die Aktivierung kann bis zu 30 Minuten dauern. Nach erfolgreicher Aktivierung finden Sie hier den Link zu Ihrer Instanz (siehe Abbildung 10.22). Hinter diesem Link finden Sie genau genommen die Oberfläche **Edge Lifecycle Management**, über die Sie die verschiedenen lokalen Instanzen der Edge Integration Cell anlegen und verwalten können.

Abbildung 10.22 Status der Aktivierung der Edge Integration Cell

Verschiedene Instanzen im Zusammenspiel

Spätestens ab diesem Moment wird die Handhabung der verschiedenen Instanzen etwas unübersichtlich. Sie müssen für die initiale Einrichtung der Edge Integration Cell immer wieder zwischen SAP BTP, SAP Integration Suite und der gerade aktivierten Edge-Lifecycle-Management-Oberfläche wechseln, um die einzelnen Konfigurationsschritte durchzuführen. Wir versuchen Sie hier, so gut es geht, mit Screenshots und aussagekräftigen Beschreibungen zu unterstützen.

Zum Zeitpunkt des Schreibens dieses Buches wird die Edge Integration Cell erst wenige Wochen verfügbar sein. Es ist daher möglich, dass die Konfiguration in Zukunft von der hier beschriebenen Vorgehensweise abweicht.

Zugriff auf das Edge Lifecycle Management

Für den Zugriff auf die Management-Oberfläche werden weitere *Berechtigungen* benötigt. Die entsprechende Berechtigungsrolle wird von der SAP BTP in diesem Fall leider nicht automatisch generiert, wie bei anderen Services, sondern lediglich als Template zur Verfügung gestellt. Um die Rolle zu erzeugen, navigieren Sie in Ihren Subaccount und anschließend im linken Menübaum über **Security • Role Collections**. Über die Schaltfläche **Create** können Sie eine neue Sammelrolle anlegen und dieser Rollen aus den Vorlagen hinzufügen. Fügen Sie hier die Rolle `EdgeLMAccess` hinzu (siehe Abbildung 10.23).

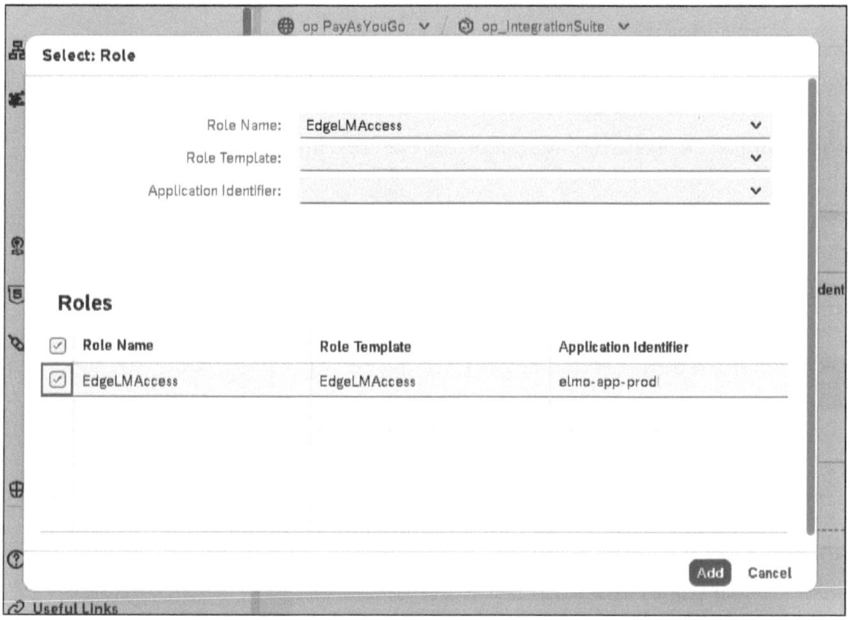

Abbildung 10.23 Berechtigungsrolle für die Edge Integration Cell anlegen

Rolle pflegen und zuweisen

Um diese Berechtigungsrolle Ihrem Benutzer zuzuweisen, navigieren Sie über **Security • Users** und wählen hier Ihren Benutzer aus. An dieser Stelle können Sie unter **Assign Role Collection** die neue Berechtigungsrolle auswählen und zuweisen. Im nächsten Schritt benötigen Sie die Anmeldeinformationen für zwei weitere Benutzer. Wir empfehlen Ihnen, hierzu separate technische Benutzer anzulegen. Der erste Benutzer ist ein P-User, den Sie via SAP-ID-Service-Registrierung über die URL *http://s-prs.de/v993317* anlegen. Der Benutzer wird in der Edge-Lifecycle-Management-Oberfläche hinterlegt und ist für die Steuerung der einzelnen Edge Nodes zuständig. Das Erzeugen neuer Edge Nodes, der Kommunikation usw. erfolgt über den technischen Benutzer. Fügen Sie dazu diesen Benutzer, wie im vorangehenden Schritt beschrieben, unter **Security • Users** Ihrem SAP-BTP-Subaccount hinzu, und weisen Sie die folgenden Berechtigungsrollen zu (siehe Abbildung 10.24):

- `EdgeLMAccess`
- `Cloud Connector Administrator`

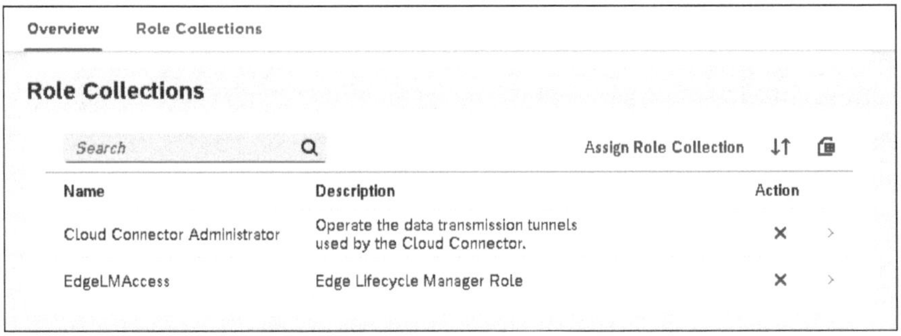

Abbildung 10.24 Berichtigungsrollen für die Edge Integration Cell zuordnen

Der zweite Benutzer wird benötigt, um auf den *Repository Based Shipment Channel* (RBSC) zuzugreifen. Die Edge Nodes bzw. Kubernetes im Allgemeinen basieren auf Vorlagen oder auf Images. Aus diesen werden automatisch neue Instanzen erzeugt. Diese Instanzen werden kopiert und, wenn sie nicht mehr benötigt werden, gelöscht. Diese *Software-Images* für die Edge Nodes werden mit einem entsprechenden Benutzer direkt aus dem Repository von SAP heruntergeladen. Melden Sie sich dazu auf *https://ui.repositories.cloud.sap/www/webapp/users* mit Ihrem eigenen S-User an, und folgen Sie dem Prozess über die Schaltfläche **Add User**. Die Berechtigungen für diesen Benutzer hängen von Ihrem S-User ab. Haben Sie den Benutzer angelegt, stehen Ihnen verschiedene Authentifizierungsverfahren zur Verfügung. Für die Edge Integration Cell wird Basic Auth verwendet. Das Passwort für diesen Benutzer wird automatisch erzeugt, und Sie erhalten es über [Kopieren-Symbol] (**Kopieren**); siehe Abbildung 10.25).

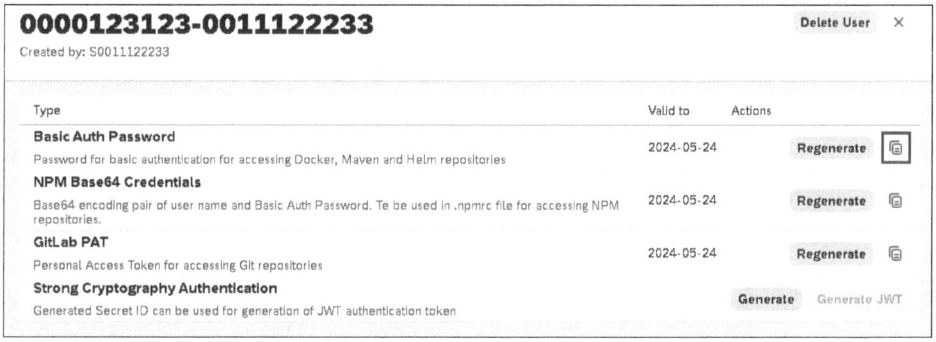

Abbildung 10.25 Anmeldedaten für den Repository Based Shipment Channel

Benutzer hinterlegen

Die beiden Benutzer müssen nun in der Management-Oberfläche hinterlegt werden. Gehen Sie zurück in das Edge Lifecycle Management. Auf der linken Seite finden Sie den Menüpunkt **Tenant Settings**. Unter **SAP Business Technology Platform** tragen Sie den P-User mit den beiden genannten Berechtigungsrollen und unter **Repository-Based Shipment Channel** den weiteren Benutzer ein, den Sie erzeugt haben. In beiden Fällen steht Ihnen ein Verbindungstest zur Verfügung, um zu prüfen, ob die beiden Benutzer gültig und ausreichend berechtigt sind. Mit diesen beiden Benutzern können Sie aus der Management-Oberfläche heraus Edge Nodes anlegen. Gehen Sie dazu in das Edge Lifecycle Management, und navigieren Sie im linken Menü zu **Edge Nodes**. Sie können sich hier mit Ihrem eigenen Benutzer anmelden und benötigen nicht zwangsläufig den technischen Benutzer. Über die Schaltfläche **Add** können Sie eine neue Edge Node anlegen. Im ersten Schritt werden einige Voraussetzungen aufgeführt, die auch so in der SAP-Hilfe beschrieben sind (siehe Abbildung 10.26). Dazu gehören z. B. auch die beiden Benutzer, die Sie zuvor angelegt haben.

Edge Node anlegen

Anschließend führt Sie der Prozess in mehreren Schritten durch die Anlage einer Edge Node. Zu Beginn geben Sie einen Namen für die Edge Node sowie einige zentrale Eigenschaften vor (siehe Abbildung 10.27). Sie geben z. B. an, ob das Kubernetes-Cluster in einer Azure-Umgebung oder in einer beliebigen anderen Umgebung betrieben werden soll. Die Checkbox für **Enable Restricted Access Container Runtime** gibt an, ob Ihr Kubernetes-Cluster mit dem Internet kommunizieren darf oder nicht. Das Kennzeichen bezieht sich darauf, ob die Container-Images direkt von einer Webseite von SAP oder von einem lokalen Speicher bezogen werden dürfen. Diese Einstellung wird später in Schritt 3 erneut aufgegriffen.

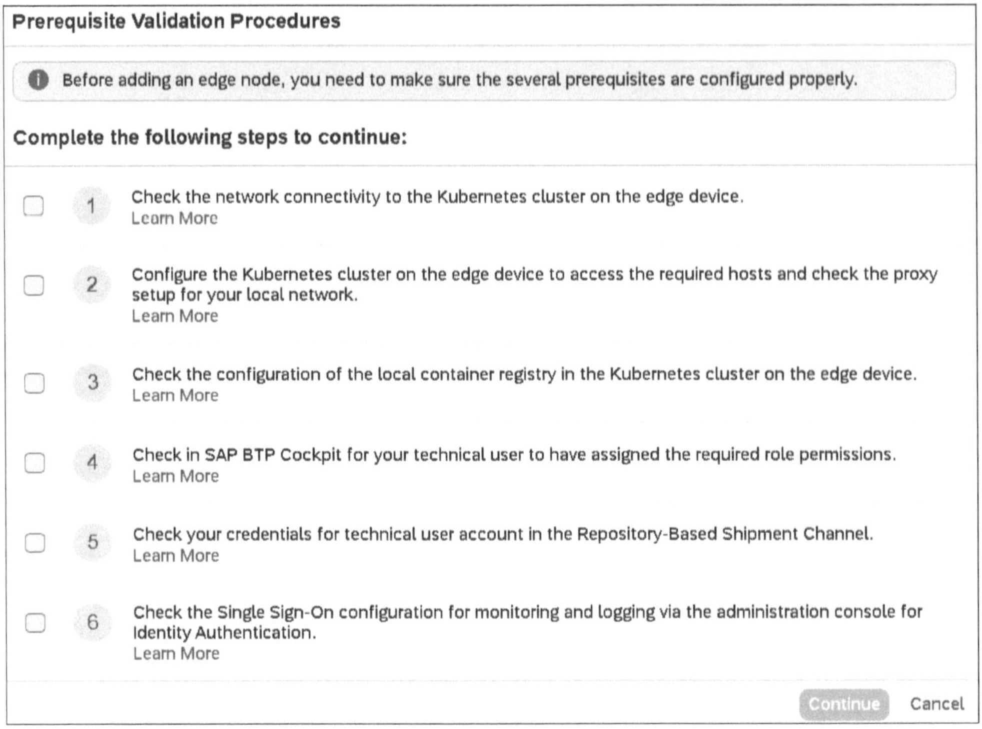

Abbildung 10.26 Checkliste zum Erstellen einer Edge Node

Außerdem können Sie im ersten Schritt über das Kennzeichen **High Availability Mode** angeben, ob Sie eine ausfallsichere Umgebung betreiben möchten. Dies ist für kritische produktive Umgebungen gedacht, für erste Testläufe aber in der Regel nicht relevant.

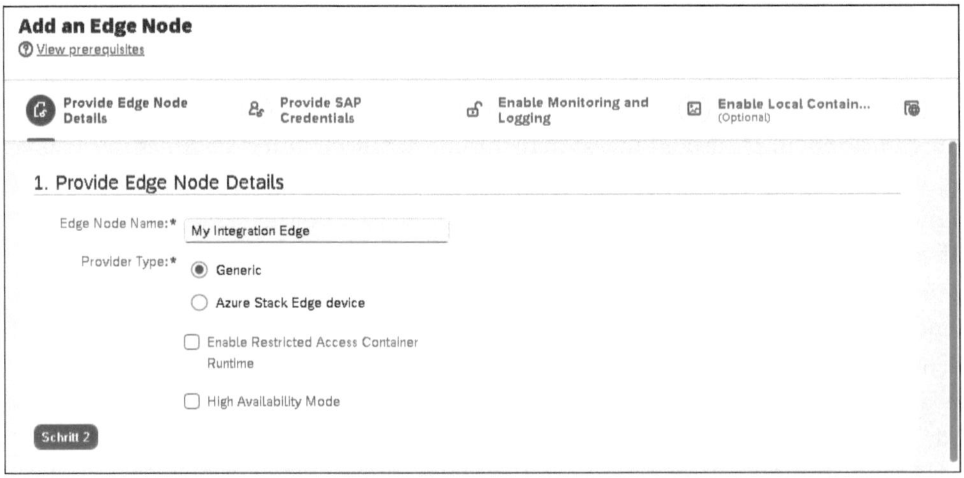

Abbildung 10.27 Erster Schritt der Edge-Note-Anlage

Monitoring und Logging konfigurieren

Im zweiten Schritt entscheiden Sie, ob eine zusätzliche Komponente für das Monitoring und Logging erstellt werden soll (siehe Abbildung 10.28). Das Monitoring und Logging wird auf den einzelnen Edge Nodes ausgeführt. Daher erfordert diese Option, dass Sie in Ihrer SAP BTP einen *Identity Authentication Service* betreiben und eine Single-Sign-on-Verbindung in den Kubernetes-Cluster einrichten. Das Aktivieren dieser Option ermöglicht es Ihnen, über einen direkten Link aus der Edge-Node-Statusübersicht in eine Monitoring-Oberfläche in der Edge Node abzuspringen (siehe Abbildung 10.29). Weitere Informationen zum Einrichten von Single Sign-on (SSO) finden Sie im SAP Help Portal unter *http://s-prs.de/v993318*. Wenn Sie diese Option nicht einrichten möchten, können Sie alternativ die Diagnosedaten als Datei herunterladen.

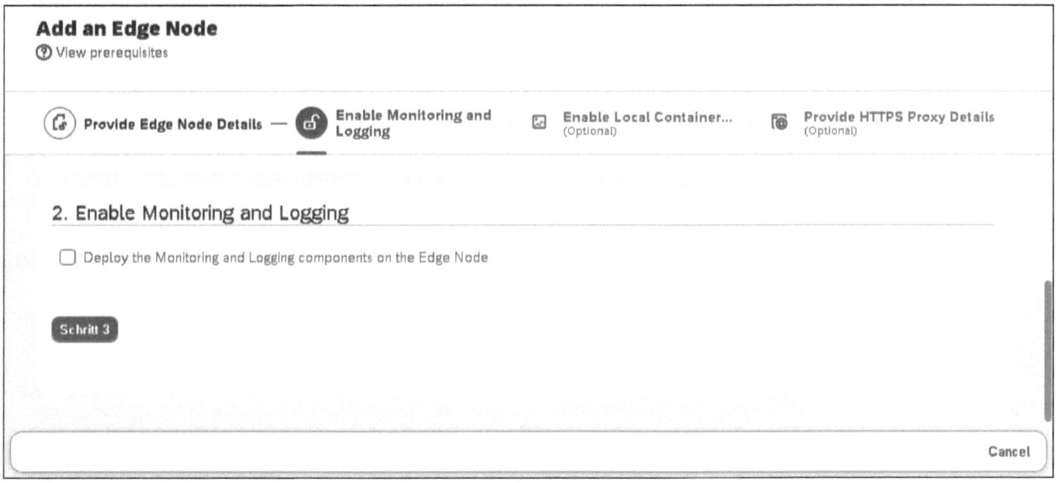

Abbildung 10.28 Zweiter Schritt der Edge-Node-Konfiguration

Lokales Repository aktivieren

Im dritten Schritt definieren Sie, woher die Images für die Kubernetes-Container bezogen werden. Diese werden in der Regel von SAP direkt bezogen, Sie können aber auch auf ein lokales Repository in Ihrem Kubernetes-Cluster verweisen. In diesem Fall müssen Sie die Container im lokalen Repository bereitstellen. Hier hängt es vor allem von Ihren Anforderungen ab, ob das Kubernetes-Cluster externe Ressourcen beziehen darf (siehe Abbildung 10.29).

Der vierte Schritt bezieht sich auf das Einrichten eines *Proxys* innerhalb der Edge Node. Ob dieser Proxy benötigt wird, hängt von Ihrer Netzwerkinfrastruktur ab (siehe Abbildung 10.30).

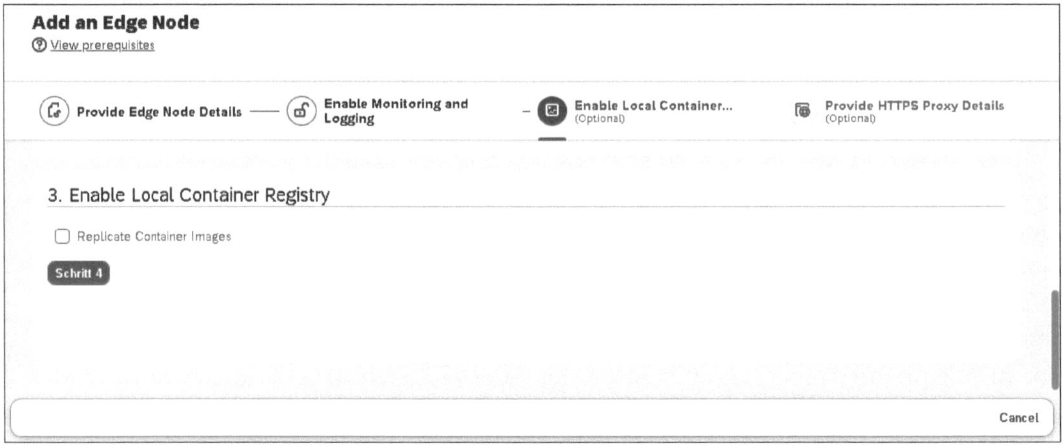

Abbildung 10.29 Dritter Schritt der Edge-Node-Konfiguration

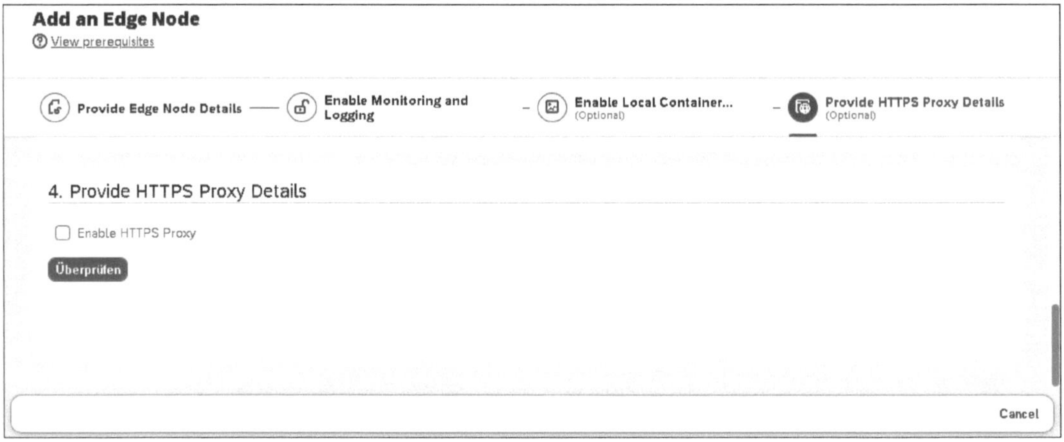

Abbildung 10.30 Vierter Schritt der Edge-Node-Konfiguration

Abschließend erhalten Sie noch eine Übersicht der gewählten Konfiguration, bevor die Edge Node angelegt wird (siehe Abbildung 10.31).

Edge Lifecycle Management Bridge

Die Edge Node ist nun in der Management-Oberfläche als Hülle angelegt; sie befindet sich im Status **Not Initialized**. Die Übersicht sollte, abgesehen vom Status, ähnlich wie Abbildung 10.32 aussehen. Die Node kann nicht direkt aus der Cloud in den Kubernetes-Cluster deployt werden, da dieses vermutlich nicht erreichbar wäre. Daher gibt es den Schritt der *Edge Lifecycle Management Bridge*. Dieses Programm führen Sie lokal in Ihrem Netzwerk aus, wo es die benötigten Komponenten im Kubernetes-Cluster initialisiert, einschließlich eines Cloud Connectors, über den die Verbindung zurück in die SAP BTP gesichert wird.

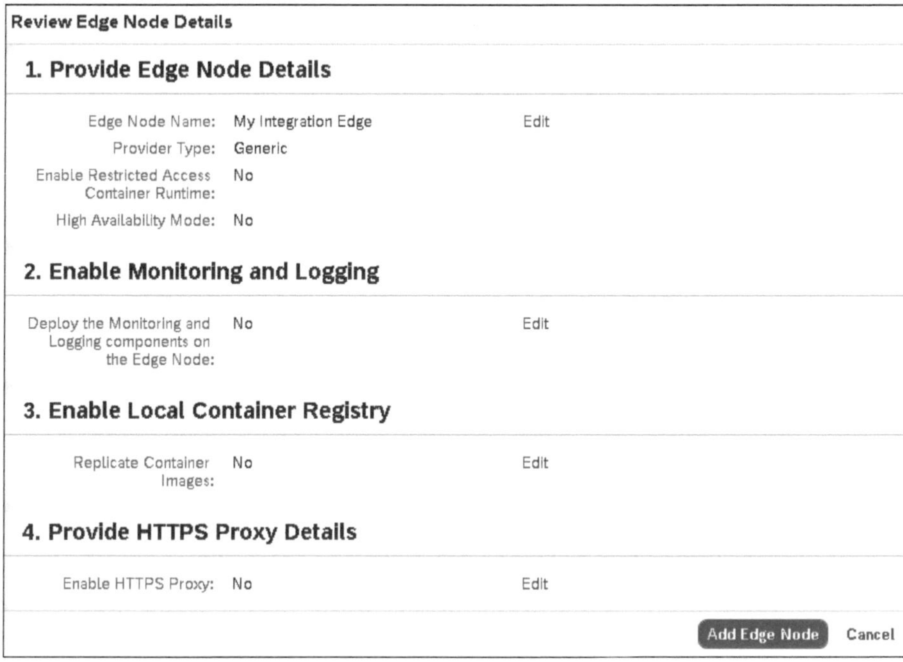

Abbildung 10.31 Abschluss der Edge-Node-Konfiguration

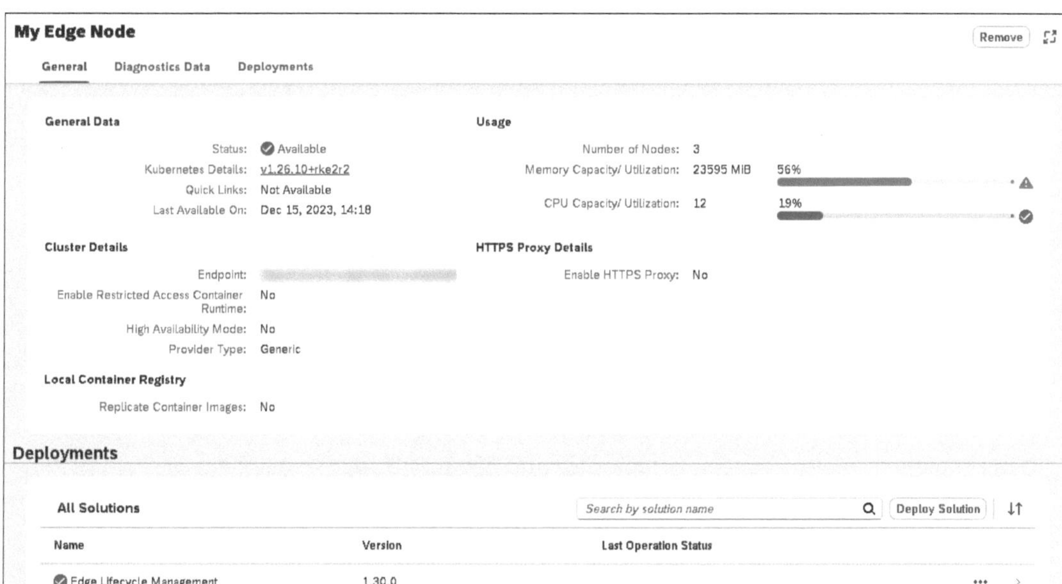

Abbildung 10.32 Status der Edge Node

Dazu benötigen Sie zum einen die Bootstrap-Datei. Diese können Sie im Edge Lifecycle Management für Ihre Edge Node im Bereich **Setup Cloud**

Connector mithilfe der Datei **KubeConfig** erzeugen. Die Datei **KubeConfig** beinhaltet zentrale Parameter Ihres Kubernetes-Clusters und kann Ihnen vom Administrator oder von der Administratorin Ihres Kubernetes-Clusters zur Verfügung gestellt werden.

[»]

Passwort der Bootstrap-Datei für den Cloud Connector

Prägen Sie sich das Passwort für die Bootstrap-Datei gut ein, da es im Nachgang nicht mehr einsehbar oder änderbar ist.

Bootstrap-Datei erzeugen

Die erzeugte Datei können Sie herunterladen und für den folgenden Schritt beiseitelegen. Anschließend benötigen Sie das Programm ELM Bridge. Dieses können Sie aus dem Software-Center von SAP herunterladen (siehe *http://s-prs.de/v993319*), z. B. über die Suchmaske unter dem Suchbegriff »ELMB« (siehe Abbildung 10.33).

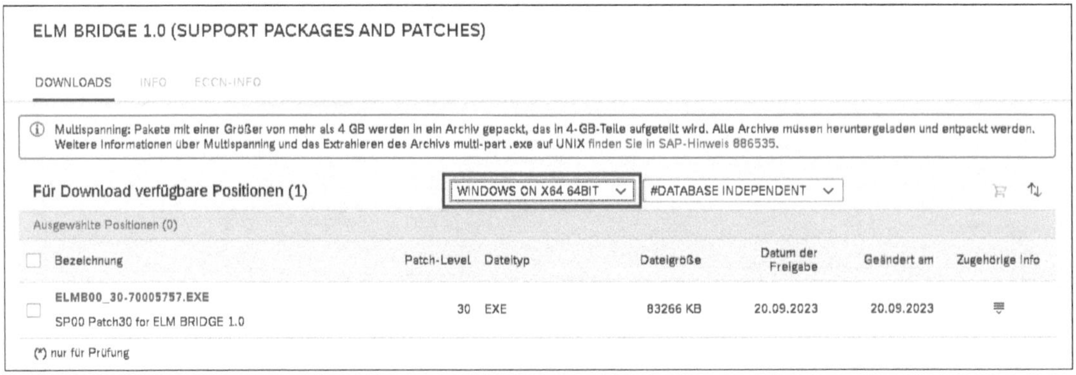

Abbildung 10.33 Lifecycle Management Bridge

[+]

Installationsdatei downloaden

Achten Sie im Downloadfenster darauf, welches Betriebssystem im Dropdown ausgewählt ist.

Output-Dateien verwenden

Beide Dateien – Bootstrap und die ELM Bridge – speichern Sie nun in demselben Verzeichnis. Wichtig ist dabei, dass die ELM Bridge von einem Ort ausgeführt wird, von dem aus der Zugriff auf das Kubernetes-Cluster möglich ist. Dies bedeutet, dass Sie z. B. eine VPN-Verbindung mit dem Firmennetzwerk aufbauen oder das Programm auf einem Server oder einer Virtual

Machine direkt in Ihrem Firmennetzwerk ausführen. Das Programm durchläuft anschließend die Initialisierung der Edge Node im Kubernetes-Cluster. Folgen Sie den Anweisungen in der Kommandozeile, bis die Edge Node angelegt wurde.

[«]

Kommunikationsbenutzer mit der SAP BTP

Ein Fehler, der bei unserer Initialisierung aufgetreten ist, ist ein falscher Benutzername in der Konfiguration. In der Bootstrap-Datei wird auf die beiden Benutzer verwiesen, die Sie zu Beginn des Kapitels angelegt und hinterlegt haben. In unserem Fall haben wir den Benutzer in der SAP BTP unter der E-Mail-Adresse berechtigt, ihn aber in der Edge-Lifecycle-Management-Oberfläche mit dem Benutzernamen hinterlegt. Der Verbindungstest war erfolgreich, da es sich um einen gültigen Benutzer handelt, die Initialisierung ist jedoch fehlgeschlagen. Das Fehlen einer sprechenden Meldung hat hier die Analyse erschwert. Prüfen Sie also im Zweifel noch einmal die Benutzer im Subaccount und in der ELM-Konfiguration.

Installation abschließen

Sollte das Skript erfolgreich durchlaufen worden sein, wird in Ihrem Kubernetes-Cluster die Edge Node sowie der Cloud Connector gestartet und konfiguriert. Anschließend wird der Status im Edge Lifecycle Management aktualisiert (siehe Abbildung 10.32). Damit ist Ihre Edge Node einsatzbereit, und Sie können Ihre Integrationsszenarien lokal ausführen.

Weitere Informationen zu der ELM Bridge finden Sie im SAP Help Portal unter dieser URL: *http://s-prs.de/v993320*

10.2.3 Edge Integration Cell verwenden

Bedeutung der Solutions

Die Bereitstellung einer Edge Node stellt Ihnen das technische Grundgerüst, quasi eine *Laufzeitumgebung*, zur Verfügung. Die eigentlichen Funktionen erhält die Edge Node über sogenannte Solutions. Diese verwalten Sie über die Edge-Lifecycle-Management-Oberfläche. Einige Solutions stellt Ihnen SAP zur Verfügung, Sie können aber auch eigene Solutions erstellen und mithilfe Ihrer Edge Node betreiben. Die wichtigste Solution stellt die Edge Integration Cell dar. Mit dieser können Sie über die Schaltfläche **Deploy Solution** die Edge Nodes befähigen, als dezentrale Laufzeitumgebung für Ihre SAP Integration Suite zu agieren (siehe Abbildung 10.34).

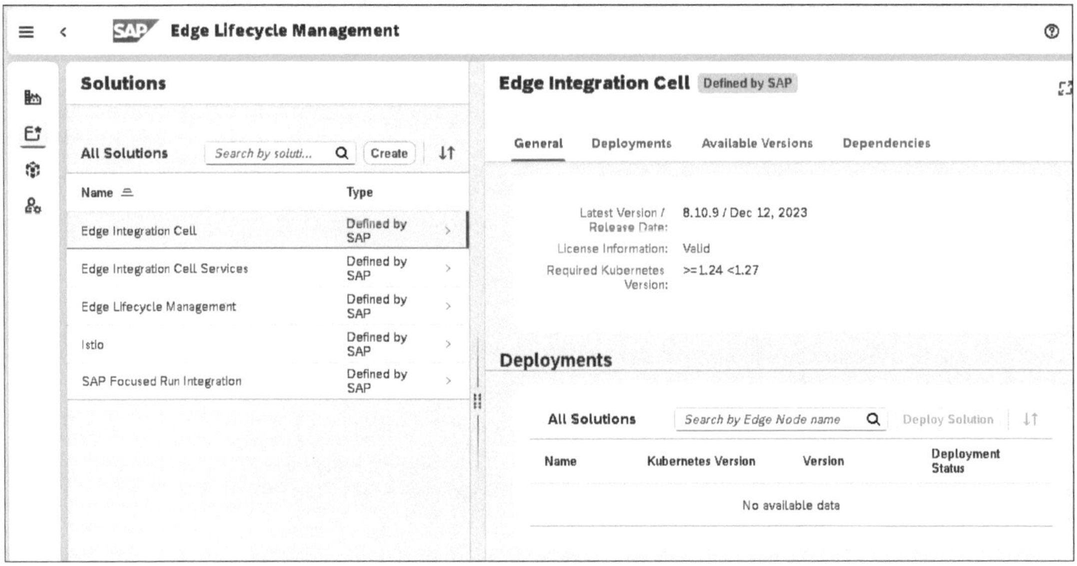

Abbildung 10.34 Solution deployen

Neue Edge-Integration-Cell-Laufzeitumgebung

Ist das Deployment erfolgreich verlaufen, wird die Edge Node automatisch Ihrer SAP Integration Suite als Laufzeitumgebung hinzugefügt. Dies sehen Sie unter **Settings • Integrations**, erreichbar über die Schaltfläche ⚙ (siehe Abbildung 10.35).

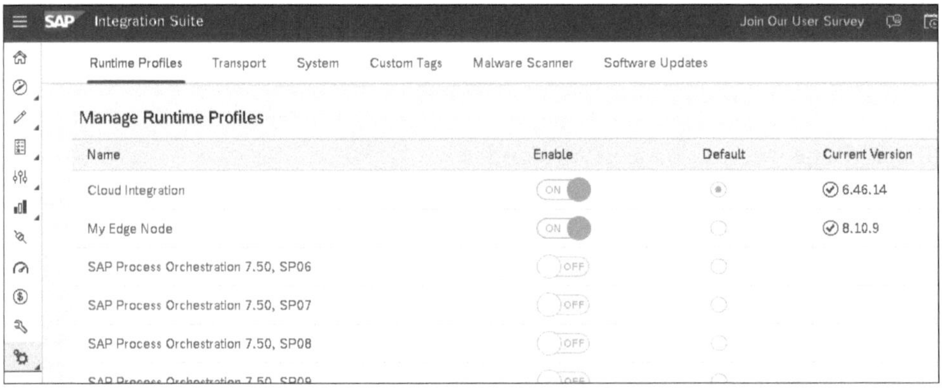

Abbildung 10.35 Runtime in der SAP Integration Suite

Damit steht Ihnen die Edge Node als Laufzeitumgebung für Ihre Integration zur Verfügung. Sie können nun beim Anlegen von neuen Artefakten (siehe Abbildung 10.36) bzw. später beim *Deployment* eines Integration Flows oder einer API auswählen, wohin dieses ausgeführt werden soll (siehe Abbildung 10.37). Eine ähnliche Auswahl steht Ihnen zum Filtern der Nachrichten im Bereich **Monitoring** zur Verfügung.

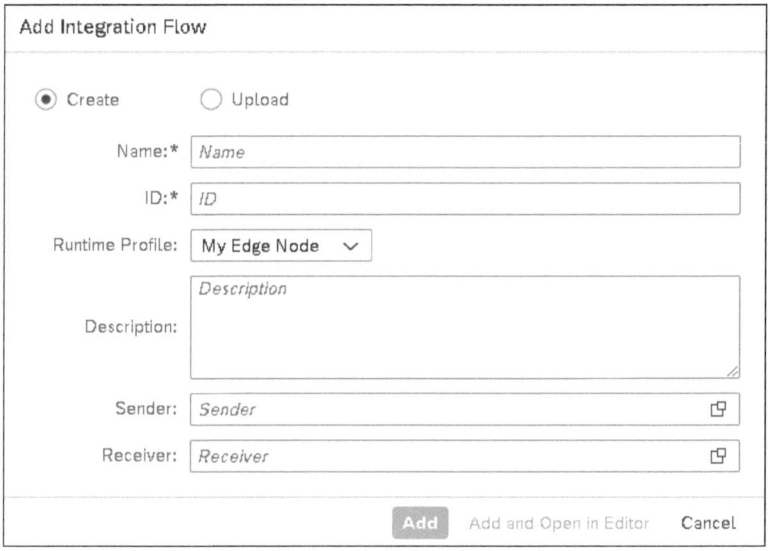

Abbildung 10.36 Runtime beim Anlegen wählen

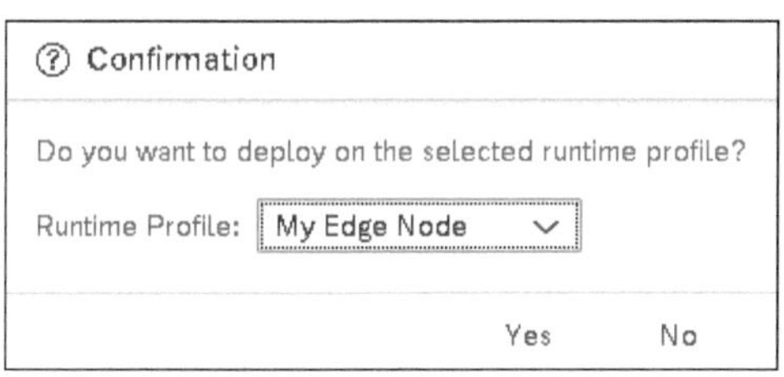

Abbildung 10.37 Deployment auf die Edge Node

10.3 Zusammenfassung

Unternehmen, die mit einem hohen Prozentsatz ihrer Systeme im On-Premise-Bereich operieren und sonst nur teileweise Cloud-Anwendungen nutzen, müssen durch die Abkündigung von SAP Process Orchestration auf die SAP Integration Suite wechseln, wenn Sie bei einem SAP-System als Middleware bleiben möchten. Viele Unternehmen möchten ihre Daten aber nicht über die Cloud leiten, wenn es sich leidglich um eine Ground2Ground-Kommunikation handelt. Aus diesem Grund haben wir Ihnen zwei Möglichkeiten vorgestellt, wie Sie dieses Problem lösen können. Zum einen haben wir Ihnen den Bereich Cloud Integration Content für SAP Process Orchestration gezeigt, und zum anderen sind wir auf die Edge Integration Cell eingegangen.

Kapitel 11
Migration von SAP Process Orchestration nach SAP Integration Suite

In diesem Kapitel bringen wir Ihnen die Möglichkeiten der Migration von SAP Process Orchestration nach SAP Integration Suite näher. Wir zeigen Ihnen, wie Sie einzelne Objekte oder ganze Szenarien aus SAP Process Orchestration migrieren können und wie Sie die Funktion des Migration Assessments richtig nutzen und interpretieren.

SAP Process Orchestration ist eine Middleware von SAP, die in der Vergangenheit in vielen Szenarien Anwendung gefunden hat, egal ob es sich dabei um die unternehmensinterne Kommunikation zwischen verschiedenen Anwendungen oder um die Kommunikation nach außen, also zu Partnern oder Behörden handelte. Es ist möglich, mit SAP Process Orchestration sowohl SAP- als auch Nicht-SAP-Anwendungen zu verbinden und so einen Enterprise Service Bus (ESB) im Unternehmen zu implementieren. Durch die Einführung der SAP Integration Suite, die das logische Nachfolgeprodukt von SAP Process Orchestration ist, ist SAP Process Orchestration obsolet geworden. Aus diesem Grund hat SAP das Produkt SAP Process Orchestration zu 2027 abgekündigt und bietet noch einen erweiterten Support bis 2030. Da SAP Process Orchestration eine zentrale Anwendung in einem Unternehmen sein kann und somit sowohl viele als auch komplexe Szenarien abbildet, ist es notwendig, dass Unternehmen, die zur SAP Integration Suite wechseln, nicht von Neuem beginnen, alle Szenarien zu implementieren, sondern Objekte migrieren können. Wie in Kapitel 3, »SAP Integration Suite auf einen Blick«, beschrieben, hat sich die Architektur der SAP Integration Suite im Vergleich zu SAP Process Orchestration tiefgreifend geändert, wodurch eine nahezu hundertprozentige Migration nicht möglich ist. Es müssen gegebenenfalls Szenarien neu konzipiert, Mappings verändert oder Kommunikationswege angepasst werden.

In diesem Kapitel möchten wir Ihnen das Konzept der Migration in die SAP Integration Suite näherbringen. Im ersten Abschnitt 11.1 zeigen wir Ihnen, wie Sie den Cloud Connector an SAP Process Orchestration anschließen und welches eine der Voraussetzungen für eine Migration ist. In Abschnitt 11.2 erfahren Sie, wie Sie einzelne Integrationsobjekte aus SAP Process Orchestration migrieren und wiederverwenden können. Dies kann z. B. nützlich sein, wenn Sie komplexe Szenarien komplett neu konzipieren und Teile der alten Integration verwenden möchten. In Abschnitt 11.3 gehen wir auf die Migration von ABAP-Proxys ein, da diese eine sehr oft präferierte Architektur darstellte und eine Proxy-Generierung in der SAP Integration Suite zum Zeitpunkt der Bucherstellung nicht unterstützt wurde. In Abschnitt 11.4 gehen wir auf die Capabilities Migration Assessment und Migration Tooling der SAP Integration Suite ein und erläutern Ihnen detailliert die einzelnen Schritte.

11.1 Verbindung über den Cloud Connector einrichten

Verbindungsmöglichkeiten zu SAP Process Orchestration

Bei SAP Process Orchestration handelt es sich um eine On-Premise-Integrationslösung von SAP. Wie Sie bereits wissen, wird die SAP Integration Suite in der Cloud gehostet; daher muss zunächst eine Verbindung zu SAP Process Orchestration eingerichtet werden. Dafür gibt es mehrere Möglichkeiten: Die erste Möglichkeit ist, dass Sie in Ihren Firewalls die erforderlichen IPs und Ports von der SAP Integration Suite freischalten und eine Route zu SAP Process Orchestration anlegen lassen. Auch wenn diese Herangehensweise möglich ist, können wir sie aus Sicherheitsgründen nicht empfehlen. Die zweite Möglichkeit und ein Best-Practice-Ansatz wäre es, eine Verbindung zu SAP Process Orchestration einzurichten und dabei den Cloud Connector zu nutzen. Wie Sie den Cloud Connector einrichten, haben wir in Kapitel 9, »Cloud Connector«, beschrieben. In diesem Abschnitt möchten wir Ihnen den Verbindungsprozess näherbringen.

Voraussetzungen für eine Verbindung

Voraussetzung für einen erfolgreichen Verbindungsaufbau ist das Vorhandensein des Cloud Connectors und eine Verbindung zum Subaccount, auf dem die SAP Integration Suite provisioniert ist. Auch muss sichergestellt sein, dass der Cloud Connector eine Verbindung zu SAP Process Orchestration aufbauen kann. Abbildung 11.1 zeigt einen erfolgreichen Verbindungsaufbau zu einem Subaccount im Cloud Connector.

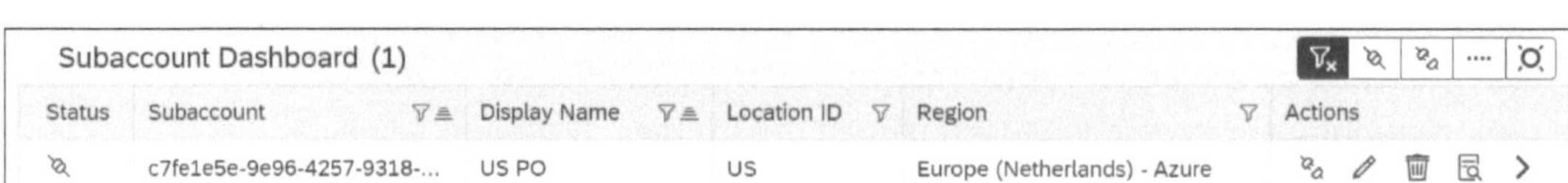

Abbildung 11.1 Aktiver Subaccount im Cloud Connector

Navigieren Sie im Cloud Connector auf der linken Seite im Menü auf die Ansicht **Cloud To On-Premise** (siehe Abbildung 11.2).

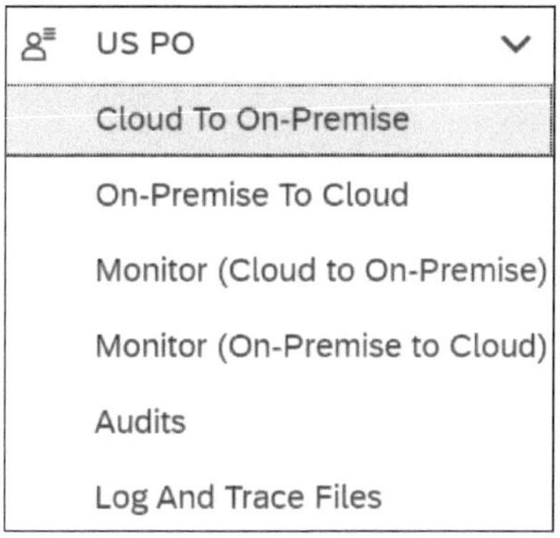

Abbildung 11.2 Im Cloud Connector navigieren

In dieser Ansicht müssen Sie nun einen virtuellen Host und mindestens eine Ressource anlegen. Klicken Sie dafür auf die Schaltfläche mit dem Plus-Icon [+] (siehe Abbildung 11.3).

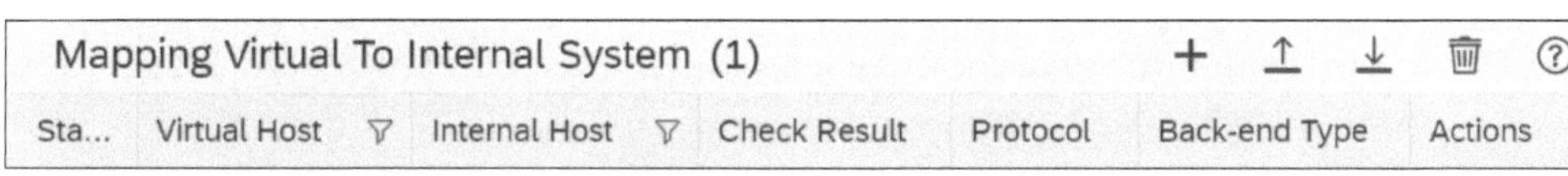

Abbildung 11.3 Virtuellen Host hinzufügen

Virtuellen Host-Eintrag anlegen

Daraufhin öffnet sich ein Modalfenster, in dem Sie den Typ des Backend-Systems auswählen können. Wählen Sie an dieser Stelle die Option **SAP Process Integration** aus, und betätigen Sie die Schaltfläche **Next** (siehe Abbildung 11.4).

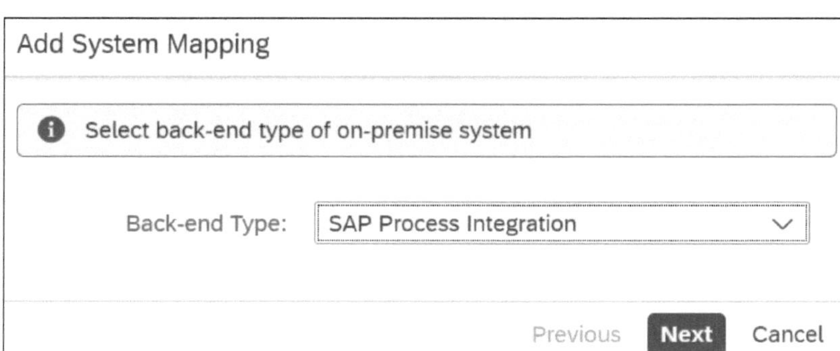

Abbildung 11.4 Virtuellen Host anlegen: Systemauswahl

Kommunikationsprotokoll wählen und internen Host konfigurieren

In diesem Schritt können Sie zwischen einem HTTP- und einem HTTPS-Protokoll wählen. Diese Wahl hat im nächsten Fenster Einfluss auf den Port, den Sie verwenden müssen. Nach der Wahl des Protokolls und der Betätigung der Schaltfläche **Next** müssen Sie den internen Host und den dazugehörigen Port angeben (siehe Abbildung 11.5).

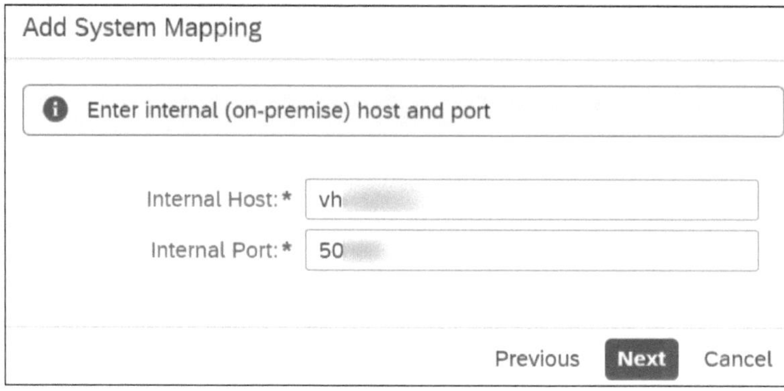

Abbildung 11.5 Virtuellen Host anlegen: internen Host angeben

Virtuellen Host konfigurieren

Im nächsten Schritt müssen Sie den virtuellen Host eingeben. Dieser Host wird später im Subaccount angezeigt und muss dann in der SAP Integration Suite für den Verbindungsaufbau genutzt werden. Es wird empfohlen, dass sich der Name des virtuellen Hosts vom Namen des internen Hosts unterscheidet. Für den virtuellen Host geben wir daher die Bezeichnung »myVirtualHost« ein (siehe Abbildung 11.6).

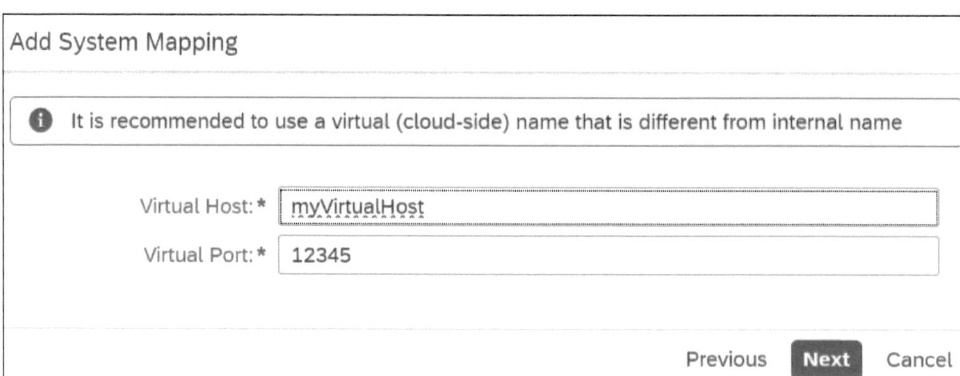

Abbildung 11.6 Virtuellen Host anlegen: virtuellen Host eingeben

Principal Propagation wählen

Die nächsten zwei Schritte im Modalfenster beziehen sich auf Principal Propagation und wurden in Kapitel 9, »Cloud Connector«, diskutiert. Treffen Sie an dieser Stelle die gewünschten Einstellungen. Danach können Sie zur Verbindung optional noch eine Beschreibung hinzufügen, und es wird Ihnen zu guter Letzt eine Zusammenfassung Ihrer Verbindung angezeigt, die Sie mit der Schaltfläche **Finish** bestätigen müssen, um diese Verbindung anzulegen (siehe Abbildung 11.7). Sollten Sie einen Fehler entdecken, können Sie über die Schaltfläche **Previous** wieder zurückgehen und eine Änderung vornehmen.

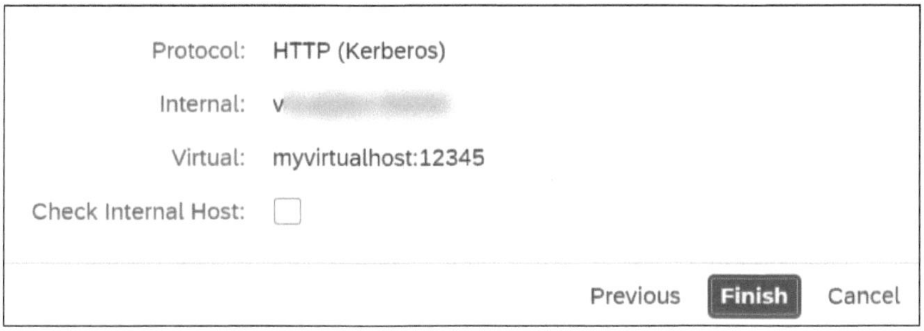

Abbildung 11.7 Virtuellen Host anlegen: Zusammenfassung

Virtuellen Host testen

Daraufhin wird Ihnen in der Ansicht **Cloud-To-On-Premise** der soeben angelegte virtuelle Host angezeigt (siehe Abbildung 11.8). Auch wird ein Verbindungtest durchgeführt. Bei einer erfolgreichen Verbindung wird die Erfolgsmeldung »Reachable« angezeigt. In der Spalte **Actions** können Sie über die Schaltfläche mit dem Stift-Icon Anpassungen vornehmen, wenn der Verbindungstest scheitern sollte.

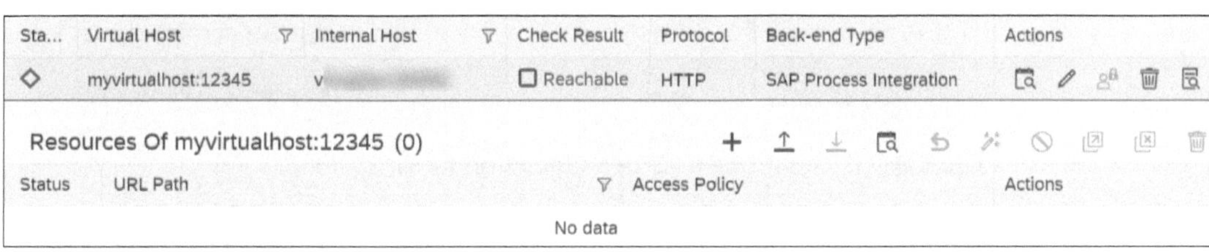

Abbildung 11.8 Angelegter virtueller Host und Ressourcen

Ressource anlegen

Nachdem Sie den virtuellen Host angelegt haben, müssen Sie mindestens eine Ressource anlegen, die Sie über den Cloud Connector in SAP Process Orchestration erreichen möchten. Markieren Sie dazu den angelegten virtuellen Host, und klicken Sie auf die Schaltfläche mit dem Plus-Icon über der Tabelle mit der Aufschrift **Resources of myvirtualhost**, wobei »myvirtualhost« der von Ihnen im vorangehenden Schritt definierte Name ist (siehe Abbildung 11.8).

Es öffnet sich ein Modalfenster, in dem Sie die URL-Pfade pflegen, damit die SAP Integration Suite die Integrationsobjekte von SAP Process Orchestration erreichen kann. Legen Sie für jeden der in Tabelle 11.1 genannten URL-

Pfade eine Ressource an, und aktivieren Sie die Schaltfläche **Path And All Sub-Paths**.

Ressource	Benötigt für Komponente
/CommunicationChannelInService	Integration Directory
/IntegratedConfigurationInService	Integration Directory
/SenderAgreementInService	Integration Directory
/AlertRuleInService	Integration Directory
/IntegratedConfiguration750InService	Integration Directory
/ValueMappingInService	Integration Directory
/ConfigurationScenarioInService	Integration Directory
/BPMFacadeBeanImplService	Integration Directory
/ReceiverAgreementInService	Integration Directory
/mdt	Integration Directory und Enterprise Service Repository
/rep/read/ext	Enterprise Service Repository
/dir/read/ext	Enterprise Service Repository
/rep/support/SimpleQuery	Enterprise Service Repository
/rep/query/int	Enterprise Service Repository

Tabelle 11.1 Ressourcen für den Cloud Connector

SAP-Process-Orchestration-Verbindung initiieren

Mit der Definition der Ressourcen ist der Cloud Connector bereit, Anfragen aus der SAP Integration Suite entgegenzunehmen und an SAP Process Orchestration weiterzuleiten. Navigieren Sie nun zum SAP-Integration-Suite-Hauptmenü, und klicken Sie auf die Schaltfläche bzw. navigieren Sie über den Pfad **Settings • Integration**. Auf der Registerkarte **System** können Sie über die Schaltfläche mit dem Plus-Icon SAP Process Orchestration hinzufügen. Es öffnet sich ein Modalfenster, in dem Sie den SAP-Process-Orchestration-Server spezifizieren müssen. Nutzen Sie dafür den virtuellen Host, den Sie in den vorangehenden Schritten angelegt haben. Zusätzlich müssen Sie ein Benutzerkonto aus SAP Process Orchestration angeben.

Dem technischen Benutzerkonto in SAP Process Orchestration müssen die folgenden Rollen zugewiesen worden sein:

- SAP_XI_API_DISPLAY_J2EE
- SAP_XI_API_DEVELOP_J2EE
- SAP_XI_MONITOR_J2EE

Sollte sich das Enterprise Service Repository auf einem anderen Host befinden, können Sie dies an dieser Stelle angeben. Abbildung 11.9 zeigt eine Beispielkonfiguration.

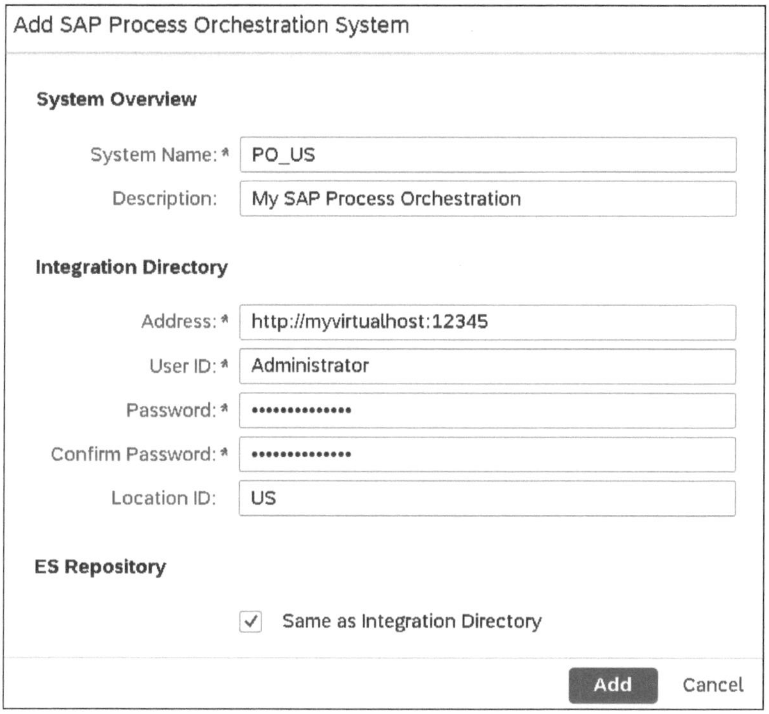

Abbildung 11.9 Beispielkonfiguration für SAP Process Orchestration

Enterprise Service Repository und Integration Directory auf getrennten Servern

Sollten sich das Enterprise Service Repository und das Integration Directory auf unterschiedlichen Servern befinden, müssen Sie für jeden Server einen virtuellen Host anlegen und die entsprechenden Ressourcen im Cloud Connector freigeben. Welche Ressourcen für welche Komponente benötigt werden, entnehmen Sie Tabelle 11.1.

Verbindung zu SAP Process Orchestration testen

Nachdem die SAP-Process-Orchestration-Verbindung angelegt worden ist, wird die neue Verbindung auf der Registerkarte **System** angezeigt. Über die Schaltfläche **Test Connection** können Sie die Verbindung testen. Nach einem kurzen Augenblick erscheint unten eine Fehler- oder Erfolgsmeldung. Eine Erfolgsmeldung wird in Abbildung 11.10 dargestellt.

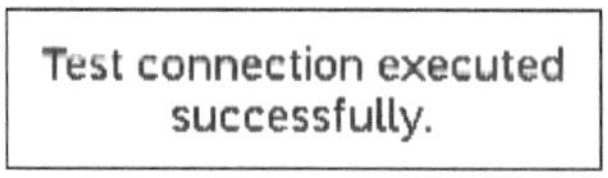

Abbildung 11.10 Erfolgreicher Verbindungstest zu SAP Process Orchestration

Sobald die Verbindung erfolgreich getestet worden ist, ist die Konfiguration abgeschlossen. In den nächsten Abschnitten gehen wir auf die Migration von einzelnen Integrationsobjekten ein und zeigen Ihnen das Migration Assessment bzw. wie Sie gesamte Szenarien migrieren.

11.2 Einzelne Integrationsobjekte migrieren

Mögliche Objekte für die Migration

Nachdem Sie eine Verbindung zu SAP Process Orchestration über den Cloud Connector aufgebaut haben, können Sie einzelne Integrationsobjekte aus SAP Process Orchestration migrieren, um sie in Ihren Integration Flows auf der SAP Integration Suite zu nutzen. Zum aktuellen Zeitpunkt können Sie folgende Integrationsobjekte einzeln migrieren und verwenden:

- Datentypen und Messagetypen
- Message Mapping
- Operation Mapping mit einer Anfrage und einer Antwort
- Value Mapping
- Service Interface als WSDL-Dateien
- Function Library

Diese Objekte werden allerdings nicht an der gleichen Stelle migriert bzw. findet sich die Migrationsfunktion an unterschiedlichen Orten wieder, die wir nachfolgend erläutern.

Direkte Migration

Data Types, Message Types, Message Mappings und Value Mappings fügen Sie aus dem *Enterprise Service Repository* und dem *Integration Directory* (für Value Mapping) direkt in einem gewünschten Paket ein. Navigieren Sie dazu in der SAP Integration Suite in die Ansicht **Design Integration and API** über die Schaltfläche mit dem Stift-Icon, und gehen Sie zum Paket, in das Sie die einzelnen Objekte aus SAP Process Orchestration migrieren möchten. Klicken Sie anschließend auf die Schaltfläche **Add**, und wählen Sie das gewünschte Objekt aus (siehe Abbildung 11.11). Zu Beispielzwecken nutzen wir das Objekt **Message Mapping**; analog dazu können Sie die Objekte **Data Type**, **Message Type** und **Value Mapping** migrieren.

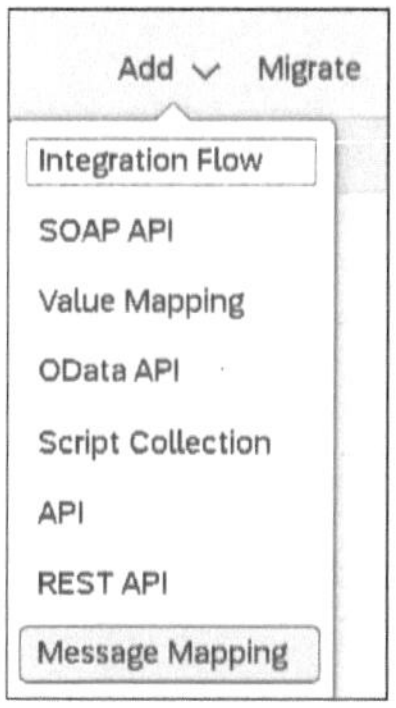

Abbildung 11.11 Mapping hinzufügen

Objekt aus dem ES Repository migrieren

Anders als in Abschnitt 5.1.1, »Artefakte«, wählen Sie an dieser Stelle **ES Repository** (beim Value Mapping das Integration Directory) sowie Ihr eingerichtetes SAP-Process-Orchestration-System aus Abschnitt 11.1 aus, und klicken Sie auf die Schaltfläche **Connect**. Sobald eine Verbindung aufgebaut und die Objekte geladen worden sind, werden Ihnen analog zu Abbildung 11.12 alle Message Mappings angezeigt, die aus dem jeweiligen SAP-Process-Orchestration-System importiert werden können.

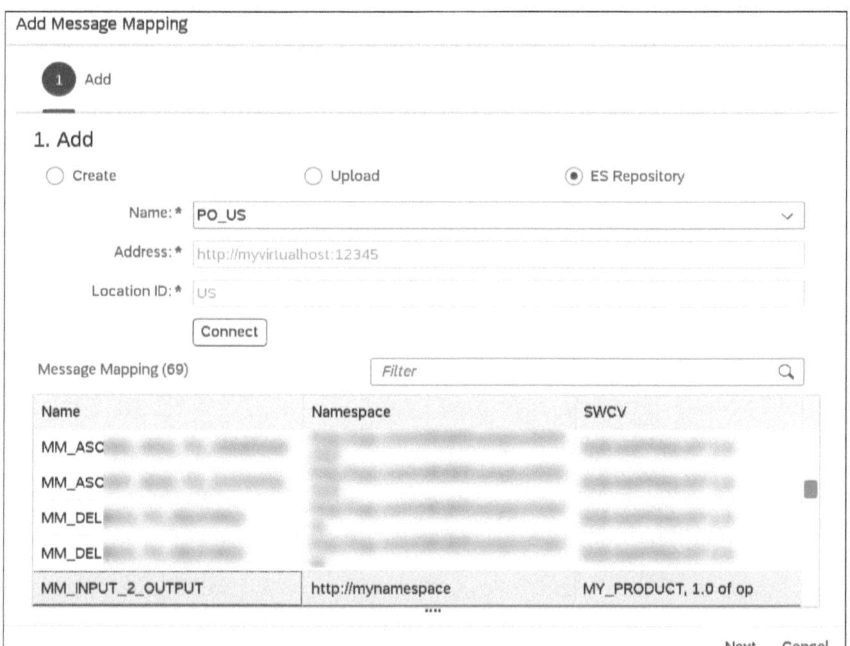

Abbildung 11.12 Mappings auswählen

Objekt auswählen

Wählen Sie das gewünschte Message Mapping aus, und klicken Sie auf die Schaltfläche **Next**. Daraufhin werden Ihnen Abhängigkeiten angezeigt, die zusätzlich zum Message Mapping importiert werden. Sie können den Namen und die ID des Objekts vergeben sowie eine Beschreibung einfügen. Wie in Abbildung 11.13 gezeigt, werden bei einer Migration die Softwarekomponente, die Version sowie der Namensraum in die Beschreibung eingefügt.

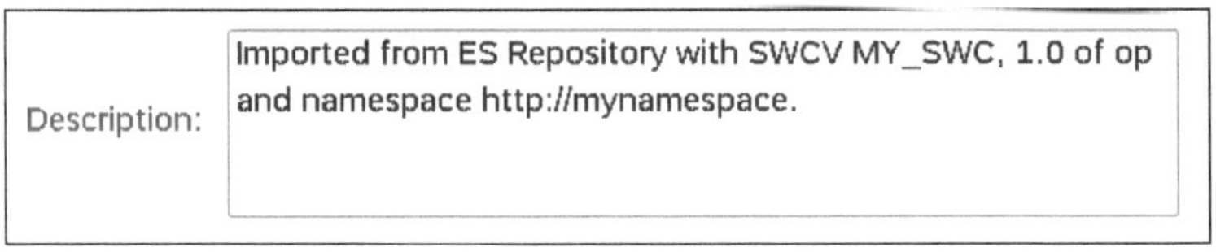

Abbildung 11.13 Beschreibung eines migrierten Mappings

Klicken Sie auf die Schaltfläche **Submit**, um den Import zu starten und die Objekte anzulegen. Daraufhin wird das Message Mapping im ausgewählten Paket angelegt (siehe Abbildung 11.14).

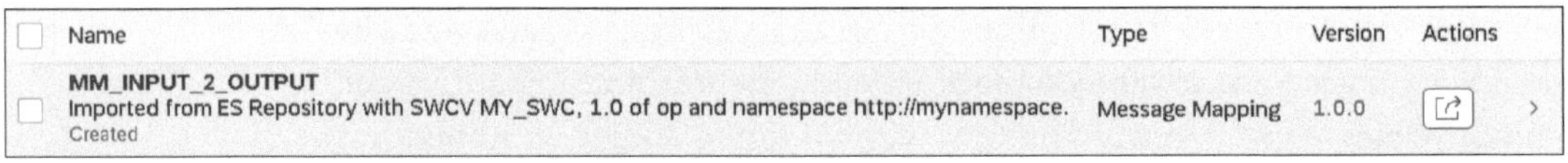

Abbildung 11.14 Angelegtes Mapping als Artefakt

Automatische Migration der abhängigen Objekte

Navigieren Sie in das Message Mapping, um es zu betrachten. Auf der linken Seite werden Ihnen die abhängigen Objekte angezeigt, die während der Migration importiert worden sind (siehe Abbildung 11.15).

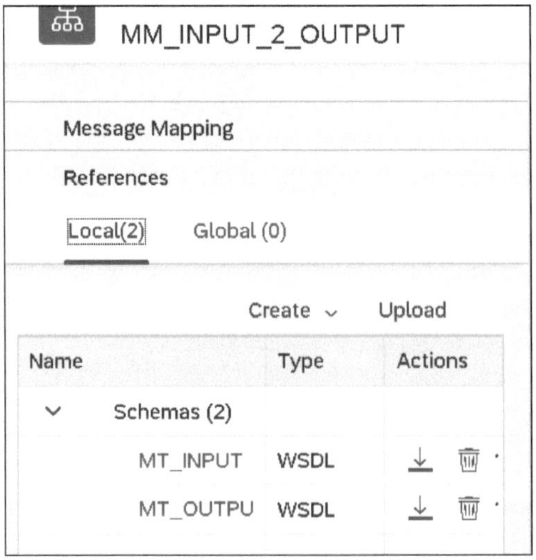

Abbildung 11.15 Referenzobjekte eines migrierten Mappings

Migration in einen Integration Flow

Die zweite Möglichkeit, Objekte aus SAP Process Orchestration in die SAP Integration Suite zu migrieren, ist der Import direkt in einen Integration Flow. Diese Möglichkeit können Sie bei der Migration von Operation Mappings, Message Mappings sowie bei Service Interfaces (WSDL) nutzen. Anders als bei der ersten Möglichkeit sind die Objekte an einen Integration Flow gebunden. Um einen Import durchzuführen, navigieren Sie in einen Integration Flow, in den Sie ein Operation Mapping, Message Mapping oder Service Interface importieren möchten. Klicken Sie im Integration Flow auf eine weiße Fläche, sodass Ihnen die Parameter des Integration Flows angezeigt werden, und springen Sie zur Registerkarte **References**. Hier können Sie auf der rechten Seite das gewünschte Objekt auswählen und migrieren (siehe Abbildung 11.16).

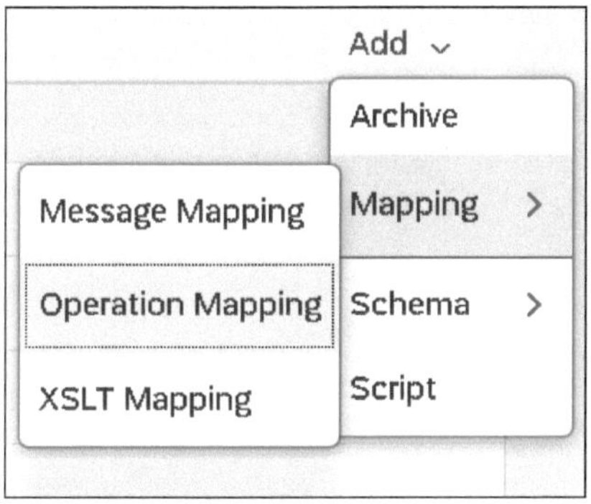

Abbildung 11.16 Objekt in einen Integration Flow migrieren

Objekt wählen

Im ersten Schritt müssen Sie auch hier zunächst das SAP-Process-Orchestration-System auswählen, aus dem die zu migrierenden Objekte gelesen werden sollen. Nachdem Sie auf die Schaltfläche **Connect** geklickt haben, können Sie das gewünschte Objekt auswählen und mit **Select** bestätigen. Daraufhin werden Ihnen, wie beispielsweise in Abbildung 11.17 gezeigt, alle Objekte präsentiert, die im Zuge der Migration angelegt werden. Durch einen Klick auf **Select** bestätigen Sie die Migration, und die genannten Objekte werden im Integration Flow angelegt.

Nachdem Sie die Migration über die Schaltfläche **Select** bestätigt haben, werden Ihnen alle referenzierten Objekte angezeigt, die ebenfalls migriert werden (siehe Abbildung 11.18).

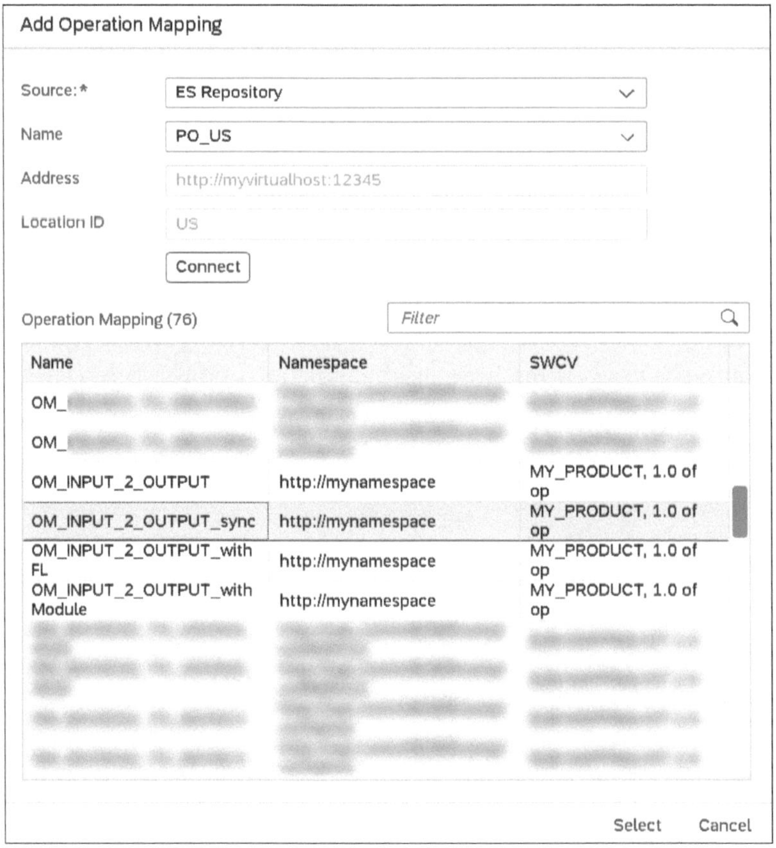

Abbildung 11.17 Operation Mapping für die Migration auswählen

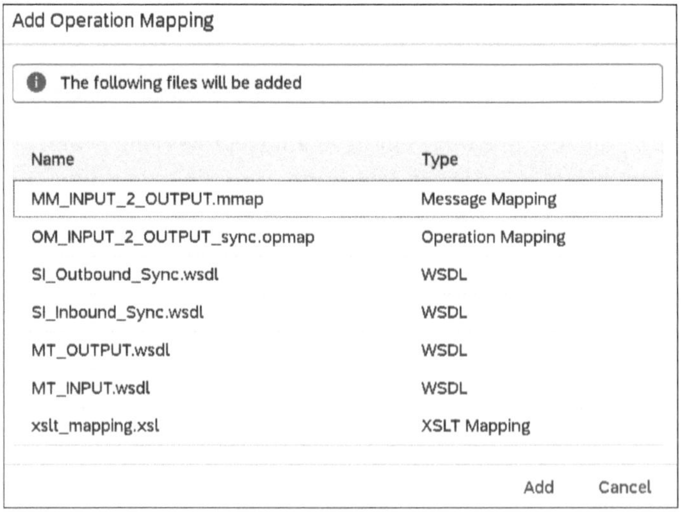

Abbildung 11.18 Referenzierte Objekte eines Operation Mappings

Migration von Operation Mappings

Zum aktuellen Zeitpunkt gibt es beim Import von Operation Mappings folgende Einschränkungen. Sollte eine dieser Einschränkungen bei der Migration auftreten, werden sprechende Fehlermeldungen ausgegeben:

- Asynchrone Operation Mappings können nicht migriert werden.
- Operation Mappings mit einer Java-Klasse als Mapping-Programm können nicht migriert werden.
- Operation Mappings mit Parametern (Bindings) können nicht migriert werden. Entfernen Sie für eine Migration die genutzten Parameter, und führen Sie nach der Migration eine Externalisierung dieser Parameter in der SAP Integration Suite durch.

Funktionsbibliothek migrieren

Die dritte Möglichkeit gestattet es, Funktionsbibliotheken zu migrieren. Navigieren Sie zu einem Paket, in das Sie eine Funktionsbibliothek migrieren möchten, und legen Sie im Änderungsmodus über die Schaltfläche **Add** eine neue Funktionsbibliothek an. Springen Sie anschließend in die neu angelegte Funktionsbibliothek, und wechseln Sie über die Schaltfläche **Edit** in den Änderungsmodus. Wie in Abbildung 11.19 gezeigt, taucht neben der Überschrift **References (0)** die Schaltfläche **Upload** auf.

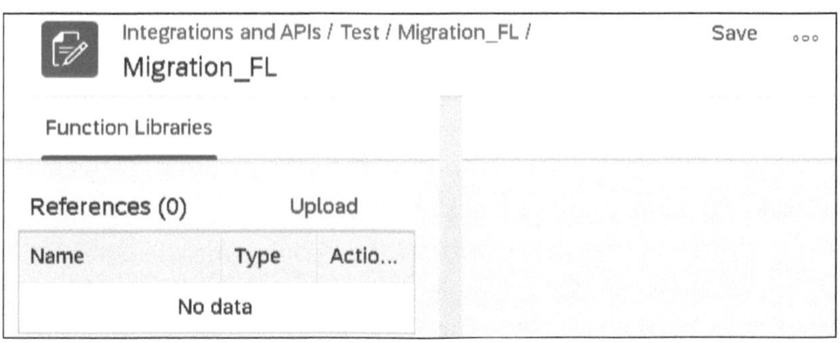

Abbildung 11.19 Funktionsbibliothek migrieren

Funktionsbibliothek auswählen und importieren

Die Schaltfläche **Upload** führt Sie zu der Migration einer Funktionsbibliothek aus SAP Process Orchestration. Analog zu Abbildung 11.17 wählen Sie die gewünschte SAP Process Orchestration aus und klicken anschließend auf die Schaltfläche **Connect**, wodurch Ihnen die Funktionsbibliotheken angezeigt werden. Wählen Sie die gewünschte Bibliothek aus, und klicken Sie auf die Schaltfläche **Select**. Dadurch wird die gewünschte Bibliothek importiert und angezeigt. Sie können nun die migrierte Funktionsbibliothek ändern, speichern, als Version speichern, löschen oder deployen (siehe Abbildung 11.20).

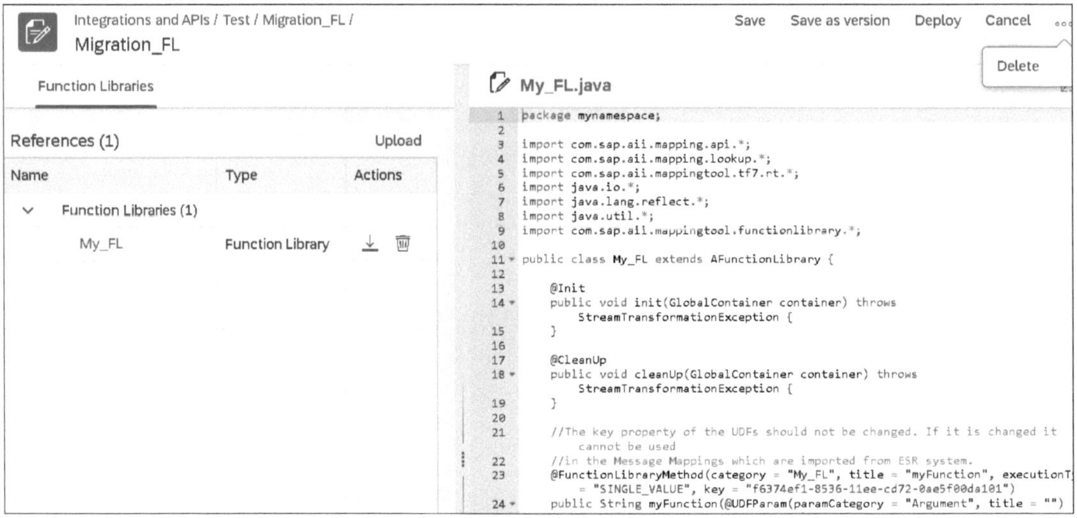

Abbildung 11.20 Migration der Funktionsbibliothek

[+]

Funktionsbibliotheken-Migration

Das Integrationsartefakt **Funktionsbibliotheken** beherbergt – anders als eine Funktionsbibliothek in SAP Process Orchestration – mehrere Funktionsbibliotheken. Dadurch ist es denkbar, je nach Themengebieten, Ihre Funktionsbibliotheken in einem Integrationsartefakt zusammenfassen und zu clustern.

[»]

Migration von Funktionsbibliotheken

Auch bei der Migration gibt es aktuell noch Einschränkungen. Diese werden nachfolgend aufgelistet. Sollte eine dieser Einschränkungen bei der Migration auftreten, werden sprechende Fehlermeldungen ausgegeben:

- Funktionsbibliotheken, die mindestens eine Funktion beinhalten, mit dem Ausführungstyp **All Values of Queue** können nicht migriert werden.
- Funktionsbibliotheken, die mindestens eine Funktion beinhalten und die mindestens einen Parameter vom Typ **Parameter** nutzen, können nicht migriert werden.
- Der Titel und die Kategorie innerhalb einer Funktionsbibliothek müssen zusammen eineindeutig sein, um die Funktionsbibliothek migrieren zu können.
- Funktionsbibliotheken, die auf importierte Archive verweisen, können nicht importiert werden.

Migration von kundeneigenen Adaptern

Da sich die Architektur der SAP Integration Suite im Vergleich zu SAP Process Orchestration grundlegend verändert hat, gibt es keine Möglichkeit, kundeneigene Adapter zu migrieren. Sie haben die folgenden Möglichkeiten, um eine Reimplementierung durchzuführen:

- Nachbau der Funktionalitäten für die SAP Integration Suite (siehe Abschnitt 5.3, »Kundenspezifische Adapter entwickeln«)
- Prüfung von definierten Schnittstellen mit Open Connectors (siehe Abschnitt 7.2, »Open Connectors«)
- Prüfung von Adaptern aus dem SAP Business Accelerator Hub (siehe Abschnitt 4.1, »Vordefinierte Pakete mit dem SAP Business Accelerator Hub«)

11.3 Migration von ABAP-Proxys

Motivation für ABAP-Proxys

Die Kommunikation zwischen SAP-Systemen und SAP Process Orchestration über *ABAP-Proxys* spielt eine wichtige Rolle, da ABAP-Proxys eine höhere Performance bieten, hohes Datenvolumen sowie Anhänge unterstützen und sowohl asynchrone als auch synchrone Szenarien umgesetzt werden können. Die Definition der Proxys findet im *Enterprise Service Repository* innerhalb von SAP Process Orchestration statt. Aus diesen Definitionen werden im Backend-System Proxys generiert, die dann ausimplementiert oder in anderen Methoden, Funktionsbausteinen oder Programmen genutzt werden können. Eine Proxy-Generierung im Backend-System wird in der SAP Integration Suite zum aktuellen Zeitpunkt nicht unterstützt, sodass eine Migration aus SAP Process Orchestration spezielle Schritte benötigt, um sie weiterverwenden zu können. Die Verwendung des *XI Adapters* in der SAP Integration Suite erlaubt es, die ABAP-Proxys nach der Migration weiterhin zu nutzen. Diesen Migrationsprozesse möchten wir Ihnen in diesem Abschnitt näherbringen. Abbildung 11.21 fasst die einzelnen Schritte der Migration zusammen.

Abbildung 11.21 Proxy-Migrationsprozess

Vorgehensweise bei der Migration

Prinzipiell geht es in erster Linie bei der Migration der ABAP-Proxys darum, das Enterprise Service Repository vom SAP-Backend zu entkoppeln, indem das *Metadata Repository* des Backends genutzt wird. Dadurch können die zugrundeliegenden Nachrichten- und Datentypen im Backend-System lokal angepasst werden, ohne ein Enterprise Service Repository zu verwenden. Im nächsten Schritt müssen für Consumer bzw. Provider Proxys die notwendigen Objekte angelegt werden. Im letzten Schritt nutzen Sie die Migrationsfunktionalitäten, um das Proxy-Szenario aus SAP Process Orchestration in die SAP Integration Suite zu migrieren.

Voraussetzungen im Backend schaffen

Bevor Sie mit der Entkoppelung von SAP Process Orchestration und SAP-Backend beginnen, müssen Sie die zu migrierenden Namensräume definieren. Dabei werden die Objekte aus dem Enterprise Service Repository in das Metadata Repository des Backends migriert. Im SAP-Backend führen Sie zunächst Transaktion SPXNGENAPPL aus. Hier tragen Sie ein, welche Namensräume für das Metadata Repository vorgehen und damit migriert werden sollen. In der Spalte **Generierungsquelle** wählen Sie zu den gewünschten Namensräumen jeweils die Option **Backend Metadata Repository** (siehe Abbildung 11.22).

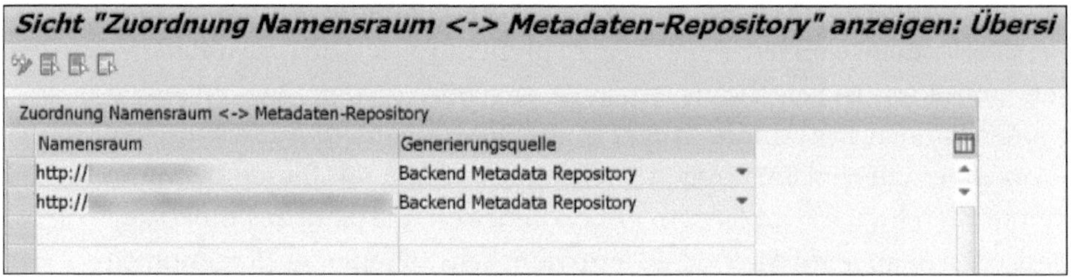

Abbildung 11.22 Namensräume für die Migration definieren

Namensräume migrieren

Nachdem Sie alle Namensräume in der Transaktion erfasst haben, müssen Sie in die Transaktion der Migration abspringen. Navigieren Sie also zu Transaktion SPXNMIG, tragen Sie hier die gewünschten Namensräume ein, und klicken Sie schließlich auf **Ausführen**. Beachten Sie, dass jetzt noch keine Migration stattfindet. Es werden Ihnen alle Objekte angezeigt, die sich in den Namensräumen befinden, sowie alle abhängigen *ABAP-Objekte* (siehe Abbildung 11.23).

Fehlermeldungen betrachten

Auf der linken Seite werden Ihnen mittels Ampel-Icons angezeigt, ob die jeweiligen Objekte migriert werden können oder nicht. Sollte es zu gelben oder roten Ampeln kommen, wird rechts von der Ampel die Fehlermeldung angezeigt.

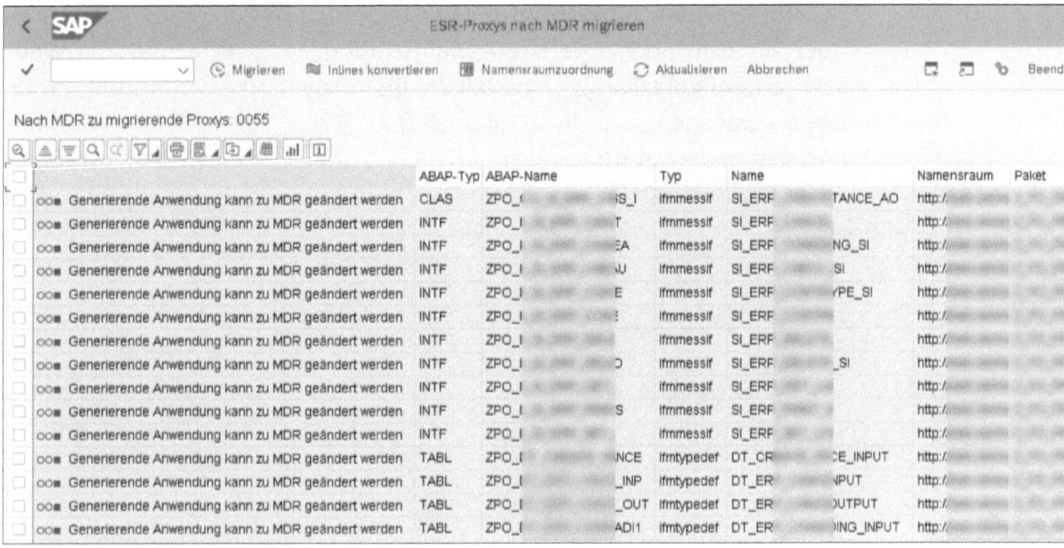

Abbildung 11.23 Objekte in das Metadaten-Repository migrieren

> **[+] Fehlermeldung bei einer Objektmigration in das Metadata Repository**
>
> Ein häufig auftauchender Fehler bei der Migration ist, dass das Metadata Repository keine Inline-Datentypen bei komplexen Strukturen unterstützt. Es wird die Fehlermeldung »SPRX 355 Inline Type kann nicht migriert werden; erst Inline- in Glob Type konvert.« angezeigt. Lösung des Problems ist, dass Sie einen globalen Datentyp anlegen, der die Elemente sowie die Substruktur enthält, und dass Sie diesen Datentyp im ursprünglichen Datentyp referenzieren.

Wiederholen Sie die Transaktion, nachdem Sie alle Fehler korrigiert haben. Wenn Sie eine Migration durchführen möchten, markieren Sie auf der linken Seite die gewünschten Objekte und klicken oben auf die Schaltfläche **Migrate**. Daraufhin werden die Migration durchgeführt und die Objekte im Metadata Repository abgelegt.

Zur Transaktion SOAMANAGER navigieren

Um den Zugriff von der SAP Integration Suite bzw. auf die Services der SAP Integration Suite zu ermöglichen, ist es notwendig, Endpunkte bereitzustellen oder *logische Ports* zu erstellen. Sollte es sich um Provider Proxys handeln, d. h. dass die SAP Integration Suite als Konsument eines Service und das SAP-Backend als Bereitsteller eines Service fungiert, müssen Sie den Proxy als Webservice bereitstellen. Hierzu müssen Sie ein Binding anlegen. Navigieren Sie dafür aus dem SAP-Backend zu Transaktion SOAMANAGER.

Es öffnet sich ein Browserfenster für die Konfiguration von Webservices. Über die Registerkarte **Service Administration** und den Menüpunkt **Web-Service Konfiguration** gelangen Sie in die Anlagemaske des Bindings. Nutzen Sie die Suche, wie in Abbildung 11.24 gezeigt, um den gewünschten Proxy zu finden, und klicken Sie auf diesen, um die Detailansicht zu öffnen.

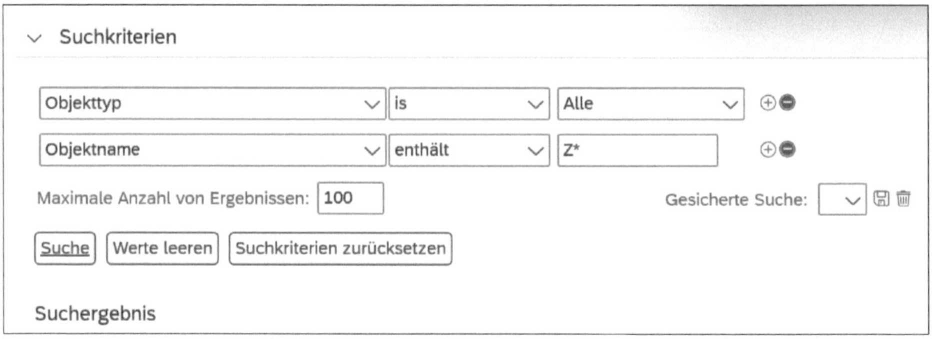

Abbildung 11.24 Das gewünschte Proxy-Objekt finden

Service Binding anlegen

In der Detailansicht klicken Sie nun auf die Schaltfläche **Service Anlegen**, um das gewünschte Binding anzulegen. Wie in Abbildung 11.25 dargestellt, müssen Sie bis zur endgültigen Anlage des Bindings vier Schritte durchführen. Vergeben Sie einen Service- und einen Binding-Namen.

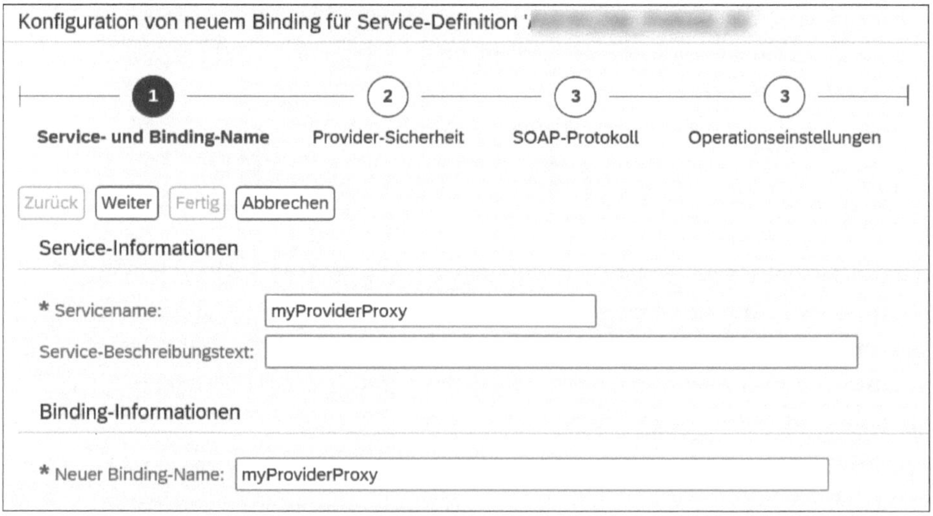

Abbildung 11.25 Binding anlegen

In Schritt 2, **Provider-Sicherheit**, wählen Sie eine für Sie relevante Authentifizierungsmethode. Abbildung 11.26 zeigt die möglichen Authentifizierungsarten.

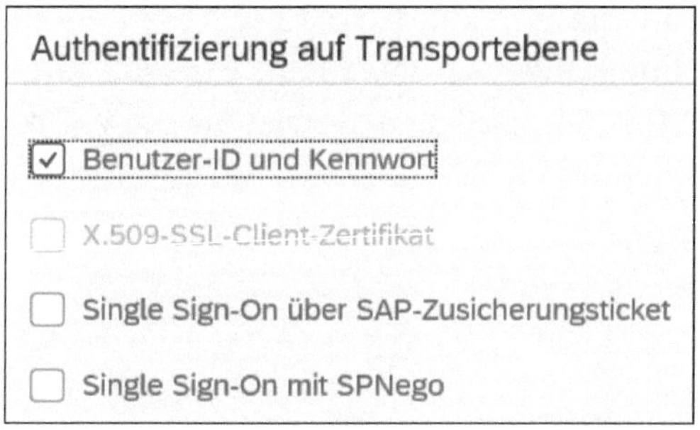

Abbildung 11.26 Authentifizierung für das Binding auswählen

Sobald Sie die Binding-Anlage beendet haben, wird das Binding in dem Fenster des ausgewählten Proxy-Objekts angezeigt (siehe Abbildung 11.27).

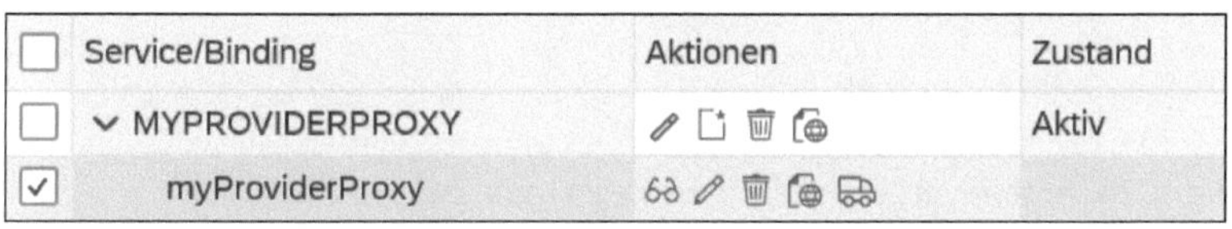

Abbildung 11.27 Binding verwalten

Klicken Sie auf den Button [WSDL], um eine WSDL-Datei zu generieren, die Sie dann in der SAP Integration Suite nutzen können, um das Szenario zu implementieren. Damit ist die backendseitige Migration abgeschlossen.

Zugriff auf Webservices

Wir empfehlen Ihnen, die WSDL-Datei nicht so zu verwenden, wie Sie vom System generiert wird, da diese Endpunkt-URL der Endpunkt-URL des SAP-Systems entspricht. Die Verwendung hätte zur Folge, dass Sie die Firewall öffnen müssten, um den Zugriff zu erlauben. Nutzen Sie stattdessen den Cloud Connector. In Kapitel 9, »Cloud Connector«, haben wir Ihnen gezeigt, wie Sie einen virtuellen Host und einen virtuellen Port anlegen. Ersetzen Sie in der generierten WSDL-Datei den Host und den Port im Endpoint für HTTP und HTTPS mit dem virtuellen Host und dem virtuellen Port.

Logischen Port anlegen

Sollte es sich bei den zu migrierenden Proxys um Consumer Proxys handeln, d. h., dass das SAP-System einen Service in der SAP Integration Suite aufruft, müssen Sie statt eines Bindings einen logischen Port anlegen. Rufen Sie Transaktion SOAMANAGER auf. Es öffnet sich ein Browserfenster für die Konfiguration von Webservices. Über die Registerkarte **Service Administration** und den Menüpunkt **Web-Service Konfiguration** gelangen Sie in die Anlagemaske des Bindings. Nutzen Sie die Suche, um den gewünschten

Proxy zu finden, und klicken Sie auf diesen (siehe Abbildung 11.24). Klicken Sie auf die Schaltfläche **Anlegen**, und wählen Sie eine für Sie passende Konfiguration aus. Wenn z. B. WSDL-Dateien vorliegen, nutzen Sie die WSDL-basierte Konfiguration (siehe Abbildung 11.28).

Abbildung 11.28 Anlageverfahren für den logischen Port auswählen

Führen Sie die Anlageschritte aus Abbildung 11.29 aus, bis Sie den logischen Port angelegt haben, und wechseln Sie anschließend in den Änderungsmodus des logischen Ports über die Schaltfläche mit dem Stift-Icon.

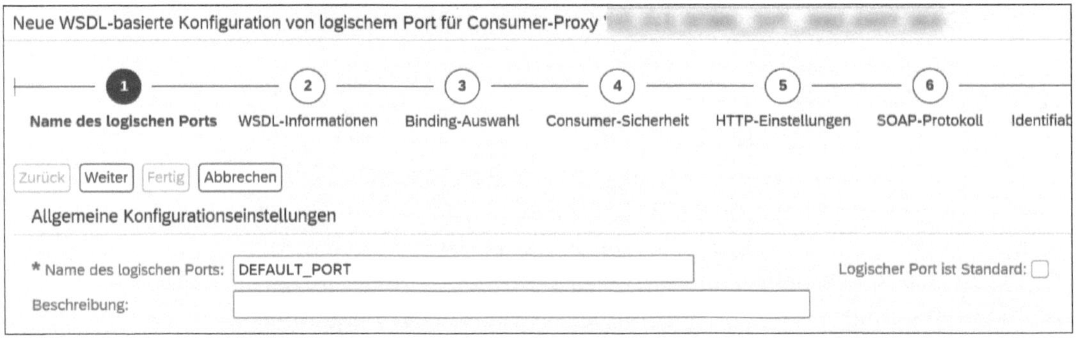

Abbildung 11.29 Logischen Port anlegen

Transporteinstellungen prüfen

Stellen Sie sicher, dass in den *Transporteinstellungen* die URL bzw. der Endpunkt Ihrer SAP-Integration-Suite-Instanz eingetragen ist (siehe Abbildung 11.30).

Abbildung 11.30 Endpoint-URL prüfen und anpassen

Transport-einstellungen testen

Nachdem Sie die korrekte *Endpoint-URL* eingetragen oder sich versichert haben, dass die korrekte Endpoint-URL eingetragen ist, können Sie in der Übersicht der logischen Ports für den Service auf die Schaltfläche klicken, um einen Verbindungstest durchzuführen. Es sollte eine zu Abbildung 11.31 analoge Meldung erscheinen.

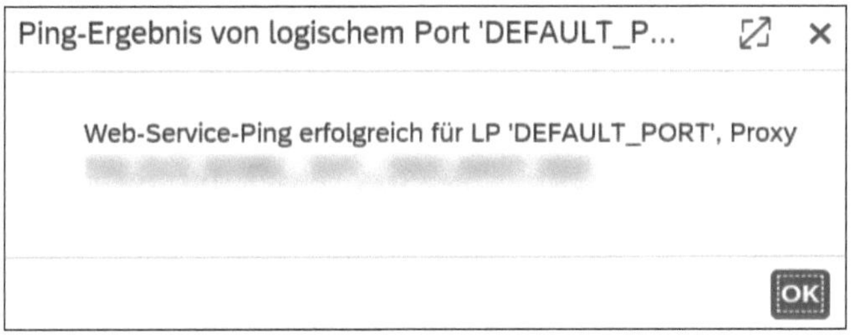

Abbildung 11.31 Logischen Port testen

Damit ist die Migration des Consumer Proxys backendseitig abgeschlossen. Über den logischen Port kann das SAP-Backend-System ein Zielsystem ermitteln und die Daten übertragen oder abholen.

[«]

Zugriff auf den logischen Port

Bedenken Sie, dass die Firewall den Zugriff auf die SAP Integration Suite aus dem Backend-System zulassen muss. Alternativ können Sie in den Transporteinstellungen auch einen Proxy-Server eintragen, der die Verbindung routet.

[+]

Monitoring Consumer und Provider-Webservices

Um im SAP-Backend die Webservices zu überwachen, können Sie Transaktion SRT_UTIL nutzen.

11.4 Migration Assessment und Migration Tooling

Aufgaben des Migration Assessments

Im vorherigen Abschnitt haben wir Ihnen gezeigt, wie Sie einzelne Integrationsobjekte aus SAP Process Orchestration in die SAP Integration Suite migrieren. In diesem Abschnitt machen wir Sie mit der Capability *Migration Assessment* der SAP Integration Suite bekannt. Das Migration Assessment unterstützt Sie bei der Migration Ihrer Integrationsobjekte aus SAP Process Orchestration. Anhand von vordefinierten Regeln werden Ihre Szenarien analysiert, kategorisiert und bewertet, wodurch Sie nach kürzester Zeit einen guten Überblick dazu erhalten, welcher Aufwand auf Sie bezüglich der Migration zukommt. In diesem Abschnitt zeigen wir Ihnen, wie das Migration Assessment aussieht, wie Sie es bedienen und worauf Sie achten müssen. Am Ende des Abschnitts führen wir, basierend auf den Ergebnissen des Migration Assessments, exemplarische Beispielmigrationen für SAP-Process-Orchestration-Szenarien durch.

Zum Migration Assessment navigieren

Um auf die Capability **Migration Assessment** zuzugreifen, klicken Sie im Hauptmenü der SAP Integration Suite auf die Schaltfläche **Create Request**, die sich auf der Kachel mit der Aufschrift **Assess Migration Scenarios** befindet (siehe Abbildung 11.32). Wenn Sie diese Kachel nicht finden, müssen Sie die Capability wahrscheinlich noch aktivieren. Weitere Informationen zu deren Aktivierung finden Sie in Abschnitt 2.5, »Services und Instanzen«.

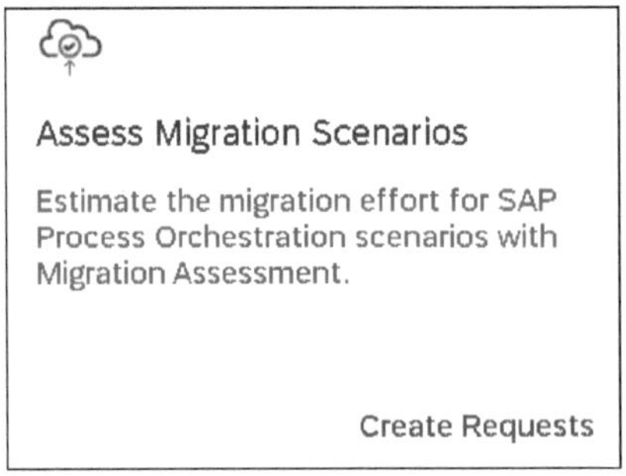

Abbildung 11.32 Kachel »Assess Migration Scenarios«

Menü des Migration Assessments

Das Menü des Migration Assessments besteht aus den folgenden Ansichten, die wir nachfolgend detailliert beschreiben:

- **Request** (Anfrage), Schaltfläche: Hier können Sie Extraktions- und Evaluierungsanfragen erzeugen.
- **Configure** (Konfiguration), Schaltfläche: Hier finden Sie Regeln und Aufwandskategorisierung, die bei der Extraktion- bzw. Evaluation herangezogen werden.

- **Settings** (Einstellungen), Schaltfläche ⚙: Hier haben Sie die Möglichkeit, analog zu Abschnitt 11.1 eine Verbindung zu einem SAP-Process-Orchestration-System anzulegen.

11.4.1 Anfrage erzeugen

Migrationsanalyseprozess

Die Migrationsanalyse erfolgt im Migration Assessment in zwei Schritten. Im ersten Schritt werden die Daten aus den SAP-Process-Orchestration-Systemen extrahiert. Falls dabei Fehler oder Warnungen auftreten, sind diese in den Protokollen zu finden. Im zweiten Schritt wird auf der Basis der Extraktion eine Szenariobewertung durchgeführt, die als Ergebnis eine Aufwandsschätzung enthält.

Um eine Datenextraktion zu beauftragen, klicken Sie auf die Ansicht **Request**. Hier finden Sie zwei Kacheln mit der Aufschrift **Data Extractions** und **Scenario Evaluation** (siehe Abbildung 11.33).

Abbildung 11.33 Datenextraktions- und Szenarioanalyse-Kachel

Data Extraction erfassen

Klicken Sie auf die Kachel **Data Extractions**. Auf der rechten Seite befindet sich die Schaltfläche **Create**. Sobald Sie auf diese Schaltfläche klicken, werden Sie aufgefordert, einen Namen und Ihre SAP-Process-Orchestration-Systemverbindung auszuwählen, die Sie zuvor erstellt haben (siehe Abbildung 11.34).

Abbildung 11.34 Datenextraktion anlegen

Data Extraction initiieren

Wenn Sie auf die Schaltfläche **Create** klicken, wird die Datenextraktion sofort ausgeführt. Die Statusanzeigen informieren Sie, wenn die Extraktion abgeschlossen ist. Es gibt drei unterschiedliche Status:

- **Error**: Bei der Extraktion ist ein Fehler aufgetreten. Dies kann z. B. ein Verbindungsfehler sein.
- **In Progress**: Die Extraktion ist noch im Gange.
- **Completed**: Die Extraktion ist beendet.

Nachdem Sie Ihre Extraktion angelegt haben, wird auf dem Übersichtsbild der Extraktionen ein neuer Eintrag angelegt (siehe Abbildung 11.35).

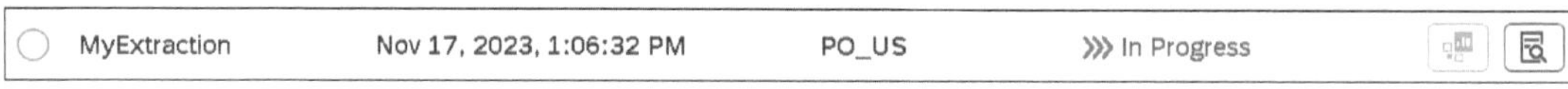

Abbildung 11.35 Extraktionsübersicht

Extraction Logs analysieren

Über die Schaltfläche (**Check Extraction Logs**) können Sie jederzeit auf die aktuellen Protokolle der Extraktion zugreifen. Sollte es während der Extraktion z. B. zu Berechtigungsfehlern kommen, weil ein Service nicht erreichbar ist, können Sie diese Fehler hier einsehen. Nachdem die Extraktion beendet worden ist, können Sie sich die Ergebnisse über die Schaltfläche (**View Dashboard**) anzeigen lassen. Es wird ein Kreisdiagramm angezeigt, das die extrahierten Szenarien in die Kategorien **Extracted**, **Extracted with warning** und **Extracted with errors** aggregiert (siehe beispielhaft Abbildung 11.36).

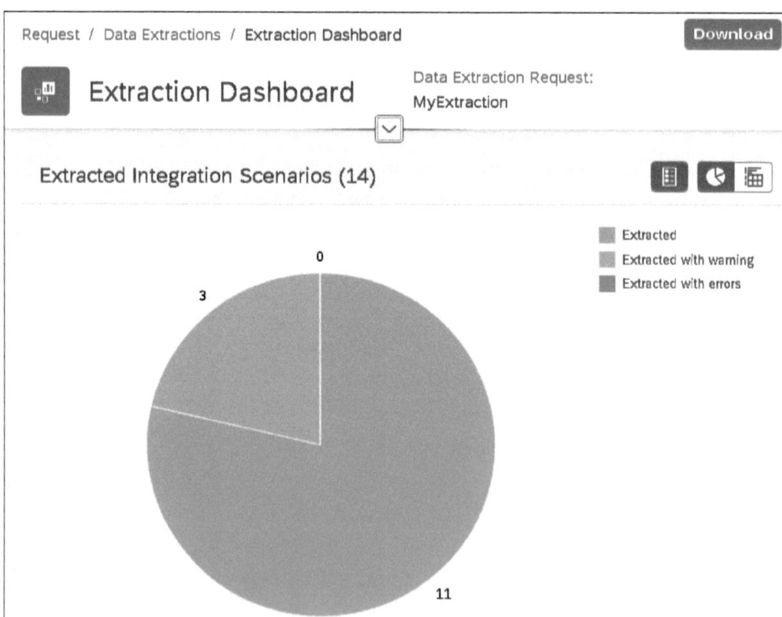

Abbildung 11.36 Kreisdiagramm zur Extraktion

Dashboard-Ergebnisse verfeinern

Auf der rechten Seite können Sie über die Schaltfläche die Ergebnisse der einzelnen Szenarien finden und einsehen. Falls bei der Extraktion Fehler oder Warnungen aufgetreten sind, finden Sie die detaillierten Meldungen über die Schaltfläche mit den drei Punkten in der jeweiligen Zeile (siehe Abbildung 11.37).

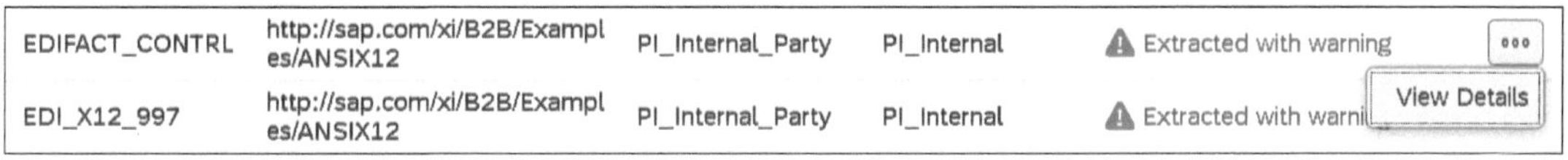

Abbildung 11.37 Szenariodetails zu Warn- und Fehlermeldungen ansehen

Szenariobewertung erstellen

Nach der Extraktion müssen Sie im nächsten Schritt die Evaluation durchführen. Navigieren Sie dazu in der Ansicht **Request** zur Kachel **Scenario Evaluation** (siehe Abbildung 11.33). Analog zur Extraktionsanfrage können Sie nun eine Evaluationsanfrage stellen. Über die Schaltfläche **Create** auf der rechten Seite werden Sie aufgefordert, einen Anfragenamen einzugeben und den soeben erstellten Extraktionslauf auszuwählen. Außerdem geben Sie einen Namen für den Evaluationslauf und eine Beschreibung ein (siehe Abbildung 11.38).

Abbildung 11.38 Evaluation anlegen

Scenario Evaluation durchführen und die Ergebnisse im Dashboard betrachten

Bestätigen Sie Ihre Eingaben mit der Schaltfläche **Create**, und die Evaluation wird sofort ausgeführt. Über analoge Statusanzeigen zur Datenextraktion werden Sie benachrichtigt, wenn die Evaluation beendet worden ist. Auch hier gelangen Sie über die Schaltfläche zum Dashboard zum Evaluieren der Migration. Auf der Registerkarte werden Ihnen verschiedene aggregierte Daten in Kreis- und Balkendiagrammen angezeigt:

- *Analysekategorien*: Hier werden Ihnen die Daten aggregiert in den folgenden Kategorien angezeigt:
  - **Ready to migrate**: Alle Objekte sind in die SAP Integration Suite ohne Anpassungsbedarf migrierbar.
  - **Adjustment required**: Es sind Anpassungen erforderlich, da die Szenarien nicht eins zu eins migriert werden können. Solche Szenarien sind z. B. die Benutzung eines File Adapters oder einer Function Library.
  - **Evaluation required**: Bei der Analyse dieser Szenarien wurde festgestellt, dass es nicht reicht, Anpassungen vorzunehmen. Hier müssen eine Bewertung des Szenarios und gegebenenfalls eine Reimplementierung in der SAP Integration Suite stattfinden. Solche Szenarien können beispielhaft Adaptermodule oder den Adapter `EDISeparator` enthalten.
- **Aufwandsschätzung**: Hier werden die Szenarien aggregiert in Aufwandskategorien angezeigt. Diese werden in S, M, L und XL untergliedert. Die Erläuterung zu den einzelnen Kategorien finden Sie in Abschnitt 11.4.2, »Regeln und Aufwandskategorisierung«.
- **Sender-Adapter, Empfänger-Adapter**: Diese beiden Diagramme aggregieren die Szenarien nach den verwendeten Adaptern in SAP Process Orchestration.

Abbildung 11.39 zeigt beispielhaft die Zusammenfassung nach Analysekategorien.

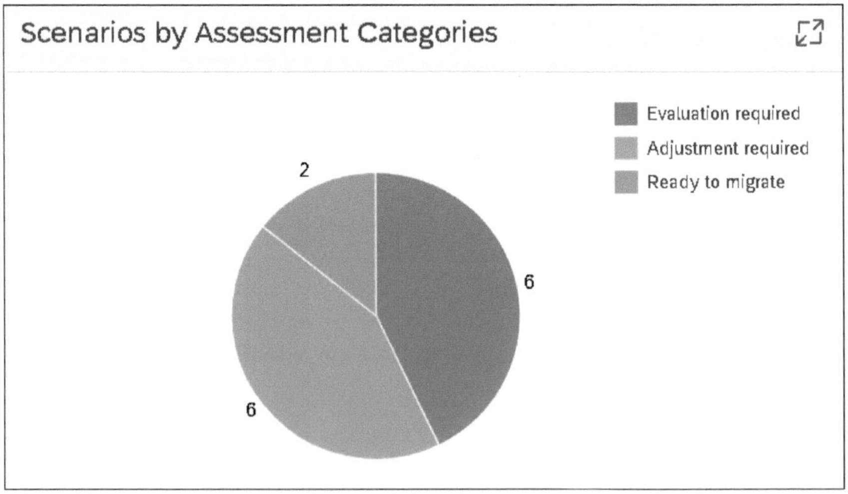

Abbildung 11.39 Zusammenfassung nach Analysekategorien

Detaillierte Ergebnisse analysieren

Auf der Registerkarte **Integration Scenarios** werden Ihnen die einzelnen Szenarien und deren Ergebnisse in den Kategorien angezeigt. Welche Regel in welchem Szenario angewendet wurde, können Sie der detaillierten Aufstellung entnehmen. Diese können Sie über die Schaltfläche **Download** im Excel-Format (*.xlsx) herunterladen (siehe Abbildung 11.40). Zum Zeitpunkt der Erstellung dieses Buches ist dies die einzige Möglichkeit, einen detaillierten Überblick zu erhalten. Der Download im PDF-Format gibt ein Managementdokument aus, das die gesamte Evaluation zusammenfasst.

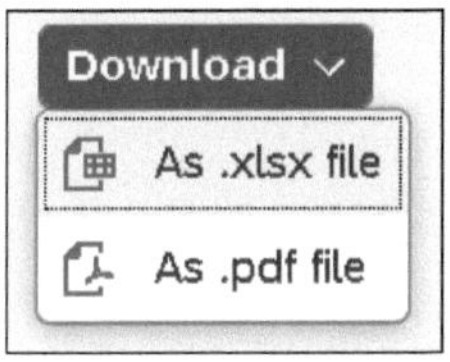

Abbildung 11.40 Exportmöglichkeiten für die Evaluation

11.4.2 Regeln und Aufwandskategorisierung

Zu den Regeln navigieren

Im Menüpunkt **Configure** finden Sie eine Übersicht der Regeln und Aufwandseinschätzung. Diese Regeln und Kategorien werden zur Bewertung von Migrationsschritten herangezogen, um Ihnen am Ende des Prozesses Anhaltspunkte zu Aufwand und Komplexität Ihrer geplanten Migration zu bieten. Zunächst werden Ihnen hier die von SAP vordefinierten Regeln und der damit verbundene Aufwand angezeigt. Um die einzelnen Regeln zu sehen, klicken Sie auf die Schaltfläche **Configure • Rules** (siehe Abbildung 11.41). Zum Zeitpunkt der Erstellung dieses Buchs befinden sich hier 41 Regeln, die aus Ihren Szenarien die Migrationskategorien ableiten.

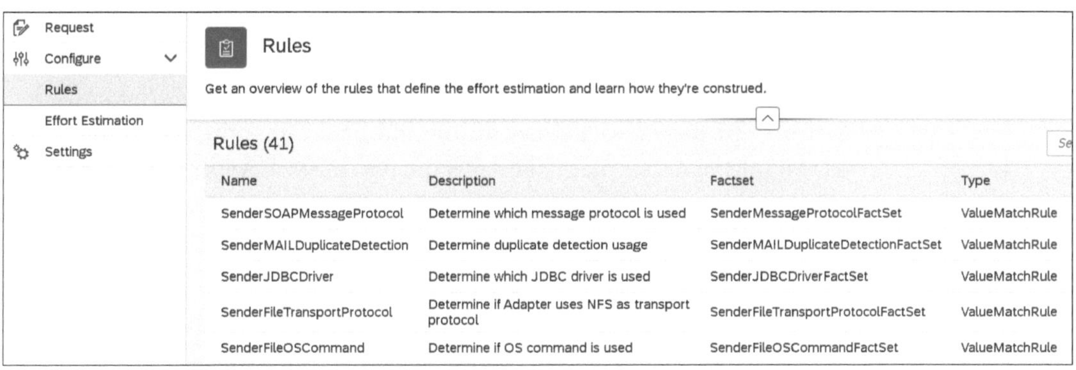

Abbildung 11.41 Migration-Assessment-Regeln

Aufbau der Regeln

Jede dieser Regeln besteht aus mindestens einer *Variante*, die durch Anklicken der gewünschten Regel aufgerufen werden kann. Varianten fassen Regelwerte zusammen, die zu einer der drei zuvor genannten Analysekategorien führen. Die Gewichtung wird zur Berechnung des Aufwands verwendet. Abbildung 11.42 zeigt die Regelwerte der Variante `Main_SenderAdapterType`.

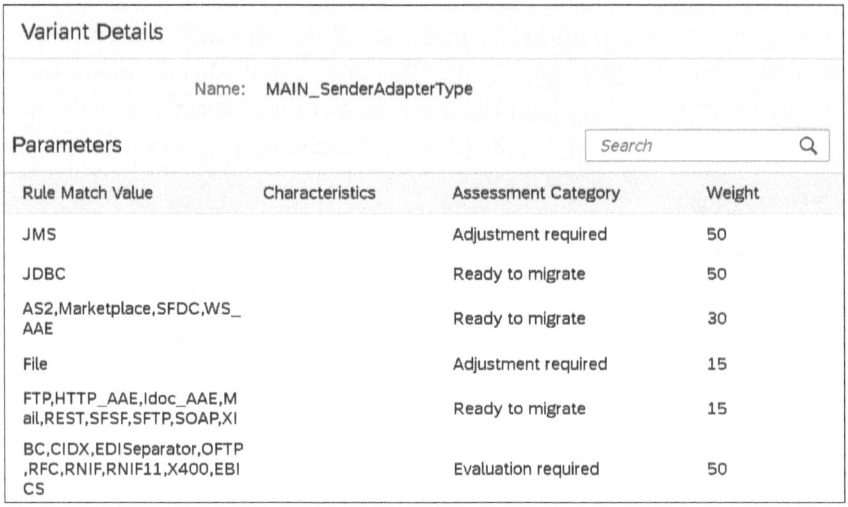
Variant Details

Name: MAIN_SenderAdapterType

Parameters

Search

Rule Match Value	Characteristics	Assessment Category	Weight
JMS		Adjustment required	50
JDBC		Ready to migrate	50
AS2,Marketplace,SFDC,WS_AAE		Ready to migrate	30
File		Adjustment required	15
FTP,HTTP_AAE,Idoc_AAE,Mail,REST,SFSF,SFTP,SOAP,XI		Ready to migrate	15
BC,CIDX,EDISeparator,OFTP,RFC,RNIF,RNIF11,X400,EBICS		Evaluation required	50

Abbildung 11.42 Migration Assessment:Gewichtung

Beispiel für eine Regel

Wenn Sie beispielsweise in Ihrem Szenario einen Sende-Adapter vom Typ **File** nutzen, wird das Szenario der Analysekategorie **Adjustment required** zugeschrieben, sofern kein anderer Regelwert zutrifft, der die Kategorie **Evaluation required** ableitet. Es ist denkbar, dass das Regelwerk in Zukunft noch vergrößert oder verändert wird, da die SAP Integration Suite immer mehr Funktionalitäten erhält.

Schaltflächen »Configure • Effort Estimation«

Über die Schaltflächen **Configure • Effort Estimation** gelangen Sie zur Aufwandseinschätzung. Hier finden Sie das von SAP definierte Mapping zwischen den Größenkategorien (S, M, L, XL) und den Analysekategorien für den minimalen und maximalen Aufwand der *Szenariomigration*. Aus den getroffenen Regeln, der Gewichtung und dem genannten Mapping kann das Migration Assessment den Aufwand für eine Szenariomigration berechnen.

11.4.3 Szenariomigration

Ergebnisse des Migration Assessments

In Abschnitt 11.4.1, »Anfrage erzeugen«, und in Abschnitt 11.4.2, »Regeln und Aufwandskategorisierung«, haben wir Ihnen gezeigt, wie Sie eine Datenextraktion erstellen und diese auf der Grundlage von Regeln und Kategorien ausgewertet. Als Ergebnis errechnet das System den Aufwand und erstellt eine Übersicht Ihrer Szenarien mit den jeweiligen Analysekategorien. Basierend auf diesen Informationen können Sie mit einer Migration beginnen und zunächst alle Szenarien migrieren, die der Analysekategorie **Ready to Migrate** zugeordnet wurden. In diesem Abschnitt möchten wir Ihnen zeigen, welche Schritte Sie durchführen müssen, um diese Szenarien zu migrieren. In der Kategorie **Adjustment Required** verfahren Sie ähnlich, mit der Ausnahme, dass Sie sich zunächst ansehen müssen, welche Komponenten Sie anpassen müssen (z. B. File Adapter durch einen SFTP-Adapter austauschen). Dabei werden die Szenarien migriert. Allerdings können Sie diese Integration Flows nicht deployen, da sie Fehler aufweisen und Sie diese zunächst bereinigen müssen.

Migration Tooling

Bevor wir mit dem Migrationsbeispiel beginnen, möchten wir auf den Begriff *Migration Tooling* eingehen. Diese Funktion erlaubt es, templatebasiert eine Migration von SAP Process Orchestration zur SAP Integration Suite durchzuführen. SAP stellt für verschiedene Sender-zu-Empfänger-Szenarien Templates bereit, die Sie unter dieser URL *http://s-prs.de/v993321* finden. Während der Migration werden Sie aufgefordert, eine Auswahl aus diesen Templates zu treffen. Aus diesem Grund ist es ratsam, sich Ihre Szenarien anzuschauen und zu prüfen, zu welchen Templates diese passen.

Zur Szenariomigration navigieren

Um eine Migration durchzuführen, navigieren Sie aus dem Hauptmenü der SAP Integration Suite über den Menüpfad **Design • Integration and APIs**, nachdem Sie auf die Schaltfläche geklickt haben. Wählen Sie nun das Paket aus, in das Sie ein gewünschtes Integrationsszenario migrieren möchten. Sollten Sie noch kein Paket vorfinden, müssen Sie ein neues Paket anlegen (siehe dazu Abschnitt 5.1.1, »Artefakte«). Wechseln Sie im gewünschten Paket auf die Registerkarte **Artifacts**, und klicken Sie auf die Schaltfläche **Edit**. Nun erscheint neben der Schaltfläche **Delete** die Schaltfläche **Migrate** (siehe Abbildung 11.43).

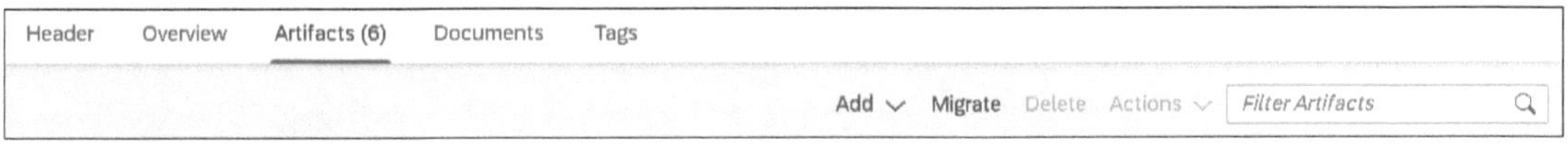

Abbildung 11.43 Ansicht im Paket

Mit der Migration beginnen

Die Schaltfläche **Migrate** führt Sie zum Migrationsprozess eines einzelnen Szenarios. In dem neuen Fenster werden Sie zunächst gefragt, von welchem SAP-Process-Orchestration-System Sie das Szenario migrieren möchten. Nach der Auswahl eines SAP-Process-Orchestration-Systems werden Ihnen die virtuellen Hosts für das Enterprise Service Repository und das Integration Directory gezeigt, die Sie noch einmal prüfen können (siehe Abbildung 11.44).

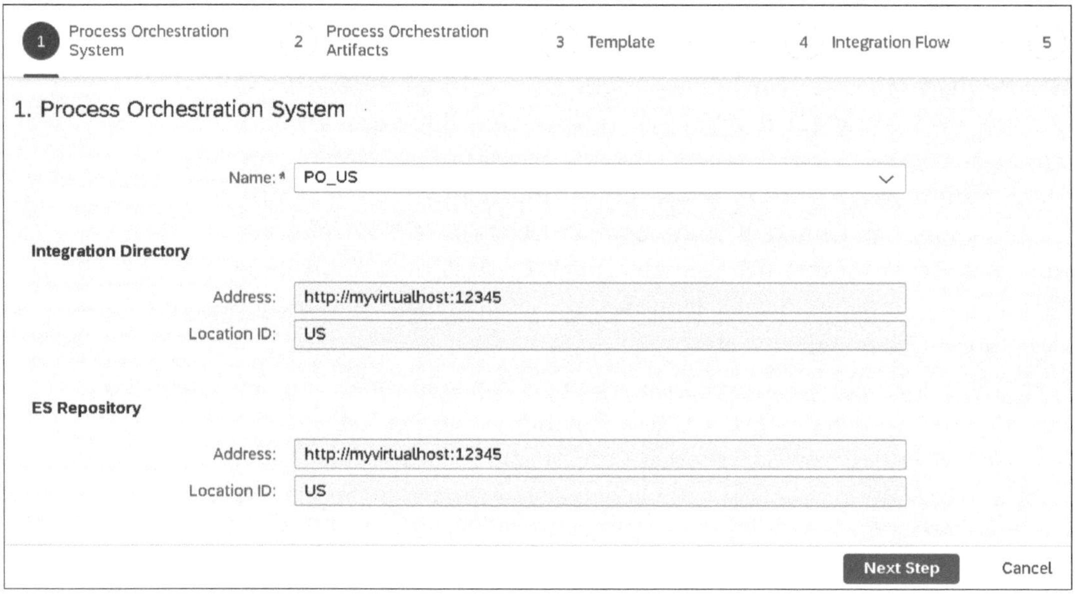

Abbildung 11.44 SAP Process Orchestration für die Szenariomigration auswählen

Szenario auswählen

Sobald Sie die Schaltfläche **Next Step** betätigen, werden alle vorhandenen Szenarien bzw. Icos (Integrated Configurations) aus SAP Process Orchestration geladen (siehe Abbildung 11.45). Sie können in dem Dropdown-Menü das zu migrierende Szenario auswählen.

Abbildung 11.45 Szenario auswählen

Template auswählen

Im nächsten Schritt müssen Sie sich für ein *Template* entscheiden. Zuvor haben wir Ihnen erklärt, was es mit den Templates auf sich hat und worauf Sie achten müssen. Wählen Sie im dritten Schritt das passende Template für Ihr Szenario aus, und betätigen Sie auch hier die Schaltfläche **Next Step** (siehe Abbildung 11.46).

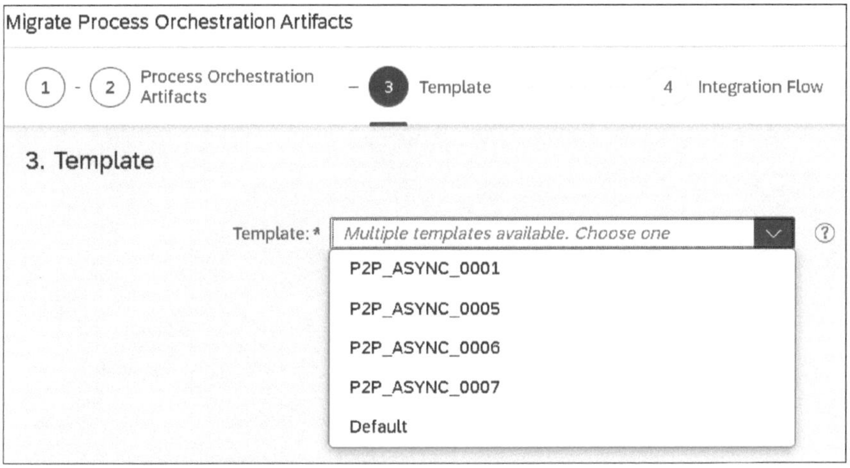

Abbildung 11.46 Template auswählen

Kopfdaten für die SAP Integration Suite bereitstellen

Da auf der SAP Integration Suite aus der Ico ein Integration Flow angelegt wird, müssen Sie im vierten Schritt einen Namen vergeben. Die ID leitet sich aus dem Namen ab, wobei sich die ID auch vom Namen unterscheiden kann. Die Beschreibung wird automatisch aus den Informationen zum Migrationsquellsystem zur Systemversion, zum Template, zum Objekttyp und zum Objektnamen generiert und ist anpassbar (siehe Abbildung 11.47).

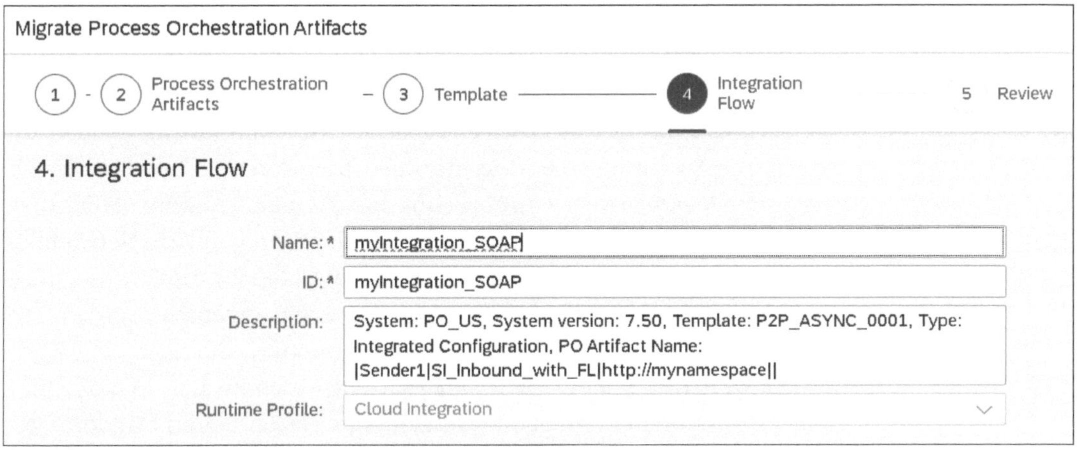

Abbildung 11.47 Namen für den Integration Flow vergeben

Im letzten Schritt werden alle Daten zusammengefasst. Sie erhalten außerdem Hinweise, wie Sie mit der Implementierung weiterverfahren, da Sie gegebenenfalls noch Anpassungen vornehmen müssen.

Fehler nach der Migration analysieren

Nachdem Sie die *Migration* beendet haben, navigieren Sie in Ihren soeben angelegten Integration Flow. Über den Hinweis mit dem roten Kreuz werden Sie darauf aufmerksam gemacht, dass Sie eine Anpassung vornehmen müssen (siehe Abbildung 11.48).

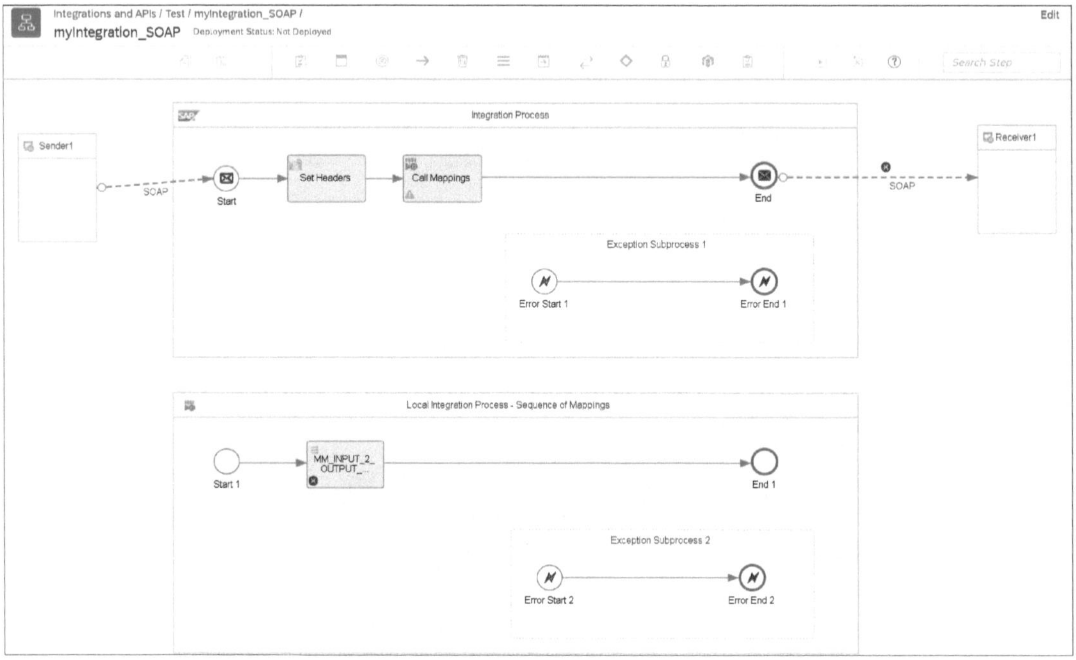

Abbildung 11.48 Migrierter Integration Flow

Mögliche Anpassungen nach der Migration durchführen

In SAP Process Orchestration können Credentials direkt im Adapter gefüllt werden. In der SAP Integration Suite gibt es diese Möglichkeit jedoch nicht. Deshalb müssen Sie die Credentials zunächst in der Monitoring-Ansicht anlegen (siehe Abschnitt 3.6.6, »Monitoring«). In unserem Beispiel haben wir in unserem Message Mapping eine Funktion aus einer Funktionsbibliothek genutzt. Da zum aktuellen Zeitpunkt eine Migration von Funktionsbibliotheken während eines Message-Mapping-Imports nicht möglich ist, müssen Mappings, die Funktionsbibliotheken nutzen, angepasst werden. Die Funktionsbibliothek muss zunächst einzeln migriert und nach der Migration des Szenarios eingebunden werden (siehe Abschnitt 11.2). Mapping mit lokalen Funktionen können stattdessen ohne Nacharbeiten migriert werden. Damit ist die Migration eines Szenarios abgeschlossen.

[«]

Limitierung bei der Migration

Zum aktuellen Zeitpunkt können nicht alle Objekte migriert werden. Es handelt sich dabei um folgende Objekte:

- Message Mappings, die Funktionen aus Funktionsbibliotheken oder importierten Archiven nutzen, können nicht migriert werden.
- XSLT-Mappings, die Erweiterungen nutzen, können Sie nicht migrieren.
- Für CSV-zu-XML-Konverter-Vorlagen werden die XSD-Schemadateien nicht migriert. Auch werden fixe Feldlängen nicht migriert.
- Service Interfaces, die mehrere Operationen beinhalten, können nicht migriert werden. Hier ist eine Neugestaltung der Schnittstelle notwendig.

11.5 Zusammenfassung

SAP Process Orchestration wird von SAP im Jahr 2030 eingestellt. Unternehmen müssen daher bis zu diesem Zeitpunkt einen Weg finden, um ihre Integrationen auf ein neues System zu migrieren. Da die SAP Integration Suite das logische Nachfolgeprodukt ist, liegt es nahe, dass SAP Migrationswerkzeuge für die Überführung von Objekten von SAP Process Orchestration in die SAP Integration Suite bereitstellt. In diesem Kapitel haben wir Ihnen gezeigt, wie Sie diese Migrationswerkzeuge der SAP Integration Suite richtig interpretieren und verwenden. Wir haben präsentiert, welche Objekte migriert werden können und bei welchen Objekten und Szenarien eine Anpassung oder Evaluation erforderlich ist.

Kapitel 12
Praxisbeispiele

In diesem Kapitel finden Sie nützliche Beispiele, die Sie so oder ähnlich in Ihren Integrationen verwenden können.

In den letzten elf Kapiteln dieses Buches haben wir Ihnen die SAP Integration Suite gezeigt und teilweise anhand einfacher Beispiele die Funktionen der einzelnen Capabilities der SAP Integration Suite vorgestellt. In diesem Kapitel möchten wir das neu erlangte Wissen aufgreifen und tiefergehende Beispiele zeigen, die auch einzelne Capabilities der SAP Integration Suite miteinander vereinen. Das erste Beispiel demonstriert Ihnen, wie Sie Daten aus einem SAP-ERP-System mittels API in externen Prozessen nutzbar machen. Dafür zeigen wir Ihnen in Abschnitt 12.1, wie Sie die Auftragsdaten aus SAP auslesen und über einen Open-Connector-Folgeprozess im Messenger-Dienst Slack anstoßen. In Abschnitt 12.2 gehen wir weiter auf das API Management ein und legen mit Ihnen zusammen eigene Metriken an, die die Standardauswertungen der Plattform ergänzen. Im darauffolgenden Abschnitt 12.3 haben wir Ihnen verschiedene Codebeispiele für Groovy-Skripte zusammengestellt, die wir regelmäßig in unseren Projekten nutzen. In Abschnitt 12.4 erläutern wir, wie Sie die Integrationsvorlagen von SAP nutzen können und diese anhand Ihrer eigenen Anforderungen um zusätzliche Felder ergänzen.

12.1 API für Aufträge anbieten

Zusammenspiel zwischen API Management, Cloud Integration und Open Connectors

Stellen Sie sich vor, Sie möchten einem Partner eine API bereitstellen, die es ihm ermöglicht, den Status sowie Detailinformationen seiner eigenen Bestellungen in Ihrem SAP-System abzufragen. Sollte es Probleme beim Ermitteln des Auftragsstatus geben, wird zusätzlich der Kunden-Support darüber informiert, um diesen Auftrag gezielt zu verfolgen. Dazu soll das System dem Support eine Chat-Nachricht über Slack übermitteln. In diesem Abschnitt zeigen wir Ihnen das Zusammenspiel zwischen den Capabilities *API Management*, *Cloud Integration* und *Open Connectors* und gehen auf die Integrationsobjekte im Kontext eines *Data Store* ein. Auch schreiben wir ein Groovy-Skript, das die Query-Parameter aus dem Header extrahiert. Voraussetzung für das Szenario ist, dass Sie die SAP Integration Suite mit den Capabilities API Management und Open Connectors provisioniert haben. Eine weitere Voraussetzung ist, dass Sie bereits einen Service Key für Ihre Process Integration Runtime erstellt haben. Wie Sie die Capabilities der SAP Integration Suite ausprägen und Service Keys anlegen, haben wir Ihnen in Abschnitt 2.5, »Services und Instanzen«, gezeigt. Zudem sind ein SAP-Backend und der Cloud Connector erforderlich. Wie Sie den Cloud Connector an Ihren SAP-BTP-Subaccount anschließen, finden Sie in Kapitel 9, »Cloud Connector«. Das beispielhafte Szenario ist konzeptionell in Abbildung 12.1 dargestellt.

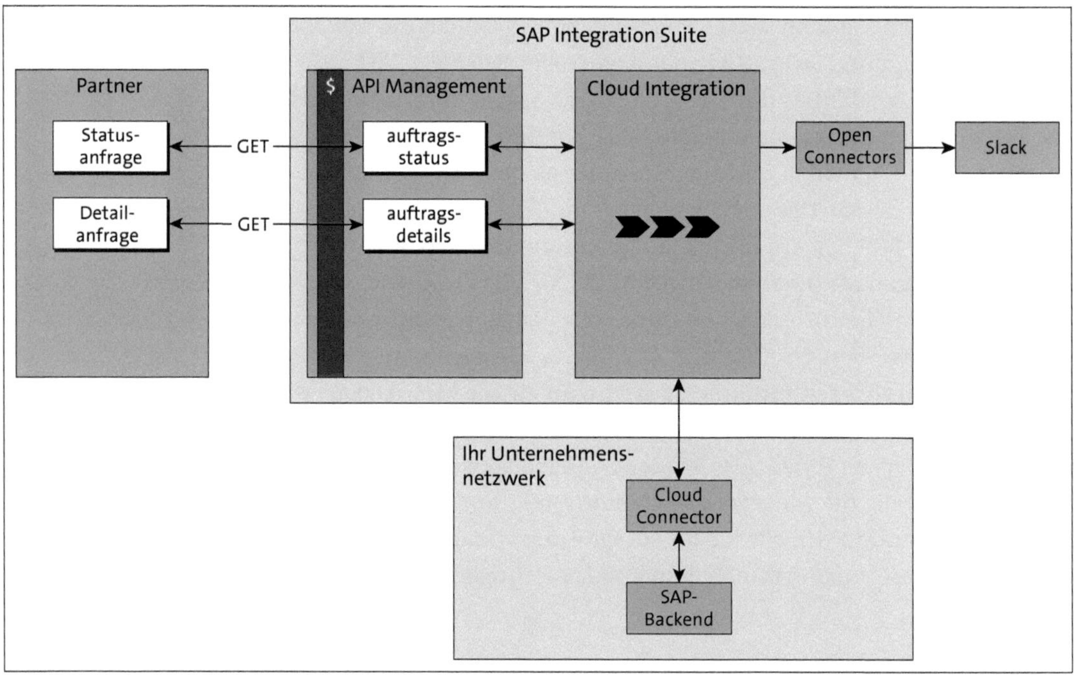

Abbildung 12.1 Konzept der Auftrags-API aus diesem Beispiel

Prozessablauf Sie möchten den API-Konsument*innen eine API bereitstellen, über die diese zum einen den Status des Auftrags ermitteln (Operation `auftragsstatus`) und zum anderen Detailinformationen zum Auftrag abfragen können (Operation `auftragsdetails`). Das API Management leitet die Anfragen an die Capability Cloud Integration weiter, die als API Provider fungiert und die Aktivitäten im Prozess orchestriert. Um den Status zu ermitteln, fragt Cloud Integration über den Cloud Connector mittels OData V2 den Status eines Auftrags im SAP-Backend ab. Sollte Cloud Integration dabei feststellen, dass sich der Auftrag in einem unzureichenden Status befindet, wird über eine Open-Connectors-Instanz eine Anfrage in einem Slack-Kanal erzeugt, damit sich der Kunden-Support diesen Auftrag ansieht. Um zu vermeiden, dass bei jeder Anfrage eine Nachricht an den Slack-Kanal geschickt wird, speichern wir eine getätigte Anfrage für sieben Tage in einem Data Store und lesen diesen wiederum aus, bevor eine Nachricht verschickt wird.

API erstellen

Sie beginnen die Implementierung des Szenarios mit dem Ansatz *API First* und starten somit im API Management. Da Cloud Integration als API Provider fungiert, legen Sie zunächst einen API Provider über den Pfad **Configure • APIs** an. Sie nutzen dabei den Provider-Typ **Cloud Integration** und füllen die Felder **Cloud Integration Management Host**, **Username** und **Password** mit den Daten aus der Service-Key-Datei für die Process Integration Runtime, die Sie als Voraussetzung für dieses Szenario angelegt haben. Abbildung 12.2 zeigt eine Beispielkonfiguration.

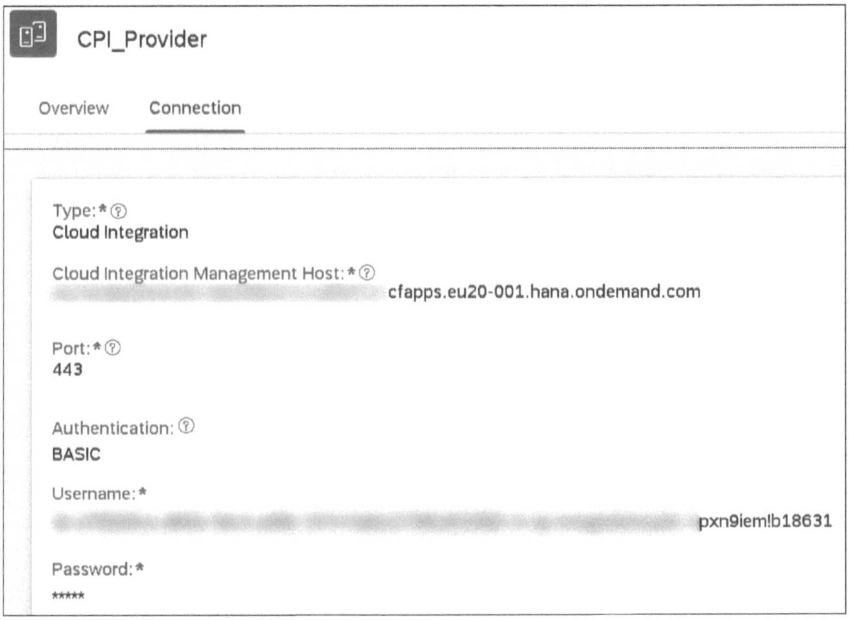

Abbildung 12.2 API Provider von Cloud Integration anlegen

Im nächsten Schritt legen Sie für das Szenario eine API an, wählen als API Provider den soeben angelegten API Provider und verweisen auf die URL `/http/auftragsinfo`, da Sie eine REST API zur Verfügung stellen. `http` ist dabei das Präfix eines HTTP-Adapters, und `auftragsinfo` ist der Name des Endpunkts, den wir später im Integration Flow in Cloud Integration verwenden möchten.

Wechseln Sie nun in den API Designer, um die Operationen sowie die Aufruf- und Antwortparameter zu pflegen. Abbildung 12.3 zeigt die Ausprägung der Operation `auftragsstatus`. Hier pflegen Sie den gewünschten Endpunkt, die benötigten Aufrufparameter und die möglichen Antworten in den *OpenAPI-3.0-Spezifikation*. Da Sie den API-Zugriff mit einem API Key absichern möchten, benötigen Sie im Header den Parameter **API Key**. Für die Abfrage selbst benötigen Sie noch die gewünschte Auftragsnummer und die Partnernummer, die im SAP-Backend-System zu dem Auftrag hinterlegt ist; diese Kombination prüft Cloud Integration später im Integration Flow ab.

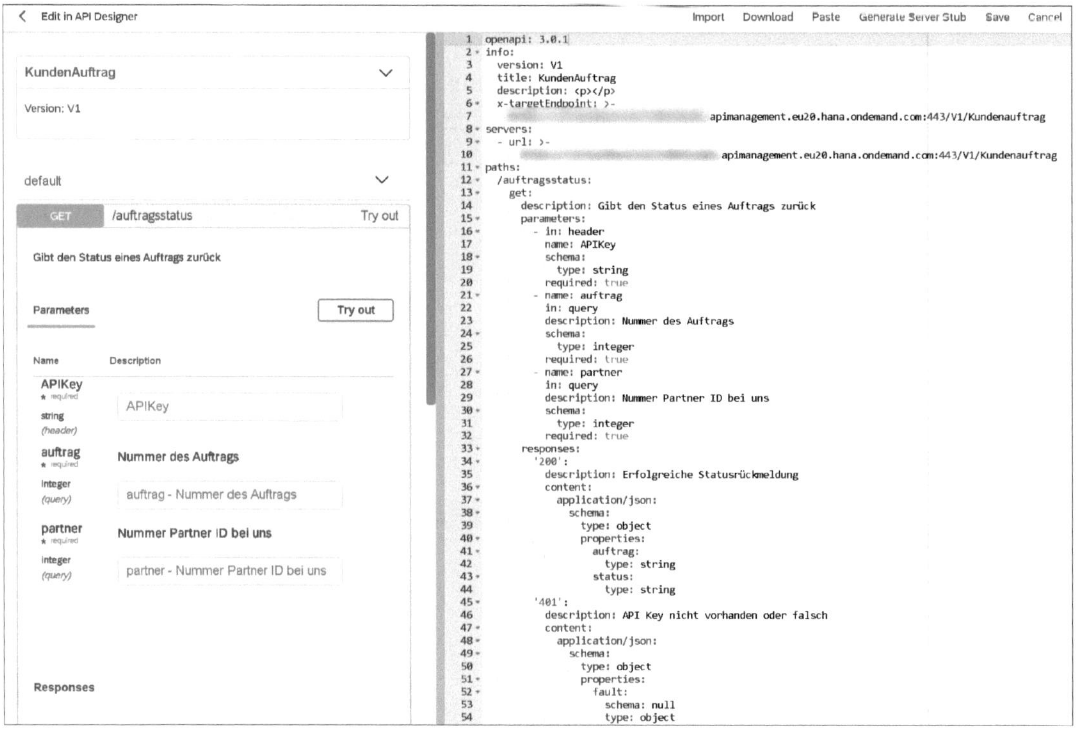

Abbildung 12.3 Operation »auftragsstatus« im API Designer

Sicherheits-Policies der API

Nachdem Sie die Anpassung der API im API Designer beendet und gespeichert haben, navigieren Sie aus der API in die Regelpflege über die Schaltfläche **Policies**. Da Sie die Prüfung des API Keys so früh wie möglich durchführen möchten, legen Sie unter **Proxy-Endpunkt Preflow** die Regel **Verify API Key** an und wählen dabei den Eingangs-Stream so, dass die Regelpflege wie in Abbildung 12.4 aussieht.

Regel-Skript anpassen

In Zeile 4 ändern Sie den Standardeintrag auf `request.header.APIKey` ab, um dem System mitzuteilen, dass die Ermittlung des API Keys von dem Header-Parameter `APIKey` abgeleitet werden soll. Dies muss mit der OpenAPI-Dokumentation korrespondieren, die Sie zuvor angelegt haben. Nun können Sie die API speichern und deployen. Die Implementierung im API Management ist damit zunächst abgeschlossen.

Abbildung 12.4 API-Regelpflege

Nachdem Sie alle weiteren Schritte in Cloud Integration und in Open Connectors vollzogen haben, kehren Sie nochmal in das API Management zurück, um – basierend auf der API – ein Produkt zu pflegen und im API Business Hub Enterprise eine Appllikation anzulegen und unsere API zu testen.

Integration Flow anlegen

Navigieren Sie aus dem Hauptmenü der SAP Integration Suite über **Design • Integration and APIs**, und legen Sie hier ein neues Paket an, oder verzweigen Sie in ein gewünschtes Paket. Pflegen Sie hier ein neues Artefakt vom Typ **REST API**. Abbildung 12.5 zeigt den implementierten Integration Flow. Da der Zweig `auftragsdetails` eine Teilmenge von Integrationsobjekten des `auftragsstatus` enthält, gehen wir auf die Schritte des Zweigs `auftragsstatus` ein.

HTTPS-Adapter konfigurieren

Unter der Nummer ❶ in Abbildung 12.5 finden Sie den HTTPS-Adapter. Hier pflegen Sie den Endpunkt, wie Ihr Integration Flow erreicht werden soll. Abbildung 12.6 zeigt eine Beispielkonfiguration auf der Registerkarte **Connection**. Sie sollten beachten, dass die Adresse mit einem Asterisk (*) endet, da Sie mehrere Operationen (in unserem Szenario `auftragsstatus` und `auftragsdetails`) zulassen möchten.

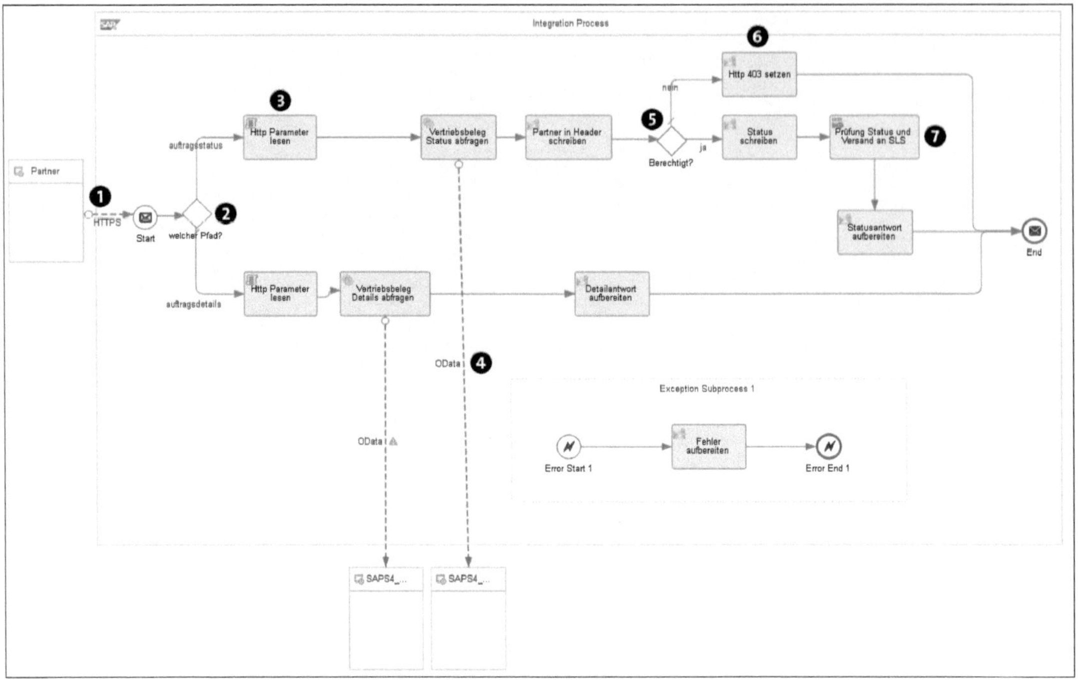

Abbildung 12.5 Integration Flow für die Kundenauftrags-API

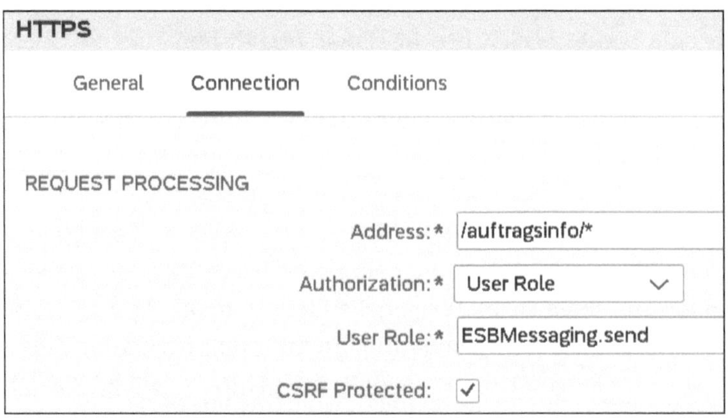

Abbildung 12.6 HTTPS-Adapter konfigurieren

HTTP-Operation prüfen

Im Router Gateway, der mit der Ziffer ❷ markiert ist, prüfen Sie, welche Operation aufgerufen wurde (siehe Abbildung 12.5). Die SAP Integration Suite legt die Camel-Variable `CamelHttpPath` an, die genau diese Information enthält. Daher können Sie im Router bzw. an den Ästen des Routers prüfen, welche Operation angegeben wurde. Dieser Schritt ist beliebig erweiterbar, wenn Sie mehre Operationen nutzen möchten. Im oberen Ast tragen Sie

z. B. `${header.CamelHttpPath} = 'auftragsstatus'` ein. Der Ausdruckstyp ist hier Non-XML, da wir eine Header-Variable auslesen.

Auftrags- und Kundennummer ermitteln

In der nächsten Aktivität mit der Ziffer ❸ implementieren Sie ein Groovy-Skript, das die übergebenen Query-Parameter ausliest. Im vorgegebenen Szenario benötigen Sie die Variablen `auftrag` und `partner`, die Sie im Groovy-Skript, wie in Listing 12.1 dargestellt, extrahieren und in die Header-Variablen setzen.

```
import com.sap.gateway.ip.core.customdev.util.Message;
import java.util.HashMap;

def Message processData(Message message) {

// camelHttpQuery extrahieren
def camelHttpQuery = message.getHeaders().get('CamelHttpQuery')
// alle Parameter aufteilen
def parameters = camelHttpQuery.split('&')

def paramMap = [:]
// Schleife über alle Parameter durchführen
parameters.each { parameter ->
    // Parameter über ein Gleichzeichen trennen
    def keyValue = parameter.split('=')
    def key = keyValue[0]
    def value = keyValue[1]
    key = java.net.URLDecoder.decode(key, 'UTF-8')
    value = java.net.URLDecoder.decode(value, 'UTF-8')
    paramMap[key] = value
}
// Header-Variablen partner und auftrag setzen
message.setHeader("partner", paramMap['partner']);
message.setHeader("auftrag", paramMap['auftrag']);

      return message;
}
```

Listing 12.1 Quellcode des Groovy-Skripts

Header-Variable pflegen und OData-Aufruf durchführen

Interessant ist, dass die SAP Integration Suite für die Query-Parameter eine weitere Header-Variable anlegt. Dies nutzen Sie und laden in Zeile 7 in Listing 12.1 die Query-Parameter in eine Variable. Da Sie für das Szenario zwei Query-Parameter benötigen, müssen Sie die Variable an einem &-Zeichen aufteilen und dann den jeweiligen Parameter als Header wieder zurückgeben. Für den Quellcode spielt es dabei keine Rolle, welchen Parameter der Aufrufende zuerst übergibt. Nachdem Sie die Header-Variablen gefüllt haben, können Sie den OData-Aufruf in Ihrem On-Premise-System implementieren. In Abschnitt 5.1.3, »Adapter«, haben wir Ihnen gezeigt, wie Sie den OData-Adapter konfigurieren. In diesem Szenario gehen Sie genauso vor, mit der Ausnahme, dass Sie hier den konfigurierten virtuellen Host und somit den Proxy-Typ **On-Premise** verwenden, wie in Abbildung 12.7 gezeigt.

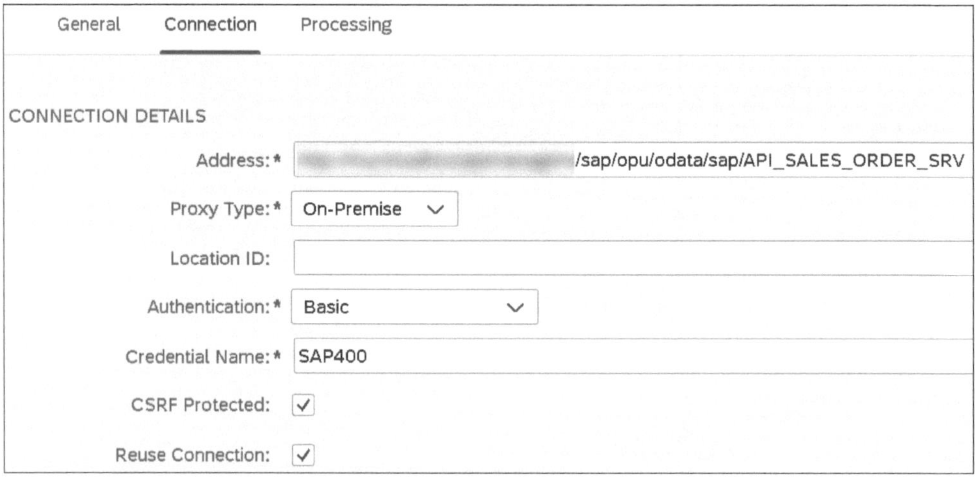

Abbildung 12.7 OData-Verbindung konfigurieren

Abfrage des Auftragsstatus

Für das gezeigte Szenario verwenden wir die SAP-Standard-API `API_SALES_ORDER`. Deshalb lautet die Adresse des OData-Aufrufs: `https://[virtueller Host]:[virtueller Port]/sap/opu/odata/sap/API_SALES_ORDER_SRV`. Für den Zugriff auf das SAP-System legen Sie im Monitoring-Bereich (siehe Abschnitt 3.6.6, »Monitoring«) Credentials an, um sie an dieser Stelle nutzen zu können. Wie in Abschnitt 5.1.3, »Adapter«, gezeigt, können Sie nun auf der Registerkarte **Processing** den Konfigurations-Wizzard starten, um die korrekte Entität und die Aufrufparameter zu bestimmen. Nutzen Sie dabei die Entität `A_SalesOrder`, und lassen Sie sich die Attribute `SalesOrder`, `OverallTotalDeliveryStatus` und `SoldToParty` ausgeben. Das Ergebnis wird Ihnen in Abbildung 12.8 gezeigt.

Vergessen Sie nicht Ihren Mandanten in Form von `sap-client=400` in den Header-Details mit anzugeben.

Im Integrationsobjekt-Router mit der Ziffer ❺ prüfen wir, ob der Aufrufende überhaupt berechtigt ist, den Status abzufragen (siehe Abbildung 12.5). Daher vergleichen wir an dieser Stelle die übergebene Partnernummer vom Aufruf unserer API mit der Partnernummer (`SoldToParty`), die wir aus dem SAP-System abgefragt haben.

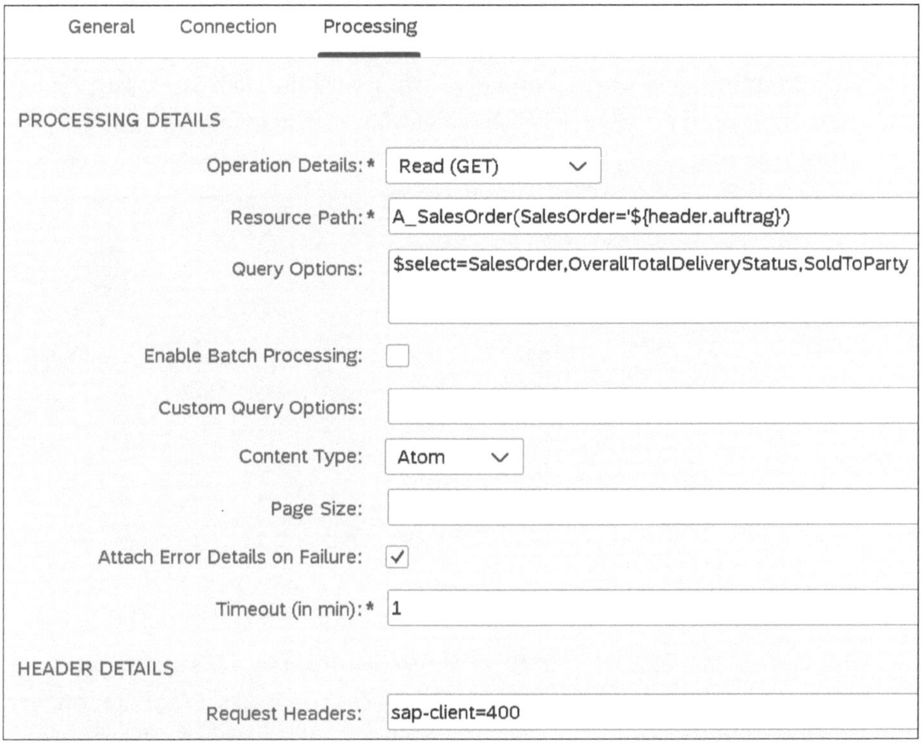

Abbildung 12.8 OData-Prozessierung konfigurieren

In dem Content Modifier mit der Ziffer ❻ geben Sie eine Fehlermeldung aus und setzen den HTTP-Statuscode 403 (**Forbidden**). Dieser zeigt den Aufrufenden, dass sie zwar berechtigt sind, den API Call durchzuführen, sie aber nicht dazu berechtigt sind, den Status dieses Auftrags zu erfragen. Sie nutzen an dieser Stelle die Camel-Header-Variable `CamelHttpResponseCode`, die Sie im Content Modifier auf den Festwert 403 setzen. Im Message Body, können Sie einen Fehler im JSON-Format vorgeben; wir verwenden hier die Fehlermeldung aus Listing 12.2.

```
{
    "fault": {
        "faultstring": "Keine Berechtigungen für diese Vertriebsbeleg
",
        "detail": {
            "errorcode": "1032"
        }
    }
}
```

Listing 12.2 Fehlermeldung 403 (Forbidden)

Auftragsstatus prüfen

In dem Schritt mit der Ziffer 7 verwenden wir das Integrationsobjekt Process Call, um einen lokalen Integrationsprozess zu starten. Hier möchten wir die Prüfung des Status und den damit verbundenen Slack-Aufruf kapseln und somit die Übersichtlichkeit gewähren. Der lokale Integrationsprozess ist in Abbildung 12.9 dargestellt.

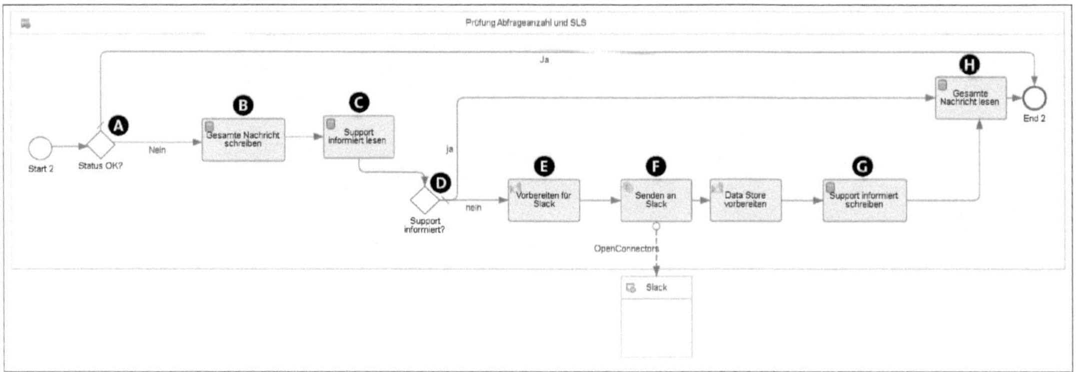

Abbildung 12.9 Lokaler Integrationsprozess

Statusprüfung

Im Router mit der Aufschrift A prüfen Sie, ob der Status des Auftrags in Ordnung ist. Wenn dieser nicht passt, wird die Nachricht an die Aktivität mit der Aufschrift B gegeben. Diese Aktivität schreibt die gesamte Nachricht in den Data Store und speichert diese somit zwischen. Wie in Abbildung 12.10 gezeigt, geben Sie als Entry ID, also als Eintragsschlüssel, den Auftrag mit.

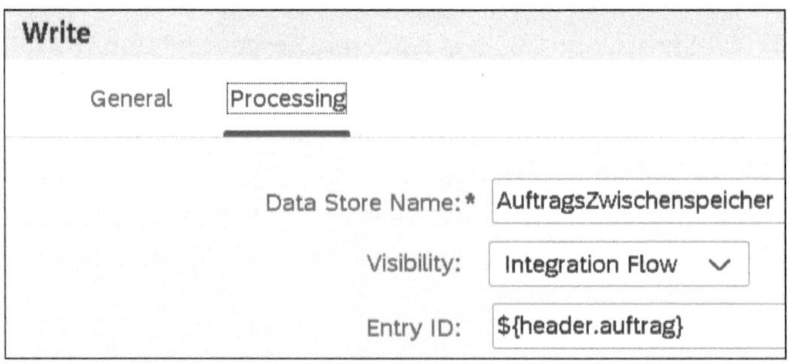

Abbildung 12.10 Data-Store-Aktivität für die gesamte Nachricht

Daten aus dem Data Store lesen

In der Aktivität mit der Aufschrift C lesen wir aus einem weiteren Data Store (`AuftragsStatu`) ab, ob bereits eine Nachricht an den Kunden-Support erzeugt wurde (siehe Abbildung 12.9). Abbildung 12.11 zeigt beispielhaft die Konfiguration. Mit dem Eintrag in den Data Store möchten Sie verhindern, dass der Kunden-Support unnötig viele Nachrichten erhält. Wichtig dabei ist, dass das Kennzeichen **Throw Exception on Missing Entry** nicht gesetzt ist, da Sie keinen Fehler erzeugen möchten, wenn es keinen Eintrag im Data

Store gibt. Auch möchten Sie den Eintrag nicht löschen, wenn er erfolgreich gelesen wurde. Daher setzen Sie nicht das Kennzeichen **Delete on Completion**.

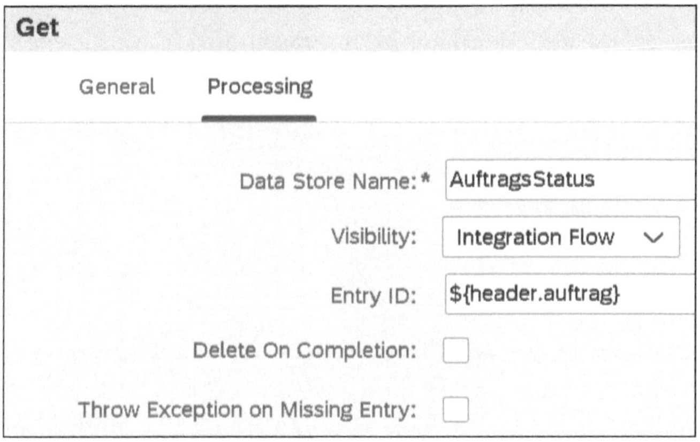

Abbildung 12.11 Lesen der Statusinformationen

Nachricht an den Kunden-Support erzeugen

Der Router mit der Aufschrift D prüft nun, ob der Kunden-Support bereits informiert wurde (siehe Abbildung 12.9). Ist dies nicht der Fall, erfolgt die Fortsetzung über die Route mit der Aufschrift **nein**. Die Aktivität bzw. der Content Modifier mit der Aufschrift E bereitet den Aufruf für Slack vor. Diesen implementieren wir über eine Instanz in Open Connectors. Wie Sie die Dokumentation eines Konnektors in Open Connectors finden, haben wir Ihnen in Abschnitt 7.2.1, »Navigation in Open Connectors«, vorgestellt. In unserem Szenario nutzen wir die Minimalausprägung des Nachrichtenversands an Slack und tragen im Body des Content Modifiers das in Listing 12.3 dargestellte JSON ein.

```
{
 "text":"Es gibt ein Problem mit dem Auftrag ${header.auftrag} des
Kunden ${header.partner}. Bitte in Verbindung setzen"
}
```

Listing 12.3 Nachricht für Slack

Slack-Adapter verwenden

Im nächsten Schritt mit der Aufschrift F nutzen wir ein Request-Reply-Integrationsobjekt und verbinden dieses mit einem Empfänger. In dem daraufhin erscheinenden Pop-up-Fenster wählen Sie den Adapter **Open Connectors** aus. Abbildung 12.12 zeigt eine beispielhafte Konfiguration des Adapters für Slack. Für diesen Schritt müssen Sie im allerdings im Vorfeld eine Open-Connectors-Instanz für Slack erzeugen. Wie Sie hierbei vorgehen, haben wir detailliert in Abschnitt 7.2.2, »Anlage einer Instanz in Open

Connectors«, gezeigt. Nutzen Sie die in Open Connectors angelegten Authentifizierungsobjekte **Organization**, **User** und **Element**, um in der SAP Integration Suite über den Pfad **Monitoring • Integration** Authentifizierungsdaten für Open Connectors anzulegen. Des Weiteren ist für diesen Schritt ein Slack-Kanal notwendig, den Sie in der Adapterkonfiguration mitgeben müssen.

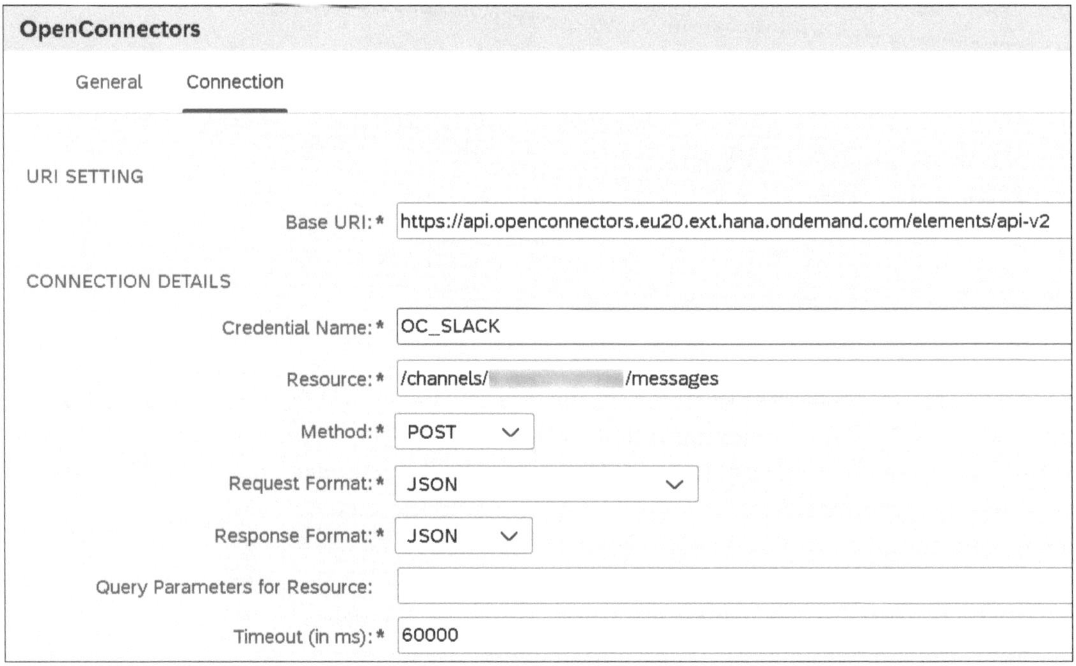

Abbildung 12.12 Beispielhafte Pflege des Open-Connectors-Adapters für Slack

In den Data Store schreiben

Mittels des Integrationsobjekts **Data Store Write** in Schritt Ⓖ schreiben Sie in den Data Store, dass der Kunden-Support informiert wurde (siehe Abbildung 12.9). Wie in Abbildung 12.13 dargestellt, tragen Sie in den Parameter **Expiration Period** den Wert »7« ein. Das bedeutet, dass der Eintrag nach sieben Tagen wieder entfernt wird. Dadurch würde der Kunden-Support erneut informiert, falls der behandlungswürdige Status innerhalb von sieben Tagen nicht verändert wurde.

Ursprüngliche Nachricht zurückschreiben

Im letzten Schritt Ⓗ des lokalen Integrationsprozesses lesen Sie die in Schritt Ⓑ geschriebene Nachricht wieder in den Integrationsprozess ein (siehe Abbildung 12.9). Wie in Abbildung 12.14 dargestellt, ist es wichtig, dass Sie das Häkchen **Delete On Completion** setzen, da Sie den Data Store nur als Zwischenspeicher nutzen möchten.

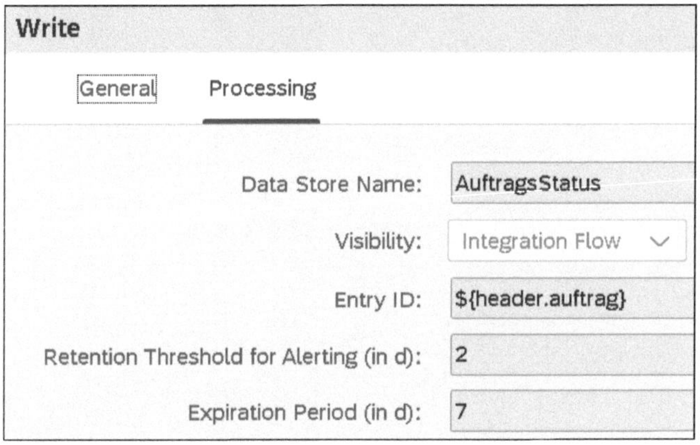

Abbildung 12.13 Status in den Data Store schreiben

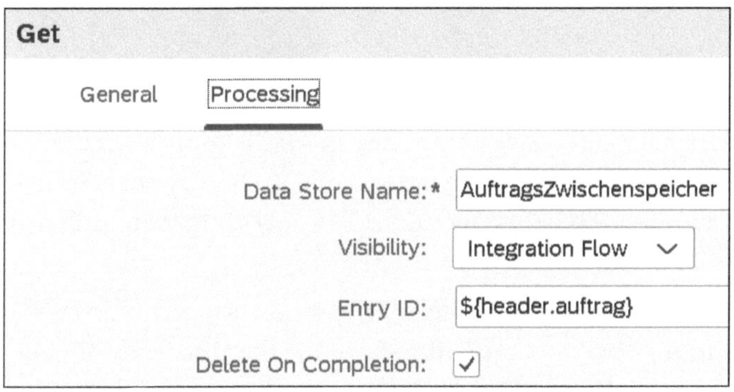

Abbildung 12.14 Gesamte Nachricht zurückladen

API-Produkt veröffentlichen

Mit dieser Implementierung haben Sie das Szenario für die Operation `auftragsstatus` in Cloud Integration beendet. Navigieren Sie aus dem SAP-Integration-Suite-Hauptmenü über die Schaltfläche in die Ansicht **Create Products for publishing**, legen Sie für Ihre API, die Sie zu Beginn des Abschnitts im API Portal erstellt haben, ein Produkt an, und klicken auf die Schaltfläche **Publish**. Abbildung 12.15 zeigt, wie das Produkt aussehen sollte. Über die Registerkarte **Rate plans** können Sie einen Tarif für Ihre APIs pflegen.

API Key finden

Damit ist das Produkt veröffentlicht, und andere Entwickler*innen, die Zugang zum API Business Hub Enterprise haben, können die API testen und konsumieren. Navigieren Sie über die Schaltfläche in das API Business Hub Enterprise, und legen Sie eine neue Applikation an.

Abbildung 12.15 Produkt für den Kundenauftrag

Verwenden Sie dabei das soeben angelegte Produkt. Wie Sie dabei vorgehen, entnehmen Sie Abschnitt 7.1.3, »API Business Hub Enterprise«. Im API Business Hub Enterprise navigieren Sie zu Ihrer neuen Applikation. Über die Registerkarte **Application Details** können Sie den Application Key entnehmen. Diesen Schlüssel können Sie beim Aufruf als API Key mitgeben, um sich bzw. Ihre Applikation zu authentifizieren.

API-Aufruf testen

Für einen Testaufruf unserer neu erstellen API bzw. unseres Szenarios wählen wir die Anwendung Postman. Als URL tragen Sie die URL Ihres API Managements sowie den Pfad Ihrer API ein. Als Query-Parameter geben Sie den Partner und den Auftrag mit (siehe Abbildung 12.16).

Abbildung 12.16 Testaufruf der API

Parameter für den Aufruf pflegen

Denken Sie daran, auf der Registerkarte **Headers** den API Key, den Sie bei Ihrer Applikation im API Business Hub Enterprise finden, als Parameter `API-Key` mitzugeben. Sollten Sie dies nicht tun, wird Ihre Anfrage mit einer Fehlermeldung abgelehnt (siehe Abbildung 12.17).

```
{
    "fault": {
        "faultstring": "Failed to resolve API Key variable request.header.APIKey",
        "detail": {
            "errorcode": "steps.oauth.v2.FailedToResolveAPIKey"
        }
    }
}
```

Abbildung 12.17 Fehlermeldung beim Aufruf ohne API Key

Ergebnisse des Aufrufs

Bei einer erfolgreichen Verarbeitung wird Ihnen die Auftragsnummer sowie der dazugehörige Status angezeigt. Bei einer erstmaligen Verarbeitung wird in Ihrem Slack-Kanal eine Nachricht für den Kunden-Support erzeugt.

Damit haben Sie das Szenario erfolgreich abgeschlossen.

12.2 Metriken für das API Management

Motivation für kundeneigene Metriken

Wie wir Ihnen in Abschnitt 7.1.4, »API Analytics verwenden«, gezeigt haben, beinhaltet das API Management eine sehr große analytische Komponente, mit der Sie Ihre APIs sehr detailliert analysieren und überwachen können. Die Praxis ist allerdings auch sehr komplex, und so kann es vorkommen, dass die definierten Dimensionen und Metriken nicht ausreichend sind, um Ihre Anforderungen umzusetzen. Daher bietet das API Management die Möglichkeit, eigene Metriken zu definieren und diese in Diagrammen anzuzeigen. In diesem Abschnitt möchten wir daher das Beispiel aus Abschnitt 12.1 erweitern und eine eigene Metrik hinzufügen. Wenn wir Ihnen das Beispiel gezeigt haben, können Sie eigene Metriken für Ihre Anwendungsfälle definieren und auswerten. In unserem Beispielszenario möchten wir wissen, welche Partner unsere APIs wie oft nutzen, unabhängig davon, ob es beim Aufruf oder bei der Antwort Fehler gibt oder nicht.

Eigene Metrik anlegen

Navigieren Sie aus dem SAP-Integration-Suite-Hauptmenü in die API-Analytics-Ansicht über **Monitor • APIs**, die Sie über die Schaltfläche [icon] finden. Navigieren Sie über den Pfad **+Add • Custom Metric**, um eine eigene Dimension anzulegen. Vergeben Sie auf der linken Seite einen gewünschten Namen, und klicken Sie auf die Schaltfläche **OK**. In Abbildung 12.18 haben wir beispielhaft den Namen »Partner« eingegeben.

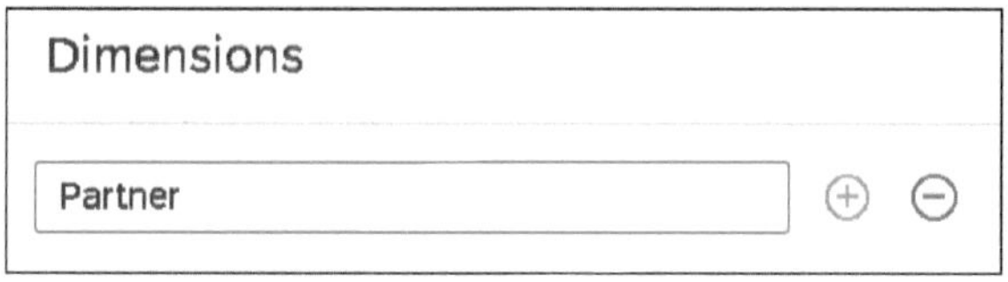

Abbildung 12.18 Dimension anlegen

Dimension anlegen

Navigieren Sie über den Pfad **+Add • Custom View**, um eine kundeneigene Ansicht anzulegen. Hier können Sie Ihre angelegte Dimension einfügen, konfigurieren und filtern. Vergeben Sie einen Namen, und klicken Sie auf die Schaltfläche **OK**. Daraufhin wird Ihnen die neu angelegte Ansicht präsentiert.

[»]

Anzahl der kundeneigenen Ansicht

Zum aktuellen Zeitpunkt können maximal drei kundeneigene Ansichten angelegt werden.

Diagramm anlegen

Über die Schaltfläche **Create** können Sie nun ein neues Diagramm anlegen, das Ihre Dimension enthält. Vergeben Sie einen Titel und gegebenenfalls eine Beschreibung. Wählen Sie im Feld **Dimension** die soeben angelegte Dimension aus dem Dropdown-Menü aus. Im Feld **Measures** können Sie aus verschiedenen Werten wählen. Wenn Sie sich z. B. nur für die fehlerhaften Aufrufe interessieren, können Sie **Errors** auswählen. Da wir in unserem Szenario alle Aufrufe betrachten möchten, entscheiden wir uns für den Eintrag **Calls**. Abbildung 12.19 zeigt eine Beispielkonfiguration.

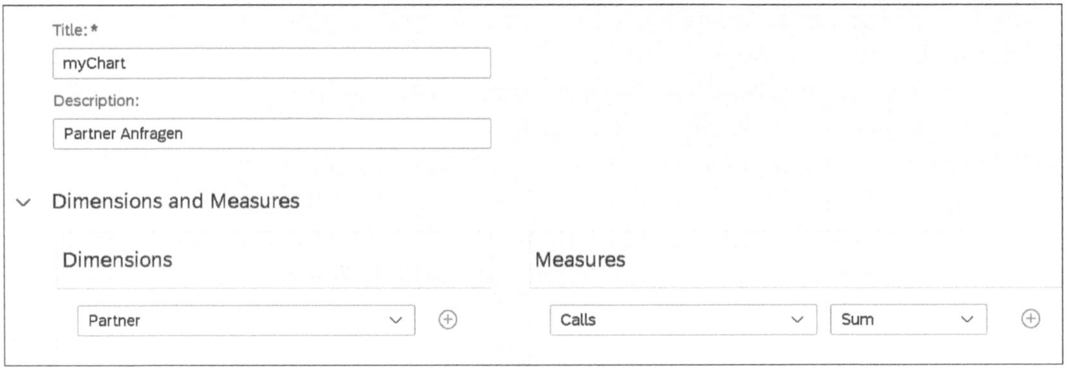

Abbildung 12.19 Neues Diagramm anlegen

Metrik auswerten

Nachdem Sie die Einstellungen vorgenommen haben, entsteht im unteren Bereich ein Diagramm. Über die Schaltfläche können Sie die Werte in Ihrem Diagramm filtern. Interessant ist, dass Sie hierbei nicht auf Ihre eigene Dimension beschränkt sind. Sie können somit z. B. Applikationen ausschließen, die Sie zum Testen verwenden und nicht in Ihrer Statistik anzeigen möchten. Wenn Sie die Konfiguration abgeschlossen haben, klicken Sie auf die Schaltfläche **Save**. Wir haben somit API Analytics vorbereitet und müssen dem API Management mitteilen, wann die Werte erfasst werden sollen. Dies geschieht über eine Regel, die wir in unsere API einbauen müssen. Navigieren Sie zu der API für die Erfragung des Auftragsstatus, und springen

Sie über die Schaltfläche **Policies** in die Ansicht der Regeln. Wechseln Sie über die Schaltfläche **Edit** in den Änderungsmodus. Da wir nur Aufrufe zählen möchten, die durch die API-Key-Prüfung zugelassen worden, möchten wir die neue Regel erst nach der API-Key-Prüfung ansiedeln. Navigieren Sie auf der linken Seite zu **Flows Proxy Endpoints**, und markieren Sie die Preflows. Fügen Sie nun von der rechten Seite die Regel **Statistics Collector** über die Schaltfläche [+] aus, und wählen Sie als Richtung **Incoming** aus, sodass Ihr Regel-Flow der Darstellung in Abbildung 12.20 entsprechen sollte.

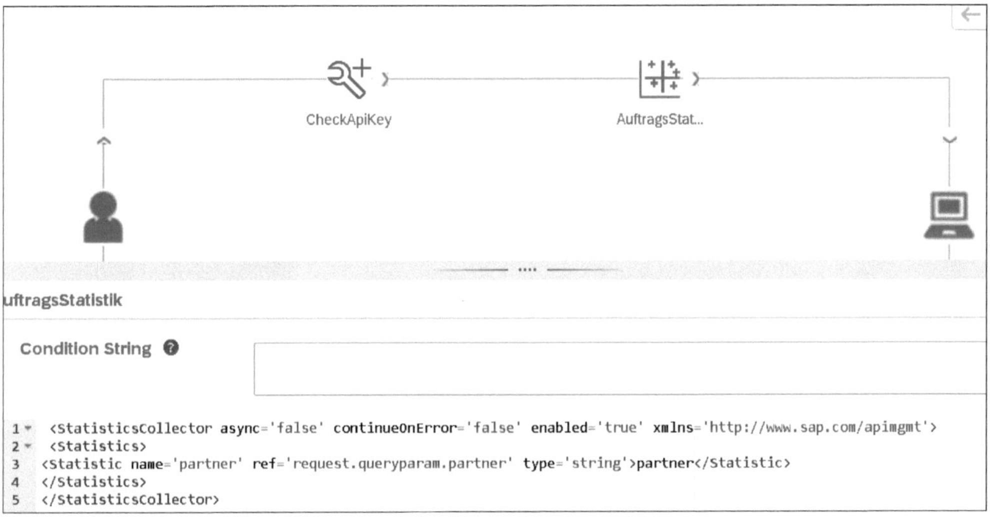

Abbildung 12.20 Neue Regel für die Statistikerfassung anlegen

Regel-Skript anpassen

Bei einer neuen Anlage ist die dritte Zeile aus Abbildung 12.20 auskommentiert. Tragen Sie unter dem Attribut `ref` das Element `'request.queryparam.partner'` ein, um dem API Management zu signalisieren, dass Sie sich für den Inhalt des Query-Parameters interessieren, und verwenden Sie den Namen `partner`, der Ihrer neu angelegten Dimension entspricht.

[+]

> **Verwendbare Variablen in der Statistikerfassung**
>
> Welche Variablen Sie verwenden können und wie diese angegeben werden müssen, finden Sie im SAP Help Portal unter der folgenden URL *http://s-prs.de/v993339*.

Auswertung der Metrik visualisieren

Nachdem Sie die Regel in Ihren Regel-Flow eingefügt und diesen gespeichert haben, müssen Sie Ihre API erneut deployen. Abbildung 12.21 zeigt das Ergebnis im neu angelegten Diagramm. Es werden die einzelnen Partner aus dem Query-Parameter `partner` extrahiert und in Balkendiagrammen präsentiert.

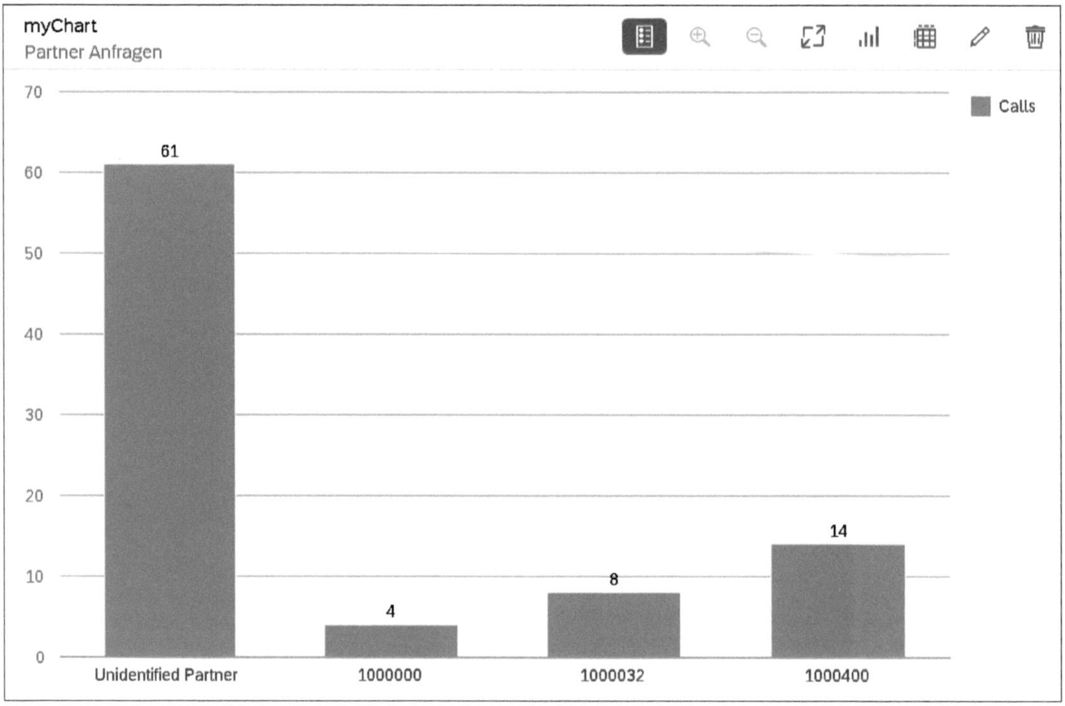

Abbildung 12.21 Ergebnis der neuen Dimension

[»]

> **Einfügen einer neuen Dimension**
>
> Erst nach dem Einrichten der Dimensionen werden neue Aufrufe für die Erfassung der Werte herangezogen. Alte Aufrufe landen in der Rubrik **Unidentified [Dimension]**, wie Sie es beispielhaft in Abbildung 12.21 vorfinden.

12.3 Groovy-Code-Snippets

In diesem Abschnitt möchten wir Ihnen ein paar Groovy-Code-Snippets zur Verfügung stellen, die Sie so oder in angepasster Form in Ihren Projekten nutzen können.

Eigene Log-Nachrichten erzeugen

In Abschnitt 5.2.2, »Debugging, Tracing und Error«, haben wir Ihnen die verschiedenen Log Level nähergebracht und welche Vor- und Nachteile Sie bieten. Standardmäßig ist das Log Level **Info** aktiviert. Wenn Sie das Log Level **Debug** oder **Trace** einstellen, werden alle Nachrichten für eine bestimmte Zeit protokolliert. Das Log Level **Error** protokolliert die letzten 50 Nachrichtenschritte. Wenn Sie allerdings trotz Log-Level-Info die Fehlermeldung protokollieren möchten, können Sie in dem Exception-Integrationsprozess ein Groovy-Skript einfügen. Listing 12.4 zeigt ein Beispiel-Groovy-Skript, das diese Aufgabe übernimmt.

```
import com.sap.gateway.ip.core.customdev.util.Message;
import java.util.HashMap;
def Message processData(Message message)
{
//lesen der Nachrichten-Properties
       def map = message.getProperties();
       def ex = map.get("CamelExceptionCaught");
//auswerten, ob ein Fehler vorliegt
       if (ex != null)
       {
//auslesen des Fehlers und hinzufügen der Nachricht in den
//Nachrichtenanhang
           exceptionText    = ex.getMessage();
           def messageLog   =
 messageLogFactory.getMessageLog(message);
           messageLog.addAttachmentAsString("Ausnahme",
exceptionText,"application/text");
       }
       return message;
}
```

Listing 12.4 Beispiel für das Schreiben einer Exception

Die Variable CamelExceptionCaught wird gesetzt, wenn ein Fehler entstanden ist. Sie verwenden das Groovy-Skript in einem Ausnahmesubprozess (**Exception Subprocess**), wie beispielsweise in Abbildung 12.22 dargestellt.

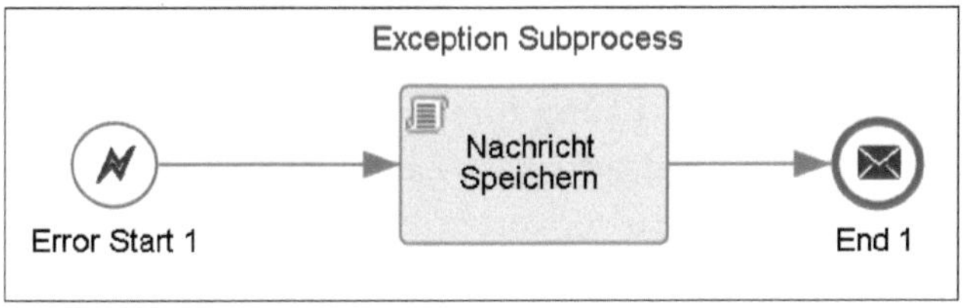

Abbildung 12.22 Groovy-Skripte zur Speicherung der Nachricht einbinden

Log-Nachrichten im Anhang

Im Message Monitoring finden Sie unter **Monitoring • Integration and APIs** im Bereich **Attachments** die gespeicherte Fehlermeldung zum Herunterladen oder deren Betrachten. Der Name des Anhangs entspricht dem Namen aus dem Groovy-Skript-Code, wie in Abbildung 12.23 zu sehen.

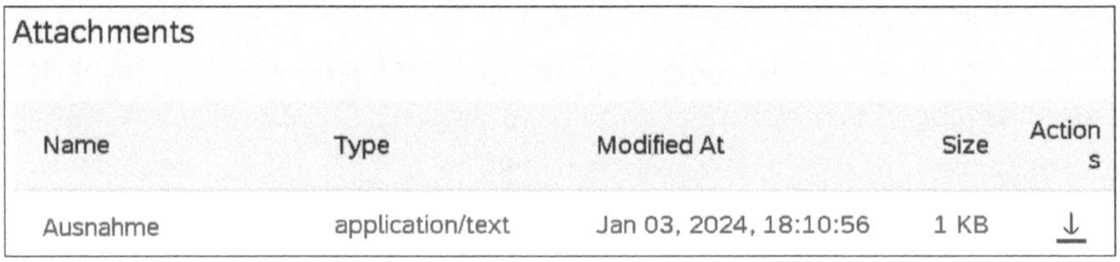

Abbildung 12.23 Fehlermeldung im Monitoring finden

Reicht Ihnen das Speichern der reinen Fehlermeldung nicht aus, können Sie den Code um das Speichern der fehlerhafte Payload erweitern. Lesen Sie dazu den Body der Nachricht über den Befehl `def body = message.getBody(java.lang.String) as String;` aus, und fügen Sie die nachfolgende Zeile in den If-Zweig in Listing 12.4 ein, sodass ein weiterer Anhang in den Log geschrieben wird: `messageLog.addAttachmentAsString("fehlerhafte Nachricht",body,"text/plain");`

Das Ergebnis im Monitoring wird Ihnen in Abbildung 12.24 angezeigt. Sie können nun neben der Fehlermeldung auch die fehlerhafte Nachricht herunterladen oder betrachten.

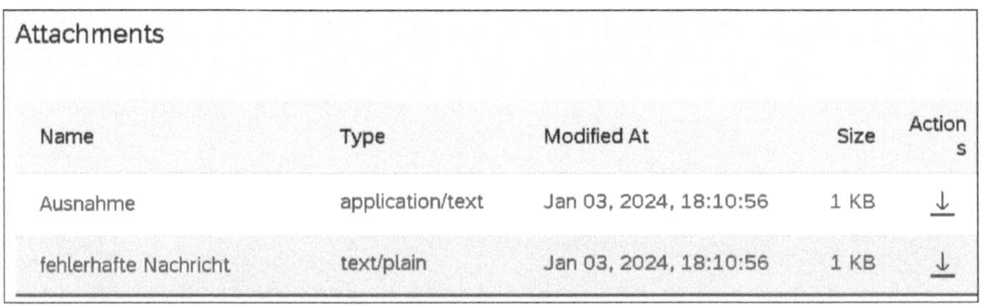

Abbildung 12.24 Nachricht im Monitoring finden

Nachrichten per Skript bearbeiten

In einem weiteren Beispiel möchten wir Ihnen zeigen, wie Sie mit einem Groovy bestimmte Werte Ihrer Payload auslesen und verwerten. Im Kontext von Cloud Integration kommt es häufig zum Einsatz von XML. Groovy besitzt die Fähigkeit, über *GPath*-Ausdrücke XML-Elemente auszulesen und somit sehr einfach XML-Strukturen zu verwerten. Nehmen wir an, wir haben eine eingehende XML-Struktur, die in Listing 12.5 dargestellt ist.

```
<verlag>
    <buch id="1">SAP Integration Suite</buch>
    <buch id="2">SAP Gateway</buch>
</verlag>
```

Listing 12.5 XML-Beispiel für die XmlSlurper-Klasse

Sie möchten nun aus dieser XML-Struktur das zweite Buch-Element extrahieren und es z. B. in den Header schreiben. Listing 12.6 zeigt das finale Groovy-Skript. Über die `XmlSlurper`-Klasse kann auf die einzelnen Elemente zugegriffen werden. Mittels Slurper-Klassen können Texte geparst und in Datenstrukturen gemappt werden. Die einzelnen Elemente in diesen Datenstrukturen können dann über Befehle ausgelesen werden.

```
def Message processData(Message message) {
    def body = message.getBody(String);
    def xml = new XmlSlurper().parseText(body);
    def map = message.getHeaders();
    message.setHeader("newHeader", xml.buch[1].text());
    return message;
}
```

Listing 12.6 Groovy-Skript für die XmlSlurper-Klasse

Analog zur `XmlSlurper`-*Klasse* bietet Groovy auch einen `JsonSlurper`-Klasse an, mit der Sie auf Elemente von JSON-Nachrichten einfach durchsuchen können. Sollte in Ihrer Integration ein JSON-Objekt vorkommen, müssen Sie es nicht zunächst in das XML-Format konvertieren, sondern Sie können die Elemente direkt auslesen. Um die `JsonSlurper`-Klasse zu demonstrieren, passen wir das Listing 12.5 dahingehend an, dass wir ein JSON-Array erwarten. Listing 12.7 zeigt das gewünschte Beispiel.

```
{"verlag": [{
"id" : 1,
"buch" : "SAP Integration Suite"
},
{
"id" : 2,
"buch" : "SAP Gateway"
}]}
```

Listing 12.7 JSON-Beispiel für die JsonSlurper-Klasse

Statt der `XmlSlurper`-Klasse verwenden wir nun im Groovy-Skript die `JsonSlurper`-Klasse und erhalten somit das Ergebnis aus Listing 12.8. Importieren Sie das Paket `groovy.json.*` in Ihr Groovy-Skript, bevor Sie den Quellcode aus Listing 12.8 verwenden.

```
def Message processData(Message message) {
    def body = message.getBody(String);
    def jsonObject = new JsonSlurper().parseText(body)
```

```
    def map = message.getHeaders();
    message.setHeader("newHeader", jsonObject.verlag.buch[1]);
    return message;
}
```

Listing 12.8 Groovy-Skript-Beispiel: JsonSlurper-Klasse

Value Mapping in Skripten verwenden

In Abschnitt 5.1.1, »Artefakte«, haben wir Ihnen das Artefakt **Value Mapping** nähergebracht. Für das Value Mapping gibt es im grafischen Message Mapping eine Standardfunktion, um die entsprechenden Werte auszulesen und im Mapping zu nutzen. Das Value Mapping ist allerdings auch im Kontext eines Groovy-Skripts nicht ganz uninteressant. Aus diesem Grund möchten wir Ihnen im nächsten kleinen Beispiel zeigen, wie Sie das Value Mapping in einem Groovy-Skript auslesen und nutzen. Als Voraussetzung für dieses Beispiel haben wir ein Value Mapping angelegt, dass Sie beispielhaft in Abbildung 12.25 finden.

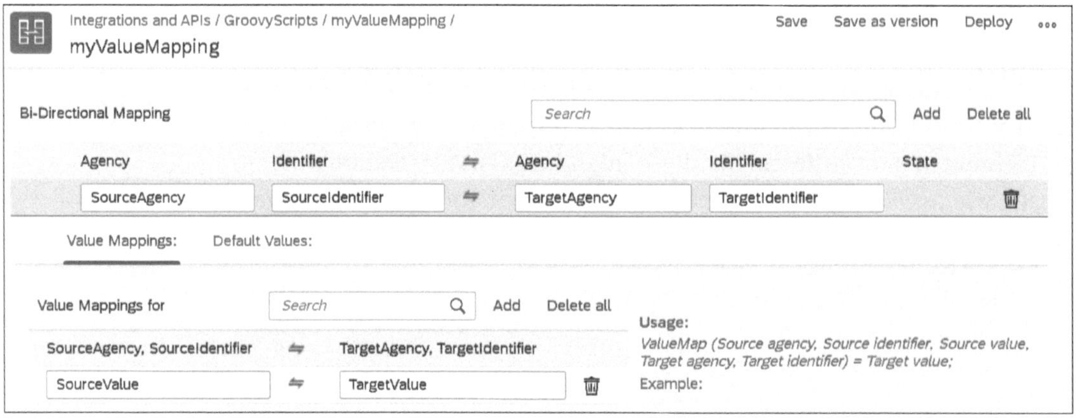

Abbildung 12.25 Beispiel: Value Mapping für das Groovy-Skript

Value Mapping per Groovy-Skript auslesen

Um nun die Werte des *Value Mappings* auszulesen, müssen Sie das Groovy-Skript aus Listing 12.9 verwenden. Beachten Sie die zusätzlichen Pakete, die Sie in das Groovy-Skript importieren müssen. Über die fünf Schlüsselelemente wird der Wert `TargetValue` (siehe Abbildung 12.25) ermittelt und in den Header der Nachricht geschrieben.

```
import com.sap.gateway.ip.core.customdev.util.Message;
import com.sap.it.api.ITApiFactory
import com.sap.it.api.mapping.ValueMappingApi
def Message processData(Message message) {
 def body = message.getBody(String)
 def valueMapApi = ITApiFactory.getApi(ValueMappingApi.class, null)
```

```
 def value =
 valueMapApi.getMappedValue('SourceAgency', 'SourceIdentifier',
'SourceValue', 'TargetAgency', 'TargetIdentifier')
 message.setHeader("ValueMapping",value)
 return message;
}
```

Listing 12.9 Groovy-Skript für die Value-Mapping-Werte auslesen

[+]

Groovy-Skript testen

Es gibt ein Online-Werkzeug, das es Ihnen erlaubt, Ihr Groovy-Skript online zu testen. Dieses finden Sie unter *https://groovyide.com/*.

12.4 Z-Feld-Erweiterung von Standardschnittstellen

Motivation für die Z-Feld-Erweiterung

Ein weiteres Szenario, das wir häufig in Projekten erleben, ist das Erweitern von Schnittstellen aus den SAP-Vorlagen. Die Vorlagen (siehe Kapitel 4, »Plug-and-Play-Integration«) sind mitunter ein Hauptgrund, warum sich Unternehmen für die SAP Integration Suite entscheiden. Gerade zu Beginn von Projekten lassen sich dadurch rasant Ergebnisse erzielen, und erste Schnittstellen sind innerhalb von wenigen Stunden aufgesetzt und einsatzbereit. Früher oder später stößt jedes Projekt allerdings an den Punkt, dass spezifische Informationen ergänzt werden sollen. Die bekannten Z-Felder und Datenbank-Appends sind in den SAP-Vorlagen nicht enthalten, können aber in wenigen Schritten ergänzt werden. Dafür müssen Sie verschiedene Schritte berücksichtigen, damit Sie zusätzliche Daten übertragen können, die wir hier einmal anreißen möchten:

1. Schnittstellendefinition des sendenden Systems anpassen
2. Schnittstellendefinition des empfangenden Systems anpassen
3. Message Mapping erweitern

Schnittstellen basieren in der Regel auf einer Definitionsdatei, die für die beteiligten Systeme die Namensräume, Datenstrukturen und Methoden festlegt. Wenn Sie zusätzliche Felder übertragen möchten, müssen diese also in der Definition ergänzt werden. Für die SAP Integration Suite sind diese Definitionen die Grundlage für das Message Mapping (siehe Abschnitt 5.1.2, »Integrationsobjekte eines Integration Flows«). Dort definieren Sie anschließend, wie die Daten in die Zielstruktur übernommen werden sollen.

Beispiel einer SOAP-Schnittstelle

Diese Schritte möchten wir anhand eines realistischen Beispiels betrachten. Dafür schauen wir uns die Integration von Kundenaufträgen zwischen einem SAP-ECC-System und SAP Sales Cloud im Detail an. Diese Schnittstelle basiert auf dem Protokoll SOAP. Genau genommen werden aufseiten von SAP ECC IDocs verwendet, das SAP ERP besitzt jedoch einen zentralen Konverter für IDocs in das SOAP, sodass wir auch hier von einer SOAP-Schnittstelle ausgehen.

[»]

Schnittstellendefinition anpassen

Jedes System und jedes Protokoll funktioniert anders. Wir können an dieser Stelle nicht auf alle Möglichkeiten eingehen, um die spezifische Schnittstellendefinition anzupassen. Wir beschränken uns daher darauf, die Definition einer SOAP-Schnittstelle in SAP ECC bzw. SAP S/4HANA anzupassen, da wir davon ausgehen, dass in den meisten Fällen mindestens ein beteiligtes System in diese Kategorie fällt.

Wir haben uns für dieses Beispiel entschieden, da die Mehrzahl der Vorlagen – vor allem bezogen auf das weiterhin relevante SAP-ECC-System – auf diesem Protokoll basieren. Schnittstellen anderer Protokolle können Sie aber genauso bearbeiten.

Zusammenhang zwischen WSDL und IDoc

SOAP-Schnittstellen werden maßgeblich durch die WSDL-Datei (Web Service Definition Language) beschrieben. Diese ist analog zu einer *EDMX*-Definition für OData-Schnittstellen oder eine Swagger-/OpenAPI-Spezifikation für das REST-Protokoll zu sehen. Bezogen auf das SAP-ECC-System, wird die WSDL-Datei direkt aus der IDoc-Definition erzeugt. Um die WSDL-Datei zu ergänzen, müssen Sie also das IDoc erweitern. Als Erstes müssen Sie herausfinden, um welches IDoc es sich genau handelt. Dies können Sie an verschiedenen Stellen nachlesen, u. a. im Message Mapping selbst. Öffnen Sie dazu in der SAP Integration Suite den iFlow, den Sie anpassen möchten. Im betreffenden Message Mapping ist die Datenstruktur entsprechend dem IDoc benannt (siehe Abbildung 12.26); mit dieser Bezeichnung können Sie das IDoc im SAP-ERP-System identifizieren und erweitern.

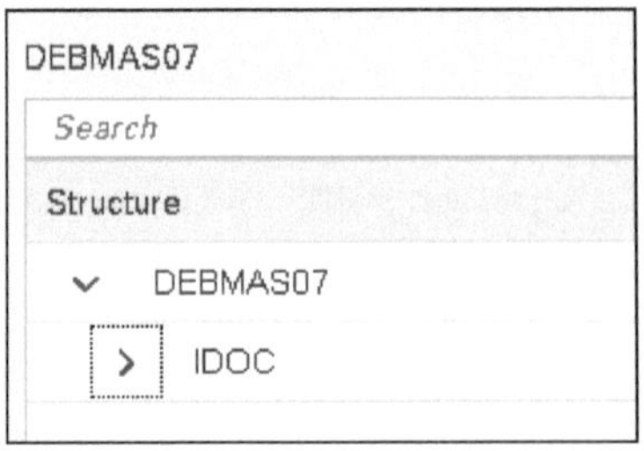

Abbildung 12.26 IDoc-Bezeichnung im Message Mapping

IDoc-Struktur erweitern

Melden Sie sich dazu in Ihrem SAP-System an, und öffnen Sie Transaktion WE30. Dort geben Sie den IDoc-Namen ein, wählen die Option **Erweiterung** aus und klicken auf die Schaltfläche ▢ (**Anlegen**), siehe Abbildung 12.27).

Erweitern nicht möglich

In manchen Fällen erhalten Sie die Fehlermeldung »Action not possible for generated idoctypes«. In diesen Fällen ist die Erweiterung des gewählten IDoc-Typs nicht zulässig, und Sie müssen eine Kopie dieses Typs anlegen.

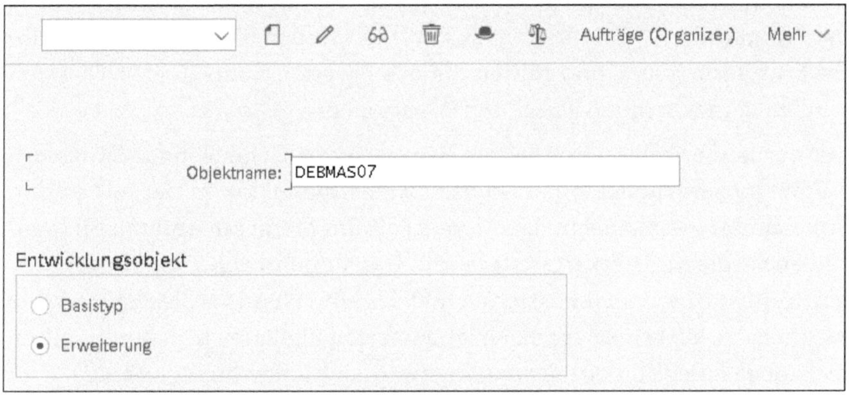

Abbildung 12.27 IDoc-Erweiterung anlegen

Feld in IDoc-Struktur einfügen

Anschließend können Sie die benötigten Felder und Segmente in die IDoc-Struktur einfügen. Verwenden Sie dazu die verschiedenen Möglichkeiten im Kopfmenü (siehe Abbildung 12.28).

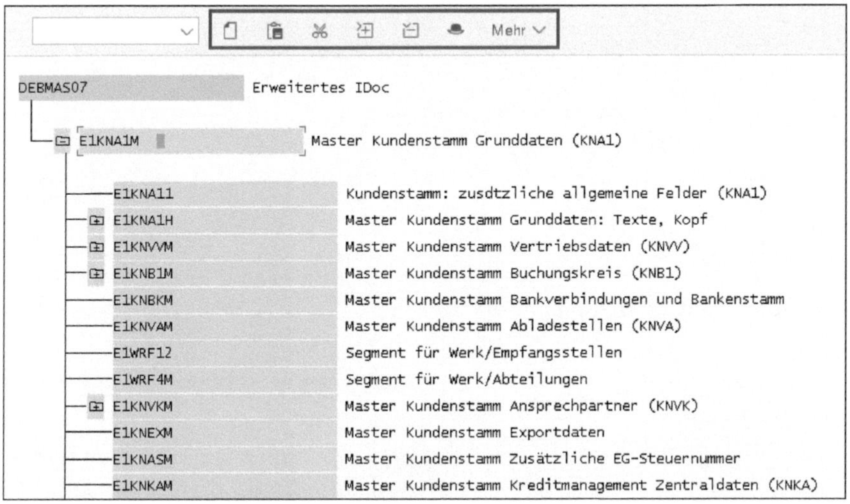

Abbildung 12.28 IDoc-Struktur erweitern

[»]

Befüllen der kundenindividuellen Felder

Nachdem Sie die IDoc-Struktur erweitert haben, müssen Sie vermutlich noch dafür sorgen, dass die neuen Felder mit Daten befüllt werden. Dies ist je nach Szenario unterschiedlich. Prüfen Sie die Dokumentation der betreffenden Anwendung, ob es ein BAPI oder Ähnliches zum Anreichern der Daten gibt.

Anschließend können Sie die erweiterte IDoc-Struktur nutzen, um daraus eine neue WSDL-Datei zu generieren. Führen Sie dazu in Transaktion SE38 das Programm `SRT_IDOC_WSDL_NS` aus. Wählen Sie den IDoc-Typ, inklusive Ihrer Erweiterung aus, und führen Sie das Programm aus. Die WSDL-Datei wird an dem von Ihnen gewählten Ort abgelegt.

Message Mapping erweitern

Mit der neu erstellten WSDL-Datei können Sie anschließend das Message Mapping bearbeiten. Öffnen Sie dazu wieder den iFlow in der Integration Suite, und wechseln Sie in den Modus **Edit**. Im Menü am unteren Bildrand finden Sie die Registerkarte **References**. Das Menü ist abhängig vom aktuellen Kontext bzw. dem fokussierten Bildelement. Wenn Sie die Registerkarte nicht sehen, klicken Sie einmal in einen freien Bildbereich; dadurch sollten die globalen Registerkarten angezeigt werden (siehe Abbildung 12.29).

Abbildung 12.29 WSDL-Datei hinzufügen

[+]

Zielnamensraum entfernen

SAP ERP generiert die WSDL-Datei mit einem Zielnamensraum; dieser ist in der ursprünglichen Definition der SAP Integration Suite oft nicht enthalten. Es ist daher hilfreich, diesen Namensraum manuell zu entfernen. Öffnen Sie dazu die Datei mit einem beliebigen Texteditor, und ersetzen Sie die folgenden Texte durch leere Strings:

- `targetNamespace="urn:sap-com:document:sap:idoc:soap:messages"`
- `xmlns:tns="urn:sap-com:document:sap:idoc:soap:messages"`
- `tns:`

Wenn die Namensräume der originalen und erweiterten WSDL-Datei identisch bzw. beide leer sind, wird das ursprüngliche Mapping übernommen, und Sie müssen lediglich die zusätzlichen Felder ergänzen.

Strukturprüfung

Beim Hochladen der WSDL wird bereits geprüft, ob die Struktur korrekt ist. Sollten Sie hier keine Fehler erhalten, ist die Datei in Ordnung. Wechseln Sie anschließend in das Message Mapping und dort in den Bearbeitungsmodus, in dem Sie die Nachrichten bearbeiten können (siehe Abbildung 12.30).

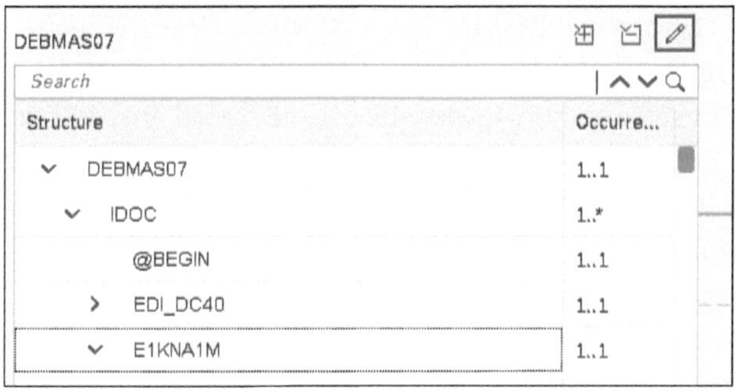

Abbildung 12.30 Referenz der WSDL-Datei bearbeiten

Datenstruktur referenzieren

Klicken Sie anschließend auf die Schaltfläche , um die neue Datenstruktur zu referenzieren. Wählen Sie Ihre WSDL-Datei und den entsprechenden Nachrichtentyp aus.

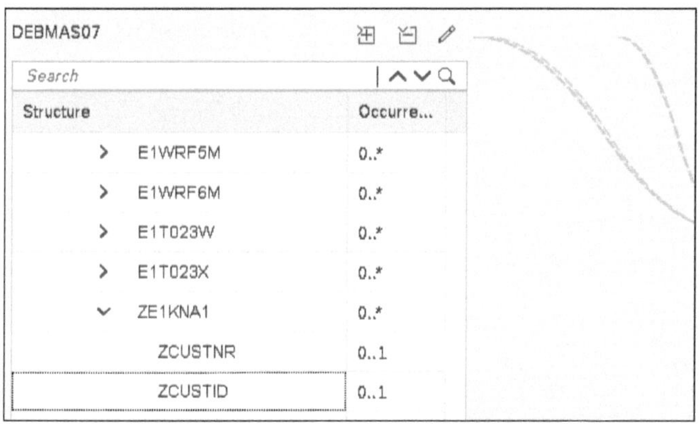

Abbildung 12.31 Mapping-Struktur mit zusätzlichen Feldern

Anschließend können Sie prüfen, ob die neuen Felder in der Struktur enthalten sind (siehe Abbildung 12.31). Wenn alles korrekt ist, wurde das bisherige Mapping übernommen, und die neuen Felder sind in der Struktur enthalten. Sie müssen nun lediglich diese Schritte analog für die Zielstruktur durchlaufen und das Mapping nach Ihren Anforderungen ergänzen.

12.5 Zusammenfassung

Wir haben das Ihnen vorliegende Buch *SAP Integration Suite. Das Praxisbuch* so aufgebaut, dass wir Ihnen neben den theoretischen Grundlagen auch Beispiele zur Verfügung stellen, die das Verständnis der erklärten Funktionalitäten vertiefen sollen. In der Praxis ist aber nicht nur die Funktionalität der einzelnen Komponenten wichtig, sondern auch das Zusammenspiel dieser. Aus diesem Grund haben wir Ihnen in diesem Kapitel weitere Beispiele an die Hand gegeben, die das erworbene Wissen weiter vertiefen. Wir haben Ihnen gezeigt, wie Sie ein komplexes Beispiel in der SAP Integration Suite umsetzen und wie Sie eine eigene Metrik im API Management definieren. Zusätzlich haben wir einige Groovy-Codeschnipsel erstellt, die Sie so oder in angepasster Form in Ihren Integrationsszenarien nutzen können. Die einzelnen Codeschnipsel haben wir Ihnen im Downloadbereich unter *www.sap-press.de/5831* zur Verfügung gestellt. Abschließend haben wir Ihnen anhand eines Beispiels gezeigt, wie Sie die SAP-Standardschnittstellen erweitern und diese in der SAP Integration Suite nutzen.

Anhang A
Glossar

Acknowledgement Im Kontext von Electronic Data Interchange (EDI) in der Business-to-Business-Kommunikation (B2B) oder im Kontext des Enterprise Messaging ist ein Acknowledgement (dt. Bestätigung) eine Art Empfangsbestätigung der übermittelten Daten (Quelle: Chougaonkar, Piyush (2015): »Do You Need to Transmit a Functional Acknowledgment?«, *https://blogs.sap.com/2015/09/16/do-you-need-to-transmit-a-functional-acknowledgment/*, Kurz-Link: *http://s-prs.de/v993322*, zuletzt aufgerufen am 07.04.2024).

Apache-Maven-Archetype Apache Maven ist ein Open-Source-Build-Management- und Automatisierungstool, das auf der Project-Object-Model-Struktur (POM-Struktur) basiert. Die Archetypes sind Projektvorlagemechanismen, die das Erstellen von Maven-Projektstrukturen vereinfachen, indem eine Beispielprojektstruktur generiert wird, mit der Entwickler*innen schnell mit der Arbeit beginnen können, ohne die Grundstruktur manuell erstellen zu müssen.

Application Programming Interface Application Programming Interfaces (APIs) sind definierte Programmierschnittstellen, die es zwei Softwarekomponenten oder Applikationen ermöglichen, miteinander zu kommunizieren. Wie genau die Kommunikation ausgeführt wird, kann über ein Protokoll oder über einen Architekturstil definiert werden. Daher werden APIs z. B. REST-APIs oder SOAP-APIs genannt (Quelle: Amazon Web Services: »Was ist eine API (Anwendungsprogrammierschnittstelle)?«, *https://aws.amazon.com/de/what-is/api/*, zuletzt aufgerufen am 07.04.2024).

API Key Der Application Programming Interface Key (API Key) ist eine Authentifizierungsmethode, die verwendet wird, um eine Anwendung oder einen Benutzer bei der Nutzung von APIs zu authentifizieren und zu autorisieren. Somit können API Keys dazu genutzt werden, bestimmten Programmen zu erlauben, auf Daten zuzugreifen (Quelle: SAP Help Portal: »SAP Intelligent RPA Factory Benutzerleitfaden«, *https://help.sap.com/docs/intelligent-robotic-process-automation/factory-user-guide/api-keys*, Kurz-Link: *http://s-prs.de/v993323*, zuletzt aufgerufen am 07.04.2024).

App Key Der Application Key (App Key) wird beim Anlegen von neuen Applikationen im API Business Hub Enterprise erzeugt. Bei jeder Anfrage einer Applikation an die API, muss der App Key mitgegeben werden, um sicherzustellen, dass die Anfrage von einer autorisierten App stammt.

Base64 Base64 ist ein Verfahren, das binäre Inhalte wie z. B. Bilder oder Texte in eine kodierte Zeichenkette umwandeln kann, um diese Inhalte einfach übertragen zu können. Die Zahl 64 bezieht sich auf die 64 Zeichen, die bei der Umwandlung verwendet werden (Quelle: Singh, Rajeev: »What is Base64 Encoding and How does it work?«, *https://www.base64encoder.io/learn/*, zuletzt aufgerufen am 07.04.2024).

Business Process Model and Notation Business Process Model and Notation (BPMN) ist ein Prozessmodellierungsstandard. Mit umfassenden standardisierten Symbolen für Prozessobjekte bietet BPMN eine einheitliche Methode zur Darstellung von Geschäftsprozessen (Quelle: Business

Process Model and Notation, *https://www.bpmn.de/*, zuletzt aufgerufen am 07.04.2024).

Branch In der Komponente Cloud Integration gibt es das Integrationsobjekt Multicast, über das eine Nachricht an mehrere Ziele gleichzeitig gesendet wird. Diese abzweigenden Routen werden Branches genannt (Quelle: Hemachandran, Sujit: »Blog 3: Multicast Pattern in Integration Flows (SAP Cloud Platform Integration)«, *https://blogs.sap.com/2015/01/06/blog-3-multicast-pattern-in-integration-flows-hci-pi/*, Kurz-Link: *http://s-prs.de/v993324*, zuletzt aufgerufen am 07.04.2024).

Broker Broker, auch Nachrichtenbroker genannt, sind Middleware-Komponenten, die als Vermittler zwischen verschiedenen Anwendungen und Systemen fungieren. Der Broker erleichtert den Nachrichtenaustausch, da Anwendungen die Nachrichten über den Broker senden und empfangen können, ohne direkt miteinander verbunden zu sein (Quelle: IBM: »Was sind Nachrichtenbroker?«, *https://www.ibm.com/de-de/topics/message-brokers*, zuletzt aufgerufen am 07.04.2024).

Bulk Im Kontext der Nachrichtenübertragung bezieht sich Bulk auf eine Massennachricht mit mehreren Informationsobjekten.

Callback URL Eine Callback Uniform Resource Locator (Callback URL) bezieht sich auf die Webadresse, die von einer Anwendung für eine Rückmeldung verwendet werden soll. In der SAP Integration Suite wird die Callback URL beispielsweise in den Applikationen von SAP API Business Hub Enterprise genutzt (Quelle: Stack Overflow: »What is a callback URL in relation to an API?«, *https://stackoverflow.com/questions/23347056/what-is-a-callback-url-in-relation-to-an-api*, Kurz-Link: *http://s-prs.de/v993325*, zuletzt aufgerufen am 07.04.2024).

Cloud-2-Cloud-Kommunikation Die Cloud-2-Cloud bezieht sich auf die Kommunikation innerhalb von Cloud-Applikationen.

Cross-Site Request Forgery Ein Cross-Site Request Forgery (CSRF) ist eine Art Sicherheitslücke, bei der unerlaubte Aufrufe fremder URLs durchgeführt werden. Durch ein CSRF-Token wird innerhalb der SAP Integration Suite sichergestellt, dass nur zulässige Aufrufe erfolgen (Quelle: Rapid7, »Cross-Site Request Forgery (CSRF, XSRF)«, *https://www.rapid7.com/de/cybersecurity-grundlagen/cross-site-request-forgery/*, Kurz-Link, *http://s-prs.de/v993326*, zuletzt aufgerufen am 07.04.2024).

Development Kit Ein Development Kit ist eine Sammlung von Softwaretools und -bibliotheken, die Entwickler*innen helfen, Anwendungen für spezifische Plattformen oder Entwicklungsumgebungen zu erstellen. Es enthält in der Regel alle notwendigen Ressourcen, um Software zu entwickeln, zu testen, zu debuggen und zu kompilieren.

Enterprise Service Bus Der Enterprise Service Bus (ESB) ist eine Softwarekomponente, die in der Unternehmensintegration eingesetzt wird. Der ESB unterstützt beim Datenaustausch zwischen unterschiedlichen Anwendungen, indem er wichtige Integrationsfunktionen wie die Transformation von Datenmodellen, die Verwaltung der Konnektivität und auch die Konvertierung von Kommunikationsprotokollen übernimmt. Anwendungen können somit Daten an den ESB übergeben, und der ESB übernimmt die Konvertierung und Weiterleitung der Daten an andere Anwendungen (Quellen: IBM: »Was ist ein Enterprise Service Bus (ESB)?«, *https://www.ibm.com/de-de/topics/esb*, zuletzt aufgerufen am 07.04.2024, sowie Amazon Web Services: »Was ist der ESB (Enterprise Service Bus)?«, *https://aws.amazon.com/de/what-is/enterprise-service-bus/*, zuletzt aufgerufen am 07.04.2024).

Ground-2-Cloud-Kommunikation Ground-2-Cloud bezieht sich auf die Kommunikation zwischen Anwendungen aus dem Unternehmensnetzwerk und der Cloud.

Ground-2-Ground-Kommunikation Ground-2-Ground bezieht sich auf die Kommunikation zwischen Anwendungen innerhalb des eigenen Unternehmensnetzwerks.

Integrated Development Environment Eine Integrated Development Environment (IDE) ist eine Softwareplattform, die Entwickler*innen bei der Erstellung von Anwendungen unterstützt. SAP bietet eigene IDEs an, wie z. B. das SAP Business Application Studio zur Erstellung von SAPUI5-Applikationen (Quelle: SAP Help Portal: »SAP Web IDE«, *https://help.sap.com/docs/web-ide*, zuletzt aufgerufen am 07.04.2024).

Intermediate Document Ein Intermediate Document (IDoc) ist ein von SAP genutztes Standardformat für den Datenaustausch. IDocs helfen bei der Integration von Geschäftsprozessen zwischen verschiedenen SAP-Systemen und zwischen SAP-System und externen Anwendungen (Quelle: Tissen, Felix (2023): »Was ist SAP IDoc und wie wird es genutzt?«, *https://erlebe-software.de/abap-und-co/was-ist-sap-idoc/*, Kurz-Link: *http://s-prs.de/v993327*, zuletzt aufgerufen am 07.04.2024).

Manufacturing Execution System Das Manufacturing Execution System (MES), zu Deutsch auch Fertigungssteuerungssystem, ist eine Softwarelösung, die bei der Überwachung und Steuerung der Fertigungsprozesse eines Unternehmens unterstützt. Das System dient als Bindeglied zwischen der Ressourcenplanung (ERP) und den Fertigungsprozessen und liefert relevante Daten, um die Produktion optimal und effizient zu gestalten (Quelle: SAP: »Was ist ein MES (Manufacturing Execution System)?«, *https://www.sap.com/germany/products/scm/execution-mes/what-is-mes.html*, Kurz-Link: *http://s-prs.de/v993328*, zuletzt aufgerufen am 07.04.2024).

Open Data Protocol Open Data Protocol (OData) ist ein Protokoll für den Datenaustausch über APIs. Das Protokoll beinhaltet eine Reihe von Best Practices, basierend auf der REST-Architektur und wurde entwickelt, um den Zugriff auf Daten und Funktionen zwischen verschiedenen Anwendungen zu standardisieren und zu erleichtern (Quellen: OData, *https://www.odata.org/*, zuletzt aufgerufen am 07.04.2024, sowie Feldherr, Tobias (2023): »OData«, *https://mission-mobile.de/knowhow/odata*, zuletzt aufgerufen am 07.04.2024).

Open Data Channel Open Data Channel (ODC) wird für den Datenaustausch über APIs genutzt. ODC verfügt über die Funktion, Daten in spezielle Klassen zu registrieren, was den Datenaustausch minimiert und zu einer optimierten Performance führen kann (Quellen: SAP: »OData Channel«, *https://help.sap.com/doc/saphelp_nw75/7.5.5/de-DE/cb/fd2651c294256ee10000000a445394/content.htm?no_cache=true#:~:text=The%20OData%20Channel%20(ODC)%20for,provider%20and%20the%20metadata%20provider*, Kurz-Link: *http://s-prs.de/v993329*, zuletzt aufgerufen am 07.04.2024, sowie Bönnen et al. (2019): »SAP Gateway und OData«, Rheinwerk Verlag).

On-Premise On-Premise bedeutet im SAP-Kontext, dass die SAP-Software in der IT-Umgebung des Kunden installiert wird. Durch die eigenständige Umsetzung behält der Kunde vollständige Kontrolle über seine Daten, übernimmt aber auch die Verantwortung und alle Kosten, die durch die Nutzung der Software entstehen (Quelle: IONOS: »On-Premises: Das Lizenzmodell für serverbasierte Software«, *https://www.ionos.de/digitalguide/server/knowhow/was-ist-on-premises/*, Kurz-Link: *http://s-prs.de/v993330*, zuletzt aufgerufen am 07.04.2024).

Open Source Gateway Initiative Die Open Source Gateway Initiative (OSGI) ist ein dynamisches Modulsystem für Java-Anwendungen und Services. Mithilfe einer standardisierten Rahmenstruktur können Entwickler*innen über die Plattform modulare Anwendungen erstellen und verwalten (Quelle: IBM (2021): »Übersicht über das OSGi-Framework«, *https://www.ibm.com/docs/de/wxs/8.6.0?topic=overview-osgi-framework*, Kurz-Link: *http://s-prs.de/v993331*, zuletzt aufgerufen am 07.04.2024).

Postman Postman ist eine Entwicklerplattform, in der APIs getestet werden können. Mit Postman können Entwickler*innen u. a. Anfragen an APIs versenden, um die Weiterverarbeitung der Daten zu testen. Außerdem besteht die Möglichkeit, mehrere Anfragen in sogenannten Kollektionen zu gruppieren, um die Kollektionen zum Exportieren oder auch als Dokumentationswerkzeug zu nutzen (Postman: »Collections«, *https://www.postman.com/collection/*, zuletzt aufgerufen am 07.04.2024).

Representational State Transfer Representational State Transfer (REST) ist ein Architekturstil, der den Datenaustausch zwischen verschiedenen Anwendungen und Netzwerken ermöglicht. Anders als SOAP ist REST kein starres Protokoll, sondern ein Architekturstil, der an gewisse Grundprinzipien geknüpft ist. In REST ist es daher möglich, Daten in verschiedenen Formaten auszutauschen; es gilt generell als flexibler als SOAP (Quellen: Red Hat (2024): »Was ist eine REST-API?«, *https://www.redhat.com/de/topics/api/what-is-a-rest-api*, Kurz-Link: *http://s-prs.de/v993332*, zuletzt aufgerufen am 07.04.2024; Amazon Web Services: »Worin besteht der Unterschied zwischen SOAP und REST?«, *https://aws.amazon.com/de/compare/the-difference-between-soap-rest/*, Kurz-Link: *http://s-prs.de/v993333*, zuletzt aufgerufen am 07.04.2024; Drilling, Thomas (2017): »Konzept, Aufbau und Funktionsweise von REST«, *https://www.dev-insider.de/konzept-aufbau-und-funktionsweise-von-rest-a-603152/*, Kurz-Link: *http://s-prs.de/v993334*, zuletzt aufgerufen am 07.04.2024).

Security Assertion Markup Language 2.0 Security Assertion Markup Language (SAML) ist ein Sicherheitsprotokoll, das zur Authentifizierung zwischen verschiedenen Systemen und Anwendungen genutzt wird. Version 2.0 ist der aktuelle Standard und kombiniert mehrere zuvor entwickelte SAML-Versionen (Quelle: Cloudfare: »Was ist SAML?«, *https://www.cloudflare.com/de-de/learning/access-management/what-is-saml/*, zuletzt aufgerufen am 07.04.2024).

Simple Object Access Protocol Das Simple Object Access Protocol (SOAP) beschreibt eine Methode, wie Informationen zwischen verschiedenen Anwendungen und Netzwerken ausgetauscht werden sollen. Dieses Protokoll ist durch starre Kommunikationsregeln definiert und ermöglicht es, die Datenkommunikation über verschiedene Systeme, Plattformen und Programmiersprachen hinweg zu strukturieren. Für den Austausch nutzt SOAP die Extensible Markup Language (XML) als Datenformat, das die Zusammenarbeit zwischen verschiedenen Systemen und Plattformen erleichtert, aber aufgrund seiner Komplexität zu längeren Übertragungszeiten und zu einer langsameren Verarbeitung führen kann (Quellen: Soft-Project: »SOAP – Simple Object Access Protocol«, *https://www.softproject.de/de/x4-bpms/api-management-gateway/soap/#:~:text=Simple%20Object%20Access%20Protocol%20(SOAP,Netzwerken%20innerhalb%20eines%20Unternehmens%20austauscht*, Kurz-Link: *http://s-prs.de/v993335*, zuletzt aufgerufen am 07.04.2024, sowie IBM-Dokumentation (2024): »Simple Object Access Protocol (SOAP)«, *https://www.ibm.com/docs/de/sc-and-ds/8.5.0?topic=stack-simple-object-access-protocol*, Kurz-Link: *http://s-prs.de/v993336*, zuletzt aufgerufen am 07.04.2024).

Stateful Stateful, zu Deutsch zustandsorientiert, beschreibt, wie Client-Server-Systeme mit Daten umgehen. Bei einer Stateful-Kommunikation werden die Sitzungsdaten von einem Server gespeichert, und Nutzer können auf die Daten der vorherigen Sitzungen zugreifen. Dieses Modell erfordert jedoch eine komplexere Infrastruktur und Programmierung, da Speichersysteme und Datenbanken benötigt werden (Quellen: DevInsider (2020): »Was bedeutet ›stateless‹?«, *https://www.dev-insider.de/was-bedeutet-stateless-a-3406d7b2eb-c08a8c87259d74ab73b04f/*, Kurz-Link: *http://s-prs.de/v993337*, zuletzt aufgerufen am 07.04.2024, sowie SAP Help Portal: »Stateless/Stateful-Kommunikation«, *https://help.sap.com/saphelp_snc700_ehp01/helpdata/de/72/c730f8c06511d4ad310000e83539c3/frameset.htm*, Kurz-Link: *http://s-prs.de/v993338*, zuletzt aufgerufen am 07.04.2024).

Stateless Stateless, zu Deutsch zustandslos, beschreibt die Art und Weise, wie Client-Server-Systeme mit Daten umgehen. Bei einer Stateless-Kommunikation werden keine Sitzungsdaten von einem Server gespeichert, weil jede Kommunikation ein eigener Vorgang ist, der alle notwendigen Daten beinhaltet und unabhängig von vorherigen Vorgängen bearbeitet werden kann. Hierdurch kann jeder Server jeden Vorgang bearbeiten und benötigt keine komplexe Infrastruktur und Programmierung (Quellen: DevInsider (2020): »Was bedeutet ›stateless‹?«, *https://www.dev-insider.de/was-bedeutet-stateless-a-3406d7b2eb-c08a8c87259d74ab73b04f/*, Kurz-Link: *http://s-prs.de/v993337*, zuletzt aufgerufen am 07.04.2024, sowie SAP Help Portal: »Stateless/Stateful-Kommunikation«, *https://help.sap.com/saphelp_snc700_ehp01/helpdata/de/72/c730f8c06511d4ad310000e83539c3/frameset.htm*, Kurz-Link: *http://s-prs.de/v993338*, zuletzt aufgerufen am 07.04.2024).

Token Ein Token ist ein Konzept, das bei der Veranschaulichung eines Prozesses hilft. Bildlich kann man sich den Token als eine Art Staffelstab vorstellen, der entlang des Prozessmodells wandert und bei Abschluss einer Prozessaktivität zur nächsten Prozessaktivität weitergegeben wird. In der Praxis gibt es keine physischen Tokens. Das Konzept ist nur als theoretisch anzusehen, denn es dient dazu, den Fortschritt und die Durchführung von Prozessen zu verstehen und zu erklären (Quelle: BPM Tips (2019): »Token in BPMN«, *https://bpmtips.com/token-in-bpmn/*, zuletzt aufgerufen am 07.04.2024).

XPath Die XML Path Language (XPath) ist eine Abfragesprache für XML-Dokumente. Sie wird genutzt, um Daten in XML-Dokumenten zu suchen und zu extrahieren (Quelle: W3Schools: »XPath Tutorial«, *https://www.w3schools.com/xml/xpath_intro.asp*, zuletzt aufgerufen am 07.04.2024).

Anhang B
Abkürzungsverzeichnis

AEM	SAP Advanced Event Mesh
ANSI X12	American National Standards Institute
API	Application Programming Interface
BPMN	Business Process Model Notation
CD	Kontinuierliche Bereitstellung
CI	Kontinuierliche Integration
CSRF	Cross-Site Request Forgery
CSV	Comma-Separated Values
DOM	Document Object Model
DTD	Document Type Declaration
EDI	Electronic Data Interchange
EDIFACT	Electronic Data Interchange for Administration
EIC	Edge Integration Cell
ESB	Enterprise Service Bus
IDE	Integrated Development Environment
IDoc	Intermediate Document
JDBC	Java Database Connector
JSON	JavaScript Object Notation
MAG	Message Mapping Guideline
MES	Manufacturing-Execution-System
MFA	Multi-Faktor-Authentifizierung
MIG	Message Implementation Guideline

MPL	Message Processing Log
OData	Open Data Protocol
ODC	Open Data Channel
OSGi	Open Service Gateway Initiative
PGP	Pretty God Privacy
PKCS#7	Public-Key Crypthography Standard Nr. 7 und CMS
REST	Representational State Transfer
SAML	Security Assertion Markup Language
SAP ISA-M	SAP Integration Solution Advisory Methodology
SOAP	Simple Object Access Protocol
TPM	Trading Partner Management
URL	Uniform Resource Locator
XML	Extensible Markup Language
XPath	XML Path Language
XSLT	Extensible Stylesheet Language Transformation

Autoren

Jan Arensmeyer hat einen Bachelor of Science in Wirtschaftsinformatik und ist seit 2015 als Berater und Entwickler in den SAP-Bereichen SD und Integration tätig. In diesem Kontext begleitete er mehrere Projekte auf der SAP-Plattform, die sich heute zur SAP Integration Suite entwickelt hat. Er beschäftigt sich, passend zu den beiden Fachrichtungen, mit der Anbindung von Webshops, mit der Integration in verschiedene CRM-Systeme sowie mit der Kommunikation mit Lieferantenportalen. Passend zum Thema Integration bildet er dabei stets ein wichtiges Bindeglied zwischen Fachbereichen und technischen Experten.

Enrico Hegenbart ist SAP Finance und Integration Specialist bei der objective partner AG, einem SAP-Goldpartner in Deutschland. Zusammen mit Jan Arensmeyer setzt er Projekte zu den Themen SAP Process Integration, SAP Process Orchestration und SAP Integration Suite um. Ein großer Fokus seiner Arbeit liegt auf den Finanz-Geschäftsprozessen innerhalb sowie auch außerhalb von SAP. Neben seiner Tätigkeit als Experte für Integrationsthemen berät und schult er Kund*innen deutschlandweit im SAP-Finance-Umfeld und entwickelt Anwendungen mit ABAP. Nach seinem Bachelorstudium in Wirtschaftsinformatik 2012 beschloss Enrico Hegenbart, sich auf SAP-Anwendungen zu fokussieren und begann seine Karriere als SAP-FI-Anwendungsbetreuer. Während seines Masterstudiums wurde er auf SAP Process Integration aufmerksam. Er entschloss sich, seine Masterarbeit diesem Thema zu widmen. Im Verlauf der nächsten zwölf Jahre sammelte er Erfahrung bei der Umsetzung von Process-Orchestration-, Process-Integration- und Integration-Suite-Projekten. Neben der reinen Beratung in den genannten Anwendungen hat Enrico Hegenbart sowohl Java- und Groovy- als auch ABAP-Quellcode implementiert.

Index

D

E

F

G

H

I

J

K

L

M